《韦卓民全集》编委会

湖北省学术著作出版专项资金资助项目

韋卓民全集

第三卷

《纯粹理性批判》解义

[英]康蒲·斯密 著

高新民 整理

韦卓民 译

華中师范大学出版社

图书在版编目(CIP)数据

韦卓民全集·第三卷/[英]康蒲·斯密著;韦卓民译;高新民整理.
—武汉:华中师范大学出版社,2016.7

ISBN 978-7-5622-7220-5

Ⅰ.①韦…　Ⅱ.①康…　②韦…　③高…　Ⅲ.①韦卓民(1888—1976)—全集　Ⅳ.①C52

中国版本图书馆 CIP 数据核字(2015)第 315670 号

韦卓民全集·第三卷

©[英]康蒲·斯密著　韦卓民译　高新民整理

责任编辑:冯会平

责任校对:刘　峥

编辑室:学术出版中心

电话:027—67863220

出版发行:华中师范大学出版社

社址:湖北省武汉市珞喻路 152 号

电话:027—67863426/3280(发行)　027—67861321(邮购)

传真:027—67863291

网址:http://www.ccnupress.com

电子信箱:press@mail.ccnu.edu.cn

印刷:湖北恒泰印务有限公司

督印:王兴平

字数:630 千字

封面设计:甘　英

开本:710mm×1000mm　1/16

印张:46.5

版次:2016 年 7 月第 1 版

印次:2016 年 7 月第 1 次印刷

定价:138.00 元

欢迎上网查询、购书

总　　序

历经20年以上两代华师相关学者曹方久、高新民诸教授的辛勤搜集、整理、校订、编辑,《韦卓民全集》终于出版问世。这是华中师范大学出版社的又一壮举,也是这位前辈大家给我们留下的一笔丰厚学术文化遗产。

韦卓民先生不仅是一位卓越的大学校长,还是一位学贯中西、博古通今的杰出学者,其重要业绩在于中西文化之沟通。他毕业于华大前身文华大学,并曾先后就读于哈佛、伦敦、牛津、柏林等世界著名大学。他以毕生精力营造中西文化交流的桥梁。正如年轻一代学者王宏维所描述的那样:"集翻译、研究、教学于一体,熔'三大批判'于一炉,风雨如磐,运动迭起。精译、深耕、勤教,始终无怨无悔。"1915年,韦先生以英文撰写《孟子之政治思想》,取得文华大学文学硕士学位,可以看作是其学术生涯的发端。随后陆续发表的《佛教净土宗以信得救的教义及其与基督教之比较》(1920)、《孔门伦理》(1929,博士论文)、《中国文化之精神》(1947)等论著,则是这一事业的继续发展。上个世纪50年代中期以后,他身处逆境,而沟通中西文化致力更勤,译著笔耕始终未辍,如《康德哲学介绍》(1956)、《亚里士多德逻辑》(1957)、《培根与其〈新工具〉》(1956)、《康德哲学浅说》(1972)、《黑格尔〈小逻辑〉讲稿》(年代不详)等。这些学术业绩多侧重于介绍西方传统文化的精华,特别是对亚里士多德、培根、康德、黑格尔等人哲学名著的翻译、阐释与导读。早在1928年他就说过:"有机体须从其环境吸收并同化一些要素,而且只有在吸收及同化的过程不断的情况下,才可能有生命。'综合'一词是很重要的。它意指我们须对我们要综合的文化有完整的分析,比较其优缺点,然后造成一个有机体的整体,以保存两种文化的优点。我们必须这样做，而且必须以母体系统为新结构的间架。这是精神创新的工作……又是多么伟大的工作。”(《东西文化之综合问题》，据台北韦卓民纪念馆译文)这些话陈义甚高。他是这样说的，也是这样做的，而且是以自己的全部生命投入这项伟大工作。或许可以说，不理解这一点就不懂得真正的韦卓民。

诚然，韦卓民是一个虔诚的基督徒，但他信仰而非偏执，更没有流于浅薄的迷信。其根本原因就在于他是一个真正的哲学家，在精神世界更着重于理性的超越，既超越世俗，也超越宗教。正如香港年轻一代学者陈广培所曾指出：韦卓民眼中的基督教与中国社会文化的关系，“隐含着‘他者’的伦理视野”，其终极探究乃是整个宇宙与人类文明的存在与变化。但他并非沉溺于幻想，而是立足现实，关切现实，理解现实。所以他在基督教对华传播问题上，极力主张必须根植于中华文化土壤。用我自己的话来表述，就是“主归中华应该先于中华归主”。作为基督徒，他当然希望“将远东拥有世界最悠久历史的这个国家的优良文化，带到主的神坛前，作为对主的奉献”。因此，他自己坦然承认：“我毕生研究，都在导致去发现怎样使中国文化基督教化。”但他毕竟又是一个经过长期科学训练的现代哲学家，他对基督教的信仰，虔诚而非迷信，从不认为任何经典就是绝对真理，而多数传教士与基督徒信奉与传播的也不一定就是真正的教义真谛。所以，他摒弃西方中心主义，特别是许多欧美差会在华传播基督教过程中所拘守的专断与偏执。我认为，他在学术上致力更多的还是对西方近代哲学名著的译介与诠释。即使是在神学方面，也是反复强调并致力于基督教的中国化，即根植于中华文化。

韦卓民一生最为辉煌的时期是1945—1947年。抗战胜利后，华中大学返回昙华林，重整家园，百废待兴，并且雄心勃勃制订十年发展计划。在此期间，他曾应邀赴美讲学，先是作为鲁斯世界基督教讲座教授(The Henry W. Luce Visiting Professorship of World Christianity)，发表题为

“让基督教在中国土地上生长”(Rooting the Christian Church in Chinese Soil)的系统演讲。随后,又应 Hewell 基金会邀请,在 Andoer-Newton 以及波士顿的圣公会多次演讲,主题是“中国文化之精神”(The Spirit of Chinese Culture)。这些系列演讲,均于 1947 年在美国结集出版。

这次讲学,规格甚高,声誉颇隆。韦卓民以前在耶鲁大学的老同事,曾任美国历史学会与美国教会史学会会长的赖德烈教授(Kenneth Scott Latourette),为其演讲文集撰写序言,高度评价说:“韦博士了解中国文化的精神,有同情而深度的睿智,同时他又是一位基督徒,在向英语世界里,阐述中国文化之深处,实在罕与其比。”赖德烈 1910—1917 年曾在中国雅礼学院任教,是上个世纪 30—40 年代美国中国史与教会史研究的领军人物,他对韦卓民的评价绝非礼仪性的客套,而是由衷的倾服。韦卓民虽然专攻西方哲学,但其中国文化根底甚深,长期教授逻辑学、代数与几何、政治学、哲学、神学等课程,早已具备中西跨文化研究(他自己称为“综合”)的坚实基础,即使对欧洲早期汉学大家也不盲目崇信。韦卓民曾指出:“由于不够严谨地解释中国文字中若干名词,或是无意地把若干我们自己的意见掺杂到中国哲学宗教文献之中,我们假中国文化之名,表达我们自己的思想。……如此我们犯了理解上的谬误,翻译上的谬误,这尤其是在引用上最恶劣的谬误,因为在翻译原著时,你等于有效地告诉读者,这是原作者的意思。……最著名的汉学家,往往是最大的罪人。但是谁肯带头来批评呢?”他只有自己带头来批判,并且指名道姓地以这些“饱学之士”为例,如“19 世纪的 Legge(理雅各)与 Ross(罗约翰),20 世纪的 Bruce(卜道成)和 Rawlinson(乐灵生)”。他有意不提当时仍然在世的某些“饱学之士”的名字,算是给他们留点面子。

韦卓民在对外文化交流过程中显示出可贵的自觉与自信,他有足够的底气向西方学界挑战,因为他中文底子极好,熟读四书五经;又精通英、德、法、俄、希腊、拉丁等文字,不仅对西方相关经典著作钻研颇深,而且阅读涉猎甚广。例如,英国史学大师汤因比的巨著《历史研究》尚在陆续撰写出版之中,他就在演讲涉及人类文明兴衰时多次引用其论述,而当时中国史学界研究汤因比者还寥若晨星。韦卓民对西方“饱学之士”的批评,并非局限于经典中个别词语翻译的考订纠误。他特别强调:“我要指出的,不只是语言文字而已。整个的文化背景,必须也要加以考虑,诸如思想形式、思想规则、研究方法、哲学、宗教、艺术及社会结构等。”(以上引文均据老校友沈宝寰译文)因此,这种批评就不是口舌之争,更不是意气之争,而是力图实现层次更高而收效更为深远的东西文化高层交流。韦卓民的演讲不仅面对美国,而且面对世界;不仅面对基督徒,而且面对全人类。

韦卓民虽然是基督徒,但也是教育家与哲学家,他投入精力与思考更多的毕竟还是学校教育与哲学研究。教育使他进入世俗,哲学使他超越宗教;他追求美好的理想,但始终立足于现实,立足于中国的土地,厕身于中国的人民。因此,不像那些专业的神学家与偏执的布道者,他公开而真诚地履行现实社会的公民承担。抗战爆发后,他不断以英文撰写时评文章,向全世界介绍中国人民团结抗击日本疯狂侵略的真实情况,勇敢地表明反对法西斯主义的政治立场,比如 1938 年 6 月在美国《耶鲁评论》(Yale Reviews)上发表《抗战初期中国的若干问题》(Questions about China),1940 年于重庆发表的长篇英文通讯稿《抗战时期中国的教育》(Education in Wartime China),1941 年春发表于《基督王国》(Christendom)杂志的《中国战争对中国文化的影响》(Cultural Effects of the Present War in China),1941 年 3 月在中国广播电台发表的广播词《学者在战争中的任务》(The Role of Scholars in the War)等。特别是这篇向美国人民发表的广播词,再次重申:“在中国所发生的战争,只是极权与民主间大战的先锋。过去一年半来的事实,证实了我的看法,中国正在作战,而且决心继续作战,直至正义和世界道德得到维护为止。”作为一所西迁云南大理的大学之校长，他还自豪地向世界宣布："透过坚持不懈的努力，中国的高等教育，不仅在战时得以维持，而且在一些重要方面还获得了显著进步，特别是许多研究所和高等学府向大后方落后地区的转移，产生了很好的影响，使得过惯了沿海各地生活的师生们，有机会熟识内地的生活。这种情形本身就是一种具有深远意义的教育，文化得以广泛散布，现代思想得以传播，水准较低的学校，在和进步的省份迁来的大学接触后，也因此提高了程度和效能，其结果将是战后会出现一个更教育化的中国。"在这些平实而又恳挚的话语中，我们可以看到一个真正的爱国者，一个终生奉献教育的老校长，一个胸怀世界的卓越中国公民。

但是抗战结束以后，人们还没有从胜利的喜悦中醒悟过来，国民党反动派就发动了史无前例的大规模内战，而政府腐败与战祸绵延，迅速使广大民众再次陷入痛苦深渊。韦卓民与成千上万善良的知识精英一样，逐步放弃了对于国民党政府的幻想，同情民主运动，保护进步学生，并且毅然拒绝国民政府迁校台湾的指令。他与华中大学广大师生一起，迎接了新中国的诞生，并且接受人民政府的命令，断绝与外国差会的联系，把学校由私立改为公立，以后又顺应全国性院系调整，与中华大学、中原大学等校合并，改制建立华中师范学院。他确实自觉地努力适应新社会，新政府也确曾给予重视并委以领导建校的重任。但是由于朝鲜战争爆发，美国成为敌国，而中国选择"一面倒"的亲苏外交政策。在抗美援朝热潮中，教会大学被定位为"美帝侵华文化堡垒"，其校长也相应被定格为"帝国主义文化侵略代理人"。在肃清"亲美"、"崇美"、"恐美"思想运动的高潮中，韦卓民成为理所当然且火力集中的靶子，并且从此离开学校领导岗位，成为一般教师。1957 年他被错划为"右派"以后，在政治上更受歧视，"十年动乱"期间亦为当然的批斗对象，直至 1976 年以后才经过平反恢复名誉。但好景确实不长，不过两年，这一代学术宗师就溘然与世长辞。

应该承认，韦卓民 1949 年以后这将近 30 年之久的漫长岁月确实是一个悲剧,但悲剧并非个人原因造成。根据我个人亲自接触与文献检索两方面的了解,过去无论如何屈辱痛苦,俨然成为众矢之的,他都能以平和的心态、超脱的胸怀,似乎顺应而又有内在定力地坦然应对。他天性幽默,语言风趣。记得“文革”时期,他作为“批斗对象”每天都要挤公交车从昙华林到南湖校本部“集中学习”。吃中饭排长队时,有人好心提醒他的铝制饭盒已被挤扁,他微笑轻声回应:“人都扁了,何况饭盒?”这就是真实的韦卓民,一位伟大的哲学家、教育家。在那种是非颠倒、蒙冤受屈的岁月,仍然保持着学者的尊严与人格魅力,甚至在集中学习的“牛棚”里仍然照常写作不辍。

俱往矣,过往的岁月,已逝的往事！大江东去,浪淘尽千古风流人物。刘知几云:披沙拣金,时有获宝。评文如此,评人亦然,只要是真金,迟早总会闪耀炫目光芒。出版社领导嘱我作序,哲学与神学浅薄如我,何必贻佛头著粪之讥。但曾忝任后辈校长,毕竟有所相知,于公于私,义不容辞。感慨万端,直抒胸臆而已。不当之处,尚祈多界贤达不吝批评教正。

章开沅

乙未初冬 年方九十

于南湖实斋

韦卓民引领我们走向康德
——代出版前言

在中国,伟大哲学家康德的著作和思想正在被越来越多的人所熟悉、所掌握,他那博大精深的思想在中华民族精神进程中的魅力已逐步展现。

韦卓民先生对康德哲学在中国的传播起到了巨大的作用,他在康德哲学“东渐”过程中的关键性地位是不可磨灭的。

20世纪甫始,梁启超发表《近世第一大哲康德之学说》一文,首次向中国人系统地介绍了康德。

“五四”新文化运动前后,张颐先生率先将康德和黑格尔的哲学带进了中国大学的课堂,张铭鼎等许多老一辈的学者致力于康德哲学的介绍和传播,在文化理论界掀起了一个热潮。

20世纪30年代以后,国内陆续翻译出版了康德的一些原著,它们是:《纯粹理性批判》(胡仁源译,1931年,商务印书馆)、《实践理性批判》(张铭鼎译,1936年,商务印书馆)、《道德形而上学探本》(唐钺译,1937年,商务印书馆)。与此同时,也出现了一些有价值的研究专著和论文,如郑昕先生的《康德学述》(1946年,商务印书馆)。

从“五四”到中华人民共和国成立前,尽管康德哲学得到了一定传播,但正如贺麟先生所评论的:成效不大,深度不够,范围狭小,“以致最后谈康德的仅有学术界为数极少的几个人”①。这种情况之所以产生,恐怕与学术界对康德哲学原著的系统翻译和介绍工作做得不够有莫大关系。

20世纪60年代,这种情况得到了很大改善。康德的三大批判中译

① 贺麟:《康德、黑格尔哲学在中国的传播》,见《贺麟选集》,吉林人民出版社,2005年,第461页。

本陆续出版:《纯粹理性批判》(蓝公武译,1960 年)、《实践理性批判》(关文运译,1960 年)、《判断力批判》(宗白华、韦卓民译,1964 年)。中国人终于可以用中文一窥康德批判哲学体系的全豹了。接着,商务印书馆又出版了三本解释康德原著的译作。即是韦卓民先生翻译的《康德〈纯粹理性批判〉解义》([英]斯密著,1964 年)、《康德哲学著作选译》([加拿大]华特生编选,1963 年)和《康德哲学讲解》([加拿大]华特生著,1963 年)。

《纯粹理性批判》是批判哲学的根基,是康德的扛鼎之作。尘封 20 多年的蓝译《纯粹理性批判》的问世,对想学习康德而又无条件直接阅读原文的莘莘学子,就像久旱后之甘露①,它成了哲学系学生和哲学研究者案头必备之书。读懂康德,特别是他的《纯粹理性批判》,是十分艰难之事。入门需要引领,康蒲·斯密的《康德〈纯粹理性批判〉解义》,像他英译的康德原著一样,是一本国际公认的权威著作,近一个世纪以来,广泛流传,经久不衰。这一著作汉译本的出版,对康德哲学的传播,无疑又是一场及时雨。试问,有志于研究康德的学者,有几位没有读过这本《解义》的呢?这本书当时"内部"出版,印数很少,可谓洛阳纸贵,得之者将它作为珍品收藏。直到 20 世纪 90 年代,有的学校因难觅此书,为教学需要,不得不内部翻印,可见它的价值和作用。

同期出版的其他两本华特生讲解康德的译作,也是对学习、研究康德极具参考价值的读物。《康德哲学原著选读》(原书 1888 年出版)编选了"三大批判"和《道德形而上学基础》四本原著中的若干章节。作者认为这些包括了康德系统思想的一切要点,对初学康德哲学的人很有帮助,可以为进一步研究康德哲学作好充分准备。这本书曾作为加拿大的大学教材,美国的大学也采用过。《康德哲学讲解》(原书 1908 年出版)是作者用前书作为基本教材向大学生讲的讲稿,积 20 年的教学经验整理而成。作

① 20 世纪 30 年代出版的胡仁源的译本是公认读不懂的。

者认为把这两本书结合起来向学生传授康德哲学，是“比较成功的一种试验结果”。韦卓民教授也正是用过华特生的教本和经验讲授康德哲学的。

以《解义》为标志的上述三本讲解康德哲学的著作，对促进康德哲学的教学、研究的重要意义，是显而易见的。它们的翻译出版，在康德哲学东渐史中，如果不能说“不亚于”，那也是“仅次于”康德原著翻译出版的一件大事。在短短的两三年内，韦卓民先生向世人贡献了包括《判断力批判》(下册)在内的四本有关康德的译作，这在当时无人能出其右，可以说，解放后国内引进康德哲学最早、最多、最有力者，实应首属韦卓民先生。这些事实已然可以确定：在康德哲学在中国传播的第三个阶段①中，韦先生起到了发端奠基的重要历史作用。

但韦卓民先生所从事的康德哲学的传播、研究工作远远不止于此，人们以前知道得太少了。

韦卓民先生是一位学贯中西、融汇古今的大学者。他在中外哲学史、逻辑、教育和宗教神学等领域中均有很深的造诣与丰硕的建树。在西方哲学史领域，韦先生着重研究了四个人，即亚里士多德、培根、康德和黑格尔。关于这四位哲人，他均有遗著留下，但花时间最长、耗精力最多的乃是康德。在他留下近百部(篇)达七八百万字的中英文遗稿中，关于康德哲学的竟占了二分之一左右。这些足以证明，20 世纪中期，国内关于康德哲学的传播和研究，韦先生确实是首屈一指的。

韦先生之所以花大力从事康德哲学的传播和研究，是因为，他把康德看作西方哲学思想发展中承前启后的最关键人物。他认为，研究西方近代哲学中的人不管谈什么哲学问题，都必须追踪到康德。在他讲授康德、黑格尔哲学时，讲到康德，不时会流露出一种激情，这是他讲黑格尔时所

① 贺麟先生在《康德、黑格尔哲学在中国的传播》中把康德、黑格尔哲学在中国的传播分为三个时期：早期为从变法运动到五四运动，中期为从五四运动到全国解放，后期为中华人民共和国成立之后到现在。

没有的。他曾向王元化先生讲过，他对康德的评价远远超过黑格尔。当然，在那极“左”的年代里，他在称颂康德的同时也不得不从政治角度斥责过康德几句，这是可以理解的。

韦先生在1957年突遭厄运后，从居住几十年的校长楼移居一间斗室，工资陡降，生活条件急剧变差，但他从容对待，一心扑到对康德等人的研究上，到“文革”前，数年内以惊人的速度译出有关康德的专著竟达10部，300余万字(同一时期，韦先生还撰写和翻译了4本关于黑格尔哲学和逻辑学等方面的著作达100万字左右)。这个时期，是中国最需要理性和人性的时期，也是他在康德的研究中成就最多的时期，也许这并不是偶然的。商务印书馆慕其名向他约稿，由于“文革”爆发，只出版了4部，这可以说是学界的一大损失。此后10年，这位耄耋老人在蹲牛棚、下农村、挨批斗、受凌辱等更为恶劣的境遇中仍念念不忘康德、黑格尔，笔耕不辍。在那令知识分子濒于崩溃绝望的岁月，他鼓励难友说：“要有信心，做学问不能停下来!”像其他中国学者一样，韦卓民先生也以自己的人格谱写了康德、黑格尔东渐史上悲壮的一幕。

我们看到，韦先生关于康德研究的遗著中，绝大部分是译著，是康德的原著和对原著解读的著作。他认为，要真正认识康德哲学一定要读原著，特别是他的“三大批判”，这是康德哲学思想的精髓。韦先生曾著文专门分析“三大批判”的前提、基础和背景，提出了独到的见解。他认为“三大批判”中的《纯粹理性批判》是重中之重，代表了康德在哲学史上的地位。五六十年代，他在“康德哲学讲座”上，主要讲的是《纯粹理性批判》。他着重分析了该书的主题思想“验前综合判断怎样成为可能的?”这一课题的理论来源、内容实质和解决途径。正是因为想要帮助国内学子更好、更深入地学习这部名著，才知难而进，重新翻译这本最难读的书，以克服当时已有译本中的缺陷。在此前后，他还翻译了两位英国学者讲解《纯粹理性批判》的两本专著(即《康德〈纯粹理性批判〉解义》和《康德的经验形而上学》);特别在“文革”前夕,又翻译了康德为《纯粹理性批判》所撰的简写本《一切未来形而上学导论》。这些都说明了他对这一名著的异常重视。

但是韦先生并不是单纯为翻译而翻译,而是把研究寓于翻译之中,翻译的过程也就是他的研究过程。当年他讲康德、黑格尔哲学时,对一些重要概念、词语,总是反复地从结构、词根讲到语义,从英文、德文追溯到拉丁文,给人的感觉似乎有点“咬文嚼字”、“烦琐考证”,但只要用心体会,就会领略到其中的奥妙和深刻。

下面仅举两例:

例一,“a priori”一词,国内一般都译为“先天”,韦先生认为是错误的,因为“a priori”在拉丁文中并无“与生俱来”之意,康德用这个词更无此意。韦先生在译此词时,先译为“先验”,后一再琢磨,觉得也不妥当。因为在康德著作里多年来已用“先验”来译德文的“transzendental”,如果再用它来译“a priori”,就混淆不清了。于是他反复推敲,最后决定创造一个崭新的词语“验前”来译“a priori”。从字面上看,二者似无甚区别,实际上意思却大不相同,“验前”更符合康德的原意。韦先生在“文革”中还专为此写过一篇文稿。韦先生的这一翻译,目前已得到许多学者的认同。例如中国人民大学的钟宇人教授在来信中写道:“康德所用‘a priori’一词,蓝译本译为‘先天的’,影响很大,其实是不确切的。韦先生根据原拉丁文与对康德用意的深入研究,创译为‘验前的’,很符合康德所说‘绝对不依赖于经验的’原意。”

例二,《纯粹理性批判》第二版序言中康德有一句名言:Ich musste also das Wissen aufheben, um zum Glauben Platz zu bekommen。20世纪的五六十年代,国内都把它译成“我否定知识,以便给信仰扫清地盘”,并据此认定康德是个反对科学知识的信仰主义者。韦先生说,这根本不是康德的原意,是英译者错误地把“aufheben”译为“deny”,国内有人据英文而译为“否定”,是跟着别人犯错误。因此韦先生根据对德文

“aufheben”与“Glaube”词义的考察,及对康德思想主旨的理解,把这句话译为“我要扬弃知识,以便替信念留有余地”。近年来,随着对康德哲学研究的深入,学术界对把“aufheben”译为“扬弃”,把“Glaube”译为“信念”尚有不同的意见。但若留意到当年韦先生这样译,至少表达了康德既未否定知识,又给信仰扫清地盘的意蕴,从而为康德在中国的“错案”平了反,也就不难体会他的苦心了。

对康德哲学中的概念、术语,乃至重要句子,像这样苦心推敲、决不含糊的例子还有很多很多。正如韦先生说的,他在翻译时“以信为主”,用尽心思忠实于原著,不能为了追求“达”、“雅”而损伤原著本意。为了更忠实于原著,他始终不断地修订自己的译文,刻苦钻研、精益求精,正如他所说的,做学问一定要有一种“主见不可无,成见不可有”的独立与创新精神。这种精神在当今弥漫着浮躁、浮夸气氛的学术界,尤其值得提倡,值得推崇。

韦卓民先生在康德哲学研究领域卓有成效的工作,辉煌的成就,是他一生事业的重要组成部分。韦卓民先生乃是为了一个宏伟的工程而奋斗终生的。这个工程就是营造一座宽广而坚实的融通中西文化的桥梁。早在70年前,他已明确了这一奋斗目标。1928年他在伦敦所作的一篇演讲中声称,融合异质文化是各民族文化发展的规律,而在当时的我国,“融合中西文化则是中国走向现代化而必需的、富有挑战性的工作”。他还旗帜鲜明地申明:在吸收西方文化时,我们反对妄自尊大的“保守派”,也要反对崇洋媚外的“洋化派”。如果说,解放前他在融合中西文化方面所做的工作主要是通过在国内办教会大学、宣讲基督教神学和在国外讲解与介绍中国传统优秀文化的话,那么,解放后他就把主要精力放在西方哲学史的译介上来了。原来,他研究、译介康德哲学正是站在这个高度来进行的!他常说:我们要在学习西方哲学时做到取长补短,以便更好地发展中国的哲学。他在上世纪50年代就曾多次说过:在欧洲,有些小国都翻译、出版了柏拉图、亚里士多德、康德、黑格尔等哲学大师的“全集”，而我们至今还没有一套，这同我们这个文明古国的地位是极不相称的。他立志要弥补这一缺陷。本来他已具备优越的主观条件，既“通晓古今”，又“学贯中西”，仅外语就精通英、德、法、俄、拉丁文等七八种。可他并不满足，仍自谦说“差距很大”。其实，他是在鼓励我们努力奠定扎实的功底，以铺设他理想中的“桥梁”。他还认为，在介绍西方文化、西方哲学时，要避免把西方的观念“解说成中国的观念”，过分追求中国化、通俗化，以致把人家的文化变质变味。我们体会他的意思是，在学习康德这样的西方哲学时，一定要力争学到原汁原味的康德思想；要努力体验领会德国语言的特征及其文化背景；设法逐渐领会康德的思维方式从而弄懂其实质，真正做到沟通中西，优势互补。

在这方面，韦先生开了先河，做了榜样，引领我们走近了康德，也引领我们走上了民族文化复兴的宽广大道。

唐有伯　曹方久

2006 年 6 月 24 日

出版说明

韦卓民，这位博学多才的老一辈学人，在中外哲学史、逻辑、教育和宗教神学等众多领域中都有很深的造诣和丰硕的建树。据不完全统计，他留下的遗著近一百种，达七八百万字。令人痛惜的是：这些价值连城的学术著作中，至今仍有相当大一部分未曾面世。

韦先生平反后，其子宝锷先生于80年代末将遗稿全部捐赠给华中师范大学，希望早日公之于世，以慰父亲亡灵。当时的校领导很重视此事，立即成立"韦卓民遗著整理小组"负责此项工作。90年代初，经过多方努力，克服重重困难之后，华中师范大学出版社将整理后的韦译康德《纯粹理性批判》和《自然科学的形而上学初步》两本书出版，受到学术界有关人士的欢迎和好评，被誉为哲学史界的一件大事。随后，华中师范大学出版社又相继出版了《跨越中西文化的巨人——韦卓民学术思想国际研讨会论文集》(1995年)和作为桂岳书系之一的《韦卓民学术论著选》(1997年)，再次引起很大反响，后者出书不久，即告脱销，这更激起大家对韦老遗著早日面世的渴望。

华中师范大学出版社有鉴于此，乃下大决心按系列陆续出版韦先生的各种遗著。两年内首先出版关于康德哲学的系列。这真是一桩令人欣慰的大好事，是出版社具有远见的决策。它不仅将有力地推动对康德哲学思想进一步的研究，同时也必将拉动包括港台在内的祖国文化界和海外有关人士对韦先生学术思想研究工作的进一步开展。韦先生早在三四十年代即饮誉海内外①，解放后，虽然很长一段时间内在大陆销声匿迹，

① 抗战胜利后，韦先生应邀在美国各大学巡回演讲，介绍中国优秀的传统文化，随后集成专著《中国文化的精神》(1947年在纽约出版)。美国当代著名历史学家K. S. Latourette称赞韦先生向西方介绍中国文化的业绩时说："在这方面很少人能和韦先生相比，也没有人超越他。"韦卓民是美国"鲁斯教授"这一荣誉称号的第一个获得者。在中国宗教神学界，早在解放前就流行着"南韦北赵"的赞语，意即南方的韦卓民与北京燕京神学院院长赵紫宸同为宗教神学界的台柱，南呼北应，相得益彰。

而在港台，在域外，对他的研究却始终没有中断。1993 年在华中师范大学举行的“韦卓民学术思想国际研讨会”上，来自美国和香港地区的学者均谈到这个问题。台湾一出版商曾拟购买他关于康德译著的版权，香港一位学者曾与华中师范大学联系合作编著他关于宗教神学方面的文集，这充分表明各方对韦卓民学术思想的研究正方兴未艾。

韦先生关于康德哲学的遗著，数量之多在国内首屈一指，质量上堪称上乘。近年来，学术界对此已有所评论。本人谨就与韦先生接触中所见所闻及在整理韦先生遗著过程中的一些体会，对他在康德哲学研究中的某些情况和特点，作一个粗略的介绍：

第一，西方哲学史上，韦先生着重研究了四个人，即亚里斯多德、培根、康德和黑格尔。关于这四位哲人，他均有遗著留下，但花时间最长，耗精力最多的乃是康德。他推崇康德是马克思以前在西方哲学思想发展中一个承前启后的最关键人物。因此，研究西方近代哲学史的人不管谈什么哲学问题，都必须追踪到康德。记得 60 年代初，韦先生给我们几个中青年教师讲授康德、黑格尔哲学时，我隐约地觉察到他讲康德时经常流露出一种激情，这是他讲黑格尔时所没有的。他曾向王元化先生讲过，他对康德的评价远远超过黑格尔。当然，在那极“左”的年代里，他在称颂康德的同时也曾从政治角度斥责过康德几句，这是可以理解的。

韦先生于 1957 年突遭厄运后，从居住几十年的校长楼中移居一间斗室，工资陡降，生活条件急剧变差，但他从容对待，一心扑在康德等人的研究上，到“文革”前，数年内以惊人的速度译出有关康德的专著竟达十部，共三百余万字(同一时期，韦先生还撰写和翻译了四本关于黑格尔哲学和逻辑学等方面的著作达一百万字左右)。这是他在康德的研究中成就最多的时期。商务印书馆慕其名向他约稿，由于“文革”爆发，只出版了四部。此后十年，这位耄耋老人在蹲牛棚、下农村、挨批斗、受凌辱等更为恶劣的境遇中仍念念不忘康德、黑格尔，思索不已，笔耕不辍。在那令知识分子濒于崩溃绝望的岁月，他却向同时遭劫的难友说："要有信心，做学问不能停下来！"表现出一个智者的坚韧与从容，这种精神风貌，实在令人惊羡不已。

第二，他认为，要真正认识康德哲学一定要读原著，特别是他的"三大批判"，即《纯粹理性批判》、《实践理性批判》、《判断力批判》，这是康德哲学思想的精髓，故康德哲学又称"批判哲学"。韦先生曾著文专门分析"三大批判"的前提、基础和背景，提出了独到的见解。他认为"三大批判"中的《纯粹理性批判》是重中之重，代表了康德在哲学史上的地位。五六十年代，他在"康德哲学讲座"上，主要讲的是《纯粹理性批判》。他着重分析了该书的主题思想"验前综合判断怎样成为可能的?"这一命题的理论来源、内容实质和解决途径。他为了帮助国内学子更好、更深入地学习这部名著，决心知难而进，重新翻译这本最难读的书，以克服当时已有的两个旧译本中不实不妥的缺陷。在此前后，他还翻译了两位英国学者讲解《纯粹理性批判》的两本专著，即《康德〈纯粹理性批判〉解义》(康蒲·斯密)和《康德的经验形而上学》(H. J. 裴顿)；特别在"文革"前夕，翻译了康德为《纯粹理性批判》所撰的简写本《一切未来形而上学导论》。这都说明了他对这一名著的异常重视和对读者独具匠心的负责精神。

韦先生对整个康德哲学思想的起源和发展进行了发掘和研究，寻找这一思想发展的脉络，探讨"批判哲学"的形成背景与条件。他认为在"前批判时期"的著作中已可窥见"批判哲学"思想的萌芽及产生的过程，并确定"批判时期"与"前批判时期"的界碑，从而把两个时期有机地统一起来。根据韦先生的见解，科学家康德是哲学家康德的前提和基础，没有前者，就不会有哲学大师康德，也就没有宏伟的"批判哲学"体系。

第三，韦先生关于康德研究的遗著中，绝大部分是译著。在翻译康德的哲学著作中，他突出的特点是：把研究寓于翻译之中，翻译的过程也就是他的研究过程。多年来我参加整理他的遗著，对这一特点的体会愈来愈深。当年听他讲康德、黑格尔哲学时，对一些重要概念、词语，他总是反复地从结构、词根讲到语义，从英文、德文追溯到拉丁文，那时觉得他有点“咬文嚼字”、“烦琐考证”，后来，才逐渐体会到其中的奥妙和深刻。下面两个例子，从一斑可窥全豹。

例一：上文所说的“验前综合判断”中“验前”一词是康德常用的一个拉丁文“a priori”的中译。过去有人曾译为“先天”，韦先生认为是错误的，因为“a priori”在拉丁文中并无“与生俱来”之意，康德用这个词更无此意。韦先生在译此词时，先译为“先验”，后一再琢磨，觉得也不妥当。因为在康德著作里多年来已用“先验”来译德文的“transzendental”，如果再用它来译“a priori”，就混淆不清了，于是他反复推敲，最后决定创造一个崭新的词语“验前”来译“a priori”。从字面上看，二者似无甚区别，实际上却大不相同，因“验前”更符合康德的原意。韦先生在“文革”中曾专为此写过一篇文稿给我看过，可惜，当时正“兵荒马乱”，我实无心拜读，如今人亡稿失，悔之晚矣。

例二：五六十年代，学术界有一种观点，说康德是个反对科学知识的信仰主义者，说他在《纯粹理性批判》中说过：“我否定知识，以便给信仰扫清地盘。”韦先生认为，这根本不是康德的原意，这句话应译为“我要扬弃知识，以便替信念留有余地”（上两处重点都是本文作者加的）。即用“扬弃”代替“否定”，用“信念”代替“信仰”。“扬弃”乃德文“aufheben”之译，其含义较复杂，意指“把某个东西从不属于它的领域中排除，抓住它、保存并加以发扬提高”，英文错误地译为“deny”，国内有人据英文而译为“否定”，跟着别人犯错误①。

至于“信念”与“信仰”，韦先生说德文“glaube”一词在康德著作中，如果论述一般问题时是指“信念”，而只有专门讲宗教问题时才意指“信仰”。

---

① “aufheben”在各国文字中均无恰当的词来译。抗战时期，我国曾直译为“奥伏赫变”。当时我还在读中学，不解此词的含义，误以为是“辩证”之意，但总还没有误为“否定抛弃”之意。苏联学者古留加在《康德传》一书中说，俄文有的译为“消灭”，有的译为“限制”，他本人则译为“抬高”。实在有点混乱了。

康德在这里谈的并非宗教方面的问题，故应译为“信念”。可见，康德既未否定知识，又未给信仰扫清地盘。就这样，韦先生更正了两个词语的误译，为康德在中国的“错案”平了反。

类似的例子还很多。正如韦先生说的，他在翻译时“以信为主”，用尽心思忠实于原著，而不像有些译者为了追求“达”、“雅”而不惜损伤原著本意。为了更忠实于原著，他始终不断地修订自己的译文，刻苦钻研、精益求精，正如他所说的，做学问一定要有一种“主见不可无，成见不可有”的独立与创新精神。这对一位耄耋老人来说，确实是很不容易的！

第四，韦卓民决不是为学术而学术，为个人爱好和兴趣而著书立说，乃是为了一个宏伟的工程而奋斗终生的。这个工程就是营造一座宽广而坚实的贯通中西文化的桥梁。早在 70 年前，他已明确了这一奋斗目标。1928 年他在伦敦所作的一篇演讲词中声称，融合异质文化是各民族文化发展的规律，而在当时的我国，“融合中西文化则是中国走向现代化而必须的富有挑战性的工作”。他还旗帜鲜明地申明：在吸收西方文化时，我们反对妄自尊大的“保守派”，也要反对崇洋媚外的“洋化派”。如果说，解放前他在融合中西文化方面所做的工作主要是通过在国内办教会大学、宣讲基督教神学和在国外讲解与介绍中国传统优秀文化的话；那么，解放后他就把主要精力放在西方哲学史的译介上来了。原来，他研究、译介康德哲学正是站在这个高度来进行的！他常说：我们要在学习西方哲学时做到取长补短，以便更好地发展中国的哲学。他在 50 年代就曾多次说过：在欧洲，有些小国都翻译、出版了柏拉图、亚里斯多德、康德、黑格尔等哲学大师的“全集”，而我们至今还没有一套，这同我们这个文明古国的地位是极不相称的，他立志要弥补这一缺陷。本来他已具备优越的主观条件，既“通晓古今”，又“学贯中西”，仅外语就精通英、德、法、俄、拉丁文等七八种。可他并不满足，仍自谦说“差距很大”。其实，他是在鼓励我们努力奠定扎实的功底，以铺设他理想中的“桥梁”。他还认为，在介绍西方文化、西方哲学时，要避免把西方的观念“解说成中国的观念”，过分追求中国化、通俗化，以致把人家的文化变质变味。我体会他的意思是，在学习康德这样的西方哲学时，一定要力争学到原汁原味的康德思想；要努力体验领会德国语言的特征及其文化背景；设法逐渐领会康德的思维方式从而弄懂其实质，真正做到沟通中西、优势互补。当然，要真正切实地做到这些，确实是极为困难的。

最后，我代表“韦卓民遗著整理小组”全体成员，由衷地欢迎“韦卓民：康德哲学著译系列”①即将陆续问世，我们的宿愿得以逐步实现，可以告慰韦先生在天之灵了。在这里，再次对华中师范大学出版社有关同志的辛勤劳动表示诚挚的谢意。

曹方久

1999 年 3 月于桂子山

① 本系列含三类内容：一、韦卓民撰写的对康德研究的著作、论文；二、韦卓民翻译的康德原著；三、韦卓民翻译的西方其他学者关于研究、讲解康德哲学的著作。共 18 本(篇)，其中有的是经过最近整理遗稿后首次出版，有的是重版，有的是修订版。

目 录

① 不见于康德原来目录的项目以着重点标出。

先验原理论

说　明

本书作者引用《纯粹理性批判》的原文时注明其第一与第二版的页数。引用康德的其他著作时，尽量注明最后出版的新柏林版之某卷。由于本《解义》脱稿时，康德的《关于纯粹理性批判的反思录》尚未刊入这新柏林版中，注中的页数是根据这遗稿1884年B. Erdmann版的。本书的省写符号表示：

W—《康德全集》柏林版；

A—《纯粹理性批判》一书第一版的页数；

B—《纯粹理性批判》一书第二版的页数；

K—《纯粹理性批判》一书1889年Adickes版。

序

一般的形而上学著述大都是艰涩难读,康德的《纯粹理性批判》一书尤其是这样。其所以如此,不仅由于书中阐述未臻完善,语焉不详,即使反复阅读,还是不能掌握其要义,而且疑问反因之加多,原因正如本解义所将要指出的,乃是由于书的原文本不是一气呵成,前后一贯,其中多少段落是作者在公元1772—1780年这些岁月中不同时期所写的,此其原因之一。此外还有一种原因就是书中含有康德自己的思想中彼此冲突的倾向而没有取得一致。

本解义一方面是旨在说明原文,而另一方面是要加以批判的。不管是说明也好,批判也好,我的意图总是以中心问题的系统阐述为纲,而原书正文的考证和其他次要问题只附带谈到而已。自从1821年康德的遗著《形而上学讲义》一书出版以来,常常有他的遗稿出现,我在本解义中是尽量利用这些遗著的。一般关于康德的英文书刊,对于这些遗著的意义并没有估计到,可是本解义作者认为,如果想要正确地了解《纯粹理性批判》,这些遗著是非常重要的。

在这个时候,像本解义这一种书出而问世是需要加以解释的。在第一次世界大战的前夕,这篇解义已经脱稿,而且已经准备好要出版了。据我所了解,当时的印刷者事务很忙,但是遇有闲暇的空隙,能够有些工作填补进去,是有好处的;然而现在这本解义所占用的铅版要拆下来,我相信纵然国内军事旁午,也许正是因为这样,还是有些读者不认为这书是不合时宜而愿意一读的。甚至在军事旁午的时候,形而上学的探讨对于某些人是一种消遣和一种慰藉,史谟斯将军(General Smuts)是一个难忘的例子。他自己曾说过,在南非战役袭击殖民地海角时,他携有《纯粹理性批判》一书以备晚间的阅读。我们英国的将军在战争中碰见不择手段的敌人时,每每为敌人以智击破,这还足视为诧异的吗?

《纯粹理性批判》是哲学史中转折点上的一部经典著作,在百年之后的今日加以注释,还是不能希望它可以极臻完备、无以复加的。时至今日，有些东西我们是比康德同时代的人清楚多了，可是在另一些主要方面，我们的观点又比康德反而后退了，而决定我们的见解的历史记载还远远不够完备。然而此外还有性质上更为严重的一种困难。《纯粹理性批判》所处理的问题在今日依然是聚讼纷纭的，而这些问题的解释又只能从一定的立场上来做出。这一定的立场和形成这立场的哲学环境都有其局限性，而难免影响对原文的体会，使之受到歪曲或者使其意义模糊。因此，在这解义中，我尽力避免我个人的武断的或者限于个人的见解。我唯一的目的乃是尽其所能地达到对康德这部伟大著作的一种毫无偏见的理解。

德文的注释家中，我得力于 Vaihinger，Adickes，B. Erdmann，Cohen 和 Riehl 最多，而 Vaihinger 对我的裨益尤为大。英国人论述康德的主要是 Green，Caird 和 Adamson。由于前二人把批判哲学看作是黑格尔立场的中途站，我常常觉得不得不和他们持反对的意见；但是虽然我对于他们的见解常有批评，然而实际上他们的著述对我是有巨大的帮助，应该在此声明的。我和 Robert Adamson 曾有过当面讨论的机会，而当时他对于康德思想的看法正在修正其早期的见解，其修改的剧烈程度，比诸见于他死后才出版的大学讲稿还有过之而无不及。我这本解义的写作大半应归功于他的许多意见的提示。

我第一次研究《纯粹理性批判》这书是在 Henry Jones 爵士的亲切激励指导下进行的。他本着一向的友谊审阅过我这本著作的原稿，而对我指出我在阐述上和论证上不少的缺点。G. Dawes Hicks 教授也曾给我同样的帮助，而他的批评是极其宝贵的，尤其是因为这些批评是从一位在许多基本论点上和我持反对见解的康德哲学研究工作者。我致以衷心的谢意。

关于康德时与空的理论和数学的论证学说，我曾和我的同事 Oswald Veblen 教授讨论过，受益良多，也是应该致谢的。

H. H. Joachim 先生曾阅读过本书全部校样。针对他的极其彻底的批评，我作了许多的修改。他对于我所作的《纯粹理性批判》一书各段的翻译，加以修改，我完全接受，衷心感谢。对于我的另一位同事 A. A. Bowman 教授和我的朋友 C. W. Hendel 博士，我也要同样地致谢。

我正从事翻译《纯粹理性批判》这部书。对本解义中所引用的各段译文，我是应负全责的。引用康德的其他著述时，我是利用 Abbott，Bernard 和 Mahaffy 的译本，但有时我擅自加以修改。

读者如果已经读过《纯粹理性批判》，而采用我的解义来作康德学说的系统讨论，而不是用来帮助该书原文的阅读的，尽可只看本书目录中加有着重点的各项就行了。

诺曼·康蒲·斯密

1918 年 1 月于伦敦

导　言

甲　关于正文的问题

——康德写作《纯粹理性批判》一书的方法

古往今来的文献中，没有一种是像《纯粹理性批判》一书在其构思中还要更加谨慎，更加周详，而在其着笔时更加仓促的。关于这书的写作，康德在其 1783 年 8 月 16 日给摩西·曼德尔松（Moses Mendelssohn）一信里这样说到：

"（虽然这《批判》是）我曾花过至少十二年悠久岁月反思的结果，但是我把它写成时是极其匆忙的，脱稿只费了四五个月，对于其内容是极为审慎，而很少考虑到字句的结构，使其易于为读者所理解。我对于这个决定从未后悔，因为如果不是那样，而再事延搁，以求其文字之更为通俗，那么这书恐怕一辈子不会完成。现在这书已经有其粗糙的形式，缺点是可以逐渐清除的。"[1]

这信里的话是应当为我们所重视的，因为康德在另一信中（1783 年 8 月 7 日致加尔惠 Garve 函）差不多说了同样的话：

"我毫不迟疑地承认我从没希望我这一本书立刻就会得到人们的欢迎的。其内容是我十二年来不断沉思的成果，然而在结构上其阐述却不是十分适合于一般人的理解的。如果要使它的阐述臻于完善，需要再花几年的工夫，而我却在四五个月中便把它写成，其原因乃是我担心迟迟才出而问世的这本书，若再事延宕，可能最后成为一种负担，而我年事既老（已是耳顺之年），体力渐衰，这本著作便莫由问世，而我的整个思想体系便从此湮没了。"[2]

函中所说的十二年是指1769—1780年而言的;“至少十二年”这一短语足以说明康德深深感觉到他自己精神上发展的连续性。休谟对于康德的影响固然应在1760年之前,可是我们计算这十二年而自1769年开始,却不是毫无理由的;这一年正是康德采取半批判立场的一年,有其1770年的《就教授职论文》为证[3]。所说的“四五个月”可能是指1780年的下半年而言。《纯粹理性批判》的付印大概是开始于1780与1781年之交的十二月或一月。

然而这《批判》一书的缺点不止于文字的不清晰或阐述的不够通俗。这一类的毛病并不限于这本书,而是形而上学著作的通病,尤其是用德文写出的形而上学书籍更是如此,可勿深咎。其更加严重的一个缺点是几乎在书中每一章里面,康德都是自相矛盾的,而且难得在书中找着一个术语不是有歧义、前后用法一致的。作为一个作家来讲,康德是所有伟大思想家之中最不准确的一个。

这些前后矛盾的现象是这么明显,大凡注释家都不得不加以解释。例如客尔德(Caird)声称康德在这书中的阐述是从寻常意识的非批判观点开始,逐渐向着他的最后立场发展的,因之不能不一而再、再而三地修正其最初提出的说法。这一种看法不能说明康德的前后矛盾何以在某一种方式下出现,更不能解释这种前后矛盾的实在性质,而这种矛盾的实例在《纯粹理性批判》一书中是常见的。而且这些自相矛盾的实例不仅限于书中主要段落的开始部分。细读本书之正文便可以知道这些毛病不是由于不良的阐述而来的。康德遗著《反思录》和《活叶集》的出版,研究家如耳尔德曼(Benno Erdmann)、花亨格尔(Vaihinger)、阿的凯斯(Adickes)、雷克(Reicke)等人的埋头研钻,已经把这问题提到一个完全新的水平上来了,证明《纯粹理性批判》一书并不是天衣无缝的一本著作。在五个月中,有如康德所自述,这书是“写成”了(zu Stande gebrachf),可是不能说是写成,而实在只是把1772至1780年这整个时期中在不同时候所写的片断稿件缀合而成罢了。

在康德这些年代的书信中，他不止一次说到他计划在三个月至六个月能够写完这本书。这就意味着，至少早在1777年这书大部分是已经写出来了的。可见在1780年康德必定已有大量的稿件等待处理。最近刊出的《活叶集》遗稿，当然是其中之一部分。以后我们还要常常谈到，《纯粹理性批判》提供充分证据以证明这书原是旧稿的或多或少机械地缀合，固然有一些补充使之联为整体，而常常又作了一些修改以适合其前后文。揆其全文，康德像是最不赞成牺牲掉他曾写在纸上的任何一种论证似的，而必须设法把它保存下来，如果在什么地方能够把它填补进去，不管是否有所重复，不管会不会引起混乱，他是坚持将它嵌进去的。例如我们将要发现，第一版中的"主观演绎"和"客观演绎"两段都可以分解为至少四个不同的层分，这些层分，像地质学的地层一样，对于希望有一个统一体系的读者来说，是难以了解的，可是研究工作者一旦找出其线索使之确定其各层的性质与时代，则一切是明若观火的。又可引用另一实例来说明：第一版中的"第二种类比"之中，其主要论题是用了不下五种不同的证明来建立的，而其中有些是重复的；当康德在其第二版中将他的论证重叙一次时，他保持原来的五种证明，并不变动，而又加上另一种证明。康德在其书的第二版中固然在各处不同的地方删去一些段落，但主要是由于想要避免严重的误解，而他自己曾发现，由于不谨慎防备，他的文字是易滋误会的，第二版中的修改主要还是增补的性质。

阿的凯斯的意见[4]乃是说，康德在"四五个月之中写成他的论证整个大纲，而根据这大纲的轮廓把他的旧稿缀合组成为书"。这种意见可能是正确的，诚然它能使阿的凯斯看清楚了许多正文发生的问题。但是他关于"二律背反"一段又有其补充的假说，说这一段原是更旧的另一种著作。这种假说可以很有成效地加以扩充。康德既是多年就指望自己能在几个月之中写成这本书，他不能没有现成的一种大纲，至少是有其“感性论”、“辩证论”和“方法论”的一种大纲的，而这种大纲的年代是早在1780年之前的。这大纲随后无疑是更改过、补充过、修改过的，由于逐步深入认识到“分析论”诸问题的缘故，而这些问题逐步深化而取得其最后的方式也正是这书之迟迟才出版的原因。

《纯粹理性批判》一书之各部分的安排是煞费推敲极端矫揉的，所以能充分地隐蔽了它的混合性。这一般性的计划，表面上说是以逻辑的原理为其根据的，康德自己称之为建筑术；他竭力执行这计划而不顾一切，即有时牺牲合理的论证也在所不惜。其实他是那样地偏爱这计划而丝毫不肯让步，这种情形惟有人们卖弄其拿手好戏时才常常碰见的。他酷爱这计划，甚至把它的每一小节都做到精确，其结果就是一个极其繁复的结构，其中绝不同类的内容都烦琐地并列起来各从其格局。这结构从表面上看来是整齐划一组织严密的，实际上每每没有什么组织可言。

但是我们还没有谈到这书内容自相矛盾的主要理由，这理由是和我们把康德看作为一个哲学思想家的高贵品质紧密地结合在一起的，这品质特别表现在这第一种《批判》里面。就是他虚怀若谷，认识到他的问题的复杂性，认识到无论怎样试图来解决这些问题其所经过的途程都必有其许多困难的。康德的工作方法好像是要把一些不同的可能解答交错起来，轮流地展开其中的每一种解答，企图最后能找出一种中庸的立场兼有各种解答的优点的。这种企图常常是不能如愿以偿的。中庸的解答不能找出，康德于是就把各种的见解平列起来，分别展开其思想。

“你知道我和凡是合理的相反意见打交道，本意并不只是要驳倒它们，而是在我把它们反复思维时，我总是将它们编入我的判断里去，提供它们以推翻我最珍爱的信念的机会。我怀着一种指望，在我像这样从别人的观点不偏不倚地来看我自己的判断的时候，我能得着第三种的见解是要改善我从前的看法的。……长久的经验教导我说，要看准我所要掌握的一件事情并不能勉强，不能仓促，不能一味凭一己的努力，而需要相当长久的时期，让自己反复慎思同一的概念，从它们的各个方面、各种广泛的可能，联系来看它们，久而久之，心中唤起一种怀疑的精神，考验我的结论能否经得起一种彻底的批判。”[5]“在这样微妙的精神工作中，最有害的莫过于让一些与题无关的东西先入为主，心灵虽不能经常处在紧张状态，可是不管它是在松弛或在有利的时候，总得要不断地能接受任何时候到来的偶然暗示。休息和消遣必须在自由和灵活性中维持其力量，使它能够从各方面新鲜地看一件东西，能够扩大其眼光，从极微小到极普遍的看法，轮流更换其一切可想象到的观点，凡是从一个观点所观察到的要用其他一切观点所观察到的来检验它。”[6]“我不能同意那善意作者的意见，他建议我们对于心里作了决定的一件事情不容再有疑虑。在纯粹哲学中，那是行不通的。其实对于这种办法，悟性是有其自然的反抗的。我们必须考虑到命题的各种不同的应用，纵然没有像要特别证明的时候，我们还必须试一试其反面之可能，像这样尽量拖延，等到真理在一切方面变为是明显的。”[7]

《纯粹理性批判》一书的内容充分证明上面所说的不是一些徒然在口头上的美好意图，而确实是康德的工作方法，是可以断言的。我们发现康德不断地更换其相反的观点，绝不固执其中之一种，不断地重述其原理，力图清洗他认为他的原理的叙述所存在的缺陷。如上所述，《纯粹理性批判》一书并不是一个单一的统一系统的阐述，其中记载着康德许多次的意图来陈述他的多方面的诸问题而求得它们的解答。即在书中含有他晚年的见解的那些部分，依然说明康德不愿意为着求得前后一贯而牺牲见地的。有时他有为自己特别辩解的嫌疑——他不能说是完全没有这种毛病的——他还是为着维护我上面所述的他以反理性的心情来保持的那种逻辑的建筑术，而并不是为着他的中心原理。康德并不隐蔽其困难，不是一味强调其有利的各点，而自己强调地指出他自己的结论所不能免除的突出缺陷。他的学说中某些论点固然是很确定的，然而在其他同样重要的方面，还大都是未有定论的。

康德的《纯粹理性批判》一书用为近代哲学的导论，用这种进行的方法大大增加了它的价值。在这本《批判》的气氛中浸透过一个哲学研究者，纵然对于这书的理论可能在许多地方不大满意，然而已熟悉了什么要求是一种真正完备的形而上学所必须满足的，至少也相当地认识到形而上学需要处理的诸问题之复杂性了。

认识到正文的混合性在两方面可以为我们的保障。第一，仅仅引用某一段文字是很不足以解决问题的，如要解决问题，不仅要对照所有有关的各段文字，还须按照康德思想发展的各个阶段的历史之理解来进行这些各段文字的解释。而且我们必须准备发现康德在某一些主要问题上是徘徊于相反的立场上，绝不明确地认定任何见解是他自己最后立场的表现的。

其次，如果我们认为这本《批判》是一部完整的著作，是按照前定的计划写成的，那么当然就指望康德最成熟的思想必须在这书的最后的几部分，而这样来看这本书是不行的。譬如书中“辩证论”许多的理论，尤其在它谈到现象界的性质与认识事物的心灵之关系，这一些都只是半批判的。《纯粹理性批判》的导言也是如此。一般说来，大凡著作的导言都是最后才写的。康德这本书的导言大概写在其“感性论”、“辩证论”和“分析论”这几部分初稿完成之后，然而从各方面看来，这导言是在“分析论”中央部分最特色的几种学说弄清楚之先写的。

可见在《纯粹理性批判》一书里，康德导论所说关于这本著作的目的与企图和形而上学问题处理中所得的结果之实际使用，都不能以任何合适的方式表现其逐渐地但又成功地达到的革命的新原理。这部《批判》的关键是在其“分析论”的中央部分，特别是在“范畴的演绎”之中。本书之其他部分，只是在逐渐脱离作者批判以前各种假定的羁绊的情况下，才显示其批判的学说的。这些部分的思想得要彻底改造，才能和我们必须认为是康德最成熟的说法相一致，这是我们在这些部分的固有性质和第二版的相应修改地方看出来的。

彻底修改以符合最成熟的思想，是康德从来不试图去做的一种工作。其原因就是，在他一经对于他的新批判诸原理比较清楚一点的时候，他在第一版的“分析论”中略加阐述，便匆匆忙忙地把这些原理应用到道德、美学和意志论各范围中去。在第一种《批判》于1781年出现时，康德已是五十七岁，行将花甲之年了；他似乎很怕已经占用了他“至少十二年”的主要注意力之纯粹理论的诸问题，如果再来拖住他的后腿，他就会不能发展他的伦理学新形而上学而传诸后世、永垂不朽，而据这第一种《批判》多处提及所证明，这伦理学的新形而上学早就在他的心中有其成竹的了。再花费一些气力来使他的理论哲学趋于完善，将会危害到其最好的成果。《纯粹理性批判》于1787年刊出其第二版时，康德也没有利用这个机会来作较大的修改，而只略事增改当时偶尔出现的书评所明白揭露其阐述方式不够完备或令人误解之处。盖当时读者对于该书尚多费解，顾虑很深，大都保持缄默故也。

乙　关于历史背景的问题

——康德和休谟与莱布尼茨的关系

康德的根本问题是：先验的综合判断是怎样有其可能的？这问题的提法对于现代的读者来说，是意味着一种过于经院式的而且是极端理性主义的着手方法。康德何以采用这种提法,其理由很令人们摸索不着,是为憾事,因为他有些关于自己所说的话大都为别人所误解了。人们认为从这些话中就可证明问题的提法,其直接原因乃是休谟在其《人类理解研究》一书中所讨论的因果性问题。人们论证的是说,康德不可能接触到休谟更早而更详尽的《人性论》那本著作,因为当时这书还没有德文译本,因之康德提到休谟的地方都只是他更晚的著作。

花亨格尔对于康德一些自传式的叙述这样来理解,曾作过很有价值的抗议。康德是没有直接提到《人类理解研究》的,其《纯粹理性批判》和《未来形而上学导言》中几段[8]谈到休谟的理论之处,是指着《人性论》所谈的更广泛的问题,这一件事情是重要的;因为如果花亨格尔的见解能够成立,我们才能认识到何以康德竟然把"先验综合"这问题看作是思辩哲学整个范围里面最迫切的一个问题,不然的话,这种体会是不可能的。

从它对于批判问题的关系来看,《人性论》和《人类理解研究》这两种著作的主要区别,是在于《人性论》这更早的著作有其更广泛的范围和更彻底的性质。《人类理解研究》一书所讨论的因果性问题,只在其出现于特殊因果性的判断这一种形式里面,那就是我们断言这个或那个结果是由于这个或那个原因,是有什么根据这种形式。可是在《人性论》一书里,休谟提出更广泛的一个问题,涉及我们能否认定事物必须是由因果而决定的。换言之,他在那里怀疑到普遍性的因果关系原理是否确实有据,怀疑到凡发生的事是否必须有其发生的原因;他这样提出疑问的缘由,明显的就是这种原理是要求在两个概念之间必须有必然的一种联系,然而人的心灵觉察不出来在一件事情和它的先行的原因之间究竟有什么样式的联系。那就是说,普遍性的因果关系原理不是自明的,它是综合性的。一件事情的概念和一个原因的概念,是截然分开的,而又是不同的理念。我们可以想到任何事情，而不必要想到这些事情所依赖的某些先行事情。而且那普遍性的因果关系原理又不是能够证明的。如果有人提出相反的意见说，在提出对于这原理是否有其根据时，我们便已经承认事情可以从无到有那种荒谬的说法，当然这样来论证，只能事先承认了这因果关系原理才行的。如果事情不需要原因的话，其从无到有之不需要找出其来源，也正如从有到有之不需要找其来源一样了。同样地，又有人提出这样的论证说，时间与空间的所有各部分都是齐一的，无异无别的，而一件事情之发生于某一时某一地，而不发生于另一时另一地，是必有其如此决定的原因，这也是先行认定了因果关系原理才这样论证的。认定时空之不由什么原因而决定下来，其困难并不大于事物之存在是这样决定下来的。于是休谟做出结论说，这原理在其性质上是非理性的。它是有利于经验组织的一种工具；因为这个缘故，自然决定了我们要形成它，接受它。正当地看起来，它所表达的无非是一种自然而然的信念，只能像某些实际生活需要所不可或缺的其他的人类倾向那样，作为自然的方式来理解它。“自然已决定了人们怎样呼吸，怎样感觉，也决定了人们怎样作判断。”

从同样的自然主义立场出发，休谟之向着经验派各种哲学进行攻击，其剧烈的程度是一样的。经验派哲学认为可以用归纳推理从经验的事实来建立一般性的原理。如果作为人类经验的基础之原理是非理性的性质，那么人们的经验判断也必然是这样。这些经验判断可能正确地叙述一向发生于人们感觉的前后次序中的一些齐一性，而且又可能表达出这些齐一性所自然引起的自然而然的种种期望心情，但绝不能把它们看作是可以用来作推理的根据的。经验论者排除了一切先验的原理，完全以感性经验为标准时，也就消除了归纳推理与从习惯而来的期望这两者之间的区别之一切根据。休谟论证说，既然从这观点来说，普遍的或说抽象的概念，也都必须予以否认，那么演绎推理也同样地必须和我们心灵所能运用的一切可能的工具被排除掉。所谓推理者，绝非信念的来源；原是人类的根本自然信念，为人性的素质反应于外来的影响所决定，而后产生那些期望的。而这些期望，不管它们以什么逻辑外衣化装起来，其本源像人类的感觉和感知一样，是纯粹自然的。简短而教条式地叙述出来，休谟的学说概要就是这样[9]。

看来是这些思想，把康德引到先验综合的问题上面去的。他原来，而且始终一贯，和休谟完全同意来坚持着因果关系原理既非自明而又不可能有逻辑的证明的，而且他马上又体会到这条原理是如此，所有作为科学和哲学的基础的其他原理亦复如此。康德并且同意说，归纳推理从经验所给与的材料出发，是在预先承认了独立建立起来的理性原理的基础上才有其可能的，因之我们就不能指望经验来作这些原理的有效性的证明。这样一来，既经否定了自明是先验的一种特性，而随后又承认了它的综合性，康德便不得不默认休谟所提出的二难式是不可避免的了。要就接受休谟怀疑主义的诸结论，要就必须能够指出某一种标准而没有理性论者或经验论者所用的证明方法之种种缺点，而且是足以确定一般性原理之有效与否的。是否就须在这二者之间选择其一呢？这就是康德的问题而表达为下面的公式：先验的综合判断是怎样有其可能的？

查休谟的论证，原本是极其明晰而又中肯，其后又有像苏格兰的托马斯·理德、德国的兰柏尔特和格老修斯等有能力的思想家出现，而须等待不下三十年，休谟才碰见唯独一个读者，是能体会到《人性论》学说的真正价值的[10]，这是一件很值得注意的史实。就是康德自己在其1756—1762年期间阅读《人类理解研究》这书时，仍然不能体会到其主要问题的重要性与其意义[11]。在这本《研究》中，关于因果关系的一般性原理之更广泛的问题固然没有提出，然而从康德自己的理论来看，休谟讨论的意义是足够清楚的，因而我们不能绝对肯定，是否《研究》这书的重读，或者是这书论证的回忆[12]，向着康德提出其批判哲学的中心问题。可是很有可能，康德之醒悟过来，只是间接地通过他认识到《人性论》中的更广泛的论证，而这又是依靠卑亚特耶极其粗暴而绝不怀好意的对于休谟哲学的批评所显示出来的[13]。卑亚特耶具有很大的天才和文学力量。他的散文著作是明晰雄劲的，而且富于例证，难怪它在十八世纪后半叶，是极受欢迎的。可是另一方面，卑亚特耶缺少真正体会所讨论的问题的深入意义和所潜藏的思辩含蕴与其后果。因之在批判休谟时，他自然是表现得最坏的。像他那样坚持说，采用休谟的怀疑结论，势必得到荒谬的实践后果[14]，无非是想在哲学舞台上利用群众的偏见而已。但如果他从休谟的《人性论》逐字引用的摘文，果真像表面上看来那样，第一次向着康德显示出休谟关于因果问题分析之范围与其最深入的意义，那么他这种做法也是可受到原谅的。

可是能够提出来支持这说法的证据，完全是要看当时的情形。卑亚特耶所著的《论真理的性质与其不变性》，其德文译本是在 1772 年复活节时出版的，也就是康德在其独立发展过程中体会到**独立的实在**之先验知识之不可思议盖然性的性质的那一年，这一点有他致郝尔兹的著名的一封信可作证明[15]。然而在那个时候，他还完全没有意识到那更深层的问题，而那问题，在他认识到先验原理，姑勿论它们的客观有效性的整个问题在形式上总是综合的时候，就马上要出现的。我们知道康德是熟悉卑亚特耶的著作的，因为他曾两次提及卑氏的批评休谟[16]。大概在卑氏的著作德译出版的那一年，他便看到了，至少是在给郝尔兹的信不很久之后，还有什么比这还有可能的呢？卑亚特耶所从《人性论》引用的几段恰恰就是必须要来显示休谟关于因果的一般性原理的革命性学说之整个范围的。这必然就是休谟的影响起其主要作用的途径，这一点确是无甚可疑的。这样到了最后，通过迂回的途径，由于一个反对者的引用文，休谟才把哲学从其教条主义的梦寐中唤醒过来[17],才为他的论证获得赏识,而这赏识,虽然那论证本来就富有说服力,却等待了三十年而后如愿以偿的。

现在让我们看看康德早年所受熏陶的理性论哲学。休谟坚持说,经验自身不能证明归纳推理之为正确,这种主张正可作为一种自然的桥梁使我们过渡到莱布尼茨的相反观点。驳斥经验论是休谟和莱布尼茨的共同立场。他们同意把这看为互相冲突的两种原理的混血产物。如果理性论站立不住的话,其出路并非在具体的经验中来寻找据点,而只得追求怀疑哲学所能提供的安慰[18]。推翻了理性论即等于任何种类的形而上学之毁灭。即使数学和自然科学也只可看作是实践的目的之满足而并非理论需求的完结,但是莱布尼茨之批评经验论虽然在其重要主张上是和休谟的批评相一致,然而就其整个态度和所得到的种种结论而言,则与之大相径庭。休谟主张把归纳推理看为不过是自然期待的一种不属于理性的过程,而莱布尼茨是要证明纯思维有自己遵守自己的法则之特性。感性经验只能按其体现从思想本身的固有性质所获得的诸原理而显示实在。经验是要和先验原理一致,因之就能提供科学归纳推理以足够的根据。

在休谟的《人类理解研究》一书中,有一段可以用来说明莱布尼茨对于人类思想的性质与机能之解释的大胆思辨特质:“没有什么东西……‘像是’要比人类思想更无限制。人类思想不但逃脱了一切人类的权威与能力,而且是不为自然与实在的限度所束缚的。……人身拘束于一颗行星,艰难困苦地爬行在其上,而思想则能够于顷刻间把人们输送到宇宙间最辽远的境地……其所想到的可能是从来未见过、未听过的,除了含有绝对矛盾的东西,没有什么是在思想能力范围之外的。”这一段文字是休谟用来描绘虚伪的信念,以其声称的全属荒谬不经,早为人所摈斥,而在莱布尼茨看来是惊人的,却是毫无夸张的真理。思想乃是永恒不变的实在之显示者,其有效性并不依赖感觉的证实。当伏尔泰在其《无知的哲学家》里说,“整个自然界,一切的行星,都服从永恒的法则,而竟有身长不过五尺的微小动物,胆敢蔑视这些法则,为所欲为,我行我素,这是何等奇怪”[19]。殊不知这身长不过五尺的动物能在其思想中包罗万象,因而他的尊严是不得以他的身材之大小来衡量的,这只是俗人的计量而已。人类不能离开其身体,亦只生存在一颗行星上面,然而在他的思想中,日月星辰仅供其玩弄就是了。以寿命计,他是有限之物,而以能力计,他是像神灵那样无限的。

莱布尼茨是这般大胆地来对待关于理性的机能之怀疑见解的。他绝不把思想限制于将感性材料改变为概念的形式,他要替思想要求一种创作能力,使之能以其自己的资源来自动地发现不止物质世界的构造,而且寻得可能存在物的极其辽阔的境界。他认为实在的境界只是思想在真实的广大无边中所发现的无数境界之一而已。这实在的境界是最能包含一切的、最完备的,但仍不失其为纯思想中向心灵显现的无数境界之一而已。真理不是由事物之抽出其共通方面而得来的,不是实在的抄本,离开实在就没有其意义和旨趣。真理的范围大于实在的范围,就逻辑而言是在实在之先,它并不依赖实在,而替实在规定其法则。莱布尼茨是这样从纯思想所发现的可能出发:以一种先验的方式来确定实在的性质的。

莱布尼茨式的思想见解,初看起来可能像是笛卡儿和马勒伯朗士的、浪漫的理性论的理想之重新出现。可是这样来看它是一种严重的不公道。这见解是充分地意识到它的根据和它的含义的,而实在之从形而上学上加以重新的解释,是为着提供它以一种真正的根据的。它的主要主张中没有什么只是神秘的,没有什么是不确定的。莱布尼茨和马勒伯朗士不同,他是一位渊博的数学家,和牛顿同时发明微积分的。他也不同于笛卡儿,因他对于方法问题的纯逻辑方面是具有非常大的兴趣的,所以他是高度具备了一切条件在真正的科学方式上来确定数学学科的意义和价值。

可见休谟和莱布尼茨是两位主角,而在他们面前,其他的人都是无足称道的。他们体会到在许多竞赛的可能性之中,什么是决定性的问题,从而最后判断其定局的,而马勒伯朗士、洛克、贝克莱、理德、兰柏尔特、格老修斯、曼德尔松辈都谈不到这点。休谟和莱布尼茨各按其一般哲学素养所规定的方式,主张当时看来是思想机能之可能有的两种见解之一种。这两种见解就是:(a)思想无非是一种实践上所用的工具,便于解释我们人类的经验的,并无它之所谓客观的或形而上学的有效性;(b)思想是立定普遍的法则的;它显示出永恒的可能之更广泛的境界;而在一切经验之先,它能够决定经验必须与之一致的诸根本条件。这两种对立的见解又可以逻辑的术语来解释如下:(a)经验的根本原理是综合判断,其中找不出来其主词与宾词的关系,因之就不能先验地或从经验来证明它的正确性;(b)一切原理都是分析的,所以是能以纯思想来证明它们的正确性的。

概括地说,康德的《纯粹理性批判》一书的问题就是要考查这两种对立的见解而做出批判性的估价。没有什么科学的、道德的或宗教的问题不会因人们决定采取这两种见解之一而不受到严重的影响的,不会由于我们所希望达成的这些见解的矛盾要求之调协而受到致命的影响的。康德之后,多半由于进化学说的成立,这问题只有变为更加迫切,生物学的权威像是大大地加强了思想之自然主义的、工具论的见解。看来,思想像是归结到感性感受的水平,作为自然过程所发展以达到适应环境的实践上的意图之一种工具。然而与之对立的见解也同样地为数学科学的胜利前进有力地加强了。数学科学已经冲破欧几里得空间的藩篱,指定出许多的可能而不是经验所能显示的。物理学确定了看来是独立实在的、真实的、客观的性质,而物理学这些成就也巩固了莱布尼茨的见解。就康德所受的教育,就他的性情和信念来讲,他是一个理性论者。所以他的问题是要把莱布尼茨对于思想的机能之见解和休谟对于因果关系原理的综合性质的证明协调起来。他力图去确定下来，在完全满足了休谟的那些破坏性的批判之后，还能够把莱布尼茨所相信的纯思想之规定法则的能力保存多少成分。一切经验和一切知识所最后作为基础的根本原理，其性质是综合的；它们又应该是先验的。这是怎样可能的呢？康德从他的哲学前辈休谟和莱布尼茨，继承下来讨厌的遗产，就是这样的一道问题[20]。

丙　一般性的问题

在指出康德的一般学说之某些主要特点时，我的论述只限于那些论点，是最有助于初步决定方向，或者是需要来避免自从康德的《纯粹理性批判》一书出版一百三十年以来，由于术语和人们眼界的突变，而可能引起的种种误解。企图这样概括地、而又用现代名词来叙述的一些说法，以提出康德的哲学理论比较一般性的特点，无疑对于本书的许多读者似嫌其方式之武断，而内容又是极其成问题的。这些说法的效果好坏，要看详细检查过康德自己的话语之后所得的结果是怎样，我的全部解义才能证明我所说的是否正确。

一、先验的性质

康德的论证基本上有一个假定为其前提，这假定本身从未经过检查而一直就是被认定的。它是说，普遍性和必然性不能从经验性质的任何过程而来。通过这条起点的认定，康德就得出结论说，以普遍性和必然性为其识别特点的先验东西，不是在感性中所给与，而是心灵所加上去的；

用另一种更确切的话语来说，就是说它不是经验的质料之一部分，而是构成经验的形式的。这里所谓经验的质料就是感觉的意思，而感觉又是被看作是非属于理性的。

何以康德绝不考查或证明这条认定，我们在上文已经指出过了。莱布尼茨之以这认定的真实性为其思想进行的根据，其深信不疑的心情不减于休谟。而康德的主要任务，乃是在于把他认为是莱、休二氏之对立哲学中的真理因素协调起来，那么他就很自然地感觉到，把他自己的体系建立在他们两人所能同意的一条根本的假定上，是稳当的。这条假定不是在争辩的范围之内的，而且它对于康德来说，正如对于休谟与莱布尼茨来说一样，是具有没有引起过争论的先入为主之见，所一直易于获得的那种有权威的和公理式的性质的。

普遍的和必要的因素在经验中构成其形式，这个一般性的论题，康德以下面确定的方式作详细的说明。所有的经验都有其固定的形式，那就是说，任何经验，不管它是简单到什么程度或复杂到什么程度，都是有同一样的形式。在时间的意识里可以侦察出它来，正如在对象的意识里或者在自我的意识里可以侦察出它来一样。其所以如此，如康德所论证，就是时间意识含有分辨主观继续和客观继续的能力，而同时又含有带着其必不可或缺的自我意识成分之认识[21]。这一同样的看法，也可以用别一方式来说出，就是说，人类的经验是一种时间性的过程，可是它总是一种意义的意识。作为一种时间性的过程，它的各状态是相继地排列的，即彼此外在的；但是这些状态所组成的意识在每一个瞬息间都有某一单独完整意义的觉知，而且指向着这意义，其相继的经验之内容才能组织成功的。知识的问题因之就可说为时间意识的分析，客观性的分析，自我意识的分析，否则亦可说为意义觉知的分析。康德得到结论说，此四者的情形是完全同样的[22]。

康德就是这样告诉人说，经验在其所有的体现与其每一瞬刻的状态中，都可分析为无数不同的质料和固定的一套关系的因素。由于缺少任何这些关系因素之一个，就会使其他都完全无效，所以它们一起构成我们必须看作是每一种心理过程的决定性形式与组织，只要这心理过程是属认识的性质的。那就是说，觉知是和判断的行动同一的，所以它就含有凡是判断不同于只是思想联系所要求为它可能性的东西。

这样叙述起来，康德的立场之不同于莱布尼茨的立场，只是在于它更清楚地把握住其所包含的问题和困难，因之用来成立这立场的论证在性质上就更微妙、更顽强、更彻底。这立场的革命性之第一次出现，是当康德进一步在推广休谟的学说时论证道，那形式的、理性的诸因素是综合性的。这结论的意义和范围所及，是难以夸大的。康德没有别的主张是比这更基本、更重要的了！[23]康德的批判学说之主要后果，是和这不可分解地结合在一起的。既然作为人类知识的基础的诸原理是综合的，它们就没有本来具有的必要性，不能具有理性论者归之于它们的那种绝对的权威。它们是对于人类理性规定下来，但是不能证明它本来是属于理性的，不管这高度歧义的名词是作何解。它们只得作为顽强的条件建立起来，在事实上可以证实，但不能在人们实际经验的纯理论（如果有这种东西的话）上来证明它们。它们是感性经验的条件，而那是指我们关于现象的知识而言，绝不能用来辨认最后的实在。它们在经验的境界内是有效的，但不可用来构造关于物自身的形而上学理论。当我们认识到人类经验甚至在其根本诸方面（例如其时间与空间方面），依然可想象为完全和它实在那样不同，而且它的先行假定也总是因之而属于同样可有可无的性质的时候，康德的结论就得到巩固了。甚至康德断言替他的先验原理所成立的普遍性和必然性，都是属于这种性质的。它们的必然性对我们来说，总是非固有的；我们只能在认定有人类感性经验之发生时，也只在这时候，才作为先决条件而要求它们。

可见康德是一个新型的独特的理性论者。他相信先验的，而且强调其重要性。他坚持说，《纯粹理性批判》只胜任来处理这一问题。可是无法证明这一种先验的东西不只是相对的。它固然可叫我们想到被认识的东西是相对的，而且在思想中持有一个绝对者之可能性，但它之能做这事情，并不是自己就具有它的独立有效性。因为虽然先验的证明不是经验的，即不是归纳的结果的意思，然而它也不是逻辑的，即不是从思想的必然性推演出来的意思。只有承认了经验是实有的，才能作为它的“先验的”证明，而且也只能在考虑到这经验的基本特质时，才能这样做。

最后，先验因素纯粹是属理性的。它们没有其固有的内容，从而可以获得有关超感性的东西的迹象；它们唯一的作用乃是为别方面提供的内容在其解释上服务。

所以先验的，只是属理性的，没有其固有的内容的；它是综合的，因之不能有其独立的或形而上学的证明的；它是对于只能呈出现象的经验而为相对的东西。先验的之仅只为事实上的，正如它所作为其条件的经验之为事实上的一样。

甚至在道德的范围内，康德仍是坚持这种信念的。道德和知识一样，是先行认定了先验的原理的。这些先验原理绝非自明的，而又不能以直觉为更高的权威而成立的。它们的权力的限度是在于它们显现为道德意识不可或缺的先行假定，而这是不可否认的实有事情[24]。

我们必须清楚地懂得先验的是属于这种性质的。否则读者就难免带有一种感想，以为全部讨论无非是虚幻的，只是历史性的，只有沉迷于古物的意义的了。读者尽可以形式的或属理性的这名词来代替先验的。如果他记住康德之所谓属理性的，乃是指着知识中那些使其构成意义的关系有其可能的诸因素，他就会认识到批判的讨论，并不是过时的，而仍然是哲学研究的整个领域里面最重要的问题之一。

二、康德对于逻辑科学的贡献

上述诸结论对于逻辑学说有其重要的关系。正如现代几何发生于平行线公理之怀疑对待一样，现代观念论逻辑是奠基于康德对于休谟怀疑学说革命性后果之证明的。盖原理既然总不是自明而又不能从经验归纳出来的，那么它们是用什么别的方法建立起来的呢？康德对于这问题的答复，略述了现在通称为真理前后一贯说这一立场[25]。人们一向把这种说法归之于黑格尔，其实它的起源是在《纯粹理性批判》。它所表达的是莱布尼茨的理性论之修正，而这修正是休谟之发现因果公理的综合性而使之不得不然的。笛卡儿派诸体系的演绎方法和英国诸哲学流派的归纳方法，都再不能看作是正确描述着科学方法的实在过程的。

一般性的原理要就是先行假定，要就是公准。如果它们是先验的，它们便是在所有意识的觉知中所先行假定的；如上所述，它们在所使之成为可能的经验的范围以内有其事实上的有效性的。如果它们是属于更特殊的性质，它们就是我们在解决某些特殊问题的过程中不得不承认的公准；所以它们是由试验和失败的方法发现出来的[26]。它们之有效是按照它们怎样使我们能够把一些现象协调起来，所决定归之于每一现象的实在，是和归之于每一个其他现象之实在不相冲突的。

事实的证明在其一般性质上亦与此相类。事实这名词不只是有描述意义，而且是有称赞的意味的；它标志着某一知识主体，无论是现实的或可能的，都具有认识的意义。这名词可用之于特殊的现象，那我们就要能够确定其条件，而且能证明在这些条件下这些现象存在的方式是和进行的研究有关的。从心理研究的观点说来,平行线之收敛是事实,而从平行线的物理存在这见解说来,这只是现象而已。究其终极,任何东西,包括称为现象的东西,都是实在的[27];但是在人类经验的明确程度上,这一些区分是不可少的,而其辨别的标准则按照其运用时前后的关系而决定。

可见脱离原理就不能成立事实,脱离事实也不能成立原理。一条原理之证明是在于它之能充分解释所有那些能被指出来,无论在哪方面,是和它有关的现象,而说成是事实的考验,即我们描述某一现象的考验,乃是在于它之能符合于使洞察事物有其可能的那些原理。

虽然康德把应用在《纯粹理性批判》里面的方法称为"先验方法",其实它在一般性质上是等同于自然科学的假设方法。它之进行,是研究需要有什么先决的条件认定下来,然后才能解释当前的所与,而说明其所以然之故[28]。它从所与出发,而又使它的结论接受所与的查对。作为一种方法而言,除名称之外,没有什么东西是形而上学的或深不可测的。虽然如此,康德之采用这特别名称,在某一程度上,是有他的理由的。由于所要处理的问题性质独特,所用的方法必须很慎重地来叙述,而对于它的不适用于哲学领域这种责难,必须加以辩护。

真理前后一贯说的基本论题,在康德的判断学说中得到明显的系统讲述:康德的学说,说觉知等同于判断行为,而判断总是复杂的,包含有事实因素而又有解释因素。在一切知识里面都有综合的、关系的因素,甚至在肤浅的研究看来像是纯分析的或只是感性印象的知识里面,也是如此。不仅是内容,而是在某一特别场合上加以解释的内容,才是人类思想的唯一可能的对象。纵然以强勉的抽象,在心理上把特殊和普遍分离开来,然而特殊和普遍也得要通过判断才能理解,因之也是通过包含着两者的心理过程的。它们是在事实上的系统里边有其相互含蕴的关系的;它们一起组成这系统。

这就是为什么在现代逻辑中，如同在康德的《批判》里，判断学说要比推理学说得到更多的注意。原因是，上述的判断看法一经成立之后，推理学说中的一切主要论点都作为必然的结果而出现了。知识的起点既非感性材料（所与），亦非一般性的原理，乃是人类在其自我意识萌芽时所处的复杂情景。这情景是按照人类心理的装备组织成的；有了这已经存在着初步发展的系统，才有进一步的实际可能；从开始来创造一个系统，是完全不可能的事。然而又非单独起点能决定我们的结论。由于心灵的创作活动，在所有意识中，限制性的原理是起着作用的，在这些限制性原理指导下，所经验的秩序，为要满足原来就有的欲望而多半是属于实践的，就改变成为被人理解的秩序为理想目的所控制的。逻辑就是实现这改变的过程之科学。它在其本质上是一种形而上学的学科，是不能从哲学理论的广泛体系孤立起来的；逻辑不是形式的，而是先验的；在其处理组成知识的因素和过程时，他的须做的事主要是处理终究的问题。

康德称他的新逻辑为“先验逻辑”时，他固然含有一种意思，说这逻辑是补充他声称要同意的旧逻辑，而并非用以代替它的[29]。而他的数学科学的直观说、他的“纯概念”学说、他的判断的主谓见解——都是他的批判前时代的残余——常常是使他自相矛盾的[30]。复次，他之醉心于先验的这一问题使他过低估计纯经验的东西在知识中所起的作用。但是尽管有了这一切的前后不一致，尽管他刚愎自用地要使用一些强蛮的语气，他足够清楚地来巩固真理的前后一贯说之真正基本主张，是做得很成功的。

三、意识的性质

我现在要从另一方面来看看康德的中心立场，那就是对于意识的性质这问题的解答。我认为我们有正当的理由来说，康德是近代提出觉知的性质和它之为可能的条件这问题第一个人。诚然，笛卡儿经常谈到意识，然而他只是以消极的名词来下意识的定义，把它和物质对立起来的；而且在他提出物体如何能为非物质的心所知道这问题的时候，他处理这问题的方式，说明他的真正兴趣不是在于意识的性质，而是在于意识所显示的存在物的性格。他的答案是以知觉代表性的那种学说的名词公式化地表示出来，而奠基于物理学和生理学的教义，说什么物体通过它对于感官和大脑的作用就产生出影像，也就是物体的抄本。这一种影像既非存在于外界而只存在于意识，他就断言它们是属于心理的性质的；而他就像做出结论说，影像既是属于心理的，它们就是直接地而且必然地为心灵所理解的。可见笛卡儿并未给我们以认识过程之一种分析，而只做出一种关于认识过程所指向的对象的性质之主观解释而已。

所以笛卡儿的知觉代表性学说是否奠基于自然科学教义的正确理解这问题姑且勿论——康德终究是要否定这学说的——而那主要的认识论问题，即觉知如何可能，是什么东西组成的这问题，截至那时为止，竟然没有人提出过，这是显而易见的。笛卡儿与其继承者辈实际上认定意识是觉知的终极的不可分析的形式，我们对于哲学家合理的要求只是他要说明实际向意识呈现的是什么对象，在什么条件之下这种呈现才能发生的。依笛卡儿的看法，这些对象是为先行的物理的和生理的诸过程所制约的；按贝克莱的说法，它们是由于神的创造活动的；按休谟来说，关于它们发生的原因，什么也不能确定下来。可是彼三人都未认识到，纵使承认了这些对象是属于所说的性质，即心理的，还有一个问题得要考虑，它们怎样变为意识所理解，而且这种觉知是什么东西组成的。

诚然，在笛卡儿与其继承者的著述中能够找着关于认识过程的性质之某些解释。但是这些解释大都是一些未经检查的假定，从来没有得到准确的简洁说明，而且时而是这一解释，时而是另外一种，毫无伦次的。我们可以考虑三种有代表性的见解如下：

(1)笛卡儿常常像是意味着——而洛克的全部《人类悟性论》都表示同样的认定——在所有心理状态后面有一个自我在那里观察着和理解着这些状态。意识就是这个自我的力量用来默察其自身与其思想的。这显然是无视问题之所在。如果我们认定有一个观察者的话，我们就事实上自然假定有一种观察的过程，可是并没有说明它，或者甚至替它下一个定义。

(2)在笛卡儿那里还有第二种很不相同的意识见解，那就是，意识是有类于光的一种透明导体，正如光之为俗人所认为能显示它所照到的对象，意识也同样地显示出人们的内心状态。这种的意识见解完全不足以说明我们所要说明的事实，其理由详见后文。它像与之适应的光说一样，是维持不住的。

(3)在休谟那里，我们找着上述第二种见解陡然像是以比较令人满意的形式提出来，但其实令人更加不满意。他论证说，感觉、影像、情绪都是意识的状态，甚至可以说是意识的碎片，那就是说，它们是带有自己的意识的。例如，红色说是一种感觉，因而被看作是一种感性的内容，即被感觉到或领悟到的东西，而同时又被认为是感觉到或觉知到这一活动。这种见解是经不起批评的，其实没有什么根据来说红色带有它自己的意识，正如不能说一张桌子带有它自己的意识一样。这种说法之不正当不为我们所看见，是因为桌子像是没有什么意识在那里而竟然存在着，而不能证明红色独立于意识而存在——它可能独立于意识而存在，或者不能这样做。现在许多思想家，继续着英国的联想论者的传统，是主张这种康德以前的见解的。感觉、情绪等认为是意识的碎片，是觉知的一些形式；由于它们各种各样的结合就组成动物和人类的心之复杂经验。

康德的学说是和这一切的见解正面对立着而发展的。如果我们放弃他的过时术语,而用现代名词来叙述他的立场,我们就发现他所说的不过是意识在一切情况下总是意义的觉知。没有什么觉知,无论它是如何初步的或原始的,而不包含有意义的领悟的。意义与觉知是相关联的名词;是要从它们相互的关系来研究的。由于意义是理解的高度复杂对象,就不能把觉知看作是终极的或不可分析的。可以证明它是以产生的条件之复杂情况为其基础,而且含有各种各样不同的因素的。

所以从康德的观点看来,有两种完全充足的理由,说明何以意识的透明导体说,即任何把意识仅仅作为一种传导体从而报道出存在物的见解,都必须看作是维持不住的。第一,如上面已经说过,它是根据以意识为终极的这种错误的假定的,这种假定于是就以为我们不必再去探求意识的性质了。康德认为曾成功地把构成意识的许多成分分辨出来;他并宣称他曾证明在这种分析做出之前,是没有充分的根据来进行感性认识问题或判断和推理的逻辑问题之哲学处理的。透明导体说是现象像镜子一样的方式,可能把联系的内容当作并列的,它绝不能说明那联系内容变为被理解的这些过程。

其次,透明导体说无视意义与存在两者之间的基本区别只存在可以说成是有自己的根柢的;即使在它对外来影响作其反应时,它依然是有自己的中心的。意义则反是,它总是意味着所与的东西在使它有其旨趣的更广泛之问题的光亮中有它的解释。觉知意义的场合中,所与,现实地呈现出的东西,在某种方式上被逾越过了,而在说明意识的过程之任何意图中,主要还是估计到这个逾越。当康德极力主张所有觉知,尽管它是如何初步,看起来如何简单,总是一种判断的行为,因而就包含有属于理性的诸范畴的时候,他就是表达这个论题。我们意识存在的基本形式,而且唯一的形式,不是什么被动的沉思,乃是主动的判断,不仅仅是概念作用,而是推理式的解释。当然这就使康德不得不断言没有什么认识的方式是可以描述为直接的或者说非反思的。在所有知识里面有一个直接的因素，但是我们关于这个因素的意识总是为诸解释过程所制约，而且为它们所伴随着，没有它们就没有觉知之可言。

通过存在与意义这根本的区别，康德就进而做出所有那些表示我们人类经验的其他区别，如现象与实在的区别，实在与理想的区别，被判断的东西与控制和指导判断过程的诸标准的区别。就是因为所有觉知都是意义的觉知，我们人类经验作为一种有目的的活动，按其理想的标准来指导着自己的就变成可理解的了。

康德的意识说，和笛卡儿的意识说，两者对比中之差别，又可以按另一重要问题来说明。持意识透明导体说者，不得不采取关于关系性质的一种很确定的解释。他们既然看意识为被动的、接受的，就必须主张人们之知道关系，只能在于关系之被认识到，像关系的内容之被认识到那样。当然我不是想要说，关系知识这种见解，在一切情况下，而且在其一切方面，都是不合理的。我们将要发现，康德曾把与这对立的见解推演到它的荒谬尽头，认为不必加以论证就可说，凡已证明对于某类型的关系(例如因果和实体属性等关系)是真的，对于一切关系，甚至对于构成空间与时间的关系，都是真的。不能否认，正如詹姆斯与其他人曾很正确地主张，像空间的这种关系，在某程度上或在某方式上，是可以呈现出来的。然而这不能叫詹姆斯就做出结论说，像有时他倾向于这样做，一切关系都是可以被直接经验到的。这样的做法，就使他被指摘犯了同样的不合理推论的错误。但是纵然我们姑且同意詹姆斯的论题在其最广泛的形式上，那最重要的批判问题依然存在：觉知，无论是呈现内容的或呈现关系的，是什么东西组成的，它怎样是可能的？在解答这问题时，康德就得出结论说，必须把意识看作是一种活动，而且是提供它自己成为可能的某些条件。它的贡献是一律的不变的性质；这贡献，如上面已经注意到，乃是某些关系的因素，这些因素在每一个觉知的行为里，都可以侦察出的。

还有一方面，是康德的意识说之不同于其笛卡儿派前辈的意识说的[31]。他主张意识并不显示自己，而只显示其对象。换言之，没有觉知的觉知。只要人们的心理状态和过程是能为人所知道，它们之被知道是和我们认识到空间的存在同样的客观方式的[32]。如果是这样，就有一种很重要的后果。如果没有觉知的觉知，而只有意义的觉知，意义又都是客观的，那就不能意识到在其主观方面构成意识的那些生产的综合的过程。意识既是一种觉知的行为，而意义是在其中被认识到，它就有两重的性质，得要按照我们在任何一个时间里所想到的方面，分别地来描述它。如果我们把它在其客观方面作为意义的觉知来看，我们就主要关心意义所必须的各种不同因素是构成这意义的。那就是说，我们的分析本质上是逻辑的。反之，如果我们把意识作为一种觉知的行为来考虑，我们的问题就是本体论的，也可以称之为属于心理学的性质的（虽然用在这里这名词是有些易生误解的，因为所研究的，据康德的定义，本质上是属于形而上学的）。这两方面之间有这个很重要的差异。构成意义的逻辑诸因素是能穷尽地知道的；它们是意识所显示出来的在意义中的诸因素；而综合的过程只是为着有了这些组成的因素才予以假定来说明这些因素的。那就是说，这些过程只能通过它们所制约的东西才为人所知道，而按康德的教义，我们甚至完全无法企图来理解它们的可能性[33]。必须认为它们是发生着的，但是不可知的，那就是说，它们的性质是不能确定地说出的。将它们假定下来是标志着我们的知识中之一缺陷，而其只在揭露我们的无知之程度上扩大了我们的见识，意识既然是以这些过程为其基础，而且又是这些过程使之有其可能的，它就绝不能用客观世界的名词来说明之，我们的感性经验，因之，如康德所论证，连同我们的明确知识，都是完完全全局限于这客观世界的。心灵之能在意识的太阳光里展开其内容，只是因为它的根深入到阳光照不透的土壤里。康德把这样假定的这些过程看作是先验因素的来源，看作是从而使之有一切意识所必需的综合联系之动因。

按康德的批判学说，可见意识虽然是可分析的，但其为物是绝不能使之完全理解的。总而言之，对我们来讲，它依然只是事实上的一种存在的形式，只得就其呈现出自己那样来把握它。它实在是使判断和推理的逻辑过程有其可能的一种东西。它实在是使因果关系原理和各实证科学发展中所必需的其他原理，在感性经验的境界之内的科学的有效性能有其一种令人满意的证明的一种东西。它也是使理想的标准之控制作用能为人所理解的一种东西。但是在我们提出这种类型和形式的意识是如何有其可能的问题的时候，就是说，当我们提出它的形而上学意义和它以之为基础的生产条件的问题的时候，康德便主张说，我们发现我们掌握的材料是不充分来使任何决定性的答案有其正确的理由的。

我还可以进一步地主张说，如果要好好地看清楚批判哲学的观点，就必须经常记住意识的本体论的、创作的，或者说力学的方面。为着《纯粹理性批判》的中心部分起见，逻辑的分析固然是大大地更为重要，而且只有这是可以做出详细穷尽的发展的；但是若要体会康德对于辩证论中比较严格说来的形而上学问题的态度，其另一方面也是一样重要的。

黑格尔与其门徒是把康德学说这一方面作为次要的看待，甚至于是把它一笔抹杀的主要罪人。他们所归咎于康德的许多前后不一致的地方，是存在的，而那只是因为首先是把康德的学说归结为其一部分，而置其他部分于不理。把他的意识论之本体论含义排除掉，就是预先把他许多的主要结论变为不可维持的，而特别是消灭了他关于现象与实在之间基本区别的力量。如果意识是知道它自己的彻底性质——这就是黑格尔的争点——实在的一半便可从费解之处拿出来，而据康德对于形势之观察，它是不可能变为明晰的。粗糙地来说，黑格尔的立场乃是：人比自然更为可以了解，而且人是了解自然的锁匙。康德的学说则与之相反。我们能够知道自然(虽然所知道的仍不甚完备),要比我们任何时候能够盼望去了解人的灵性生活之成为可能而且成为实现的条件多得多。道德意识是独立价值的一个自主行动着的源泉,而这虽然终久是一个奇迹,但独立的分别的钻研,究竟发现它就只是这样,黑格尔在其致力于建成一种理智一元论时,损伤了一些是他宣称要保障的最高利益。康德在概述思想中的一个众多目的之王国时,依然满足于理智范畴和道德范畴之间的多元论区别。这两派哲学之对立,在某程度上,亦即亚里士多德与柏拉图的对立之用现代话语叙说出来而已。

四、现象论即康德的主观论的代替物

上述诸结论的革命性格,从康德自己那样艰难来摆脱潜在于他正在摈弃的见解之许多假定便可看出来了;这一点最明显之处,就是他在整部《纯粹理性批判》之中,经常摇摆于彻头彻尾的笛卡儿派的主观论[34]——纵然有他的理性论,我们几乎也可以称之为贝克莱派的主观论——和根本不同的,可以称为现象论的,两者之间。后者才真正是批判的而呈现出康德学说的最成熟形式。虽然只在其晚期写出的“分析论”那些部分,和在作为这些部分之补充的第二版有些段里面,才对这做出系统的叙述,然而这看来乃是康德的其他主要学说之唯一逻辑的结果。

我特别想到康德所做出现象与实在的根本区别;这对于笛卡儿学说之心理的和物质的两者之间的对立,是有最重要的关系的,特别是关系到我们对于所谓主观的经验应持什么样的见解这一问题。对于笛卡儿哲学的信徒而言,客观的东西是独立实在的东西;主观的东西是被说成为在称为意识的领域里有其完全不同的一种存在的。康德的现象论式重述这一区别是很复杂而又微妙,不能在简短的导言的有限篇幅中使之受人理解——在本解义的主文里是阐述到的[35]——但可以用几句话来说明其梗概。据康德的最后结论，一切例如在休谟和在莱布尼茨那里，同样地也在笛卡儿、洛克与贝克莱那里的以主观论方式叙述认识论的问题，都是不合理的，而且是窃取论点的。我们称为主观的状态，无论是感觉、情绪，或欲望，在其是意识的对象之意义上来讲，都是客观的[36]。我们的心理状态不是和自然界的存在系统平行的；它们也不是另加的。它们并不构成人们自然界的意识；它们本身是意识所显示的自然秩序之一部分。它们形成经验中的自我，而这自我是一个客观存在，是和其物质环境完全联系着的，而也只能以物质环境的名词才能理解它的。主观的东西，在其性质上，不是和客观的东西对立的，其实是它里面之一个亚种。然而这样把心理的东西看作是所知道的现象之一类，和物理的东西一起形成自然界一个系统，而这个秩序，按康德的见解，是为一个本体存在世界为其基础而控制着的；当我们提出有无可能来知道，亦即经验到，这样广泛的自然系统时，我们是指这个本体境界而言的。任何经验到的东西，甚至一种感觉或一种情绪，都是一种事件，而关于它的经验却是觉知的一种行为，要求一种完全不同性质的解释的。

可见，知识的问题，以充分的批判名词来说出，不是我们如何从仅只是主观的进而到达独立实在的知识[37]，乃是如果凡一切所知道的东西都成为一个广泛自然系统之一部分，那么使之有其可能而为其成分的意识与复杂的诸因素应如何解释。关于后一问题，康德，如上所述，排除了主观论和唯物论之后，是采取一种不表示确定意见的态度的。只要我们继续在纯理论的领域里面，是有某些可以任意选择的可能，而材料都不足以用来决定采取哪一种。排除主观论，并非认为个人的自我是属于虚构的或昙花一现的性质的；拒绝唯物论，也不是断言非意识的不能产生和说明意识的。换言之，摈弃这两种见解，并非由于从认定是它们的形而上学后果而得出的什么说不出来的理由，而只是因为它们是根据关于认识的情况之明显的曲解，而那认识的情况正是产生它们宣称要作为其解答的一些问题的。

五、人类理智和动物理智的区别

简短地考虑一下康德关于动物的理智也许能让我们更清楚他的批判观点的内部。我们检验一种人类意识的心理学，现在习惯于看它能否使我们想象到它是从更低的形态进化而来的。康德的学说经过这种考验之后是怎样呢？

不必迟疑地承认，康德没有特别研究过动物的行为，因而绝无资格作为权威来谈到动物行为的情形。其实很明显，他关于这问题所可能讲到的东西，在性质上，完全是从人类行为的范围内所得的结果演绎而来的。但是承认了这点，我们就因而准备看到问题的对付是从人类与动物的差异而不是从两者的性质之相似来进行的，我们便能认识到关于人类意识的单独研究，在康德式的达尔文学说前之观点也有某一补偿的优点。因为这使他不至于总是想要保持动物和人类理智的同一而不问其代价，完全没有证明而预计了许多的结论，这样一来，就对于心理学的工作者发生经常的、而且每每是有毒的影响。这种易于染有的想望太过，容易叫人低估动物理智和人类理智之间的差异，而这差异在更完善的洞察下，可能发现并不含有违背连续的原则，而在我们知识的现实情况下，只能作为它们分化的特质才有利于解释。

现时机械论和生机论之间的争辩加强了我想要做出的论点。正如许多生物学家所极力主张，生物学的诸问题，要在比较上独立于一些究极的问题，而完全按照其自己内部的情况，才能最有利益地来讨论。因为只有在有机化合物的实在构成已经比一直到现时之可能还要更完全地确定的时候，我们才能适当地处理这些更广泛的问题。换言之，必须认识这些差异才能弄明确连续性的准确性质与程度。这些差异不能只靠从一般性的原理之演绎而预测的。

康德的人类意识之分析的价值是紧密地和他的坦白承认它本来的复杂性结合起来的。不是简单化,而是详细说明,一直到无法减少的最小限度之相互关系着的因素之基层,才是他的批判研究的主导动机。所以他的结果有那么巨大的优点,就是这些结果除所研究的实际题材所规定者外,不为其他考虑所指使。正如上面所已经指出过的,康德主张人类意识总是意义的觉知,因之它只能表达为判断,而这些判断除其他因素外并含有认识或自我意识的因素。

这对于康德而言,就决定了所要做出的动物和人类理智的区别之性质。按他的见解,动物是不能看作具有自我意识的能力的,所以动物也不能有意义地觉知。不管它们的想象之联系机构是何等复杂,这机构绝不能提升到逻辑的判断那更高的水平。根据同样理由,纵然动物的想象可能大体上是有其图型的,而且对于行为的意义因之可能像一般性的概念那样有其效力的,然而它们不能成为逻辑意义上的普遍的。“动物有理解,但无统觉,因之不能把它们的表象变为普遍的。”[38]为着支持这立场,康德尽可指出这一饶有意思的事实,那就是,动物是多么可以训练到某一限度,而在那限度以外又是多么不受训练的。它们只能进步到联想暗示所容许的限度,过此就不行了。没有人能够确实地证明动物是能了解一信号之作为信号的,直到现时还没有人能证明——至少我敢这样说。由于联系想象的影响,动物看来是像能这样做的,但是它们似乎无法越过联系暗示和反思知识之间的鸿沟。

康德还进一步肯定了另一说法。如果动物缺少一切的意义觉知,则必须否认它们有任何类似“我”用意识这个名词所指的东西。它们的经验都是片片断断的事件,可以说为心理的东西,但不能认作等于觉知的行为。“动物的理解是没有意识的”[39],这就是康德关于动物的心之看法。

其心理的状态像其他一切的自然存在一样，是时间的事件，用解释制约它们的身体过程之同样的自然的方式，也可以解释它们的；它们不能和人类意识等同起来，人类意识是能使我们反思心理的状态而确定它们在时间上发生的情况的。

康德所想要做出的区别，归根结蒂，就是事件与事件的意识两者之间的区别。纵然事件是属于心理的性质的，是感觉和情绪组成的，究竟在仅只是自然事件因果行列之一环和赖之以理解这行列的意识，两者之间仍然存留着一种根本的区别。康德关于这点最明显的叙述，见诸他给郝尔兹的一封信[40]。那里他所指的是不能用自我意识理解的感性材料：

"我就不能知道有这些材料的，因此对我作为一个认识的主体来说，它们是完完全全不存在的(如果我把我自己想象为一个动物的话)。它们在我(这个不意识到我自己的存在的主体)里面，还是一些表象……按照联系的经验性之规律而联系着，对于情绪与欲望发生影响，总在有规则地游荡着，而我绝不因此而获得什么丝毫的认识，甚至我自己的这些状态也并不认识到。"[41]

康德是否有其理由来主张动物意识与人类意识之间的区别等同于联系思维与逻辑或反思思维的区别，我并不去作什么主张。我之所以插进来这一番议论，无非是想更准确地来弄明确康德的批判学说之中心教义。

六、自我意识的性质与其条件

我们还得要考虑大约是康德被人误解的最严重之一点，而这点误解就是人们认为他的批判原理一直发展下去，终究必成为费希特和黑格尔那一类的形而上学的这一种流传极广的信念之大部分原因。我所指的是这一种见解，说康德在其假定综合过程作为制约着意识时，乃是假定着运用这些活动的本体自我，所以就是提出人类经验中综合先验诸因素的形而上学解释[42]。

康德的话语常常是意义不明确的。无疑在其批判以前的时期所抱持的莱布尼茨唯灵论以后还继续影响他的述语，因之就妨碍他的批判原理，使之不能得到前后一致的表达。至少可以说这么多，来支持对于康德的立场上述的解释。但是在所有其他方面，这样来读他的哲学，比拿他的学说开玩笑好不了多少。因为康德是很知道知识问题不能用这种容易而横蛮的方式来予以解答的。在《纯粹理性批判》一书里，他很明白地教导说，要说明在人类经验之中有先验的因素之存在，而其方法是假定一个自我，将会是罪恶昭彰的暴行，不但违反了批判的诸原理，而且甚至不合于科学推论的基本准则。第一，指着这样的一个自我的活动来说明，就是以机能来说明，以未知的来说明；这自我是一个原因，任何什么东西都可以用它很好地或很坏地来说明的[43]。诚然，自我意识总得要承认是事实[44]。康德从它之发生，做出关于使经验有其可能的条件，重要的一些结论。可是在做出这些结论时，康德从来未主张过，说我们有正当的理由来假定一个本体的自我作为那些条件之一部分，或者作为那些条件之条件。无论那些使经验有其可能的条件是什么，它们是使自我意识有其可能的条件。自我既然是作为现象而为人所知道，就不能把它说为是现象之基础条件。

这第一种缺点，康德没有明白说出来，但是其意思是含蓄在“范畴的演绎”和“纯粹理性之误谬推理”一章中所表达的第二种论证。我们知道有其存在的唯一的自我，是意识的自我。然而像康德认为是已证明的，自我之能这样是意识的，甚至意识到其自身，只是因为它之意识到对象。可见我们没有权利来假定说，自我能先行于这样的意识作为它的产生原因。那就会把自我看作是在它自己的条件之先而存在，是在黑暗中作为光的来源来创造自己。

但是还有第三种理由，说明何以康德对于知识问题的批判解答，必不能以唯灵论的话语来说出的。如他所指出，自我意识本身是属于理性的性质的。它之是人类经验中的一种基本因素，不是因为可以说明自我是关系所从而为可能的动因，而仅只因为它自己是认识之一例，同时也是认识的必要条件，而在所有意义的认识中绝不能不假定认识为其先决条件的[45]。意义的觉知是基本的奥秘，纵然自我意识像这样被侦察出为其一种最重要的成分，它依然保持它的极度奥秘性质。原因就是，自我意识并不说明意义之可能；它本身，如我刚才所指出，只是认识之一例，所以它本身也就只是我们用意义这个名词所必须指着的东西之一实例，诚然它是最高的、最重要的实例。所有觉知，即觉知的自我的觉知也不是例外，都是以本体的条件为基础，而觉知本身并未显示其特有的性质。只有在道德的根据上而绝不能通过任何纯理论对于认识经验的分析，来证明自我是常住的人格，来证明在其意识的、个人的形式上，它是属于本体实在的体系的。

七、康德关于感性、悟性与理性的三重区别

甚至在我企图在这导言中所作的概要说明批判学说里，如果没有提到康德关于感性的诸形式，悟性的诸范畴和理性的诸理念，这概要是很不完备的。

康德在其研究空间与时间的时候，发现它们不能被列为身体感官的材料，也不能被列为悟性的概念。它们是感性的（就是说，它们不是抽象的而是具体的，不是思维的方法而是存在的形式），但与此同时，它们是先验的，所以它们是独特的。每一种都是与其他不同类的、单一的，且是一种无限的存在。要描述它们，就须结合看来像是矛盾的陈述。用康德自己的话语来讲，它们是怪异（Unainge）的纵然是不可理解，但不可否认的是现实的。自从爱利亚派的芝诺以来，向哲学经常挑战的那些问题主要

是由它们而来的，而康德称这些问题为“理性的二律背反”。

康德把理智的机能、悟性与理性和感性对立起来。在悟性中产生的某些纯概念，康德通常称之为范畴。其主要的是“关系”的范畴——实体、因果和交互作用。它们和感性的形式与感官的繁杂相结合而生出一个经验秩序的意识，按照普遍规律可予以解释。

康德把他称为理念的归于理性的机能。理念之不同于空间、时间和范畴，由于它们不是“组织性的”，而是“限定性的”。它们所要求的是在现实经验中永远不能发现的存在之无条件性和解释之完备性。它们的功用有三种。首先，它们使人心不满足于通常经验的偶然性排列，而替科学努力确定其目标。第二，它们替我们确定辨别真理与虚伪的标准[46]。第三，与此同时，它们也使我们有可能来辨别现象与实在，对我们显示出科学的终极目的与人类的情况之间的不可调和的冲突，特别是要达到这些目的所必具的空间与时间的条件。理性的理念是“二律背反”中第二种主要因素。

《纯粹理性批判》的问题，即我们的意义觉知分析问题，是一个单一问题，而上述各因素之每一个都包含着所有其他各个的。然而康德把问题之一部分列入他称为先验感性论那里，另一部分列入先验辩证论那里，其理由我不必在这里来讨论。只有剩下来的才在三部分中实在是最重要的一部分——先验分析论里来处理。但是由于问题是整体而不可分割的，三部分的讨论就判定是不完备的，惟有康德幸而自相矛盾而冲破他的处理方法所硬加的限度。其实感性论不过只是为分析论和辩证论对于空间和时间更充分的分析准备场所，而分析论的问题在考虑到辩证论的更广泛的论证之前，是没有全部说出来的[47]。例如感性论中说，空间和时间是为接受性这机能所给与于心的，而在分析论中，通过认识到悟性的综合与概念在这些形式的构造中所必须起的作用，便被修改了；又如在辩证论中进一步发现这些形式之理解是包含着一种理性的理念的。同样地，在分析论的结束一章中，讨论到辨别现象与实在的根据时，康德省略了辩证论中第一次出现的某些重要考虑。然而读者得到的印象，是分析论中的处理是完全的、最后的，而没有问题比这对于批判学说还重要。

部分是这个后果，部分是由于康德自相矛盾地保持其早期思想方式，在全部《纯粹理性批判》中可能追溯到现象与实在的区别之性质两种对立的见解。按其一种见解，这区别是通过悟性的诸关系范畴，特别是通过因果性这范畴，为之中介；而按另一种见解，这区别是以理性的诸理念为其根据的。前者把现象和实在对立起来；后者把这区别看作是更可维持的，不过是较少地在广泛考虑上的实在和较多地在广泛考虑上的实在这两者之间的区别而已[48]。

同样的一种缺陷是康德的内在形而上学孤立于超越形而上学所引起的[49]。前者只是在分析论中处理，而后者只在辩证论中处理。康德断言，前者是感性的形式和悟性的范畴使之有其可能；而他追溯后者到理性的理念之一种不合理的使用。这种方式的叙述，其自身就显示出内在的与超越的之间不能有一道鸿沟。如果科学是为鼓动人的心智向前取得的那些理想所决定，同时这些理想又显示出人们知识永远判定要遭受的限度；换言之，如果凡被知道的东西，在其正确地被知道时，必须作为现象而被理解(就是说，在一更广泛的实在中作为一种从属的存在)，则内在的与超越的区别是在我们全部经验的领域之内而不是在它之外的。我们的意识在其每一个判断所揭发的意义，本质上是形而上学的意义。它含有超过所经验的东西自己在任何时候所能发现的某一东西之思想，纵然不是这东西的知识。形而上学是内在于我们的知识之中的；超越的不过是这内在因素错误地看为可以孤立起来，独立地来处理的名称而已。根据康德自己的说法，辩证论的任务不仅是要反驳超越形而上学的种种无根据的主张，而且要发展上述的一般性论题，以证实在分析论中所成立的正面结论，可见《纯粹理性批判》将要提供用以纠正人类心灵一向遭受的害处之办法。

《纯粹理性批判》是对于根源潜藏在人类理性中一种疾病的预防药。这疾病是思乡病的反面，思乡是叫我们不愿离去故土的。其反面是要脱离我们目前羁绊之一种欲望，要把我们和其他境界联系起来的[50]。

八、《纯粹理性批判》一书在康德的哲学体系中的地位

要好好地体会康德所做出的结论之正面性质，就必须有《实践理性批判》和《判断力批判》两书所敞开的更广阔的远景。虽然在《纯粹理性批判》中已做出理论信念与道德信念的区别，它还是顺便提出的，还未指出它一连串随之而来的后果。即在其晚出的著述中，康德的方法用以使这区别成为公式化的，依然不能正确地表达他自己的思想，这是一桩憾事。他真正的企图是要指出科学知识并不和人类的洞见同一宽度，但他所用的名词是易滋生误会的。他把知识与信仰对立起来，把科学证明与实践信念对立起来。

如上所指出，知识这名词在批判哲学中的涵义比在通用言语中的涵义要狭窄得多。它局限于感官经验和用康德所愿意承认的唯一方法，即数学与物理的方法，所从感官经验得出的推论。美学的、道德的和宗教的，甚至有机体的现象，都被排除在可能的知识之领域外边。

康德之主张这立场，当然因为他是时代的产物。牛顿的物理之绝对足够性，乃是康德关于上述论题一切言论的前提。他相信牛顿以绝对最后的方式确定了科学研究的原理、方法和限度。虽然康德自己把另一限制加在科学上面，即把科学限于现象，而他自己却想象他之如此做法，并

不削弱牛顿的自然哲学，而是加强他来应付一切可能的反对。为要抵消归给知识这名词的狭窄涵义，他就给信仰、道德信念、解释的主观原理这些名词以适应的广泛意义。不经常把这一点放在心里，读者则必定误解康德真正学说之性质与倾向的。

虽然自从康德的时代以来，各门科学的进步完全使这个限制知识的领域成为不能支持的主张，可是他立定哲学洞见的来源之方法确是有效果的，今日还有许多人支持它的。概言之，康德不过把存在的问题与价值的问题分辨开来，前者归之于科学，而后者归之于哲学[51]。理论哲学，在其系统中为《纯粹理性批判》所代表，以逻辑价值为其领域，确定这些价值的标准，分辨真理与虚伪，确定人类理论洞见的性质与界限。康德发现这些标准只能使我们在经验水平上分辨出真理与虚伪。超过使现象与实在的区别有其可能之外，它们在形而上学范围内是没有适用性的。

《实践理性批判》处理的是性质完全不同的一些价值。理性这种机能，如上所指出[52]，使我们的意识成为一种有目标的动因，为理想标准所制约，而按康德所主张，也是道德制裁的源泉。但是在理论领域里，理性叫人心服从于经验的锻炼，把我们理智的野心限制于经验秩序的限度之内，而在这里，理性则要求我们牺牲一切自然的冲动和一切世俗的利益，以推进具有绝对价值的目的。在强行义务时，它把我们的生命从斤斤计较得失的“实用”水平，提高到无上命令的更高水平上去[53]。

无上命令使人谦卑，而同时又使人骄傲；它暴露了我们的局限性，但它又能让我们通向我们所追求的崇高使命。

“这道理的原理，正是由于其规定的普遍性，使之成为我们意志的形式上最高的决定性之原理，而并不管主观上人与人的差异，遂为理性宣布为所有有理性的主体之一条规律……所以，它并不只限于人，而是适用于一切具有理性与意志的有限主体；不但如此，它甚至包括至上智慧的无限主体。”[54]

因之，用道德的目的来解释宇宙时，我们不是描写着神作为受人类的限制的，而是根据我们所知道是绝对的这唯一的价值形式，来减去这些限制的。

“义务啊……什么源泉配得上你，在哪里寻找你的高贵出身的根源……从这根源之产生乃是人们能给予自己唯一价值的不可或缺的条件。”[55]

康德在其早年曾接受了当时流行的莱布尼茨的见解，说人类的特点是在于理智的文化，所以是优秀分子所独具的，惟有这些优秀分子有其享用所必需的空闲时间和特殊才能。康德由于卢梭的影响，就从这种没趣的理智主义中解放出来。

“我生性是一个探求者，我渴望知识，不断地要前进，有所发明才快乐。曾有过一个时期，我相信这就是使人的生命有其真正尊严的，我就轻视无知的群众。卢梭纠正了我。我臆想的优点消失了。我学会了来尊重人，认为自己远不如寻常劳动者之有用，除非我相信我的哲学能替一切人恢复其为人的共同权利。”[56]

康德把上述的共同权利公式化地说为是纯个人的，在这里，从他的那种缺乏历史观与其不信任的僧侣与政治家来看，他也是他的时代之产物。在教育和灵魂之锻炼上，他不依赖像宗教传统和社会制度这些人为的，从人类看来是有其限度的东西——康德是这样看这些传统和制度的。他相信人的权利不因时与地而变动的；人又无须什么秘传、什么配备，才能享受这些权利；自然已经准备好一切，康德是从这一观点引证在上的星辰和心内的道德律作为灵性生活的严肃与崇高之双重而充分的感动，这两者是人的生命之常住的感化力，肉眼便可显示出在上的星辰，而人都能直接觉知到内心的道德律的。它们普遍地对人感召，足见它们是属于人的存在之实质的。哲学的用处是在于抵消妨碍这两种感化力起其天然作用的力量;可是只有它们才具有这感召力,而哲学是不能越俎代庖的。

无上命令像这样使人的灵魂具有一种内在的价值,因而就把它从所有其他的自然存在中提取出来,巩固它使之能以沉静态度来面对宇宙体系的冷酷巨大。因为虽然天上的星辰,在我们里面,激起对我们作为动物存在之一种伤感,而它们又加深了我们作为一种与之敌对的,其实是更高的,尊严之负荷者的崇高命运的意识。

在一个基本方面,康德是和卢梭的学说不同的,那就是康德怀疑卢梭关于人性本善、人性可以无穷变为完善的学说[57]。康德主张,除了善的意志之外,没有什么是无条件的善;而且甚至意志,恐怕也在任何一个实例里,永远不能是完全达到目的的,义务的执行,在永远长存的不断缺点的意识之下,是要求无穷的警惕的。

"我由于热爱人类,愿意承认我们的行为大都真正是正当的,可是如果我们缜密地进行检查,就处处都碰到总是突出的自我……"[58]"劝人行动作为是高贵的、崇高而豪爽的事情,只能灌输进心里去的一种道德狂热和夸大的自高心理,而无其他。从而使人产生一种幻觉,认为构成行为有决定性的原理,总是在遵守它时使人觉得谦卑的原理,不是义务,不是人们无论愿意与否,都必须服从的那种对于法律的尊敬。于是他们就以为那些行为可以出于良好的品质,而不是由于义务所要求……像这样,就形成一种虚妄的、自命不凡的、异想天开的想法,过分夸奖自己,认为自己具有一种自发的善良心田,不待鞭策,也无需有什么命令的……"[59]

肯定人们自然冲动的本性良善与其无待于外的这种哲学,卢梭就是其代言人。自从他的时代到现在,这思想支配了社会和政治理论,而今日还是盛行的。据康德的看法,这种哲学,以其后果来说,是有很大的危害性的。作为人性和人的道德使命之解释,它一点不比伊壁鸠鲁派的学说减少它的虚伪性,而伊壁鸠鲁派的学说是认为追求愉快乃是人类行为的动机。这两派自然主义的伦理学,由于它的主导假定的性质,就变为没有力量来鉴别道德意识的特殊色彩。从这观点是无从正确领悟人的灵性努力之成功，亦不能领悟其失败。人类的耐久持续、不屈不挠，人类的大无畏精神、冲天气概，显示出一种带头的感召力，属于非自然性质的。惟有把人性看为包括着这种更高的指导力时，它才能承当卢梭那样错误地以之归于人心自然的和未受过锻炼的倾向之称颂。历史证明，个人是软弱的，而人类是了不起的。

“有一样东西在我们的心灵深处。当我们正确地看它时，我们不断要以最高度的惊奇来看待它，而对于它的赞赏是应该的，能提高人的，那就是我们一般的原有之道德能力……甚至这能力的不可理解性[60]，这种宣示其神圣根源的能力，必能鼓动人的精神，使它兴奋起来，加强它的力量，使之能够做出尊敬义务所加在他身上的牺牲。”[61]

我们在这里不是要谈到康德的伦理学说的细节，也不是要谈他如何建立意志的自由，如何说明信仰上帝的存在和灵魂不灭之合理。他的论证在许多方面是要遭受批评的，他的基本论题的伟大和这论题发展的形式的、教条主义的方式，这两者是令人不快乐的对比。在他的《实践理性批判》一书中，他的那时代的个人主义、有神论、理性论的思想方式，固然比在他的任何其他主要著作中更为显著；而恰巧他又对一切宗教态度所特有的，表示一种奇怪的麻木性——这又是他的时代之特色。但是打了一切应有的折扣之后，我们依然主张，康德把他的积极性见解奠基在道德人格的无上价值上面，其对后代哲学之影响并不减于他《纯粹理性批判》中的学说[62]。

这两种《批判》，在阐述方法和论证方法上，在其一般的结果，和在其留在人心里的整个印象的各方面来讲，是非常不同的。在《纯粹理性批判》一书中，康德是小心翼翼、缜密周详地检查其论证中每一环节的有效性。他不断地反复考虑；在许多主要问题上他徘徊于竞争的答案之间。这里，康德的怀疑精神清醒了，它不肯停止其质问。在《实践理性批判》一书中则不然。其论证有一种严肃的简单性，绝不左顾右盼，一直向前，从几条简单的原理直至最后的结果。这第一种《批判》之使人难忘的地方，是在于它之领悟到诸问题之复杂性，是在于其各种不同的冲突方面慎重地分别处理。其第二种《批判》的力量是得自它以之为基础的根本信念。

用最概括的话语来叙述，这就是康德如何想到《纯粹理性批判》对于人本主义哲学建成之贡献，它替实践理性清扫场所，而坚定它在其自己的领域里有其自主的统制。康德一方面固然为理智和为科学保留某些明确规定的权利，而另一方面，把道德价值安放在其哲学体系的最前面；他这样做，是由于深信人们不问其生命处境怎样，只要按照我们共同的天性所给予的机会来尽到我们的力量，我们对于最后的问题所能获得的洞见比诸通过形而上学思辩的玄妙所得的还要真实些、深刻些。

我再一次要读者注意到康德所习惯把问题孤立起来的那种方法所引起的后果。真理是属于普遍裁判区域的一种价值，而道德与其他价值的判断都是不能有其例外的。存在与价值并不构成独立的秩序。它们相互渗透，这一个不能离开适应于其他一个的考虑，而做出足够的处理。康德不能使其问题并列，于是就过分强调其逻辑研究的消极诸方面，而以一种不必要的武断方式形成其伦理学的学说。

然而这些缺点在他的最后一部主要著作中，即在其《判断力批判》一书中，在某种程度上得到补救。从某些方面来说，这书是康德的著述中最饶有兴趣的。早期两种《批判》的品质在这书里都愉快地结合着而出现，而且他的具体兴趣还更突出，使得他的抽象论证大大地丰富起来。《纯粹理性批判》的许多教义，特别是关于目的论的诸问题，是以不那么消极的方式重提的，而与之相提并论的是相近的自然美丽和美术诸问题，纵然一切形而上学问题的最后决定依然要留待道德的考虑，而康德现在是从哲学的整个领域来看事情的。他承认，虽然尚有他特别的保留，从我们整个经验范围的显著特点来考查，其所得的经验性的证据是有其真正的哲学价值的，而且是可以稳当地用来扩大与证实道德意识的独立信念的。像这样《纯粹理性批判》里面关于形而上学问题一概不得有假定性的和盖然性的推论这种禁令就在无形中被取消了；而知识这名词再次取得通常语言所正当给予它的更广泛的意义。

《纯粹理性批判》一书解义

标题:纯粹理性批判

(原德文 Kritik der Reinen Vernunft)

康德所用“批判”这名词是从英文来的。它见于17—18世纪的英文,主要是形容词的形式,作为一个文学和美术的名词——例如在康德得意的英国诗人蒲白的著作所见。在德文中,康德是用这名词的第一个人,他把它从美学范围推广到一般哲学的范围。康德的《逻辑》一书中有[63]提到荷姆(Home)的《批评原理》[64]的地方,像是由于荷姆使用这名词而向康德暗示其更广泛的用法。《纯粹理性批判》在其主要的意义上,是指对于纯粹理性进行批评性的判断。康德说到他的“批判时期”(Zeitalter der Kritik)时,是在这意义上用“批判”这名词的,然而他常常把这名词用来特别是指一种导致正面而不限于反面的结果之研究。有的时候,尤其是在辩证论里,这名词又是指着用于纯粹理性的一种锻炼,把它限制于应有的樊篱之内。这词第一次出现于康德的著述中是在1765年,在其1765—1766年冬季学期的讲义报告中[65]。康德很少用“批判的”(Kritisch)这形容词。他通常以“先验”这名词来代替它。

“纯粹”(rein)在这里的意义是很确定的。它就是那绝对“在经验之先的”(a priori)。从消极方面讲,它是指着独立于经验的。从积极方面讲,它是指着出于理性自身的,以普遍性和必然性为其表征的[66]。所以康德的“纯粹理性”的意思,就是从其自身,独立于经验而提供出来,以普遍性和必然性为其表征的先验因素之理性。

“理性”一词在这《批判》一书中有三种不同的意义。在上述标题里，它是用于最广泛的意义上，作为一切先验因素的源泉。它包括着感性的先验的和悟性(Verstand)的先验的。在其最狭窄的意义上，它甚至和悟性区分开来，而指着那使心灵不满足于其平凡的与科学的知识，而指引它去要求在经验范围内永远不能发现的完备性和无条件性。悟性制约着科学；理性产生形而上学；悟性有其范畴；理性有其理念。第三，康德常常把悟性与理性用为同义词，把心灵只划分为两种机能：感性与自发性。例如在第一版第1～2页上，悟性与理性是混淆地使用的，以reiner Verstand(纯粹悟性)代替reine Vernunft(纯粹理性)。如上所述，康德用于其标题的“理性”这名词，正确地说来，应该是在其最广泛的意义上理解。感性是在理性之内，因为它含有先验的形式。然而康德自己解释其标题又不总是在这严格的意义上。他甚至在使用最重要和最基本的专门术语时，都是不严密、不谨慎的，而用这名词之有三种意义是一个很好的实例。每一次都必须看其前后文才能揭示其特殊的意思。

“纯粹理性的”(der reinen Vernunft)这短语，花亨格尔指出[67]有三重的歧义：(1)有时它是一个文法上的所有格的变格。批判的研究是以纯粹理性为其对象的。这就符合把这批判作为只是关于方法的论著那种见解。(2)有时它是所有格的主格。批判的研究是由纯粹理性所作，而且是通过纯粹理性做出的。这就表达以批判本身是纯理性的知识一种体系之见解。(3)在别的时候，它又有文法上所说反身的意思。纯粹理性是主体，而同时又是对象。它是题材，而同时又是方法或工具，通过批判而达到自我认识。《纯粹理性批判》是纯粹理性自己的批判性考查。其第一种见解好像是标题的原来与主要的意思。第二种见解很早就和第一种见解并列起来而出现在许多段落里面。第三种见解须看作是代表康德对标题的最后解释。整个说来，这是最足以表示《纯粹理性批判》一书的实在内容和范围的，因为这书不仅只是关于方法的一本著述；它又是纯理性的知识的一种体系。它声言要以详尽而最后的方式，来建立其决定纯理性的知识的可能性、条件与限度的诸先验原理[68]。

题　词

“关于我自己，我不说什么；但是为着手边要做的事情，我恳求人们相信这不是什么要主张的意见，而是要完成的工作；而且要确信我的劳动不是要奠定什么宗派或者什么教义的基础，而是要奠定人类能干和力量的基础。其次，我要求他们要以公道将事，本着他们自己的兴趣[把赞成这种或那种意见的纷争与成见都放在一旁]，大家协商以谋公共的利益；而且[现在既然由我所提供的保证和帮助从程途中的错误和障碍解放出来而得到保卫]自己走到前面参加[还未做完的工作]。再次，要有希望，不要想象到我这复兴是无限的东西，超过人的力量的，其实它是无穷错误的真正结束与终止。”

这个增加在第二版上的题词，是从培根的《伟大的复兴》一书的序文中摘录下来的，《伟大的复兴》的第二部分就是《新工具》。由于《伟大的复兴》的第一部分只是后出而分开刊出的科学扩充，所以这篇序文原来是作为《新工具》的导论出现，而现在还有人通常这样看待它的。

这段文字原文是以拉丁文写的（方括弧里是康德所删去的），其英译是 Ellis and Spedding 的翻译[69]。

培根序文的首句也可适当地用为《纯粹理性批判》一书的题词，其文如下：

“据我看来，人们并不正确地了解他们的储藏或他们的气力，而过高估计其一，过低估计其他。”

再则还有一段如下：

“我从没有图谋，现在也不图谋去加强或陷害人们的判断，我只引导他们到事物的自身，而且引导他们到事物的线索，让他们自己去看他们所有的是什么，他们可以争辩的是什么，对于公共的储藏，什么是他们可以增加、可以贡献进去的……用这些方法，我认为我就一劳永逸地完成了经验的和理性的两种机能的真正而合法的婚礼，其冷酷不幸的分离与别居曾把人类大家庭的一切事情弄得乱七八糟了。”

给与男爵瑞特立芝的呈献词

卡尔·亚伯拉罕·瑞特立芝男爵是大腓特烈王1771—1788年掌管普鲁士教育的大臣,他是极其尊重康德的[70]。我们发现他在1778年2月写信给康德,感谢康德让他愉快地阅读其自然地理的讲义大纲,而请求可以获得讲稿的全文[71]。一星期后他邀请康德接受哈里大学[72]哲学讲座,而这所大学是当时德国最重要的学府。康德婉辞之后,他又重申聘约,加以劝诱,包括宫廷顾问的官衔[73]。同年8月,他在信上写道,因曼德尔松的介绍,他正在听康德的得意门徒和朋友——马可·郝尔兹的人类学演讲(这无疑也是企图从这间接来源中得到关于康德自己在其得意的门类里之学说更进一步的消息)。这封信的结束一段可能是叫康德觉得把他的《纯粹理性批判》一书呈献于这么聪明而具有识别力的一位真正哲学的赞助人是恰当的。这信的结束一段如下:

"如果你的发明力量能伸张到这么远,请建议用什么方法能使各大学的学生规避那些为着面包与牛油的学业,而使他们理解到,他们那一点点的法学,甚至他们的神学与医学,都大大地更为容易学会而稳当地应用,只要他们能掌握更多的哲学知识。他们做法官、律师、牧师和医生,每天只是几小时;但是在这几小时和一日其余的时间内,他们是人,而需要其他的科学。简言之,您必须指示我如何使学生体会到这点。刊印出来的文告、法规、规则——这一些比面包和牛油的学业还要坏些。"[74]

认识到哲学算为高于一切专业学习,而哲学和专业学习又比学校的一切行政机器要重要得多,因此这样一位大臣是有其天爵的。

第一版序文

详细讨论序文是不适当的。序文引起的问题最好是按其在《纯粹理性批判》一书中提出的顺序而加以处理。我只谈谈正文中次要的附带的困难和序文所特有的康德阐述的特点，或者作为初步勘查可能有帮助的问题。我首先简短地重叙第一版序文的论证，然后加上必要的评语。

人类理性的形而上学性是不可根绝的，它常有些问题出现，是从其本性生出而不是它的能力能够解决的。例如因果这样一条原理，使我们由果溯因，越追越远，最后我们就不得不体会到，这样地往后退是无法解答问题的。我们在时间上无论往后退多么远，在空间上无论前进多么长，总还不比开头时更接近我们出发的问题，因之就不得不托庇于另一种的假定。譬如说，经验上因果的连续不断、究其终极，必有其最初的无条件的始因，而为后因所从出；又如空间是能作为整体而存在的，但是这些假定又使理性陷入黑暗之中，包含着许多矛盾。这些假定就是百家聚讼、烦恼滋生的根源。在这里边必隐藏着错误——以其超出一切可能的经验范围之外，这错误就越发潜藏起来。在这个错误被侦察出来赤裸裸地摆在那里之前，形而上学思辩只有徒费唇舌而已。

正如康德所说，形而上学在十八世纪后半叶已是声名狼藉。与当时数学、自然科学的惊人成就对比起来只显得形而上学各学科的毫无效果。其结果就是人们对于哲学漠不关心，不是时尚的轻浮，而是时代的成熟判断，再不能受冒牌的知识所欺骗。然而哲学科学既旨在求得知识，而在其获得之后乃是人们绝不愿意放弃的，那么哲学的失败正是号召我们重整理性的旗鼓，以从事它最困难的任务。它必须一劳永逸地决定下来，究竟形而上学是否有其可能。它必须成立“……一所法庭来为理性保证它之一切合法的要求，能够驱除一切无稽的假托，而与此同时，并不依赖什么独断的命令，而是根据它自己永恒不变的法则。这法庭无他，就是《纯粹理性批判》”[75]。“我们的时代在一种特别的程度上是一个批判的时代，任何东西都要受到批判的。宗教由于它的神圣，立法权由于它的庄严，可能想要免除批判。然而这样一来，它们只引起人们的疑虑，不能指望理性的衷心尊敬，因这种尊敬只给予曾经受过自由和公开的审查之考验的东西的。”[76]

正如上面的历史概述所曾强调，康德是学习过如何信任理性运用的。就其所受的教育、所具的性情和所持的信念而言，他是一个理性论者。他划分哲学为独断的和怀疑的两大类；而以一切经验派系统列在后一类之下。他把“经验论”和“怀疑论”解释为实际上同义的名词。独断论者的缺点乃是没有批判地检查过进行的方法，既没有足够地区分现象与实在，就把后者以前者的话语进行解释。“经验论”者和“怀疑论”者的缺点乃是把理性这机能的性质说错了，无视它的各种要求，误解了它的作用，因而比它们的论敌——独断论者所走的弯路还要多。配得上称为知识的东西都是先验的知识。它具有普遍性与必然性，所以必须以纯粹理性为其基础。理性的范围能否扩充到无条件的东西那里，这问题就决定建设性的形而上学有无其可能。当康德宣称《纯粹理性批判》是批评理性独立于经验向着知识进展的能力时，他就是这种意思。纯粹理性是这研究的题材；它也是借以进行研究的工具[77]。在它里边，凡属经验的或只是假设的东西都没有其地位的，不管是作为题材或者作为论证的方法。

从这立场康德就得到几种重要的后果。第一，纯粹理性既是用来独立于一切经验而获得知识的机能，那么它就可以孤立起来，其整个性质可以穷尽地来确定。其实纯粹理性(康德企图证明)是这么完整的一个统一体，如果发现“它的原理”不足以解答按其自己的性质所提出的任何一个问题,我们便有理由因此而摈弃它,认为它也没有资格来以完全的可靠性解答任何其他的问题。它就形而上学来说,要就是一切,要就什么都不是[78],要就是最后的完全的真实,要就是完全的失败。

“当我正写到这点时,我能想象到在读者的面容上可以看出,对于表面上这样妄自尊大、自以为了不起的抱负,有点愤怒杂以蔑视的表情,然而比诸在寻常程序上声称要证明灵魂的简单性质,或证明世界必须有一个最初的起头的那些作者所要求的,我所说的是无可比拟地更为谦逊。”[79]

那些作者这样声称时,是妄图确定可能得到的经验之限度以外的实在,而“纯粹理性批判”只求对付在我们自己心里显明其自身的理性机能。形式逻辑说明,理性的简单动作是如何完全地有系统地可以列举出来。亚里士多德一举而创立了这门逻辑科学。康德宣称他曾建立了同样是最后的形而上学;而逻辑并不是科学本身,可以说它只是科学的前论,但形而上学据康德的解释,是科学之唯一能马上达到完整性的一种。

“因为它不过是我们所有的一切通过纯粹理性做出清单,系统地陈列出来而已。在这范围内没有什么能逃避我们的,理性完全是从它自己所产生的,不能隐藏起来的,共同原理一经发现之后,理性就把它揭露的。”[80]

第二,《纯粹理性批判》也自认为是确实的。一切经验的东西排除了,而所有题材都归之于纯粹理性之后,所有仅只是意见或假设的东西都就被清洗出去了。在一部《纯粹理性批判》里,所有盖然性的东西和所有一切假说都是没有地位的[81]。任何东西都必须按照先验的原理从纯概念推究出来,而在纯概念中是没有经验或任何特殊的直观掺杂进去的。

第一版的这篇序文,作为《纯粹理性批判》一书的导论来看,是易生误会的，其理由有二。第一，在这序文里，康德的思想几乎完全为严格的本体论意义上的形而上学问题占住了，就是说，为辩证论问题所占住。《纯粹理性批判》的中心是分析论，而分析论的问题差不多完全是没有顾及到的。这些问题固然在第一版序文的第10～11页里曾提及，但只是很生硬地插进去的，并未从序文的其他部分得到支持或扩充。这就引出第二种缺点来，那就是，康德失之于没有把他的新批判观点的比较更是属于经验的色彩指点出来。最后，实在既然是超感性的，形而上学如上面把它那样来想象，除纯粹理性之外，没有什么工具，它的研究题目，如上帝、意志自由、灵魂不灭，如果要知道它们的话，只能通过先验的思辨而被确定下来。这对康德说来是基本的最重要的事实，而在当时的通俗的折衷主义的各派哲学中却没有人过问的。那些哲学流派都宣称要从经验的证据推究出形而上学的结论的。如康德所曾指出[82]，它们都是把人类悟性的生理学来代替理性能力的批判研究，以人类学代替伦理学，它对于所犯的独断主义的错误是视而不见的。它们假定了正是亟待证明的论点，那就是说，理性是足以解答形而上学的一些问题的，说一切存在根本上都是属于同一类型的，所以我们就可从感性的来论证超感性的，从现象论证实在。到它们碰见困难时，它们就借口于人类理性力量之不足，然而一直毫无疑问地在做出最巨大的推理时依赖着这理性。例如作为摩西·曼德尔松的主张的基础的那些假定便是如此。曼德尔松主张说，既然动物和人在认识空间上是一致的，就必须相信空间是绝对实在的[83]。这些假定也决定了比里斯特莱的断言，说每一事件虽然有其原因，但还有一个无因的事情，那就是世界存在所由来的创造行为[84]。用这一类的字样，形而上学显得太过容易，连表面上都说不通了。“不偏不倚，怀疑，而到了最后关头，提出残酷的批评，这才是思想深刻习惯的真正标志”[85]。经验的质料没有提供什么材料来做出形而上学的推论。在经验的先验形式里，而且只有在那里，形而上学才能希望发现一个根据，如果根据真是可发现的话。

这就说明康德何以那么强调地坚持说,“纯粹理性批判”的问题乃是要确定“我们靠理性能够希望做成多少,如果经验的材料和帮助都拿走了的话”[86]。但是只注意这点时,康德就把“纯粹理性批判”的问题和范围大大地歪曲了。在序文中从头至尾他是说启蒙运动的话语。即在限制理性的范围的同时,他是在夸大它的力量,而不提到它的经验性条件。把这学说和像下面那样的一段对比一下是有好处的:

“所有真正的观念论者,从爱利亚学派到贝克莱,他们的立场是包括在这个公式化的说法:‘凡通过感官与经验的认识无非是幻觉,只在纯悟性与理性的理念中才有真理。’与此相反,控制着我的全部观念论的基本原理是这个:‘单独从纯悟性或纯理性而来关于事物的认识无非是幻觉,只在经验中才有真理。’”[87]但这段话作为康德的批判哲学之完整说法是同样地不够的。其真理是在这和第一版序文的学说两者之间。纯粹理性和事实经验同样是知识的不完全的工具。虽然形而上学的主要目的是要确定我们对于绝对实在的关系,虽然要达到这目的,首先要确定先验原理的性质与范围,然而我们研究之后发现,先验原理只具有经验性的效力。可见《纯粹理性批判》的中心问题变为先验原理在经验上使用所能有的效力之问题。这两个问题的互相关系,先验的和经验的关系问题和康德对于这些问题的态度,只有留在后面来考虑。第一版序文的缺点部分已在第二版极有价值的序文中改正了。但是在第一版序文中还有几点必须加以考虑的。

为理性本身的性质所规定[88]——形而上学是作为“自然的倾向”而存在,所以它的问题不仅只是人为的。

“作为自然的斜向(Naturanlage)……形而上学是真实的。由于理性不是只为贪图知识的扩大与其多样性的驱使,而是有一种内心的需要在鞭策着它，它冲动地趋向于什么理性的经验上使用都不能得到解答的一些问题，或者趋向于从经验所得到的原理所不能解答的问题，所以在任何人里面，一经理性足够成熟来进行思辨的时候，总是存在着而且总是继续存在着某一种形而上学。"[89]

因此就出现了康德所说的先验幻觉。

"这先验幻象的原因则在吾人所有理性（主观的所视为人类知识之能力）之使用，本有基本的规律及格率*，以及此等规律及格率皆具有客观的原理之外形。于是吾人乃以吾人所有概念互相联结之主观的必然性（此乃胜于悟性者），视为物自身之规定中所有客观的必然性。此为不可避免之幻象，亦犹吾人观海终不免视天际水平高于海岸（此因较高光线视天际水平耳）；更引一较适之例，则天文学家亦不免视月初升时较大于常时，彼固不为此幻象所欺者……故实有一种纯粹理性之自然的不可避免的辩证法——此非愚者因缺乏知识而惑乱其自身之辩证法，亦非伪辩之欲惑乱有思虑之民众特意发明之辩证法，乃与人类理性不可分离之辩证法，且即显露其为欺妄，亦不能终止其惑乱理性而仍继续陷理性于一时迷妄，时时须更正之者也。"[90]

独断论。[91]——按康德的说法，哲学有三种可能的观点——独断的、怀疑的和批判的。以前的思想家都是属于前两类的。独断论者假定人类理性能够认识最后的实在，而就按照这假定进行其思想的。在其进行建立一种形而上学之前，并不研究这是否有其可能。（借用花亨格尔很方便的定义方式[92]）独断论是通过三种因素——理性论、实在论和先验论——来表达它自己的。笛卡儿和莱布尼茨是典型的独断论者。作为理性论者来说，他们认为可以从纯先验原理来确定上帝的最后性格、灵魂和物质世界的最后性格。当他们断言靠人类思想便能确定客观实在的整个性质时，他们就是实在论者。他们也采取先验的态度。通过纯思想，他们越过感性的而确定超感性的。怀疑论（如上所述[93]，康德把它看为实际

---

* maxims，一般译为普遍原则或准则。——整理者注

上是等于经验论)也同样地可以通过这三个名词——经验论、主观论、内在论,来下它的定义。一个怀疑论者绝不能是一个理性论者,他必须把知识归结为感官经验的。根据这理由,他的知识也是为主观条件所感染的;我们不能希望通过感觉而确定客观实在的性质。这也就是内在论的态度,知识是局限于感官经验的范围。批判论也同样有其三个组成因素,即理性论、主观论、内在论。它在主张唯有通过先验原理才能获得真实的知识这点上,和独断论是一致的。可是这种知识的来源是主观的[94],而因此只能有内在的使用;知识只在感官经验的范围内才有其可能。独断论主张知识是独立于经验而发生的,而且超过它。经验论认为知识是从感官经验发生而只在它的里面才有效的。批判论的学说是,知识独立于这个或那个的经验而发生,但是只对于经验有效。

《纯粹理性批判》的先验方法论中所引下面两段是表达康德关于上述两种错误方法的见解的:

"故怀疑论乃一严格教师,督使独断论的推理者发展'悟性及理性之坚实批判'。当吾人已进步至如是程度,则毋庸更惧攻击,盖吾人已知以吾人实际所有与完全在吾人所有以外者,严为区别;且因吾人对于在吾人所有以外之领域,并无任何要求,故吾人不能陷入关于此一领域之争执。是以怀疑的程序就其自身而言,对于理性之种种问题,虽不能有满意之解答,但此种方法由于引起理性趋于思虑周密,及指示适于确保理性之'合法的所有'之根本方策,实为解答之准备途径。"[95]"在纯粹理性事项中之第一步,标识其在幼稚时期者,乃独断的。第二步则为怀疑的,及指示经验使吾人之判断力较为贤明,较为周密。但尚有第三步,此为完全成熟之判断力所采取之步骤……此非理性之检举,乃理性之批判。由此所证明者,非理性现在之疆界,乃其确定的必然的限界;非关于此或彼某部分之无知,乃关于其某一种类一切可能的问题之不可知。凡此等等,皆自原理证明之,非纯然推测所能到达者也。故怀疑论乃人类理性之休憩所,在此处，理性能反省其独断的漫游旅程，检查理性所在之地域，俾在将来能更正确选择其途径。但此非能永久安居之处。此种永久安居之处，仅能由完全正确之知识得之，所谓完全正确之知识，乃对于对象自身及‘吾人关于对象之一切知识所有之限界’二者之正确知识。”[96]

洛克[97]——参看 A86 即 B119；A270 即 B327；B127。

关于数学和形而上学之间不利的对比[98]——参看 Ueber die Deutlichkeit der Grundsätze(1764)，erste Betrachtung，又下文，第 40 页，第 563 页以下。

批判论时代[99]——康德认为自己是对于十八世纪的启蒙运动进一步的进展有其贡献的[100]。可是，如果我们把十八世纪的思想和十九世纪的思想加以对比，和康德学说的实在关系与其最后的结果放在心里，我们把批判哲学看为启蒙运动的完成而同时又超过它，好像是真实些。康德对这运动的许多最基本的假定是不同意的。

纯粹理性批判[101]——康德在这里规定这批判是以纯粹理性为其对象的[102]。其次，它是“独立于一切经验”，或者像康德所加上的字样，“脱离所有经验的”知识。这一些短语，在其上下文看来，其实是“超经验”(英文 transcendent)的意思。这里“纯粹理性批判”是作为超经验的形而上学，其本源、范围和限度之批判研究[103]。

不容有什么意见或假说[104]——参看下文，第 543 页起。

我不知道什么研究……[105]——这段所提出的重要问题在下文讨论之，第 235 页以后。

特拉尔松(Jean Terrasson，1670—1750)[106]——引文是从他死后才于 1754 年出版的遗书引来，为 Gottsched 夫人从法文译成德文，题为 Philosophie nach ihrem allgemeinen Einflusse auf alle Gegenstände des Geistes und der Sitten(1762)。康德在其《人类学》一书的第 44 和 77 节中，也提到特拉尔松。特拉尔松看来就是被人错误地归之于马勒伯朗士的 Traité de l’infini créé。我曾在《哲学评论》(Philosophical Review，

July,1905),1905 年 7 月号翻译过后之一种著作。

纯思辨理性的这样一个系统[107]——这系统对于《纯粹理性批判》应有的关系在下文第 71～72 页讨论之。对于康德来说,思辨的并不是超经验的意思,而只是和实践对立的理论的意思。参看 B25,A15 即 B29,A845 即 B873。

自然形而上学:这标题下[108]——没有这种著作,至少没有以这为题的著作,是康德所完成的。在康德的术语中,"自然"是指"所有一切"。参看下文,第 580 页。

第二版序文

在进行详细的评论之先，我还是要作一简短的意译。第一版序文中的重点是重复了一次。“形而上学翱翔于经验的一切教导之上，而只栖止于概念。在形而上学中，理性要做自己的学生。”[109]但康德立刻就前进到另一点。逻辑之能得到科学的稳妥方法，乃是由于它只局限在知识的先验形式。这对于形而上学困难得多，因为“它不但要对付自己，而且还要对付对象”[110]。

上段我所加上重点的词句成为第一版序文的很必要的更正，因为按第一版序文，《纯粹理性批判》好像“只讨论理性与其纯思”似的。跟着还有一种区别。第二版序文这样强调问题的客观方面，就因而更完备地描述批判的研究所按照的方法。如果这《批判》像两版一致所坚持，只有关于以人类理性为根源的先验的，那么它如何能解答那特别的形而上学问题，即如何确定独立实在这问题呢？一个理念在其使用中如何提到一个对象，而且构成关于一个对象的知识呢？第二版序文的大部分是为着这批判的问题之解答的。辩证论的论证再不是以牺牲分析论而得到强调的了。

康德指出，就史实而言，数学与物理这两门理性的科学，每一门之踏进知识的康庄大道都是依赖突然的变革，依赖采取一种方法，其一般的特性是两门科学共同的。这方法并不是依靠自然的牵引像幼儿被引带所牵引那样，而是按照理性自己的计划所提出的问题来询问自然的。几何学家的方法不是在于把呈现于感官的形来研究。那就会成为一种经验的（依康德看来是怀疑的）方法。这么一来，几何学的命题就不得被看作是具有普遍性和必然性的了。几何学也不使用一种独断性的方法，死死地去研究几何形的概念。用这方法绝不能获得新知识的。现实的方法是在于通过概念来解释感性的几何形，而这些概念是曾经严格地确定过，而且几何形是按照这些概念以作图的方法产生出来的。这方法之为泰利士或其他一个古希腊人所发明，"比航海走过著名的好望角的发明更为重要得多"[111]。

以后大约二千年，才有伽利略为物理学以公式形成一种与之相适应的方法。他所依赖的不仅只是观察，也不是自己的概念。他确定某些原理，而只有按照这些原理，一致性的现象才能被承认为自然律，然后再用实验来迫使自然答复这些原理所提出的问题。在这里，方法既不仅只是经验性的，也不是纯粹独断的。它具有两种长处。

时机已经成熟为形而上学作同样的迈进。它必须靠着一种类似的方法之转变力量晋升为一门有实证的科学。数学与物理学的进行的基本的和特殊的性质乃是理性所视为已有的立法权力，如果把这个进行方式加以概括，加以扩充，就能供应新哲学所需要的那种方法。在我们所有可能的知识领域中，必须把理性认为有自行规定其法则的权利的。必须把对象看为要适合于人类思想，而不是把人类思想看为要适合独立的实在。这就是康德加以有点使人误解的"哥白尼式"之称号的那条"假说"[112]。这假说所规定的进行方法，据康德所宣称，是类乎哥白尼所遵守的方法，而且会发现在其后果上是同样有革命性的，依这假说的话语来说，一口气就能创做出一种完整而又绝对确实、永远有效的形而上学。人类心灵最早而又最古老的事业将成就一个新开端。形而上学这一切科学之母，将要返老还童，不但像今日那样在她的儿女面前威严赫赫，而且在其自信方面也不减于她所生出的后人。

从这个新观点出发，康德按照理性论者的方向发展现象论。他声称要证明虽然我们的知识只是关于现象，但它是为先验原理所限定的。他认为他的"哥白尼式的假说"并不毁灭实事求是的科学，而只是它许久已经实践的方法之在哲学上扩充而已。一切名称真实的科学既然都含有先验的因素，它就只能用新假说的话语才能说明。惟有对象被看作是适合于我们直观的形式的，适合于我们概念的方式的，才能用先验的推理去预测它。科学之能为先验的，正是因为在其正确地被理解时，它并不是形而上学的竞争者，并不企图去确定绝对的实在的。

但是像这样的一种说法，立刻就引起一种初看起来像是最致命的反对意见。纵然这新观点可能说明经验和科学中的先验因素，然而这对于形而上学是没有好处的。如果先验概念的来源是心理的，则这些概念对于独立的实在就不能有效。如果我们只能知道我们自己所发生的，物自身必是我们所不知道的，形而上学就必无其可能了。可是，正在这后果里，新假说才显示出它的完全优越性。它所引起的形而上学的解释，是像它给予自然科学的解释一样新鲜，一样有革命性的[113]。超经验的形而上学固然没有其可能了，但是按人的实践与道德的使命讲，一方面有内在的形而上学来补充它的缺额而有余，另一方面又有伦理学的形而上学。这两种形而上学一起，就组成康德认为他的批判方法所曾建立起来的新的最后的哲学。它的主要任务乃是继续“古代的崇高事业”[114]，把现象从物自身分辨开来。只有无条件的才能满足思辨的理性；无条件之确定就是形而上学研究最终的假定。但是在人们把经验的世界看为真正的实在时，整体或无条件性都没有可能来想象，其本性是自相矛盾的。按照新假说来讲，就没有这种困难。证明了物自身之为不可知，就留下一个范围在其中寻找无条件的东西。因为思辨理性虽然无法进入这范围，但是从理性实践活动所提供的材料可以确定那无条件的东西。突然看起来像是毁灭了形而上学的假说，而检查之后，证明它正是形而上学的必要假定。这“哥白尼式的假说”限定了科学，可是它也说明了严格意义上的形而上学。

康德用相当长的时间来详细考究这重要论点。他强调指出，即《纯粹理性批判》的反面结果，按其最后的影响来说，也是真正正面的。其实思辨理性的独断扩大导致缩小其用途，因为它所运用的原理，是含有使物自身受到感性的条件之限制那种意义的，一切用满足理性的话语来解释那无条件的种种企图，一开头就为这种进行思想的方式所排斥掉。《纯粹理性批判》的基本意向与其主要目的就是要证明这点，空间与时间无非是感性直观的形式；只有和它们结合起来，悟性的概念才能产生知识。概念在其纯粹形态中虽然具有很一般性的意义，但是不足以构成知识的。例如，因果这概念必须含有时序的观念；离开时间，它是那种空虚的、完全无内容的充足理由之概念。实体的范畴也是那样，只意味着时间和空间之中的持久；作为纯粹理性的一种形式，它的意义是很不确定的，只意味着它总是一个主体而绝非一种陈述。缺乏进一步的说明，它依然在其所指上是完全属于盖然性的。然而悟性的范畴独立于感性而具有纵然是这种很一般性的意义这一事实是极其重要的。由于它们是起源于纯粹理性，其范围则大于感性形式的范围，而且能够使我们想象到物自身，虽然不能使我们获得关于物自身的知识[115]。我们的两重性是感性的，而同时又是超感性的，就使我们能领略到这两者。

康德谈到意志自由的问题来论证他的立场。思想的范围既然大于感性的范围，而思想又显示出一个本体境界的存在，所以我们就因之能够使对于意志自由的信念和自然界的机械观念协调起来。我们可以承认在现象界里面一切东西毫无例外地为因果所决定，但是与此同时，又主张自然的整个秩序，是以本体的条件为其根据的。我们对于同一的主体，可以说它的意志是受着自然的必然性所限制，而又说它是自由的——在其可见的行为上，是机械地被决定了的，而在其实在的超感性存在是自由的。诚然我们关于灵魂是毫无所知，所以就不能有理论根据来断言它具有这样的自由。自由的可能性本身是超出我们理解范围之外的。然而能证明它至少可以想象而无矛盾就已是极其重要的了。因为不是这样的话，从道德意识的性质做出之种种论证都是毫无益处的。在可以说得过去的矛盾面前，任何论证都要让步的。道德的学说和自然的学说现在第一次可以分道扬镳地发展起来，各按其自己的规律互不冲突。关于上帝的存在和灵魂的不灭，也是如此。借助于批判，把经验的境界和超感性的境界区分开来，“这些概念现在第一次就有其可能来相信”[116]。“这个损失只影响学派的垄断，而无害于人类的利益”[117]。

最后，康德强调这一事实，就是批判的方法必须和独断论的方法相类似。它必须是理性的先验的。采用任何别的方法来进行就是“丢掉科学的一切羁绊，而把工作变为游戏，确实变为意见，哲学变为臆说”[118]。康德又重申他在第一版序文中关于他的系统的完整性与终极性之肯定。“我希望这系统在将来永久能维持这同样的不可变性”[119]。

逻辑[120]——关于康德之看亚里士多德逻辑为完备的、尽善尽美的，参看下文，第 184～185 页。康德一方面把形而上学比诸数学与物理学，而另一方面比诸形式逻辑。前二者说明科学以突然一次革命就进入稳定的途径之可能；后者证明一蹴便创做出一门完整的科学之可能性。康德认为，由于新的批判方法，形而上学可能使之与上述两种成绩媲美。

理论的与实践的理性[121]关于这区别所须作的评语详见下文。参看第 569 页起。

人们一向认为一切知识必须适合于其对象[122]——这说法在历史上是正确的。这种假定实际上确是康德以前所有的各派哲学之基础。与此同时，康德的现象论观点部分曾为休谟、马勒伯朗士和莱布尼茨所先行主持过，尤其是早就为休谟所主持过，也是真实的。休谟论证说，根据知识之不能抄写或真正显示外界的实在而谴责它，乃是误解了知识的真正功用。我们的感官知觉和我们的一般性原理是这样地为自然所决定,其结果是使我们只能有生活的实践机构。我们如果企图从这些原理得出一种前后一致的知识体系,失败是不可避免的结局[123]。马勒伯朗士提出与之类似的一种感官知觉的理论[124]。他指出,我们的知觉从头至尾是有幻觉渗透着。这种幻觉有其实践的用处,所以是应该有其存在的,但同时也证明理论的洞见并不是我们感官经验的意图。康德的"哥白尼式假说"大部分是这个见解扩充到我们的概念的、科学的知识。但是他和马勒伯朗士与休谟都不同,因为他是朝着理性论的方向发展其现象论的。他宣称要说明,虽然我们的知识只是现象的,但它是为先验原理所限定的,这样得出来关于现象与实在的区别之见解就和莱布尼茨的见解有类似之处[125]。科学的现象,虽然不过是现象,然而是有其根柢的。我们的科学知识,虽然不等于最后实在的形而上学理解,但是能够靠科学方法循序渐进。

形而上学的两"部分"[126]——康德在这里做出内在形而上学与超越形而上学之间的重要区别,而这是他的新观点的一种结果。可惜他做出这种区别时还不够明显,没有充分承认它的新颖性与其深邃的意义。否则他的阐述中许多模糊不清的地方,不止在这里,而且在其他处所,都可省掉[127]。

理性在一切物自身中所假定的,无条件是必然的,而且是当然的[128]——这里所提出的论点须延迟到后面来讨论。参看下文,第429～431,433～434,558～561等页。

《纯粹理性批判》是论方法的著述,而不是论这门科学的体系本身的著述[129]——参看Axv,Bxxxvi和特别A11即B24,又下文第71～72页。

哥白尼式假说[130]——康德之把他的新假说比诸哥白尼的假说,一般是被误解的,读者很自然地把哥白尼的革命从它的主要的最后结果来想象，就是地球从它的居中卓越的崇高地位降低了。但这和批判哲学所意图的后果丝毫无类似之处。其实正是它的反面才是真的。康德的假说是为其公然意图中和哥白尼的天文学说之自然主义含义所激动的。他的目的无异于要建立，或者可以描述为托勒密的、以人为中心的形而上学。像休谟的那种自然主义的哲学或者尚可称为哥白尼式的，但人本主义的批判哲学是和古希腊观点有真正类似之处的。

甚至有些康德的最好注释家也以像上述的方式来解释这类似[131]。格连尼(T. H. Green)[132]和斯特尔林(J. Hutchison Stirling)是这样解释的[133]。客尔德(Caird)在其《康德的批判哲学》一书中并未提到这类似，其理由大概是当他像格连尼那样解释时，他认识到这样来比较是不恰当的。兰格(Lange[134])和郝夫丁(Höffding[135])是以典型的方式来叙述这类似的。亚历山大(S. Alexander)虽然大力坚持康德哲学的托勒密性质，而又对这种解释以下面的话语来表示赞成：

“康德自己把他信为他正在实现的革命，标志为哥白尼式的革命，这是很滑稽的。但是除他相信这是一种革命之外，里面并没有什么东西是哥白尼式的。如果凡是把原来处理的名词的秩序倒转过来的变更，凡是原来说 B 是依赖 A 而现在说 A 是依赖 B 的那种变更，都是哥白尼式的话，那么康德相信他把心依赖物的秩序倒转过来了，而说他实现了一种哥白尼式的革命便是对的。但是在任何其他意义上，他都是不对的。因为他的革命，只要它算是革命的话，的确是反哥白尼式的。”[136]

因为花亨格尔已出版的几卷的注释没有谈到第二版序文，他也没有讨论这一点。

康德自己的陈述是丝毫没有含糊的，不能作为格连尼和亚历山大的那种解释的辩解。据我看来，他们错过了类似的实在所在。如果我们只要没有忽略科学的经典著作,这误解绝对不会有其可能的。

康德一定是直接知道哥白尼的《天体运行论》的,而他所作的比较也是认定他的读者们有同样的知识的。哥白尼以其地动“假说”(他自己用的名词)的证明只企图要使托勒密的宇宙得着更调和的安排。像这样仅只作为传统的宇宙论之简单化,他的著作是恰当地呈献于当时的教皇的。我们地上生命所依靠的太阳仍旧被看为和一切行星迥然不同;我们的大地依然屹立于一个按传统的方式被想象为单一的圆球形的宇宙之中心。一代之后,布鲁诺(Giordano Bruno)是第一个人体会到这新学说一贯地发展下去必然导致的革命性后果。他是第一个人倡议我们现在视为哥白尼革命的主要部分,说有无数的太阳系相互平列着在无限的空际。

哥白尼的论证是从亚里士多德的相对运动原理出发的。下面引用哥白尼自己的话:

“所有领悟到的地位变迁都是由于所观察的对象之运动,或者由于观察者之运动,或者由于两者同时运动的差异。因为如果所观察的对象和观察者是朝着同一方向并以等同的速度来运动着,就不能侦察出什么运动。而我们视觉所领悟到诸天的运行,乃是从地球看的。所以,如果什么运动是被视为地球的,那运动便要产生出其自己的现象在它以外一切的东西那里,可是好像是相反的方向,好像一切东西都是在走过地球似的。尤其每日的运行是如此。因为这运行像是抓住全世界,抓住地球周围的东西,而地球自身却似不动……诸天是包含一切、覆盖一切的,是一切东西的共同所在处所,而运动何以是归之于包含的东西而不归之于被包含的东西,归之于被位置之东西而不归之于决定位置的东西,这是完全不易看出来的。”[137]恒星和太阳的表面看来是客观的运动,无非是由于我们向着诸天的运动之投射而发生的现象。

“恒星的天是诸天的第一层天而又是最高天,自己包含自己所包含的一切，因之是不动的，简言之，是宇宙所在的处所，按照它来计算其他一切天体的运动与位置的。"[138]

在我们面前的几段文字中，康德所指的就是这学说，而且只是这学说，即哥白尼所说的表面是客观运动之主观解释那条假说。其次，他以他的批判方法比诸哥白尼的方法，他所讲的是这两种方法的正面结果更多于它们的反面结果。因为这比较的公式化，主要是从感性论、分析论和辩证论的建设性部分立场来的。用批判的假说，康德宣称一方面可以说明我们的科学知识，另一方面可以保障我们合理的形而上学愿望。观察者把自己的运动投射到诸天去；人类理性为自然科学的领域立法。恒星的天是已证明不动的；物自身是不受空间与时间的限制的。"哥白尼敢于用反乎感官的却是真实的方式，来在观察者那里而不在天体那里寻找所观察的运动。"[139]

由于康德公然从其《纯粹理性批判》排除了一切假说，那么用假说这名词好像是不合理的[140]。因之他在这里说，虽然在这序文中他的批判论是作为一种假说以公式形成的，而在《纯粹理性批判》本论中它的真实性是先验地证明的。

知道与思想的区别[141]——既然按照批判学说感官经验的限度就是知识的限度，知识这名词对于康德来讲，就有一个很有限的涵义，而留下比较广阔的地域是他称为思想的。物自身固然是不可知，然而它们的存在仍然是可以在思想中被认识的。

导　言

我将要首先把康德在其第二版中所载的扩大的导言之主要论证重述一下。部分是历史的，部分是解释的[142]。

康德达到批判问题完全体会的过程，可分为两个阶段。起初，在他于1772年给郝尔兹的信中以公式形成的问题是：先验的，如何能生出关于独立实在的知识[143]。如他在那里所说，这主要是一个形而上学的问题。它是超经验的形而上学可能性的问题。他是在反思他在《论文》中归之于理智的那种机能时，才觉知这问题的存在的。其次，1772年2月之后的一个时候，由于休谟对康德思想的影响重新起了作用[144]，这问题便大大地深化，而同时对它处理的适当方式也清楚了。休谟使康德觉悟到可以称为包含在先验知识的概念本身里面的内在问题。所要解决的主要问题，不是如何用先验理念进而达到独立的实在，而是如何能超过一个主体名词到一个是这主体名词看来并未包含着的陈述词。其实这问题之能得到解决，正是因为它采取了这个逻辑的形式。在这里像在别处一样，康德认为本体论的问题只有它们能用逻辑的话语重述时才能解决的。于是研究就变为是有两重意义的了：先验综合判断如何并且到什么限度内有其可能，首先在其使用在经验范围内（内在形而上学的问题），而其次就是在其运用于物自身（超越形而上学的问题）。批判研究的结果是确立内在形而上学的合法性和一切超经验思辨的不可能性。

康德的导言的论证是依照上述的次序的。这论证从确定形而上学先验知识的性质出发，从而导致先验综合判断的逻辑问题。从时间上讲，一切知识都是从经验开始。但这不等于说一切知识都是从经验生出。我们的经验可能是我们从印象所得和纯粹理性自身所提供的，两者的混合物[145]。

这样的先验实际上存在与否的问题，只能在进一步研究之后才能解答的。先验的不可分开的两个标准就是必然性与普遍性。两者均不能由经验给予一道命题，乃是康德深信不疑的信念。他是从莱布尼茨和休谟两人继承这种见解的。这是他的论证的假定之一。经验只能显示并存或次序。它只能使我说，根据我们一向的观察所及，这条或那条规则没有例外。以观察为其基础的概括，绝不能具有比它所代表的有限经验还广泛的普遍性。所以，如果在我们知识之中，无论哪里发现有必然的和普遍的判断，则独立于经验而产生的一种先验的东西之存在，便从而被证明了[146]。

从独断观点以公式形成的在经验与先验两种判断之间的对立，是人类知识整个范围里最富有意义而最动人的事实。先验判断是以具有绝对必然性自居的。它们不容许有任何例外之可能的。它们不但对于我们是有效，即对于所有可想象到的主体都是有效的，无论他们存在的特殊条件是怎样不同，不管他们是生活在火星上面或者在太空极遥远的地方，而又不管他们的感官构造是如何不同的。通过这些判断，身长不过五尺从而又为时间条件所限制的一种动物，能为一切存在而且在一切时间里行使其立法权。反之，凡经验的判断只具有假设性的确实的，我们认识到，我们现在的经验有其增加，是可能把它推翻掉的，对于别的行星上的主体，或对于有不同结构的感官的主体，它也可能是无效的。一道理性的判断之反面是不可想象的，然而一道经验的判断的反面总是有其可能的。前者是依赖我们思维的固有而且不可或缺的性质的；而后者是和感官的或然性质分不开的。前者要求绝对的或者说形而上学的真理；后者仅仅只是有限经验的试验性的概述。

这种先验判断的可能性，只有一向企图否认其一切客观有效性的人才对之有问题的。康德是一个理性论者，他对于这些判断的现实存在并不置疑。在第二版的导言里，他毫不加修饰地肯定它们实际上的存在，并以数学的命题和自然科学的基本原理为证。它们的可能性只得通过先验的形式与原理[147]的假定来说明。但是他同样地强调着对于它们形而上学使用的有效性之怀疑。因为那是完全不同的事情。到了那里,我们已完全越出感官的世界而进入了经验不能指导、不能指正我们的范围。在这范围里,先验的东西是不正确地认为是我们知识的源泉,而同时又是它自己的要求之唯一标准。

这就是1772年给郝尔兹的信中所形成为公式的半批判半独断的问题[148]。我们有什么权利把从内部发生作为先验的东西,看作是对于物自身有效的呢? 这样做法就是假定在我们人类机能和最后实在之间有前定的和谐,但那是一种假定,按其性质,是不能有证明的。马勒伯朗士和莱布尼茨所提出的证明本身是思辩性的,因此是假定了所要证明的结论的[149]。如上所述,康德获得这问题的答案,是通过先验判断的性质与条件的逻辑研究的。

康德宣称,从前在进行形而上学思辩的人们中没有哪个责难它,其主要原因之一,就是把两种极不相同的判断,即分析判断与综合判断,混为一谈。理性要做的事情,多半就是要分析我们关于对象的概念。

“因为这种做法产生实在的先验知识,而其进行又是一种安全而有用的方式,理性便为之迷惑到了这样的程度,竟然偷偷地带进来了一些完全不可同日而语的说法而不自觉,在这些说法中,理性把完全与之无涉的概念联在某些概念上面,而且是先验地联上的。然而人们并不知道理性是怎样这样做的。这是从来甚至没有人想过的一个问题。”[150]

在分析方式上处理的概念可能是经验的,又可能是先验的。如果它们是经验的,它们包含的判断就不能有比它们所表达的经验范围更广泛的用途;无论如何,只能显示在作为其命题的主词中一直所想到的,虽然是模糊地想到的东西。它们绝不能显示出与实际上所经验的内容不同类的东西。经验的概念之分析所受的限制是经验论者与理性论者所共同承认的，但是后者却企图把他们的形而上学奠基在纯然先验的概念上，以规避其后果，因为这些概念的内容是先验的，便可能把他们带到所经验的范围以外。但是康德在这里又来一个不可能的肯定。他企图说明，凡先验的概念都纯粹是逻辑的函数而无内容的，因之就和经验的概念一样不能把我们带到超经验那边去。这是一种缺点，独立于上面所已经指出过的，即他们的客观有效性含有前定和谐的意思那种缺点。

什么才是综合而又先验的判断的性质？什么才是这种判断的产生条件呢？在所有判断中都有其主词与宾词的关系，而这关系有两种。要就是宾词B属于主词A，要就是B在概念A的范围之外，虽然和它有些联系的。在前一种情况下，判断是分析的；在后一种情况下，它是综合的。前者不过把一直含蕴在主词的概念里的东西敷陈出来；后者则把任何分析过程不能在主词概念中发现的宾词的东西归之于主词概念。例如"所有物体都是延扩的"这判断是分析的。物体这概念已经包含有延扩的概念，而且没有延扩性则不可能有物体概念。可是，"所有物体都是重的"这判断是综合的。因为不是物体自身，而只是和别的物体交相感应的物体才发展这个属性的。很有可能来想象不像这样交相感应的物体。

说明分析判断是没有什么困难的。它们都可以用矛盾的原理来辩解。既是分析的，就可以先验地建立起来。康德在这里又认为，关于经验的综合判断也没有什么困难。虽然宾词不包含在主词概念里面，它们两者作为所与的经验整体的部分，是互相连属的（虽然偶尔这样）。经验是x，在A概念之外，而以此为基础，就有B和A综合之可能。可是，关于综合而又是先验的判断，事情就不同了。一向感觉论者和理性论者是把所有综合判断看作是经验的，而把所有先验判断看作是分析的。两对立学派之间唯一的区别在于它们归于这两种类型的判断之相对价值。对于休谟来说，只有经验的综合判断才是真正有效果的判断；分析判断的价值是很次要的；它们绝不能扩充我们的知识，而只能弄清楚其存在的内容。对于莱布尼茨则不然。真正知识只是在于我们先验概念的分析，他把这种概念看作是具有内在的而且有效果的内容的；综合判断总是经验的，而作为经验的就纯是偶然性的[151]。

可见对康德前的哲学来讲，分析和先验是可互换的名词，综合和后验也是如此。康德的批判问题产生了惊人的发现，先验和综合不是互相排斥的。一道判断可以是综合的，然而又是先验的。他像是通过因果性的一般性原理——凡事必有因——的研究，受着休谟的影响，而做出这发现的[152]。在这判断中，好像在主词(作为发生于时间中的一件事情的概念)和宾词(作为这事从而生出的原因之另一件事的概念)之间找不出来任何联系；然而我们不但把一个归属于另一个，而且说它们是必然地联系着的。我们是能够想象到一件事在虚空的时间之后；可是，在事物的研究中，因果原理是承认为证明了的真理。所以在这里就是一种新的且无与伦比的判断类型，其性质完全是似非而是的。它是那样地好像毫无根据，因之休谟第一次发现其奇特的性质时，迫不得已把我们对它的信念归之于无理性的，而只是属于本能的"自然"习惯。

然而康德发现因果原理的似非而是之特性也属于数学的和物理学的判断。这一件事实就使之不可能接受休谟的怀疑结论。如果甚至 7＋5＝12 的这类说法都是综合的而同时又是先验的，则显然不能怀疑具有这些特性的判断是有效的。但是绝不因为这样而迫不及待地要求得其解释。如果我们只关心于科学的知识的话，这类的研讨诚然是不必要的。因为自然科学有其实践的成绩而又有其不断的发展为其辩解。可是形而上学的判断也是属于这类型的；在那些使先验综合判断有其可能的条件被发现之前，形而上学思辩的合法性问题是无从决定的。这一类的判断是神秘不可测的，亟待进一步来研究。

所要解答的问题，是关于我们有什么根据，把一个看来找不出与之有什么关系的宾词，归之于主词概念而作为必须属于它的。在肯定其联系时，作为悟性的基础的未知 x 是什么？这不能是重复的经验；因为问题中的判断是以必然性为其应有的。这类判断也不能用逻辑的考验，例如其反面之不可想象性来证明。主词与宾词之间看来毫无什么联系就排除这种可能性。然而科学与哲学一向所承认的就只是这两种证明的方法。这问题的解答要求一种完全新颖的证明方法之发明与其公式之形成。

康德进一步说，先验综合判断三大类就是数学的、物理学的和形而上学的。数学判断的综合性一向都逃避了人们的观察，是由于这些判断是按矛盾的原理来证明的(这是所有必然性的确实性所必需的)。从这就推论出，它们是以那条原理为其基础，所以就是分析性的。然而那是不合理的推论；因为，虽然综合性的命题之真实性可以这样证明，但只能是有另一综合性的原理首先就假定下来了。绝对不能证明它的真实性，作为另外一道判断为矛盾原理所要求的。7＋5＝12，不是从七与五的总和这一概念分析地推论出来的。这概念所包含的不过是两数的结合而为一个数；它并不告诉我们结合两数的是什么一个单独的数。概念中无疑含有五加在七的上面之意思，但没含有其总和应该是十二的意思。康德主张，要发现那，我们就必须超过这几个概念而诉之于直觉。如果我们以大的数字为例时，就更容易认识这点。那时我们就清楚地看见，尽管我们把这些概念翻来覆去，只靠它们的分析，而不假借直觉，是绝不能得到所需要的总和。几何学的基本命题，所称为公理的，都同样是综合性的，例如，两点之间的直线是最短的。“直”这一概念只确定方向，并未谈到质。

作为物理学中综合先验判断的一例，康德举出这原理：物质在一切变动中,其量不变。在物质的概念中我们没有想到它的永恒性,而只想到它处在它充满了的空间。这原理的反面是完全可以想象的。

形而上学是注定要包含着先验知识的。因为它是企图来确定我们不能经验到的东西,例如世界必有其开端。如果像我们将要证明那样,我们的先验概念是无内容,通过它们的分析不能生出这种判断的,那么这些判断也就必须是综合性的了。

可见我们在这里就发现纯粹理性的主要问题。以一个单一公式来表达,它是这样的:综合先验判断如何是可能的? 提出这问题就是要研讨。首先,纯数学如何是可能的;其次,纯自然科学如何是可能的;再次,形而上学如何是可能的? 哲学一向之所以总是摇摆于无知与矛盾的状态之间,完全是由于忽视了这先验综合的问题。"其解答乃是形而上学生死关头的问题。"休谟已接近于这问题的体会,但他是在太狭窄的形式上发现它,因而不能领悟它的整个意义与其革命性的诸后果。

"必须有更大的坚定性,才能叫我们勇往向前,不怕内部的困难,不怕外来的反抗,这反抗是阻碍着我们通过利用与前人一向使用的完全不同的一种方法来推进一门科学的成长及其效果,而这门科学是人类理性不可或缺的——这门科学的一切枝叶可以砍掉,但它的根柢是不能毁灭的。"[153]

这些叙述都确实是含糊的,因为康德未能以任何一种一律的而又确定的方式分辨出内在的和超越的两种形而上学[154]。形而上学这名词用来涵盖这两种形而上学,时而是指这,时而是指那;而又在另一些段落里,它的意义是两可的。但是,如果我们把两者的区别划清,康德的答复便是,他的《纯粹理性批判》第一次使真正而有效的内在形而上学有其可能;它的正面内容是在**分析论**中阐述的。另一方面,超越形而上学是在**辩证论**中批判的;它是永远不可能的。当时存在的思辨科学逾越了经验的限度而只生出了冒牌的知识。我们可能有的先验知识的限度之确定，就是《纯粹理性批判》的第二种巨大成就。所以这本书实现了他的两种意图。它建立了一种新的先验形而上学体系，而又在同样是先验的原则上确定了最后的限度。如果不是这样，形而上学便寸步难行。这正反两种结果是不可分割的，而且是互相补充的，不能强调其一而忽略其他。

关于康德导言中论证的评语

这导言虽是产生康德的新哲学之问题的第一次明确地以公式来形成，因而是极其有历史重要性的文件，然而作为批判学说的叙述来看，是极端不令人满意的。其论证的发展，是用从传统逻辑假借而来的一些区别的话语，而这些区别是不适合于康德宣称所要建立的先验原理的。其实，这是可以对整部《纯粹理性批判》做出的一种批评。虽然康德意识到哲学史中一个新时代的开始，而把他的工作比诸泰利士、哥白尼、培根和伽利略等人的工作，但是仍然可以说，他从未完全体会到他自己成就的伟大。他一直认为他的学说之革命性后果不会扩充到纯逻辑的范围。他相信，这些后果只是谈到关于实在的性质和确定人类经验的条件的那些形而上学理论。形式逻辑既然是规定一切思维必须由之而进行的公理性原理的，它的有效性就不为其他哲学科目所影响，而是高出于决定它们的真伪那些问题的。在批判探讨的先导工作里是可以稳妥地依赖形式逻辑的种种区别的。对于康德来说，这当然是很自然的一种假定；今日许多思想家依然主张这是完全可以辩解的。如果这是我们的态度的话，我们就可以赞成康德进行的一般方法，但就不得不对他许多的论证以及他的许多主要结论表示不同意。反之，如果我们认为形式逻辑，在任何程度上，只是以为包含在类概念[155]的形成与使用过程中之一种思维过程的理论，我们就须准备发现，把这高度专门化的逻辑和一般逻辑等同起来，其结果就是采取一些区别，而这些区别为着应付它们形成时所要应付的意图是绰然有余的，但是一经更广泛的范围之考验，它们便崩溃了。我们远不是责难康德，因为他在他的晚期学说中，违背了这些硬而牢固的区别，而是欢迎他增强其独立性的任何表示。

当然，康德并未无睹他的原理之实在影响[156]，而竟然不认识到他们具有逻辑的含义。他谈到他所创立新的形而上学是一种先验逻辑。然而这是很清楚的，甚至在他这样谈的时候，他并不把它看作是和旧逻辑不能并行而不悖的，而只把它看作是在另一水平上，其产生的结果并不会和形式逻辑所讲的东西有什么冲突。事实上，康德把一种几乎神圣不可侵犯的有效性归之于传统逻辑。《纯粹理性批判》一书的一般轮廓与其章节的安排都是从形式逻辑那里得来的。它被认为对于理论思维提供了足够的说明，即它偶尔得到补充也不过是它之小心限定的领域之扩张而已。逻辑有两种，理论的或者说分析的理性逻辑和综合的解释逻辑。一种是形式的；另一种是先验的。前者是亚里士多德所创立的，是一气呵成而又完备的；康德认为他以公式形成了后者，同样是完备而又无以复加的。

在第一、第二版序文中以毫不加以修饰的口气表达出来的如上述后一种的自负，是叫一个现代的读者有点吃惊的，像是意味着很类似沃尔夫气概的一种超乎理性以外的态度。

“在这本著作里，我是以完备性为其目标的，而我还敢于断言，没有一个形而上学问题未得到解答，或者至少是提供了解答问题的锁匙。其实理性是这么完整的统一体，如果它的原理不足以解答它自己提出的纵使一个问题，我们便有理由来因此而不承认它是能以完全的确实性来解答其他之任何一个问题的。”[157]“形而上学具有这一独特的优点，是其他研究对象的科学所没有的(因为逻辑所研究的只是一般的思维形式)，就是它通过这批判，一经踏进科学的坦途，便能获得其全部领域的所有的知识。它能完成其事功，而以永远不能复加的财产遗留给后代。因为形而上学所处理的只是原理和这些原理自身所确定的其用途之限度。它既然是一种根本的科学，就必须完成这一完整的工作。关于它，我们必须能够说：如果还有剩下要做的事，则不能算是完成。”[158]

这一些乐观的期望——康德的体系后来的发展史并未见支持这些期望的——其实不是由于康德过分高估他的工作之重要性。其根源像是可以一方面追溯到他继续承认理性论者的假定，而这些假定是只适合于他所排除的哲学，另一方面又可追溯到他之不能体会他的学说所注定要在当时哲学部门中必须产生的革命性后果之全部幅度。像所有最伟大的革新家一样，康德留下来的工作还是在进展中。他的成就和他的方法，按自己使其有可能的眼光看来，是必须加以修饰和扩大的。其实康德是不断地忙于批评和更正他自己的见解；这一点没有别的地方比这导言的学说和分析论中心部分的学说两者之间的对比更为明显的。可是，甚至他较之更成熟的见解较晚出的表达，还是显示出继续存在的冲突。纵使在不承认的话语中都露出须进一步重新整顿的需要。不是另加一种逻辑，而是证明刻不容缓的完全修正逻辑科学的全部体系的需要，才是他的批判研究的第一种结果，而且在许多方面是其主要的结果。

形势的情况，从大处着想，可以如下所述。如果我们关于康德之从其教条主义梦寐清醒过来那件事，是说对了的话[159]，这事就是在于他认识到自明性不足以保证什么原理。我们经验的基本原理都是综合性的。那就是说，它们的反面都是可以思议的。把这结论和他从前的确信，认为这些原理绝不能以观察的事实归纳出来的确信结合起来，他就面临这种任务，要在一种新的完全未尝试过的基础上，来建立理性论。如果经验的事实和直观的自明性都不能作为支撑，则证明如何才能进行呢？而且如果我们的原理本身还须建立的话，我们如何能、甚至开始来作证明？原理绝非自明的，然而原理又是不可少的。这就是康德关于知识和行为的公准不摇摆的确信。

这无非是另一方式来说康德是真理前后一贯说的真正创始人[160]。他自己从来没有采用过“前后一贯”说这名词，而经常的立场是和知识的性质与条件之符合说的比较上更为融洽。但是他的最关键的学说，在其以后发展中证明是真正有效的，看来是和以后陆宰、西格华尔特、格连尼、布拉德雷、鲍森阙特、钟斯、杜威等人所更明显发展出来的立场相一致，而在其教义上是溯源于黑格尔之论述康德的逻辑学说的。按这观点，原理和事实是互相建立的，盖原理由它们之能说明有关的现象而得到自己的证明，而事实之有别于无关系的伴随物是由于它们之符合于使识见有其可能的原理。换言之，所有证明在其一般的类型上是符合于自然科学的假说方法的。康德所称为先验方法，用来成立其范畴的有效性的，正如我们已经看到[161]，也正是属于这种性质的方法。其次，经验的和先验的两者之间的区别，不能作为划分出两种知识的区别（有如康德在其早期话语中，而且有时也在其晚期话语中，所认为的那样）。这两者是不可分割地被包含在一切知识里面的。最后，分析与综合的对立变成了不是种类的分别而是程度上的分别。没有什么东西能存在或者能被想象到，除非它能适合于使它有意义而决定它的真实性之系统。如果它能达到这样一个程度，使它能相对独立于支持它的系统而为人所研究，则分析便够了；如果我们必须要联系到这个系统，则按这必须联系的程度，它就需要综合的解释。但是终之为着需要有足够的理解，我们不得不运用两种研究的方法。不使用事物所隶属的更广泛之整体的话语就不能知道任何东西。

然而这就是康德很根本地和黑格尔的立场不一致的一个重要方面。一切事物所必须要牵及到的最后整体只能通过一个“理念”才表现于我们的，而没有实在是我们能找出来与这理念整体相适应的。决定什么可看为经验上是实在的那个系统就是自然科学的机械系统。我们没有足够的绝对实在的理论标准。

如果我们进而努力于确定,在导言中所使用的种种区别,是在什么特殊方面未能和分析论的中心学说取得协调,上面那些比较一般性的考虑,就可能变为更明确了。

首先,康德叙述其问题时,只是想到主谓判断。其他类型的关系判断是完全被忽视了的。因为即使他引用别的关系判断类型时,如算术与几何的命题,或者表达因果公理的命题,他的解释都是按照直言命题的传统理论的。可是,如下文所将要发现[162],这《批判》所直接有关的只是关系的范畴,因而就是各种类型的关系判断。甚至主谓判断检查起来,也是属于这种性质的。所表达的不是一种属性包含在一群的属性里面,而是用实体与属性的双重范畴的话语来组成一个复杂的杂多体。

其次,判断之完全作为主谓判断来解释就使康德在其导言中在分析命题和综合命题之间划出一道不可逾越的鸿沟——这在其极端的说法,就使分析论的论证真正的含义变为模糊不清。因为康德在这里提出[163]两种选项作为穷尽的划分:(a)宾词概念被包含在主词概念之内,和(b)宾词概念完全在主词概念之外。他接着说,固然在后一情况下,两概念仍然可以在某方式上互相联系的;但这是一种让步,在其以后的论证中并未考虑到的。他还剩下第三种可能性未考虑到,那就是,凡判断都是既分析而又综合的。如果像康德同意于莱布尼茨那样,仍然继续主张概念不是独立的东西[164],而只能作为联系着的系统的部分而起其作用,则概念固可以彼此分辨开来,但是彼此互相包含着的。在于判断中的可分辨的因素直接关联着这方面来讲,判断好像纯是分析的;在于它们的关联是间接的,通过许多中间环节的,判断就好像纯是综合的。但是在任何情况下,总有一种内部的联系,可以说是综合,而又有一种藏在基础上的统一,使一切差异都变为次要,而比任何同一都更能足够地体现主词与宾词的联系之要求。换言之,按这种看法,一切判断都是属于关系的类型的。如上文所指出,即使主谓判断也不仅仅是同一的肯定。它总是用实体和属性的双重范畴的话语表达出来,以一种关系把其内容联系着,而这内容之作为内容来讲,可能是极其不同的。

看来,这就是康德的批判学说彻底发展下去所必定导致的一种见解。因为坚持判断的综合性,不一定使它为无效,而且坚持自然科学的一切基本原理和多半的派生原理,都是属于这种性质的,康德实在就是主张判断的被证明为正确,其根据总是在它自己的范围以外,而在前后一贯的经验之某部分含蕴着的脉络里面。但是虽然他的论证之价值是在于他明眼地认识到一切真正知识里的综合因素,而他继续承认有纯然是分析性的判断之可能,他的论证的说服力就大为削弱了。例如,要看出“一切物体是重的”这命题里面的综合性,是没有多大困难的。可是读者首先就要承认“一切物体是延扩的”这命题之分析性。在其逻辑的性格上来讲,这两道命题实在是同一的。要认识到它们是真的,就必须涉及到物质存在的广泛理论。如果物质必须在分布的状态下而存在,它的各部分才能通过相互吸引而获得重量的性质,那么一个物体的大小,或者甚至它之具有任何广袤,都可能同样地要依靠某些特殊的条件,而这些条件尽可想象为不是普遍地实现的。当我们要决定 7+5=12 这判断是分析的或纯是综合的时,我们发现同样的困难。康德把 7、5、12 等概念说成像是独立的东西,各有其完全不同的涵义的。但他们的形成,显然是由于构成我们数目系统的各个相联系的概念。只是在这个概念系统的光照之下来解释,这命题才有其意义的。它确然不是一道自明的同一性命题;但是这联系又不是作为完全是综合性地说出来,而使只靠直觉便可以说明它的可能性的。然而这就谈到康德的论证第三种主要缺点了。

当康德说[165]，在综合判断里，除主词概念之外，我们还需要另一东西是悟性可依赖来知道一个宾词虽不包含在主词概念之内，但是属于它的，那时他称这东西为 x。谈到经验的判断时，这 x 就仅仅是经验而已。康德的意思是说，这种判断只是经验的。其中并不含有必然性的因素，连间接的都没有；谈到经验的判断时，没有什么先验综合的问题，可是这样来讲问题，康德就把他的整个研究的意图都弄模糊了。他尽可不在本质上损害他的主要立场而仍然保持分析判断和综合判断之间的硬而牢固的区别。他的这种做法，只是看不见他最后的结果终究要有什么影响。然而把经验的判断看为绝无必然性的因素，他就毁灭了他声明要作为一般性原理先验有效性的基础之根据。一切判断都含有先验性格的理性因素。依赖经验乃是依赖自然中隐含着的一个系统。只是一道经验的命题适合于这样一个系统所提供的前后关联，才能有其意义，而且只从这样一个假定的系统来看，才能确定它的真实性。它之能为真实的，只有它是能被看为在同样情况下，对于像我们的心那样结构的一切心，都必然是支持得住的。一种偶然的关系之肯定——例如"这匹马是白色的"这一命题——不等于肯定之偶然性。颜色是马这类之可变的质，但是就个别的马来说，它是必然地在某特殊方式上确定下来的。如果一匹马自然是白色的，它就必然是白色的。所以，虽然在上述命题中，其必然性没有在语言上明白地表示出来，然而它还是意在言外的。

换言之，经验的和先验的两者之间的区别，不是像康德在其导言中那样前后不一致的认定是两种综合或判断的区别，而是每一道判断之中不可分割地包含着的两个因素的区别。经验是先验地为条件所决定。判断在任何情况下都表达一种意思上含有支持着它的诸多命题之有组织的系统之关系；而为着这个系统的联系，先验诸因素是不得不为必然的。

但是康德之不能遵照他自己的批判原理之最显著一例，就是他的纯直觉的学说。这是代表他在批判前期所采取的立场。在他的《论基本原理的明显性》(Ueber die Deutlichkeit der Grundsätze,出版于1764年[166])和在《关于空间区域的划分之第一种根据》(Vondem ersten Grunde des Unterschiedes der Gegenden im Raume,出版于1768年[167])这两书中,已见其端倪,而明确地阐述于其《论文》(Dissertation),出版于1770年,这篇著作之中[168]。康德之继续主张这学说,而自己又看它是他的系统之必要部分,当然是不足以使它成为真正批判的。其实,它真正和他的批判观点完全不一致,正如我们刚才考虑过的他之对于经验命题的见解一样。依赖我们的手指或依赖点[169]而无别的帮助,是很难为先验判断作辩解像感性内容之能为经验判断的根据那样。即使让康德有他自己更谨慎的说法那种便利[170],而认为他是说算术命题是根据纯先验的直觉,这直觉在感性话语上,只能找到近似的表达的,他的说法还是和他的批判学说的主要倾向背道而驰的,和数学科学所承认的方法也是风马牛不相及的。正如邦格勒(Poincaré)等人所主张,直觉尽可为一切数学概念的不可或缺的因素,但它不能为任何一般性的定理提供证明。指导我们十进计数的方法的概念系统也正是使7+5=12这判断有其意义的;也是决定那判断是真的。依赖直觉之在数目的判断,必须看为只是一种方法,用想象在具体形式上来体验这一种控制系统的抽象关系,否则就是用来侦察出前所未知的关系之一种方法。绝不能指望这种方法能够产生普遍性的证明。关于几何的命题,这也是同样明显的。不能依赖直觉来证明直线是两点之间最短的一条线。只要认定空间是欧几里得几何性格的,这判断便能支持得住的,而要为那认定的作辩解,就必须指出欧几里得几何的概念是足以解释我们的直觉材料的。假使空间是有曲度的,上述命题就不会普遍是真的了。空间不是简单的,不可分析的所与。虽然它是可以直觉地理解,但为要准确地决定它,必须有整部几何科学[171]。

康德的数学科学之直观说比较简单，而又有看来是反思的思维之抽象概念和几何与算术的概念[172]构成这两者之间的基本区别为之支撑，就使它对于那些对分析论的复杂论证不感兴趣的人易于了解。它又像是和从通俗观点看来是康德的理论上最叫人注意的学说不可分割地结合在一起，这学说就是他看空间与时间都是有其主观的形式的，把它们说为是独立实在必定导致康德称为二律背反那种矛盾的。因为这些缘故，他的数学科学直观说就和它的重要性不相称地受到人们的注意。它的批判前性格多多少少是被忽略了，并不从批判原理来解释它，而竟让它遮蔽了分析论中更健康的学说。在这桩事情上，叔本华是最大的罪人。他不但把导言和感性论中所阐述的数学科学的见解，作为和康德的主要学说相一致的，而且他比康德还更加毫无保留地阐述这些见解。

这样一来，如果把导言看作是批判学说的代表作品，在它的论证中就有四种主要的缺点。(1)它的问题是完全用主谓判断的话语来简述的，其他关系判断的形式被忽略了。(2)它主张判断要就只是分析的，要就完全是综合的。(3)在其进行过程中，又用另一种话语，即判断划分为纯经验的和先验的。(4)它好像是说，数学判断的辩解是在乎它是直观的。全部《纯粹理性批判》始终在某程度上保持这四种立场，可是不像这导言那样毫无保留。在分析论里面是说明判断在一切可能的形式上都是用关系范畴的话语来作当前的杂多的一种综合性的结合。这就导致一个四重的结论。第一，判断必须看为本质上是关系的。第二，先验的和经验的不能看作是两种不相涉的知识，而是要看作一切知识所包含的两个因素。第三，分析与综合不能看为并列的过程，综合是更基本的，它制约着一切分析的。最后，必须承认没有什么只是所与的；直觉经验，不管是感性的或先验的，都是为概念的解释过程所制约的。虽然这些结论应有的后果，完全发展下去，将会使我们超过康德自己在其见解的不断成熟中所达到的任何一点，然而其当前几步还是严格上与批判原理相一致而只意味着牺牲数学证明的直觉性格那一类的批判以前的学说。康德早期的立场这样的改正，是需要来补充他自己最后的发现，即感性直觉不能甚至作为所谓经验判断的根据。

第一版的导言处处标志着它是在分析论中心部分以前写成的[173]。但很有可能它不是在感性论之前写成的。感性论开始几段，事实上代表一种独立的导言，并不涉及到前面的论证，而重新替已经讨论过的名词和区别来下定义。康德为第二版改作其导言时所作的大量增加，在许多方面是有巨大的改善。在第一版中，除在谈到构成数学科学的概念之可能性外，康德没有提到数学判断的综合性格，而在第二版中作了详细的讨论。康德之所以没有作根本上的修正，无疑是因为他不愿作这种修正所包含的更广泛的更改。如果他把第二版的导言开始的叙述加以扩大，说就是我们的经验知识也是感性和先验相结合的，就必须成为完全新的一篇导言了。所以，他作的增补只是这样，而不会和第一版的论证的主要大意有明显的冲突的。

综合先验判断如何是有其可能的

如果我们现在系统地考虑结合着康德公式地形成其中心问题所遇见的许多困难，诸论点的详细讨论就简化了。这中心问题就是：综合先验判断如何是有其可能的？这公式比它陡然看来是更不确定，更不明白的。其中心短语，“综合先验”是足够准确的（先验应有的意义在上面已经考虑过了）[174]，但是各种各样的歧义隐伏在公式好像是毫无问题而又简单的开端与结尾里面：

甲、这字样如何有两个很不同的意思：

(1)如何可能，等于在什么方式上可能，即德文的 wie。

(2)如何可能,等于可能到什么程度,即是否可能,即德文的ob。

结合着"如何"这名词的这两种意思,我们将要考虑《纯粹理性批判》中所用的综合方法和导论所用的分析方法两者的区别。

乙、可能这词还有其更广泛的使用范围。花亨格尔[175]在这范围里,辨别出至少三对的不相容意义如下:

(1)心理学的和逻辑的可能性。

(2)解释的可能性和存在的可能性。

(3)实在的可能性和理想的可能性。

甲、康德个人相信有效的先验综合判断的可能性是为存在的数学与物理学诸科学所证明的。既然如此,对康德而言,有两种很不相同的方法可以用来说明它们的可能性的,综合的或者说前进的方法和分析的或者说后退的方法。综合的方法就从当前的、平凡的经验出发(在其最简单的形式上作为时间的意识),发现其条件,从这些条件证明先验知识的有效性。分析的方法就会"从所寻找的作为像是所与的"出发,即从先验综合判断的存在出发,而认定它们是有效的之后,再来确定这种有效性之有可能所不得不有的诸条件。这两种方法的正确地以公式来形成,它们互相关系的确定,它们的价值与比较范围,是十分重要的事情,所以必须比较详细地加以考虑。

综合方法是很容易和分析方法混淆起来的。因为在其论证过程中它是使用分析法的,它把平凡的经验在其生出的形式上加以分析,从而确定(在感性论中和在概念的分析中)构成知识的基本因素和知识从而发生的产生条件。从这一些,就可直接地演绎出(在原理的分析中)在数学与物理学的基础上的先验原理之有效性。所以,称为综合方法的基本特色,使之有别于其他方法的,并不是它的进行是用综合法,因为多半在其解决其工作的最困难部分时,它是使用一种分析法的,其特色乃只是它对于先验综合知识的有效性这一个问题的态度。它并不预先认定这有效性作为前提,而证明它是独立成立的条件之后果。用一种开头的后退法回溯到我们事实上所有意识的条件，它就获得一些材料，从而就可以用一种综合的、前进的或者说演绎的步骤，前进到综合先验判断的有效性之成立。另一方面，分析方法并不企图来证明先验知识的有效性。它只设法来发现这种知识，如果承认它是存在的话，能有其有效性是须具备什么条件，再从这些条件来看，它的似非而实是，表面上互相矛盾的特点便可看作是相互补充的了。这样揭露出来的条件就能使知识的有效性成为可以想象的，一经被假定之后，就可以说明它的；可是不能证明它。有效性是前提；整个论证以它的真实性之假定为其基础。其条件只是作为条件而假定的；如果以它们为先决条件的有效性本身发生问题，这些条件的实在性就变为不确定的了。只要我们企图把步骤倒转过来，从这些条件来证明那有效性，我们的论证立刻就必须采取综合性的形式，而如上所指出的，那就包含着预先使用一种很不相同而更加彻底的分析过程。所以这两种方法的区别可以如下说出。在综合方法中，用来说明先验知识的一些根据，同时也足以证明其有效性的。在分析方法中，它们是解释的根据而不是证明的根据。只有其有效性事先被承认，它们本身才得到证明。

包含在整个综合方法里面的分析步骤，为求清楚起见，应该列为另外的第三种方法。以后我就把它像这样看。它依靠论证的一种独立路线来成立先验因素的存在，而且成立它们的客观有效性作为经验的可能性本身所必需的条件。这样看来，它是三种方法之最重要而又最基本的。它所体现的论证，构成《纯粹理性批判》的中心。它确是康德的新先验方法；以后为着避免和《导论》一书的分析方法相混淆，我总是在提到它时用这名称。由于先验方法是这完整的综合方法的重要部分，而不能无矛盾地作为分析方法的一部分，综合方法才单独作为康德观点的适当表达。涉及经验的可能性，这个新先验方法就是证明。经验之出现是作为心理的事实的。那能够把它作为心理事实说明的唯一条件也足以证明它的客观有效性;可是与此同时,也就局限那有效性于现象境界。

我们进而要研求这些方法一贯地用在《纯粹理性批判》里可以到什么程度。关于这问题是聚讼纷纭的,但花亨格尔像是已经为之作了最后的解答。大家都一致承认《纯粹理性批判》是宣称遵守综合方法,而《导论》一书为着阐述的更简单更通俗的形式起见,是采用分析方法的。这两部著作依照它们所宣称的是到什么程度,尤其是《纯粹理性批判》的两版,是实在成问题的一点。花亨格尔发现议论场中有两种针锋相对的见解。保罗生、理尔和文德尔班主张的见解,是说康德是从数学、纯自然科学和形而上学含有自负为有效的综合先验判断这一事实出发的。康德的问题乃是考查这种自负,而所得的结论就是那些判断在数学和纯自然科学里是有效的,但在形而上学里是无效的。保罗生及其追随者们更进一步坚持说,在第一版中这方法大体说来是始终一贯遵照的。但是在第二版中,由于有时(尤其是在导言里)使用《导论》一书的分析方法,论证就被颠倒而变为混乱了:康德假定了他首先应该证明的。菲莎(Fischer),还有耳尔德曼(Erdman)也在类似方式上,则反是,而主张康德实际上从来没有怀疑过综合先验判断的有效性;康德从它们的有效性出发来解释它,就发现它作为基础的诸条件,而这样做时就能说明这些条件的性格不是能作为形而上学所宣称的判断之辩解的。

花亨格尔[176]把两种见解部分结合起来,而两者都不完全接受。对于康德的批判问题之发展和公式化形成,休谟的深厚影响是难以夸大的,但这不应该叫我们不体会到这问题在其开始的形式上是很独立地被发现的。1772 年给郝尔兹的信清楚地证明[177],康德由于他自己的见解内部发展,通过对于他在 1770 年的论文发展的思想见解之反思,就被引至我们里面的一个思想如何能与一个对象发生关系这问题。思想与事物相符合之在那信中提出来,并不是作为怀疑的抗议,而是作为现实的一件事实要求解释的。他并不是要问有无这种符合，而只是问它如何才有其可能。就是通过休谟的影响，有了思想是先验而同时又是综合的这更大的复杂之后，问题之呈现于康德，仍然是从非怀疑的角度看的。这就大体决定了他的阐述的词句，甚至在综合方法的要求很充分地满足了之各段落里也是如此。看来，康德自己从来没有怀疑过数学科学的有效性。但是既然这些科学的有效性不是完全无可责难，而既然肯定是成问题的形而上学知识又像是同一类型的，康德就迫不得已而承认，从严格的证明观点来说，那有效性这样来假定实际上是不合法的。所以，虽然分析方法能尽可解决康德自己原来的困难，然而只有综合方法才完全应付得了这局面。

于是康德就致力于证明，无论我们是否准备（像他自己准备的那样）承认科学判断的有效性，这假定之正确性是可以牢固地建立起来的。他既然能够这样证明它的正确性，据这一理由，他就毫不迟疑地在他的绪言中使用它。他说，问题乃是“悟性”的问题，综合先验判断如何可以是有效的，在这种判断里隐藏着一种“困难”，一种“奥秘”，一种“秘密”。怎能以一个不包含在主词名词里的宾词归之于这主词呢？比这更为奇怪的（如果这是可能的话），先验判断怎能制定法则而使独立存在的对象遵守呢？这种判断，即使毫无问题是有效的话，仍然是需要说明的。这实在是康德原来的基本问题。如上面已曾指出，除休谟之外，一向没有人看见它的意义的。柏拉图、马勒伯朗士和格老修斯可能曾谈到它，但只是提出一些解释比这奥秘事实本身更为奇特，更为奥秘[178]。

保罗生有其理由来主张，说康德在书的两版中都承认数学和纯自然科学的有效性。它们的有效性之事实在第一版中没有那么明显地谈到，但仍然是认为没有问题的。在从《导论》一书转到第二版导言里去的那几段里，没有重要的更改，只有更加强调来坚持康德对于有效的先验综合判断的存在之信念。上面已经说过，康德只靠这起头的假定才能主张对于严格的综合方法有另一选择之可能。他从而出发的问题是两种方法所共同的，而为着那缘故《导论》一书所用的说法也可使用于《纯粹理性批判》的导言，惟有在问题的解答方式上，两书有所不同而已[179]。康德的批判问题首先开端于有效性的假定，不通过它就不存在的[180]。他并不是首先企图找出这种判断是否有效，然后来解释它们的。他是承认它们之有效，而发展一种既足以解释而又足以证明的论证方法。其论证是同时指向两个点，以同等的说服力建立了两者之后，把它解释为仅仅是解释，或者还要作为证明，都是合乎情理的。康德并未宣称，也未试图只按着一种说法的路线进行。反对独断论者，他坚持解释先验综合判断的有效性之必要，而反对怀疑派的人，就坚持证明这有效性之可能。而且他经常使用模棱两可的名词，如“辩解”、“可能性”，两方面的解释都是无可无不可的。但是，虽然综合方法之不同于分析方法的特色之要求，这样一来，就降居幕后，只在某些时候被坚持，然而这要求还是满足了的。从两版的《纯粹理性批判》来看，其主要论证并不需要综合先验判断的有效性作为一个前提。它是独立证明自己的。

康德如何离开了综合方法的使用可以由感性论[181]论证的分析来例证，只在第一版关于空间与时间的诸论证中，才在其理想的严格的形式上使用了综合方法的。多半的时候，甚至在第一版中，他不是说明纯数学与应用数学的先验性格是从独立证明的一些结论推论出来，而是认定纯数学与应用数学两者都是已经有效，而只要说明感性论中独立证明的一些结果是如何使他能够解释它们已被承认的特征而叫人们得以理解。但这却不是综合方法的很重要的修改；因为他的独立证明之结果是足够来推演出它们用来解释的一切东西的。数学的有效性不是用来作前提的。然而上述的步骤就使得康德的论证没有那么清楚了。

康德有时甚至在第一版中,使用分析方法,就引起另一种困难。他好几次为要支持他的空间见解,作为一种论证引用这事实,即惟有它才能说明现有的几何科学。那就是说,他使用作为有效的几何来证明他的空间见解之正确[182]。他从认为是现实的那种科学出发,而研究唯一能够使它有其可能之各种条件是什么。所发现的条件是正和独立证明的条件一致的。如果用来好好地服从于其主要的综合方法,这确是一种有效的论证。它提供那方法的结果以欢迎的证实。其实它就等于说,证明了(即使用先验方法证明了)数学科学是有效的之后,它们的有效性所包含的一切都必须要承认的。康德的推论是循环的,但不因此而削减其有效性。然而论证之进一步的复杂性是非常容易使读者发生误解的。这就是上面所讲的康德的注释家意见分歧的原因之大部分。在《导论》一书所用的方法,无非就是论证的这种形式,加以系统化而脱离了证明的先验方法而已[183]。

然而整个问题又进一步为上面所曾指出的实在与理想的两种可能性的区别所复杂化。现实的综合先验判断是有效的吗?这是一个问题。判断哲学能否发现,尽数枚举,而且空前地证明所有可能的综合先验原理呢?那便是很不同的一个问题,提出之后,就要我们进而讨论康德的先验方法。争论的问题再不只是某些现实的判断是否有效,如果有效如何来说明它们。现在问题是要发现而且证明任何专门的科学未曾予以建立的原理。这种问题的移动没有被康德所察觉,因为他没有把数学科学的未经证明的公理和它们派生的定理分辨开来,没有把物理学家使用而未研究其有效性的原理和以经验为根据的特殊规律分辨开来。

至于数学的公理,问题是很简单的。如我们将要看到,在感性论中,这些公理是不需要严格先验意义上的演绎的。它们实际上是在先验方法使用的范围之外。它们需要的只是“阐明”。但是谈到自然科学的基本原理，我们就面临证明和发现两个问题。和数学家的公理不同，它们常常是没有经过公式的形成的许多公准，如自然中的连续律(lex continui in natura)是在一般思想中流行而与因果原理要求应有同等的有效性。所以康德面临的问题乃是，除了科学家或多或少公然使用的那些原理之外，其他如尽可用来形成一种内在形而上学的原理可否也有其可能。

乙、(a)[184]心理的可能性与逻辑的可能性。这两种可能性都得要承认而加以说明。我们按顺序来考虑。

(1)心理的可能性。先验综合判断的主观条件是什么？它们是通过什么心理机能而成为可能的？康德是以发展可称为一种先验心理学来答复的。这些判断依靠空间与时间作为感性的形式，依靠悟性的先验概念，依靠想象用以使这些概念图型化而把现实的杂多归结为统觉的统一之综合活动。这种先验心理学乃是更纯粹的知识论分析之必要的补充[185]。但是关于这点，康德的话语是极其使人误解的。他声明他的批判研究和心理学毫无共同之处。在第一版序文中有下面一段话："研讨纯粹悟性之本身，其可能性及其所依据之认识能力，就我之主要目的言，虽极重要，但并不成为其基本部分。"[186]他接着写道，"思维自身能力之如何可能？……乃追寻所得结果之原因，性质颇近假设[或者说，意见而已]，我虽在他处将另有说明，实际并不如是"。这段话结尾几个字十分清楚表明了康德的犹豫和不统一的步骤。虽然他已经这样明白地把心理能力的一切心理上的确定性从《纯粹理性批判》的中心研究排除出去了，但是这里仍隐含着关于它们构成的一些说明，而且这些说明包含在先验知识和平常经验之知识论的辩解里面。只要我们心里记住，康德在这里是试图概述现实结果的可能原因，所以他的结论必须比逻辑分析所得的结论更加是属于假设的性格，我们就可准备让他在以公式形成它们时有相当大的自由。可是从某些方面来讲,他的说法是简洁而确定的——例如,感觉是非空间的那种见解,时间是内感官的形式,有生产力的想象之预先制约着我们的意识,自发力根本不同于感受力,思想的纯粹形式之不由感性获得,等等。凡忽视或低估他的学说这心理学的或主观的方面,都是不能认为充分的[187]。

(2)逻辑的或知识论的可能性。——综合先验判断如何能成为有效的?这问题本身包含一个双重的问题。纵然它们是有综合的性格,它们如何能具有真实性,即我们如何从它们的主词过渡到它们的宾词?其次,既然它们是起源于人类的理性,它们如何能是客观有效的,即它们如何能替独立实在规定法则的?我们如何能够越过主谓关系而到达实在的事物?后者是批判问题见之于康德1772年致郝尔兹的信中的形式[188]。前者是后来发现的综合的问题。

(b)(1)解释的可能性和(2)存在的可能性。——(1)综合先验判断如何能说明?纵然有它们看来不一致而且表面是似非而实是的方面,如何能使它们的有效性(它们的有效性和它们的现实性是认定了的)成为可以理解的?(2)这种判断的有效性已经受到经验论者的诘问,而同样地即从理性论者的独断观点来看也是难以说明的。那么这些判断如何是可能的呢?“可能”这字样的这两个意思,如上所指出,是和“如何”这字样的含糊不清联系着的。前一问题可用分析方法来解决;后一问题需要使用综合改组这一更彻底的方法。

(c)实在的和理想的可能性[189]。——我们要分辨开来,一方面是数学科学与物理科学宣称已曾建立的那些命题之可能有的有效性,和另一方面,各门科学所假定而并不试图来证明,而且在某些情况下并未甚至于以公式形成的那些原理,如因果原理之可能有的有效性。前者构成一个科学知识现实存在的体系,按照科学方法的要求已经证明了的。后者是科学家所使用,但未曾经过他的检查的。它们能配合进去的那门科学还等待着创立;组成这种科学的某些原理可能是已知的,其他尚须发现,一切都要求它们从来没有得到过的证明与实证[190]。这种新的理想的科学就是康德宣称要借助于《纯粹理性批判》来创立的科学的形而上学。涉及专门的科学来讲,可能性是当前现实的条件的意思。涉及这新的理想的形而上学来讲,可能性是指着所寻找的之实现的条件。由于有这一区别,综合先验判断如何是可能的这一公式就因而取得两个很不相同的意义。(1)现存的先验综合判断如何是有其说明的? (2)这一类型的一切真正基本的判断如何可以尽数被发现而得到证明? 康德甚至关于内在形而上学都用这两种方式同时来解释上述公式。这是由于他常常把内在形而上学和自然科学的原理混淆起来。于是它的原理就被看作是现有的,而只是它们的一般有效性需要证明的。然而《纯粹理性批判》的主要问题在于理想的可能性的问题;这就是何以除借助综合方法之外它不能充分得到处理的另一理由。

经验。——自始至终在导言里,经验[191]这名词(甚至有时在同一句话里面)有两种十分不同的意义:(1)作为感官和悟性在共同活动中产生的结果,(2)作为感性的原料(印象)。因之就引起很大的混乱。

悟性与理性[192]在这里,像常常在《纯粹理性批判》别处一样,是用为同义词的。第二版导言整个头两节里面,"理性"这名词一次都没有被发现过。第一次被提到时[193],它是作为形而上学判断的来源理解的。

一般性的(先验的)真理有其内部的必然性,而且必须是本身清楚而确实的[194]。——这些说法不是和康德的新批判学说一致的[195]。它们是从前思维的方式未经改正的,第二版中这一段落之重写,这就必是其一种理由。

甚至和我们的经验一起(在我们经验发生之下)是掺杂了必是从先验根源而来的知识[196]。——康德在这里是分辨开来,一方面是内在的先验,例如包含在任何因果判断里的,另一方面是下一段所讨论的超越先验。后者是以形而上学的判断表达的，例如“上帝存在”、“灵魂不灭”。

原始概念以及从而得出的判断[197]。——参看 B5～6。

纯粹的。在这节的标题里纯粹(rein)[198]这字样如下面论证所说明，是恰恰和先验同其意义的。如花亨格尔所指出，德文先验的(apriorisch)这形容词尚未想出，这里纯粹的反面是经验的(德文 empirisch)[199]。

我们的一切知识都从经验开始[200]。——这说法比第二版中与之适应的任何段落里的说法都要坚强些。如果康德进而发展其后果，则他必定要重写全部导言，把经验知识问题和先验的并列起来[201]。照其原来的样式，他就迫不得已[202]把绝对先验的再分而为纯先验的和混合先验的了[203]。

由影响我们感官的对象，感性印象的原料[204]。——这些偶然的说法是必须讨论的。参看下文，第 80～88、120～121、274 起等页。

我们称为经验的关于对象的知识[205]。——康德并不一直依照这定义。经验这名词还是用在它的另一个而更狭窄的意义上，例如在紧接着的下一段落里，康德说可能知识不仅只从经验中发生(经验等于感性印象)。

时间方面说[206]。——这说法可理解为康德在这《批判》中的学说之叙述须有两种保留。在感性论中[207]，康德有时认为先验的有其时间上之先行者。其次，对于康德来说，先验的不仅只是逻辑上的，它还具有力学的先验性[208]。

甚至经验本身也是一个混合体[209]。——“甚至”这字样，看来是指向在 A2 中所划分出来内在的与超越的先验之区别[210]。

所以问题是，独立于经验的这种知识是否存在[211]。——在第一版中没有提出这问题[212]。分析与综合这两择其一的方法，已在上文第 44 页起讨论过。

这种知识称为先验的而有别于经验的知识[213]。——第一、第二版一样，在导言里，康德始终没有足够周详地把《纯粹理性批判》的诸问题说出。他所说的好像这《批判》只是处理绝对先验在其两种形式上，即内在科学知识的形式和超越思辨的形式。它也处理说明经验之可能这一同等重要而且更基本的问题[214]。我们的经验知识包含有一种先验的因素，所以不能像我们当前那段里那样和先验知识对立起来。

先验这个词还不够确定[215]。——它常常是用在仅仅只是相对的意义上。例如我们可以说，一个人把他的房子根基挖掉了，就尽可先验地知道它会垮下来，就是说，它毋须等待房子实际垮下来的经验。但是他不能完全先验地知道这一点；他必须事先根据经验才能知道物体是重的，把支持它们的东西拿掉就会垮。但照《批判》书中所处理，先验这名词是在其绝对意义上使用的，是用以指着不但独立于这个或那个经验，而独立于感官一切印象的经验的知识。到此为此，康德的立场是比较清楚的；但他又进而在绝对先验中分辨出两种形式来，即混合的与纯粹的，含有经验因素的绝对先验就是混合的，否则是纯粹的。（“纯粹”就再不是理解为它在这节的标题中所含的意义[216]。它所指的不是先验之原来，而只是它的一小类。）康德这样把绝对先验知识确定为独立于一切经验之后，在其一种形式上又理解为包含着经验的诸因素的。他举出一个绝对先验判断而却又不是纯粹如此的一个例子，就是凡变动都有其原因这一条原理。“变动”是一个经验的概念，但所说的综合关系是绝对先验的。在下一节里[217]，这同一命题又作为一个纯粹先验判断的例子举出来——“纯粹”是用在其更一般性的意义上，作为与先验的同义词。这混乱的根源是康德完全在思想上为先验的所占据，因之不能适当地认识到与之相联系的经验判断之问题。这个被遗漏的因素，反过来又以一定的方式渗透到康德别的清楚的划分之中了。同时也不能说，相对的先验是在批判研究范围之外的。这种判断表达必然性，或者说客观性，所以和绝对先验同样地迫切要求有其先验的辩解。寻找这样的辩解，确是分析论的中心问题[218]。

先验的分为小类可列表如下：

先验知识：
- 相对的，例如，凡失去支持的房子必垮下来。
- 绝对的：
  - 混合的，例如，凡变动都有其原因。
  - 纯粹的，例如，直线是两点之间距离最短的。

这样一来，纯粹（德文 rein）就获得其第二种意义，有别于上面[219]所确定的。它之使用不再是和先验（a priori）同一意义，而是作为它的一小类，是不混淆的意思。其反面再不是经验的而是不纯的、混淆的。可是，由于“纯粹的”（在其第一种意义上）是同一于先验的，它就和后者同具一切不同的涵义，因之就也用来指着不是相对的东西。但“纯粹”又有其自己独特的意义。“独立于经验”这一短语，作为“纯粹”而言，有一种模糊是它和“先验”联系着时所不致有的（因为数学的知识，不管是纯粹的或应用的，都总是被康德看作是先验的）。它可能是指内容与有效性方面的独立性，也可能指范围方面的独立性。后一意义狭于前一意义。从前一意义说，它是指独立于经验发生真理而能具有真理的东西。从后一意义说，它指的是不只独立于感性而且并应用于非感性的东西。所以在后一意义上，纯知识是指超越知识。其反面是内在的。“纯粹”的各种意义（其数有四）可列表如下：

(a)(1)先验义：本源与有效性方面都独立于经验的。（其反面等于经验的）

- (2)绝对独立于经验。（其反面等于相对的）
- (3)不混淆于经验的。（其反面等于不纯或混淆的）

(b)(4)在范围方面独立于经验，等于超越的。（其反面等于内在的）

这些各种不同的意义都增加了《纯粹理性批判》一书标题的意义之含糊。康德自己使用这标题时是在所有以下各意思上：

(1)批判绝对纯粹的先验知识,确定其根源、条件、范围与限度。

(2)批判一切先验的知识,不管是相对的和绝对的,只要它是依靠先验的原理,而确定……

(3)批判一切知识,无论是先验的或经验的,而确定……

(4)批判超越的知识及其根源与限度。

读者从上述[220]各种歧义来看,还可以枚举其他的意义而予以公式的形成。在每一种情况下其特别的上下文就足以决定标题是应如何理解的。如果读者想求得《纯粹理性批判》的意图与其范围的定义,他就必须自己去构成它。下面的或者能作为这种定义吧。

这批判乃是深入我们先验的和经验的知识之根源、条件、范围与限度的一种研究,其结果是在于构成一种内在形而上学的新体系;从所获得的一些结论来看问题,它又提供其作为自然倾向与作为被宣称的科学之超越形而上学所应有的先验幻象之分析与解释。

康德提出绝对先验的第二种划分,即把它划分为原本的和派生的两种,就把问题更复杂化了[221]。而且在其含义上,他又把相对先验判断列入《批判》所须考虑到的命题中去;然而在 B4 里,他又把"一切物体都是重的"这命题说成只是经验的[222]。

一种标准[223]。——必然性与普遍性是先验的(等于非经验的)之有效标准。这是从康德对于经验的作为偶然的(德文 zufällig)同义词之见解推论出来的[224]。经验所给予的只是现实的;只有先验的才产生不能不如此的东西。

"必然性和严格的普遍性,这样就是先验知识的可靠标准,而且是彼此不能分开的。但是既然在这些标准的使用时,判断的经验上之限制有时比它们的偶然性更容易显出,或者如常常发生的那样,它们无限制的普遍性比它们的必然性能以更大的说服力证明,这两种标准分别使用是适当的,因为它们单独也是不会错的。"[225]

康德在这里当然是认定了所要建立的主要论点,即经验不能说明我们的知识，无论是平常的知识或者是科学的知识，所要求的那样普遍性和必然性。我们已经考虑过这种认定[226]，而且还预测到误解，因此就指出，从康德的批判观点来看，“必然性”和“普遍性”这两名词须有其重要的限制[227]。我们必须牢记康德使用先验这词之很特殊的意义。虽然消极方面，先验是独立于经验的，而积极方面，它是生出于我们人类的理性的。从而识别先验的必然性和普遍性只是把它从人类的偶然的东西分辨开来。先验的并无绝对的有效性。从形而上学观点看，它本身是偶然的。如上所述[228]，对康德来说，一切真理都只是事实上的。必然的不是不可想象为不如此的，也不是无条件的。我们的理性只替现象界做出规定。但康德尚且没有关于理性论的标准这革命性的重新解释作过什么暗示。在导言中使用《导论》一书的分析方法，其主要不幸的后果之一，就是它容易使读者误解，以为康德是承认了莱布尼茨式的逻辑性先验。

要证明如果经验有其可能，则[纯粹先验的命题]是不可少的，所以就要证明它们先验的存在[229]。——乍看起来，康德好像在这里是说到另外一种综合方法的做法，即先验的之先验证明。然而接着下一句话就说明在其意图上与事实上都实在不是这样。他只论证先验原理，如因果原理，是需要来给我们的经验以其“确实性”的；如果要使归纳推理为有效的，就必须以这样一条原理为公准。如果经验按照着来进行的一切规则本身都是经验的，所以就是偶然性的，经验就不能有[科学的]确实性。“它们就很难被看作是最初原理。”这里并没有什么企图来证明经验知识自身必然地含有那先验的。并且论证的方法，虽然是想要建立先验的必然性，其性格不是先验的或批判的。它不过重复休谟和莱布尼茨已经用来反对感觉论的立场那种的论证[230]。很奇怪，我们知道这几句话是第二版才加上的，所以是在写了客观演绎之后，而康德并不显出他最后所深入的更深刻的问题。大概其原因乃是，这样做，就会涉及到全部导言的重写。只要简短地提到这点，则先验的与经验的两种绝不相同的判断之间那条硬而牢固的鸿沟就保持不住，读者便会觉得它的根据的分析是不足够的了[231]。只有不提防时使用“经验的可能性”这种常见的短语，才透露出这更深刻的见解之存在。因为在这里使用它，实在并不是有意的。真正适合于其上下文的意思的，只得是“经验的确实性”——那就完全是另一回事了。

理性与悟性[232]。——这两词在 A1～2 一向是作为同义词用的，而在这里分别开来了。前者是超过一切可能有的经验之范围的；后者则局限于感性界。所以理性和悟性在这里都是在其最狭隘的意义上使用的。

纯粹理性本身的这些不可避免的问题乃是上帝、自由和不灭。其最后的意图只是指向这些问题的解答的科学与其各种方法称为形而上学[233]。——这几句话是第二版的特征，因它一方面增加了《批判》一书正面结果的强调，而另一方面对于超越形而上学的态度又表示加强其支持。第一种改变像是由于人们对于第一版的那种批评所引起，例如摩西・曼德尔松就描述康德为“一切的毁灭者”（德文 deralles zermalmende）。第二种改变是由于康德一心一意致力于伦理与意志论的问题。在 B395 脚注中[234]，重复着上述的说法而更加强调。这里所下的形而上学定义不是为康德严格遵守的。如上所述[235]，康德实际上分出两种不同的形而上学形式，内在的与超越的。然而这样做时，他还是[236]把超越形而上学看作是更重要的。内在形而上学主要是因它对于“纯粹理性不可避免的问题”之解释的贡献而有其价值。

A3～4 即 B7～8。——哲学思维之不能认识内在的与超越的判断两者之间的差别，据康德这里所引证，其理由是：(1)先验数学判断的性格是被曲解的，因之其影响是易滋误会的；(2)事实上我们一经超出感性范围之外，经验则不能和我们相矛盾的；(3)我们对于知识表面上的扩大是自然喜悦的;(4)逻辑的矛盾是易于规避的;(5)忽略了分析先验判断与综合先验判断的区别。花亨格尔指出[237],康德在《进步》(Fortschritte)[238]一书中还加上第六种理由——把悟性的概念和理性的理念混淆起来。关于上面的第一种理由,方法论的评语是最好的[239]。但是读者必须同样地记住康德在 Bxvi 中发展了他由数学方法类推的新哲学方法。他认为后者加以必要的改变乃是合法的思辨,即内在形而上学的真正方法。独断论者所曾看漏了的一种主要的差别(如康德所指出[240])乃是哲学是从概念获得其知识,而数学是从概念的构造获得其知识的。

剩下只是研讨[241]。——参看《导论》第 35 节。

我们对象概念的分析[242]。花亨格尔的解释是,这里所指的概念乃是我们"关于事物先验形成的"概念[243],这像是正确的[244]。理性论者企图把理性的心理学整个体系从灵魂作为简单实体的先验概念推论出来,把理性神学从上帝作为尽善尽美的存在推论出来。

分析的与综合的判断[245]。——"一切分析的判断都完全依靠矛盾律,而在其性质上是先验知识,不管提供它们以材料的概念是否经验的。因为一个肯定的分析判断的宾词是已经包含在主词的概念之中,不能予以否定而不犯自相矛盾的错误的。同样地,在一个分析的但否定的判断里,这宾词的反面必须也根据矛盾律用来否定其主词。……基于这个理由,一切分析判断都是先验的,纵然其中的概念是经验的,例如,金是黄色的金属;因为要知道这个,我除了我的金作为一种黄色金属之概念之外,不需要什么经验:其实它就是这概念本身,我只须分析它而无他求……[综合判断,后验的与先验的一样],其一致之处就是它们绝不能仅从分析的原则,从矛盾律而发生。它们需要的是完全与此不同的一条原则。无论它们是从什么推论出来,其推论固然是永远要和矛盾律相一致的。那条原则绝不得违犯的。可是同时也不能说无论什么都可从它推论出来的。[246]"

在 A594 即 B622 里，分析判断又说成是同一性的；但是在《进步》一书里[247]，名词的这种用法是被批评的：

“判断是分析的，如果其宾词只明白地(explicite)表示出在其主词概念中所不明白(implicite)被思维到的，例如，一切物体都是延扩的。如果我们称这种判断为同一性的，其结果只是混乱。因为同一性的判断无补于概念的明晰，而那必须是做出判断的意图。所以同一性的判断是空洞的，例如，一切物体都是物体的(或者用另一名词而说物质的)东西。分析判断其实都是以同一性为根据而可以归结于同一性的；但它们又不是同一性的判断。因为它们需要分析而服务于概念的解释的。同一性的判断则反是，如拉丁文的 idem 说明为 per idem，但没有说明什么。”

花亨格尔[248]举出下面分析判断与综合判断的相对比的实例：

分析判断。——(a)实体乃是存在着只作为种种质所依存的主体的东西[249]。(b)凡结果都有其原因[250]。(c)凡有条件的东西都有其条件的。

综合判断。——(a)实体是永恒的。(b)凡事有其原因[251]。(c)凡有条件的都假定一个无条件的。

B11～12。这一段的前半，实际上是逐字从“导论”中抄写过来的[252]。其后半，是从第一版删去的一段的忠实重述。主要的增加，是在于结尾的说法，说“经验自身是直觉的综合联系”。这是和第二版中范畴的演绎所说的[253]与第二版插在第二种类比的证明里面那一段[254]是同其步调的。奇怪的，在第二版谈到经验的判断时，x 就漏掉了，虽然谈到综合先验判断时又保留着。

凡发生的都有其原因这命题[255]，——如我们已经看到[256]休谟在康德的哲学发展中两个不同的时期影响了他——在 1756—1763 年，再则在 1772 年 2 月后某一个时候(确定日期不甚可考)。第一次影响是有关具体因果判断的性格；而第二次影响是关于因果的公理的。虽然就这《批判》的理解而言,很少的区别是比这两个问题的差别更为重要的,但康德没有在什么地方好好地强调过它,而在这《批判》和《导论》几处地方提到休谟时,这两个问题是以很不幸的方式混淆在一起的。导言[257]中那几段是清楚而毫不含糊的;1772 年 2 月之后,休谟所发生的影响,是很足够地谈到的。因果公理要作为先验的,而像休谟所肯定,又是综合的。因之就只有两种选择之可能,每一种都是有决定性而影响大的。要就反乎前此一切的哲学信念,有效的先验综合必定是可能的,要就"每一种称为形而上学的东西都只是理性的妄想"。这问题的解答是"形而上学生死存亡的问题"。除了这样欣赏休谟之外,康德还加上批评。休谟没有足够地把他的问题普遍化。如果他这样做了的话,他就会认识到纯数学之必须含有先验综合,不减于形而上学各部门。"他的常识可能使他免于"否认数学科学的可能性。这样来看,休谟的问题的最后而完整的表达,就是这公式:综合先验判断如何是可能的?

在 A760 即 B788 上所说的,在两方面与此不同:第一,它讨论因果公理作为一种判断的固有可能性,而又讨论它的形而上学上之有效性;其次,所提到的是这公理而且又是因果的概念。所意味着对于休谟的批评,就因之限制了。否则它是完全和导言中几段协调的。

"休谟特别讨论到因果原理,而且很正确地看到它的真实性,甚至一般有效原因的概念之客观有效性,并不是根据什么洞见,就是说,并不根据什么先验知识,而它的权威因之就不能归之于它的必然性,而只是由于它在经验过程中的一般实用和它因而取得的某一种主观必然性,而休谟称之为习惯。从我们理性之不能在任何超越经验的方式上利用这原理,他就推论说,理性之越过经验的种种冒充,都是等于零的。"

可是到此为止,康德在提到休谟这些地方,都只想到数学与物理科学的问题以及形而上学的问题。包含在经验知识可能性里面的诸问题,就完全搁置在一边。后面诸问题一经提出时，他关于休谟的立场所说的和他对于休谟的关系，就有改变了。不幸的，这是坏的改变。休谟所处理的各种不同的问题就混淆在一起，而其结果也有点模糊了。让我们以这发生的几段为例。在A764即B792起上面，康德是这样叙述休谟的论证的。休谟认识到从原因的概念之分析，不能预见什么结果，不能从结果的概念找到什么原因，于是就把一切具体的因果判断看作是偶然的，并且从而推论到因果公理的偶然性。康德论证说，休谟这样做，就把从某一当前的事件推论到某一前项的合法而纯先验性之推理，和只通过特殊的经验才有其可能之很不相同性质之推论到一种特殊原因的推理，混为一谈。然而这是休谟的实在成就之完全曲解，而可能至少一部分是由于事实上，康德只通过卑亚特耶引用休谟而认识休谟的《人性论》。休谟没有犯这种错误。他清楚地认识到因果公理有效性的问题和具体因果判断有效性问题的区别，他并不是从具体的因果律的偶然性论证到那普遍原理的偶然性，而像康德自己所承认[258]，他说明这原理既不是自明的而又不能先验证实的。而且必然性既不能由经验显示，则自那个根源而来的原理，也不能先验证实。所以休谟结论说，它是不能看为客观有效的。（同样地，这两个问题被康德在A217即B264上混淆了。）

在《导论》一书的导言中，这两个问题没有这样的混淆，但是漏掉提及休谟的因果公理分析，事情就更糟糕了。在那里只谈到休谟关于因果概念的处理。这是更为不幸，而后来变为更是叫人误会的，因为正是在这里，康德最明显地承认他从休谟得过帮助。在《导论》一书第27节起，两个问题都重新出现，可是再一次混淆起来。这一段前面有几句话，在那里，经验的问题得到强调；而和这些导言式的话同其意味，康德把“休谟的形而上学关键”（crux metaphysicorum）说成只是有关因果的概念（看作是综合的,声言是先验的,具体存在之联系)。然而在第 30 节里,又提到因果公理,而一起就认为是构成了“休谟的问题”。

如果我们心里记住休谟唤醒康德的是两个问题——先验知识如何有其可能和经验如何有其可能——这上述的混乱是易于理解的。在 18 世纪 60 年代早期,康德已经以极度钦佩和尊敬的心情研究了休谟[259],1772 年之后一时期,他的钦佩惟有加深;而我们可以相信,康德是经常反复赏玩休谟之以大匠的手腕来分析因果性和归纳推理,而自己不能自觉的。所以当时过境迁,通过他自己见解在内心的成长,休谟学说的其他因素也就显示出其全部价值与意义,于是他就让那特别唤醒他的贡献退归脑后,而模模糊糊地把这实在由于某一特别部分而来的特殊影响归之于休谟整个的学说,这是不足为奇的。到了 1783 年,即《导论》刊出的那年,康德发现先验综合的基本问题所引起的热情已经有点降落,而经验的问题就多多少少取而代之了。这好像就说明何以他在《导论》一书中是这样来处理休谟的问题两个方面,而何以在这样做时,他把休谟关于因果公理的处理放在次要地位。但是虽然那误解是可以这样来说明,然而它依然是可惋惜的一件事。因为这样一来,读者就陷入迷途,而许多是批判哲学中心的地方,就变为模糊不清了。康德在其《导论》一书中这样以之归于休谟的影响,不是真正把他从独断论的梦寐唤醒过来的那影响,而部分是他至少早在 1763 年就已经接受了的影响,而部分是在他(大概在 1778 年与 1780 年之间)与之斗争而包含在范畴的演绎里面的问题时,以重新的力量对他发生的影响。1772 年 2 月之后某一个时候,在产生哥白尼式的变动中对康德真正有效的影响,乃是休谟对于因果公理的处理,而只是那个[260]。

纯先验的而且只从概念出来的[261]。——花亨格尔的评语像是正确的:康德的意思只说,不能凭借现实的经验或纯粹直觉。这并不与其补充的说法相矛盾[262]，说凡发生的事物有其原因这条原理，是可以先验地被知道的，而不是直接从包含在它里面的概念而知道，而只是通过这些概念和可能有的经验之关系而间接[263]知道的。“可能有的经验”，虽然是代表“纯然偶性的东西”，其本身就是一个概念。花亨格尔引用亚帕尔特关于这判断的“奥秘”类型的话[264]。

“形而上学是从仅只概念而得的知识，不似数学是在直觉中从概念之构造而来的，但这些综合的命题又不能从赤裸裸的概念而得知的，就是说，不以分析而得知的，那些命题中联系的必然性，只能通过思想而理解，但又不依靠思想的形式，不依靠矛盾律。一种从赤裸裸的概念而来，然而又是综合的知识，其构想是难以抓住的。问题是：一个概念怎样必然地和另一概念联系而又不是同时包含在它里面?”

在 B14～17 的几段，几乎是逐字从《导论》§ 2C，2 起抄写过来的。

数学的判断通统都是综合的[265]。——这说法是小心地做出的，而不代表康德实在的见解。他自己在 B16 里承认分析的数学判断的存在，但过分地把它们的数目和重要性减到最低。

一切数学的结论都是按照矛盾原理而得出的[266]。——保罗生反对的意见是，康德承认了数学的判断可借矛盾原理而从别的判断得出，则他为着前后一贯，就应只承认公理和原理是综合的，而花亨格尔的答复如下[267]：

“一个三角形的角之和等于两个直角这一命题，是康德所看为综合的。它诚然是从平行线的公理演绎而得的(而借助补助线的)，在这限度内，它是按照矛盾的原理被理解的……三角形的角构成和他线交叉的平行线的角之一种特殊情形。这样，矛盾原理就被用为演绎中的媒介，因为一经承认 A 和 A′的同一性，则属于 A 的陈述 b 就必须归于 A′。但是命题不因这一理由而是康德所说的分析的。在分析命题里，陈述是从主体概念之分析而得出来的。但这情况下事情并不如此。综合命题绝不能从矛盾原理本身而不借助其他东西而得出。……而是借助于那原理而从其他命题得出的。此外，在这演绎中，总得要依靠直觉；那就是主要的差别。没有它，A 和 A′的同一性是无从得知的。”

纯粹数学[268]。——“纯粹”，如通行的用法，是只与应用相对，而不是与经验相对的。康德独断地理解它是后者之相对。在这种掩蔽下，他窃取了争论之点。

7+5=12[269]。——虽然 7+5=12 是表达一个同一性或相等，但它是对象或大小的相等，即 7+5 和 12 的相等，而不是我们用来想到它们的概念之相等[270]。概念之分析绝不能显示这个相等的。惟有在直觉中构成这些概念时，心灵才认识这相等。这实例已曾在第一版引用过的[271]。在《导论》一书的第 2 节 C，更加把这例弄得精确，而在这里抄写过来。康德叙说他的立场的方法有点不确定。他时而用“7 和 5 的表示”，时而用“7 和 5 结合的表示”[272]，时而又用“7 和 5 的概念”[273]。看来他的见解是说有三个概念包含在那里。我们须以 7 点的直觉来代替 7 的概念，以 5 点的直觉来代替 5 的概念，而以直觉的加法来代替两者之和的概念。

招致直觉的帮助，例如用五指[274]。——这说法是重复《导论》的[275]，并不代表康德实在的立场。他关于算术科学所表示的见解，是性格上极其矛盾的[276]，但是他明确地认定了一点的，即算术像几何那样，不是如这里所说，以经验的东西为其基础，而是以纯粹的直觉为其基础的[277]。在这里，康德除间接地在提到大些的数时之外，忽视了他自己所做出的影像与图型之间的重要区别[278]。上面的说法还要使算术依靠空间。

Segner 的《算术的最初原理》(Anfangsgründe der Arithmetik)[279]，是从拉丁文翻译的，第二版，1773 年，哈拉版。

自然科学(physica)含有综合先验判断[280]。——这里有一种复杂性,是花亨格尔[281]第一次使人注意的。在《导论》一书中,康德[282]强调指出物理学和纯粹的又可说一般的自然科学之间的区别[283]。后者只对付自然的先验形式(即其必然与规律符合),所以是物理学的绪论,而物理学是还包含有经验的因素的。但是为着两种缘故,这一般的自然科学不能达到它的理想。第一,它含有经验的因素,如运动、不可入性、惯性等的概念。第二,它只提到外感官的对象,而不是如我们所望于一般的科学那样,要提到一切自然的存在,而毫无例外,即提到物理学的对象而又提到心理学的对象[284]。但是康德还说,在这一般的科学之原理中,有些是纯粹先验的而具有所需要的普遍性的:例如,实体是永恒的,凡事都有原因这类命题。这些就是应该引用在我们面前的一段,而实际引用的那些,是完全在《纯粹理性批判》的范围之外的。它们只在《形而上学最高原理》一书中得到处理。它们属于相对的纯自然科学,而不属于绝对的纯自然科学。这混乱的根源,花亨格尔又追溯到康德之不能坚持内在形而上学与超越形而上学之间的重要区别[285]。他的所谓纯粹的或一般的自然科学(自然,如上面指出,对康德而言,是指"所有一切")实在就是内在形而上学,而关于实体与因果性的命题应该就列为形而上学的。其实在《导论》的较前几节,它们是被看为这样的。后来在第15节里所做出的区别被忽视了。纯粹自然科学可统一于数学物理学,而第15节里所说的属于纯粹一般自然科学的命题则被看作是形而上学的命题,"所有真正的形而上学判断通统都是综合的……例如,凡在东西里是实体都是永恒的这命题是一个综合的命题,而且当然地是形而上学判断"[286]。在第5节里,因果原理也被引用为形而上学里综合先验判断的一例。但是康德还是没有做出内在形而上学与超越形而上学之间的区别;其结果就是他的综合先验判断的分类依然是完全混乱的。它们算是属于三个范围,数学、物理学(在其相对意义上)和形而上学。其含义乃是,这三重性的区别是适应于原理论之三分为感性论、分析论和辩证论。然而事实上,数学、物理学的命题,在其作为应用数学的实例来说,是在感性论中处理的,在其含有运动等概念来说,是完全在《纯粹理性批判》范围之外的,而分析论是处理在内在使用上[287]的那些形而上学的判断(例如因果原理)。

由于第二版导言中的几个新段是从《导论》转移过来,没有重要的修改,它们也应受到同样的批评。要把 B17 和《批判》的实在学说协调起来,就必须把它全部重写。我们必须理解为"纯粹一般的自然科学(等于内在形而上学)",以代替"自然科学"(physica),而以分析论中所处理的实体和因果性那些原理来代替所举的实例。下一段处理形而上学在其超越形式上,因之就叙说辩证论所特有的问题。

形而上学[288]。——这一段明显地只处理超越判断,但是由于所用的名词是模糊不清的,可能也提及内在形而上学的种种问题。这段不是从《导论》拿来的。《导论》中与之适应的一段[289]只处理内在形而上学的判断。

纯粹理性的真正问题是包含在这问题里:综合先验判断如何是有其可能的?[290]——参看上文,第 26 页起、33 页起、43 页起。

休谟[291]。——参看上文,第 61 页起。

一种理论的知识[292]。——就是说,康德明白地把另一问题,即这类判断可否在实践(道德)和其他范围里也有可能这问题搁在一边。

纯粹自然科学如何是有其可能的?[293]——康德在这里所加上的注,说明他是把自然科学一词用在相对意义上[294]又引用同样与题无关的实例。

这些科学既然实际上存在[295]。——参看下文,第 44 页起。

形而上学一向所作的不良进步[296]。——参看第二版序文;又《导论》

第4节和A175起。

形而上学作为一门科学如何是有其可能的[297]? ——我们现在可以考虑一下这个问题和前面三个问题彼此有什么关系,而和《批判》的各部分又有什么关系[298]。在综合先验判断如何是有其可能的这总题中,康德说出四个分题如下:

1. 纯粹数学如何是有其可能的?

2. 纯粹自然科学如何是有其可能的?

3. 形而上学之作为自然的意向如何是有其可能的?

4. 形而上学之作为科学如何是有其可能的?

关于1与2,困难是不多的。上述第一分题是在感性论处理,第二分题[299]是在分析论处理,但是由于这些问题的复杂,而感性论与分析论范围都广于它们的一个之研讨,故不能完全分开处理。应用数学是在感性论和分析论两处处理的,而在两处,科学知识的限度之确定是和说明其正面的取得同等重要的。第三、第四两个问题提出种种的困难。纵然公式的形成是同一的方式,但这两个问题和上面两个问题不是相同的。头两个是理解为谈到现实存在而有效的各门科学,所寻找的是它们客观有效性的根据。但在第三题所研究的是冒认科学的称号的,我们只能研究它的主观可能性的根据。在第四题中,问题又另有其形式。康德所要确定的是一种新的而尚非现有的形而上学科学是否可能,而且它是在什么方式上可以有效地构成的。这样,问题的多重性就为其共同公式之固定所掩蔽[300]。可是,后两个问题是和《批判》的哪些部分联系的呢? 有人提议过[301],说第三题是在辩证论里处理,而第四题在方法论里处理,这样,四题是和《批判》的四大部分相当的。但是这种见解是不能维持的,特别是其关于第四题的看法。《批判》是以二分法划分为原理论与方法论,而前者又二分为感性论与逻辑,逻辑又再分为分析论与辩证论。其问题的隶属是同等复杂的;它们不能孤立起来,只平列地摆着。其次,有人主张[302]，第三题是在辩证论的导言中处理（即理念论中），而第四题是在辩证论本论中处理。关于第三题，这种见解是相当满意的，但其结论则意味着第四题只提到超越形而上学，而因之得到消极的答案的。然而这不是康德对于形而上学作为一种科学的看法。《批判》是旨在得出一种形而上学学说的新的而又真正的体系为其结果的。

四题的整个问题的关键不是在《批判》中来寻找。上述这一节是从《导论》第四、第五两节抄写过来，因之是为那书一般的布置所影响的。其实这四部分的划分是计划来适合《导论》一书的论证之意图，而这书的论证是按分析方法展开的，因此，不能和《批判》的大不相同的结构相一致。即使《导论》也受到混乱，其原因是[303]康德不能把一方面一般的和相对的自然科学分辨开来，另一方面把内在形而上学和超越形而上学分辨开来。四题并不和《批判》的问题相同。在《批判》中没有第三题——形而上学之作为自然的意向如何有其可能的？——而是：一般的形而上学如何是有其可能的？在《导论》第4、5节里，康德的论证是清楚的而又直率的。纯粹数学科学和数学、物理学是现实中存在的科学部门。不得不承认它们所包含的综合先验判断是有效的。形而上学也有同样的要求。但是从哲学家之意见不能一致来看，已足够证明它的声称是没有根据的。它违反了可能有的经验之限度，而只包含冒充的知识。这种虚伪的超越形而上学在辩证论中受到驳斥。但是康德同样信服，内在形而上学是可能的，其根据与辩解已在分析论中成功地摆出来了。他的问题，据《导论》中以公式形成的，因之就是三重性的：(1)现有的理性科学部门，数学的和物理学的，如何是有其可能的？(2)从研究中获得的洞见来看，超越形而上学现有的冒牌各种科学，其根源与解释是什么？(3)我们以什么方式才能建立一种和理性的真正使命相协调的积极形而上学？至此为止，一切都清楚而又明确。但是悬而未决的困难是，关于自然科学与内在形而上学彼此间的关系，就带来了混乱。如已指出[304]，在《导论》第15节中，自然科学为内在形而上学(虽然未用的名称)所代替;其结果,第四题归结为第二题,而上述的三重性问题就须完全重述。然而《导论》是已经分为四个部分;而康德在最后一部分里,依然继续把第四题作为有别于第二部分中已经处理的问题来加以处理,虽然如他的答案所证明,这两题本质上是一样的。做出的答案乃是,形而上学之作为一种科学只在《批判》中,而且只能通过《批判》而有其可能,而且虽然为着这意图需有整部《批判》,这种新科学的内容却体现在分析论里面。

在《批判》的第二版中,自然科学与内在形而上学之间的混淆依然继续存在,而由于第三题的重新以公式来形成,又增加了一种含糊的根源。第三题现在是局限于形而上学作为一种自然意向,其主观来源何在的问题。于是第四题就得扩大,来包括内在形而上学而又包括超越形而上学,包括新的形而上学而又包括旧的形而上学。但是除了这一点改变之外,这整节都是为与《批判》毫无关系的考虑所鼓动的。这一节,像B17一样,必须重写才能和后面的论证相协调。

凡知识……都称为纯粹的[305]。——这几句在第二版删去。在B3起所做出的“纯粹”之定义是更为进一步而更为充分,就可不要这几句话了。

理性是提供先验知识的原理的机能[306]。——如花亨格尔所指出,这说法应该从A299即B355来解释。

“理性,像悟性一样,可用在其只是形式的,即逻辑的方式上,从一切知识的内容抽象出来。但它也能有实际的用途[307],因它含有在自身里面某些概念与原理的来源,而不是从感官或从悟性假借过来的。”

理性是以上面第一种意义来理解的,理性在其实际用途上,扩充到包括纯粹感性与悟性[308],是在《批判》的下一句话里所讲到的纯粹理性。先验在这里是用来指相对的先验；在下一句里，它是指绝对先验的。

纯粹理性的工具[309]。——从这里到下节的当中一段是康德在写作《批判》一书时把旧稿拼凑在一起的杂凑方法的好例子。看来没有什么方法可以说明它的使人手足无措的许多矛盾，除非接受花亨格尔[310]的结论，说它是三种不同的初稿，写在不同的时候，代表着康德的见解之发展过程中三个不同的阶段。

甲、从上面几个字起到“已是很大的收获”为止是为第一个初稿，明显地是最老的。它显示出《论文》的影响。它分辨出：

1. 纯粹理性的批判(等于前论)。

2. 纯粹理性的工具。

3. 纯粹理性的体系。

1. 所谓批判乃是纯粹理性的批判审查，其根源与其限度。其含义乃是它为工具准备其道路(而为批判直接联系到体系所弄模糊了)。

2. 工具涵盖用以获得纯粹知识而实际上建立它的一切原理。

3. 体系乃是这工具的完全使用。

这种分类法，如保罗生第一次注意到[311]，是《论文》的观点的修正。

乙、第二个初稿起头是：“我称一切知识为先验的”，但为插入它的当中的第三个初稿所打断——从“这样一种批判”到该段之末。然后它又在下节继续下去，它分辨出：

1. 纯粹理性的批判。

2. 先验哲学。

1. 批判包含一切先验综合知识的原理，划出一个建筑图样的轮廓以保证各部分的完整性与确实性。

2. 先验哲学包含各部分完整分析的发展，所以就是这种知识的体系。

丙、第三个初稿("这样一种批判"到该段之末)在其主要部分是依照第一个初稿的:1. 批判。2. 工具或法规。3. 体系。但所下的定义则不同。批判是为工具作准备的,但工具可能是不可能的,它指的是借以得到和扩充[312]纯粹知识的原理之总和。那样一来,批判就是法规的准备,而法规乃是理性正确使用的原理之总和[313]。工具或法规又是使纯粹理性哲学之体系有其可能的,前者在扩充先验知识时产生一个体系,而后者是确定先验知识的限度之体系。

要把这些分歧变为一个前后一致的见解是不可能的。它们是康德使用"形而上学"一词之不同意义的实例。在第一个初稿里,虽然这初稿是根据《论文》中所划出的区别的,其形而上学体系是内在的;在第二个初稿里,它又是超越的;在第三个初稿里,它是两可的[314]。

前论[315]。——说批判只是纯粹理性体系的前论,是后来为康德以下面强调的话语所否认的:

"我必须在这里指出,我不能理解想要把这种见解归之于我的那种企图,说我只要提供先验哲学以一个前论,而不是这哲学的体系。这种见解绝不能进到我的思想里来,因为我自己曾颂扬过《纯粹理性批判》中纯哲学的系统的完整性(德文 das vollendete Ganze)作为它的真实性的标志。"[316]

康德这样经过了名词使用许多摇摆之后,最后就得出结论说,批判、先验哲学和体系是重合的。在那当中,他忘掉了他自己前此关于这一点的矛盾说法。

谈到思辨只是消极的[317]。——"思辨"这里是指理论的和实践的相对立[318]。这修饰短语是和第二版其他各段相一致的,在那些段里,是强调着《批判》的种种结论就其实践的(道德的)关系而言是正面的[319]。

先验的(英文 transcendental)——超越的(英文 transcendent)[320]。——康德是第一个把这两个名词分辨开来的。这两词初见于经院哲学时期,在那时它们是同义词,而超越一词比较更常用。其动词,超出,在奥古斯丁的著作中出现在其最广泛的形而上学意义上。例如下列各句:"Transcende et te ipsum.""Cuncta corpora transcenderunt [Platonici] quaere tes Deum; omnem animam mutabilesque omnes spiritus transcenderunt quaerentes summum Deum."[321]这词第一次在其更为特殊而专门的意义上使用,是在误归之于托马斯·阿奎那的《类性论》(De natura generis)一书里。在这本著作里,实在、事物、每一个、一、善、真(ens, res, aliquid, unum, bonum, verum)都称为 transcendentia(超越)。如要了解这词在这里使用的意义,看来[322]我们须要估计到题为《论原因》(De causis)这本来自阿拉伯的神秘著作对于阿奎那的影响。这书提到新柏拉图派之把新柏拉图派看作是派生的亚里士多德之范畴从那些更为普遍性的概念,如实在、一、真、善,分辨开来。阿奎那给后者诸概念以一种神学的使用法。实在是属于本质的,一是属于圣父的,真是属于圣子的位的,善是属于圣灵的位的。在《类性论》一书里,增加了事物和每一个,于是这些最高概念的数目就成为六个。而且如上所述,超越(transcendentia)这词也是现在才第一次使用的。在这意义上,超越(transcendent)与其同义词先验(transcendental)在经院哲学的著作中是常见的。所谓超越的(即拉丁文的 transcen dentia 或 transcendentalia)乃是超越范畴而可用为范畴的述词的那些概念。它们是"一切事物与其相应类的名词或性质"(termini ver proprietates rebus omnibus cuius que generis convenientes),例如顿斯·斯科塔斯(Duns Scotus)把实在说为超越概念之最高的。这词在其或多或少的同样意义上,也见于康帕内拉(Campanella)、乔达诺·布鲁诺(Giordano Bruno)、弗兰西斯·培根和斯宾诺莎的著述中。斯宾诺莎给“超越名词(termini Transcendentales)以一种心理学的解释……致使实在(Ens)、事物(Res)、每一个(Aliquid)”,作为思想的代表是极其模糊的,因为在它们发生的过程中,许多映象是互相中和的[323]。贝克莱也谈到“超越的准则”之在数学领域之外而影响一切特殊科学部门的[324]。这词明显地是被概括了而超出其严格的经院哲学的意义。兰伯尔特(Lambert)使用超越这词的意义则更不严密,是指代表着有形界和知识界所共同的概念的[325]。其实我们可以断言,在康德的时候,transcendent(今译超越)和 transcendental(今译先验)这两词,虽然仍是同义词,而在它们原来经院哲学的涵义上使用,但是已经失去其意义的明确性与应用上的好处了。康德利用这个情况,而尖锐地把它们区别开来,把一种适合于他的新批判学说的意义硬分别加在它们上面。

“先验的”(transcendental),康德主要用来作为某一种知识的名称。先验知识不是关于对象的知识,而是我们关于它们的认识之性质与条件的知识。换句话来讲,不能仅只因为知识是先验的便说它是 transcendental 的,这名目只能适用于构成先验的东西之一种学说或科学的那种知识[326]。可见先验的(transcendental)知识和先验的(transcendental)哲学必须理解为重合的;而这样重合起来,它们就是指先验知识的可能性,性质与限度之科学。这名词也就同样地适用于《批判》的各部分。其感性论是先验的,由于它建立了感性的形式之先验性格;其分析论是先验的,由于它确定了悟性的先验原理与这些原理在知识构成中所起的作用;其辩证论是先验的,由于它明确了和限制了理性的先验理念,不使之输出一切虚伪形而上学所因之而起的那种诱惑力量。这是这个名词各种用法的共同的主要和基本意义,而经常为马哈士·缪拉(Max Müller)所忽略了的一点。因之在 A15 即 B30 上面,他把德文的 transcendentale Sinnenlehre 译为“先验感性的学说”(英文“doctrine of transcendental sense”)，而不译为“感性的先验学说”(英文“transcendental doctrine of sense”)。把先验的原理论(德文 transcendentale Elementarlehre)变为“先验论的原理”(英文“elements of transcendentalism”)时，他避免了上述的错误，但只是杜撰了一个康德的术语中没有的词。

但是在《批判》一书稍后一点，康德又把先验这词用在第二种意义上，即用来指着知识的先验要素，一切先验的而又可适用于对象的描述都是先验的。这名词于是就通过它和经验的之分别来予以确定，而另一方面又通过和它超越的之分别来予以确定。直觉或概念作用也是先验的，只要它是发生于纯粹理性，而与此同时又是要来构成对象的先验知识的。康德以同样方式确定下来先验的(transcendental)和超越的(transcendent)之间的对比同样是基本的，但是属于很不同的一种性格。完全在经验范围之外的才是超越的；而先验的是指作为必需的条件以构成经验的基础之那些先验因素而言的。超越的总是不可知的。先验的是作为经验的条件，以使一切知识，无论是先验的或经验的，有其可能的东西。超越的之直接反面是内在的，而内在本身包含先验的和经验的。这样，纵然康德使用先验的(transcendental)这词是在他自己武断地确定之特别意义上，他是回转到超越(transcendent)这词原来语源学的意义上。它只通过其使用来阐明一切知识局限于感性经验这学说才取得其特殊批判的意思。因为企图替康德之这样使用先验的这词寻找类于上述的语源上的辩解，于是叔本华和古诺·菲莎(Kuno Fischer)才断言康德称他的哲学为先验的，是由于这哲学超出以前所有哲学系统的独断论和怀疑论的![327]斯特尔林[328]与华特生[329]曾有另一种尝试。他们说，至少所说的有这样的意思，先验的是超越的一种，因为超越的超出经验的范围，而先验的超出经验的感性内容。可是，康德自己没有在什么地方意图用这样的论证来替他这名词之使用作辩解。

先验的词还有其第三种意义，其发生是通过它之从先验直觉与概念，扩充到认为是直觉与概念所由生的过程与机能。因之康德就说到什么统觉、再生与认识的先验的综合，又说到什么想象和悟性的先验的机能。在这种意义上，先验的就变为使经验有其可能的条件之名称。由于很难称过程与机能为先验的，康德在这词的第三种使用上，就离开他的第一种定义更远了[330]。

我们可以提到理性的理念来例证先验的与超越的两者之间的区别。理念作为只是限定性的，就是说，作为在知识的追求中鼓动着悟性的一些理想，它们是先验的。作为组织性的来解释，就是说，作为代表绝对的东西的，它们是超越的。然而纵然这区别是基本的，而康德使用其专门名词时是这么不谨慎，他时而把先验的用为在意义上恰恰是超越的之同义词。这是常见的，但是这里只需举出两个例子。在“空间与时间的先验的理想性”这重要短语里，“先验的”这词是用作“超越的”这词的。因为康德所说的是，从超越的观点看，就是说，从物自身的观点看，空间仅仅主观上是实在的[331]。这短语诚然很容易有其正统派的解释，但是上下文明白指出，这不是康德实际上使用这词的方式。还有一个同样使人惊奇的例子，就是在“先验辩证论”这标题上。虽然在 A63～64 即 B88 上，它的定义是正确的，而在 A297 即 B354 和 A308～309 即 B365～366 上，它是解释为处理超越判断所含之幻想的，这样实际上是指超越的辩证论而言的[332]。

不是书和体系的批判[333]。——康德在这里插入从被删去的第一版序文而来的一句话[334]。他现在加上《批判》将要提供所有其他种种体系的评价以一种标准的说法。

A13 即 B27。——康德把第二版第二节的标题删去，其理由无疑是这与它的开头一句的断言不能一致。那句话说，《批判》不是先验哲学，而只是它的准备。康德采用一个更适当的题目放在前一段上面来代替那标题。

道德的最高原理一律不属于先验哲学[335]——参看 A801 即 B829。这段在第二版中的修改[336]表示过渡到康德在《实践理性批判》中所发展的相反见解[337]。

这门科学的划分[338]。——在这段里，康德时而是谈《批判》，时而是谈先验哲学，使人极其不知所指。在第一句里，他像是谈到《批判》。稍后，是谈到先验哲学了。

原理学说与方法学说[339]。——参看 A707 起即 B735 起，又下文，第 438、563 页。

感性与悟性两枝可能是同根生的[340]。——康德有时像是暗示着[341]想象就是这共同的根，它属于感性而又属于悟性，它是被动的而又自发的。但是这样看来，想象实在就是被看为一种未知的超感性力量，"隐藏在灵魂的深处的"[342]。这超感性的东西就是我们人类的不同种类之机能的联合点，是自然与自由的联合点，是机械论与意志论的联合点。

感性的先验学说必然地构成原理科学的第一部分[343]。——"必然地构成第一部分"是德文 zum ersten Theile gehören müssen 之译。花亨格尔解释这为古老的说法，等于"构成"的意思。这是一个重要之点，因为，如果完全依字面翻译，它可能像是和实际接着的一部分相冲突，而支持《实践理性批判》中的另一划分法。第一部《批判》是这样划分的：

甲、原理学说

1. 感性论

2. 逻辑

(a)分析论

(b)辩证论

乙、方法学说

在《实践理性批判》一书里，所提出的是满意得多的划分[344]：

甲、原理学说

1. 分析论

(a)感性论(感性)

(b)逻辑(悟性)

2. 辩证论

乙、方法学说

上面第一种划分是奠基于从传统逻辑得来的有一点与题无关的种种区别;其他一种划分是更直接由自然属于康德自己的哲学体系之种种区别所鼓动的。

先验原理论

第一部分　先验感性论

感性论是从一系列的定义开始的。直觉(德文 Anschauung)是直接和对象发生关系的知识(Erkenntnis)。这定义中每一个名词都得要加以详论的。从词源上讲,直觉(Anschauung)只适用于视觉。康德把它扩充到一切感官的感觉,其通用词原是感觉(德文 Empfindung)。康德之采用直觉这词以代替感觉,其理由显然是事实上感觉不能以之涵盖空间与时间。我们可以说纯粹直觉,但不能说纯粹感觉。知识这词是在很广泛意义上使用的,严格说来并不和 A50~51 即 B74~75[345] 相一致。发生关系(德文 sich bezieht)这短语是很不确定而模糊不清的,其意义须依靠上下文的解释。对象是用在其最广泛而又极不确定的意义上。它可能理解为内容(德文的 Inhalt 这词不见于本段,但是康德在别处所用的[346])。至少这是最适合其上下文的意思的。因为当康德跟着说,直觉和对象直接发生关系,就变为清楚的,他是想到它和概念(Begriff)的区别,而概念之表达普遍的只是间接和对象发生关系,是代表该对象的一种或更多的属性的。到其极点,概念的整个内容都必须是所与的[347]。所以,"和对象发生关系"这一短语可以意译为"有某种内容,如红或冷,作为其直接对象的"。通过直觉的内容则思想的全部材料都提供出来了。直觉本身是盲目的,但不是空洞的。"思想没有内容是空洞的;直觉没有概念是盲目的。"[348]

但"和对象发生关系"这短语还对于康德有第二种意思,包含在上面一层的意思里面，然而是补充它的。正如他在紧接着的一句话里所说，直觉之能有其对象，意即有其内容，只是由于这内容是所与的。思想的材料必须被提供出来，不能杜撰的[349]。然而它之被提供的唯一方式就是通过心灵之为“对象”所影响，至少对于人的心灵是如此。这是康德表达自己方式之不谨慎的良好例子。在句子的前部分，对象是直觉的对象的意思。在句子的后部分，它是指直觉的原因而言的。而按康德的见解这两者是不能重合的。影响人心的对象是独立地存在着的；直觉的直接对象是一种感性的内容，是康德依照其当时普遍承认的见解看为纯然是主观的。可见对象这一个名词，在同一个句子里面，就用在两个完全不相同的意义上。

所以康德关于直觉的定义，很清楚地说出来而又清除了一切歧义时，是如下面这样：直觉乃是一种内容的直接所见，其内容之所与是由于一种独立实在的对象对于人心的作用。这定义显然不是作为直觉当其向内省呈现时的一种描述，而是它之不可或缺的诸条件的反思陈述。并且它只是指着经验的直觉而言的。它并不包括空间与时间的纯粹直觉[350]。虽然空间与时间是所与的，而都具有其本有的内容，但这些内容不是由于对象对于感受性的作用。

“一种直觉是这样的一种表象，它是直接依赖对象的存在的。所以它似乎不能原本上进行先验的直觉，因为这样的话，没有涉及从前或现在的对象就可有直觉，而因之就不能是直觉。”[351]

这种解释有康德对于贝克的答复作为证明。当贝克反对说，只有通过其包摄在诸范畴之下时，表象才能成为客观的，康德的答复是在一个旁注里，这旁注的意思虽难辨读，但仍可以有相当明确的解释的。

“通过直觉来确定一个概念使得它产生关于对象的知识乃是判断机能范围内的事，而不是直觉对于一般对象的关系[就是指这见解，认为它的内容是所与的而因之是由于某一对象而来的]，因为那只是表象的逻辑使用，从而就认为是在知识范围之内的。另一方面，如果这一单独表象只对于主体有关系，其用途是美学的(感觉)，而表象就不能是知识的活动。”[352]

心(德文 Gemüt)是一个中性的名词，是没有形而上学的涵义的[353]。实际上它是和在下一段用以代替它的表象力(德文 Vorstellu gsfähigkeit)这名词同值。表象(德文 Vorstellung)这词康德用在尽可能广泛的意义上。它包括所有一切认识形态。这里给予感受性(英文 sensibility)的定义——“通过我们为对象所影响的方式来获得表象的能力(接受力)”——是直接从《论文》拿过来的[354]。在这定义里，如在直觉的定义里那样，康德并不用论证，也不提出问题，干脆地认定独立存在对象的存在。有了感觉的存在就须以物自身的存在为其前提。感受性被说为对象和直觉两者的根源。这是合理的，因为对象和直觉是互相包含的；后者是见到前者的。所云“对象”，显然就是第三段里称为表现的内容，即感觉的客观方面作为质或内容。在这第一段的末行里，“对象”这名词的使用是和这相类似的。

悟性(德文 Verstand)只在其逻辑或论证使用上下了定义。康德聪明地把凡提到它更基本的综合活动都留待后面。在我们这里(德文 bei uns)是间接指着感性论其他部分[355]所进一步发展的理智(即非感性)直觉之可能性。感性直觉是由于对象的影响。在理智直觉里，心在其认识对象的动作中就须产生对象[356]。

康德的直觉定义，如已指出的，只适用于经验的直觉。接着他定义了[357]感觉(德文 Empfindung)和经验的直觉的关系。他这里说的不过是断言直觉通过感觉而取得其对象，即是说，感觉是直觉的内容。既然如此，经验的直觉也是通过感觉而取得其对于对象(即物自身)的关系的，而对象又是直觉的原因。(这似乎是含糊的第二句的意思；但还是不明确其所指的对立是纯粹的或理智的直觉。)如果这样解释这一段是正确的，则感觉要算为完全属于主观认识的内容方面的。但是康德之看感觉，要比这里他所说的明确得多。虽然感觉是外界所与，它同时也含有心的反作用。

"在知识中凡是感性的都依靠主体的特别性质的，因为在对象面前，它能有这样或那样的变化的。"[358]

所以对于康德来讲，感觉是通过对象的影响而产生的主体之变化或情况。影响产生主体的变化或情况，而这主观的变化就是感觉。

"感觉是知觉，只和主体有关系作为它的形态的改变"[359]。

把感觉看为主观的这见解是康德时代人们普遍主张的。他同意它而毫无问题又不加以论证。从来他就没想到会有人对这诘难的。他同样地信服这就证明了现实对象的存在。

"感觉论证了某一东西的有，但关于它的质则要看主体的性质如何"[360]。"感觉是假定对象的现实存在的"[361]。

可见，康德在其感性论[362]中所发展的感觉见解是含有三点的：(1)必须把它算为属于心理认识的内容方面的。(2)虽是一种的质或内容，它是纯然主观的，是以人们感受力的性质如何为转移的。(3)它是由于某对象对于感受力的作用而来的。

康德把感觉(Empfindung)和感情(Gefühl)[363]区分开来了。人们一向是把这两者作为同义词用的。

"我们把感觉这词理解为感官的客观表象；而为着预防它被误解的危险，我们把那必须总是仅只主观而绝对不能组成对象的表象的东西用常用(德文 sonstüblichen)的名词感情来表示"[364]。

表现(Erscheinung)的定义是直觉的未确定的对象。所云未确定的对象的意思，如我们曾看到，是指只是所与的感性内容。一经这些内容为范畴所确定，它们就成为现象。

"表现，只要它们是按照范畴之统一而被思想为对象时，则名为现象。"[365]

但是表现和现象的这种区别不是康德所主张的。他更惯于把范畴化的对象说为表现。在《批判》一书中"现象"这名词是比较少见的。英国读者没有看见这点，因为迈克里约翰(Meiklejohn)和马哈士·缪拉(Max Müller)几乎总是译德文的 Erscheinung 为现象。表象是经验直觉的对象这说法，引起一个很基本而困难的问题。即关于表象对于所表象的关系问题[366]。康德的论证常常含有这区别的意思，可是他经常说到而且论证，好像它是不存在似的。我们得要承认在康德那里有两种倾向，主观论者的和现象论者的[367]。当前一倾向占优势时，他就把一切表现、一切现象、一切经验的对象，都看为表象，看为感受性的改变，看为只是主观的。反之，当其思想为后一倾向所控制时，表现就取得其独立于个人的心的存在。那么它们虽是通过主观的表象而被知道，但不可直接就和表象等同起来。它们是有其真正的客观性的。关于这区别与其后果，我们以后还常常要提到的。

在感性论这头两段里，现象论者的观点是占优势的，而在第三段的开头，它还有它的更显著的表达。"表现中和感觉相适应的我称为它的质料"。这一句，通过相适应这词，显然是含有感觉与它里面而且通过它所认识到的实在对象之间的区别之意思。那又包含有三重性的区别，即作为主观内容的感觉(等于严格意义上的表现)、空间的实在持久的对象(等于现象，范畴化的对象，更广泛而更常用意义上的表现)和物自身[368]。但是在紧接着下面一句话里，康德说，"一切表现的质料都是后验的所与"。所云"表现的质料"，康德必定是指感觉而言，因为只有感觉是后验之所与[369]。依这见解，现象或经验的对象就归结为感觉而且是感觉所构成的。上述三重区别的中间名词被排除了。不是表现和感觉相适应，而表现本身就是感觉。可见在连续几句里，康德的两种互相冲突的倾向都有其文字上的表达。这两种倾向甚至干涉到他的名词初步的定义。但在现阶段来讨论这基本的冲突是没有好处的。

表现的杂多性(德文 das Mannichfaltige der Erscheinung)。给予这

短语的意思是什么，是以上述问题[370]如何决定为转移。但是在这一段里，它只能有主观的解释，因之感觉就是表现。所与的感觉本身构成杂多；作为空间的对象看，它们已经是有秩序的。康德更常用的短语是“直觉的杂多性”。他之采用“杂多”这词(《论文》中的 varia)是表示他深信对于一切知识综合都是不可或缺的，而其与之相关的见解则认定没有绝对简单的东西是能在感性经验中认识的。然而康德又不像他的有些注释家那样把杂多理解为混沌的或乱杂无章的。其着重点是在杂多性或多，是有待于化为单一与系统的。单一是要在它里面寻得而不是从外面强加进去的。杂多有待于解释，虽然其解释的原理可能是独立于它而发生的。例如，虽然杂多之为杂多不在空间与时间，而我们指定的空间与时间关系是为杂多本身固有的性质替我们确定了的[371]。

表现的形式之定义——如果按第一版中的定义照字面翻译过来——就是“使(dasjenige, welches macht dass)表现的杂多被直觉在某些关系中成为有秩序的东西”。这一短语康德也用在其他联系上，而花亨格尔指出[372]，它不一定是指活动而言的。“感觉是在我们知识里的东西使它被称为后验知识的”[373]。在第二版里康德把正文从德文的“geordnet angeschaut wird”(被看成是有秩序的)改为德文的“geordnet wirden”(被改为有秩序的)。其理由大概是第一版的语气可能像是含有形式是(如《论文》所训示)仅靠自身便能使杂多有秩序的意思。康德在第二版里自始至终使悟性在空间的认识中有其显著的作用[374]。

质料与形式的区别在康德的体系中是占中心地位的[375]。如它自己所说：

“此二种概念为一切其他反省之基础，与一切悟性之使用密结而不可分离者。其一(质料)指普泛所谓能被规定者，其他(方式)则指其规定者。”[376]

在质料方面有杂多、所与、经验的、感官的偶性材料；在形式方面有统一的、先验的、综合的、感受性与思想的理性工具。依康德的看法，这些后者不过是抽象，可为心分辨出来的，其性质、功能、根源都与经验的质料不同。他的立场的强点与弱点都是依靠这样二元论的方式来看这两个因素的。他的空间与时间说，不满意之特征多半可直接溯源到他这种看法的曲解性影响。但也是由于这，才有他对于新批判问题与其在分析论中发展出来的革命性后果之了解。

康德进而论证：(a)这是两种根本上不同性质、不同来源的因素的区别。质料是在感觉中后验的所与；形式有别于一切感觉，是必然先验地已在心中现有的。(b)康德论证说，因为有其另外的来源，形式是可以离开一切感觉而被想到的。上面的说法是基于未说出的假定，认为感觉是没有任何空间的属性的[377]。感觉本身只有深度的多少而无广延的大小[378]。康德毫无问题地假定这点，而绝未试图求得证明[379]。这假定早在1768年出现于康德的著述中作为一条自明的原理[380]；在全部《批判》中把它作为论证的前提，而从未作为有待证明的说法。甚至只有间接为康德暗示的支援论证就仅仅是空间自身不能对感官有所作用[381]。当他宣称空间不是对象而只是想象的东西(ens imaginarium)时[382]，这好像是他的意思。“空间不是感官的对象”[383]。但这样论证是假定空间离开对象则不能为人所想到。它不是延扩物不能产生延扩感觉的证明。康德完全无视在感觉中而和感觉一起可能有种种形式上的关系。如果我们的感受性因有对象对它的作用而能生出质的感觉，何以，如花亨格尔很恰当地质问[384]，因有同样的原因而感受性不能生出量的形式性质之印象呢？依康德的见解，感觉是心的产物多于是对象的产物。那么，何以空间不能自身是感觉的呢？[385]从经验科学观点看，在后一情况下，没有这样原因与结果之间的根本差别像是存在于前一情况下那样。如斯宾塞尔曾说过[386]，康德作了巨大的假定。

"……说,我们的感觉之中没有什么差别是非我的差别所决定的(因为说这些差别是这样决定的就是说非我存在的形式对于我产生了结果);而且同样地得出结论说,这些感觉之并存或先后的秩序不是为非我的什么秩序所决定的;我们就不得不做出结论说,我中的这一切差别和变动都是自决的。"

康德在《论文》中的论证恰恰是这种性质的。

"对象不是以其形式来打动感觉器官的。所以,要对象在感官上所生的种种印象能结合为表象的某一整体,就需要有心灵的内部原则,按照其固有而稳定的法则通过这原则而使杂多有其形式。"[387]

在我们面前的一段,在初看起来,像是康德提出论证似的。其实他只重述他的前提。"感觉之在其里面能得着安排(德文 sich ordnen[388])而有其形式的那东西,其自身不能又是感觉。"诚然,感觉这词如果局限于感性的质,即限于其内容或者说质料,从我们的想象来说是离开一切形式上的关系而存在的,则形式上的因素不可能是感觉的性质的。但这局限是否合理就是要讨论的问题,不能以武断的名词区别而这样就予以决定的。

"如果所争论之点,说感觉的关系其本身不是感觉的是正确的话,就不能避免推论到我们知觉的形式之纯粹先验性。感觉乃是意识和实在之间相互作用的唯一形式……但那争论之点是错误的。感觉的关系,它们确定了的并存与先后之使意识受到印象是和感觉恰恰一样的。经验的杂多以那样的决定性加在觉知的意识上,在它的强迫中我们就觉到这一种印象。意识仅仅为这些关系所感动,其本身固然不足以使它们被觉知到;但感觉本身也是如此。所以在这方面,表现的质料与形式之间是没有差别的。"[389]

可见康德是这样用他感觉的定义把他的基本假定偷偷地带进来的。这假定作为结论重现说,既然表现的形式不能是感觉,它就不是通过对象的作用而发生,因之它必然是先验的。虽然这一段看起来是提出一种论证来支持空间与时间的先验性，然而检查起来，发现它只是展开一种毫未试图证明而就采用了的立场[390]。

“表现的形式必定现成地存在于心灵里面[391]——关于这点的评论，如果要足够的话，其形式最好是系统地来讨论康德在这里和别处所主张空间作为直觉先验形式的见解。如已经说过的，康德所给直觉的定义——直觉是直接和对象发生关系的知识——只适用于经验的直觉的。虽然康德所谓对象这名词，在其意思是确定的而言是指内容的，而内容按其性质，是只能通过某独立的对象对于感受性有所影响然后发生的。换言之，所认识的内容必定是感性的。然而这种对于直觉的见解显然是不适用于纯粹直觉的。正如我们前面的一段结尾一行所说，纯粹直觉是可脱离一切感觉而被思想到的。”而下一段接着说，它是存在于心里面而“无任何感官的现实对象的”。可是康德的意思并不意味着它是没有任何内容的。“这感受性的纯粹形式又可称为纯粹直觉”[392]，“它可以在一切现实的知觉之前被知道，因之就称为纯粹直觉”[393]。可见，纯粹直觉虽有其固有的内容，而且就是那内容的直接认识，但它和任何现实的独立对象没有关系。其内容和形式一样是先验的。然而那就引起更广泛的一些问题，而我们现在就一定要讨论这些问题了。

在这点上，和在其大半的基本立场上一样，康德所主张的学说是分歧的而且互相矛盾的。只有在他的晚年学说之中，他才算是认定了一种前后一致的见解。然而绝不可让他最后倾向于主张的立场来左右他早年立说的解释。感性论需要有它单独的注释，好像它竟然是自成一部著述那样。它的问题之讨论，须从一个或多或少特别属于它的观点。注释家叙述它的论证时有两重任务，一方面着眼它和《批判》其他部分冲突之处，另一方面看它和其他部分的关系。

康德早期和晚期之对待空间，其主要差别乃是他早年所说的几乎完全是把它看为心理学上的先验的。在分析论里，这问题的逻辑方面才开始得着可以算为充分的认识。只要我们记住这重要事实，在感性论里，自始至终可以看到关于空间直觉的心理学本质的两种不同而互相矛盾的见解。依其一种见解，空间作为现实的、完成的、有意识的直觉先于经验。依其另一种见解，它只作为潜在的倾向先于经验。如果我们不愿意承认这两种见解的存在，我们便无从理解康德最显明的话。康德的注释家太过常时对于上述的第一种见解闭起眼睛而不去看，反转过来非难康德，说他用叫人误会的一些话语。在字面上来了解康德总是稳当的。他差不多总是说他在说话时恰恰要说的话。他常常主张和今日心理学完全相反的见解，而在几个场合中，他直接地和他在其他上下文里以同等强调来主张的话矛盾起来。康德的问题之各方面是这么复杂而多种多样，并且他又一心一意要对每一方面都力求不偏不倚，结果就是考虑其后果的相互一致性少于理想上所应考虑的。

这两种见解是可以更明显地形成公式的。第一种见解是直率而不含糊的。空间是现成地(德文 liegt bereit)在心里面，就是说，它无待于发生的。甚至在感性经验之先，它已作为有觉的直觉存在了。因此它就可以独立于一切感觉而被思想到。在所有感性内容在思想中都消失时，它依然存在，然而它又不仅只是形式。它独立于感性的杂多而有它自己的纯粹杂多。第二种见解的基本论题——空间在感性经验之先只作为心的持久资质而存在——也是一样不含糊的。但是在发展这论题时，康德便毫不顾及其前后一贯性了。依第二种见解，空间的意识可能获得的方式表列如下：

(a)从反思经验构造中心的活动产生一种纯粹杂多的直觉；或者(b)从反思经验的带有空间的结果而来[394]。反思的后一方式可能显示出：

(子)一种纯粹杂多有别于感性杂多的；或者

(丑)空间作为感性杂多的形式。

可见第二种见解可以在三种不同方式(a、子、丑)上发展出来:(a)代表《论文》(1770年)的见解,答复耶白尔哈德(Eberhard)的话(1790年)的见解和第一版范畴演绎开始很早的那些部分;(子)代表分析论最后的观点;(丑)代表康德绝不赞成现时流行的见解[395]。

康德在感性论中所说的话都带有第一种主要见解的色彩。我们开始考虑它们,最好是通过1770年《论文》和它们对比的学说。在那论文中的学说的公式形成,如上所说,实际上是和第二种主要见解之(子)类重合的。他主张空间既非天生又非从感性经验获得的。

"两个概念[时间与空间的概念]可以无疑地断言是获得的,诚然不是从我们的对象感觉抽象出来(因为感觉所给与的,是人类觉知的质料而不是它的形式),而是从心之按照不变的法则调整其感觉的动作而来的。空间与时间都是可以说代表一种不变的类型,因之是可以直觉地被知道的。感觉激起心的这种动作,但不参加进直觉里面去。除了心灵按照着来把从某一对象之存在得来的感觉,在一定方式上加以结合的这条法则之外,没有什么是天生的。"[396]

康德没有弄清楚,如何能把这种见解和同样明显主张的论点,说空间不只是直觉的一种形式而且本身是直觉,协调起来[397]。对于心的活动之反思可能生出空间作为一种形式的表象;它如何又生出一种先验的内容,是难以理解的。

康德在《批判》一书里没有什么地方直接讨论过空间表象是否天生获得这个问题。所有的暗示只谈到范畴[398]或者在《导论》中谈到理性的理念[399],其两个例外是A196即B241和B166起[400]。但是在1790年,康德在他对耶白尔哈德的答复里又阐述了学位《论文》中的见解[401]。他这里说,《批判》不容许有天生的表象,毫无例外都是后天获得的。但某些表象有一种原始的获得(德文 ursprüngliche Erwerbung),它们的基础是天生的。在空间的情况下,这基础就是心灵的特别能力能按照其主观的构造获得感觉[402]。

“只有这第一个形式上的基础是天生的，不是空间表象本身。因此必需有印象来使知识的机能决定于对象的表象(在任何情况下这都是它自己的动作)。这样便发生了形式上的直觉，我们称之为空间，作为一种原来获得的表象(一般外界对象的形式)，其基础(作为接受性)也是天生的，而其获得早就在按照这形式所形成确定事物概念之先。”[403]

最后一句话是叫人糊涂的。康德的意思不能是说，空间表象之获得是在感性经验之前，而只是说，心灵既然是靠反思自己的活动而取得空间表象，它是开头认识的东西之列的——如果承认其前提，还是极其成问题的说法。如果“确定事物概念”是迟出，则像纯粹空间这么抽象东西的确定概念一定是更迟出的。所以上面一段毫不加以修改而重复《论文》的学说，是易于遭受同样的抗议的。这学说和莱布尼茨《新论》的学说是重合的；在《论文》里公式形成它时，很有可能康德是受莱布尼茨的影响的。虽然它是笛卡儿派天生理念说更极端的形式之一种改善，但它所改善的不够多。

可见，康德在 1770 年与 1790 年是这样强调声言空间的表象不是天生的，可是在感性论所代表的中间时期里他却像是主张反动的见解似的。空间不仅仅是潜在的倾向，它是一种直觉的表象现成地存在心灵里面的。那么有什么原因迫使康德扔弃他自己更好的见解而采取一种倒退的立场呢？其答案必是带有猜测性的，但大概可在感性论有别于《论文》之另一主要论点上来寻找。康德在《批判》一书中自始至终是坚持空间乃是接受性的一种形式。它是从外给予心灵的，它和自发性或悟性毫无关系，所以不能由反思心灵的任何活动而获得。但它作为先验的却又不能从外界获得，因之它是无法获得的。但是它如果是所与的而又不是获得的，它之作为表象必定是从意识生出的开始就现成地存于心灵里的。为这种理由所迫使，康德就把它看作是像颜色或声音的感觉那样有其一切的完备性自外给予的。这结论可能不是满意的。但康德老老实实地承认它,比大多数他的注释家之把问题弄得模模糊糊是可取得多了。

无疑,康德得到感性论的更前后一贯的立场,主要是通过进一步反思《论文》的种种论证[404],而特别是由于承认,事实上虽然反思心灵的活动可以看为产生直觉的一种形式,很难看出它是能产生一种可以代替而竟然就作为感官的杂多的纯粹杂多。依康德说,只有两种方法可以避免这种不愉快的窘境的:(a)要就必须回到《论文》的立场而承认在空间构成中心灵是主动的。他在1790年答复耶白尔哈德时是这样做,但只是曲解了他自己在《批判》一书中的学说。如果要前后一贯地维持空间是由反思心灵的活动而获得的那种论点,他就得要重写全部感性论,重写分析论许多部分,而这样做的方式是不能和他的学说的主要倾向真正取得协调的[405]。(b)他的立场另一种修改就不会碰见这种阻挠。康德很容易放弃空间是纯粹直觉这论点。如果他果真愿意承认唯一可能的直觉杂多是感性的,他就能够主张,虽然空间是天生为接受性的一种潜在形式,它只能通过反思感受性的带有空间的结果而获得的。这种立场的优点是这么明显,它是这么完全和经验的事实又和现代心理学的学说相协调,而康德提到这中心问题的各段又是这么模糊不清,所以大半有能力的注释家都准备把这看为《批判》的现实学说。然而证据[406],依我看来是驳斥康德立场的这种解释的、传统的、笛卡儿派的、半神秘的、对数学真理之崇拜,看它为完全独立于感性经验的种种偶然性,看它为知识的一种体系绝对在来源上不同于仅只是属经验的各门科学,甚至在康德正在和笛卡儿派反对而主张它的题材仅只是主观的直观时,还影响着他的思想。康德似乎仍然主张有一种直觉的纯粹杂多,不同于感性的杂多的;因之就为他的思想之不可避免的逻辑所迫使,把空间看为在有觉形式上是天生的。当然这不是他所能恒久赞成的一种结论,但要取消它就连带要更根本地修正他对于纯粹直觉和对于数学科学的全部见解，而这是他不大愿意做的。虽然在分析论里，他达到承认[407]它是由反思对象而获得的这地步，但是毕竟他好像是坚持那困难的论点，说这种反思产生一种纯粹的杂多有别于感性的杂多的[408]。他认为数学科学是以纯粹直觉为基础的那种信念，妨碍他承认空间虽然可能是直觉的纯粹形式，而其自身绝不能构成完备的直觉。它的唯一可能的内容是感性的杂多。但是除了我们对于空间的觉知总是为经验所限制这事实之外，康德关于数学命题以直觉为其基础的这种见解，如已指出，其自身是不能维持的。因为直觉虽然可能是几何的最后题材，但概念是它的唯一可能的工具。直觉产生科学的眼光是恰恰和我们把它的复杂内容用抽象思想的话语来加以复述的能力成比例的。在它所提供的证据，这样在理智上经过检验而明确起来之先，不能承认它是证明了甚至最简单的命题是有其理由的[409]。

康德关于空间的论述，其复杂的含糊，又可从另一种困难的讨论来找出例证而进一步加以澄清。空间是分析的整体，抑或综合的整体？是整体为部分的先决条件，抑或整体从部分之结合而发生？或者提出另一个与之联系的问题，我们是直觉无限，抑或它只作为我们有限的直觉之先决条件而由概念被认识？从《批判》一书中可以引用对这些问题正相反的答案。如我们在上面已经指出，康德在感性论所讲的是空间作为整个而被给予的，其部分只是由它的限制而发生的。但是在A 162即B 203上面，我们发现他又说大小是要称为延扩性的。

“其部分之表象使其全体表象可能，因而部分之表象必然先于全体……我欲表现一直线，若不在思维中引长之，即由一点逐次产生其一切部分，则无论其如何短小，我亦不能表现之。仅有此种方法，始能得此直观。”[410]

在第二版中，他加上延扩性的大小只有通过“杂多的综合”，通过“同质的结合"才能被认识的[411]。

康德附加于B136的注是很奇怪地把两种见解结合在一起。首先它再次肯定感性论的学说，说空间与时间不是概念，而是直觉，在其里面像在一个统一体里面，含有多数的表象；然后向前论证说，空间与时间这样组成必然假定一种先行的综合，在A505即B535上面，我们发现同样的企图来结合两种说法。

"其所有部分，乃由分解的综合之追溯，及在此追溯中始授与吾人者。"

康德力图予以调和的矛盾教义的冲突，最适当的表达莫过于分析的综合之说法。在A438即B466上面，出现着同样的矛盾，只是其形式没有那剧烈而已。

"空间本不应名之为复合体，而应名之为总体，盖因空间之各部分仅在全体中可能，非全体由各部分而可能者也。此固可名之为观念的复合体，但非实在的复合体。故此仅为一种巧辩而已。"[412]

康德用以证明空间是一种先验的直觉的论证，是奠基于空间乃作为无限而被给与，其各部分是通过这个预先存在的整体之限制而发生的这一种见解。但是全部《批判》绝对基本的一条原理恰恰是和这相反的原理，即一切分析奠基于预先运用了的综合，而且须以此为其先决条件的。综合或总体自身永不能是给与的。只有总体是综合地构成时，它才能为心灵所认识。各部分的表象是先行于总体的表现而使之有其可能的。

这是一种二难推理发生于这些分歧的见解的。其解决有待于划清两种区别。第一，综合的总体与综合的原则之分。前者可能含有先行综合；后者不依靠综合，但表达着综合的某一特别形式之先定性质。第二，须区分出空间时间的先验杂多和在空间时空里面而且通过它们去认识的经验性杂多。如我们已经指出，这种区别是难于很认真地来理解它，而且毫无心理学的证据予以支持的。但它好像是康德所坚持而且是他的主要学说的好几种公式形成中的决定性因素。

在第一种区别的话语上，我们不得不承认在感性论的基础上的空间见解是和分析论的学说不能协调的。在感性论里，康德解释空间为不但是直觉的一种形式而且又是一种形式的直觉，而这种直观是在给与时已在其总体完整了的，而且能独立于其经验的内容，甚至先于这经验的内容而被认识的。那就好像是康德在其解释纯粹数学科学时以之为先决条件的空间见解。然而上面从分析论所引的几段又表示论调的改变。空间之作为杂多的直觉看，是一种综合的总体，而不是分析的总体。它是构成的，不是所与的。感性论和分析论之间见解之分歧是发生于这种困难的，即一方面有康德想为客观的世界的逻辑要求，而另一方面又有这同样的世界被想为主观制约着的而发生心理学上的要求，这两种要求都同时要满足的。原则上，总体先行于各部分；在变成为直觉而存在的过程中，各部分先行于总体。无论空间如何大或如何小，决定我们对它认识的原理乃是它在普遍空间之内而且通过这普遍空间而存在的。这条原理同时是在空间的综合构成的基础上而又在它一经构成而被认识的基础上。所以，在原则上，就是说，在逻辑思想的顺序上，总体先行于各部分[413]。然而这原理所控制而指导的过程，不能从作为总体的空间开始，而一定要通过小些的部分之综合而向前推进到总体。

但是康德不认识这种学说和感性论的学说之间有什么冲突。他自己在思想中像是仅只把他一向前后一贯主张的立场弄得更明确罢了。这是可能的，因为他保持着而又更有效地形成了上述两种区别的第二种，即感性杂多和直觉杂多之间的区别。这区别使他能够把新的见解接合在旧的上面，而这样就在坚持悟性的观念综合之不可或缺的同时，一样地主张他的几何作为直觉的科学的见解[414]。

“空间与时间包含纯粹先天的直观之杂多，但同时又为吾人心中所有感受性之条件——惟在此条件下心始能接受对象之表象，故此条件亦必常影响于此等对象之概念。但若此种杂多为吾人所知，则吾人思维之自发性，须以某种方法审察此杂多，容受之而联结之。此种作用我名之为综合……其杂多如非经验的所与而为先天的所与（如时间空间之杂多），则此综合为纯粹的。"[415]

这样，康德承认我们所认识的空间是构成的，而非所与的，而这样就含有空间的无限是认识的一种原理的意思，而不是所与的直觉。但他又主张空间包含有一种纯粹的而且可假定为无限的杂多，其所与就是如此的、这样的一种见解[416]。这纯粹的杂多是什么组成的，把它描述为一个要求有综合才对它能了解的又如何和它的连续性调和，甚至是康德没有在什么地方试图来说明的。他也没有指明认识的综合和再生而为纯粹直觉的是从什么简单因素开始的。正如他自己所承认[417]，空间的统一性和多样性其实是不可分开地互相包含的；承认了这事实就使之极其困难来把它们分给予不同的机能。同一理由，不能如康德所常做的那样，在时间上把综合和分析的过程分辨开来，使前者在一切情况下都在时间上先于后者。空间与时间的性质，而且如他得到认识那样，理性的理念之性质，由于它们包含有无条件的那个概念，都是自然要和这种见解发生冲突的。

甚至当康德把空间作为综合的原理来对待时，他的口气还不十分确定。在分析论里它是归之于感受性和悟性的合作。在辩证论里，从含义讲，是归之于理性的；而在《自然科学的形而上学最高原理》一书里是明显地归之于理性的。

"绝对空间不能为经验的对象；因为空间而无内容不是知觉的对象，然而它是理性的必然概念，所以不过仅只是一种理念。"[418]"绝对空间作为现实对象的一种概念不是必然的，它只是可以用为规则的一种理念……"[419]

康德在其《判断力批判》一书里的学说是这立场的进一步的发展。

“心灵听取理性的声音，对于每一个所与的大小，这声音都需要总体——甚至对于那些永不能完全被认识，虽然（在感性的表象上）它们是被判断为完全所与的……甚至无限的（空间与过去的时间）都不是这需要的例外；与此相反，它使之不可避免地要把这无限（在寻常理性的判断中）想为是完全（在其总体）所与的。但无限是绝对（不是相对）大的。与它比较起来，任何其他（同一类的大小）的东西都是小的。但是最重要的是，仅只能把它作为一个总体来想是表示心灵有一个超乎一切感性标准的机能……仅仅只能想这所与的无限而无矛盾，就需要在人类心灵里有一种本身是超感性的机能。因为只有借助于这种机能以及它关于一种本体的理念，感性世界的无限，在关于大小之纯粹理智的评估上，才可以在一个概念之下获得完全的把握……所以自然在它那些现象中，直觉带来了它的无限的理念，是崇高的……因为正如想象和悟性在美的判断中借助于心理能力的协调而产生这些能力的一种主观目的性，同样地想象和理性借助于它们的冲突，亦复如此。”[420]

康德在这里远离了感性论[421]的立场。

第一节 空　间

空间概念的形而上学的阐明[422]

空间：第一论证。——“空间非由外的经验引来之经验的概念。盖某种感觉之与在我以外之某某事物（即占有我自身所在之空间中别一部分之某某事物）相关，及我之能表现某某事物之在外而又相互并存（即不仅相异而又在不同之位置）[423]皆必须以空间表象为其前提。故空间表象非自外的现象关系由经验得来者。反之，此一外的经验自身，乃仅由空间表象而始可能者也。”[424]

第一句叙述论证的主题：空间不是从外界经验抽象而来的经验的概

念。在这节的标题中用概念(德文 Begriff)这名词,而在这句话里又用这名词,是康德用名词不严谨的一例。在这里它是和表象(德文 Vorstellung)同义,而表象包含直觉和一般或论证的概念。所以当康德进而证明空间的概念是直觉而不是概念时,其矛盾只是文字上的,不是实在的。然而这名词的双重用法,依然是令人误会的。当康德用它在其严格意义上,它所指的只是一般的类概念[425]。依康德看来,一切真正的概念都属于这一单独的类型。他未曾替这词重下定义,而使它适用于关系的范畴的。因为可惜的,而又很奇怪的,他好像从未提出过范畴是否也是概念这问题。把各种名目的范畴用于悟性的种种形式,就像使他满足了。如果他曾认识到概念这名词是一个类名包括一般理念和关系范畴为其小类的,他的学说里许多模糊和甚至矛盾的地方,都可避免掉。

康德之把概念这名词局限于仅仅类概念[426],结果就把直言命题和主谓关系的断言[427]等同起来,大都可以追溯到他想要在他的批判哲学探讨的首倡工作中,为自己保留着传统逻辑所划分的种种区别之指导线索。康德不管牺牲什么严格的一致性而坚决保持这些区别,至少表面上是如此。他使批判的学说适应于一种人为的轮廓之要求,而这轮廓和他的学说的教义是不大协调的。能体会到这种企图顺应当时时尚的陈规之千丝万缕的影响,和它在阐述细则上的深远后果,的确是充分估计批判学说的优劣点之不可或缺的初步准备。作为决定康德的学说之一种单独而永远存在的影响来说,这一因素可以方便而又扼要地称为康德的建筑术[428]。在后面我们将常有机会来看它的效果[429]。

第二句表明康德用以证明他的主题的事实。某些感觉,即分辨于机体感觉的[430]那些特别感知,是有关于某一东西。它所占的空间地位是不同于有形的自我的,因之就被认识为不但在质上,而且在空间位置上,都是彼此不同的。正如后面在分析论里所证明,思想在构成关于对象的感觉之中,是有其不可或缺的作用的。然而康德在这里并不提到这个进一步的复杂。他认定,在这阶段上他是可以合法地这样做,我们的感觉是这样做客观解释的这事实,而把他的研究限于其空间的因素。这论证,正如花亨格尔正确地指出[431],是以康德已经合并在他的感性"形式"的定义里去,即感觉是非空间、纯粹质的这定义里去的一条假定为其关键的[432]。虽然这是康德没有在什么地方试图来证明的一条假定,可是它是用来得出极其重要的种种结论的一种未加质问的前提。这关于空间的第一论证,完全是从它得到它的力量的。

空间的表象是非经验的,其证明所以可以如下地明显说出:感觉是没有空间性的,而只在质上有所不同,则空间的表象必定是外加的。而既不是由所与的感觉供给,其唯一的别的方式就是由心所贡献。空间的表象远不是从外界经验那里得来,反之,它是首先使外界经验有其可能的,原是在心里现成的主观形式,它在经验之先而参与合作来产生经验。这样,空间先验性的证明亦即空间表象之先于一切经验的知觉之证明。

我们这样来解释康德的论证,说它所证明的是多于这第一句话的主题所要求的,我们的确是把一些意思加进这证明里去,多于康德自己所予以充分表达的。但是,正如下一节的论证所清楚地指出,我们不过说出了康德认为实在是这论证所已证明的,即空间表象不但是非经验的,而且同时是主观而来,在时序上是先于经验的。

在这论证基础上的观点,而激动这论证的,甚至可更简洁地明确起来。康德的结论可以有两种方式来解释。空间的这形式可能只作为潜力而先于经验。作为一种调整的力量而存在[433],它只通过它所增加于所与的感觉的间接地来到意识中。虽然来源是主观的,它只在经验中而且通过经验才向心显示出来的。这种见解诚然是可以和证明的话语取得调和的。但是它的现实措辞严格地照字句来解释,是如我们将要发现的那样,和整个感性论的一般趋势更为合拍的。那么我们就面临着一种很不相同而极端似非而是的见解,这见解可能表面上看来是太天真了,很难为现代读者所接受,可是我们仍然像是不得不把它[434]看为我们面前的一段正文中所呈现出来现实的见解。康德在这里以极其明显的方式断言,心灵如要以空间的话语来解释感觉,就必然已经具有空间的一种表象,而且它认识感觉是用这种表象的。有觉的空间表象在时间上是先于外界经验的。看来,这就是康德关于空间的第一论证。它要成立一种消极的结论,即空间不是从经验而来的。但是与此同时,它又产生一种关于它的来源的积极的心理学上的解释。

注释家之拒绝承认康德的问题在任何程度上是心理学问题,或者拒绝承认康德自己是这样看待它,因之就企图从分析论某些部分的观点来解释感性论[435],他们是把这第一论证说成另一个样式的。他们用纯粹的逻辑名词来叙述它[436]。他们声言问题不是要确定我们空间表象的来源,而只是它对于我们某些特别感性经验的逻辑关系。空间的理念,一般说来,作为一种不可或缺的逻辑先决条件,是先于所有空间关系的特殊规定的。作为整体的空间意识不是由部分空间意识所构成的;恰恰相反,后者只在前者之中而且通过它才有其可能的。

这种论证当然代表一种有价值的真理。只有它才和康德许多较为成熟的学说相协调[437];但我们绝不能因而做出结论说,这也是感性论的学说。《批判》一书包含着太多各种各样的倾向、太丰富的问题复杂性,不能有这样的简单化。如果这样严格地来把它的阐述和思想极其繁茂的次要倾向都加以修剪,结果是得不偿失的。尤其是这种步骤,含有注释家担负其不可能担负的责任的意思,那就是去决定在康德的思想中什么是本质的而有价值的,什么是与题无关的。康德哲学的价值与其暗示能力,多半是在于他诚恳地估计到种种互相冲突的倾向,坚决企图以可能最少的牺性来把它们归于统一。但是无论如何,逻辑式的解释是曲解了这个特殊的论证的。康德在这里不是要分辨一般的空间和空间的特别限制。他是主张空间不能在感觉中显示的。不但是任何有限的空间之认识是以整个空间之表象为其先决条件,部分空间和无限空间都是有其心理的来源;感觉之为感觉是无空间的,是纯粹主观的。最后,事实上康德要说的,是空间不但是逻辑上先行假定而且是主观上产生的,这是充分地为他在感性论其他地方常用下面一些短语所证实,例如"感受性的主观条件","现成存在心里边"和"[作为主体的接受性的形式]必然地先于一切对象直觉"。

第二论证。——康德用第一论证证明了空间表象不是有经验的来源之后,在第二论证中就进而建立这积极的结论,说它是先验的[438]。其证明在它之一切假定都明白说出时,是如下所说的。主题:空间是一种必然的表象,因之它是先验的。证明:吾人固能思维空间为空无对象,然绝不能想象空间之不存在[上引蓝中译本第50页两句]心灵所不可能没有的一种表象乃是一种必然的表象。但必然性是先验的两种标准之一。所以,空间必然性的证明,也就是它的是先验的之证明。

这论证更自由一点来叙述就是说,从外界经验给与的是可以在思想上取消的,而空间既然不能这样取消掉,它必是根据于我们主观的组织的,就是说,必是心理学上先验的。照康德所说,这论证把重点放在空间的先验性上,而不是在它的主观性上。但是所说的先验性仍然是心理学性质而不是逻辑的性质的,因为所用的标准不是不可能有别的想法,而是我们不能把这特别的因素之不存在表象出来。整个论证所用为基础的不过是这顽强的事实(康德所肯定的),即我们不能思维,除非是用空间的话语。

然而这论证由于得出进一步的后果又复杂起来了,这后果是作为其主要结论之系论而得出的。从它的主观必然性就得出空间的客观必然性。空间既然是先验必然的,对象之被认识只能是在它里面而且是通过它的。因之它不是依靠所认识的对象,而它本身是在表现的基础上作为它的可能性之条件的。这条系论很是类似空间第一论证,而只在其方向上有所不同。第一论证的目的是心理学的。它主张空间表象先于外界经验,以因果关系制约着它,而系论的目标是更为客观的。它的结论乃是,空间是这样产生出来的外界经验之一种必需成分。一个,证明空间是一种必然的主观前项;其他一个,证明它是一种必然的客观成分[439]。

现在详细来考虑这证明。康德用来叙述论证的关键的原来几个字,乃是我们绝不能把空间表现为(eine vorstellung davon machen——意即做出它的一个表象)不存在,虽然我们很能够想到(denken)它是空无一物的。德文 Vorstellung(今译“表象”)和 denken(今译“想到”)这两词是模糊而易生误解的。康德自己承认,可以想象有存在者,是能不在空间上而用其他方式来直觉对象的。所以他的意思不能是说,我们不能想或想象空间之为非存在的。他必定是要说,我们不能在想象中直觉到它之不存在。空间是一切我们的直觉之必然形式,所以也就是想象的必然形式,而想象是直觉性的。我们的意识是依靠所与的直觉以得其整个内容,而在那限度内,空间是心灵绝不可能缺少的一种形式。纯粹思想使它能体会这种事实上的限制,可是不能脱离掉它。即在承认可能有别的存在者不是这样构造的同时,心灵还是承认它自己不可避免的限制。

康德说过,空间可以在影像上被直觉为空洞而毫无感性的内容的,但并未做出什么证明;而事实上这说法是虚伪的。无疑 Vorstellung(表象)这模糊的名词之使用,要负康德的错误立场大部分的责任。只要想象和思想没有清楚地辨别开来,这说法是相应不明确的。纯粹空间是有其被想象之可能,但它也能被想象为完全不存在的。而且如果问题只是关于我们的想象能力，则所说的事实必须断然予以否认的。一切感性的内容都消失之后，空间本身就终止其为一种可能的影像了。所以康德的证明是以事实的虚伪陈述为其基础的。

康德的证明受到批评还有第二方面，他把空间之不可能想象为不存在作为它从内面起源的证明。这论证之为有效，必须是没有其他心理学上对这必然性的解释，而它的解释，例如可说它是由于不可分解的联系，或者由于它是所与的感觉不变的因素。康德忽略这些可能性，乃是由于他毫无疑问地相信感觉是非空间的，是纯粹质的。那是一种假定，其真实性是这论证的说服力所必需的。

第三论证。——这论证是第二版删去的，我们留到与先验阐明联系在一起来考虑，因它是合并到那先验阐明里去的。

第四(即第二版的第三)论证。——以下两种论证是企图说明空间不是论证性的概念或一般的概念，而是一种直觉。第一种证明分为两部分。(a)我们只能表象一个单个空间。因为我们虽是谈到许多空间，但我们的意思是指同一单个空间的各部分。所以空间必定是一种直觉。因为只有直觉是这样直接和一个单个个体有关系。概念总是间接地，通过共相(拉丁文 per notas communes)联到多数的个体的。(b)空间的各部分不能先于唯一的无所不包的空间。这些部分只能在那整个空间之中而且通过它才能被思维的。它们是通过它之限制而发生的。而组成概念的部分(即属性)思想上是在概念之先。通过这些部分的结合而形成概念。所以空间不能是一种概念。因之，唯一剩下来的选择就必须说它是直觉。只有在直觉中整体先于其部分。在概念中部分总是先于整体。直觉代表统一的多数，概念代表多数的统一。

这论证的第一部分是谈空间表象的延扩，其第二部分谈深度。在两方面它都是表现为直觉性的[440]。

康德在重复他的主题作为上述之根据所得出的结论时，把读者弄糊涂了,因为他加上一点说,这直觉必然是非经验的而是先验的,但所加上的不是严格和论证有关的。这不过是在上面各证明中所成立的摘要而已。它不是像初看起来那样,成为正在考虑的论证所成立的结论之一部分。读者更易于走弯路,因为事实上空间的非经验性和它的先验性之很明显的论证,都可以证明(b)而得出的,空间之不是经验的,是从这事实推论出来,即作为整体的空间之表象是它的任何部分之表象所必需的。经验的直觉只能产生有限的空间之认识,它被包含在里面的无所不容的空间之认识,所以就必须是非经验的。

"我们既然不但直觉地认识(德文 anschauend erkennen)刺激我们感官的对象之空间,而且认识整个空间,空间就不能发生于感官的现实刺激,而在时间上必先于它(德文 vor ihr vorbergehen)。"[441]

但是虽然这论证是这么有力,它却在《批判》一书里没有用过。

同样地,既然特殊的空间只能在整体的空间里面,而且通过它才能被想象,而又既然前者乃是这唯一的先行空间的限制,是则在一切外界知觉的基础上的这直觉,必然是先验的。本质上这是空间第二论证更有力而更能说服人的公式形成之方式。但是又一次而且很奇怪地,康德绝没有在什么地方在这形式上使用过它。

结尾一句,很糊涂地以德文 so werden auch(英文译为"in the same manner",蓝译为"准此以推")这几个字开始,是附加在上面论证去的。以《论文》[442]之第 15 节 C 和与之相应的时间第四[443]论证[444]为借鉴来看,可以把它作为另一证明,说空间是一种直觉。线与三角形这两概念,无论如何注意去想它们,绝不能显示出任何一个三角形两边之和大于其第三边这一条命题,只有先验的直觉才会说明这样的必然性知识。可见这结尾一句实则属于先验阐明的。既然如此,就应该像第三论证那样,从第二版删去。

康德的证明奠基于这假定,即只有两种表象,直觉与概念,而又在同等程度上奠基于另一假定，即一切概念都属于同一个类型[445]。依康德讲，直觉乃是一个个体之认识。概念总是类的表象，直觉是直接和个体有关系的，概念是反思的，或者说是论证的；它是通过多数对象共同的标志之表象而间接把握住那些多数对象的[446]。既已把直觉和概念在这方式上下了定义之后，空间是单一的或者说是个体的之证明和在它里面整体先于其部分之证明，也就是证明了它是一种直觉而不是一种概念，这是毫无争论的余地的了。可是，由于划归概念的领域之狭窄，直觉所占的范围就按比例广阔，而所得的结论就不似突然看起来那样明确和那样重要。单独来看，它不过是说，空间不是一种类概念，而这是没有人诘难的。诚然，空间某些独绝的特证是附带地作了有力的例证；但绝不能竟然得出所包含的结论说，由于这些特证，空间就必须属于接受性而不属于悟性。比方，它未证明空间与时间根本上和范畴不同，即和悟性的关系形式不同。

在1770年，康德还主张思想的纯粹形式之形而上学的有效性时，由于把独立实在归之于空间与时间所产生的许多困难，无疑是有充分理由来把空间与时间看为主观的而且感性的。但是既采取了批判的观点，这种论证就再不是有效的了。如果我们一切的思想形式都可能是主观的，二律背反的存在，对于空间与时间有无一种不同的结构和心理的来源以别于范畴这问题，就没有实在的关系了。那就是说，诸二律背反或者是可能足以证明空间与时间是主观的；它们一定不能成立空间与时间的感性性格。

但是，虽然坚持在理智和感性之间那陈旧的非批判的对立，是能够部分地说明康德何以那么容易把像实体和属性那类范畴和对象所禀受的视觉上与触觉上的延扩性之间的明显差别看为根本的，而很难把这看为真正决定性的影响，那决定性的影响像要追溯到康德深信数学知识在其成效的丰富与其性质之确定都是独绝的，而更要追溯到他相信这是由于它作为基础的先验形式的内容性格然后有这之不同的。因为虽然自然科学各部门的范畴也同样是先验的,但它们完全是关系的[447],而只能用来组织经验所与的材料。为要说明数学知识的优越性,康德因之就不得不看空间与时间不只是用以解释感官质料的形式,而且本身就是被直觉的对象,所以也就具有完全不同于任何可以归之于纯粹悟性的一种性格。感性的形式与悟性的范畴,两者之间的对立,按康德看那对立的严格方式,是这样和康德关于空间与时间之不只是直觉的两种形式,而且又是在其纯粹性与独立性上本身就是直觉这种学说不可分割地结合在一起的。康德像是要坚持着说,纯粹数学甚至它的题材在其性质上都是先验的。如果这后一见解成问题的话——而对于现代的读者这诚然是一个绊脚石——感性论的许多学说都得要予以修正或者至少重述的。

第五(第二版的第四)论证。——这论证在《批判》一书两版中的说法是大大不同的,虽然在两版中其目的也是要证明空间是一种直觉,而不是一种一般的概念,在第一版中,是谈到空间乃是作为一个无限的量被给与这一事实而证明的。如果把空间看作一种概念,就不能说明我们空间表象的这一个特征,空间的一个一般概念要从一切诸空间共同的属性与关系抽象出来,一尺和一埃尔所共同的,那么它绝无可能来确定关于量的东西。因为诸空间在量上是不同的,拿什么量都不能作为共同的质。然而空间所与是有确定的量的,即其量是无限的;如果空间诸关系的共同概念不能决定量,它更不能决定无限的量。这种无限必须要从直觉进展中的无限度性获得。我们无限量的观念表象,必然是派生的产物,从直觉的来源得来的。

在第二版中的这个论证里,主题又是提到空间的无限性而以之成立的。但是在一切其他方面,这论证是不同于第一版的论证的。从多数特殊抽出其共同性质的一般概念,在它之下包含有无数可能不同的表象;但不能认为是在它里面包含有无数表象。然而空间必须以后一方式来思维,因它是包含着无数并存的部分的[448]。所以空间既不能是一种概念,它必然是一种直觉。

这结论的明确性又有点弄模糊了，因他又把空间的直觉性格描写为先验的，而且说属于这种直觉性质的是原始的（德文 ursprüngliche）表象。这第一个增加在这里又须像第四论证一样，看为只是已经成立了的摘要，并非现在论证的结论。加入“原始的”这词，好像是康德对于曾提出说他在第一版中承认有空间的直觉而又有空间的概念这种反对意见之一部分的答复。使这种反思的概念有其可能的乃是这原始所与的直觉。

这些证明的主要困难，是从它们好像包含有空间所与现实上是无限的这种说法而发生的。在这点上，康德表面上像有两种见解，一直保留到最后，而且和他的两种空间表象紧密地联系着的，一方面空间是作为一种形式的直觉所与，纯粹的而且完备的；而另一方面作为直觉的形式，只在其被构成时才存在，而依靠所与的质料才有其内容的。

第三论证和空间的先验阐明。——《批判》第二版加入的[449]形而上学阐明与先验阐明之分，是康德在写《导论》一书的过程中，像是第一次才替自己弄清楚的[450]。这是一种真正的改善，标志出一种重要的区别。它把比较上独立的论证两条路线分开。但是用来说明这区别的话语是不适当的。康德何以采用这形而上学的名目，其理由见于《导论》一书[451]：

“关于形而上学认识的本源，它的概念就已含有这些本源不能是经验的意思……因为它必然不是物理学的而是形而上学的知识，即经验范围以外的知识……所以它是来自纯粹悟性和纯粹理性的先验知识。”

所以看来形而上学阐明之有这名目，是因为它宣称是证明空间是先验的，不是经验的，而且是用其概念之分析来证明这个的[452]。然而根据康德自己关于先验这词的定义，作为先验东西的理论来讲，这阐明也同样可称为先验的阐明。无论如何，它是先验感性论的最重要而又是主要的部分，先验感性论这样划分为形而上学的阐明与先验的阐明两部分含有同一名词两重用法，广泛些的和狭隘些的。只有在描述整个感性论时才在其明确的意义上，使用先验这名词。

阐明(德文 Erörterung，拉丁文 expositio)是康德用来代替定义这更通常的名词的词语。我们所自然而然希望看见的，是定义这名词；但是由于康德主张没有什么所与的概念，无论是先验的或是经验的，是能在其严格意义上替它立定其定义的[453]，所以他就代以阐明这名词，指的是对于我们有其可能的那种关于空间的本质之定义。康德把先验的研究也说成是阐明，这就使对称法完备了。但是在任何意义上，这不是定义。康德这个名词在这里，如常常在别处一样，是使用在或多或少的武断的和极端不准确的方式上的。

按康德的理解，这两种阐明的区别如下：形而上学的阐明确定空间概念的性质，而且说明它是一种所与的先验直觉。先验阐明说明空间这样来看，是如何使综合先验知识之可能性为人所能理解的。

第二版删去空间的第三论证而把它合并在新的先验的阐明里面，的确是一种改进。它在第一版中的地位，打断了康德的论证而没有帮助空间概念更作好其定义，再则把重点放在数学知识依靠概念的构成上[454]，康德假定空间是直觉性的；而那是还没有成立的。

这论证是遵循严格的、精确的、综合方法的。康德从已经证明的空间之先验性格推论出一切几何原理的必然确定性。但是虽然这一段是阐明空间先验性格所推出的一种后果，而不是什么论证来支持它的，可是也包含了论证的性质的东西。唯有空间表象这种见解才能使数学科学有其可能就可算作证实了它的性质之解释。这样的论证，虽是循环的，但不失其为能说服人的。康德还说，如果空间只是在经验的方式上为人知道的话，我们就不能确知在一切情况下，两点之间只可能有一条直线，或者空间总是发现有三个次元。这点的考虑须留待下文[455]。

在新的先验阐明里，康德采用《导论》的分析方法，因而是独立于已经成立的结果而提出他的论证的。他的出发点是假定几何作为综合先验知识的一种体系之已被承认的有效性。但这，正如我们已经看到，并不使其论证无效；在第一段和最后一段里，都包含有空间的先验的和直觉的特征已被证明的意思。康德从几何命题的综合性格论证[456]空间必然是一种直觉。通过纯粹的概念没有综合的知识是有其可能的。那么从几何的必然性格，他推论说空间在我们思想中是作为纯粹的而且先验的而存在的[457]；没有经验是能显示必然性的。但是几何又作为一门应用科学而存在；而要说明我们预测经验的能力，我们就必须把空间看为只存在于知觉的主体作为其感性的形式。如果它作为对象之被认识的必要的主观条件而先于对象，我们在那限度内，就预先确定对象存在的诸条件。

在结尾一段，康德说这是唯一可能解释几何可能性的方法。他并不把纯粹几何和应用几何分辨开来，虽然他给每一种的证明在基本方面是不同的。纯粹几何只预先假定空间是一种先验的直觉；应用几何要求把空间想为外感觉的先验形式，只有提到应用几何时，批判问题才发生的：即我们如何能先验地形成综合判断而是对于对象有效的；换言之，根据一种主观形式的判断，如何能是客观有效的，但是在这时候，任何想要明确应用几何的性质与其可能性的企图，都有待于结论b才能得出的结果[458]。因之，虽然以这先验阐明来代替空间第三论证分明是一种改进，但康德把它扩充到包括应用几何如同包括纯粹几何一样的时候，就忽略了这论证在第一版的实在后果。分析方法的使用，像它那样中断了康德原来的论证之综合性发展，又是一种不规则的现象[459]。

可以看到，在第三段里，康德把几何可应用于对象这事实作为空间主观性的证明[460]。他不肯承认这事实，即空间作为感受性的形式可能是主观的,而又可以是物自身存在的一种方式。这点在其结论上,虽不在其论证上,因之就是结论a的预期。在最后一段里,康德大概是指莱布尼茨和贝克莱两人的见解说的。

自以上概念所得之结论[461]

结论a。——论题:空间不是物自身的属性[462],亦不是物自身的相互关系。证明:物自身的属性永不能在它们存在之先,即先验地被直觉的,而如上所证明,空间却是这样被直觉的。换言之,空间的先验性本身就是它的主观性之证明。

这论证曾是特仁德伦堡和古诺·菲莎两人长期争论的题目[463]。特仁德伦堡是能证明其主要论点的,即上述论证是十分不确定的。康德只承认两种选择,要就是空间作为客观的而在经验之后被知道的,要就是一种先验的表象,其根源是主观的。还有第三种选择,就是,虽然我们关于空间的直觉在根源上是主观的,但空间本身是物自身的固有属性,启蒙运动理性论的哲学之中心论题诚然是说,独立实在能以先验思维来知道。纵然同意了康德第一次才在下一段所做出的后一结论,说空间是一切外直觉的主观形式,那只能证明它不属于表现,先于我们对它们的认识;但是在那里没有证明什么是关于物自身的性格的。所以,纵然空间是先验的,还可以属于独立实在的,上面的论证不能证明所与的论题。

花亨格尔力争说[464],康德何以甚至不企图有所论证以支持这原理,即先验的必然是纯粹主观的这原理,其理由是他承认这原理是自明的。然而这解释,好像不能令人满意的。但花亨格尔提供了他自己说法的修改之材料。看来,二律背反的存在,乃是开头而且主要使康德肯定空间和时间之主观性的东西[465]。因为他在那时候既然相信二律背反的满意解决只能根据空间与时间的主观性之假定,他就把它们的主观性看为已经成立而无争论余地的,于是就没有充分仔细地研究他从它们的先验性所增加的证明之有效性。后来[466]在他答复第一版的批评时，他修正他的立场到那种地步，至于提出理由来支持上述的一般原理，而依然没有在什么地方讨论这原理时是涉及感性的形式的，这一事实就证实我们所说的了，他所讨论的一切都只关于思维形式的可能有之独立实用[467]。自始至终，康德像是把上述论证看为空间主观性的一种独立的，靠它自己就是足够的证明。

客尔德所提出[468]的对特仁德伦堡的论证之反驳是无结论的。客尔德假定了争论的主要论点，第一，是依靠无视空间可能关于表现是先验被知而同时还是先验实在的这可能性；而第二，无视这事实，即否认物自身之能有空间属性；那是大大地违反了批判原理，无异肯定这些属性。然而在客尔德对特仁德伦堡的答复中有一点是必须特别考虑的。客尔德坚持康德的确曾考虑到上述第三种选择而摈弃了它，因它包含有前定和谐那种“荒谬”的假说[469]。康德无疑是曾这样做过。但这种争执无关于我们面前的论点，前定和谐这学说是一种形而上学理论，预先假定了有获得物自身的知识之可能的，仅仅因为那理由，康德就不得不摈弃它。形而上学判断的有效性之形而上学证明，从批判观点看，是自语相违的。一切思辨的有效性都成问题，是则思辨性的证明不能应付我们的困难的。而且，正如康德自己进一步指出，前定和谐纵使被承认了，不能解决批判的问题，即先验判断如何能对于独立实在做出。前定和谐所保证的判断只能具有事实上的有效性；我们永不能确知它们的必然性[470]。主要是在这两种不可能里，康德找着前定和谐理论之“荒谬性”。所以那理论的反驳不足为我们这里考虑的可能性之反证。

结论b。——下一段主张两个论题：(a)空间是一切外直觉的形式；(b)这事实说明了否则完全不可说明似非实是的东西，即我们能做出先验的判断而它对于所经验的对象是适用的。其第一个论题，即空间的纯粹直觉只可想象为外感觉表现的形式，在开始一句便提出而没有什么论证，而且甚至没有举出什么根据。这样突然做出的说法，除论空间那节开始几句话之外[471]，事前并没有什么准备，本质上它是一种新的学说。以前康德一向只是谈到空间作为先验的直觉。进一步说空间之是这样，就必须把它想象为外感觉的形式（即不但是形式的直觉而且也是直觉的形式），那就得要有极其明确而显著的证明。然而一点都没有。其实它是康德在一般导言中很简短地举出几个论点的结论，即从他的感性之质料与形式的区别做出的结论。在那里所说的，是有些随便的样子说的，而在这里对读者丝毫没有什么预告，就用来作上述说法所根据的前提。所以他的论题，并不像它表面上所宣称那样，是从前面的阐明所已经成立的论点推论出来的。它是从导言中考虑过的一些论点来解释这些结论的；而从那就获得空间先验直觉的性质之一种新的而且极其重要的解释。

第二个论题是用第一个论题来说明如何在一切经验之先我们可以确定对象的种种关系。既然(a)空间只是外感觉的形式，而(b)因而先于一切经验的直觉而存在，则一切表现必然在空间存在，而我们就能够从先验给与我们的空间的纯粹直觉前断定它们。空间之这样看为外感觉的先验形式就使应用数学的有效性能为人所理解。

如我们已经看到[472]，康德在第二版中，在其新的先验阐明里提出不但纯粹几何而且应用几何的辩解，就把他的论证的后果弄模糊了。这样做的时候，他事先说出了在他后面一段才第一次做出的结论。如果康德有两种相区别的先验阐明，就可能避免这点。他应该先有纯粹数学的阐明，直接放在形而上学阐明之后；因为纯粹数学是完全根据形而上学阐明的结果的。然后再有应用数学的阐明，放在结论b之后，其实应用几何的解释是两种阐明之更为重要而中心的，因为只有它包含有真正的批判问题，先验地形成的判断如何仍然可适用于对象。结论b，正如花亨格尔正确地坚持[473]，构成感性论的中心。康德的论证的安排把读者的注意力从它应该集中的地方转了方向。

康德之使用《导论》在其叙述新先验阐明之中，乃是这混乱的一种原因。这阐明是与之相适应的《导论》之几节[474]的一种简短梗概。在把这梗概加入《批判》一书里的时候，康德看漏掉了这事实，即提到应用数学时，他事先就把结论b才第一次成立的一个论点说出了。然而困难的真正原因是两版所共同的，即康德不能清楚地体会到，空间是一种先验直觉的见解和空间是一切外直觉的先验形式即外感觉的先验形式的见解，两种见解之间的基本区别。他不像是充分体会到这两种见解是很不相同的，其结果就是他不能区分纯粹几何和应用几何两种先验阐明[475]。

第三段。——康德进而发展从a与b所得出的主观论者结论。

“空间包括一切对吾人表现为外物之事物，但非一切物自身——不问此等事物为何种主观所直观，或此等事物是否为其所直观。”[476]

这句话作了两种断言：(a)空间不属于物自身和物之依靠自己；(b)空间不是任何一切主体的直觉形式。

前一断言的根据不在这里考虑，而那无疑是原德文的 oder vioht(或不)这两个字，在康德自用的《批判》本中被删去的理由。正如我们已看到，康德在感性论中没有在什么地方甚至试图提出论证来支持这一断言，为着作(a)的辩护，康德第一次提出感受性作为一种限制的见解。空间是人类直觉所受的一种限制条件。其他思维的主体是否受同样的限制，我们无从决定。康德所含的意思乃是，对一切人类，这些条件都是普遍有效的[477]。

在“空间之先验的观念性”这短语[478]中，康德，如可以指出，把观念性这词作为指主观性而言，把先验的这词作为是超越的同义词。他所说的是，从超越的观点来判断，即从物自身的观点来判断，空间只有主观的或

“经验的”实在性，这是康德不小心使用先验的这词之一例。空间在经验上是实在的，但是作超越的理解，它只是观念的[479]。

康德对于现代几何问题的态度

这是用以考虑康德的学说是否和现代几何的发展相一致的适当的地方。康德的态度是常常为人所歪曲的，正如他在这里所说，他是愿意承认别的有限存在者所具有的直觉形式可能是和人类的不相符合的，但在他这样说的时候，他的意思并不是断言有其他的空间形式，即非欧几里得式的空间之可能。在其前批判时期，康德诚然曾试图推论出空间的三次元性格作为万有引力律的后果，既然认识到那条自然律本身是武断的，他就做出结论说，上帝如果建成引力的不同关系，就会使之有不同属性与次元的种种空间。

“关于空间的这一切可能种类的科学，无疑是会成为有限的悟性在几何范围里所能承担的最高事业。”[480]

但是自从1770年，康德采用了空间作为我们外感觉的普遍形式这种见解之后，他就像是决定地摈弃了一切这样的可能性。空间要成为空间就必然是欧几里得式的；空间的一律性是几何学的先验的确定性之预先假定[481]。他在《论文》中[482]对于数学的经验论的见解所作的批评之一，就是这种见解替这种可能性留有余地，认为“将来可能发现一种具有其他不同的基本属性的空间，甚至我们可能碰见两边的直线形”。这就是在《批判》一书第一版空间第三论证中重现的论证[483]。所用的例子也是一样，但措辞有点不同。

“两点之间仅能有一直线之命题，殆非必然而仅为经验所常教示吾人者矣。凡自经验引来者，仅有比较的普遍性，即由归纳得来者。于是吾人仅能谓限于迄今观察所得，尚未见有具有三向量以上之空间耳。”（这引文用蓝译，见该译本第51页，其译为“向量”，今译“次元”。）

但是康德不能认识其他空间之为可能，其本身并不显示他的立场有什么严重的缺点。并没有本质上的困难，使这种空间的认识和他的基本学说调和起来。他是承认别的有限存在者可能通过非空间的感性形式而直觉的；他很可能承认那些直觉的其他形式，虽不是欧几里得式的，但仍然是空间的。康德学说易受批评的是在另一方面而是更重要的一方面。康德信服，空间在直觉中给与我们，是作为在其性格上明确而不可变易地属于欧几里得式的。他所含的意思乃是，在我们反思空间时，我们的直觉和我们的思维，都束缚于欧几里得式空间的条件而为之限制。他之和现代几何的学说发生冲突是在于这种正面的假定而不只在于他忽略了其他空间的可能。因为在做出上述的假定时，康德是肯定我们判然地知道物理学的空间是三次元的，而且凭任何概念的推敲，我们也不能在思想上把空间改造过来，使平行线的公理失去其效力的。康德所含的意思乃是，欧几里得式的空间是给与我们的，其顽强的形式是不折不挠把抗拒一切在思想上改造它之企图的。既然是独立于思想而又被给与为完备无缺的，它就没有未完成期的可塑性为思想所能利用的。但是现代几何学家不愿意承认直觉性的空间，离开通过它们而把握它的诸概念，是有任何性质上的明确性和准确性的；所以他是承认，至少作为有其可能，在我们的概念得到澄清时，空间可能发现和它初看时所表现的根本不同。无论如何，概念的愈趋完善一定对它们的对象有些影响的。但是——如现代几何学家进一步所主张——纵然在分析和经验的探求后，我们的空间明确地被证明在其性格上是欧几里得式的，其他的诸可能性仍然是有思辩思维的余地的。因为虽然我们直觉的所与，使我们不得不通过一套的概念而不是通过另一套的概念，来解释这些所与，而还有待选择的互相竞争的各套概念，在现实所体现的之外，尚代表着一些真正的可能性。

这样，康德关于空间的学说，从几何学后来的学说来判断它，其缺点是和他之不能维持地把感性的先验的东西从悟性的先验的东西孤立开来这另一缺点紧密地结合在一起的[484]。空间这样被看为独立于思想，而还得要认为它以它开始呈现时之不可改变的性质限制着和束缚着思想。可惜的，这是康德继续主张的一种立场，虽然他逐渐更加认识到概念在数学的各部门科学里所起的必然作用。在第一版的演绎里，我们发现他说认识的综合是一切空间与时间的表象所必需的[485]。他还承认一切算术过程都是按照概念的综合[486]，而且在《导论》一书中[487]，又有下面有意思的一段：

“是这些自然律存在空间里面，而悟性只靠努力于发现存在于空间的有效果的意义而知道它们；还是它们原来已在悟性里面并且原来已在悟性按照其一切概念所指向的综合性统一的种种条件决定空间的方式里面呢？空间是这么始终如一的东西，其一切特殊的属性又是这么不确定，我们的确不应该在它里面去寻找许多自然律。决定空间于圆的形式或决定空间于圆锥或圆球的形状的东西反而是悟性，因为它才包含有这些结构的统一之根据，所以称为空间的直觉，仅只它的普遍形式就必定是一切决定于特殊对象的直觉之基体，而在这里面则当然存有这些直觉的可能性与其种类的条件。但是对象的统一只是决定于悟性，而当然是按照适合于悟性的性质的种种条件的……”

显然，康德是为他自己的思维的自发发展所驱使，向着和现在的学说相一致的立场迈进，和他在《论文》中公式形成而保留在感性论里的那种感性和悟性的割裂完全相矛盾的。在上面所引的《导论》一段里，是让空间还有其可塑性，足够来容许它在它所用来表达自己的概念过程中有其主要的改变。但是，如我刚才所说，那不能使康德否认他从以前的学说所曾得出的结论。

康德在感性论中阐述的空间理论的这种缺点，还在他的论证里，表现出另一种缺点，他肯定空间的形式不能因人而异的，因之表达它的判断是普遍有效的。不错，康德既然认为开始的所与乃是时间的意识[488]，他就完全有其理由来假定，凡能证明是这意识的一种必需条件，必然是对于任何人的心都是一样的。但是因为他的论证不是说，欧几里得式的空间之意识是时间意识所必需的，而只有空间中永恒的意识才是必需的条件，他就没有证明人类心灵在其直觉空间的特别方式这方面有其必然的一律性。永恒的仍旧被认识为永恒的，因之就提供次序的意识以其可能的根据，纵使它是在一种四次元的形式上被认识的。

第四段。——下一段提出《批判》的中心问题之一，即关于表现所具有的实在性之性质问题。表现是否主观的，像味道和颜色那样的呢？或者它至少有一种实在性比较独立于个别的知觉者的？换言之，康德的立场是主观论还是现象论？在这点上康德是徘徊于这两种立场之间的。这第四段是为其现象论所渲染的，而在紧接着的第五段中，他的主观论是占上风的。在那里他说，酒味是纯粹主观的，以对酒起作用的味觉感官的特殊结构为转移的。同样地，颜色也不是引起颜色的对象的属性。

"颜色仅为光在某种状态中所激动之视觉变状……其与现象相联结者，仅为感官之特殊性质所偶然附加于其上之结果。"[489]

空间则反是，它是外界对象的必要成分。和味与色的主观感觉对立，它具有客观性，这样把空间和感性的质料分别开来的方式，其含有的意思是说，延扩性的对象不仅只是观念，而是足够独立使之能作用于感官从而产生第二性的性质之感觉。

必须注意，康德只提到味与色。关于重、不可入性，等等，他没有说什么，这一些是通过感觉而显示的，所以按他的见解应该是和味与色处在完全同样的地位的。果然如此，则延扩性的对象之相对独立性就很难维持了。其实，康德的空间和感性性质的区别，不能符合于笛卡儿的第一性和第二性的性质的区别的。

依康德的观点看来，空间和感性性质的第二种差异就是前者能先验表现，完全脱离任何经验的东西，而后者只能后验地被知道。这点，如我们曾见到，是很成问题的说法。其进一步肯定说，一切空间的确定都可以同样先验的样子来表现就更加成问题了。其差异最多只是外感觉所产生的同一类型的主观形式，而特别的感官显示出无穷的各种各样，因之不可预测的内容而已。

第五段。——在下一段，康德强调指出表现这名词经验的意义和先验的意义两者之间的区别。一朵玫瑰花，作为经验的看，是有其固有的独立性质，对于不同的观察者可能表现不同的颜色的。

"反之，空间中现象之先验的概念，乃批判地使人警觉凡空间中所直观者绝非物自身，空间非属于物自身为其内容的性质之一类方式……凡吾人所称为外的对象，只为吾人之感性表象，而空间即此感性表象之方式。"(这引文依蓝译，见该译本第54页。)

换言之，在前一段所做出颜色作为一种主观的结果和空间作为客观存在之间的区别，不再维持下去了。当康德这样在主观论路线上发展他的立场时，就不容许什么东西在所知的世界里有其任何独立存在的。所知的对象只是理念而已(德文 blosse Vorstellungen unserer Sinnlichkeit)，它的唯一相对物是不可知的物自身。但是甚至在这一段里，两种倾向都有其表达。"色、味等必不能看为物的属性，而只是主体的变动。"这就含有三重区别：主观的感觉，空间中的经验对象和物自身。科学所研究的物质世界是被承认为具有相对独立的存在的。

第二版代第四段。——在准备第二版时，康德自己显然感觉到两种很不相同的观点生硬地并列在一起，是麻烦的；于是他就采取一种两可的态度，以逻辑的区别来代替本体的区别。空间产生先验的综合判断；感性性质则不然，只在结尾的一句话里冒出明确的现象论的含义。感性性质"既然只是感觉而不是直觉，本身不显示对象，更不显示先验

[对象]”[490]。第二性的性质没有观念性这肯定,含有观念的这词,一种新的并且比第一版任何地方所发现更严格的一个用法——这用法是和康德自己经常使用这词的方法背道而驰的,这样来解释,它是用来指虽是主观的、但还是先验的东西。这里,像在第二版中许多的修改里一样,康德是为其要强调指出他的观念论不同于贝克莱的观念论的各点这种欲望所影响的。

第二节 时 间

时间概念之形而上学的阐明

时间:第一论证。——这论证在一切方面都是和空间的第一论证一样的。其论题是,时间的表象[491]的来源不是经验的。其证明是根据这事实,即表象必须在前的所与,然后才有并存或先后的知觉之可能。它和《论文》中的第一论证也是完全符合的。

“时间的理念不发生于感觉,而是感觉所预先假定的。当一些东西对感官起作用时,只有靠时间的理念才能把它们表象为同时的或先后的。先后的次序也不能产生时间的概念,而是激动我们来形成它的。可见时间的观念纵然是通过经验而获得,把它下定义为一系列一个存在于另一个之后的现实的东西是很不好的。因为只有我已经知道了时间是什么意思,才能了解之后这词所指的是什么。因为在不同时间存在的东西才是一个在另一个之后,像存在于同一时间的东西是同时的一样。”[492]

第二论证。——康德又是把他处理空间时所已经用的论证用之于时间。其论题乃是,时间是先验的所与。证明是在于它不能被想为没有这事实,即它的主观必然性的事实。凡论到表现,从这主观的必然性就得出它的客观必然性。在第二版中,康德加上了“作为它们可能性的一般条件”这短语,而这短语是严重地叫人误会的。因而就使结尾一句读起来,好像康德是从时间的客观必然性，即从它在所认识的表现中作为一种组成部分的必然性，论证到它的先验性。诚然康德自己可能把时间的客观必然性看为对它的先验性之证明有所贡献；但是这种论证是没有人接受的。一经表现被承认了之后，时间可能是表现所必然的，然而这并不证明它因而就必然先验地在表现之先。第二版这个修改是康德阐述思想的不可克服的不小心之很好的、但很不幸的一个例子。它对于海尔白特等人误解了这论证和与之相应的空间论证是有其影响的。

"让我们不要谈什么绝对空间作为我们的一切构成的几何形之预先假定。可能性不过是思想，只有在它被思想的时候，它才发生的。空间不过是可能性，因它只包含存在者的影像；而绝对空间不过是这种构成抽象的一般可能性，在构成之后从它抽象出来的，空间表象的必然性绝不应在哲学中起过什么作用的。在思想中想成为没有，就是把从前曾肯定为现实的东西之可能性想成为没有。那显然是不可能的，而其反面是必然的。"[493]

如果康德在这里和在空间第二论证里，真正只从时间与空间的客观必然性来论证的话，这批评会是无法答复的。但是，纵然拿论证在其第一版的形式来看，作为从时间的心理学上的必然性出发的论证，它是会遭到空间论证的同样反对的。它是以事实的歪曲叙述为其基础的。没有内外感觉的一切表现，我们不能仍然还有时间的。所与的杂多去掉之时，时间本身必然消逝的。

第四论证[494]。——这论证不同于关于空间的第四论证[495]的地方是很少而且主要是由于省略的[496]；但有几个次要的点是要加以注意的。(a)在第一句里，康德使用"直觉的纯粹形式"这短语来代替直觉，而唯有直觉之与概念对比才是所考虑的。(b)在第三句里，康德用上"由单一之对象所授与"这很站不住脚的短语。时间不是外界所与的，也不是由于对象的。(c)结尾几句应该属于先验阐明的。这几句放在这里，不是像空间第四[497]论证那样含糊，而明显地作为进一步的论证来证明时间的直觉性格。康德所举的综合命题，既不是从运动的科学而来，也不是从算术而来。它是表达时间的性质，因之就直接包含在时间的直觉里面。

第五论证。——这论证根本和与之相应的空间论证不同，第一版和第二版都是一样，所以就必须加以单独的分析。其论题又是时间是一种直觉。其证明是从事实得来的，即时间是一种表象，而在这表象里，部分只由限制而发生，所以整体必然在部分之先。原始的（德文ursprüngliche）时间表象，即通过它的限制而有其部分发生作为第二性产物的基本表象，必然是一种直觉。

在这论证之上，康德附加了两种解释。(a)特殊的各时间既然是发生于单一时间的限制，时间之在其原本的直觉上必定作为无限，即没有限制地给与出来的。所以时间的无限性，不是像它所处的显著地位或所能有的含义那样，也不是和第一、第二两版最后的论证类比而得的结论那样，成为它是一种直觉的证明之一部分，而是用以单独证明它的直觉性格之特征的仅只一种后果。不留神的读者，心中有着与之相应的空间论证，几乎是不可避免地为其引错了路的。仅以这论证来讲，很可以把提到无限的地方都省略掉的。这论证开始的姿态，其实像是表示康德自己没有完全弄清楚空间论证和时空论证互相关系的地方。和这论证平行的，实在是在空间第四论证的第二部分。那部分康德在其时间第四论证里省略掉了，而在这里发展成为另一种论证。当然，这又是使读者模糊的一种原因，如果他没准备有这样独断的安排的话。康德正准备书的第二版时，要读自己的著作而为他的阐述的复杂乖僻所迷惑，这也并不是稀奇的。在再次读这论证时，他好像忘记了它是代表空间第四[497]的第二部分。从他曾为第二版改编的空间第五[498]论证来看，他认为可能稍加修改，就把时间这个论证和那新的证明变为一致[499]。其结果不幸是把整段歪曲了。

论证所要求的是把整体在部分之先的直觉和部分在整体之先的概念作用对立起来。为着要把这对立和新的空间论证相一致，而根据新的空间论证，概念不是在它里面，而是在它之下，包含着无数的部分的，康德不用从前的插句而代以“概念只包含部分的表象”，意思像是说，它们的组成因素不过是抽象的属性，而不是真正具体的部分，换言之，并非严格的部分，而只是部分的表象。但这是完全和上下文不一致的。问题的论点因之就模糊了。

(b)其主要论证奠基于预先假定着一个很明确的见解，关于康德认为概念形成的唯一方式的，只有承认了这见解对于一切概念而毫无例外都是真的，这论证才有说服力。所以康德是用插句的话语来叙述概念这个学说的[500]。部分的表象，即组成对象或所想的内容的种种不同属性，是在整体的表象之先。“并列的特征(德文 Merkmale)之总和构成概念的总体。”[501]关于康德这样使用概念的传统学说和关于这学说之不能和他对于关系范畴之认识相一致，我们已经讨论过了[502]。

第三论证与先验阐明。——这第三论证应在第二版删去，而它的材料像与之相应的空间论证一样，并入新的先验阐明里面。康德为他不这样做的辩解，说是要简洁，但这是无效的。把它插在这新的一节里，整个问题还是和从前一样简短地说出来了。

先验阐明的目的已经明确了，它是要说明时间像形而上学演绎的结果所要求那样来看，是一种先验直觉，那才使综合先验判断有其可能。

这阐明像它出现于第一版第三论证那样，把关于时间两条公理的必然性格[503]奠基于时间表象已证明的先验性，然后按其含义在这些公理中找到时间先验性的新证明。

新的先验阐明还用两种说法来扩充上述的：(a)只有通过时间的直觉才能形成变动的概念，因而形成运动(位置变动)的概念。(b)因为时间的直觉是一种先验的直觉,"运动的一般学说"的综合先验命题才有其可能。依次来讨论它们。(a)除非提到时间,运动的概念是自相矛盾的。它是把矛盾的陈述归之于同一的东西的,即把一个对象说成是在一个地方而又不在那地方,从这事实,即时间使纯粹概念中不可能的变为可能的这事实,康德在其早年的理性论时期得到时间主观性的证明[504]。(b)在1789年《自然科学的形而上学最高原理》一书里,康德曾发展了运动的一般科学的基本原理。他利用《批判》一书第二版的机会(1787年),把这地位在他的一般体系中归之于这些原理。其含义乃是运动的学说对于时间的关系是和几何对于空间的关系一样的。在这里康德是,正如花亨格尔所提议[505],答复迦尔惠(Garve)关于第一版所提出的反对意见,说没有什么科学和几何相适应是根据时间的直觉的。然而力学和几何的类比之不能成立,有其两种理由。第一,运动的概念是经验性的;其次,运动不只预先假定时间,而且预先假定空间[506]。

在别处,康德公开否认运动的科学是根据时间的这种见解。他在前一年(1789年)在《形而上学最高原理》一书里,已经这样做了。他在那里指出[507],时间既然只有一个次元,数学是不适用于内感觉的现象的。我们最多只能关于它们确定这些内感觉现象是连续的这一定律(当然还有已举出的两条公理)在康德的《哲学概论》(Ueber Philosophie überhaupt)——大概写于1780年与1790年之间,很可能是在1789年或那年左右——又有下面的话语:

"时间的一般学说,不同于空间的一般学说(几何),没有提供足够材料来作一门完整的科学。"[508]

那么,康德何以在1787年这样前后不一致地离开他自己的学说呢?对于这问题我找不出答复。看来没有什么理由,而与他比较持久的判断相反,他在这里重复着他在1770年《论文》[509]中曾无意地提出的一种建议:

“纯粹数学在几何中处理空间,而在纯粹力学中处理时间。”

但在《论文》里,这论点只顺便提了一下。其上下文容许把它解释为,几何处理空间,而力学除空间之外,又处理时间。

康德关于算术科学的性质之见解

在《论文》里,而再次在《批判》一书图型说一章里,还提出另一种见解,即算术这门科学也是有关时间的直觉的。仅从《论文》引用的一段,接着如下那样说:

“纯粹数学在几何中处理空间,而在纯粹力学中处理时间。在这些之上还须附加某一定的概念,其本身是理智的,但为它的具体现实化(拉丁文 actuatio),时间与空间的补助观念(在多数的递加与其并列)也是它所要求的。这就是在算术中处理的数的概念。”[510]

对于算术这种见解见于《批判》的两版。算术依靠悟性的综合活动;其概念的因素是绝对必要的。

“计数(在大数目中,尤为易见)乃依据概念之综合,盖因其依据共同之统一根据如十进法等而行之者”[511],“普遍所谓感官之一切对象之纯粹心象为时。但是,量(quantity)之纯粹图型视为悟性概念者则为数,数乃包含同质单位继续增加之表象。故数纯为普遍所谓同质直观所有杂多之综合之统一,此一种统一乃由感知直观时,我所产生之时间自身而成者也”[512]。

这也是方法论的学说[513]。可以注意,这些段里没有一段是宣称算术为时间的科学,甚至是根据时间的直觉的。然而在 1783 年《导论》一书里,康德表示自己的意见所用的话语是含糊得多的,因为他的话语的含义是说几何与算术是平行的。

“几何是奠基于空间的纯粹直觉。算术产生其数的概念是通过时间单位继续的增加,而特别纯粹力学只能用时间的表象才产生其运动的概念。”[514]

这一段并不明显;其中“特别”(德文 vornehmlich)的字样,像是表示康德感觉到他关于算术的描述不是真正满意的。不幸是,这个无意中的说法,虽然绝未为康德在他的著述中任何其他地方重复过,而竟为叔尔遮(Schulze)在其《解释》(Erläuterungen)中所发展。

“既然几何有空间而算术有计数为其对象(而计数只能借助于时间才能进行),那么几何和算术,即纯粹数学,是以什么方式才有可能就明显了。”[515]

看来[516],多半是通过叔尔遮这见解才成为康德的立场之通行理解的,因为叔尔遮的《康德教授的纯粹理性批判一书的解释》是大力传播康德的学说的。算术的性质,像这样通俗地解释,为叔本华以下面的话语来阐明:

“在时间里,每一顷刻都为其前一顷刻所制约。其存在的基础,作为次序的法则,是这样简单的,因为时间只有一个次元,而没有关系的杂多能在其中是可能的。每一顷刻都为其前一顷刻所制约;只有通过后者,我们才能达到前者;只有因为后者曾是的已经消逝了,其前者现在才存在。所有计数是奠基于时间各部分的联络;计数的用语,只是用来标志继续的单一各步。这对于算术之整个体系都是真的。算术自始至终所教导的无非计数的有一定方式的简略法。每一个数都以其前数为其存在的根据;我只能通过所有以前的,才能达到它们,而且只能借助这样洞悉其存在的根据,我才知道凡是有十,则必定也有八、六、四等。”[517]

立刻就有人向叔尔遮挑战,要他证明这真正是康德的学说,而且他引用的一段是上面所引的[518]康德关于数的图型的定义,所以我们简短地讨论这一段所包含的许多困难是有好处的。康德说,在理解数时,我们产生时间,他的意思何在? 计数是一种过程,通过它数的关系就被发现;无疑它是占住时间的。但是在几何之研究中,和在算术之研究中一样,所有理解过程莫不如是。这不是康德的意思,而且甚至叔尔遮所要说的,虽然他的叙述方式表面上是明显的,康德 1788 年 11 月写给叔尔遮的一封信就清楚地证明了。

"正如你正确地说到,时间对于数的属性没有影响(指作为量的纯粹确定的那些数),像它对于只和内感官的特别属性与其形式(时间)联系着时才可能有的那些(量的)变动之性质的影响那样。数的科学,虽然有每一种量的构成所要求的继续,乃是我们在思想中向我们自己表现的一种纯粹理智的综合。但是既然量是要以数来确定,那么量之给与我们必定是以我们能在继续的次序中把握它们的直觉的那种方式,而且其方式是可以从属于时间才有它们的理解的……"[519]

事实上,虽然在算术的科学里,正如在其他研究范围里一样,理解的种种过程从属于时间,而科学所确定的质之关系则独立于时间而是通过理智来理解,没有什么比上引文所说更明确了,何必还有要求。

但是,如果康德上述的对于他的学说的心理学的解释站不住脚,那么如何明确他的立场呢?我们要记住康德在他批判以前的时期所已经发展的学说,认为数学知识不同于哲学知识,是在于数学知识能有其具体个别的形式[520]。在《批判》一书中,这种差异是表达为只有数学各部门才能构成它们的概念。既然这些部门都是纯粹数学科学,这种构成都认为是用空间与时间的先验杂多而进行的。现在虽然康德是相当明确所谓空间的几何形之构成是什么意思,而按他各处所说的话,好像他关于算术和代数的构成之性质,从来没有真正试图来得到准确的见解。以从《论文》引来的那段来判断[521],康德认为空间不减于时间,是数之构成或者说数之直觉所必需的,"[数的理智的概念]为着它的具体实现,要求有时间与空间的补助观念(多数的继续增加和在其并列上)"。在《批判》一书 A140 即 B179 页上和在 B15 页上有同样的见解。然而为要符合他的图型学说一般的要求，康德对时间图型下定义时，完全是提到时间；而且正如我们所曾指出，叔尔遮是引用这一条定义来支持他看算术为计数的科学，因而是时间的科学这种见解。这至少证明康德在算术与时间之间是看见某些联系形式之存在的。但是在这事情上，康德的立场大概只是简单地从他的数学科学性质之一段见解得出的一种系论，尤其是从一切其他数学部门的“典范”的几何见解所得出的[522]。数学之为数学，是根据直觉的[523]；所以其部门之一，算术，亦必如是。然而从未作过什么试图，来明确算术有其来源的直觉之性质。以同情来解释，他的叙述可以认为是暗示这种意思，即算术是研究级数的，而这些级数是在连续的时间之次序中表达出来的。下面卡西勒(Cassirer)所作的估计[524]，对于康德学说的正确因素和错误因素，都相当公允的。

“[纵然把康德关于算术科学之概念性格所坚持的不当数，而]承认他是从时间的纯粹直觉得到他的算术概念与命题，这种学说，无论对它能有怎样的反对，确然不像多数他的批评家所给它的只有其心理学上的意义。如果它只含有这微不足道的思想，说经验上计数的动作需要时间，那么它就完全为边涅克(B. Beneke)公式所形成而为大家熟悉的反对意见所驳倒了：在计数的过程中，时间过去了这一事实，不能证明什么的；有什么事情不是时间过去了的呢？容易看到，康德所关心的不只是时间概念的‘先验’确定，根据这概念，时间是作为有次序的继续的类型的。威廉·罗番·罕米尔顿(William [Rowan] Hamilton)是采用康德的学说的。他的代数定义乃是‘纯粹时间或进行中的秩序的科学’。算术概念的全部内容，实际上可从秩序在不断的发展上的基本概念获得，是完全为罗素的阐明所证实的。当然，作为反对康德的理论来说，必须强调，构成数的概念的基础的，不是时间直觉的具体形式，而相反地，是已经含蓄在那具体形式而为它所体现的继续与秩序的纯粹的逻辑概念。”

康德的论证许多不满意之处,可溯源到他设想数学概念的"构成"[525]方式。他像是主张一切概念,甚至几何和算术的概念,都是抽象的类概念——三角形的概念代表所有三角形的共同属性,而7的概念代表一切是7的那些群的共同属性。然而数学概念和其他概念的差异是在于数学概念是能有其先验的构造的,就是说,它们的对象是能在纯粹直觉中表现的。可是这是极端不幸的一种叙述方式。它含有数学概念有双重存在的方式的意思:第一是作为抽象的,第二是作为构造的。这种立场是不能维持的。7的概念,在其最初形式上,不是从各种各类7的许多特殊的群抽象出来的;它是已经包含在这些群的每一群理解为7之中。它也不是自为构成的一个概念。可能把它描述为被构成的东西之表象,而那东西不是它自己。它所表现的是它所代表的复杂体产生的过程与方法。这样一来,康德的数学知识的直觉性质与概念知识的论证性格之区别是感受于构造的产物与抽象的产物两者之间的很重要的区别,然而同时这又为后一区别公式形成的极不适当的方式所弄模糊了。康德甚至在修正旧逻辑的结论中还是坚持旧逻辑;这样做时,他就为着批判前《论文》和感性论的学说而牺牲了分析论的批判学理。数学概念是和范畴同属于同一大类型的,它们的主要功用不是澄清直觉,而是使它们有其可能。它们是从直觉得来的,只是在于它们对于直觉的构成有其贡献,如果直觉含有某些因素是附加在用以解释它的概念之上的,这些因素必须留在数学科学的领域之外,等到概念的分析证明自己能再事扩充的那个时候。

现在我可以把这一般的讨论概括起来。虽然康德在《批判》一书第一版中曾说到数学是基于空间与时间的直觉,虽然他经常倾向于把空间与时间看作是存在的两种平行的形式,但他并没有把时间看作是任何独立的数学学科的基础。他在图型一章所做出的数的定义曾承认算术的本质上概念性的性格,而且只以很间接的方式把它和时间联系起来。在康德所有著作中,只有《导论》一书的一段用简短但明确的词语作了这样的断言，即算术和时间有关系，正如几何和空间有关系一样。在《批判》一书第二版中是找不着这种对算术的见解的。第二版增加的时间先验阐明里，只提到纯粹力学。这似乎表示康德做出上面所讲的叙述是不小心的，没有好好地思维过的，而进一步反思时，就发现他自己不能支持那种说法的。第二版的删改更大的意义是，康德在第二版导言中增加的几段里还提到算术。这几段的学说，除所说到的必须依靠形与点外[526]，是和分析论这么简略概述的见解相和谐的。算术是一种概念的科学；虽然它是在有次序地继续找到它的材料，它却不能适当地被下定义为时间的科学。

从上面各概念所得的结论[527]

这些结论不是和关于空间的与之相应的那些结论平行的。在第一段里就有两种差别。(a)康德考虑到论空间时所没有考虑到的见解，即时间是自存的实体这种见解。他摈弃这见解，而其理由是和他承认直觉的杂多而又承认感性的杂多很难调和的，那就是承认时间是实在的东西而不是实在的对象。康德在 A39 即 B57 和 B70 上面描述空间与时间，如果像这样着想，为无限的虚构物(德文 unendliche Undinge)。(b)康德在他的第一结论中用了这论证[528]，说只有把时间设想为内直觉的形式，我们才能证明关于对象的先验综合判断为正确的。

第二段(结论 b)。——后者这个说法是在第二个结论的起头就重复了的。但其重点不再放在“形式”这词上，而是放在“内”这词上；而且康德进而做出一些断言，完全不是从那五种论证得出的，而这些断言须算为全部《批判》中最难懂而最引起争论的教义。(a)时间不是外表现的确定。因它既不属于这些表现的形状，又不属于它们的位置——而慎重地在这点把运动的属性以“等等”的隐蔽偷运走了。时间不确定表现相互间的关系，只确定表象在我们内部状态中的关系[529]。它不过是我们自己的直觉和我们内部状态的形式[530]。显然康德不能坚持这些说法而不加以形式上的修改。在紧接着的下一段,这些说法都修改而重述了。(b)这内直觉没有提供什么形状(德文 Gertat),我们就用类比来补足这缺陷。我们把时间继续表现为一直前进的线以至无穷,其中的杂多构成一个只有一个次元的连续。从这线的属性我们得出时间的一切属性的结论,其唯一的例外乃是它的各部分是同时的,而时间的部分总是继续的。

这段的语气似乎含有意思说,时间这种通过空间的象征表示是有帮助的,但不是它的了解所不可或缺的。然而它是不可或缺的这种见解乃是康德最后所确定下来的结论[531]。但是在这点上,他还不十分清楚。这一段处处标志着是写在分析论之前的。虽然康德似乎始终主张时间在其本身或依靠自己只有一个次元这见解[532],其所包含的种种困难,却迫使他承认,这只是时间作为我们的表象的次序来看才是真的。它之对于在我们的表象之中而通过我们的表象的那客观时间,就不是真的了。后来康德变为主张时期意识为空间意识所限制的时候,他显然又采取这见解,即涉及空间,时间就间接取得同时性,作为一种附加的方式。客观的空间世界是在时间里面,但所在的时间是显出同时性和继续性的。在《论文》里,康德曾批评过莱布尼茨及其信徒,因为他们忽略了同时性,“这个时间的最重要后果”[533]。

“虽然时间只有一个次元,然而时间的遍在性(用牛顿的名词),通过它一切可感性思维的东西都在某一时间,就增加了现实东西的量之又一次元,由于它们可以说是依靠着时间的同一点的。因为如果我们以一直线延长到无穷来表示时间,而以继续竖起[而垂直于第一线]的线来表示时间一点上的同时的各东西,这样产生的面,就表示现象世界的实质与其偶性。”

同样地,在《批判》A182 即 B226 上面,康德说同时性不是时间的一种方式[534],因为时间的各部分没有是同时的,然而在 A177 即 B219 上面,又说时间作为表现的次序是具有继续性以外的两种方式:持续性和同时性。时间作为我们内部状态的次序,和时间作为客观表现的次序,这两者之间的区别的意义,我们立刻就加以考虑。

与此联系的一个问题就是,康德是否说有同时认识的可能性。在感性论和辩证论中,他确实是这样说的。空间之给与,是包含有并存的部分的,而且[535]是可以这样被直觉到而没有它的部分之相继综合的。在分析论中则反是,所含的意思正是与此相反的[536]。杂多的认识只能通过其部分的相继增加或产生然后获得的。

(c)最后,康德论证说,时间所有关系都是在外直觉中才能表达这事实,就证明时间的表象本身是一种直觉。可是,如果如康德后来所说,时间只有在空间之中而且通过空间才能被认识,无疑那一件事就是否认它为本身是直觉的一种理由,无论如何,很难赞成康德那样坚信时间的直觉在其一般性格上是和空间的直觉类似的[537]。

第三段(结论 c)。——康德现在再次提出时间对于外表现的关系问题。正如已经注意到,他曾在上一段的起头论证说,时间不能是外表现的确定,而只是我们内部状态中的表象之确定。外表现,正如康德所承认,只能在表象之中而且通过表象才能为人所知道的。在那限度内,外表现是属于内部感觉,而因之(康德是这样论证的)它们本身是从属于时间的。时间作为我们表象的直接条件,也是表现的直接条件。所以康德得出结论说,"一切表现,即感官的一切对象,都是在时间之中,而必然有时间种种关系"。

很明显,如果表象与其对象之间的区别是实在的而又是真正的,则这论证就是无效的。因为果然这样的话,则不能因为我们关于对象的表象是在时间之中,就说对象本身也是在时间之中。换言之,这论证之为有效只是从极端主观论的观点来看,而按主观论说,用康德自己的用语,对象不过是表象(德文 blosse Verstellungen)。但是这论证是用来建立一个实在论的结论的，它要说的是，外界对象之为对象相互间是有时间的关系的。和上面一段正相矛盾，他现在是在主张时间是外界表现的确定，而且它在物体的运动中正如在我们内部状态的变迁中一样，是显示出自己的。

表象与其对象之区别又使康德有其可能既肯定而又否定同时性是时间的一种样式。"没有两年是能并存的。时间只有一个次元。但以时间来测量的存在(德文 das Dasein)是有两个次元的，即继续性和同时性。"按康德的说法，有两种时间体系：主观的和客观的。承认后者(在分析论中强调而发展的)[538]却和时间只是内部感觉的形式这论点是不能调和的。

在这里我们就有了康德的时间学说所要遭受的许多反对的之一。仅只列出康德悬而未决的论点，便足以说明他心中是怎样为这学说所引起的种种问题所严重地烦扰。(1)时间所产生的先验知识的性质。康德归之于这一根源的有时只关于时间的两条公理，有时是纯粹力学，而有时也是算术。(2)时间是只容许通过空间而有其表象，抑或它是这样要求。康德时而这样说，时而那样说。(3)能否认识其并存的而没有其部分之继续综合。这种可能性在感性论和辩证论里是肯定的，而在分析论里是否定的。(4)同时性是否是时间的一种样式。(5)外感觉的表现是否在时间之中而且是以什么方式在时间之中的。康德对上述(4)与(5)的答复是按他把表象和经验的对象等同起来或分别开来而定的。

时间的理论这样遭遇着那么多的困难，大概就是何以康德在《批判》一书中把《论文》中处理时间与空间的次序颠倒过来的缘故[539]。但是把空间放在时间之前仍然是不幸的，它大有使读者看不见康德在分析论中划归时间的地位倾向的。时间的意识是基本的事实，作为仅只一件事实来看，就是康德用来得到他的范畴之先验证明和悟性的原理的[540]。在分析论里，比较起来，空间就退居很后的地位。时间与空间次序的颠倒另一理由可能是康德采取了牛顿的几何作为最卓越的数学科学的见解[541]。批判问题的公式形成既然是要说明综合先验判断，那么就自然会使他把重点更多地放在空间上面。

现在总结我们主要的结论。康德的见解认为时间只是内部感觉的形式而且只有一个次元，是和他的主观论联系的。他的另一见解认为时间是对象所固有，而且以持久性和同时性作为它的两种样式，是和他的现象论分不开的。所以这些困难深入讨论，必须搁延到我们有条件来提出关于表象与其对象的区别之性质这一条更基本的问题的时候[542]。运动不是一种内部状态。然而它直接包含时间，不减于我们情感和思想之流动。康德的“时间不能在外部被直觉正如空间之不能作为我们里面的东西被直觉一样”这种说法[543]，如果照字面来了解，就一方面包含物体的运动是不存在的这种主观论的说法，而另一方面又包含延扩性的对象是完全不同于表象的这种现象论的说法。

第四和第五段不必详细分析了[544]。从经验上讲，时间是实在的，而从先验上讲，它是观念的——这些名词的意义和范围是和谈到空间时恰恰一样的[545]。第五段的第四句很奇怪，是不准确的。按其表面的意思，它是含有时间是通过感官而被给与的这意义。在结束的几句话里，康德把这第四、第五两段所提出的论点，都总结起来并加以应用。

辩　释

第一和第二两段。——康德在这里对一种批评作了答复。据他1772年给郝尔兹的信所告诉我们的，这批评首先是由叔尔遮牧师和兰柏尔特所提出的[546]。在那封信里，反对的意见和康德的答复是这样叙述的：

“根据内部感觉的证据，变动是实在的东西。但是它们是要假定有时间才有其可能的。所以时间是属于物自身的确定的实在东西。我对自己说，何以我们不用平行的方式这样论证：'物体是按照外感觉而为实在的。但是物体只在空间的条件下才有其可能，所以，空间是物自身固有的客观实在的东西。'其[所以有空间与时间分别处理的]原因，就是观察到，关于外界的东西，我们不能从表象的实在性推论到它们的对象的实在性，而在内部感觉之中，思想或者说思想和我自己的存在是同一回事，这里就是困难的关键所在。我无疑必须以时间的形式来想我自己的状态，于是内部感受性的形式就给我以变动的表现。我并不否认变动是实在的东西，正如我不否认物体是实在的东西一样，但是我这样说的意思，只是有某一东西和这表现相适应。我甚至可以说，内部表现不是经过变动的(verändere sich)，因为除非这变动向我的内部感官表现，我如何能观察到它呢？反对的意见说，这导致这结论，即世界一切东西在客观上和在其自身都是不变的，我的答复乃是，这些东西既非可变，又非不可变。正如鲍姆嘉尔顿(Bumgarten)在其《形而上学》一书第18节中所说，绝对不可能的，是假设上既不可能又非不可能，因为它是在任何条件下所不能在心理上予以考虑的；同样地，世界的东西在客观上和在其自身，既非在同一状态之中，亦非在不同时间在不同的状态之中，因为这样来理解它们(即作为物自身看)，它们并不在时间中表现的。"[547]

可见康德在这封信里和在我们面前的一段里，其论点都是，如果我们内部状态能离开我们内部感觉的形式而为我们或某一其他存在者所认识，则甚至我们内部状态都不会显示出变动的。我们不可说我们内部状态经过变动，或者说它们是相继续的，而只能说，从我们来看，它们必然表现为这样做的[548]。时间只在主观上是实在的[549]。正如孔尔纳尔(Kōrner)写给席拉(Schiller)的信中所说："没有时间，人固然可以存在，但不能表现，不是他的实在性，乃只是他的表现依靠时间的条件。""当人遭受变动时，他不是存在，而只是表现。"[550]内部感官的对象是和外界感官的对象处在完全同一的地位。两者都是表象，而两者都不能和绝对实在的等同起来。正如康德后来在《批判》里所论证[551]，内部的过程之被知道，其确定性或直接性都不大于外界对象之被知道；时间的实在性之为主观的，就证明它对于物自身方面是非实在的。物自身的构成是“盖然性的”这说法，是康德表达的一种例外的方式。通常——事实上这一段整个上下文自始至终[552]——他是说，虽然物自身是不可知的，但我们能绝对确定地主张它们既不在空间里，也不在时间里。关于这点，我们讨论特仁德伦堡和菲莎争论时已经讲到了[553]。

第三段。——这一节第三和第四两段应有另外的标题。它们总结了感性论关于空间与时间整个论证，把这论证的主张和牛顿与莱布尼茨的主张分辨开来，而且做出一个一般的结论。总结是遵照严格的综合方法的。开头的几句例证了康德之不能分辨开纯粹数学与应用数学的问题，而且又说明他完全趋向于把几何认为是数学的例范的。各种互相排斥的见解之批评横切着莱布尼茨与克拉克(Clarke)著名的争论的基础。他们的争论著作，我们以其情况来推测，有良好的根据来相信[554]，实是康德自己的见解之发展中主要的影响，康德原来是持莱布尼茨的立场的，自从1768年[555]起，就或多或少改变到牛顿的学说，而在《论文》刊出于1770年，就发展他的主观论观点，有意地想要保持两种互不相容的见解的优点而修正其缺点[556]。为方便起见，我们把讨论限于空间方面。(a)牛顿所提出而为克拉克所辩护的见解，是说空间有其自己的独立存在，既不依赖认识它的心，亦不依赖用以充满它的对象。(b)莱布尼茨所持的见解是说，空间是一种经验性的概念，从我们实在东西的关系之模糊感性经验抽象出来的[557]。

(a)的批评是双重性的。第一，它含有一种永恒无限的虚构物(Unding)的信念。第二，它导致形而上学的困难，尤其是关于上帝的存在。如果空间是绝对实在的，它如何能与上帝的无所不在相调和呢？牛顿把空间作为上帝的感觉的中枢，是难以认为满意的。

(b)的缺点就是它不能说明几何的必然确定性；它也不能保证它之应用于经验。空间的概念如看为来自感性的，它就可能歪曲它所要表现的(而按莱布尼茨的学说，它确是歪曲了的)，而且它就是省去了自然界的种种限制[558]。作为经验的东西，它不能用来作数学科学的普遍和必然的判断之根据[559]。

可是第一种见解的优点，就是它还能使表现的范围不对数学科学关门。空间既是无限而又无所不包的，则它的法则是普遍生效的。第二种见解的优点，就是它不使实在性服从于空间的种种条件。感性论的学说保持这些优点而去掉其缺点。

康德在 A46 起即 B64 起，进而批评前一见解。没有可能来说明几何的先验综合判断，除非假定空间是外直觉的纯粹形式。因为虽然牛顿的见解能使其有理由来说空间的定律是普遍有效的，但它不能解释我们如何先验地知道它们。而像康德经常那样假定，空间不能同时是直觉的先验形式而又是独立实在的，他就做出结论说，它只是如前者那样。

在 B71 上面，康德又一次说出牛顿的见解所会遭受的形而上学上的困难。在自然神学中，我们处理的存在是永不能为感性直觉的对象而得要脱离一切空间与时间的条件的。如果空间是这么绝对的实在，致使一切被造物都毁灭了而它仍然存在的话，那么这就是不可能的了。

第四段。——空间与时间是感性的仅有之两种形式，其他一切属于感官的概念，例如运动与变动，都是属于经验的[560]。正如康德自己曾说过，没有什么理由何以空间与时间是我们能有的直觉仅有的形式：

“空间与时间之外直觉的其他形式……纵然是可能的话，我们也不能使之对我们自己是在什么方式上可以想象而且可以理解的，并且甚至假定我们能够这样做，空间与时间仍然是属于经验的，因为经验是唯一的一种知识，在其中能有对象给与我们的。"[561]

常常在《批判》一书中重提的另外一种说法[562]，就是时间本身并不变动，而变动的只是在时间里面的东西[563]，这就表示康德受着牛顿容器的见解之影响到了什么程度。正如柏格森很正确地指出，时间这样被看为同质的媒介物，就是把它和空间类比来想象的。"它只是凭附着反思意识的空间之幻影。"[564]

关于先验感性论的一般讲述

壹。第一段。——康德进而叙述他关于感性知识的见解，"尽量求其清楚以避免一切误解"。为要达到这目的，他力求坚持两要点：(a)空间与时间既然只是感受性的形式，所认识的东西都是表现而已；(b)这并非只是一种假说，而完全是确定的。康德通过莱布尼茨和洛克的对立见解之批评而间接阐明(a)点的。但是在这样做之先，他在下一段作了他自己的结论双重的叙述。

第二段。——这一段叙述(a)通过直觉我们只能表示表现，而不能表示物自身和(b)这样知道的表现只存在于我们之中。这两种肯定都有其含义，须延至分析论来讨论。"物自己的关系"之提到可能像花亨格尔所提出[565]，是康德寻求把空间的关系归结为动力关系那时候的残余(指《论文》时期[566])。物自身对于我们是完全不可知这说法是超过感性论所能证明并超过康德在这里所需要证明的。他目前的论题不过是说，通过空间与时间的形式或者说通过感觉，不能获得关于物自身的知识；空间与时间只为我们纯粹感受性所确定，而感觉则为我们经验的感受性所确定。依康德的见解，没有认识这就是莱布尼茨体系的主要缺点之一。

第三与第四两段。莱布尼茨、沃尔夫感受性与表现的解释之批评。——感受性不同于思想，不在其明晰性而在其内容。这是类别之差异[567]。它们发生于不同的来源，不能以变形而把一个成为其他一个。

“纵然一个表现能变为完全对我们是明了的,这样的知识依然是和关于对象自身的知识有天渊之分的。”[568]“通过表现的观察与分析,我们深入自然的秘密,而且没有人能说长此以往这能伸张到多么远……[但是无论我们前进多么远,我们永远不能用]这样不合适的研求工具[如我们的感受性]来找到无非又是别的表现,其非感性的原因我们还是要发现。”[569]

我们还是只在我们感受性两种不能夺去的形式之话语上来认识[570]。思想和感性的二元性永远不能为人类心灵所超越的。感性知识不能用什么扩大它的范围或改善它的洞见的方法变成纯粹理智东西的概念性认识。

莱布尼茨把表现想象为被模糊地认识的物自身,这也是同等错误的,其错误的理由也是一样[571]。表现和实在是有关系的不同存在,各有其固有的性格与内容。没有希望通过前者而透入后者。表现的质料像它的形式一样是主观的。依莱布尼茨看,我们关于表现的知识是关于物自身模糊的知识。正确地来看,不管是清楚或是模糊,它所认识的对象绝不是物自身。感性知识如在几何所得的,常常是具有最高度的明晰性的。而概念性的认识又常常是以模糊和不分明为其特征的。

在这两段中阐述的对莱布尼茨的批评,如认为是康德关于感性与悟性、表现与实在的关系之见解的充足叙述,那是极易滋生误会的。这几段其实是《论文》中一段的重述。

“这样可以看到,我们说感性的是更模模糊糊知道的,我们把它的性质是很不恰当地来表达的,说理智的是清清楚楚知道,其性质的表达也是一样。因为这些不过是逻辑的区别,显然和逻辑比较基础上的所与事实无干的,感性的可能绝对清楚,而理智的极端模糊。一方面有几何为证,那是感性知识的典型,而其他一方面是形而上学,那是一切理智探求的工具。谁都知道，形而上学是如何热诚地努力于驱散蒙蔽一般人心的云雾而还不能总是达到几何学的愉快结果。可是这些不同类别的知识各自保持着它们所由来的根源之标志。前者如几何，无论是如何清楚，却因它的来源而称为感性的；而后者如形而上学，无论是如何模糊，仍然是理智的——例如道德的概念，不是取经验的途径而被知道，乃是通过纯粹理智本身被知道的。然而我怕沃尔夫由于感性的和理智的这种区别，而这对于他只是一种逻辑的区别，就妨碍了古代最高贵的事业，即现象与本体的性质之探求，而使人心从这种研究转向到常常只是逻辑细微区别的探求，而恐怕完全（有损于哲学）。"[572]

我们面前的几段是表达《论文》和《批判》所共同的，而且是完全从《论文》的观点来表达的。例如"正确"这概念作为例证，其含义就是物自身可通过悟性而被知道的。正如康德所说，这概念代表"属于行动自身的一种道德属性"。同样地，把感性的从"理智的"区分开来，他说通过前者我们不认识物自身，这样就含有物自身可通过纯粹理智而被知道的意思。在分析论所发展的见解，关于感性和悟性一样，是根本不同的。感性和悟性可能有其共同的来源，两者都是表现的认识所不可或缺的，任何一个必须和其他一个合作才能起作用的。表现不同于实在，不但由于它的感性内容与形式，而且又在于它所从属的理智秩序。但是这样把甚至悟性都作为只加入前者的知识，因而加深了表现与实在之间的鸿沟，他就退回到和莱布尼茨关于两者互相关系的见解相类似的一种立场。既然悟性和感性完全一样对于表现的认识是必要的，而悟性又既然在它的范围之普遍性而不同于感性，它就使我们能够看到表现对于最后实在性的关系，这样就认识这些表现是物自身向我们呈现的种种方式，不管这些方式是怎样主观的或现象的。然而这样一种见解，按康德的原理，是很能和另一种论点相一致的，即表现不同于实在性不只在于一种逻辑的方式上。表现境界所特有的因素参加进来改变了实在的;而结果就是,甚至现象的东西的完成知识——如果这是可想象为可能的话——也不是等于关于物自身的知识。

第五段。对于洛克的表现见解的批评。——这一段讨论洛克的学说[573],说第二性的质是主观的;而在第一性的质里,我们掌握了关于物自身的知识。这区别是按经验的根据做出来的,即有些质对于不止一个感官是这样而是一律的,是在一切条件下属于对象的,其他的质是不同感官所特有,只通过对象对于特殊的感官的偶然关系才发生的[574]。康德说,这种区别从物理的观点看[575],是完全有其正当理由的。虹是一种表现,其真正经验的实在性是雨点所构成的。但是洛克与其信徒误解了这区别,他们忽视了经验的实在性与物自身两者之间更基本的先验的(即形而上学的)区别。从先验的观点看,雨点本身只是表现,甚至它们的圆形和它们所落在的空间,都无非是我们感性直觉的改变。"先验的"对象依然对于我们是未知的[576]。

当康德这样声明说,第一性的质和第二性的质的区别从物理学的观点看是有其正当理由的(德文 richtig)时,他又是[577]从现象论的观点说话。在发展其先验区别时,他并不把雨点描写为只是现象,这是可以注意的。他的短语是越发不确定了。雨点是"我们感性直觉的改变或者说基本形式(德文 Grundlagen)"。

康德在这里并不批评在洛克关于表现的见解之基础上的感性见解。但是在 A271 即 B327 上面,他这样做了,而完成莱布尼茨与洛克的对比与对立。

"莱布尼茨使现象智性化,正与洛克按其悟性论(noogony)(如容我用此名称)之体系,使一切悟性之概念感性化——即将一切悟性概念说明为仅属经验的概念或反省所得之抽象的概念——相类。此两大哲学家并不以悟性及感性为两种不同之表象源流,惟二者联合始能提供事物之客观的有效判断，乃各执其一，视为与物自身直接相关者。至其他一能力则视为仅混乱此种特选能力所产生之表象，或则视之为整理此等表象者。”[578]

证明上述关于空间与时间的见解不只是一种假说，而且是完全确实的[579]。——这证明在这里摘要和发展的，是依照分析方法，而在联系着A39即B56时已经考虑过了。它据以进行的假定乃是空间不能同时是直觉的一种先验形式而又是独立实在的。其论证整个来看，缺少明晰性，其原因是康德不能分辨纯粹几何的问题和应用几何的问题，不能分辨纯粹直觉和直觉的形式。在那三角形例证的很不幸而使人误会的第二种应用中，这一点是特别明显的[580]。康德几乎完全在几何的话语上来想数学科学这倾向，也同样地在这里显现出来。

“有无数先天必然的综合命题……此关于空间尤为真确，故吾人在此研讨中首宜注意空间。”[581]

贰。第二版增加的几段[582]。——康德进而提出(a)外感官和(b)内感官的表现之观念性的另一证明。这种证明他是在这一事实中找到的，即这些表现只是种种关系组成的。(a)外表现穷尽地归结为直觉中位置的关系(即延扩的关系)、位置的变动(运动)和种种法则。这些法则是用理性的话语来表达确定这种变动的种种动力的。这样在空间里的是什么东西，运动是由于什么动力作用，是绝未揭露的。但一种实在的东西本身(德文 Sache an sich)永远不能只通过关系而被知道的。所以外感官通过它的表象只揭露对象对于主体的关系，而不是对象本身(Object an sich)之固有内部性质。康德避免物自身(德文 Ding an sich)这名词是可注意的[583]。

(b)关于内感官也是如此，不但因为外感官的表象构成它本有的(德文 eigentlichen)原料，而且又因为外感官的表象所处在的时间只包括有继续、并存和持久的诸关系。而时间(既然只是关系则无非是形式[584])自身又是关系而不是其他,它只是心通过其自己的活动为自己所作用的一种方式。但是要能为自己所作用,它必须有接受性,换言之,有感受性。因之时间必须看为这内感官的形式。

然而康德并未试图来证明凡表现在时间的东西,像表现在空间的东西一样,都只是种种关系。他满意于重复在感性论第一版中所得出的结论,说时间既是感官的对象,就必然是表现。这一点,像凡是康德关于内感官所写的东西一样,是极其令人不满意的。他的论证的种种模糊不清,不能根据"主体如何能有关于自己的内部直觉的这种困难是所有理论共有的"而予以原谅。因为洛克之外没有大思想家[585]曾试图以感官的类比来解释内意识的。这学说的讨论须暂时延置[586]。

叁。B69。——康德在这里以公式形成表现(德文 Erscheinung)和幻象(德文 Schein)之间的重要区别。其主要正文,据它所说是清楚的;但附加的注是完全混乱的。它们一起包含有关于幻象的不下三种不同而冲突的见解[587]。根据其主要正文,幻象所指的是可能发生于梦中,没有实在的东西与之符合的那种表象。表现则不然,它总是所与的对象之表现;但是既然那对象的种种质是只依靠我们直觉的方式,我们就必须把对象之作为表现从对象之作为物自身分辨开来。

"[凡表现]有两方面,一则视对象为自身……一则考虑此对象之直观方式者……"[588]

当幻象是如上述下其定义,则对象在空间只是表现这说法,明显地不能理解为说它们是虚幻的。

但是关于幻象这种见解是从我们面前的这一段到 A38 即 B55 所特有的。它在《批判》一书和《导论》一书里任何其他地方都不见发现;而且正如康德自己所曾承认[589],它其实不是和《批判》一书种种目的有关的。它的种种争端是更充分地在附注中处理,而这附注同时又很清楚地说明康德还没有好好地把各种各样的纠纷弄明白。上述表现的定义太广泛了,它涵盖着虚幻的感性知觉和正当的表现。还要加上一种条件,表现的述项是不变的,而且是和它的表象不可分的。所以空间的述项可用来叙述任何外界的对象。红与香是可以之归于玫瑰花的。这一切都是真正的表现。反之,如伽利略所观察到的两柄归之于土星、圆形归之于远处的方塔、弯曲归之于插在水中的棍,其结果则是幻象。在这些情况下,其述项不能经得起再行观察的考验,或用其他感官的考验。只有土星的环,对观察者而言,是在某一定的位置,土星才好像(德文 scheint)有两个柄,远塔好像是圆的,棍好像是弯的。但玫瑰花就是延扩的,就是红的。康德明显地再不把幻象看为等同于只是心理的形象而已。它现在获得了第二种意义,它是幻象在现代的、心理学上的意义。它所指的是一个现实存在对象的一种变态的知觉。表现与幻象的区别现在变为表现的常性与普遍性中仅仅相对的差别。土星必然对伽利略表现为具有双柄的。方塔在远处看只能对人眼表现为圆的。插在水中的棍必然表现为弯的。如果土星在更有利的条件下看,如果从塔的距离减小,如果棍是从水抽出来,经验的对象就表现在更与触觉可能的或现实的经验相调和的方式上。区别的辩解是实践的,而不是理论的。它只是说,可能指望某些套的条件是保持一律的。例如那些物理的、心理的和生理的,使玫瑰花表现为红的条件。其他条件凑合在一起,例如使棍表现为弯曲的那些条件是例外的,而因此,其弯曲就可贬值为幻象。相对不变的条件之中就是物体的空间与时间的属性。用正文的话语来说,正是根据幻象,不仅物体似乎是在我之外存在的,而且它们实际上存在于我们之外。

只要我们留在寻常经验的范围内,而不要求比实践生活所要求的准确性更大,当然上述的区别是重要的而有效的。但是康德提到土星就引起种种必须考虑的问题,而这些问题,如果要应付,就把整个问题变为复杂，并且把它放在完全不同的水平上去了。如果由于科学的需要，而观察的条件公式形成又更加严密，并且用科学准确性的人造工具改变了人类感官的种种知觉，那么从前列为表现的就变为幻象了；而且这种改变是无止境的，甚至我们人类最正常的经验可能也要这样经过改变。甚至最不变的知觉也得有变化。至多只能肯定，经过观察的条件一切的变动，其对象还是继续具有某些空间与时间的述项，不管上述的变动是如何新奇，如何带有革命性。把这更严格的标准应用于表现，便导致一种四重性的区别，有最后的实在性，有科学的种种表现，有寻常意识的种种表现，而又有寻常意识的幻象。实践生活的表现就是科学的幻象，而科学的表现对于能通过“直觉性的悟性”认识物自身的一个有知者来说，也同样地是一些幻象而已。

但是，如果表现与幻象的区别是这样只相对于进行观察之条件性质有所不同，它又不是对康德这里声称要应付的批评能提供什么充分的答复。康德心中的是那些批评家(如兰柏尔特、曼德尔松和迦尔惠)，他们反对说，如果空间的物体是像他常常所说的那样，只是存在“我们里面”的表象，是则它们表现为存在于“我们外边”完全就是幻象而已。这些批评家实在是找到康德学说的弱点进行抨击。他唯一有力应付这抨击的方法，就是直率承认并发展他的主观论与之经常发生冲突的现象论[590]。某些知觉比其他知觉更为持久不变这事实，并不证明一起都可能不列为幻象的。上述的批评是只关于延扩性对象的实在性的。从康德自己的极端主观论立场来看，这些对象是彻头彻尾的幻象。如果像康德那么时常所主张的，对象只是表象而只存在于“我们里面”，则它们“在我们外边”的存在就必须加以否定。要应付这批评，康德只得准备始终一贯地以公式形成而拥护他自己的另一学说，认为感觉之发生，是由于外界对象对于感性器官的作用，因之物理科学的世界有其实在性，不能归结为个人心中仅只表象而已的。

可以提出反对的意见说，康德在其正文曾举出他的立场和他人归之于他的立场两者之间的差异。延扩性的对象虽然只是表象，仍然是由于物自身而为物自身所决定的。它们之为幻象性的，只是对于它们的属性而言，而不是对于它们的存在而言的。但这区别不是实在与题有关的。如上所说，批评只是针对康德关于空间的见解。空间世界是有根柢的幻象而又是必需的幻象，对于争论的问题严格上不是有关的。其实康德在别处曾自己承认过这批评是公道的。在 A780 即 B808 上面，他引用作为一个假说一种完全和他的主要结果相协调，虽然没有在任何程度上为这些结果所证明的见解说。

"此生仅为现象，即纯粹精神的生活之感性的表象，而全部感性世界，则纯为在吾人现有知识状态中所飘浮于吾人目前之图画，其自身殆如梦幻，并无客观的实在性。"(上引文依蓝译，见该译本第 536 页。)

可见康德的答复其实只是语言上的。他主张，幻象如果不变的话，也博得称为表象的权利。他接受这批评，但把它用自己的话语重述出来。在他自己的思想中渲染了他的立场而潜伏在下面，他一直不能替它找着很满意的公式形成的现象论，是他认为这批评不适当的那论点之唯一的辩解，如果能有辩解的话，这种现象论在上面已经部分引用的一句话里就冒出来了：

"如果我断言，我所按照着作为其存在的条件来肯定外界对象和我自己的灵魂的空间与时间的质，是存在于我直觉的方式而不是在这些对象自身，我并不是说物体只以幻象而像是存在于我的外面，或者是说我的灵魂是在我的自我意识中给与的。"[591]

但是到此为止，我简单化了康德的论证，把那同样在附注中公式形成的关于幻象之第三种而完全不同的见解未加以考虑。在第二句的中间而又在最后一句里，幻象的定义是，把只在其在于感官关系上属于它的东西归于物自身。幻象不是在所认识的对象,而只在我们关于它所做出的判断。它是由于悟性而不是由于感性[592]。把幻象这样来看,康德就能够主张说,他的批评家们犯了“一种不可饶恕的并且几乎有意的误解”[593],因为这正是他自己最关心要抨击的谬误。正如他曾不断地坚持,表现之为表现,正是因为它绝不能是物自身的显示。

然而插入了这第三种见解就把附注的论证变为完全混乱。它第一次出现,作为一种插语,在叙述一个对立的见解的一句话中,好像表示着这附注是不小心地改作过的。原来只包含着第二种见解的叙述,而康德把它和他曾在第一版与在《导论》中公式形成过的见解联系起来。可是这两种见解是不能合并的。依前者的定义,幻象是必需的但不正常的知觉;根据后一定义,它是我们有意识的判断之一种可避免的错误。在一种情况下,幻象的反面是表现,而在其他一种情况下,它是真理。附注末第三种见解的叙述中依然提到土星,是仓促改作的又一证据。玫瑰花和延扩性对象在那里是作为物自身看待,而土星则在其现象存在上理解。既然有了一般的混乱,康德竟在这里和 A28～29 正面对立着而主张第二性的质可以归之于经验性的对象,那就是一种次要的前后矛盾了。

从第二版引用的这一段是《导论》第 13 节之三的发展。康德在这里使用“表现”这名词是很不确定的。大部分时候,他好像是指任何感性经验,无论是正常与不正常的,而且甚至包括着梦境的影像。但是它也被用来有着上述意义的第二种,指着和一般经验相协调的那些感性知觉。幻象始终是用在上述意义的第三种之上。康德的例证,即行星好像退后的运动,使不得不有空间表面运动和实在运动的区别,因而导致上面所指出的效果多的区别。然而康德没有什么表示他是感觉到其中包含的种种复杂问题的。

《导论》(1783 年)和《批判》第二版(1787 年)之间,曼德尔松曾刊出

(1785年)他的《早晨》(Morgenstunden)。在这书的导言中,以“真理的预知,幻象与错误”(Vorerkenntniss von Wahrheit, Schein und Irrthum)为题的[594],他很细心地分辨开幻象(Sinnenschein)和判断的错误(Irrthum)。康德是曾读过这导言的。在他给遂兹(Schütz)的一信中[595],他指明题目而引用着它,并称赞它为“尖锐的、独创的,其明晰可为模范的”。因之他在《批判》第二版中再次把幻象(德文原用Schein)这名词的这么根本不同两种意思混淆在一起更是无可饶恕的。然而,曼德尔松没有做出幻象与表现的区别。那时这两词之使用,实际上是作为同义词的[596],虽然幻象当然是重些的名词。康德像是严格地把它们区别开来的第一个人,而且企图以互相对立来下它们的定义。但是事实上表现(德文Erscheinung)和幻象(德文Schein)通用为同义词,而其区别虽然是他自己所做出,但在《批判》第一版中[597],只极其草率地提到过,就使他对他的批评者反驳为“不可原谅的误解”失去其一切辩解的力量了。他的愤怒其实不是由于反对意见的本身,而是因为含有把他的立场和贝克莱的立场相比较的意思。这样的比较总是叫康德愤恨的。因为不管这种非难是如何由于他常常陷入极端主观论而得到它的正当理由,可是他是不情愿承认甚至它的部分真实性的。在他的眼中,贝克莱不但代表外面世界的一种主观论的解释,而且是和他自己所主张的一切几乎正面对立的。但是康德和贝克莱的关系,最好是通过紧接的下面一段,康德在那里指名提到贝克莱,再加以考虑。

叁(第二部分)。B70。——康德力争说,他关于空间与时间的观念性之学说,远不是把对象变为幻象,而是为它们真正实在性辩护的唯一方法。如果空间与时间是有一种独立的存在的话,它们就要被看为比充塞它们的物体更实在。因为按这种见解,甚至空间与时间的内容一概都被拿掉,空间与时间还继续存在下去;它们就会是一切其他存在的先行必要的条件。但这样理解的空间与时间是不可能想象的[598]。物体的实在性就因之变为依靠虚无物(德文 Undinge)的了。如果这是唯一的其他选择的话,就“不能责备那位贝克莱主教把物体贬为只是幻象了”。康德主张,我们还得要进一步否认甚至我们自己的存在呢。因为,如果贝克莱不只考虑到空间,而同时考虑到时间的话,同样的论证,关于时间一贯地发展下去,就会迫使他把自我降低到幻象的水平。只有把空间与时间看作是主观的,物自身的实在性的信念,不管是灵性的物或物质的物,才有辩护的余地。换言之,贝克莱的观念论是空间实在论的见解不可避免的后果。但是它又是它的归谬。

“[贝克莱的独断观念论]主张空间和以它作为不可分的条件的一切东西,都是本身没有可能的东西,因而他就把空间的东西看为只是虚构物(德文 Einbildungen),如果空间解释为属于物自身的一种属性,则独断观念论是不可避免的。因为这样来看,空间和它作为条件的任何东西都是虚无的(Unding)。这种观念论的根据我们在先验感性论中去掉了。”[599]

在这段自始至终,德文 Schein(中译“幻象”)这名词并不使用在附注的两种意义上,而是使用在主文的意义上。它是指没有存在与之适应的一种表象。

康德对于贝克莱的关系

康德用观念论[600]这词是指任何一种思想体系,它主张可感觉的世界,不是存在于它向我们呈现它自己那种形式。在康德的心目中,这种立场为爱利亚学派、为柏拉图、为笛卡儿所代表,他们都是理性论者,他们把感性表现实在性之否定和以理性来认识它的超感性的基础之这种信念结合起来。由于不能体悟可感觉的东西之真正性质,他们就误解了几何科学的性格,错误地把理智性直觉的一种能力归于纯粹悟性。康德对于贝克莱的批评,很清楚地说明他主要所指的是这种更一般的立场。康德反对贝克莱的，就是只在感性经验中才有真理，具有先验直觉能力的是感性而不是悟性，通过纯粹悟性独立作用于感性，不能获得任何知识。换言之，康德把贝克莱列为理性论者。而且，正如我们所已经看到的，他甚至到了把贝克莱的立场看为即空间实在论的见解之归谬这种地步。其实康德承认[601]贝克莱不同于其他的观念论者，因为他主张空间的经验的见解，因之对于几何的见解也是一样，但这并不使康德不主张贝克莱的想法是为实在论的立场某些基本含义所影响的。贝克莱的眼光正为他所攻击的见解所歪曲——这好像是康德的论证路线。贝克莱只体会笛卡儿派空间见解中的错误东西，他无视它所包含的真理重要因素。虽然他是一个经验论者，他又把自己和实在论者分辨开来，但他关于感性的功能和力量所持的概念并不广于实在论者们所持的；而为要把握他所仅只愿意承认有真正实在性的那些存在物，于是他就不得不像理性论者们一样，退守到纯粹理性的上面[602]。

所以康德对贝克莱的批评之极其肤浅，是毫不足为奇的。他对于贝克莱的正面的学说感兴趣，只在于它能使他有实例来说明一种错误观念论的坏趋向，因它是从感性和悟性的功能的错误见解出发、从空间与时间的性质的错误见解出发的。他认为真正的观念论之关键，是在于批判的问题，先验综合判断如何是有其可能的。这就是形而上学的基本问题，在这问题公式形成而得到解答之先，进展是没有的。

“我之称为(批判)观念论，是这样很特别的，因为它推翻寻常的观念论，而且只通过它，先验的认识，甚至几何的先验认识，才能得到客观的实在性，这是甚至最敏锐的实在论者，在我证明空间与时间的观念性之先，所不能断言的。”[603]

为要使康德所讲的贝克莱学说真正可以理解，我们好像不得不假定他自己从来没有真正读过贝克莱自己的著作。康德所知道的英语是十分有限的，而且我们没有证据说他曾读过一本英文书[604]。当他引用蒲伯(Pope)和艾迪生(Addison)的论断时，他用的是德文译本[605]。在1781年后，他固然能看到贝克莱的《哲学对话三篇》一书[606]的德文翻译；但是看到他继续做出关于贝克莱学说的叙述时，又好像他没有利用这机会[607]。至于康德关于贝克莱的知识有什么间接的来源，我们就不能确实地决定，但其中无疑是有休谟在其《人类理性研究》[608]一书中谈到贝克莱的话，而且很有可能还有卑亚特耶(Beattie)的《真理的性质》一书[609]中提到贝克莱的各处。从前一书，康德就会知道贝克莱的空间经验性见解与其观念论学说的怀疑倾向。从这本书他也可能很自然地推论出贝克莱否认对象有任何实在性。康德在这后一种见解会得到卑亚特耶的证实，而且又证实他的论点说贝克莱不能提供一种标准来辨别实在与梦幻。从哈曼(Hamann)那里，康德可能也得到关于贝克莱的一些印象。

现在更详细地来看看康德对于贝克莱的批评。在《批判》一书第一版中[610]康德做出两种批评，但没有提到贝克莱的名字：第一，他无视时间的问题，而且和笛卡儿一样，把完全的实在性归之于内感官的对象。这就是第二种错误的原因，即他把外感官的对象看为只是幻象(德文 blosser Schein)。向前再说时，康德就论证说，其实内外感官是处在同样的地位。虽然它们产生的只是表现，但这些表现是为物自身所决定的。由于对物自身的这种关系，它们是有别于一切只是主观影像的东西。在第四误谬推理中又提到贝克莱[611]。他的观念论是不同于笛卡儿的观念论。一个是独断的；另一个是怀疑的。一个是否定物质之存在的；另一个只怀疑能否证明它。贝克莱固然认为在物质的概念本身里面就有种种的矛盾；而康德说这是他将要在二律背反那节中讨论的一种反对的意见。但康德没有履行这诺言。其理由无疑是在这一点上他自己的学说，特别是在辩证论中，常常是和贝克莱的学说相合的，不管他是怎样不情愿承认。其实康德是那么不大关心在第一版中来对以主观论责难他的意见作自己立场的辩护，他就在这同一节里赞扬怀疑派的观念论者为“人类理性的恩人”。

“此种观念论者迫使吾人在日常经验之微细进展中，亦须注意周密（否则吾人将以不合理所得之知识视为应有之知识矣）之限度内，诚为有益于人类之理性者。吾人今则能评衡此等观念论者所反对吾人之价值。盖除吾人指为使吾人在通常主张中自相矛盾以外，观念论者实以全力迫使吾人以吾人所有一切之知觉，不问其为内部的或外部的，视为仅依属吾人感性之一类事物之意识。此等观念论者又迫使吾人不以此等知觉之外部的对象视为物自身，而仅视为表象，关于此等表象则与一切其他表象相同，吾人能直接意识之，至其所以名为外部的，则因其依属吾人所称为外感其直观为空间之故。但空间自身不过——某某知觉在其中互相联结——表象之内部的形象而已。”[612]

这些批评重述于 A491～492 即 B519～520，而另外又说，在否认延扩物的存在时，“经验派观念论者”就去掉了把实在性和梦境分辨开来的可能性，这是一种新的批评。康德所谈的再不是否认不可知的物自身。他现在主张，只有批判的观点，才能提供一种内在的标准，借以把实在的经验从只是主观的事件分辨开来。这一论点在《导论》中[613]进一步予以坚持，但没有在什么地方是直接提到贝克莱自己个人的学说而把这发展出来的。康德假定作为已经证明的、任何这样的标准必须以先验的为其基础的；而谈到这点时，是很方便把贝克莱作为一个彻头彻尾的经验论者出现的。

《纯粹理性批判》一书，一出版便立刻有人批评它，尤其是在《迦尔惠费达尔（Garve-Feder）评论》杂志里，为类似贝克莱的一种观念论的出现。正如耳尔德曼（Erdmann）所指出，《导论》一书的原来计划大加修改，就是为要提供机会来答复这种“不可原谅而几乎是有意的误解”[614]。康德之提及贝克莱，无论是直接与间接，现在才初次显出一种争论的语气，竭力夸大他们观点之差异。只有先验哲学才能成立先验知识的可能性，因之只有它才能提供一种标准来分辨实在性与梦幻。只有它才能说明几何科学的可能性；贝克莱的观念论将会使那门科学的主张变为完全虚幻的。批判观念论，只在于它需要找出使经验中的认识有其可能的那些条件之限度内，才是超出经验的范围的；贝克莱的观念论是“空想的”、“神秘的”[615]。甚至怀疑派的观念论现在也受到了严厉的处置。它可称为“梦想的观念论”；它把徒然是表象的作为事物，而像观念论之在其独断的形式上一样，它实际上是否认唯一真正的实在性，即物自身的实在性之存在。怀疑派的观念论把空间变为属于经验的而误解了它，独断的观念论把空间看为实在东西的一种属性，也就误解了它。两者都完全无视时间的问题。因此它们低估了感性的力量（空间与时间是属于感性作为它的先验形式的），而夸大了纯粹悟性的力量。

“一切真正观念论者的立场，从爱利亚学派到贝克莱，都包括在这公式里：‘所有通过各感官和经验的知识都无非是幻象而已，只在纯粹悟性和理性的理念中才有真理。’而控制着我的全部观念论的原理则反是。这原理是：‘一切只从纯粹悟性或纯粹理性而来关于事物的知识无非是幻象，只在经验中才有真理。’”[616]

这是批判观点的极不充分的说法，但它很好地说明康德对于贝克莱学说的歪曲解释。

在《批判》一书第二版中，康德提到这些批评时，比较没有那么激昂，但其语气是明显的。他现在格外小心避免语言的主观论样式。他的现象论倾向加强了，而所包含的都有了更清楚的表达了。带有同情看待经验派的观念论之第四误谬推理一段删去了，而在上面一段之上，康德插入以观念论的反驳为题的新的一节，在更充分方式上表示他的立场。

肆。B71。——康德继续A39的论证[617]。如果空间与时间决定一切存在，它们将要决定甚至神的存在。这样一来上帝的无所不知必然是直觉的而不是论证的，那就变为难以想象了。关于这点，康德在其《论文》中更加明显[618]。

"无论什么东西都是在某一地方，在某一时候，这是一条假的公理……按这条假原理，一切存在者，纵然是以理智而被知道的，在其存在上也为空间与时间的种种条件所限制。所以哲学家们讨论形形色色的无聊问题，关于非物质的实体在有形体世界中的位置——而由于这同一理由，不能关于这些实体有什么感性的直觉或者任何空间表象之可能——或者关于灵魂的所在地，和其他一类的问题。而且既然感性的东西之难以和理智的东西混合，和方之不能与圆混合一样，就常常看见一个争论者像是拿着一个筛，而另一个争论者把公羊的奶倒进去似的。非物质的东西之存在于有形体世界里是虚的，而不是占地位的，虽然为方便起见，可以把它们说为有地位的。空间只是在物质形体之间才包含有可能互相作用的条件。然而非物质的实体中什么东西构成它们之间或它们与物体之间力的外在关系，显然是人们的理智所捉摸不住的……但是，当人们达到一个最高的世外的存在者的概念时，他们是如何为这些在心的面前来无影去无踪的阴影所蒙骗，是不可言喻的。他们把上帝想象为存在于一个地方：他们把他纠缠在世界中，认为他在那里同时充塞一切的空间。他们又想补救这[空间的]限制，就硬把上帝的地方想成是无限的。但是同时在不同的地方是绝对不可能的，因为不同的地方是互相外在的，因之在几个地方的东西是外在于自己，所以是在自己的外边而向自己呈现——这是自语相违。至于时间，人们就陷入一个不可自拔的迷宫里去，因为他们让时间脱离掉统治感性知识的法则；而且不但如此，还把它输送到世界范围之外，到达住在那里的存在者作为他的存在的条件。他们是这样以荒谬的种种问题来折磨他们的灵魂，例如，问上帝何以不早几个世纪形成这世界。他们说服自己,说容易有其可能来设想上帝如何可以看出现在的东西,即在他的所在之时间中现实的东西。但他们认为难理解他能预见将来的东西,即在他还没有的时间之中现实的东西。他们的想法,好像必然的存在者的存在,是通过一个设想时间的种种时段一个接着一个地下来,而既穷尽了他的持续之一部分之后,预先看见了永恒的生命还在他的前面和[与他的未来生命]同时[将要]发生的种种事件在一起。一经时间的观念正确地被领悟到,这一切的推测都烟消云散了。"

在 B71～72 中,提到种种直觉性的悟性是许多证据,说明康德在准备《批判》一书第二版时,逐渐专心于所引起的问题而不遑顾及其他。这种悟性不是感性的,而是理性的;它是原本的,不是派生的;对象本身是在直觉的动作中被创造的。或者像康德的立场可能更充分地表示那样说,上帝一切的活动都是创造性的,而且是和这些活动与其产物之因以为他所认识的非感性直觉分不开的。康德何以又一次提出这论点,其理由可能是因为曼德尔松在其《早晨》杂志中为空间的实在性作了神学的辩护[619]。曼德尔松在那里曾论证说,正如独立实在性的知识为种种不同的感官之一致所证实,而且支持这信念的感官数目越多,则它越变为更确定;同样地,我们关于空间的知觉之有效的证实,是以人们彼此同有这类型的经验,同动物也共有这经验,同天使也共有这经验为比例的。这样的归纳推理,就一直推到其顶点,成为甚至最高的存在者,也同以这空间的方式来认识事物的证明[620]。康德的答复乃是,无论在有限的存在者之中,空间的直觉是如何普遍,它是属于感性的而且是派生的,所以不得以之来陈述神的。为着明显的理由,康德不感觉到需要指出,对于批判问题之解决,这归纳法是不够的。康德在 A42 上面论证我们的直觉形式是主观的时候,认为这些形式不是必然属于所有存在者,虽然它们是属于所有的人[621]。他现在主张[622]它们之所以有感性的和派生的这一类特征,并不一定使它们不为一切有限的存在者所具有，他就很是前后一致的了。

不对称的相对物之似非而实是

正如已经指出，上三节，贰一肆之增加在第二版上，其意图乃是提供空间和时间的观念性以其“证实”。既然如此，就可注意，康德删去了一切提到为同样的意图而体现在《导论》第 13 节里面的一个论证。问题是足够重要来作详细的考虑的[623]。

由于《导论》的论证有些复杂，从康德早年著作中它的历史来看它，是适当的。他是由于他的老师马丁・克涅曾(Martin Knutzen)的介绍，而初次知道牛顿的宇宙论的；而从克涅曾他承继了这问题，要使牛顿的自然机械观与空间的绝对观，和正宗莱布尼茨派的主张得到调解。在其第一次出版的著作里[624]，康德努力于证明空间的存在是由于万有引力，而且它的三次元的性格是其万有引力作用的特别方式之后果。他教人说，实体不是延扩的。空间是引力和斥力之平衡在它们之间成立的联系与秩序的结果。万有引力定律既然只是可有可无的，别的互相作用的方式，因之别的空间形式，如不只三次元，就必须承认为可能的了。

“这一些种种可能类别的空间之科学，无疑是一个有限悟性在几何范围中所能承担的最高事业。”[625]

在 1747 年与 1768 年间，这一段长时期中，康德继续主张这种的妥协意见，保留着莱布尼茨空间是派生的相对的见解，而摈弃牛顿看它为在它里面存在的物体之先而预先决定它们的这种见解。但是在 1768 年，他刊出一本小册子[626]，在那里面，他步数学家欧拉(Euler)[627]的后尘，而叫人注意到某些事实，很像是无争论余地赞成牛顿的而反对莱布尼茨的空间解释的。我们能够分辨出空间的三个次元，原来是通过它们对于我们身体的关系。由于和我们身体成直角的平面，我们就分辨出“在上面”和“在下面”;同样地,通过其他两个平面,我们就确定什么是“左”和什么是“右”,什么是“在前”和什么是“在后”。通过这些区别,我们就能明确不能以任何其他方式来形容的差异。一切酒花藤的种——康德是这样主张——都从左至右缠住它们的架子,而各种豆藤则取相反的方向。所有螺壳,除大概三个例外,从其壳尖而下都是从左至右。运动这种决定的方向,每一物种天然的,像左右两手的空间形状的差异,或者像右手与其镜中的反映一样,都是在每一情况下包含有涉及某一定的对象对于它所在的更大空间之关系,最后是对于整个空间的关系。只有这样,它的决定性格才能从它的反面之相对物分辨出来。因为正如康德所指出,虽然左手与右手是相对物,就是说,对象之有一共同的定义关于每一个的部分之安排是按照其与它的中心准据线而决定,然而它们依然内部是不对称的,因为一个是不能使之占住另一个之空间的。正如他在《导论》一书中所增加的说,一只手的手套不能用于其他一只手。这内部不对称性,迫使我们把它们区别为不同的,而这差异之能决定,是靠每一个在单一的绝对空间之地位,而这绝对空间迫使其中每一东西依照它所规定的条件。在三次元的空间里,每一东西必然有其左与右,所以必须显示像刚才注意到的那些内部差异。空间的确定,不是像莱布尼茨所教人,在物体相互间的关系之后而依靠那些关系的;而是前者确定后者。

“何以具有物体形状的东西完全有关它对于纯粹空间的关系而只能通过它对其他物体的关系才能为我们所理解,其理由就是,绝对空间并不是一种什么外感觉的对象,而是使这一切差异有其可能的一种基本概念。”[628]

康德要巩固他的论点,就论证说,如果创造的第一部分是人的一只手的话,那么它必须是左手或右手,而且,按照它是这手或那手,就需要有一种不同的创造动作。但是如果存在的只是一只手,而没有预先存在的空间,那么它的各部分的关系就不会有内部的差异,而在其外边又没有什么东西来分别它。所以它就会是完全在性质上不确定的，即它会能适合身体的随便那一边，而这是不可能的。

1768 年采取了牛顿的空间见解，是康德的学说发展中向前推进的重要一步，但是由于它导致的许多形而上学上的困难，又不能持久地保持的；而在紧接着下一年——如他告诉我们[629]，是发出大亮光的一年——他就做出其最后的综合，使他能结合一切他认为对立的见解中本质的东西。虽然空间是概念上不能解决得了的差异的绝对，而又是在先决定的条件，它只是我们感受性的一种主观形式而已。

当康德在 1770 年出版的《论文》中阐述这见解时，再不使用不对称的相对物的论证来建立空间的绝对的和先行决定的性格，而只用来证明它是纯粹非概念性的直觉，这是有意义的。

在“某一空间里，哪些东西是朝着这一边，哪些朝着另一边，不能以理智的深入来做出论证的描述，或者变成理智的记号。因为在完全类似而等同但不对称的立体里，例如左手和右手（只以它们的延扩性来说），或者在两个相反的半球的球面三角形里，有一种参差使它们的空间的界限不能符合。甚至它们在通过话语而用使人心智可以理解的记号表达出来的一切方面，都可以是互相替换的，这一点还是真的。所以，这参差，即这不对称性，只能由某一种的纯粹直觉来领悟，这是明显的”[630]。

在《批判》一书第一版中没有提到这论证，而当它重见于《导论》一书时，它是从增加的一个前提来看，而是要得出一个结论，很不同于《论文》所得的结论，并且是和 1768 年所得出的结论直接对立的。它不是用来成立空间的直觉性的性格或者它的绝对存在，而是引用来作为它的主观性的证明之证据的。像在 1768 年一样，它是被说为奇特而似非实是的，从前许多例证也被使用着。其似非实是之处是在于事实上，物体和球面的几何形从概念上考虑能够是绝对同一，然而以直觉论仍然是差异的。康德现在和他1768年的论证相反,而主张[631]这似非而实是的情况证明这样的物体和它们所落在的空间不是独立存在。因为如果它们是物自身的话,就会通过纯粹悟性而可以充分地被知道,因之就不能和它的要求相冲突。既是在概念上是同一,它们应该在一切方面都必然相对称的。但是如果空间不过是感受性的形式,那么,空间中部分只能通过整体才有其可能的这事实就适用于它里面任何东西,而因之产生概念与直觉之间一种基本的差异[632]。物自身之为物自身是不受条件限制的,所以就不能是依赖自身以外什么别的东西。直觉的对象,如要是可能,则必须只是观念的。

使这论证不同于1768年的论证那条新前提,使康德得到这样相反的结论的,乃是和《批判》一书的学说完全不协调的。在《导论》的这一节中,康德无意识地回到《论文》的独断观点,而在不合法方式上解释悟性,这是他在歧义一节上所明白斥责的。

“其误谬……实在背反悟性之职分,先验的使用悟性,以及使对象即可能的直观合于概念,而不使概念合于可能的直观,顾对象之客观的效力,实唯依据概念合于可能的直观之一点。”[633]

所以,这论证何以在《批判》一书第二版中并不提及这问题就解答了。康德在1783年与1787年之间[634]已感觉到这立场的前后不一致,远远不是一种似非实是的情形,实则所假定的冲突是有其基础在悟性的功用之一种错误见解[635]。有关的事实,可用来证实空间,作为一种直觉,其中整体是先行于其部分的这种见解[636];但是这些事实不能提供空间的绝对性或者它的观念性的证据。在1768年时,康德以为这些事实证明空间的绝对性,只因另一可能的看法还没有对他出现。在1783年时,这些事实又好像证明空间的观念性,只因他还未完全成功把他的思想从《论文》的独断理性论解放出来。

正如已经注意到的[637]，康德之所以在这里断言空间在其性质上是直觉性的，即在其中整体决定其部分的，其理由也就是他在别处描述它为理性的一种理念的理由。《导论》一书的论证另一种含义，认为在本体界中，整体之为可能，是由于其不受条件限制的各部分，就引起一些问题，其讨论须留待下文。在辩证论中，这问题又出现，是和康德关于无条件的东西这理念之定义相联系的。在理性的理念中，康德开始认识有些概念的存在，它们是不符合于传统逻辑所分析的那种反思性类型的，而看到这些理念产生一种认识，更比论证性的悟性所能有的认识较为深入。所以，上述的理性论的假定不可不让它过去而不提出问题的。可能在本体界中，一切部分的实在，都为一种无条件的整体所限制。

结束的一段[638]。——这段的语气是和第二版的导言所给与这问题的更加强调相一致的，即先验综合判断是如何有其可能的。康德本其特性，不能把纯粹数学与应用数学的问题分别开来，其结果是他的论证之前后不一致。

第二部分 先验逻辑

导 言

甲、关于普遍逻辑——这个导言分为四部分,是极其散漫的,除只是"建筑术"价值外,本无多大贡献[639]。它只是本书总导言与感性论开始几段的重述,但又不考虑到那两处所下的定义。以时期论,大概不像写在紧接着感性论之后,可能迟于分析论的主要部分[640]。无论怎样看,它是不问内容而附加上去的;正如阿的凯斯(Adickes)所曾提出[641],在分析论的开始一节里,是完全无视它的[642]。

在第一句谈到直觉时,康德好像只看到经验性的直觉[643]。然而他立刻就进而说出直觉可能是纯粹的又可能是经验性的[644]。并且,在断言"纯粹直觉只包含东西被直觉的形式"时,康德像是采取直觉不产生它自己的杂多的这种见解,然而这不是他自己所做出的结论。

在下感受性的定义时[645],康德又一次无视纯粹直觉。所说的是,感性直觉乃是我们为对象所作用的方式[646]。反过来,悟性的定义只是和感受性相对立的,这是这名词通常的意义。悟性是产生关于感官感受所由来的对象之思想的那种机能。它是"思维感性直觉的对象之力量";而它是在自己提供的概念之中而且通过这些概念而动作的,这是含蕴着的一种意思。

"没有感受性则对象不能有对我们的给与(就是说,其本身只是主观的内容,只通过它独立的对象才能向我们显示的种种印象就会缺乏);没有悟性则对象不能为我们所思维(就是说,它们只在它们所与的形式上被认识,即作为我们感受性的主观方式)。"

康德还没有发展分析论中心论证所要证明的论题,即除直觉与概念结合外什么意识都是不可能的这论题，在这几段里他仍然含有这意思，即概念而无直觉虽然是空洞，但不是毫无意义的，直觉而无概念虽然是盲目，但不是空洞的[647]。两者的统一是真正知识所必需，但不是意识之为意识的存在所必需的。

“把我们的直觉变为可理解，即把它们放在概念之下是必需的，而把我们的概念变为感性的，即把它们在直觉中的对象加上去，是同样必需的。”

康德最后的批判学说和这大大不同。概念起初不是在其纯粹性所与的，“它的对象”也不是在直觉中加上去的，只有通过概念，对象的认识才有其可能，而只在这种认识中而且只通过它，种种概念才到意识中来。直觉也不是“被放在概念之下”才“成为可理解的”。只是这样用概念来解释，它们对于意识才能有其存在。不管意识是在什么形式上，甚至最简单的和最不确定的形式上，概念和直觉的共同作用是必需的。主观的东西之意识只在客观的东西的意识之中而且通过它，才有其可能，反之亦然。然而这种感性脱离悟性的二元论一直留存到康德晚期发出的言论。而正如上述[648]，康德学说的强弱点都是由于这尖锐的对立。他在这里坚持说，直觉和概念必须仔细地分辨开来。**感性论**是“一般感受性的规则之科学”。**逻辑**是“一般悟性的规则之科学”。

康德关于各种逻辑[649]的分类可列表如下：

	普通的	纯粹的
		应用的
逻辑	特种的	
	先验的	

阿的凯斯[650]批评康德的逻辑分类为残缺不全，因为它遗漏了“寻常的”这一中间概念。阿的凯斯因之就有下列的表：

<table>
<tr><td rowspan="4">逻辑</td><td colspan="3">先验的</td></tr>
<tr><td rowspan="3">寻常的</td><td colspan="2">特种的</td></tr>
<tr><td rowspan="2">普通的</td><td>纯粹的</td></tr>
<tr><td>应用的</td></tr>
</table>

普通逻辑是原理的逻辑，即是关于思维的绝对必然的规律的逻辑。它不考虑所处理的对象之中的一切差异，不考虑一切内容，不管是经验的或先验的内容。它是悟性在其一般论证的或分析的使用上的法规。当它是纯粹的时，它就不考虑悟性所要活动的经验上心理学的条件。当它发展为一种应用逻辑时，它就进行以公式形成悟性在这些主观条件下使用的种种规则。那时，它既非一种法规，亦非一种工具，而纯粹是一般悟性的流畅剂。特种逻辑乃是这种或那种科学的工具，就是说，关于某一类对象正确思维的规则。只有纯粹普通逻辑才是理性的纯粹学说。只有它才是绝对独立于感受性，独立于任何经验的东西，因之就是独立于心理学的东西。这样的纯粹逻辑是可证明的学说的一种体系，完全是先验的。它对于应用逻辑的关系是正如纯粹伦理学对于应用伦理学的关系一样的。

“固然有些逻辑家肯定逻辑是以心理学的原理为其预先假定的。但是把这种原理拿到逻辑里边来，是正如把道德科学从生活得来那样不适当的。如果我们的原理是取之于心理学，即取之于我们悟性的观察，我们所见的无非是思想如何进行，它是如何为杂多的主观障碍和条件所影响；这样只能导致**可有可无**的法则的知识。但是逻辑的问题不是**可有可无**的法则的问题，而是**必然**的法则的问题；不是我们实际上如何思维，乃是我们应该如何思维。可见，逻辑的规则必不能从悟性的偶然使用中得出，而必须要从悟性**必然**的使用，从悟性没有心理学而人发现在其自己里面的使用而得出。在逻辑里，我们不要知道悟性是如何并且是如何思维，一向是如何进行思维的，而是要知道它在思维中是应该如何进行的。它的任务是教导我们以理性的正确使用，就是说，和理性自身相一致的使用。”[651]

康德称为法规的，乃是指知识的某一机能的正确使用的先验原理之一种体系[652]。他所称为工具的，乃是关于知识如何可以扩充、新知识如何可以获得的教训。法则是以公式形成种种正面的原理，通过它们的使用一种机能能受到指导和锻炼的。所以法规是以正确使用的正面原理为基础的一种锻炼。但是锻炼这名词是康德保留着作为指一种纯粹消极的一种学说[653]，只企图能防止错误和阻止离开规则的倾向的。如果一种机能没有正确的用途(例如，纯粹的思辨理性)，它就只有锻炼而无法规。可见锻炼是一种“单独的、消极的法典”，一种“警戒和自省的体系”。它和法规还有一种区别，就是它考虑到不只纯粹先验的条件，它对于一种纯粹的法规很像应用逻辑对于普通逻辑那样。然而一种法规提供指导机能的原理，那么它和工具的区别显然就不能是硬而牢固的了。但是这里正如在别处一样，康德在其划分区别时是严格的，而且几乎是卖弄学问的，可是在其应用上则适应地不小心的。他描述特种逻辑为这种或那种科学的工具[654]。从上一句话所下的定义看来，我们希望这会被看作一种法规，在A46即B63上面，康德把感性论说成是一种工具。

乙、关于先验逻辑——康德关心的主要是普通逻辑与先验逻辑的区别。这是他自己做出的一种区别，而对于《批判》一书的意图是有根本的重要性的。先验逻辑是一门新科学，他企图在原理论第二主要部分里予以阐述。两种科学的一切差别所从而得出的区别就是，普通逻辑只抽象于所知道的对象之一切差别，而先验逻辑则只抽象于经验性的内容。根据康德还没有证明而预先肯定的一种假定，有一些对于一切对象都有效的纯粹先验的概念，因之就有一种科学，其性质与意图都有别于普通逻辑。这两种逻辑在其是先验的上面是一致的，但是在其他主要方面都是不同的。

在A55即B79上面所提到的直觉形式是有些模糊的。有人可能认为康德的意思乃是,在先验逻辑里,所抽象的不只是从所有经验的东西,而且也是从所有的直觉。但是那并不是康德的真正见解,至少不是他的最后见解。在A76至77即B102,A130至131即B170,和A135至136即B174至175等节里面(而这些节大概都是后来出现的)他以最清楚的话语来叙述他的立场。在那些地方他声称,先验逻辑之不同于普通逻辑是在于它的任务不是要抽象于直觉的纯粹先验的杂多[655]。可以注意到,这就包含有康德的批判学说后来发展中所更加显著的认识空间与时间之不只作为感性杂多的认识之形式,而是作为它们自己对于心所表现的先验性质的独立的杂多。

据先验这词所表示,这门新逻辑是以对象的先验的有效知识之起源、范围、条件和可能性为其中心问题的。这些问题都不是在普通逻辑里面处理的,普通逻辑只处理悟性本身。正如康德在他的《逻辑》一书里[656]所说,悟性如何能知道自己?我们可用相应的方式来以公式形成先验逻辑所处理的问题:悟性如何能具有关于对象的纯粹先验知识?在那机能能够先验地有综合的、客观知识的限度内,先验逻辑就是纯粹悟性的法规[657]。普通逻辑诚然包含有指涉对象的思想[658],但这种指涉的可能性本身是不会被研究的。在普通逻辑里,悟性只处理其自己。它固然假定一切对象都符合于逻辑的规律,但这假定在科学本身是不起什么作用的。

康德在这里没有考虑的还有一点是必须注意的,那就是,普通逻辑所处理的悟性之活动不过是它的论证的活动,即辨别和比较的那些活动;而先验逻辑所处理的活动乃是有创作力的活动,通过这些活动它就从自己里面产生先验的概念,而且独立于经验而得到对象的一种先验的确定。换言之,普通逻辑只处理分析的思维,而先验逻辑处理综合性的活动,这些活动是包含在形成分析手续的题材的复杂内容的产生里面的。

丙、关于普通逻辑之划分为分析论与辩证论[659]——下面引自康德的《逻辑》之一段是这一节头四段的极好而又足够的评语[660]：

“真实性是知识的重要完成，其实是它一切完成的最重要而不可分的条件。真实性乃是知识和对象的一致。按照这只是文字上的定义，我的知识，如果要成为真的，也必须和对象一致。然而我只能用这方法来把对象和我的知识相比较，那就是要用我关于对象所有的知识。那么，我的知识要靠自己来证实，这对于真实性是远远不够的。因为对象是在我之外，我只能判断我关于对象的知识是否和我关于对象的知识相一致。这种兜圈子的解释古人称为循环推理(希腊文 Diallelos)。其实怀疑论者谴责逻辑家说他们犯了这种谬论，怀疑论者说，这样来说明真实性是像一个人在审判台前作了某种声明，而求助于一个证人来支援他，但这证人是没有人认识的，可是这证人为他自己的可靠性辩护说，叫他出来做证人的人是诚实的。说这是循环推理的确是有其理由的。然而，上面所提及的问题是任何人都绝对不能找出其答案的。

“事实上问题是这个：是否而且到什么程度有一个真实性的确实、普遍，而实践上适用的标准。因为这就是真实性是什么这问题的意义……

“真实性的一个普遍的物质的标准是不可能的；其实这是自相矛盾的词。因为既是普遍的，它就必然抽象于对象的一切区别，然而既然是一个物质的标准，它就恰恰必然有关于这个区别，以使之能确定所认识的是否和它所涉及的对象相一致，而与之相一致的不徒然是这个或那个以之说不成什么东西的对象。但是物质的真实性必须是一种认识和它所涉及的一定对象之这个相一致。因为对于一个对象真实的认识可能对于其他对象是虚伪的。所以要求一种真实性的普遍物质标准同时抽象于对象的一切区别而又不抽象于这些区别是理所不能的。

“但是，如果我们所要的是真实性的一种普遍的形式上的标准，那就很容易决定可能有这样的一个标准。因为形式上的真实性不过就是把一切无论什么的对象都抽象掉，把对象的每一种区别都抽象掉，只是认识和它自己的相一致。所以真实性的普遍的形式上的标准无非是认识与其自己相一致的普遍的逻辑记号，或者说，那是同一样的东西，认识和悟性与理性的一般规律相一致。这些形式上普遍的标准对于客观的真实性的确是不够的，但还可把它们看作客观真实性的不可或缺的条件。因为在认识是否和对象相一致这问题之先，必然要问认识是否在形式上和自己相一致。而这就是逻辑的事情。”[661]

第三节剩下来的几段[662]，可同样和康德的《逻辑》比较容易一点的一节引来的下面一段相比较[663]。

“分析论用分析方法来发现我们在思想中运用的理性之一切活动，所以它就是悟性与理性的形式之一种分析，而适当地称为真实性的逻辑，因为它包含一切(形式上的)真实性的必要规则，而没有这真实性，我们的知识，纵然离开它的对象，在其本身还是不真的。所以它不过是决定我们知识的形式上正确性之一种法规。

“如果我们想要把这只是理论的而且是一般的学说用为一种实践上的技术，就是说，作为一种工具，它就会变成一种辩证术，即一种假相的逻辑(ars sophistica disputatoria“争辩的诡辩术”)，是发生于分析法的误用，因它只用逻辑的形式而制成真知识的假象，但真知识的性格与此相反，必须是得之于和对象的相一致，所以必须是从内容得来的。

“以前，辩证术是被人们努力研究的。这种技术以真实性的假象来提出虚伪的原理，而按照这些原理，企图维持事物在其假象上，在古代希腊人之中，辩证术者是一些鼓吹者和雄辩者，他们能随意把群众引到任何地方，因为群众让自己为假象所蒙骗。所以辩证术在那时乃是假象的技术。

在逻辑里面，它也是有过一段长久的时间在争辩术的名称下被处理的，而在那段时期里，所有逻辑和哲学都是一些饶舌的人用以培养假象的技术。但是没有什么比这种技术的培养还配不上一个哲学家的。这种形式的辩证术所以必须一起予以扑灭，而在逻辑里加上这种假象的批判性考查来代替它。

"可见我们应该有两部分的逻辑：分析论，处理真实性形式上的种种标准，和辩证论，包含种种标志与规则，我们可用来知识某一东西不和真实性的种种形式上的标准相一致，虽然它表面上像是一致似的。这种形式的辩证术作为悟性的一种流畅剂是会有其用途的。"

这样，辩证论只在其消极意义上来解释。康德说，它是一种流畅剂。它远远不是一种工具，它甚至于不是一种法规。它只是一种锻炼[664]。康德这样来下辩证论的定义是引起某些混乱的。它对于以之称谓《批判》一书那一大段的范围与意图是没有公允的交代的[665]。

丁、关于先验逻辑之划分为先验分析论和先验辩证论——对象[666]这名词在这全节都是用在两种完全不同的意义上的。在第二、第三两句里，它是用在广泛些的意义上，作为内容或质料解。在第四句里它是用在狭窄些和严格些的意义上，更适合于这词的，作为"东西"解。再则在第五句里，内容（德文 Inhalt）像是和对象在其狭窄一些意义上一样；而在第六句里，则质料（德文 Materie，"内容"的同义词）看来是和对象在其广泛一些意义上一样。先验辩证论，按关于它的逻辑相对词上面所讲的，其所下的定义之方式只对于它的学说之消极方面是公允的。它的功用只被看作保卫纯粹悟性免受诡辩的幻影[667]。

第一编　先验分析论

这一节[668]的主要论点是在于它坚持说，分析论既然只有关于纯粹悟性，则它处理的先验概念，必然形成一个统一体或体系。悟性是被看作分开的一种机能，而实际是被实体化的。所含的意思乃是，作为分开的一种机能，它必然是一个独立的统一体，独立自足，无待于外的。它的概念的数目、组成和相互关系都是它的固有性格所决定的。这些概念都是独立于它们被用来组织的质料之一切差异而发生的。

第一卷　概念的分析论

绪论的一段——康德把悟性作为分开的一种机能这种见解，在这一段中又是明显的[669]。分析论就是悟性机能的一种解剖。先验概念不在别的地方而只在悟性自身里寻找，悟性是先验概念的出生地。在那里，“它们等待着，到了最后有了经验的机缘，它们就发展起来”。但是这种说法对于康德的实在所讲的不是公允的。这些都像是显露“论文”的批判前所持观点的留存影响。

第一章　发现悟性的一切纯粹概念之线索

悟性是“一种绝对的统一体”这说法又重复了。从这样独断地做出，甚至并无试图来论证的一种断言，康德就推论出这重要的结论说，从这样一种来源发生的诸纯粹概念，“必然按照一个概念或理念

(德文 Begriff oder Idee)而互相联系的”。而且他加上同样未经证明的断言说:

“但是这样的一种联系就提供一条规则,使我们能够给悟性的每一个纯粹概念以适当的地位,而且使我们能够以一种先验的方式确定它们的有系统的完备性。不然的话,我们就要在这些事情上依靠我们自己的任意判断或者只靠偶然的事件。”

在下一节里他就致力于从分析性的思维之考查来发现这条规则或原理在现实上是什么,而在这样做的时候,他第一次在任何足够程度上揭露他所企图发展的立场之实在性质。他把所需要的原理和判断的动作之作为统一的功能之性质联系起来。

第一节。悟性之逻辑的运用——这一节[670]作为范畴的形而上学演绎之绪言看,是极端不能令人满意的。他把注意力指向错误的各点,而隐蔽了不是明确了康德的实在立场。它的论证又是被歪曲、被混乱了的,只有极其细心分析才能弄清楚的。注释家提出一种两重的任务,而自己是无法逃避的。他必须使论证经过某种修改而与康德晚期更审慎的种种立场相和谐,同时他又必须解释何以康德以这样令人迷惑的方式来提出他的论证。

这一节的标题,像是含有所要处理的只是悟性的论证活动这种意思。那从大体上看固然是对的。但是这明言的意图和论证因之而提出的最后意向冲突起来,结果便是混乱。康德企图证明,我们能够从论证性的悟性之比较易于接近得到的手续,得到一种线索足以确定那些必须用他新的哥白尼式假说的话语来当作先决条件而要求的逻辑前的活动。但是虽然那是这一节的实在意图,不幸它没有公开地被认识,而只在读者掌握了分析论几部分之后才看出来的。康德的论证还有另一种缺点,就是未充分说出论证性的概念的性质是什么或者它和判断有什么关系。我们必须尽我们力之所逮,从他在别处所说的,来弥补这些空白点。我首先叙明康德关于论证性思维和综合性思维两者的区别之见解，然后考查他如何处理概念的性质与其对于判断的关系。

正如上述[671]，先验逻辑与普通逻辑的区别，对康德而言，是标志着悟性的使用中之种种最重要的差异。在其一种使用上，悟性以创作综合性的活动从所与的杂多产生感官经验的复杂对象，在这样做时，它通过从它自己里面发生的概念来解释并组织杂多。而以其他之一种使用，它进行辨别与比较，从而获得自感官经验的内容而来的传统逻辑所讲的类概念。康德就像是在这节里论证说，如果不考虑那两种情况下概念发生之不同，而只注意到它们各自活动的很一般的性格，我们就发现它们在一个基本特征上是一致的。即它们都表达统一的功用。每一种都以思想的自发性为其基础——一方面以综合的解释的自发性为基础，另一方面以辨别与比较为基础。两类型的活动共同的特色，又可明确为众多之在单一的表象被掌握所借助的统一动作。在“凡金属都是物体”这一判断里，各种的金属通过物体这概念而成为统一。在类似方式上，综合的悟性通过例如实体与属性的这种统一形式，把直觉的杂多组织起来。那就是在上引命题的基础上的范畴，使整个判断的特别统一有其可能的。试引用康德在后面一节里用来介绍他的范畴表的一句话：

“同一的悟性，用它以分析的统一方法在概念中曾产生判断的逻辑形式的那些同样的动作，就借助于一般直觉中的杂多之综合性统一而把先验因素引入其表象中来……”[672]

可是康德的阐述是极其令人误解的。正如他后面所说的，他的真正论证丝毫不是这里所做出的。我们将要有机会看到，康德不能证明，而且最后也不承认要来证明，在论证的和在创作的思维中所运用的是“这同一的悟性”，更不是“这同一的动作”。但是那是一种批评，在现阶段提出来还不免过早。我们必须通过上述的阐述之初步分析来达到它。康德的论证不是奠基于刚才做出的那种类比，不是奠基于意识地比较内容而形成的概念和自悟性本身里面发生的概念这两类概念的类比。两者诚然都是统一的作用，但在其他方面，按康德自己的学说，他们之间毫无类似之处。一个类概念或者说抽象的概念，所表达的是每一个复杂内容之中所发现的一些共同的质。它本身就是一种内容。范畴则不然，它总是内容借以被解释的统一之作用。它不是什么内容，而是为着内容的组织之一种形式[673]。它只能在整个判断的动作中获得其表达，而不是在什么一个因素如论证性的概念中获得其表达。但是虽然康德这样做出的类比站不住脚，而他的论证在一种新的而很不同的形式上是继续下去的。它再不是以任何认为论证性思维和创作性思维之间的类似为其基础，把两者作为平列而独立的活动的看法，它现在是证明了，前者是以后者为其先有的条件而且为后者所决定的。通过悟性在其更易接触的论证式的行动，我们就可希望发现它按照着来在其逻辑前种种活动中进行的综合性诸形式。我们确定分析判断的种种形式时，在综合性思维包含着的诸范畴就对意识显示其自己了。

这样，纵然康德强调概念性的述项，强调它所表达的统一，在他一进行诸范畴的演绎时，重点就转移到作为整个判断的基础的统一。使"一切物体都是可分的""凡金属都是物体"这种命题成为独绝而分别开来的一类型判断的不是其述项的性格，而是述项因而与其主项有关系的实体与属性的范畴。它们特别的形式是由于那范畴的；而它是统一的一种作用，是论证式的悟性所绝不能说明的。正如康德在《导论》一书中所说，如果真正的判断，即"客观有效的"判断是分析的判断时。

"……就会发现它们绝不只是(像平常所相信那样)在判断中为比较所联系的诸直觉。如果没有一个悟性的纯粹概念附加在从直觉抽象出来的一些概念之上，它们是不可能的。抽象的概念包含在一个纯粹概念之下，而只有在这种方式上,它们才能在一个客观有效的判断里被联系起来。"[674]

可见论证的概念和先验的概念之间的类比,一经做出便立刻作为与题无关的被搁在一边了。虽然类概念是以统一的作用为基础,虽然(如我们立刻将要看到)它们在判断的整个动作中只作为要素而存在,在其他方面它们与诸范畴之间是毫无类似之处的[675]。范畴的线索之寻找不是在分析性思维固有的特征里,也不在它的特别产物(即概念)里,而只在它在一切抽象之后,它还从综合性思维所创造的产物中保留下来的东西里面。考查时将要发现,每一分析性判断的类型,都包含有概念性要素借以和判断中其他因素发生关系而且统一起来的某一种特别的功用。这个统一的功用在每一种情况下都是悟性的一种先验范畴。那就是在这一节结束的一句的基础上的论题。

"如果有其可能来穷尽地说出判断中的种种统一的功用[即关系的种种形式],则悟性的功用[即悟性的先验概念]就可完全地被发现。"

采取这样一种立场,可以注意,就包含着放弃那种说法,就是在上面引用一段里那样强调做出的,说悟性是以同一的活动论证式地形成种种的抽象概念,而且创造性地组织感官的杂多。在任何方面,那都不是真的。在一方面的比较和抽象的种种过程,另一方面综合性的解释之种种过程,两者之间没有实在的同一——甚至没有类比。前者不过是反思的;后者真正是创造的。论证式的活动是有意识的过程,而且是在控制之下的:综合性的过程是无意识的;只有它们完成的产物才在意识领域里出现。然而,这就预先说了康德自己最后才体会到的结论之一,即没有什么证明能说这两类型的活动是能归之于同一种来源的。综合性的种种活动——正如他最后所主张——是由于想像力而来的。

"概言之,综合纯为想象之结果……此想像力乃心之盲目而又不可缺之机能，无想像力吾人即不能有知识，但吾人鲜能意识之。”[676]

这一句出现于无疑是后来插入的一段里[677]。句中“鲜能”（德文 selten nur einmal）这语气表示康德犹豫地承认这基本事实，因为它摧毁了他早年见解中的许多东西，纵然它是完成而且巩固他最后的主要结论的。承认了这点之后，康德也放弃论证式的思维与创造性的思维之间必定有一种完全平行这种争点所剩下来唯一的根据。如果它们是发生于这种不同的根源，我们没有特殊的证明就无权来假定，说它们在活动的形式上必须是完全相同的。这是我们谈到康德以公式形成认为保证范畴表的完整性的那条原理时将要回头来提到的一点。

这个在观点上未明言的改变是这节中混乱的主要原因。它的其他缺点都大半是由于遗漏。康德不能充分详细地发挥他关于论证式的概念之性质的见解，不能足够地弄清楚因什么理由而断言概念作为悟性的一种活动是与判断同一的。先谈前一论点。康德关于论证式的概念见解的方式在其《逻辑》一书的导言下面一段表达出来[678]：

“人们的知识是在论证式的悟性这一边的；就是说，它的发生是借助于理念，而理念是把许多事物所共同的东西作为知识的根据；因之是借助于属性之为属性的。所以我是只借助于属性而认识事物。属性是事物中构成我们对于它的认识之一部分；或者说，那还是一样的，一种部分的概念作用，因为它是作为整个概念作用的认识的根据的。所以，我们一切概念都是属性，而一切思想无非是靠属性的概念作用。”

康德关于概念的见解之种种限制更难找着再明确的表达了。得到承认的唯一之判断类型，乃是以传统的方式来解释的直言判断[679]。

“把某东西作为一种记号和一个东西比较就称为‘判断’。这东西就是主项,这记号[即属性]就是述项。比较是用‘是’来表达……没有什么限制而只用‘是’就表示述项是主项的一种记号[或属性],但是和否定的符号结合,它就表明述项是和主项对立的一种记号。”[680]

康德关于分析性思维的见解是完全为传统逻辑的实体与属性的学说所支配的。以其内涵言,一个概念必然是通过抽象的一种属性,而以其外延言,它代表一个类。关系的思维和关系的种种概念都被忽略了。这样,在感性论中,如我们已经注意到[681],康德主张,空间与时间既非类概念,则必须是直觉。这论证,忠实地为康德所使用,说明他是如何完全没意识到他的新观点的革命性后果。甚至在坚持诸范畴的关系性格时,他仍然继续谈到概念,好像它必须符合于类的类型的。在这方面,正如在许多其他方面一样,先验逻辑不是像他所宣称,用来补充普通逻辑的;它是在不言中取消普通逻辑的。现代逻辑像它为陆宰、西格华尔特、布拉德雷、鲍森阙特等人所发挥,大部分是普通逻辑用康德的先验研讨所得的结果之话语改造过的。暂时,所说的已足以表示康德关于逻辑概念学说的奇怪受到限制的性格。

但是在一个基本论点上康德是完全脱离传统逻辑的羁绊的。下面一段是在上面曾引用过一本以《三段论式四格的错误细致区别》为题的小册子里面的:

“明显地,在逻辑的通常处理里面有一个严重的错误,就是清楚而完整的概念是在判断与推理之前处理,虽然只有借助于后者才有前者之可能的。”“所以我说,首先,只有借助于判断,一个清楚的概念才有可能;只有借助于推理,一个完整的概念才有可能。事实上,要使一个概念成为清楚,我必须清楚地认识东西作为一个事物的属性,而这就是判断。要有物体的清楚概念,我清楚地对自己表象不可入性作为它的一种属性。而这表象无非是‘物体是不可入的’这思想。这里得要注意,这判断不是这清楚的概念本身,而是借以实现它的行动;因在这行动之后而发生的事物之理念是清楚的。说明一个完整的概念只借助于推理才有可能是容易的;提到这论文的第一节就够了。所以我们可以说,一个清楚的概念是判断使之变为明白的,一个完整的概念是推理使之变为清楚的。如果完整性是属于第一级的,推理就是简单的;如果是属于第二或第三级,只有借助于一连串的推理才有可能,而悟性则把这一连串的推理省略为连锁推理……其次,概念的完整性与其清楚性不是需要心的不同机能(因为认识东西直接为事物的一种属性的同一能力也用来在这属性中认识另一属性,而这样借助于一种远的属性来想一件事物),这是很明显的,而且悟性与理性,即清楚地认识的能力与形成推理的能力,不是不同的机能,这也是明显的。两者都是判断的能力,但间接判断时就用理性。"[682]

在我们面前的这节里是主张这同样的观点,但它的表达方式是大大不如那样令人满意。概念再不作为完整的判断说了。在上面一段里,康德总是把概念说为命题的主项的;现在它只作为一种述项[683]。这差异是有意思的。概念作为主项,能够表象整个判断(至少从康德所主张的传统观点看,它是这样的);概念作为述项,只是在判断的行动中作为一个因素,纵然是一个统一的因素。这种离弃他自己更成熟的观点,像是由于康德对于他这里做出分析性思维与综合性思维两者类比的性质,还失于不清楚。这是和他的错误的、且只是暂时的、把先验的概念和论证性的概念相比较有联系的。唯有他在1762年的立场才和他的主要学说相和谐。现在,正如那时,他是准备把判断看为悟性的唯一终究的活动,所以就把悟性下定义为判断的机能。

但是新的批判观点迫使康德重新解释这条定义,而其方式包含着传统学说更加根本的改变。范畴成了概念的独绝一种类型,而决定论证式思想的过程的。这些范畴是体现于分析性思维所从出发的复杂内容;无论论证式的比较和抽象的种种过程进行到多么远,这个或那个范畴必须仍然继续下去，确定着分析性判断所取的形式。直言判断之公式形成只能借助于主项与属性的先验概念，假言判断只能借助于根据与后果的纯粹概念，其他亦复如是。结果是，范畴之多少正如分析性判断的形式之多少。这就是当先验演绎的后些而深刻些的结果适当地被考虑时，形而上学的演绎原理所必须解释的方法。在他从论证式的判断种种方式演绎出悟性的诸形式时，康德实际是主张分析性判断包含和综合类型判断同样的问题。诸范畴之能从论证式判断种种形式而获得，只是因为它们是一些条件，在其中而且通过它们，它才是有其可能的。

但是，虽然康德在这里和在分析论的中心部分那里，都像是在这结论的边缘，然而绝未明显地做出这结论。正如我们将要看到[684]，这就要包括另一种承认说没有范畴表完整性的绝对保证，而又没有确定它们相互关系的满意方法。一直到最后，普通逻辑是从先验逻辑孤立起来的。其批判的研究之公式形成好像所关的只是明显地是综合性的判断。所以，形而上学演绎的原理不是为康德自己以上述的方式所叙述的；而我们还要决定，康德在演绎中所使用的，实在是什么原理这一困难问题。

康德对于这原理有两重要求。它必须使我们发现诸范畴，而它又必须在这样做时使我们能把它们一起看作是形成一整个体系，并且它们的完整性就因之无待于只是经验上的考虑而得到保证的。这原理的叙述，时而以更广泛的形式，时而以更特殊的形式，康德在这点上论调也并不很确定的[685]。这原理更广泛的公式形成是说，悟性的一切动作都是判断，所以悟性的最后先验的形式是和判断可能有之最后形式同一的[686]。其更特殊而正确的公式形成是说，和每一个分析判断的形式相适应的有一个悟性的纯粹概念。原来上述第一个说法显然是不充分的。它不过把问题再次以公式来形成作为不是概念的问题而是判断的问题。如果需要原理来保证我们先验概念表的完整性，那就同样需要它来保证判断表的完整性。纵然上述原理是以更明白的形式加以阐释的，像在《导论》一书里那样[687]，在这里，判断被定义为悟性的行为，这行为又包括它的其他一切行为，但它也不能使我们保证任何判断形式表的完整性或者确定它们的系统的相互关系。所以我们只得退回到第二种见解。但是这只是叫我们面临另一个问题，什么原理保证分析判断表的完整性呢？康德对这提问是绝对没有答案的。读者持有传统逻辑产生的分类之足够性与最后性的不可克服的信念，故其疑问是模模糊糊的。

所以这一节的混乱与模糊的根柢与来源都可追溯到康德对于形式逻辑的态度，他固然可以批评它忽略了概念、判断和推理的相互依赖；他固然可以摈弃三段论式的第二、第三和第四格；他固然并可甚至承认它的判断形式分类没有能明白到人们所想望的程度；但是无论他对形式逻辑有什么保留条件，承认什么缺点，这些东西，就他来讲，都是次要的事情，他是承认它的学说为完整而无以复加的。对于传统逻辑的基本区别这种绝不动摇的信仰，事实上，正如我们将要经常有机会来看到那样，是永恒存在的一种影响，即决定了康德批判学说的一般轮廓，而又确定了它的许多细节的。传统逻辑的种种缺点是很清楚地在他自己的先验逻辑里表示出来的。他说明综合性思维是基本的；分析性思维的形式与活动是为综合性思维的区别所前定的；判断的各种各样形式的理解，只能靠后退到这些形式所从而发生的综合性概念；观念不只是有类的一种类型，还有关系的诸范畴。虽是这样，康德一直到最后，始终不渝地把普通逻辑看作是单独的一个部门，在其通行的形式上是很足够的。他继续忽略了这一事实，即分析性判断和综合性判断一样，要求有其先验的辩解。

其结果是奇怪的、不合常理的。正是在进行传统逻辑的变革之中，康德须依靠传统逻辑的威信，依靠它的种种结果的假定最后性，来弥补代替它的逻辑之种种不足之处。康德自己承认，先验逻辑不能保证全部“纯粹理性批判”那么大力强调的完整性。普通逻辑被认为有其独立的地位，足以使诉诸它的权威有其正当理由；而认为保证范畴表的完整性之原理，其公式形成中并未包含什么暗示，说论证式思维是依靠综合性思维的。康德像是主张，形式逻辑之能为判断最后形式的分类提供一种标准，正是因为它的任务是相对简单，独立于关于思维过程的性质、范围和种种条件之一切认识论的见解的。形式逻辑既是一门完成了且完全先验的科学，经过二千年的考验，而实际上屹立不变直至今日，就可承认它的结果为最后的，而在一切其他研究中使用是没有问题的。在普通逻辑中已科学地处理了分析性思维；“批判”只有关于综合性思维的可能性和种种条件。所以分析性诸判断就提供了悟性可能有的范畴一个完整而绝对有保证的表。但是，正如我们将要发现，这整个进行方法的乖张性为康德如何要适合他自己的意图，就把传统逻辑的现实学说加以改造、扩充或修改所表明。

如上所述[688]，所断言的分析判断与综合判断的平行性依赖于这样一个假定，即认为论证式思维和综合性的解释是出于相同的悟性机能的。按照批判前“论文”的态度，其含义就是，悟性看为一切思维过程所从而发生的机能，有某些规律，它是必须按照着在一切动作中活动的，而这些规律从综合性思维可以发现，从分析性思维也同样可以发现。在这假定中，真理与虚伪混淆在一起，是已经指出过了的。它所包含的真理是由于这事实，即分析性思维不是和综合性思维的诸形式平列，而是依赖这些形式，而且为它们所决定的。其虚伪性乃是在于它忽略了这样给它以部分真理的东西。先验演绎的种种结果，要求形而上学的演绎的全部论证须加以完全改造。做了这个的时候，就再没有什么根据来争执说，范畴的多少是可以有其先验的根据来确定的。根据康德自己一切先验原理的综合性，因之它们只是根据事实的性格这种基本学说，诸范畴的必然性只能提到现实经验的偶然性才能证明。可能的概念性诸形式，是相对于偶性的感性质料中的现实的最后的种种差异的。既然是这样相对的，它们就不可能按纯粹先验的根据来系统化。这是康德自己在第二版所加的一段[689]承认了的，虽然表面上看来，他是没有完全意识到必然到来的种种重要后果的。

“我们悟性的这种特性，即它只得借助范畴才能产生统觉的先验统一，而且只得借助于这样的范畴和这么多的范畴，是不能另有解释的，正如何以我们只有这些而没有其他的判断作用，又如，何以空间与时间是我们可能有的直觉之仅有形式一样不能另有解释。”

康德的形而上学上演绎之发展阶段

如果我们按其可以在思想上重建的模样，简短地追述在康德当时心里所通过的各阶段，形而上学上演绎的性格就会更容易看得清楚了。我们可以从 1770 年《论文》讲起。在这书里，康德修改了他早期的沃尔夫观点，大概在新近出版的《新论文集》(Nouveaux Essais)的直接影响下，发展着它，而是按更真实的莱布尼茨的路线的。

“理智的用途……有二。按其一种用途，事物的概念和关系的概念都是所与的。这是实在的用途。按其第二种用途，概念无论是从何所与，只是彼此从属，低些的从属于高些的(共同属性)，而且是按毋矛盾律互相比较的。这称为逻辑的用途……所以经验性的概念不以归结为更小的普遍性而在实在用途上变为理智的，而且并不超出感性认识的类型。无论抽象到了多么高的程度，这些概念仍然总是属于感性的。但是在处理严格理智的事物时，其理智的使用是实在的(事物的和关系的)，理智的概念都是为理智的性质所与的。它们不是从什么感官的使用抽象出来的，并不包含任何感性知识的形式。在这里我们必须注意抽象这词的歧义……一个理智的概念抽象于一切感性的；它不是从感性的东西抽象出来的。或者称为正在抽象(英文 abstracting)比抽象了的(英文 abstract)更为正确。所以称理智的概念为纯粹理念,称只是经验上所与的概念为抽象的理念,比较妥当些。"[690]"然而我怕,沃尔夫,由于感性的与理智性这区别,这从他看来只是逻辑上的,就阻碍了,恐怕完全(为哲学的大大损害)阻碍了古代那最崇高的事业,即现象与本体的性质的研究,而使人们的心灵从这些研究转向于每每只是逻辑上细微的区别。哲学,以其是包含纯粹理智的用途之最高原理而言,就是形而上学……经验的原理既不是在形而上学里寻找,则在它里面所碰见的概念,都不是在诸感官中而是在纯粹理智的性质里去寻找的。它们不是与生俱来的概念,而是从心所固有的规律(拉丁文 legibus menti insitis)抽象出来的,所以是获得的。例如可能性、存在、必然性、实体、原因等概念,和它们的相对概念与相反概念。它们永不作为部分进入任何感性的表象,所以就不能以任何方式从这种表象抽象出来。"[691]

康德在上引一段、用以结束他的纯粹理智的概念之列举的等等字样表示一个很快就要叫人觉得的问题。事情是这样从他给郝尔兹一封信(1772 年 2 月 21 日)便可看出。在这信里,他告知他的通信者,说一发挥他的先验哲学(德文 Transcendentalphilosophie,在康德著述中第一次出现这个标题)之中,他曾:

"企图把完全纯粹理性的一切概念归结为一定数目的范畴[这词也第一次出现],不是按亚里士多德的方式,亚氏只把他的十范畴在一种秩序上并列起来,而全属偶然的,而是要按悟性的几条原理使它们自己分配自己的。"[692]

虽然在这同一封信中,康德声称他已曾解决他的问题,而且"在大约三个月内"就要刊出他的《纯粹理性批判》(这标题已在使用),而"几条原理"这短语清楚地说明他还没有发展体现在形而上学上演绎的学说。因为这学说的主旨,是坚持足以把一切原理归结为不只是一些类而且为一个系统的唯一原理之必要。发现这样一条原理之困难必然是《批判》一书延迟完成的原因之一。我们能使用的唯一一种材料，可以重建康德在1772年2月至1781年之间所经过的见解发展之各阶段，就是《反思录》，但这些材料是足够使我们这样重建有其相当大的确定性的[693]。

在《论文》里，康德追溯空间与时间的概念，像悟性的诸概念一样，到心理的活动。

"两种概念[空间与时间]无疑是获得的。然而它们不是从对象的感知而抽象出来的(因感觉只给与人们觉知的质料，而不是其形式)。作为不变的类型，它们是从人的心按照永恒的规律安排其感性材料的那种活动直觉地被认识的。"[694]

然而，按照产生空间与时间的直觉之规律而活动的"心"(拉丁文animus)怎样不同于按照产生纯粹概念的规律而活动的"智性"(拉丁文intellectus)，《论文》是十分模糊的。康德的理由，除空间与时间的直觉性格之外，以前者和后者对立起来，作为感性的和理智的对立起来，就是因为有二律背反的存在，而且有他认为通过纯粹概念则绝对实在可以被知道这种信念。但是，当他对那信念发生问题，而来到把范畴作为像直觉的形式一样看作是主观的时候，二律背反就再不成为这样把它们区别开来的根据了。空间与时间的直觉性质，固然是它们所特有的，而其本身并非什么证明说它们是属于心的感性这一边的[695]。

从新的批判观点，立刻就有康德所面临的困难。在一方面有其空间与时间，而另一方面有诸范畴，如何把两者区别开来，这是《反思录》和《导论》下面一段所证明的[696]。

"只有在研究纯粹非经验的人们知识诸因素花了长久的反思之后，我最后才达成把感受性的基本概念(空间与时间)和悟性的基本概念区别开来而确定地分开它们。"

形而上学的演绎发展第一个阶段,看来是在于企图把范畴看作是从反思悟性的活动,在其“比较、结合和分开”上获得的[697];而在所得的理性的概念(notiones rationales)、理智的概念(notiones intellectus)之中,空间的理念是特别被注意的。还有下面的一系列:

“存在(实在性)、可能性、必然性、根据、一与多、部分、一切、没有、混合与简单、空间、时间、变动、运动、实体与偶性、力量与动作的概念,以及一切严格属于本体论范围的东西。”[698]

在《反思录》第2卷第507和509条下,这样理性的概念的基本特色,就是在于它们理性的性格。它们一律都是形式的概念[699]。

但是康德很早就像是已经发挥了那种见解,认为空间与时间是通过外感官与内感官给与于意识的,而这见解所造成的困难比所解决的困难多得多。虽然它们仍然常常是被说为概念,但确实是归之于心灵的接受的非自发的那边的。这是回到《论文》的观点,而同时又是它的学说明白的一种修改。在它把它们看作是感性的范围内时,它是主张《论文》的观点,而追溯它们到接受性,就是离开这观点的[700]。

从1772年给赫尔兹的信所引用的一段大概可以和上面曾引用过《活叶集》之中所显示的阶段相联系。所谓“比较、结合和分开”,可能就是那里所指的“悟性几条原理”。然而那是有疑问的,因为发展中下一阶段也同样地结束为三个分段。这第二个阶段在《反思录》第2卷第483、522、528、556至563等条有着不同的表达。在其一致之处,区分为三类范畴——论题的、分析的和综合的。其第一类包括质与模态的范畴,第二类包括量的诸范畴,第三类包括关系的诸范畴。

《反思录》第2卷第528条如下:

[论题=]“形而上学的概念首先是绝对的:可能性与存在;其次,相对的:

[分析=](a)一与多：普遍(拉丁文 omnitudo)和特殊(拉丁文 particularitas)。

(b)限制：首先的，最后的：无限(拉丁文 infinitum)，有限(拉丁文 finitum)。[预说后来限定的这范畴。]

(c)联系：平列：整体与部分

[预说后来交互作用的范畴。]简单与混合；从属：

(1)主项与述项。

(2)根据与后果。

这一条，和上面列举和这相联系的几条“反思”，都很有意思，因为它们证明康德的范畴表的一切重要部分，在他得到更加把它系统化或者提到判断诸形式的逻辑分类以保证其完整性这思想之先，已是完备了的。这几条“反思”并使我们有理由来相信，当康德从事于寻找这样一条统一的原理时，上面一系列的范畴和当时已有的种种逻辑分类必定已是互相影响，各自受到某种改变为要使其平行性变为完整。正如我们将要见到，这就是实在的情形。例如，逻辑表使康德把质的诸范畴从模态的诸范畴分别开来，而在逻辑表本身又有了许多的变更以使它能产生所需要的那些范畴。

但是其最重要的一种更改，即每一子目又有三分的加进去，不能以其为由于两要素之这个或那个要素而这样来说明的。采取这种三分法的安排以代替逻辑分类的二分法，和康德从前自己的各表中随便列举的像是由于两种情况，即他曾经分辨出综合或关系(这以康德来讲总是最重要的)的三种范畴，而这是充分和逻辑之区分为直言的、假言的和选言的判断相和谐的。然后在他企图修改逻辑的划分而在每一种情况下加上一个第三子目，发现这能帮助他得到所需要的范畴时，三分法对于他(正如对于黑格尔也是这样)就变成先验哲学的几乎是一种神秘的教条了[701]。在其是含有承认传统逻辑的坚定而牢固的种种对立(例如普遍与特殊，肯定与否定)来说,承认这些对立却是在每一个判断中和在一切存在中,实际上是不可分的方面,这就构成更深入的理性论和更真正的经验论两个方向的前进之一步。但是在其是由于想要在先验的根据上来保证其完整性,它就是为一贯过高估计我们先验力量所驱使,这样说来,它无疑是有害的。《批判》一书中许多无用的“建筑术”是由于这种经院式的成见的。

逻辑判断表这一基本的更改是以这样天真的说法来作介绍的,说什么“在种种判断中的各种各样的思想”,在普通逻辑里是无足轻重,而“在其纯粹先验知识的领域中可能是重要的”。在康德的《判断力批判》一书中有下面一段[702]:

“在纯粹哲学中我的种种划分几乎总是三分法,这变为一种困难。但这是由于情况的性质的。如果要做出一种先验的划分,它要就是分析的,按照矛盾律的,那么它就总是二分的(quodlibet ens est aut A aut non A——任何东西要就是A,要就是非A);否则就是综合的。而在后一情况下,如果它是从先验概念得来(不像在数学那里那样,从与概念相应的先验直觉得来),则划分必须是三分法的。因为按照一般综合的统一所需要的,必然有(1)条件、(2)条件所决定的和(3)由这二者的结合所形成的概念。”

表达于“批判”的最后阶段,如我们已经注意到,只是他认为一切思维都是判断这早期主张的一种应用。这种关于诸范畴之和判断行动不可分的联系之体会,在原则上是对的,而且含蕴着批判学说许多最有价值的结果的。但是这些富有成效的后果只在先验演绎中发展的路线上才得出的。它们是和康德的基本哥白尼式的发明,说范畴都是综合之形式,因而是表达作用或关系,这理论结合在一起的。诸范畴再不能像在《论文》那里那样[703],看作是产生对象的概念的。我们在《论文》中发现的关于概念的见解,固然是在《批判》里应用于空间与时间——它们本身理解为直觉,而不只为直觉的形式——但诸范畴则被承认为具有完全是属于理性的一种性格。它们虽然是先验的，但在其本身而言，却不是意识的完全对象，因之不能显示对象。它们是作用而不是内容。但这就言之过早了。我们首先要尽简短地完成这不受欣赏的任务，即进一步谈谈形而上学的、演绎的、详细做出的、吃力的、武断的而又自相矛盾的性格。这演绎见第二与第三两节。

第二节。悟性在判断中之逻辑作用[704]——在这里可以注意康德的开始叙述。他说，如果我们不去考虑判断的内容，而只注意其形式，我们就“发现”思想在判断中的作用“能”归于四个目，每目又分三项。但是康德自己在这同一节里，以最坦白而最明显的方式承认只有考虑到不只判断的形式，而同时还考虑其质料，才能得到所需要的区别的。而且纵然不把这矛盾作数，“发现”这词可以算是合法的，只有“能”这字是相应地着重的。这些区别不是从现有的逻辑得来。只有把通行的种种分类尽量地自由运用，才能得到它们。检查一下判断表，而把它和范畴表比较一下，就得出无复争论的证据，说明前者是在高度人为的方式上另行安置了以产生所需要的诸范畴或多或少前定的系列。

1. 量。——这里康德是坦白地离开了形式逻辑所遵守的判断分类；其所以这样做的理由，据他所说，是和他要求只考虑判断的形式直接矛盾的。“知识的量”，在这里所讲的，不是从判断的形式，而是从它的内容才能确定的。而且，单一判断对于普遍判断是像一对于无限（德文 unendbichkeit）那样，这说法是显然有问题的。普遍本身是单一的一种形式，这是康德在他事实上从普遍判断得出单一的范畴时，实际上是承认了的。

2. 质。——康德把肯定判断和无定判断区别开来，就在逻辑之处理质作了类似的修改。A 是非 B 这命题看作既不是肯定，又不是否定，因为述项的内容包括无定数非 B 的东西，这判断便是无定的。康德在一种很矫揉而有点武断的方式上，竭力把它在性格上下定义为限制性的，而这样就在性质上同时是肯定而又是否定。这样就为限制这范畴的“发现”准备了道路。

3. **关系**。——沃尔夫、鲍姆嘉尔顿、梅耶尔、鲍梅斯特尔、雷马尔路斯和兰柏尔特同意于下列的划分。而只有次要的分歧[705]：

- 判断
  - 简单的＝直言的
  - 复杂的
    - 连缀的（即直言判断之有不止一个主项或不止一个述项的）
    - 假言的
    - 选言的

康德删去上表的连缀判断一项，而不管简单的判断和复杂的判断之区别（这区别在雷马尔路斯那里，而也在沃尔夫那里，但没有这么明确，是和有条件的判断与无条件的判断之区别联系在一起的），就以之来设法把剩下来的三种类型的判断放在“关系”这新的项目之下。它们以前从未这样平列过，而又从未统属于这一个特殊标题之下的。完全不清楚何以简单的和复杂的、有条件的和无条件的区别都不去管，何以既承认了假言的判断，而不承认连缀的判断。关于其时逻辑家们所用的区别，康德之分为重要与不重要的标准，那完全是他个人的事；虽然那标准很难下其定义，一定不是根据什么可以溯源到亚里士多德的逻辑。他的阐述，自始至终，是为其预先知道他所想要“发现”的特殊范畴是什么所控制的。

4. **模态**。——沃尔夫和雷马尔路斯都没有说到模态[706]。鲍姆嘉尔顿把判断划分为纯粹的或模态的（有**四种**形式：必然性、偶然性、可能性、不可能性）。鲍梅斯特尔和多马修斯也承认有模态的四种形式。梅耶尔划分纯粹的判断（拉丁文 judicium purum）和不纯粹的判断（拉丁文 judicium modale, modificatum, complexum qua copula），但不对模态的形式来分类。只有兰柏尔特[707]把判断分类为“可能的、现实的(德文wirklich)、必然的,和它们的反面”。但是当康德采取这三分法,包括了现实性就会使“模态”这总称在其传统意义上不适用了。现实性这意思表达在实言判断里,就没有作为述项副动词的修饰意义了。再则在其“肯定”和“直言”的形式上,它已经用来产生了两个其他的范畴。

康德把判断的盖然的、实言的和必然的形式说成表达知识在其发展过程中所经过的阶段。

“这三种模态的作用乃是思想一般的三种契机。”

客尔德称颂[708]这说法为预测黑格尔的辩证法。事实上,康德的话是与题无关而又令人容易发生误解的。意识之从盖然,通过它之确定为实然,而进到它之解释为必然,只代表个人心中的心理学上的次序。从逻辑上讲,关于可能的之知识是基于而且含义有关于实然的预先知识和构成实然的必然性之预先知识[709]。

第三节[710]。悟性的诸范畴或称诸纯粹概念——这节起头的三页,从原文的“普通逻辑抽象”起,结束于“基于悟性”这字样,像是后来插入的。像这几页那样体现着先验演绎有些基本的思想,它们是表达康德的分辨普通逻辑和先验逻辑的最后方法。但是它们仍然是和形而上学的演绎其他各节不能协调的。它们的性质是一种事后的思想,纵然那事后的思想是代表着一种更成熟而更充分的观点。康德在A55至57上面替普通逻辑与先验逻辑的区别下定义时,先验逻辑以公式来形成是完全没有提到纯粹直觉的[711]。其实康德论证说[712],正如既有纯粹的直觉而又有经验的直觉,同样地既有纯粹的概念而又有经验的概念。但是没有什么表示是他已经体会到这两种类型的先验因素是紧密地相互依赖的。甚至当他在A62上面进而说到纯粹概念的经验上之使用,是为对象在直觉中被给与这事实所决定的那时,还没有特别提到“纯粹先验直觉的杂多”。然而现在，康德强调说，先验逻辑具有一种纯粹的杂多作为它的基本特征，而通过提及这杂多，它的纯粹概念就取得其意义。这样一来，不但先验逻辑不抽象于纯粹先验概念，它是同样具有一种先验的质料的[713]。它现在是被看作不同于普通逻辑在这两种的方式。

哥亨[714]、客尔德[715]、理尔[716]和华特生[717]关于形而上学的演绎之叙述都弄坏了，因为未能注意到这后来的观点是晚近的发展，而和演绎其余部分不一致的。理尔的阐述却有比较上前后一贯的这优点。他公开承认，接受了这后来的见解立刻就来到的重要后果，即由于范畴含有空间与时间的意思，它们才不同于确定判断形式的那些观念；换言之，范畴都是只作为图型而现实化的。例如，实体这范畴不同于命题的主词(这仅仅是逻辑上的观念)，因为它是一个总是主词而永不是宾词的东西之概念；而这样一个概念对我们有其特别意义，只是因它是在时间中永恒的。逻辑上的主词与宾词，除了量的关系之外，是可以互换的。它们之间的关系是同一性的分析关系。主体的概念，先验地看则不同。先验地看，它是一个范畴，是永恒东西在其与它的变动属性之综合区别和关系上之认识。换言之，以实体和偶性的先验区别代替了主词和宾词的先验区别。在类似方式上，根据和后果的逻辑关系作为表达逻辑的同一性看，就让位于原因和结果的综合性的时间上的关系。其余的纯粹形式亦复如是。作为范畴而言，它们都是图型。康德所给予关系的诸范畴的名称实际上就是承认这点的。但是正当地承认直觉的形式与概念的形式的必然的相互依赖来得太迟，而不能防止他不去把范畴和图型区分开来，而造成自己在图型一节的人为的许多困难。

康德在 A82 上面说，他故意不替范畴下定义。他这样做是有良好的理由的。如果他尝试来下范畴的定义，就会叫他碰见许多困难。因为他的种种见解还不够成熟使他能找着出路。但是在 A241 上面(第二版删去的)康德给出了恰恰相反的说法，说范畴的定义是不可能的，其理由是，孤立于感受性的种种条件，范畴不过是逻辑的作用，“毫无表示它们是如何能具有意义与客观有效性的”[718]。

必须常常重复地指出,《批判》一书不是一部单一的书,乃是十二年不断发展的记录杂凑成功的。先验演绎的某些部分,A76～79 就是其中之一,代表一切许多阶段的最后一个阶段;而这些部分的学说,如果接受了的话,就使得形而上学的演绎要从根本上加以改写。使全部《批判》和它最成熟部分相一致会是费很大力量的工作;而这是行年五十七岁的康德所应该不愿意牺牲时间去做的工作,因他迫切地需要时间来写他的其他《批判》。我们面前的一段就是插入的段落之一,康德想用这种种的插入段落来做成表面上的一种统一,但仔细研究起来,却发现为前后相续而互相冲突的见解之直率记录。然而我们处理这一段时,只关心于指出,如果同意下先验逻辑的定义这后来的方式,就必须对康德的批判学说予以影响远大的修改。在 A76～79 所展开的其他各点当于下文[719]在其适当联系上来讨论。

亦即为……[720]。——这一段已有足够的评论[721]。康德在这里以十分不充分的方式表达先验演绎的观点。其含义乃是分析性思维和综合性思维平列的,同一机能在这两个水平上运用同样的动作。真正的批判学说乃是唯有综合性思维才是基本的,只有后退到它上面才能充分地说明判断。这一段像前一段一样,可能比形而上学的演绎的主要各节发生较晚。

“范畴”这名词[722]是从亚里士多德借用的。——参看下文,第 198 页。

范畴表。量。——康德从普遍的[723]取得其单一性的范畴,从单称的取得其总体性(德文 Allheit)的范畴[724]。这些取法是极端矫揉造作的。在《反思录》第 2 卷第 563 条,康德取其更自然的途径,以总体性等同于普遍的,以单一性等同于单称的。大概[725]康德见解变更的理由,乃是需要结合单一性与多数性来获得总体性。要这样做,只有把普遍性和单一性等同起来。华特生的解释[726],说康德曾颠倒了诸范畴的顺序,像是错误的。

质。——参看上文,第192页。

关系。——把直言判断和实体与属性关联起来,其可能[727]只是因为康德忽略了关系判断而令亚里士多德的实体属性的陈述见解,在他的逻辑学说中占控制的地位。这种关联有问题的另一理由,就是在逻辑的判断中主项与述项的关系是可以颠倒的。从仅仅是文法上一个主词,到一个总是主项而永远不是述项的东西之概念,是很长的一步。

康德把相互性的概念或交互作用的概念和选言判断等同起来,虽然初看是极其武断的,但并不比其他的许多为更甚。它本质上的正确性已为近代逻辑家如西格华尔特、布拉德雷和鲍森阙特的逻辑所坚持。依康德自己个人的见解[728]平列以并存的形式出现,只通过交互作用的影响才是可能的。整体与部分的关系(各部分在它们相互排斥的关系上,穷尽了而且构成了一个真正的整体)这样在其应用于现实的存在上面,就成为互为因果的关系。相反的也是这样;相互作用,只在一起构成单一性的存在之间,才有其可能的[729]。康德在第2版,所加的注3回到这点上来[730]。康德在那里考虑的反对意见,曾为叔本华很尖锐地说出。

"概念为选言诸述项所盖然性确定和交互作用的思想之间究竟有什么实在的类比呢?两者其实是绝对相反的,因为在选言判断里,实行肯定两个相互排斥的命题之一,就必然是否定其他;如果在另一方面,我们想到两个在交互作用的关系上的东西,肯定其一则必然也就是肯定其他,反之亦然。"[731]

对于这种批评的答复是在康德所暗示的路线上的。构成选言的各个判断,作为选言的部分来看时,不只是相互否定的;他们在总体的复杂中是相互预先假定的。叔本华并未能看到我们把一个实在整体的部分确定在空间的一部分，就把它排斥于一切其他各部分的[732]。

模态。——模态的各个范畴的存在像是高度可疑的。可能的和盖然的这两种概念可看作是派生的；存在的观念不像是不同于实在的观念；而必然性看来在其最后的分析就归结为根据与其后果这概念。这些都是后面要讨论的各点[733]。

康德在其《反思录》第2卷，第522条[734]列举了亚里士多德的十范畴[735]为：(1)实体、偶性；(2)质；(3)量；(4)关系；(5)动作；(6)受；(7)时间；(8)地点；(9)位置；(10)姿势；还有五个后范畴，如：对立、首先、同时、运动、所有。取消了时间、地点、位置、首先和同时作为感受性的方式；取消了动作和受作为复杂的而且是派生的；又取消了姿势和所有，因为是在意义上太一般而太不确定来构成分别的范畴；那么剩下来有实体、质、量、关系和对立。从康德的观点看，这减缩的项目最严重的缺点就是它漏掉了因果性。然而，当实体理解为关系的一种形式，而对立理解为质的一种形式，则剩下来只有三种：质、量、关系，这是稀奇的相合。只差了模态就完备了康德自己的四分法。可是，正如康德的《反思录》的研究充足证明[736]，康德达到他的形而上学的演绎是经过完全不同的途径的。华特生的争点说[737]，上述亚里士多德的修正范畴表"给康德以其出发点"不像是有根据的。不错，正如在他1772年给赫尔兹的一封信里所提到亚里士多德的说明，他始初是在那里想寻找帮助，但只大失所望而已。

派生的概念[738]。——参看上文，第66、71～72页。

此种事业当留待其他机缘[739]。——参看A204即B249；A13；又上文，第66页起；又下文，第379～380页。

范畴之定义则从略[740]。——参看上文，第195～196页和A241在那里所引用的；又下文，第339～342、404～405页。

注一[741]。——关于数学范畴与力学范畴之间这区别，参看下文，第345～347、510～511页。

注二[742]。——这一句话插进去是应付约翰·叔尔兹[743]所曾提出的批评，而康德在1784年2月曾用和当前一段几乎同样的话语答复过的。

“第三个范畴的确是从第一个和第二个的联系而发生的，固然不是只从它们的结合，而是从一种联系，其可能性构成是一种特别的范畴之概念。因此，在有些实例中第一和第二个范畴适用的，第三个范畴可能不适用：例如，一年，许多年的将来，是实在概念，但将来的年数之总体，即将来无穷尽的集合统一体，被设想为整体的(即是说，作为完成了的)是不可思议的。但是即使在第三个范畴是适用的那些情况下，它总是包含着多于第一个范畴和第二个范畴分开和一起所有的东西，即第二个从第一个得出，这是一种过程，不是总是适用的。例如，必然性在于它能从可能性推论出来，不过是存在。相互性是诸实体在其确定方面而言的交互因果性。但是一个实体的确定能为另一实体所产生，这不是我们所能直接就假定的东西；它是一种联系，没有它就不能有空间东西的交互关系。一句话，我发现，正如三段论式的结论所表示，除了悟性和判断在两前提的动作外，还有理性特有的一种动作……第三个范畴之为一种特别的而部分又是原来的概念，也是一样。例如，量、混合、总体这三个概念是属于单一性、多数性、总体性这三个范畴的，但是量作为混合想，不会产生总体这概念，除非量这概念是被思想为通过混合而可以确定的，而某些量，例如无穷的空间，就不能这样。”[744]

康德所说在某些情况下第三个范畴不是适用的，这说法是容易发生误会的。他在第三类推一段里关于交互作用的范畴之有效性的证明其实就是说明它是空间并存[745]的认识所必需的；而正如康德所主张，空间意识如果是时间意识所必需，那就证明空间意识是包含在任何一个意识的活动里的。它是在甚至于实体的存在和因果的连续的认识中所预先假定的。他之证明说，它是一种独绝的范畴，不同于只是实体和因果范畴的结合，因之就不能认为他在上面引用的信里的话所含的意思乃是它只是偶尔使用的。关于总体性也可说同样的话；甚至在一年的认识里，它是预先假定了的。康德在这里和在《批判》[746]的其他部分，提到总体性对于无穷的概念的关系，显出它关于无条件的那个理念的关系是有很大的不清楚的地方。有时候，如在这封信里，他像是把它们同一起来；在别的地方是避免了这个混乱的。在B111上面，总体性的定义是多数性之被看作单一性，而在A142～143即B182上面，它的图型的定义是数。（总体性与数的同一使康德在B111上面说数在无穷的表象中是不适用的，这说法比在上面引用的信里的说法更成问题。）必然性在它之能从可能性推论出来，乃是存在，或说它是通过可能性所给与的存在，这叙述同样地是令人易于误解的。康德的真正立场乃是，三个范畴都是三个的任何一个概念所必需的。

所以康德对于叔尔兹的答复，无论是在他的信里或者在注二里，都不能充分地表示批判学说在这问题上的真正关系；因之就不能显出他的立场的全部力量。只有用总体性的话语才能认识单一性和多数性；只有通过确定并存的交互关系，我们才能获得永恒性或连续性的意识；只有用必然性的话语，才能下存在或可能性的定义。第三个范畴不是从其从属范畴的先有之知识得出的。它在每一情况下代表一个更高的复杂，只有在这复杂之中更简单的概念所下定义的更简单的关系才能存在或有其意义。

B113～116，第12节。——这一节，本身没有什么重要性，而是康德热爱这“建筑术”的一个实例。他的理论是极其矫揉造作的，特别是在其企图把“单一性、真实性和完全性”和量的三个范畴联系起来是这样。《反思录》说明康德是如何专心致志地从事于这三个概念，企图根据它们构成一种范畴表（B.耳尔德曼的解释），或者把它们变成范畴（阿的凯斯的解释）。有一段时间康德是被列为[747]“不小心地把这些思想的标准作为物自身的属性”的那些人之中。在《反思录》第 2 卷，第 903 条[748]里，我们找着下面的叙述：“单一性(联系、一致)，真实性(质)，完整性(量)。”在同书第 2 卷第 916 条里[749]，康德试图把它们作为可能性的概念和关系的范畴联系起来。在同书第 2 卷第 911 和 912 两条里，后来的见解，说它们在性格上和作用上是逻辑的，就出现了，但是却使它们和悟性、判断与理性这三种机能发生了关系。B. 耳尔德曼猜测这是康德在第一版的时候的见解。同书第 2 卷第 915、919、920 条提出我们面前一节所阐述的见解[750]。耳尔德曼[751]说，在这节里，康德“是算了某些思想的总账，这些思想在七十年代中曾产生一些暗示，想把本体论变为先验分析论”。

第二章　悟性的纯粹概念之演绎

第一版主观演绎和客观演绎。——在处理第一版中的先验演绎时，我们可以利用花亨格尔[752]关于这演绎的论证的前后不连续与异常使人困惑之处所做出的大匠手法和令人信服的分析(以阿的凯斯前已得出的结果为基础，但发挥了一种独立的而又自出心裁的解释)。花亨格尔的分析是学问领域中侦察天才的良好例子。从内部的证据，加以《反思录》和《活叶集》按当时情形的支持，他就能证明这演绎是几种手稿从外面凑合而成，代表着康德的种种见解缓慢而逐渐发展中不少于四个不同的阶段。像地质的埋藏一样，它们记载着变成最后结果所经过的过程。虽然在所在的环境里，它们并不代表其正确的时代次序，但一经正当地找出清理它们的适当线索之后，那个次序是可以确定的。可是找出那条线索不是容易的事情；因为出乎意料的东西，固然能增加注释家事业的某些色彩和枝节，但每每是使他应有的指望受到挫折的。第一个阶段是康德不需要范畴的时期,而在这时期提到范畴时,是指着用于物自身的。最后一个阶段,我们有根据来相信,是在最后修正的急忙和兴奋中做出,在《导论》一书和《批判》的第二版都没有表现,作者只追溯其步骤而恢复前一阶段的观点。康德把他昙花一现的思想,在有时日的纸之反面,写下它的记载(很少的"活叶"是有时日的,而这是其中之一)这一幸运的偶然事件,乃是这哲学戏剧中达到高峰的一件事。这件事可恰如其分地看作一般理性所支持的主要证据中的拱顶石。

在我知道花亨格尔的分析之前,我曾观察到康德以某些作用归之于经验的概念,而在别处是归于范畴的,但我极端疑惑,不知这样的学说怎能安置在他的一般系统里面去。花亨格尔认为这是批判前的残余。这似乎是唯一可能令人满意的解答。但是对于我认为康德先验对象的学说也是属于批判前,而用这见解来作为确定种种段落时期的线索,只有我自己负其责。

我的阐明的次序将是如下[753]:

壹。按时期的次序列举构成第一版的演绎的四个阶段,并且引用代表每一个别阶段的原文。

贰。再按时期的次序做出每一个阶段的详细分析,附有它所体现的种种见解之阐明。

叁。考查《反思录》和《活叶集》以提供支持上述分析的证据。

肆。演绎的整个论证之连续叙述与讨论。

壹、四个阶段的列举

(1)第一个阶段:先验对象,没有范畴的合作阶段。——代表这阶段的有[754]:(a)Ⅱ.3(从第三段开头到3的末)=A104~110;(b)Ⅰ.第13节(全节)=A64~92(在第二版保留作为B116~124)。(a)讨论感觉涉及对象的问题,(b)讨论范畴的客观有效性问题。所以(b)是过渡到第二阶段的。

(2)第二个阶段:范畴没有生产性想象的合作阶段。——代表这阶段的有:(a)[第14节](除了它结束一段之外)=A92～94(在第二版保留作为B124～127);(b)Ⅱ.(头四段)=A95～97;(c)Ⅱ.4(全节)=A110～114。

(3)第三个阶段:生产性想象,没有提到三重的先验综合。——代表这阶段的有:(a)Ⅲ.β(从第7段开头到第12段末)=A119～123;(b)Ⅲ.α(从第3段开头至第6段末)=A116～119;(c)Ⅰ.第14节(结束的一段)=A94～95;(d)Ⅲ.δ(从第16段开头至总结前一节之末)=A126～128;(e)总结(Ⅲ之结论)=A128～130;(f)Ⅲ.γ(从第13段开头至第15段末)=A123～126;(g)导言(从节的开头至第2段末)=A115～116;(h)第10节(过渡到第四个阶段)=A76～79(保留作为B102～104)。

(4)第四个阶段:三重的先验综合。——代表这阶段的有:(a)Ⅱ.1～3(从1的开头至3的第2段)=A98～104;(b)Ⅱ.(紧接a的两段)=A97～98。

贰、四个阶段的详细分析

第一个阶段。——A104～110;A84～92即B116～124。

A104～110;Ⅱ.第3节。——这是《批判》一书的一段,康德明白地替他的"先验对象"学说下了定义;就正文仔细的考查,说明他是指物自身而言的,即物自身被想象为我们表象的对象。这样的教义当然是彻底并批判的;而且正如我将要说明,康德自己很早就体会到这点。"先验对象"这短语所出现的一段,像我们面前的一节一样,从各方面看都是自早期的根源而来的。在第一版的演绎里[755]再没有提及先验对象,这是有意思的。虽然它重现于现象与本体一章,但这是在第二版康德删去的一段。他用来代替的几段没有提到它。这学说在辩证论里是常见的,而和其他独立的证据结合起来，就说明辩证论的大部分是来源很早的。据我所知，前此论康德的作者，还没有人察觉到先验对象这学说是这样一种批判前或半批判的残余。人们总是从它不出现的那些节来解释它，而这样就把它调和了，变为完全不同于它实在所代表的东西，就被认为是批判哲学的一种重要的特征的主张。我是正在进行要从他的先验对象学说来解释康德的整个论证，才第一次侦察出它不在他后来所说的一切话里面。但是重要的是承认从它的保留所会产生的种种困难是很难克服的，纵然没有一切康德摈弃它的外证，这些困难本身就会迫使我们把它看作批判前的思想的一种残余。花亨格尔既然像是没有侦察到这学说的非批判性格，而根据其他理由觉得不得不把阐述它的一段看作体现着演绎发展中最早的阶段，这是更有意思了。在其主张，虽然先验对象的学说在这里是以批判前的话语说出，但它是康德在改变的形式上永远保持着，在这一点上，他像是继续正宗的见解的。

这里所阐明的先验对象的学说如下：

“表现本身无非是感性的表象，不能认为它们自身（德文 au sich）以恰恰同样的性格（德文 in ebenderselben Art）在我们表象能力之外而存在的。”[756]

这些感官表象是我们可能有的唯一的表象，而当我们说到与之相应的对象，我们必然是想到一个一般的对象，即等于 x。

“它们有它们的对象，但是不能为我们直觉的对象，所以可以称之为非经验的，即先验的对象，等于 x。”[757]

这对象是被想为防止我们的表象随便发生的那个东西，它使表象有其必然的秩序，无论它们是如何杂多，如何多种多样，而仍然在它们的各种集合中是首尾一贯的。这样就具有对象的一个概念所不可或缺的统一性。

“这个先验对象的纯粹概念，其实在我们的知识中自始至终总是一样的，只有它才能使我们一切的经验概念对于一个对象有一般的关系，即有其客观实在性。”[758]

之所以这种学说不能持久下去的原因，就是它不容许在单只是主观的东西和物自身之间有中间的客观存在。按这样的说法，经验的对象是没有地位的，一经承认在空间有存在的后一种现象形式时，康德立刻就不得不承认我们表象的内容所以为基础而借以统一的是在经验的对象里，而不是在物自身里。任何其他的见解都包含有范畴，特别是实体与因果性的范畴，应用到物自身。整个经验世界还得要设想为基于非经验的东西的，但那是另外一个争点，很不同于物自身是我们表象的对象，而且是它的唯一对象这种论题。可见先验对象学说有两种缺陷：它拥护一种极端主观论，然而同时它又把范畴应用于物自身。

但是后之一种后果，在本节所代表的阶段上，不是康德所能体会的。因为，如我们将要发现，他努力于解决感官表象涉及一个对象的问题而不假定先验的范畴。他是宣称在唯有先验统觉所决定经验的概念里去发现这客观标准的根据与其条件。让我们看看康德详细的论证是怎样的。本节一开始提到可能是感性论[759]，然后进而处理1772年给郝尔兹的信里所引用的两问题之第一条[760]——感官表象对于它们的对象有什么关系。应该注意这问题在那里以公式形成的话语恰恰是怎样。

“我向自己提出这问题：在我们里面称为表象（德文 Vorstelluug）的东西对于对象的关系，其根据是什么。如果表象只包含主体为对象所影响的方式，那就容易地理解它是如何和那对象相一致（德文 gemäss sei），正如结果与其原因一致一样，而且［因之］我们的心的这个确定是能代表某东西，即有其对象的。被动的或者说感性的表象这样就对于对象有其可理解的（德文 begreifliche）关系，而从我们灵魂的性质借来的诸原理也就对于一切事物有其可理解的有效性，这是在其作为感官的对象而言的。”[761]

可见，在1772年康德在这里是没有什么真正的难题的。所假定的事实乃是，我们的表象是由于独立存在的作用而在我们里面产生出来的。这事实被认为是对它们指涉对象的充足解释。

我们正在考虑的《批判》的这一节，说明康德很早就能体会到这种解释是不够的，那时是在第二个而进一步的问题得到解答之先，而这第二个问题在同一封信中是说为形而上学的“整个奥秘的钥匙”。现在他问，根据什么理由一个主观思想，纵使它是一个感官印象，能产生关于一个对象的意识呢？在给赫尔兹的信里，用表象(德文 Vorstelluug)这名词无疑是有助于隐蔽这问题的。现在就强调说，表现无非是感性的表象，绝不能认为是对象，能以恰恰同样的特征，自己在我们表象能力之外而存在的。而且康德现在用的不是“相一致”这短语，而是更加明确的字样“相适应的”。他指出，当我们说到一个对象和我们的知识相适应，我们的含义乃是这对象不同于知识。关于这种对象的意识，所以必然是从不同于所与的印象的来源而获得的。换言之，康德现在准备撤回他的说法，认为“被动的或者说感性的表象对于对象有其可理解的关系”，在其自身它们是纯粹主观的，而不能含有这样的概念。后者是一个思想(德文 Gedanke)，一个概念(德文 Begriff)，附加于而不同于所与的印象的，它的可能性在其根源[762]与有效性方面都是必须要“演绎”出来的。

于是就发生这第一个而且很特别的先验演绎形式。它的继续存在于相继的各阶段之那部分是基于一种明白发展出来的在经验统觉与先验统觉之间的区别。康德同意于休谟说，虽然我们可能相信他说这是独立于休谟的直接影响的，他说的是，没有什么一单个自我的经验形态是经验中从头至尾不变的[763]。

“自我的意识，按我们的情态在内知觉的确定，只是经验的，而总是在变动过程中的……凡需要表象为在数目上必然同一的东西，不能通过经验的所与而被思想为是这样的。如果这样一种的先验预先假定要成为有效的话,就必须在一切经验之先有一种条件是使经验自身有其可能的。……这个纯粹的、原本的、不可变的意识我要称为先验统觉。"[764]

好像康德起初似乎是以一种相当粗糙的形式阐发这一见解的。他所主张的好像是说,自我的意识是在于它觉知它自己不断的活动。以其是活动的意识而言,它是在性质和来源上完全不同于一切感性印象的认识[765]。这学说是《论文》的教义[766]的自然的扩充,而《论文》的教义是说,可能性、存在、必然性、实体、原因,这一类的纯粹观念是"在经验的机缘上由于注意到心的动作而获得的"。康德很自然地会主张自我的同一性与统一性之意识是以同一类的方式获得的。其实这就是我们面前这一节的说法。

"没有先行于直觉的一切所与的意识之统一性,没有只和它有关系,一切对象的表象才有其可能的这个意识之统一性,我们里面是不能有什么知识的……"[767]"恰恰就是这个先验统觉,从能够在一个经验并存的一切可能的表现中,构成(德文 macht aus)一切这些按照规律的表象之联系。因为,如果心不能在杂多的知识里面意识到由之而把它在一个知识中综合地结合起来的那个作用之同一性,则意识的统一性是不可能的。可见心之关于它自己的同一性的原本的必然的意识,同时也是一切按照概念,即按照规则的表现之综合的同等必然的统一性之意识。……因为心如果不在它的眼面前有它的动作的同一性,就不可能在它的种种表象的杂多之中想到它自己的同一性,不能先验地想到它自然的同一性……"[768]

这就是说,自我乃是一切统一性的唯一根源。它是一种纯粹的原本的统一性,在经验之先的;一切概念性的统一性都是由于它的综合活动而来;由于反思到这些活动的不变性,它就得到它自己的同一性之意识。

“……甚至最纯粹的客观统一性，即先验概念(空间与时间)的统一性之可能，只是通过直觉对于[先验统觉]的关系。这个统觉数目上的单一性所以就是一切概念的先验条件，正如空间与时间的杂多性是感受性的直觉的先验条件一样。”[769]

康德又把先验对象的观念溯源到自我常住统一性的意识。他像是论证说，后者是从前者以类比而形成的。

“这对象不过是[主体]的主观表象而一般化，因我就是一切对象的原型。”[770]“心，通过它原本的不是从他物而来的思维，自身就是这样的综合之模型。”[771]“我不会把什么东西表象为在我外面，而这样把[主观的]表现变成客观的经验，如果种种表象不是和与我自己平行的某东西有关的，像这样由我把它指到另一主体去。”[772]

从《活叶集》引用的这些引文，像是有了康德在A105上面那个极端莫名其妙的说法之关键。康德在那里说“对象使之为必然的统一性，不过是意识在其把它的表象之杂多综合起来时的形式上之统一性”，而在A109上面又说，“这个[表象对对象之]关系不过是意识的必然统一性”[773]。

但是这还没有说完康德在这阶段上准备以之归于统觉的一切功能。它对于我们关于先验对象的意识在还有一种方式上起着中介的作用，那就是，使统一而指导它的综合性活动之经验的概念之形成有其可能。其实，这就是一种特色，使演绎的这种形式最根本不同于后来的一切主张的。看来，空间与时间是被看为唯一一种的先验概念[774]。统觉的统一性所通过而起作用的工具，对象的思想所通过而成为可能的工具，就是经验的概念。一般概念如“物体”或“三角形”，是用作规则以制约统觉的综合过程和其再生之按照单一的意识所需要的那种单一方式而发生的。客观性的观念是照着这些经验的概念所限定的种种必然性而规定的。

“我们把一个三角形设想为一个对象，由于我们意识到三条直线按照一种规则使这样的一种直觉任何时候都能产生出来。规则的这个统一性就确定了整个杂多而把它限制于使统觉的统一性有其可能的种种条件;而这[规则的]统一性的概念就是对象的表象……一切知识都需要一种概念……而概念就其形式而言,是一般性的东西,是用为规则的东西。例如物体这概念是用为我们关于外界表现的知识之一种规则,按照通过这概念所想到的杂多之统一性的……物体这概念使之不得不有……延扩的表象,随之而又有不可入性、形状,等等。"[775]

这就是康德说明我们先验对象的概念之方式。它有两个主要因素:第一,一个未知的 x 之观念,这是表象所能指着的;第二,这个 x 的意识对于我们思维的秩序是有强制作用的。前一种观念是按先验主体的模型而形成的,它是被想象为另一主体,但是未知的。它之作为外来的必然性的根源这种意识,是以先验统觉使有可能的经验的概念为其中介的。康德是从先验对象的概念之根源的这个解释而得到它的有效性的证明的[776]。这是单一自我关于单一意识的体会所不可或缺的。

"[表象对于对象的]这个关系无非是意识的必然之统一性,而因之也是杂多的综合之必然的统一性,而这意识的统一性是属于心的共同(德文 gemeinschaftlich)功用,使之结合为一个表象的。"[777]

客观的必然性的观念,通过其根源是经验的而主观上是必然的一些工具而变为对于心有其可能的。

康德并不永久保持他关于经验的概念这一种见解,这是不足为奇的。这种见解的缺陷是显而易见的。关于一般概念的功用这样的一种见解,是使概念的初次形成不可理解的。因为概念是经验性的,它们的获得只能由于不包含它们的有意识的过程。那就是说,在有对象的意识之先必须有一种先行的意识,在它里面而且通过它,像物体这种概念才被发现而被形成的。然而,如上述论证的认为那样,一般概念是单一意识的不可少的条件。一般概念怎样通过还没有统一的意识而形成呢？怎样能把经验的概念看作直接为像纯粹统觉这样一般的东西所限定而直接地由于它而发生，这是难于理解的。康德必定很快就认识到这些缺陷。这就是他的学说的第一部分要修正的。在直接跟着的一个阶段上[778]，就是说根据从《批判》一书里留下的残余所重新厘定的各阶段而言，经验的概念就爽爽快快地为先验范畴所代替了。

能够看作可能是和上述的解释相冲突的，只有两句话，那就是(在最后两段里)有"先验的规则"这短语的两句话。甚至承认(关于第一句这是至少成问题的)这些字是要放在一起来理解的，也不能得出结论说康德在这里是谈到范畴。因为反乎他寻常的学说，他是把物体的概念说成是必然性的来源的。如果是这样的话，以同样的不严谨说法，也可以说它是先验的。事实上，在第二和第三段里，其含义是那样的，因为在那两段里，他(提到"物体和三角形"时)谈到规则作为使再生的综合"为先验必然的"。这样的一些说法是完全和康德的批判学说不能一致，但整节就是如此。

我们面前的一段之背景是有其特别的兴趣的[779]。好像康德在他的《纯粹理性批判》一书出版的前夕，发挥其三重综合的学说，而以"在概念中认识的综合"为其顶点时，他必定想到这个比较容易一点的立场，而完成他的主观演绎，是把旧一点的手稿，大概偶尔加以词句的变更，而合并进去。这种办法就使得康德最眼光敏锐的读者都感到困惑；可是现在幸而有了花亨格尔的令人信服的分析，我们便可欢迎这办法作为在康德思想发展的历史研究中能够解决某些问题的。

在这里我可以特别提出两个重要方面，是这节里所显示的种种立场继续影响康德后来的学说的。那两方面就是在其强调统觉的先验统一性，而又在其关于客观性包含有物自身的思想这一种见解。

在这第一个阶段上过分强调统觉的先验统一性是贯串着演绎的后来

种种形式的,而我将要说明,这是对于论证有损害的。虽然后来它的功用是大大地减少,然而这些功用还是被夸大了的;其理由大概是由于在这早的阶段上它被看作在其自己就竟然成为单一经验的唯一最后的根据。然而同时又有其他两种影响在那里起作用。康德继续使用他的早期的见解之术语,而在他不十分警惕的时候,就为这些术语所陷害而和他自己考虑过的学说冲突起来。这是两种影响之一,而甚至更为重要的就是他个人种种坚信的影响。在他自己私下的思想中,他是不能改变地相信自我的灵性的和常住的一种性格;而这个信念常常在种种不合理的方式上渲染了他的见解之表达。在《批判》一书第二版有些修改中[780],这是尤其明显的,因为第二版中这些修改是写于他主要在道德问题上面集中思想的时候。

论到其他一个因素,即关于客观性的性质所采取的见解,就有足够的证据证明,甚至在经验的概念已经为范畴所代替之后,有一段时期(可能在七十年代的早期与中间的几年)康德继续主张他先验对象的学说。阐明这学说的这个晚出的形式的各段,是在关于概念歧义附注和整个辩证论里面[781]。这不能作为他的最后的定论,这也是的确的。第一版的演绎之整个第一层,关于现象与本体一章里面所有有关各段和辩证论里面有些段,都是在第二版中删去的;而在第一版演绎的其他部分,在第二版的演绎和在第二版别处增加的各段里,都找不着这样的学说。

在这点上,简略地把康德关于先验对象的学说在其后来的形式上做出叙述像是适当的。为要完成而且确定我对于早些的阐明所做出的解释,这是需要的。同时我也要说明这学说出现的各节,虽然是晚于第一版演绎的第一层,但是以其起源而论,都是比较早期的,并没有一点痕迹显出康德关于空间经验世界更成熟的、现象论的见解。

我们可以从现象与本体那一章里的几段开始。先验的这一名词使用的意义在那里是足够清楚的。

“在任何原理中，概念之先验的使用，乃概念应用于一般所谓事物及物自身。”[782]

那就是说，先验这词用在先验对象这短语上面，并不是使用来把它和超越对立起来的意思。从关于事物的思想本身必然是客观性这概念之要素这一点来说，它就是统觉的一个条件，因之也就是凡可能成为经验的东西之一个条件；换言之，关于先验对象的思想就是我们经验的先验条件之一种。康德既然经常把超越和先验这两词交换使用，大概这种解释也是多余的；可是，如果有解释的必要的话，上面的解释像是很够的了。正如我们以后还有机会来看到的那样[783]，经验的种种条件，除先验的之外，还有别的因素必须估计到；而康德把先验的这形容词应用于这两种类的条件。

康德在现象与本体一章中，以相当长的篇幅来研讨范畴（这里当然是指悟性的纯粹形式，而不是指范畴的图型上之相关物）能否有其先验的（意即超越的）使用。但是这讨论所发生的各段[784]看来是高度混合的；许多段，或者各段的许多部分，是比其他各段或其他部分为时晚得多的。所以我们仅仅注意先验对象这短语出现的那些段或那些部分，那就是只出现于第一版的那些地方。

“我们的一切表象都是为悟性认为由于某一对象的；而表现既然只是表象，悟性就把它们归之于某东西作为感性直觉的对象。但这某东西之这样被想象（德文 in so fern），只是先验对象；而先验对象是指等于 x 的某东西，以我们现在悟性的构造，是不能对于它知道什么的，但它作为统觉的统一之相对物，只能作为感性直觉中杂多的统一。借助于这统一，悟性就把杂多结合为对象的概念。这先验对象是不能和感官材料分离的，因为与此分离，就没有什么剩下来借以思想它了。其结果就是，它本身并不是知识的对象，而只是诸表现的表象，从属于一般对象的概念，而这是可由那些表现的杂多而决定的。恰恰为这缘故，诸范畴并不表现只对悟性所给予的某一特别对象，而只通过感性中所给予的东西用来指定先验对象（一般某东西的概念），像这样就能在对象的概念之条件下，在经验上，知道一些表现。”[785]“我以一般表现与之发生关系的对象，就是先验对象，那就是，一般某东西的完全未确定的一种思想。这个不能称为本体［即物自身之更详细地确定为纯粹理智直觉的对象］[786]；因为我关于它本身是一无所知，而除了它是一般感性直觉的对象之外，所以对于一切表现都是一样的之外，我对于它是没有什么概念的。”[787]

用另一方式来叙述，康德的学说就是下面那样。物自身的思想完全是未确定的；它并不指定它的对象，所以对于它是不产生什么知识的；然而它在客观性之为客观性的概念中是一个必要的成分。对象用感性的话语指定出来只是表象；作为真正客观的对象只能被思维的。统觉的统一之相对物乃是关于物自身的思想。这就是康德所实在断言的，虽然他多少还有些犹豫，这就像是指出他自己或多或少意识到这种说法的不能叫人满意和它是不属批判的性格。

先验对象这词一次出现于第二类推[788]，两次出现于关于歧义的附注[789]。在第二类推的一段，从它所阐述的那种主观论来看，很可能是属于早期的著述。在那里康德所讲的先验对象很明显地是指物自身而言的。从关于歧义的附注的第一个引文，不能得出什么确定的结论。那里的论证太过和他对于莱布尼茨的批评紧密地结合在一起，不能使他自己的独立观点好好地发挥出来。然而没有什么东西是叫我们一定要看它是属于晚期的；而很明白地，康德在这里所说的先验对象是指物自身而言的。实体的现象这短语，并不是像初看时那样，等于康德的现象论学说的经验上之对象。这是莱布尼茨用语的修改[790]。在关于歧义的附注中第二个引文是出现于可能是晚出的一段里[791]；但是在那里提到先验对象不过是为着有机会来叙说它不能通过任何范畴而被思维，我们完全不知道它是在我们里面或者是在我们外面，我们完全不知道，如果没有感性，它将会消失或依然存在，它所以只能用作一种限定的概念。我们在这里看见它正在被取消的过程中。如我们所将要看到，康德的学说在关于歧义的几节里是表达得不好的；它坏到这样的程度，不能把这几节改写而不严重地搅乱他的全书结构之建筑术之平衡。因此，这几节依然保留在第二版而未加修改。

我们现在可以进而来看看辩证论。在那里，先验对象的主观论学说是以更加不妥协的方式表达出来的。让我们首先考虑在诸误谬推理中和在后面的反思中所提到先验对象的各处。先验对象这短语两次出现于第二误谬推理，一次出现于第三误谬推理，两次出现于第四误谬推理，三次出现于反思[792]［即误谬推理后之一大段］；而在这些地方并没有丝毫对于所指的是不确定的。它是理解为等于物自身，而被阐明为我们以本体为根据的主观表象之意识中一种必要的成分的。

“物质究为何物，就物自身（先验的对象）而言，完全非吾人之所能知，但由于其表现为外部之某某事物，其所视为现象之永恒性，吾人固能观察及之也。”[793]“吾人固能承认其能在吾人以外（先验[794]的意义）之某某事物，为吾人所有外部的直观之原因，但此非吾人在物质及物体的事物之表象中所思维之对象；盖此等对象皆仅现象，即仅为除在吾人内部以外绝不能见及之表象一类，其实在性正与关于我自身所有种种思维之意识相同，皆依据直接意识。至于先验的对象，则就内部的及外部的直观而言，皆为不可知者。”[795]

康德在这里同时把表象与其经验的对象区别开来而又把它们混淆起来。所清楚的唯一一点就是他所说的先验对象是指物自身之看作我们感觉的原因而言的。在A358上面，它是用在更广泛的意义上，包括着在意识的主体基础上的本体条件。

“……在外的现象之根底中，激动吾人感官，使之获有空间、物质、形象等等表象之某某事物，当其被视为本体时（视为先验的对象更佳），同时亦能为吾人所有思维之主体……”(上引文依蓝译,见该译本第291～292页。)

在A379至380上面,也是类乎此的:

“由内感在时间中所表现之我,虽与在我以外空间中之对象,完全为有区别之现象,但并不以此理由而视为不同之事物。在外部的现象之根底中,或在内部的直观之根底中之先验的对象,其自身既非物质亦非思维的存在,乃——其以关于物质及思维的存在之存在形象之经验的概念提供吾人——现象所有之根据(此根据乃吾人所不能知者)。”(上引文依蓝译,见该译本第304页。)

在误谬推理的反思中所提到的各点是属于同一的一般性格,而且是同等明确的[796]。A390～391有其特别的兴趣,因为它明白地说,对于表现,即表现之理解为康德在第一版误谬推理中自始至终一致理解为只是主观的表象的,因果范畴,因之按其含义也是实体范畴,是不适用的。

“没有人会梦想到,他已经认识为只是表象的东西是一种外界的原因。”

我们现在可以转过来看看论二律背反一章里面的几段。

“我们表象的非感性原因是我们完全不知道的,所以我们不能把它作为对象而直觉的……然而我们可以称一般的表现的纯粹理智原因为先验对象……我们可以以我们凡可能有的知觉之整个范围与联系归之于这个先验对象……”[797]

种种表现只在其是实在被经验的那限度内才可看作是真实的。在此之外,它们只存在于某种未知的本体形式上,是我们对之不能获得什么确定的概念的,所以它对于我们,实在是不存在的。康德宣称,甚至关于我们是其成果的那为人不可记忆的远古,也是如此。

“……在吾人自身存在以前无量时期中之一切事件,实际仅指自现在之知觉还至规定此知觉之种种条件(就时间而言)所有推展经验连锁之可能性而言耳。”[798]

换言之，我们不能认为这种事件，以经验来设想，是曾在现实上以任何这种经验的形式存在过的。对于从来未经在现实上被经验过的现时实在的肯定，其解释也是类乎此的。

“且我或谓在空间中之经验的进展中，我能见及较现今我所见最远距离之星尚有百倍之远之星，抑或谓此等星座以前虽无人见及之，以后或永远无人见及之，但或能在宇宙中遇及之云云，其结果乃无关重要之事。盖即假定此等星座所授与者为物自身与可能的经验无关，但此等事物之在于我，实等于无，即非对象（除包含于经验的追溯之系列中以外，不能成为我之对象）云云，仍为极真实者也。”[799]“至于此种进展之经验的条件之原因（即决定吾人所将遇及之项目为何及我追溯至何种程度始能遇及之者）乃先验的，自必为我之所不能知者。”[800]

这就是康德批判前先验对象学说的残余存在于《批判》一书里面的形式[801]。它并无第一与第二版中客观演绎的学说或第二版中观念论的反驳之痕迹。它很接近于穆勒感觉永恒可能性的学说，而且其主观论的性格是几乎与之有同等程度的。如上面所已经指出[802]，这还可能遭受另一种反对，就是它包含有不合法地把诸范畴应用到物自身的这种意思。由于康德的出发点是朴素的自然的假定，认为表象之有关于其对象就必然是有关于物自身，于是他也就接受了当时流行的笛卡儿派见解，说我们从表象到它的原因是通过以因果范畴为根据推理的。物自身是被看作唯一的真正实体，而且是发生于自然界任何事物的实在原因的。表现不过是表象，完全是瞬刻即逝，而且是无实效的。所以，诸范畴不但是被看作对于物自身有其效力，而且是被认定为不可能适用于现象的。据这种看法，感性的表现不能构成自然科学的机械世界；他们的存在纯粹是主观的，或多或少属于附带现象的，只在每一个观察者的心里面的。康德在其批判学说发展的过程中,逐渐地才体会到他因之而肯定了的极不同的立场,一切范畴,包括因果范畴在其中,是为经验的对象所占有,而经验的对象是看作直接被认识的;以现象归之于物自身的这种中介机能现在就落到理性的理念范围里去了。表现和实在之间的区别再不是表象与其本体原因的区别,而是空间与时间中的整个世界的有限、相对的特征与理性所要求的无条件这两者之间的区别[803]。

以先验对象的学说为批判前或者半批判的残余而必不能作为康德最后而经过考虑的立场之组成部分的这种见解,其对之有利的证据可以简述之如次。(1)先验对象这短语出现于六节,其中三节[804]是在第二版删去的,而在以之代替所删去的那几段里,并未提到先验对象。而在第二版中还保留着其他三节[805],其理由曾有过各种不同的提法。关于歧义的附注整个说来太过令人不满意,康德就不感到有其可能来详细地改善它。康德试图改正第一版的正文,无论所修改的重要的或次要的,都有一定的限度是他认为有好处的,过此则无须修改,而上述的其他两节是在此限度之外的[806]。如果要重写二律背反,像他重写误谬推理那样,所修改的地方就不免太过费力了。而且他修正误谬推理,除他原有的理由外,无疑还有外界论战的种种影响增加其修正的必要。而修正二律背反,则没有这种外来的原因,至少是没有很直接起作用的原因,因之二律背反就未加修正。(2)其次,在第一版中的演绎之后出的层次里,在第二版中的演绎里,和在第二版所增加的任何一段或任何附注里,都没有提到先验对象。康德是持保守态度,总是愿意把惯用的术语适应于新的用法,而他竟忽然停止使用他习惯于使用的一短语是更有其意义的。其理由必定是由于他认识到他所曾表达的学说在性格上是完全站不住脚的。知识的对象既然总是属于经验的,它绝不能合法地被称为先验的。(3)再次,先验对象这短语出现的那几段,其一般的学说便足以证明它们都是属于早期的。它们丝毫不显出康德定论的加深见解之痕迹。我们知道,《批判》一书多年延宕未能出版,是由于作好客观演绎所包含的某些困难;而处理这些困难的几节是包含有康德的最成熟的学说的。在这几节里,他像是肯定地离去他由于他非批判的先验对象学说所使他轻率地肯定下来的种种立场。我现在要进而讨论组成第一阶段的第二节。

A84～92,即B116～124。Ⅰ. 第13节。——正如在Ⅱ. 第3节里,康德只处理了1772年给郝尔兹的信中述及的两个问题的第一个问题,即感官表象指涉对象的问题,而在Ⅰ第13节里,他只提出第二个问题,即理智表象的客观有效性问题(而理智表象现在是说成为悟性的纯粹概念,或纯粹先验概念,而只在一句话中是作为范畴说的)。正如在前一节里他把问题推进一步,而尚未达到真正批判的立场,在这节里也是一样,他依然认定所要证明的乃是有正当理由把这些纯粹概念应用于实在的独立的对象,即物自身。我们仍然要考虑给郝尔兹的信里这个问题是恰恰用什么话语来公式形成的[807]。

“与此类似的,如果在我们里面称为表象的东西对于对象是能动的,就是说,如果对象本身是为表象所产生(像神的心里的理念是事物的原型那种见解所说的那样),那么表象之符合于对象就可以理解了。这样我们就能使至少两种的理智有其可以得到理解之可能——一种是原型的理智(拉丁文 intellectus archetypus),是事物以其直觉为根据的,又一种是模仿的理智(拉丁文 intellectus ectypus),是从事物的感性直觉而获得其逻辑程序的材料的。但是我们的悟性(暂且不考虑道德行为的目的)不是通过它的表象而为对象的原因,而对象又不是它的理智的表象之原因。因之,悟性的纯粹概念不能脱离来自诸感官的材料,也不能是我们通过感官而接受表象的能力。但是纵然它们的本源是在灵魂的性质,然而它们之发生在那里,不是由于对象的作用,也不是它们自己产生出对象来。在《论文》里,我满足于只以消极的方式来解释这些理智的表象的性质,即把它们作为对象产生于灵魂的变化。可是我对于这样的诸表象,既然是关于一个对象而又不是对象所影响的结果，它们是怎样有其可能的这问题，我未曾说什么。过去我曾主张，感性表象是表现事物的外表，而理智表象则表现事物的实质。但是这些东西如果给予我们不是由于它们影响我们的方式，是怎样给予我们的呢？而且这样的种种理智的表象如果是由于我们自己内部的活动，又如何得到我们认为它们和对象相符合的这种结果，因为对象又不是它们的产物？如何能得到关于这些对象的纯粹理性诸公理是和对象相一致的，因为这种一致并没有得到经验的帮助的？从数学来说，这办法是合法的，因为数学的对象只是对我们来说是量，而且只能以量来表现的，由于我们能够以一个单位的重复多少次就产生这些对象的表象。因之，量的诸概念是能自生的，而且这些概念的原理就因而可以先验地确定的。可是，当我们要问，悟性如何能完全先验地形成关于种种事物在其质的确定上之一些概念而是这些事物所不得不与之一致，或者关于它们的可能性以公式形成不依靠经验的种种原理，而是经验所必然恰恰与之相符合的，那么我们就提出了一个问题，就是我们悟性的机能与物自身相一致的根源这问题，而这问题仍然处在朦胧中，未能得到解决。"[808]

我们面前的一节所代表的一般观点是和上面引用的信的观点一样的。这里所考虑的也是先验概念如何有效地提及物自身的问题。康德的论证含有这样的意思，说种种范畴既不能以经验来确定，又不能从经验而发现，则它们如果确定，或者更好地说显示，物自身的实在非经验所及的性质，则它们只适用于表现。这里所包含的意思是说，这些纯粹概念，由于它们结合着先验和理智的种种特征，是有这种固有的要求的。如果它们不是完全空洞而且虚构的，它们就得要有这种无限度的有效性。那就是说，康德仍然像在《论文》里那样主张，感性表象显示事物的外表，而理智表象则显示其实质。

“吾人只有二途，或全然放弃在超越一切经验限界，人所尊为最高领域中构成纯粹理性判断之一切主张；或完成此种批判的研究。”[809]

纯粹概念，不像空间，是“离开感受性的种种条件而适用于一般对象的”[810]。但是在这里，如在给郝尔兹的信那里一样，也是清楚地承认这种知识的古怪而有问题的性格的。

康德在A90页上面关于因果性范畴的讨论像是和上面的争点，即他所考虑的是这范畴之适用于物自身这一点，相冲突的。但是如果我们记住，在这里如在《论文》那里一样，并没有像我们在康德更晚而更真正是现象论的主张里的那种使我们有感觉的对象和物自身之间的区别[811]，这个困难就没有了。假定在种种的经验的和先验的感性因素都被排除掉而依然存在的，那纯粹理智的对象就是物自身。通过感官而被把握住的对象是实在的，只是它们之为实在并不在其感性的形式。

有两件相联系的事实，它们一起可能作为Ⅰ第13节是晚于Ⅱ第3节b的证据。理智的概念是和空间与时间的先验概念并排被重述的。康德明显地在那个时间当中放弃了把前者解释为发生于经验的这种企图。这种企图为时较早，像是为另一事实所证明，就是在这里，先验概念是被看作有着Ⅱ第3节b里以之归属于经验的种种概念的同样之功用。它们是“思想综合统一”的一些条件(注同上)。这种见解之关于概念的功用确然是基本的，而且是重要的，而康德在其从前的“演绎”方法失败之后，永远保留着它。但是从经验的概念和先验的概念两者之间的区别之发现，到它的有效果地应用，其间有着很长的距离。那就需要体会到另一事实，就是这两个问题分别叙述于给郝尔兹的信而又分别在Ⅱ3b和在Ⅰ第13节中处理——即感性表象对于对象的关系问题，和理智表象对于对象的关系问题——其实是同一个问题，可以从同一的观点，用同一的演绎方法来解决得了的，那就是要提到经验之如何才有其可能。感性表象只有在其对于对象的关系且通过这关系才能理解的；而只有作为这种感性经验的条件范畴才是客观有效的。对于对象的关系是范畴所构成的，而且是谈到感性表象所必要的，因为只有这样任何意识才有其可能的。

这个真正批判立场在Ⅰ第13节草拟时还未得到[812]，其证明不只是这一节集中在先验概念的有效性这单一问题上，而且它不止一次说到种种表象可以独立于一切对于悟性机能的关系而意识地被理解的。然而在《批判》一书里的正文紧接着的几节里（Ⅰ第14节，Ⅱ开头四段）正面和这相反的说法就出现了——表示着在这几节所代表的时期中那革命的发现，那真正哥白尼式的假说，终于达到了。这几节构成第二个阶段，而现在我们就要讨论它了。

第二个阶段。——A92～94即B124～127；A95～97；A110～114。

A92～94，Ⅰ第14节（结束的心理能力分类除外）。——这一节从头再开始，它和前一节没有必然的关系。其问题在开头几句话中以公式形成，其话语使人记起给郝尔兹的那封信；但此外，它的观点是完全新的，而且除一单句话的措辞之外（即A93："如果不直觉到、依然"），是真正批判的。"经验的可能性"这短语现在出现了，而且立刻占到中心的地位。在A93中"如果不直觉到、依然"这字样可能是后来插入以和缓它和上面几段大相矛盾的语调。无论如何，甚至这个修饰都在A94公然被撤回了。

A95～97。——同一的观点出现于第Ⅱ节的开始三段。范畴是"经验之为可能所依靠的先验条件"[813]。只有靠范畴才"能想到一个对象"[814]。只有在它们在经验上被使用范畴才有其用途与意义这另一重要论点被发挥得很好。

"不提及经验的先验概念只是概念的逻辑形式，而不是用以来思维某一事物的概念之自身。"[815]

A110～114，Ⅱ.4。——在这节里，论证也是从头开始的，表示（如果这种证据有必要的话）它像Ⅰ.第14节一样，必定是写在独立于它现在的上下文的。但是论证现在向前推进了一步，它认识到范畴同时决定着意识的统一和客观性。

“只有一个经验……正如只有一个空间和一个时间一样……”“可能有的一个经验的先验条件同时也是经验的对象之可能性的条件。”[816]“……这些范畴的必然性是基于我们整个感受性，而和这一起所有可能的种种表现，对于原来的统觉的统一性的关系……”[817]

现在还强调着说，除了在先验的概念中且通过这些先验概念之外，没有表象对于意识是能够存在的。

“这么一来，它们就会不属于经验，就会没有对象，便是诸表象的盲目作用，比梦幻还不如。”[818]它们“对于我们来说就等于零”[819]。

这措辞还是不免有含糊之处，但其主要的论点是弄得足够清楚了。

这些段是在其中可以找着真正的现象论之痕迹的最早的证明。就我们的知识来讲，总是同一样的先验对象并没有提到。凡是上下文容许的地方总是用“对象”（多数）这名词。这样一来，经验上的对象就作了物自身和主观表象之间的中间的东西。但是一方面，经验上的对象和主观表象之间的区别，而另一方面，经验上的对象和物自身之间的区别，还没有实在清楚而明确地划分出来。

在康德的客观类似和主观联系的区别中同一类的现象论之倾向又突然出现[820]。

“杂多的联系之可能性之根据，就其在于对象而言，则称为杂多的类似。”

然而康德的主观论在A114上面得到它最确定的表达之一。

第三个阶段。——A119～123＝Ⅲ.β；A116～119＝Ⅲ.α；A94～95＝Ⅰ.第14节C（结束段）；A126～128＝Ⅲ.δ；A128～130＝S（概述）；

A123～126＝Ⅲ.γ；A115～116＝Ⅲ.Ⅰ(导言)；A76～79(B102～104)＝第10节T(过渡到第四个阶段)。

A119～123，Ⅲ.β(从第七段始到第十二段末)。在上几节发挥的客观类似学说，现在便以之基于一种新的机能，即生产的想象。如花亨格尔所指出，这一节的措辞像是表明它是康德以公式形成那个新的学说之第一次尝试。由于他的批判学说的要求，迫不得已觉得要得到的种种结论之革命性质，他自己深感惊奇，一时尚没有安定下来。他发觉所得的后果日趋深刻，可能和当时的心理学背道而驰，和他自己从前关于认识过程与人格的条件和性质所持的见解，又远远不能相一致。作为这一节的写成不是和Ⅱ.4相连续的一种证据[821]，我们有另一种事实，就是客观类似这学说虽然是讨论到了，而它是重新描述的，并未涉及上面的叙述。再则，理解与再生的经验过程，在A104～110已曾提及过，而现在则以之归于经验的想象，但这是和生产的想象仔细地区别开来的。

Ⅲ.α"从上面"重复"从下面"在Ⅲ.β做出的论证。它坚持范畴(在Ⅱ.4——注同821——第一次提出的)和Ⅲ.β的生产想象的紧密联系。

花亨格尔把Ⅲ.δ放在这后面，其理由是它的论证和Ⅲ.α相联系[822]。但它所讨论的乃是只关于整个论证的主要结果，即自然的有序性是根源于悟性的。花亨格尔认为产生想象之未有提及，足以表明康德认识到它只能假设地作为先决条件而要求，而且作为一种学说来看，并不是严格的演绎所绝对需要的。

S概述整个论证，而在这里面"纯粹想象"得到注意。

在第三个阶段里，Ⅲ.γ是在上面四节之后的。因它把产生想象的学说推进了一步。在Ⅲ.β、Ⅲ.α和S里，产生想象只作为纯粹悟性的副功用处理。

"统觉的统一就其与想象的综合的关系而言就是悟性；而同一的统一

关于想象的先验综合就是纯粹悟性。”[823]

现在它就作为另外一种而和其他有别的机能了。它远远不是悟性的一种功用了，它的综合作用“以其自身而言，总是感性的，虽然是先验地实行的”[824]。它是“人的灵魂的基本机能之一……两个极端，感受性与悟性，必须借助于这个想像力的先验功用而彼此取得联系”[825]。

在这一节里又出现了一种新的因素，像是把它和下面的一个阶段联系起来的，那就是在理解、联系和再生一系列之上加了认识这另一过程，像在这里所提出的那样，它的性格是极其模糊的。它是被看作属于经验的，然而又包含有先验的概念，这断然是混合的过程，像是表示康德第一次以公式形成的还要更含糊的一种过程，在第四阶段里和它相适应的。

在Ⅲ.Ⅰ里又一次提到认识，但是这次的形式更加像它在第四阶段上所得到的处理。它不是通过范畴的认识，而作为在统觉中的一种形式乃是“在经验上意识到再生的表象和这些表象借以被给予的表现之同一”[826]。

然而在所有其他方面，上述六节(和Ⅰ.第 14 节 C 一起)在主张心理能力的三分法是一致的：感性、想象和统觉。第三阶段之不同于第二阶段，而因之足够清楚地划分开来，就是在第二阶段上没有纯粹想象，而又不同于第四阶段，因为在第四阶段上，它是分解为三重的先验综合。

在Ⅰ.第 14 节 C 和Ⅲ.Ⅰ两处，作为第三阶段基础上的分类得到了明确的阐释。这两段的说法和谐地结合在一起而产生下面所列出的说法：

1. 杂多的并合——先验地通过感官，即在纯粹直觉里。

2. 这杂多的综合——通过纯粹先验想象。

3. 这综合的统一——通过纯粹的原来的先验统觉。

在这当儿，花亨格尔以更早的第10节T[827]加在上面一节之上，它比Ⅲ.γ和Ⅲ.Ⅰ更明确地过渡到第四阶段去。因为它还主张上述的三分法，就必须列在第三个阶段。但它在两个方面修改了那个分类。第一，它不用并合这名词，而只谈到纯粹直觉是需要来为我们产生杂多的。然而康德所用并合这名词，无疑是易滋生误会的[828]。他的学说总是说，一切联系都是由于综合而来。所以，所谓并合，这名词据他的用法必不是和综合同其意义，则只能是指外表上之并列这种理解而言。它所指的不过是最低程度的理解。因之，康德不用这名词，是叫他的话语更加明晰的。其次，用悟性来代替统觉的统一，又是修改了分类。但是在所有上述各节里统觉的处理是那么不清楚，这修改就不能算是有关键性的更正。在这节里新的东西，而且像是把它和第四阶段若干节很稀奇而有趣地联合起来的东西，就是一种学说，关于"先验感受性的杂多"，"空间与时间包含有纯粹先验直觉的杂多"[829]。

就这点来说，那是一种完全新的学说。在所有以前的关于演绎的各节里（所谓以前，是按原来著述的程序而言的），通过直觉所提供的杂多，都是理解为属于经验而且是感觉所组成的。康德在这里还加上一句说，杂多"不管是经验所予或先验的"[830]，必须综合起来才能为人所知道的。

"我们的思想之自发性要求[纯粹先验直觉的]这个杂多得要在某种方式上看过一遍，拿起来，联系起来，使得知识可以从它而形成。我称这动作为综合。"

第四个阶段。——A98～104；A97～98。——如上所指出，康德有两种关于想象和悟性所运用的综合过程之性质的终始坚持而互相冲突的解释，即主观论的解释和现象论的解释[831]。依前者的见解，想象不过是作用着的悟性。换言之，想象不过是那种机能的活动的综合作用方面，其补充的方面出现于概念的逻辑统一。从这观点看，先验的和经验的因素可以理解为构成一单个连续的。先验的过程和经验的过程是互变的，每一个基本的经验活动形式都有某一先验活动形式与之相适应，反之亦然。是要接受主观论的观点而排除现象论的观点，才能有这样的推论的。但是康德既然时而采取这一观点，时而又采取那一观点，从来没有很明确地以公式形成它们，弄清它们的区别和对立；而且事实上这些所谓观点不过是模模糊糊地感觉到的倾向的性质而不是以公式形成的观点，那么甚至恰恰在一个观点正是更明白地展开的时候，而推论却从另一个观点进行着，这是很可以理解的。好像这就是当时在现实上所发生的事情。在我们考虑到从《反思录》和《活叶集》所得的证据时，我们将要获得这种见解的支持，说明康德在 1780 年 1 月之后，正在《批判》一书刊出的前夕，当批判的假说之革命的、现象论的种种后果对他日益清楚的时候，他不留神地讲上述的那种推论，导致他以一种截然是主观论的方式把他从前的种种见解改变了。现在放弃了先验想象有其特别的而独绝的活动，在类型完全不同于任何经验过程，就是“生产的”活动这一种见解；而用来代替这种见解的就是康德所发展的另一见解，认为先验的种种功用是和理解、再生与认识的经验过程平行的。因之，代替了第三阶段所提出的分类的就是有了一种新的而根本不同的分类在正文里面，但毫无表示说康德的观点是已经改变了的。在 A97 上面所列出的是：

甲、通过感官的杂多之并合。

乙、综合。

1. 在［内部］直觉中种种表象的理解之综合。

2. 在想象中种种表象的再生之综合。

3. 在概念中种种表象的认识之综合。

而且作为一种解释，康德还加上“这些都指向到知识的三种主观的来源，是使悟性有其可能，而在这样做时又使一切经验有其可能，因为经验乃是悟性的经验上之产物”。然而知识的这三种主观的来源毕竟是什么呢？它们一定不是在第三阶段的表中分类出来的东西。甲约略地和它的第一项相符合；结果，乙1就没有它的相对物。乙2是和从前的想象之综合完全不同的，因为在从前的表上，先验想象是仅作为生产的，绝非再生的[832]。而现在它是被肯定为再生的——这是他自己最强调的争点中的矛盾，只能用我们这里所说这种解释来说明它。在叙说这新立场之中，在其明确方面，是没有什么缺陷的。“……想象的再生的综合属于灵魂的先验动作，而关于它[即关于再生的综合]，我们也称这个能力为想象的先验能力。”[833]最后，甚至乙3也不和前面那个表上的纯粹统觉相符合。乙3比较类似于认识，而认识在第三阶段上显然总是经验的。无论如何，它是概念中的认识；虽然那毕竟要包含先验统觉而且作为它的条件，但是从康德在这里所发挥它的情形看来，它依然是很不同的东西。可是关于这点，我们在下文还要讨论的。总看这整个阶段，还有一种复杂首先得要弄清楚的。先验综合是声明作为空间与时间的纯粹表象的条件像它是感性经验的表象的条件一样的。

“此种感知之综合又必能先天地行之，即就非经验的一类表象行之。盖若无此种先天的感知综合，则吾人决不能先天地具有空间或时间之表象。此种空间时间之先天的表象之所以能产生，仅由于感性在其本源的感受性中所呈现之杂多之综合。于是吾人乃有纯粹之感知综合。”[834]“……当我欲在思维中引一线或思维一昼时之时间，又或表现某某特殊的数目，显然其中所包含之种种杂多表象，必由我在思维中逐一感知之。但若我在思维中常消失先在之表象(线之首段，时间之先在部分，或在所表现之数目顺序中之种种单位)，当转移至以后之表象时，先有表象并不再现，则决不能得一完全之表象；凡以上所举示之种种思维，乃至空间时间之最纯粹的最基本的表象，皆无一能发生矣。”[835]

这正如花亨格尔所说，是一个足够重要的论点，应该予以分别处理的。但康德把这引进来时是很随便的，而其对于主要论证的使之变为更模糊不减于它所弄清楚的。

从第二个综合开始是方便的。康德对于它的论证比之对于其他两个综合的论证清楚得多。他把经验的再生和先验的再生区别开来。在平常的经验中，按照联系规律的再生只是经验的。表现之在事实上和规则一致，就是使这种经验的再生有其可能的；“……否则我们经验想象的机能就会永远找不着适合于它的能力的动作机会，那就隐伏在心中为一种死的为我们所不知的力量。”[836]

康德进而论证说，经验的再生本身是为先验所决定的，而这是和他的客观类似那种学说是一致的。但是这论证发展的形式是我们面前这一节所特有的，而且完全是新的。

“吾人若能展示除直观包有所以使再生之一贯的综合可能之杂多联结以外，即吾人最纯粹之先天的直观，亦不产生知识，则此想像力之综合，自亦先于一切经验，根据于先天的原理；于是吾人必须假定一种想像力之纯粹先验的综合为使一切经验所以可能之条件。”[837]

康德在结束的一段里说得很清楚，他认为这先验的活动是在两种方式上运用的：一种方式是关于经验上所与的杂多，又一方式是关于先验所与的杂多。至于这种先验的活动如何能区别于经验的活动，未见有什么解释。我在下文讨论这一点[838]。

这一节关于理解的综合之论证，是有严重的含糊的。我们现在就要回头来考虑它。关于理解，是否有类似经验的再生和先验的再生的那种区别，是不清楚的。它的最后两段的实在措辞是会导致那种结论的。然而这是一种见解，像是为范围更广的上下文所不容的。康德所处理的是内部直觉的理解之综合，即时间中的理解之综合。以他的学说的基本原理来说，这样的直觉必须总是先验的。经验的理解只能有关于特别感官的材料。所以在中间一段所提到的理解过程,本身必须是先验的。

但是论证最不清楚的地方,是在处理认识的综合那里。企图找出经验的认识过程和先验的认识过程之间的任何可能的区别是无聊的。因为这里的先验过程,是以我们现在所想的是和刚才我们所想过的是同样的这种意识而出现的;而且它的例证不是关于空间与时间的纯粹直觉,而是用计数的过程。可能有人要争论说,经验的认识是有先验的因素为其中介的——有纯粹概念和统觉为其中介的。但是除非我们理解先验的认识为先验统觉的同义词,这样的考虑是不会让我们区分出认识的两种形式的,然而现实上康德的学说像是不容许我们这样来理解先验的认识的。除了这个困难之外,还有另一种困难,就是认识之进行所要用而且要通过的概念,在这里是描述为经验的。这异乎寻常的一节,如果把它看成单一而连贯的整体,是不可理解的。要窥破它的神秘,唯一的关键像是花亨格尔的意见,就是说[839],从第三段起(已经处理过作为形成演绎的第一阶段的),康德利用着代表他所发展关于对象的意识的解释之最早一种形式的手稿,而其稀奇的结果便是,这一节成为演绎的最晚形式与其最早形式结合在一起。一方面有想象和悟性的经验的而又是有意识的种种活动,另一方面有其先验的功用。而他设法要在这两者之间说成一种平行,他就必然思想到早期的企图来通过先验统觉所决定的经验的概念以解释对象的意识,像这样就企图用这来阐述综合的第三种形式。一经这样扩充之后,它就有了先验的统觉和经验的统觉之区别,于是只要有关于类似认识的任何东西之讨论,都转到这上面来了。可是再没有提到认识的本身。作为先验的,它不能理解为与经验的统觉同其意义的;而作为通过概念的一种综合,又不是与纯粹统觉相一致。这一节之标题为"概念中认识之综合",所以是不能表示为读者所预备的盛筵的。三种综合的学说像是在《批判》一书刊出的前夕才为康德所想到的。阐述这学说的一段,很可能是急忙中写成的,而当未预料到的许多困难堆积起来时,尤其是遇见认识之作为先验过程这种困难，康德一定是决定把一种旧的手稿插入就算了事的。

叁、《反思录》和《活叶集》所提供的支持上述分析的证据

花亨格尔从《反思录》和《活叶集》所得的证据，简单地概述起来是像下面那样的[840]。(1)在《人类学反思》里面的有关各段为数不多，而所代表的观点是很近于1770年《论文》的观点的。想象只作为一种经验的机能来处理[841]。认识只提过一次[842]，也只被看作是经验的。悟性是说成为通过它以思维对象的机能[843]。并未提到范畴，所说的是悟性只产生反思的理念。"关于事物的一切知识，以其质料言，都是从感觉而来的——悟性只提供反思的理念。"[844]到此为止，这些反思看来或多或少是和演绎的第一阶段相合的。但是它们并不包含有关于先验的统觉的东西；因之花亨格尔把它们看作是代表更早的一种观点的。

(2)在《纯粹理性批判》的反思里，有许多有价值而与问题有关的各段。反思第925条必定是和1772年给郝尔兹的信同一时期的；它的问题的公式形成，和信上用的是几乎同样的话语[845]。第946～952条和955条可能属于第一阶段的时期。因为虽然没有提到先验对象作为先验主体的反面相对物这种学说，但关于自我的精神论见解是显著的。在第946条里说，对象的表象"是我们通过自由而做出的"。

"自由的动作是已经先验地给予的，就是我们自己的动作。"[846]"要做出普遍的客观判断，而且要做出这样的必然判断，则理性必须脱离主观的确定之根据。因为如果判断是根据主观的确定而做出，则它只是偶然的，就是按照其主观的原因的。所以理性先验地意识到在客观必然判断中它的自由，由于它理解到这些判断是完全通过它们对于对象的关系而决定的。"[847]"先验自由是一切规则的必要假定，因之是悟性的一切使用的必

要假定。"[848]"表现是我们从而受影响的表象。我们自我活动的表象不包含有什么受影响的情况,所以它不是表现而是统觉。"[849]

这里,范畴没有提到,这是很有意思的。

差不多所有其他的反思都像是属于演绎的第二阶段;但是它们仍然露出强大的精神论的偏见。

"印象还不能算是表象,因为印象必须和某一种动作的东西有关系。心的反作用是一种对印象有关系的动作,如果单独以它而论[850],可以在其特别的形式上得到范畴的称号。"[851]"我们能够知道世界中事物的联系,只要我们是通过一种普遍的动作,因而是出乎内部力量的原理而产生这联系的:实体、根据、结合。"[852]

这些反思只承认关系的诸范畴[853],所以必定是前于十二项的分类的。在它们之中毫无演绎第三种第四阶段的有特征性的学说,即想象的先验功用学说或三种先验综合的学说。而且认识的性质还是很不清楚。它常常是和统觉等同起来。

(3)康德遗著《活叶集(Heft Ⅰ)》包含有某些碎简,也是属于演绎的第二阶段,但像是早于上述反思录各条的[854]。它们和第一阶段有着一些有兴趣的接触点。例如先验对象这短语虽然在那里不出现,然而知识的对象等于 x,而被看作像第一阶段那样是自我统一的反面相对物[855]。然而,由于它们承认关系的诸先验范畴,这些碎简是属于第二阶段的。而且在这里像在《反思录》里面一样,关于认识的性质大大缺少明晰性;而又没有提到想象的先验机能。碎简第八号是可肯定其日期的。它是写在一封邀约的信的空白地位,而这信的日子是 1775 年 5 月 20 日[856]。碎简第 B12 号[857]属于和上一号碎简不同的时日。从它的内容来看,这是足够明显的;但幸运的,它所写的一张纸——孔尼斯堡大学哲学院院长手笔的一个文件——使我们能确定它发生的准确的一年。它的日子是 1780 年 1 月 20 日。所以这碎简的时日必是在这之后。在这碎简里面,先验想象是作为第三种机能和感受性与悟性平列而出现的，而且它的经验的使用和先验的使用之区别是明确地划分出来的。前者决定认识的综合；后者决定统觉的综合统一。它还区分开再生的想象和生产的想象，而把前者完全归之于经验的想象。在这一切方面，它完全和演绎的第三阶段之学说相一致。这碎简后于1780年1月这一事实，像是证明康德甚至在那么晚的日子还是在他的演绎问题上有思想的斗争[858]。可是还得要提到花亨格尔一切结论中最有趣的一条。他指出，在这碎简写成时，康德还没有发展为第四阶段的特征的那种学说，就是三种先验综合的学说。而且，如他所看到，它明白包含着的说法，以再生的想象总是属经验性的，是和任何这样的学说不能一致的。因之，第四阶段的学说必须属于更晚的时期的[859]。

(4)康德遗著《活叶集(Heft Ⅱ)》虽然几乎完全是谈道德和法律的问题的，但含有E67[860]里面有关我们的问题之一段，雷克认为是属于八十年代，而阿的凯斯和花亨格尔则同意把它的年代定为“在1781年不久以前”。按花亨格尔的见解，它是应该作为演绎第四阶段那几段的预备研究的。但这样准确地确定其年月，不是花亨格尔的论证所必需的。无疑它是很晚，而且含有下面的一句话：

“一切表象，无论它们的本源是什么，作为表象而言，终究还是内部感官的变化，而它们的统一必须从这个观点来看的。和它们的感受性相适应的有综合的自发性：或者作为感觉就是理解的综合，作为影像(德文Einbildungen)就是再生的综合，作为概念就是认知的综合。”

这就是第一版的演绎所从出发的学说，好像它是最后才发展的[861]。在《导论》一书中不见有它的痕迹，它不但是第二版被排除出来，而且公然地被否认[862]，看来就表示它是在刊出的前夕慌忙中所采取，而康德在反思之后就觉得不能不毅然地摈弃它。三种综合是能在经验的层次上得到其实证,但是没有什么证据说有与之适应的先验活动。

肆、关于康德在第一版中的主观演绎和客观演绎的连续叙述与讨论

康德所提出的范畴的演绎就是这些各种不同与互相冲突的形式。我们现在可应用我们所得的种种结果来做出他的论证的要点之一种连续的叙述。我们在下面的阐述中极力强调指出其梗概,分辨其步骤,弄清其种种复杂而互相冲突的倾向,希望能使读者在这样一座令人窘惑的迷宫里得到他所需要的稳定的方向。我暂且只考虑第一版的几种演绎[863],而尽力以它们来构成一种它们分别接近的理解的说法。任何单独比较前后一致而完整的演绎,用来作为标准的阐述的,必须像语言学的根本语言一样,是典型的或原型的,代表康德当时心目中指望的那种论证的;那么这就不能是他自己所做出的几种不同的阐述之一。这样重建康德未能以最后而有真正是适当的形式的论证,当然是有种种武断和个人见解的危险的。这是极其冒险的工作,必须经常参考康德的原文来谨慎地预防错误。它的符合于当时实际情况,其证明是在于它能够说明何以康德自己不遵照着它,并指出他不遵照的种种理由。它的解说价值多少,就要看它对于读者能给予多少帮助来解释本文。

我们第一个任务就是要弄清楚康德所做出的"主观"演绎和"客观"演绎之间的区别其性质是什么。这是具有巨大重要性的区别,从而生出种种的基本问题。关于这区别,研究康德的学者们是意见纷纭的,因为它是使许多关于批判学说的主要争执能有一定的结果的。康德关于它曾有过某些明确的叙述,不同解释的派别中有一个派别是以康德所用的话语为其主要而最有力的论证的,但是墨守《批判》一书的词句在这问题上会使注释家陷入严重的种种困难,其理由将会被发现。我们只得采取招人猜

忌的立场，主张说，经过百年之后，有了这么多专心致志的研究者的努力，我们现在可以认为我们了解康德比他当时了解他自己还要好些。我们还可引用他自己的话来说明何以我们采用这一种方法。

“常常在比较一位作家在平常的谈话中或在著述中所表达的种种思想时，我们发现我们能够了解他比他自己了解自己还要好些。由于他没有足够地确定他的概念，他有时说话，甚至有时思维，是反乎他自己的意向的。”[864]

那么，我们就首先考虑按照康德所用的形式而做出的这两类型的演绎之间的区别。在第一版的序文中[865]，康德说他的范畴先验演绎有两方面，而给它们以主观和客观的称号。

“此种颇有甚深根据之论究有两方面。一方面与纯粹悟性之对象有关，意在说明其先天的概念之客观的效力，而使吾人能理解之。故此为我之目的根本所在。至其他一方面则为研讨纯粹悟性之本身，即其可能性及其所依据之认知能力，因而在主观方面论究之。此后者之说明，就我之主要目的言，虽极重要，但并不成为其基本部分。盖主要问题常为：悟性及理性离一切经验所能知者为何，及所知之程度如何？而非思维自身能力之如何可能？后者乃追寻所得结果之原因，性质颇近似假设（我虽在他处将另有所说明，实际并不如是）；故在此种事例中我似只任意陈述意见，读者当亦可自由发表其不同之意见[866]。以此之故，我自必在读者批判之前，预有一言奉告，即我之主观的演绎，就令不能产生如我希望之充分确言，而我主要所从事之客观的演绎，则仍保有其完全力量……”（上引文依蓝译，见该译文第 5 页。）

主观演绎是要确定使知识有其可能所需要的种种主观条件，以不这么含糊的话语来说，是要确定人们知识所由发生的诸过程。所以它的性格是属于心理学的。另一方面，客观演绎之称为客观，因为它所处理的不是心理学的过程而是客观有效性的种种问题。它所研讨的乃是，先验的概念，既是先验，则必发生于纯粹理性的，而怎样还能对于对象有其效力呢？换言之，客观演绎是逻辑的，以康德之后的话语来说，其性格是属于认识论的范围的。

事实上，诚然如康德在这里所坚持的，主观演绎并不直接谈到批判的问题——先验的理念如何对对象发生关系的。“就我之主要目的言，虽极重要，但不成为其基本部分。”康德为第二版修正其《批判》时，把这删去，无疑这是其理由之一[867]。可是，虽然如此，正如他这里所说，这还是重要的。至于它的重要是到什么程度，实际上它是否只属于次要的而正确地可说为非本质的，那便是我们要决定的了。

虽然经验的心理学，就其研究人们经验在时间上的发展而言，如康德所正确地认为，在其目的与方法上，是完全不同于批判的研讨的，但是不能同样地来说到另一种心理学。这种心理学，为方便起见，按康德使用名词的路线，可称为先验的心理学[868]。其理由乃是，这种心理学所处理的不是意识的具体的各种不同方面在时间上的发展，而是意识之为意识，即意识之在其可能的每一种体现上所不可或缺的产生条件这一更基本的问题。上面替客观演绎下其定义时，我有意地指出康德丝毫没有问题的信念，认为先验的东西独立发生它所适用的对象。这个独立的发生只能以心理的或心理学的名词来描述的。先验的东西是从内部发生的，是由于人们的思维所依赖的种种特别条件的。而对于这先验东西的这种解释，就使主观演绎所包含的学说，成为比康德自己所愿意承认的重要得多，所得到的种种结论可能在想法上是极其图型式的，而在细节上是极具猜测性的；可是虽然如此，这些都是需要来补充更纯粹逻辑性的分析所获得的结果的。因为虽然在第二版中，专论主观演绎的各节是删掉了，但是这些节里的学说，和所做出关于各种不同的心理过程之间的区别，是继续在客观演绎的阐述中被使用的，而且实际上是整部《批判》自始至终所预先假定的。这一些都是一定需要来使客观演绎所包含的许多争点成为真正地明确的。取消主观演绎并不是除去这一些假定，而只是把它们留在未加确定的含糊区域里面，它们将要同样地继续影响我们以公式形成批判问题的方式而且影响问题的解决，但它们的影响是作为未经检查模糊概述的一些假定而产生，作为无意识的影响而不是作为已证明的原理而起作用的。为着这些缘故，主观演绎之删去是一种遗憾。宁可有意思包含着的心理学种种条件明白地叙说出来，而不愿没有事先明确它们的定义，加以分析，而就使用它们。第二版中的演绎始终是基于一种从而出发而且是不可或缺的假定，这假定就是，虽然联系或综合绝非所与的，然而它依然是秩序与关系的一切意识的生产根源。在其名词严格的意义上，或者说在其名词的逻辑意义上，是先验的种种因素，其基础乃是心理学意义上先验的一些过程。

上述最后“在心理学意义上先验的”这一短语，需要略加辩明。产生经验的一些综合过程当然不是严格意义上先验的。因为它们不是像范畴那样属于先验的。但是虽然这样，它们还是用同样的先验方法被发现的，那就是说，它们像范畴一样，是经验之成为可能所不可或缺的。它们不同于范畴是在于它们不是内在于经验，不是经验的组成部分，因之不能在其固有的性质上而被人认识。它们既然是在意识的范围之外，就只得作为当然而假定。然而虽是这样，形式上的范畴、生产的过程、可下定义的要素和盖然性的公准，这一切都同样是经验所不可或缺的条件。不但如此，以康德所假定的心理学之话语来说，后者乃是前者所由来的根源。看来有足够的理由把先验这名词扩充来概括其前后两种；而在这样做时，我们是走康德自己所愿意走的道路的。因为像他那样把综合的生产过程归之于他自己称为先验机能的理由，虽然未明白说出，就好像是这样的。

这就处理了康德的主要理由何以他不肯承认主观演绎为批判研究的

真正一部分,这就是他在第一版和第二版的两个序文中那样强调主张的争点[869],认为在先验哲学里,凡是假设的,凡是在任何程度上依靠从偶然事实一般性的推论,都是没有地位的。那争点甚至在他的纯粹逻辑的分析之领域里面都证明是站不住脚的。他的先验方法的本质就是先验要素是通过证明它们和事实经验的联系而得到成立的。康德在这里表明,他的思想是怎样极大地受着他想摆脱的莱布尼茨理性论的影响。他的先验的东西,倘若要成立,就不能不靠假设性的推理[870]。他的先验方法,正确地了解,在本质上,和自然科学的假设的方法并没有分别的;其所以不同,只在于其出发点的性质和那出发点所规定的种种分析之性格。而且假设的推理如果可用于逻辑的先验之建立,就没有充足理由何以它不能用来确定力学的因素。唯一的问题就是那些假设是否符合于逻辑的要求,从而把它们自己提高到仅仅是意见与猜测的水平之上[871]。正如康德自己所说的[872],虽然他在主观演绎里的一些结论可能像是不合法的意义上之假设的,实际上它们并不是这样。它们是为着经验而被认为是当然的假定的,而从经验,它们既得到它们的现实性之证明,并且同时又得到详细规定的材料。

我们现在可转过来看看两种演绎的性质这个问题。它们互相关系的复杂性格可概述如下:

1. 虽然在其后的几个阶段,主观演绎是和客观演绎同其广阔的,但是在其前的几个阶段,它完全是在可以称为经验的水平上的,它所分析的材料和它所要求作为应有的条件都一样地是属于经验的。客观演绎则不同,它自始至终都是处理先验的东西的。

2. 主观演绎的后几个阶段是以客观演绎的结果为其基础的。先验因素的存在与其有效性既经为先验的即逻辑的,分析所证明,主观演绎就能从较低的层次扩充到较高的层次,而且能进而为先验的要素建立它在其较前的阶段所曾为经验的意识所确定的,即生产的诸过程的性质,而这性质乃是这些过程所需要假定作为它们的根据和起源的。当这两种演绎适当地分别开来之后，客观演绎因之就得要放在主观演绎开始阶段和最后阶段的中间。

3. 这两种演绎集中在经验的不同方面。在主观演绎里，主要是把经验看作一种在时间上的过程，其中的所与是分成前后继续的事件，靠它们本身是不能构成一个统一的意识的。从这观点看，人们经验的基本特征乃是在性格上它是一连串的，虽然它是把握住时间，而它本身又是在时间中的一种过程。在客观演绎里则不同，时间因素远远没有那样突出。分析所主要注意的题材乃是对象的觉知。由于两种演绎的性质很自然就有这分别，主观的探讨主要是注意到产生经验的种种条件，而它自然的出发点乃是统一的经验是用什么过程从一连串的不同事件而构成的这问题。客观演绎以最触目的形式提出有效性这一逻辑问题，就是提出我们觉知对象这问题；客观的之和主观的对比就是客观的是对于一切观察者普遍地而且必然地都是同一个样的。到了最后，这两种演绎都同样地要产生两种类型的意识的分析——时间的觉知和对象的觉知；在前者和在后者一样，包含有先验的因素，而且两者都为生产诸过程所决定。不幸的，在《批判》一书里所进行的方式引起很严重的误会。产生对象意识的心理学条件问题之提出[873]，是先于客观演绎的逻辑分析的。而这个问题的提出又为对它的有利的讨论提供了资料。在客观演绎中与此相适应的缺点，其性格正与之相反，而其后果则更为不幸。从我们关于对象的觉知的分析所得的结果，不是在客观演绎的限度内应用到我们关于时间的觉知的进一步之分析。那里的第一次的做出是在原理分析论里面，而甚至在那里，也只是在含义中的，而不是通过明显的论证的。这就产生两种不良的后果。一方面，这两种演绎所有的种种关系大大地变为模糊了，而另一方面，没有好好地准备读者来看到客观演绎的结果重要地应用到原理的分析。因为在那里所假定的乃是，要意识到时间，我们就必须意识到它之作为两种分别的秩序,即主观的和客观的,而存在,这是从客观演绎合法地得出的推论,但是关于这推论的合法性,康德从未讨论过,更从未解释过。要意识到时间,我们就要意识到对象,而要意识到对象,我们就必须能分辨我们思想的秩序和借我们的思想而被知道其中的改变之秩序(如果有改变的话)。

所以这两种演绎,好好地从它们全部活动来看,是互相帮助的。客观演绎是需要来完成主观演绎中所与的时间意识的分析,而客观意识的分析之扩充到时间意识的解释,是需要来把客观研究所已得出的种种结论的全部意义弄得很明确很清楚的[874]。

最后还有一点要考虑的。经验是高度含糊的一个名词,如要完成康德的先验方法所指定的作用——即成立它自己的可能性的种种条件之实在性——则它的现实性必须是无可争辩的。它自身必须是所与的,固然需要加以解释,但所有的主张都绝对不是能予以诘难的。这样一来,如果我们抽掉在这联系上无关的一切特殊的因素,剩下来的只有三种形式的经验——自我的经验、对象的经验和时间的经验。前二者是有问题的。它们像休谟所曾主张过,可能是虚妄的。而它们的有效性,或者说它们的现实性,还得要建立,它们就不能完成先验方法对于经验的要求,因为经验的可能性是要产生它的可能发现之种种条件的证明的。但时间的意识则不然,它是一种事实,它的现实性。不管在其条件上是怎样有问题,不管在其原来的性质上是怎样神秘,是不能在任何方式上或在任何程度上为最形而上学性的机巧所诘难的。它之为心所具有是不成问题的。时间本身是否实在的,在形而上学上我们不能确定,但不管它的实在性或不实在性是怎样,我们在变动的形式上意识到它,这是无可置疑的。时间的意识是事实上的经验,作为其可能性的条件的先验因素,是先验地被证明的。由于这些条件可以证明是经验不可或缺的条件,则只有经验的存在就是这些条件的实在性的证实了。实际上,这就是康德范畴的客观有效性证明之最后性格。诸范畴之被证明，是在于指出除了在于它们而且通过它们之外，时间的意识是不可能的。

承认了这点的时候，论证的明晰性大大地增加了[875]；而《批判》一书第一版的演绎，虽然它的性格是歪曲的，但在我的眼中仍然是好过第二版的演绎的。因为它更明显地承认意识的时间方面而且用这为最初的出发点，一经分析就马上显出时间的意识虽然不可否认是现实的，但是它是复杂地被决定，而对于它的可能性不可或缺的诸条件中有自我的意识和客观存在的秩序的意识。所以我们是从不可否认的出发点而达到有问题的；但是由于出发点的确实性格，我们就能够证实否则总是有问题的东西。

这种阐释康德论证的方法，既然使时间的因素比康德自己在叙述其两种演绎时还要突出，则读者很正确地可以要求有其他证据来证明我用这个办法并没有歪曲了那些演绎，或武断地看它们。除了用他自己的话语之外，任何其他叙述康德的立场的方法都难免大部分是属于解释性质的，其为正确与否如要证明，就得要看它用来弄清楚构成那委婉而多方面的论证之许多线索是否成功；可是预先还要举出下面几种特别的考虑。《批判》一书那些部分，如主观演绎的主要各段和论图型一章，有证据是后来所写的，都一致地使经验的时间方面格外显著的。第二版中所增加关于内感官的许多段也是这样。这一切都表明：时间在批判的研究中起着与日俱增的关键作用。其次，特别的各范畴的有效性之证明，如我们将要发现[876]，不是在概念的分析论的客观演绎里，而只在原理的分析论里。在前者，康德所做出的不过是很一般的证明，说明统一的形式，像一切判断中所包含的，是经验的可能性所需要的。可是当特别的范畴的证明在原理的分析论出来的时候，它显然是以时间经验的分析为根据的。例如，在三个类推里，康德关于关系的诸范畴之客观有效性所做出的证明，就是证明它们是时间意识的可能性之必要条件，那就是说，证明的先验方法，详细地发展出来。论到某些特别的范畴时,是和我在主观和客观演绎中所做出的公式表示一致的。再次,康德的出发点是一种精神论的观点,类似莱布尼茨的观点[877],而只是逐渐地才脱离那观点所包含的许多不正当的假定的。但是康德不断过分强调统觉的统一性就显出这原来的出发点的持久影响。他常说的[878]就好像这是一条终极的自己能为自己作证明的原理,提到它才能建立一切假定的条件之有效性的。但如我所已论证,这所以能成为一种进行的正当方法,其唯一的条件乃是预先证明了自我意识是包含在一切意识里面,就是包含甚至于在次序和持久的意识里面。而正如刚才所说,种种特别的范畴的演绎,按原理的分析论所载,是完成了完整证明的这一些要求的。它们都是从时间意识出发,而不是从统觉出发的。

我现在用一个简短列表式的梗概形式来概述上述两种演绎的论证之主要步骤的初步讨论,而加上一个结束的附注说明它们的相互联系。

主观演绎。——1. 时间的意识是一种经验,其现实性是不能成为问题的;以它的现实性就可以证明凡能证明是它的不可缺少的条件之实在性。

2. 一切时间意识所不可或缺的条件之中有综合的种种过程,以这些过程,在连续的片断中产生的意识内容,就因而结合起来并统一起来。这些过程就是了解再生和认识的过程。

3. 认识又是为自我意识所决定的。

4. 既然没有自我意识就没有任何意识,综合过程必定是完成了,才能有自我意识之可能,因之它们是不能靠内省来证实,而只能靠假设的构造来证实。

[1、2、3 和 4 这些步骤都能独立于客观演绎的论证而叙述的。]

5. 自我意识是预先假定了对象的意识,而对象的意识是预先假定了借它来按照范畴以组成感官的质料的生产想象的综合活动的。这些生产的活动也是只能靠猜测的推理而得到证实，而且只在它们完成之后才能有任何意识出现的。

6. 可见自我的意识和对象的意识都同样以种种非现象的条件的复杂性为其基础的。批判的分析固能证明其反面，但意识和人格可能不是最后的。它们可能是和它们基本不同的一些实在的东西所合成的。

[5 只是用客观演绎的论证而获得的一种结论。6 是另一种结论，第一次在辩证论里为康德明白地做出。]

客观演绎。——1. 其出发点是和主观演绎的出发点完全相同的。时间的意识是一种经验，以它的现实性我们能够证明它的种种不可缺少的条件的实在性。

2. 在一切时间意识所必需的条件之中有自我意识。

3. 自我意识自身又为对象的意识所决定。

4. 只有诸范畴在感官经验范畴内有其有效性，才能有对象的意识之可能。

5. 结论。——必须承认诸范畴的经验上之有效性，因而又必须承认自我和对象的意识的经验上之有效性，作为人们时间意识的不可缺少的条件。它们是那基本经验的不可少的条件。

正如上述[879]，主观演绎的预备阶段是为客观演绎的论证准备道路的，而客观演绎所获得的结果使主观演绎的结束阶段有其可能。那就是说，客观演绎得要插在主观演绎的开头阶段与结束阶段的正中间。还可以看到，客观演绎体现分析论的主要正面的学说，由于它证明自然科学和经验的形而上学之可能性，而主观演绎则更直接地有关于辩证论的题材，加强着从客观演绎的学说所得的更消极的种种后果——即先验的思辨之不可能性。它和误谬推理一节的学说特别是有密切的联系的。我们现在可以详细地叙说这两种演绎的论证了。

主观演绎在其最初的诸经验阶段

在主观演绎的开头,康德便慎重地把人们的经验之时间方面给以应有的注意。

“……我们的知识的一切内容终究是要遵守内感官,即时间的形式条件的,时间是这些内容都必须在它里面得到安排、联系和互相取得关系的东西。这是一种一般的说法,是读者必须记住作为我的全部论证的基本假定的。”[880]

所以时间的意识是演绎的出发点。分析显出它为高度复杂的;而演绎的目的乃是要发现它的各种条件并且在可能范围内把它们弄明确。这论证的阐明最好是提到一单个具体的实例——譬如我们关于一连贯的内容的经验,a,b,c,d,e,f,互相连续而一起就构成整体六个。要这样的经验有其可能,这一连串的连续成分必须同时在心的面前保持在一起。明显的,如果在心达到 f 之前,其前面的成分都从意识脱落掉,f 就不能被了解为在它们之后的。必须有连续的项目之了解的综合。

然而了解的这样的综合,只能通过发生在前的经验之再生才有其可能的。如果当心从 a 已经过渡到 f,而 f 是被了解为曾经随着在 a,b,c,d,e 之后,只有这些早出的内容在影像中再生,这样的意识才是可能的。了解的综合是为想象中再生的综合所决定的。

“但是如果先行的表象(一条线的前部分,时间较先的顷刻,或先后次序的单位)总是从我的思想中脱落出来,当我前进到后面的表象时,不再生出来,就没有完整的表象能发生的,上面所讲过的一切思想都没有能发生的,甚至空间与时间的最纯粹而最先的基本表象都不能发生。”[881]

但是要再生的影像可以完成它们的功用，它们必须被认识为代表自我刚才经验过的内容。

“没有我现在思维的就是和前一个时间所曾思维过的同一样的这种意识，在一连串中的表象的一切再生都会是枉然的。”[882]

每一个再生的影像在其现在的状态下都是一个新的经验，而丝毫不会有助于获得在我们一连串的经验中次序或数目的意识。所以认识乃是第三种形式的综合，是时间的意识所不可或缺的。但是进一步来说，认识是形成一个统一体或整个的一连串的认识，而那统一体总是概念性的。

“概念(德文 Begriff)这词自己可能曾暗示这种话。因为把相继直觉到而后再生出来的杂多统一成为一单个表象的，就是这个单一的意识。”[883]“如果在计数中我忘记了一些单位……是曾相继地加上去的，我就永远不会认识到通过一个单位相继加在一个单位上去所产生的总数是什么；而这样就依然不知道这个数目。因为这数目的概念不过是综合的这个统一体的意识。”[884]

可见认识的综合是在经验的概念之中而通过它们所发生的一种综合。在我们所选择的这实例中，经验的概念就是数字 6 这一概念。

但是分析还没有完成。正如再生是理解的条件，而这两者又以认识为基础，同样地，认识又假定另一种条件，那就是自我意识。一经这事实的指出，即所再生的种种影像之被认识为代表过去的经验，只是在于有一个常住的自我，意识到在整个连续中它的同一性，才有其可能的，这一点便是明显的了。这样的一个认识的活动事实上只是自我意识的一个特殊的形式，或者说是它的一个具体实例。在它里面而且通过它，认识才发生的经验的概念之统一体，在一个经验上的自我之统一体里，找着它不可少的相对物。这样一来，我们意识的分析，虽然其进行完全是在经验的水平上，那是说，丝毫没有提到先验的东西，通过简单而具有说服力的论证，就导致结论说，它是为复杂的种种综合过程所决定，而这些综合又假定一种统一性。其表达有两方面，客观方面通过概念，主观方面则在自我意识里。

截至这里为止，我所叙述的论证只提到连串的意识。康德立刻把它扩充到涵盖与之联系的问题，即我们怎能觉知对象的问题，于是就没有必要把他的论证变为复杂而削弱了它的力量。这是发生于论再生的综合那一节里。我们关于对象的意识之分析，把它作为有别于直接连续的意识的，迫使我们假定另一些经验性的条件。既然由于它的作为在心理学上有种种复杂的、一个一个的、存在的、了解的、那个再生的想象，是通过联系的机构而动作的，它是假定在所了解的杂多里有永恒性的。

“如果银珠时而是红色的，时而是黑色的，时而是轻的，时而是重的；如果一个人时而变为这个，时而变为那个动物的形式；如果一个地域在日子最长的时候，时而水果遍地，时而到处冰雪，我的经验的想象绝不会甚至有时表现红色时想到重的银珠……”[885]

这一段可以和论认识的综合一节的有一段相比较。我们的表象，要构成知识，必须有某一概念的统一性；只有在这是可能时，杂多才能被了解。

“一切知识都要求有一个概念，虽然那概念是很不完善或含糊。但是概念以其形式而言总是一般的东西，作为规则用的。例如物体这概念，作为杂多所通过它而被思维的统一性是用为我们关于外界表现的知识的规则的。……在知觉到我们以外的某东西时，它使之必有延扩的表象，而和这一起又有不可入性、形式等表象。”[886]

到此为止，演绎仍是在经验的水平上活动。但是当康德进而坚持说[887]这经验的公准本身是以一种先验的条件为其基础时，论证就陷入完全混乱的状态，而读者就为这忽然预先讲到客观演绎之一种最困难而又最微妙的结论所窘惑。在这些节的全部里面，康德把各种的综合描述为先验的[888]，也引起同样的混乱，它们本来不能这样描述的。所提到作为统一那些综合的诸概念，和证明是决定那些综合的自我意识，都是属于经验的。它们是在具体形式上出现，而假定的特征是由于所与的杂多之特别而偶然的性质的。康德在第二版里正是这样说的。

“我能否在经验上意识到杂多之作为同时的或相继的，是看情况如何或经验的条件如何。所以意识的经验的统一性，是通过表象的联系而与表现发生关系，而且完全是偶然的。”[889]

在主观演绎的这些预备阶段上，在它用来做出证明说，一切意识都包含有概念的统一性和自我意识的统一性这限度内，是不依靠提到什么范畴，因而不依靠提到先验的条件的。按照上述的阐明计划，我们现在可以进而谈客观演绎了。

第一版所载的客观演绎

从主观演绎的预备阶段到客观演绎的过渡，可能通过经验的概念的客观统一性的分析，又可通过经验的自我意识的主观统一性的分析。第一版的论证是采取前者的路线。康德所问的是，和我们的表象相适应的对象是什么意思[890]，而他的答复就是他的客观演绎。他以经验的对象代替了先验的对象[891]，而这样一来，就提出了批判哲学中中心的和最革命的主张之一。存在就不只有两种形式，而是有了三种形式了。除了表象和物自身之外，还有我们的表象的对象——即寻常经验和科学的延扩世界。这样的三重区别已曾预示于莱布尼茨的形而上学，而或多或少是真正思辩的每一种哲学所原有的。康德以柏拉图为他哲学的前辈。创造性不在于论题的本身，而在于有效的、前后一致的方式，通过这个方式，借助对我的现实经验的详细分析，这个论题便会得到阐发。

在开始的几个阶段中，论证大都是和讨论先验的对象那几段的论证完全相同的。我们考查客观的东西时,发现它之不同于主观的东西,其主要特征乃是它对我们的心有一种强力,迫使我们在某一特定方式上来思维它。所谓一个对象就是不容许我们任意去思维它的某一东西。银珠是一个对象,它迫使我们想它是重的、红的。所以一个对象是一种必然性的外部根源,是我们的思维必须与之符合的。当康德着手来证明我们对于这个外部的必然性之意识是发生于内部的范畴使之有其可能的那个时候,这两个论证就开始分歧了。

为着这个结论,康德是用组成一个对象的第二种主要特征,即它的统一性的分析来预备其道路的。这统一性有两种性质,包含着实体与属性的范畴或原因与结果的范畴。这两个范畴究其终极是不可分开的,但使我们在两种不同的方式上来构想对象。当我们通过实体与属性的先验概念来解释一个对象时,我们就断言我们关于它的知觉之一切内容都可以被看作是同一个实体的各种质。没有它的一种质是能和其他的质不适合的,而这些质在一起成为它们的统一体,就必然表示它的实体的性质。

然而对象的因果解释是更重要,而正是康德所主要强调的。固然它只是另一种而更适当的方式来表达对象的本质上的统一性。一切的质都必须因果性地相互结合在一起,因而每一种质的性质都为所有其他的质之性质所确定,如果一种质有了改变,所有其他的质都必然受到与之相适应的改变。像这样来看,按照因果范畴的话语,一个对象是指着一些相互联系的质或结果的必然结合。但是既然在感性的杂多之中不能显示出这样的不得不这样的形式,我们被强迫的意识就不能是从外面发生而必须是由于那些先验的形式,这些形式虽然其根源是在内面,但是控制我们关于所与的解释并且指导这解释的。虽然客观的强迫本身不是由于心,但是我们对于它的意识是有这个心理的先验根源的。一个对象的概念乃是在关于一种杂多的思想里面,其一定的秩序与集合是这样被确定着,致使我们能以实体和因果的范畴来解释它。

但是演绎问题本身还没有提出来。一方面，康德已经弄明确了客观的这概念必须是了解为包含着什么，而另一方面，他指出，所与之为所与，既然是一种无联系的杂多，凡以之来解释它的范畴必须有其独立的来源的；但还得要证明上面所讲的是解释所与的表现之一种可能而有效的方式。范畴作为先验的概念是从内部发生的。我们有什么权利来说它们不但和对象有关系而且甚至构成它的概念呢？用这样的方式能适当地解释表现吗？我们可以相信，康德是在答复这个问题的过程中体会到我们表象的对象必不能再看作是物自身。因为如他所发现，问题的解答之有可能，只是在于另一种假定，就是说心只能为感性经验的世界而制定其规律，而关于绝对的独立的实在是没有做出什么肯定的。康德的证明方法是先验的方法，就是说，他设法要证明所与的这样的解释是不可或缺的，因为它是它之成为可以了解的必要条件。达到这一点是借助于通过主观演绎的预备阶段所已获得的结论，那就是，一切意识都包含有自我意识。康德的范畴客观有效性的证明就是在于说明只有解释表现为**经验上**客观的，自我意识才有其可能的。

但是主观演绎中的自我意识，在上述的初步形式上，本身乃是经验的。康德在更严格的批判路线上发展曾经伴随他早期先验对象学说的论证，而现在就进而在他的最有效果却又最使人误解的教义中主张说，意识的可能性之最后根据，而且因之是经验的自我意识的可能性之最后根据，乃是统觉的先验统一性。用康德的含糊话语来说，这样的统觉是先于经验，作为它的先验条件的。所与的表现通过先验诸范畴来解释是意识所必需，因为它是自我意识的一种条件；它是自我意识的一种条件，因为只有它才能说明一切经验的自我意识最后依靠的先验统觉。

康德的演绎一般感到那么难以理解而使人把握不住，其主要的一种理由乃是它基于统觉的统一性之一种解释，而这种解释是很明确的，但康德的说法只是极其简短而压缩的。所以我就冒昧以更明显的话语来重述它。真的自我或说先验的我，没有其自身的内容从而可以认识自己的。它不过是同一性，我就是我。换言之，自我意识只是一种形式，通过这，则那绝不以自己而构成自我的，却能被了解为自我的对象。像这样，自我纵然在意识到时间或持续的时候必然意识到自己在它的相继续的经验是同一的，但那同一性绝不能在那些经验中发现的；它只能被思维作为那些经验的一种条件。例如记忆的连续不可能代替先验的统觉。正如主观演绎所证明，自我意识决定记忆，所以不能归结为记忆或为记忆所产生[892]。但是这些问题都予以适当的考虑时，假定先验统一性的需要就变为更加明显了。虽然它本身永远不能在表现之中发现，它却是一种解释是我们不得不对于表现做出的。

再往下谈之先，我们在这里做出一种概述。我们已获得两条重要的结论：第一，一切意识都包含有自我意识；第二，自我意识只是一种形式，以它来讲，不能构成自我的那些内容是被了解为为自我而存在的。这第一条结论导致第二条，而第二条是等于说，没有纯粹自我意识这样的东西，就是说，没有自我觉知自己而除自己之外不觉知其他东西的那种意识。要有自我意识之可能，它就必须同时是非自我的某东西之意识。现在只差一个步骤就完成这演绎了，就是要证明它的意识是自我意识之为可能所必需的那个非自我，必须是以范畴的话语来了解的经验的对象。为着这个证明，康德又诉之于统觉之不可或缺性。既然没有直觉能进入不和自我能发生关系的意识，那么直觉与直觉的相互关系必定是这样，纵然它们是各种各样，彼此不同，而自我却能意识到自己是在它们的一切里面保持其同一性的。换句话说，凡是能和自我发生关系的直觉，都是能和一切其他直觉结合起来，形成一个单一的意识的。我在这里可以从第二版的正文引用下面一段[893]：

“……只有在我能够在一个意识中把握着种种表象的杂多时，我才称它们是一个，而且是我的。否则我就会有一个自我，其多彩与互异，是像我自己意识到的种种表象一样的。”

或者像他在第一版所说的那样[894]：

“关于一切属于我们的知识的表象，我们先验地觉知自我的完全之同一……作为一切表象之为可能的必要条件。”

这些就是使康德称统觉的统一性为先验的考虑。他之所以这样称它，其理由乃是，虽然它自身不是像范畴那样是先验的，我们却借助它而能证明，对于凡可能发生的经验所必需的那个统一性，是可以在一切可能的表象的杂多中稳妥地找得到的，而且因为(像他所相信的)它还能使我们证明这样的统一性的诸形式就是悟性的诸范畴。

康德没有给支持这最后结论的论证以它的重要性所应得的注意。他指出，所与的既然是无联系的杂多，它的统一性只能从综合而获得，而这样的综合必须符合统觉的统一性所规定的种种条件。可是，他并未企图来证明这些条件是完全和范畴同一的东西。他好像相信他已经在形而上学的演绎中成立了这个[895]。他觉得有正当理由来认定，统觉所要求的统一性的种种形式就是诸范畴。这些范畴可以看作表达自我意识的可能所需要的最低限度之统一性。如果种种感觉不能解释为单一实体的不同属性，如果种种事件不能看作是一个从另一个发生的，如果空间的整个世界不能想象为相互依存的存在之一个系统，一切统一性都会从经验中消逝，而统觉就会成为完全不可能了[896]。

所以载在第一版的演绎之整个论证，其连续的步骤如下：时间意识包含有经验的自我意识；经验的自我意识是为一种先验的自我意识所决定；而这样的先验的自我意识又为对象的意识所决定。这样完全的论证成为互相依存的证明。自我意识和对象意识是极端的反对,但是互相决定的。只有通过两者同时的意识才能得到其任何一个的意识。只有在提到一个对象而且通过这,一个思想才能和自我发生关系,而像这样为决定认识的自我意识所伴随着,而通过认识就有一切我们的意识能发生的种种不同的形式。但是从批判研究的观点来看,统觉是意识两种形式之更重要的。因为虽然每一种都是其他一种的存在原因,而自我意识有这独绝的特征,它是悟性种种形式的客观的和先验的有效性之被认识的原因。

“一切各种各样的经验的意识必然结合为一个自我意识这一个综合命题,乃是我们一般思想的绝对首要的综合原理。”[897]

我们在这点上可以考虑康德“客观类似性”的学说。这学说很好地加强他宣称要成立的主要论题,就是单一意识的种种条件乃是一切意识的条件。但是用来阐明这学说的话语是极其含糊而难懂的;在评论康德自己所用的叙述方法之先,像是应该以比较自由的方式概述其论证,而把康德在阐述中所用的先验心理学延迟到后面来考虑[898]。联想只能存在于在同一意识范围中曾经发生过的两个思想之间。可是,意识的基本特征,它之存在的条件,就是它的统一性;而在这已经被认识之先,不可能有对连在一起的联系形成理解。这联系只有在意识提供的条件下才会出现。企图通过联想的机构来解释意识的统一性就是用某种结果的话语来解释其动因。这便是用派生物的话语来说明基本的东西,用条件使之成为可能的之话语来说明条件。所以康德的论证如下,思想不但是因为并存而变为联合,它们必须一起在单一的意识中发生;而且在联想之为可能的必要条件中就有经验的可能性,联想是有先验的根据的。它远不能说明意识的统一性,而先行假定意识的统一性为决定它能起作用所需要的种种条件。

“……我要问,联想本身如何有其可能? ……根据我的原理,表现的彻底亲和性是容易解释的。一切可能的表现之作为表象都是属于一个可能的自我意识之整体的。但是这自我意识既然是一种先验表象，数的同一性是与之不可分而且是先验的确实的东西。因为除非以这个原本的统觉的话语来叙述它之外，没有什么能成为我们的知识的。可是，这同一性不得不进入表现的一切杂多的综合之中，所以在综合产生经验的知识之限度之内，表现是服从先验的条件的，而这些条件是表现之了解的综合所必须完全遵守的……所以一切表现按照必然的法则是彻底互相联系着的，而因之是先验亲和的，其为经验的，只是这亲和性的结果。”[899]

换言之，种种表象必须存在于意识之中，然后才能变为联合的；而只有它们是在意识中被了解，它们才能在意识中存在。但是为要在意识中被了解，它们必须符合一切意识以之为基础的先验条件；而在这样被了解时，它们就成为互相彻底统一而且又和自我统一，它们被了解为属于一个客观的秩序或统一体，这秩序或统一体就是自我意识的统一性之相对物。这就是康德称为它们客观亲和性的东西；这就是决定而且使它们的联合或经验的联系有其可能的东西。

这主要论点在 A101 上面很明确地说出来。

“如果我们能证明甚至我们最纯粹的先验直觉都不能产生知识，除非它们包含有这样的杂多的联系，是能使再生的彻底综合有其可能的，那么这想象之综合”[它是通过联想的机构而活动的]“必须在一切经验之先根据于先验的原理，而经验既然不得不预先假定表现都是能再生的，我们就得要认定想象的一种纯粹先验的综合”[就是在意识的统一性中所包含的这种综合]“决定着甚至一切经验之可能性”[900]。

在 A121～122 上面，康德表示他的立场更为含糊。读者可能认为他只是论证说必须有某种最低限度的规定性，然后表象才能联合，经验才有可能[901]。但这段的一般语调，以其整体来说，特别是它结束的几句话，是加重那更强、更一致的论题的。

“依据规律而再生之主观的经验的根据，即吾人所名为表象之联想是也。今若联想之统一，并不亦具有客观的根据——此客观的根据即所以使想像力在感知之可能的综合统一之条件以外，不能感知现象者——则现象之能契合于人类知识之联结为全体者，将完全为偶然之事矣。盖吾人即令具有联合知觉之能力，而知觉自身之是否可以联合，则仍至不确定而为偶然之事；设知觉而为不可联合之事物，则当有一群知觉乃至一感性全体存在，由之有无数经验的意识在我心中发生，但在各别状态中发生，而不属于一自我意识。顾此为不可能者。盖吾人对于一切知觉，能谓为意识之者，仅因我以一切知觉归之于一意识（本源的统觉）耳。故必须有一客观的根据（即先于想像力之一切经验的法则，能先天地包括之者），为推及于一切现象之一类法则之可能性乃至必然性之所依据者……”（这段引文依蓝译，见该译本第133～134页。）

康德不只是肯定思想之可联合性，和那在意思包含着的联系之规定性，必须作为经验的条件而予以假定的。那种做法就会只是窃取论点；所假定的公准的正确性就会不是独立证明的。实际上康德所主张的是更重要的论题。认为经验的统一性，即意识的统一性，是使联想为可能的东西。而意识如果要存在，既然必须是单一的，则不能有任何经验的意识，在它里面是找不着联想的条件、因而是找不着再生的条件的。

还有一种误解可能为康德的说法所引起的，他所说的是，联想的亲和性是以客观的亲和性为基础的。这就像是含有这样的意思，正如刚才所考虑的那段那样，他不去证明表现是服从规律与秩序，而只假定这种规定性的常住根据必定存在于感性杂多的本体条件之中。可是，他自己又提供所需要的更正。

“此客观的根据，就其属于我之一切知识而言，则除统觉之统一原理以外，实无处能发见之。依据此原理，一切现象，绝无例外，必须与统觉之统一相合以入我心中,或为我所感知。但若无现象联结中之综合的统一,则与统觉之统一相合殆为不可能之事;故此种综合的统一,其自身即为客观的必然者。一切经验的意识在一意识(即本源的统觉之意识)中之客观的统一,乃一切可能的知觉之必然的条件;因之吾人能证明一切现象之亲和性(近或远)为——先天的根据于规律之——想像力之综合之必然的结果。"[902]

意识的基本特征是它能存在的统一形式,而它只能在这形式上存在的;只有认识这统一性为它所不可或缺,因之凡意识存在,它一定存在,然后意识内容的彼此间之关系才能适当地明确起来。

如果承认了批判学说这个主要争点,则休谟的观念联想论观点再不能维持了。联想是不能作为我们心理状态的最后而不可解释的属性的。它也不是一种属性可以看作属于一些表现之作为独立存在的。它是意识的统一性所决定,而因之以批判分析所揭露的"先验的"条件为其基础的。意识的统一性既然决定联想,就不能解释它为联想机构的结果和产物。

康德在第二版重述客观演绎时,删去一切提到客观亲和性的地方。其理由大概有二:第一,它是用先验心理学的话语来阐明的,而先验心理学,如我们将要发现,是属于猜测的性格的。第二,"客观亲和性"这一短语,如我已经指出,肯定是使人易于误解的。它的含义像是,康德没有什么独立的证明就假定本体的条件必定是能够提供感性材料之有秩序的杂多的。但是虽然客观亲和性的学说是取消了,而它多少是为这种证明所代替[903]。这证明说,一切了解都是判断的行为,因而所包含的因素是不能归结为联想,或以联想来解释的。

在第一版中的演绎有一些论点需要另行加以解释和批评的。其第一个论点,是关于先验(拉丁文 a priori)这应用于范畴的而其性格有点易生误会的名词。它带有理性论的联想,而批判观点在其适当的意义上是不支持这个的。照康德的想法，范畴的性质只是事实上的。它们并没有什么内在的有效性。它们只被证明为在心的面前的一种强蛮的事实即意识中的经验所不可少的条件。所谓先验，不过是需要来补充所与的杂多的那些属于理性的因素，以构成我们现实的意识的。而且，正如康德仔细地指出，这些因素成立为其条件的经验是高度特别的，是以空间与时间中所与的杂多之综合为基础的。那就是说，这些因素之证明为不可或缺，只是为一种意识，其结构在这些基本方面上是像我们人类的意识的[904]。第二，先验范畴的有效性，甚至在我们人类的思维中，其被成立，只是对于经验的世界而言，而经验的世界是以所与的杂多为材料，用直觉形式的话语，即空间与时间的话语而构成的。它们的有效性只是关于现象的有效性。它们对于表现有效，不是对于物自身有效。因之先验是双重属于事实的：第一，它是横蛮事实，即我们人类的意识的现实性之一种条件；第二，它所决定的意识，其知识是局限于表现的。它是一种相对的、不是绝对的先验。可以承认它并不叫我们承认通常意义上的理性论。它的身份只是事实所给予的；它并不代表什么高于现实而为现实规定法则的体系。换言之，它的性格是批判的而不是莱布尼茨那派的。没有什么先验形而上学能以它为基础的。以公式形成先验的学说作为能产生客观洞见，然而当限定它的应用范围时，《纯粹理性批判》一书在观念论学说发展中是划时代的，而在怀疑论的历史中也同样是划时代的。

像上面所说的演绎之中，有一个重要点，很难说是准备来支持依靠它的一些结论的。正如我们所已经看到[905]，康德断言，范畴表示统觉之成为可能所需要的最低限度的统一性。对于论证这么重要的一个争点需要极其仔细的彻查和毫不放松的证明。事实上，在演绎的任何部分，不管是在第一版中也好，在第二版中也好，都找不着这样的证明。只在悟性的原理一章的后几节里曾经有过这种意图，而就在那里，所真正发展得令人满意一点的也只是关于原因性与相互性这两个范畴[906]。然而，在那里所做出的证明是一种论证，在其创作性、微妙性与力量上都远远能抵偿它的一切缺点的。它完成客观演绎的方法，是用大匠的手腕发展出演绎所主张的中心争点(虽然正文在其性格上是散漫而安排失当的)。可是在先验演绎本身里，我们所找到的只是这样的一个论证——如果它可称为论证的话——不过是把统觉和悟性看成同一的而做出的论证。

“与想像力之综合相关之统觉统一，乃悟性……是以在悟性中有纯粹先天的知识，此种先天的知识，包有关于一切可能的现象，想像力之纯粹综合之必然的统一。此等知识乃范畴，即纯粹悟性概念。”[907]

这论点在 A125～126 上面只再次假定而已，在 A126 上面也是如此：“吾人虽由经验习知甚多法则，但此等法则仅为更高法则之特殊规定，至统摄其他一切法则之最高法则，则先天的自悟性发生。”[908]

在 A129 上面又一次所论证的乃是，我们既然规定一切经验所必须遵照的种种先验规则，这些规则则不能得之于经验，而必须先于经验而决定它，然而它之能这样做，只是由于它是从我们自己(德文 aus uns selbst)发生出来的。

“[它们]先于对象之一切知识而为此种知识之智性的方式，此智性的方式自身在对象被思维之限度内，即构成一切对象之方式的先天知识(范畴)。”

但这不过重复地说自我意识所必须具有的这种统一性的形式乃是在一切综合必须实现的。只说关系的那些形式和范畴完全相同是不足够的证明。正如我们以后在考虑第二版的演绎时所发现，康德多少是认识他的论证中有这缺陷而设法来补足所缺少的一些步骤。但是他所用的方法最后依然是以形而上学演绎的种种结果为权威,所以是基于他认为形式逻辑能胜任的这种不能维持得住的信念。它不能满意地避免那反对的意见。

至于所得的结论的消极方面——说到范畴的有效性之建立只是为表现的——康德主张说,这是范畴有效性之为先验的之必然结果。绝不能证明物自身必须遵照我们自我意识的性质所要求的种种条件。即使退一步讲,而事实上是很可能的,说物自身把悟性的纯粹形式表现出来,我们依然没有什么根据来主张它们必须这样做而将来要普遍地这样做的。因为即使我们能直接经验到物自身,而且了解它们是遵照种种范畴的,这一种的遵照情况还是显明为不过偶然的而已。可是,当我们认识到,以我们而论,自然不过是表现,只在它们被经验的方式上存在着,因之必然地遵照经验之成为可能所履行的种种条件,则以之归于诸范畴的先验性之似非而实是的方面就立刻消逝了。它们的先验有效性之证明是预先假定了它们所应用到的对象之现象性格。只有在能够证明它们是预先决定了那些对象而且是构成它们的这限度内,才能证明它们对于那些对象是普遍地而且必然地有效的。断言它们在一切经验中普遍地有效之唯一的充足理由,就是它们是使经验之成为可能的不可或缺的[909]。证明的先验方法,即说到经验的可能性的方法,以这个理由,就是,如康德那样正确着重说的,唯一类型的论证,可以满足所要满足的种种要求的。它先行假定,而且它又加强、表现与物自身之间的基本批判的区别这一条真理。

康德称统觉的统一性为原来的(德文 ursprünglich)[910];现在我们可以考虑一下在什么限度内而且在什么意义上这名称是适用的[911]。从方法的观点看,用“原来的”这名词其理由是和称统觉的统一性为先验的[912]一样的。自我意识比对象的意识更为基本或者说更为原来,由于[913]只是从它所代表的主观观点,客观演绎才能证明综合的必然性和悟性的纯粹形式的经验的有效性。范畴的客观使用之证明为合理的，是把它作为自我意识之成为可能的一种条件。所以在演绎的发展中，自我意识是比对象的意识更为原来的。但是康德这名词的使用是极其令人误解的。因它的含义像是说，自我是已经证明在本体论意义上为原来的或最后的，好像是先于经验，而通过它的先行实在性使客观经验可能成功的。这样的一个见解无疑是为康德把统觉变成一种机能——das Radicalvermögen aller unserer Erkenntniss[914]，(中译为“我们一切知识的基本机能”)——和他后来又把它和悟性同一起来所加强[915]。再则又好像他主张先验的我，是终极的而且独立于一切条件的，客观意识的各种形式都是由于它的种种综合活动而来的[916]。

这个不幸的用语可以直接溯源到康德早期观点的精神论的性格或者说莱布尼茨式的性格。在《论文》中，自我是看作一种终极的无条件的存在，先于经验而且创造性地产生它的。我们曾经指出，在《批判》一书中，花亨格尔所认为表现着演绎的论证之发展中最早阶段的几段里面，出现与此多少类似的一种见解。在那里所描写的自我，是通过反思其自己综合活动的不变性而意识到它的永恒性的。我们关于先验的对象的意识，甚至在这些段里，认为通过它们而这样的意识得到它的中介的一些经验的概念之成为可能，都可溯源到同一个根源的。一直到最后，这开始就过分强调统觉的统一性的做法依然是康德的批判学说的特征；虽然在他的理论后来的叙述中，它的力量和优先权大大地减小了，但它仍然继续起着多少夸大的作用。他继续使用表现着早期精神论的见解的一种术语；如果不认识到而且扣除了他的名词改变的意思，结果一定是误解。在较陈旧的见解的影响下形成的种种名词，用来公式形成较新的学说，是格格不入的。

还有第二种影响在起作用。康德按照他的新的预料不到的种种结果,不得不承认他的旧见解是缺少理论上的理由的时候,他仍然在他个人的思维中保持着这些见解。因为有很多证据说明这些见解继续代表所谓他的私人意见(德文 Privatmeinungen)[917]。

所以,只有这些叫人误解的影响,行文上的、解释上的和个人的,都不当数了,演绎的种种结果才恰如其分地表现出来。康德的批判哲学并不声言要证明最后使经验有其可能的是自我意识,或统觉,或先验的我,或任何可用这一类名词来描述的东西。所能合理假定作为本体上决定经验的至多是按照范畴的“种种综合”(这些综合自身在其产生的性格而言是不能予以明确的)[918]。因为只有在这样的一些综合完成时,自我的意识和对象的意识才出现的。按演绎的论证,对象的意识诚然是包含自我的意识,自我意识是一切意识的形式,但是据同样的论证,自我意识之为可能只有在对象的意识之中,而且通过它,这也是一样真实的。自我的意识和对象的意识是互相决定的。只有同时通过两者的意识才能得到其中任何一种意识。自我意识自身不能证明为比对象的意识有什么地方更终极或更原始,两者同样是以复杂的种种方式而决定的经验之形式。对于是否有常住的人格这样的东西这问题,先验演绎并不直接帮助来解答。诚然,自我的意识是觉知的包括得更广而更复杂的形式,所以也许可以看作指向着更多种类的有贡献和能生产的条件。

不幸康德因刚才所述的理由,没有足够地强调这更消极、或者应该说不表示确定意见的、从演绎所得种种结果之一方面。但是当后来在误谬推理一章里,他面对这问题,而有机会来对问题表示意见的时候,他就很肯定地说了。他声明在理论范围里,自我的精神性或者说自我的单一和最后的性格是没有充分的证明的。统觉的统一性像其他一切东西一样,必然是在本体上被决定了的,但不能证明在其自身之作为自我意识或统觉是代表什么本体的实在性的。它可能是合成的结果,以复杂的一些生产条件为其基础而且从之而发生的；这些条件可能在性格上根本和它本身不同的。它们可能是属于非意识的和非人格的性质，至少我们能证明的没有其反面的。在我们的认识经验中没有什么是和这可能性不一致的，经验的批判分析所得的结果亦复如是[919]。那些注释家如哥亨、客尔德、华特生，多多少少是照着黑格尔来批评康德的做法的。他们关于先验演绎所作的解释，是使之和《批判》一书的作者要整部书所支持的怀疑论的一些结论不能相一致的。平心静气地研究分析论，甚至把它独立于辩证论来看，是不赞成这样的一种见解的。先验演绎的论证本身只能承认康德在误谬推理一节里讨论自我的性质时所愿意承认的。这论证，固然可以像客尔德在他关于批判哲学的巨大著作里所大力说明那样，是在黑格尔的路线上发展的，但只是通过本质上改组的过程而远离康德许多最得意的主张，而且在精神上根本和《批判》一书全部的主要地方相冲突的。

主观演绎的后面阶段

读者可能看出，到此为止，康德的阐明中有几个因素我们完全没有予以考虑。现在是考虑它们的时候了。依我看来，这些因素构成主观演绎后面的几个阶段。那就是说，它们有关先验的生产能力，这是康德根据更客观的研究所得的种种结果觉得有其正当理由来假定的。分开来考虑它们，是有助于叙述的明晰的。康德论证的含糊不清，其原因不一而足，而这些原因之一就是他时而站在逻辑的观点上，时而站在动力的观点上，而且一向是这样。我们关于这点还连带要得到机会来讨论我曾经提到过的批判观点的发展的主观论方式和现象论方式之基本冲突。

客观演绎所得出的种种结论，迫使康德修正他从前的心理学见解。在此之前，他坚持莱布尼茨的理论，认为先验概念之获得是由于反思心的本来和基本的动作方式的。在《论文》里,他小心地把悟性的逻辑使用和实在使用分辨开来。经验的概念是通过前者而从具体的经验获得的。纯粹的概念是通过后者创造性地产生出来的。康德可是在那里论证说,逻辑的思维和实在的思维同是有意识的心之活动。两者都能通过反思的意识的显示能力而被了解并且适当地被确定下来。这样的一种观点再不是康德所能维持的。他曾经指出自我的意识和对象的意识是互相决定的,而且在两者都获得之先,随便哪一个都是不可能的,因之他再不能把心看作有可能来意识到经验所从而发生的种种活动。产生意识的一些活动本身必须认识为在意识之外的。不能通过什么模糊不清的了解形式,甚至不能在其半阴影中侦察到它们。只有这样活动的成品,而不是活动的自身,能出现于意识的;只有用一般的推理,推论到意识范围之外的动因,我们才能希望确定它们。

然而康德好像有一个时期不愿意把所谓悟性看为有时不意识到它的活动的。他何以不愿意,像是无从解释,至多把他的理性论倾向和沃尔夫的锻炼举出来作为参加力量的一些原因。一直到最后,他还不断地把悟性说成是先验的东西因而来到意识中的机能。为要发展新的批判态度所要求的种种区别,他就不得不采用一种新的机能,能够把那些必须承认为非意识的一些活动接收过去。为着这个缘故,他选择了想象而给以生产的想象这特别的称号。他宣称,心理学家一向所只承认的经验上再生的种种过程,并没有穷尽想象的性质。它还能够有先验的活动,而种种表现的"客观亲和性"和从而产生的它们经验的了解之可能性,都是以这为其基础的。生产的想象又被看作使悟性,即先验的东西被意识上了解为嵌进客观经验里去的一个要素之有其可能的东西。这样的了解之成为可能,是因为在所与的杂多的意识前制造中,生产的想象已符合了悟性,为要使它自己在意识的了解中能起作用所要求的那些先验原理。生产的想象动作的方式是需要来产生种种的经验，能够和自我意识的统一性发生关系的，就是说，能够符合范畴的统一性的。为什么它这样动作，不能加以解释；但是按批判的原理，它还不失为一种合理的假定，因为只有它是这样做，在事实上存在的经验才能在任何形式上有其可能。康德的论证是说，作为现实的和可能的经验之一种不可缺少的条件而言，这样的一种机能之存在，乃是从先验演绎的种种结果而得出的一种合理的推论。

虽然康德之坚持悟性的有意识的性格，迫使他把悟性和想象区别开来，而他又不得不承认它们的类似性质。如果除非和悟性的先验形式相符合，想象就永远不能起作用，那么它们的和谐必定有某一种理由。这个同时要分辨它们而又联系它们的双重需要，就是在《批判》一书两版里关于它们之间的关系所说的那样犹豫不决而极其不一致的原因。在好几段里，悟性是被说成不过是达到它的活动的意识的想象[920]。在其他地方，康德明白地说它们是不同的而分开的。从这第二种观点，康德把想象看作介乎感性与悟性之间，虽然不能归结为两者之一，但是和两者是类似的。

康德在一点上是清楚而且明确的，那就是，统一性的经验之产生主要是由于生产的想象。在它里面可以追溯到本体的实在性之多效果而又不可穷尽的性格之某种东西。他选择想象这称号的主要理由，无疑是在一般人的思想中，总是把创造性看作想象的最重要特色。正如康德在他谈到图型的时候，而图型是想象所做出的一种过程，在 A141 上面就这样说："这图型……是一种艺术隐藏在人类灵魂的深处的。"[921]这种描写大概可借助于康德在《判断力批判》一书里所说关于艺术天才的创造性格来解释，因为在那里，想象又是出现为人类精神的真正有创作力的或创造性的机能。我们还可以把它能结合感性与悟性在表现范围内一直是对立的那些因素的这种能力追溯到它的本体性格[922]。想象之不同于悟性，主要是在于它同时是包涵更广而又更真实地是创造性的。它以感性的内容补充功用的形式，而在经验的产生中以力学的方式应用这些形式。

一般认为生产的想象所构成的图型，乃是统觉需要的经验之统一性能实现时所不能不有的时间与空间存在的概括形式。它们是“纯粹的（没有任何经验的东西掺杂的），然而在一方面是理智的，而在另一方面是感性的”[923]。

又如康德在我们面前的一章里所给这过程之描述[924]：

“想像力中之杂多之综合，若不问直观种类之区别专向杂多之先天的联结者，吾人名之为先验的，又若此综合之统一在其统觉之本源的统一相关中表现为先天的必然者，吾人名此种统一为先验的。盖统觉的统一，为一切知识所以可能之基础，故想像力所有综合之先验的统一，乃一切可能之知识之纯粹方式；由此种先验的统一，可能的经验之一切对象，自必先天的表现之。”

这样产生出来的图型，康德描写为限定而且控制了解、再生和认识的经验性过程的。既然除了用图型的话语之外无法获得什么经验，则图型就叫我们能够在先验的根据上确定在一切经验中稳妥地估计到其恒性与正规性的程度。这就是康德对于他称为“客观亲和性”的之心理学的解释[925]。再生的经验的根据乃是思想的联合；其先验的根据乃是一种客观亲和性，而这客观亲和性是“根据于规律之想像力之综合之必然的结果”[926]。

“依据规律而再生之主观的经验的根据，即吾人所名为表象之联想是也。今若联想之统一，并不亦具有客观的根据——此客观的根据即所以使想像力在感知之可能的综合统一之条件以外，不能感知现象者——则现象之能契合于人类知识之联结的全体者，将完全为偶然之事矣……[可能]有一群知觉乃至一感性全体存在，由之有无数经验的意识在我心中发生，但在各别状态中发生，而不属于一自我意识。顾此为不可能者。”[正如主观和客观演绎都已经证明那样，凡是没有自我意识的地方，则没有任何意识。]"故必须有一客观的根据(即先于想像力之一切经验的法则,能先天地包括之者),为推及于一切现象之类法则之可能性乃至必然性之所依据者——即使吾人不得不视一切现象为其自身必可联合之感官资料,且从属现象再生中所有一贯的联结之普遍的规律者之根据。一切现象联想所有此种客观的根据,我名之为现象之亲和性……一切经验的意识在一意识(即本源的统觉之意识)中之客观的统一,乃一切可能的知觉之必然的条件;因之吾人能证明一切现象之亲和性(近或远)为先天的根据于规律之想像力之综合之必然的结果。"[927]

康德的学说这一部分,易于为人觉得比它原来还更不清楚。其原因乃是:读者的自然倾向不是照它所叙述的字句来理解的。可是康德的意思正是他所说的,这一点从另一个不但是他自己认为是必然的而且是他坚持为有确实根据的后果就可看出。客观亲和性学说最后的结论就是[928],我们称为自然的那秩序和正规性乃是我们自己把它带进表现里去的。所谓"我们自己"是指生产的想象中先验活动里面的心。了解、再生和认识的有意识的过程是符合于非意识产生的图型的,而这些图型是表示着单一意识所要求的直觉和悟性之联合先验条件的。

这条奇怪的学说有许多点是需要考虑的。首先,它的基础是一种假定,认为心的先验的活动和经验的活动之间是有突出而显著的区别,而这是为人们难于接受的。其次,康德所说,我们可以依靠经验的杂多来替图型提供以满意的内容,这说法须有比他所举出的更充分的理由来支持。经验的并存和先后次序之固定性是依赖独立的实在性的。康德断言在心创造自然的形式时,它能先验地替一切可能的经验规定法则。他这样说,是否实际上就假定了一种先定的和谐呢?

关于第一个假定,康德像是为先验的这词之歧义所影响。它的意义,如我们所已经看到的[929]，可能是指先验的知识，可能是指先验的东西本身，又可能是指使经验有其可能的一些条件。即使后两种意义尚且都不是相同的。经验之为可能，其条件不是在一切情况下都是先验的。外部感官的杂多乃是经验的不可少之一种需要条件，正如悟性的形式一样，然而不是先验的，随便以先验的作何意义讲。所以，不能说因为生产的想象的活动“先验地”决定经验，它们就必然是先验的，而且像康德所主张的那样[930]，是处理一种纯粹先验的杂多的。还有一点，把心的先验的活动和经验的活动分开，必定和产生的想象之所以被假定的意图相背而驰的。那意图原是为要说明一种复杂的意识之产生而在它的里面不能有一种要素在时间上是先于任何其他要素的。如果产生的想象产生的只有图型，则它不能说明在其中自我的意识和对象的意识不能分解地结合在一起的那种复杂经验。提到产生的想象，初看起来，像是会承认我们时间上连续的经验之力学上那一方面，和它之作为表现，使我们想到它自身之外而到非经验的种种条件的那另一方面。然而当它用在图型说和客观亲和性的学说上面时，想象所表示出来的一种形式主义，并不弱于它原要补救其缺点的悟性之极端形式主义。

在他的第二种假定里，康德，像他常常在《批判》一书里那样，低估了纯粹经验的东西在人类的经验所起的巨大作用，而夸大了从形式的、理性的因素之存在所能做出的推论之范围，这就是由于他让他过去的理性论倾向影响他的思想的结果。但是这一点，我们还没有条件来加以讨论[931]。

侥幸地，如果我们同意花亨格尔的意见的话[932]，A98～104 这一大段文字，使我们能了解康德的思想，在公式形成了生产的想象的学说之后，一直到《批判》一书出版的那段时间的活动。他自己好像也曾经认识到把经验的一切条件划分为两部分：一部分是先验的活动，其结果是图型；而另一部分是补充的经验过程，把图型变为具体特别的意识，这是不能令人满意的。他进而提出的另一种理论，初看起来，是较为令人满意的。这种理论乃是在各种经验过程之上又加上一种先验的机能。他现在宣称有三种先验的能力——先验的了解机能、先验的再生机能（＝想象）和先验的认识机能。这样一来，康德从前的见解，说先验的想象有一种特别的无与伦比的活动，就是说生产的活动，完全不同于它的经验过程的，现在就放弃了。用以代替它的，康德就发展这种见解，说先验的功用是，完全和经验的过程平行的[933]。但是虽然这个主张起初像是比它所代替的主张希望要大些，然而很快它又露出它的破绽了。先验的和经验的这两类型的心理活动固然再不是分开的；可是现在的困难就是在了解、再生和认识中怎样分辨出来任何真正是先验的一方面[934]。本质上，了解、再生和认识原是意识上的过程，要把它们看作又是先验的，像是没有多大帮助。它们包含有一些因素，在逻辑意义上是先验的，但是不能证明它们包含有可以说是类似心理的能力而在动力上是先验的。论到认识，这一点尤其是明显的。认识是描述为“我们现在所思维的是和我们前一顷刻所曾思维过的是一样的那种意识”。在谈到了解和再生时，康德所能提出的唯一实在的差别，存在于它们先验的活动与经验的活动之间，就是先验的活动综合空间与时间的纯粹先验的杂多，而经验的活动是综合感官的偶性杂多的。但是甚至这个令人不能满意的区别，他也不企图用于认识。我们也不能主张，所谓认识的先验综合就是康德所指的先验统觉。这自然是读者立刻会想到的。可是不管把这一种意思插进其他同类的段落里是有多大的可能，它是不能适合于这特殊一大段里的前后文的。

花亨格尔的理论像是引导我们走出这座迷宫的唯一线索。按这理论，康德在《批判》一书出版的前夕，认识到把先验的过程生硬地从经验的过程分开之不能令人满意，就采取这种见解，说和经验的活动每一种基本形式相适应的总是有某一种形式的先验的活动，反之亦然。仓促地发展着这一意见，他就把它和他的旧学说并列地加入到《批判》一书里面。然而，它并不在《导论》一书中再次出现，而且他的学说是明白地在《批判》一书第二版中删掉的。它表面上似乎说得通的性质，一时蒙蔽着他而使他予以采择，但它很快便露出它的种种缺点，因而为他摈弃了。

有一种特别有关系的特征是要予以注意的。从《批判》一书两次序文来说，关于主观演绎的非本质的而且像是猜测性的性格来看，我们自然会认为三种先验综合的学说崩溃之后，就使康德对于先验的心理学之发展失掉希望，其实不然。在第二版中虽然他把含有主观演绎早先阶段的各节都删去了[935]，而且在改写其他各节时，使更为纯粹的逻辑分析尤其突出，但是旧的生产的想象的学说是以其全力来重述的[936]，而结合[937]着纯粹先验的杂多这学说，它又被发展了。所以明显的，康德并不因先验心理学路途中的各种困难而气馁，而且像是合理的来做出结论说，还有一些有力的理由使他倾向于保留先验心理学的。我现在要企图尽我的能力所及，来说明我们可以相信这些理由是什么，而这一任务是需要审慎的，而且是困难的[938]。

现象论和主观论的区别

如果康德所研究的某些更广泛而真正重要的涵义要适当地看清楚，我们还得要记住比我们所已经估计到的更多的种种考虑。自我有其两方面。以它的条件来说，它是属于动物界的，而以它的了解能力来说，它同时是有普遍性的可能的。虽然人的自然存在是一个动物机体的存在，然而他能够有他的机体所从出的空间世界的意识，而又有比他的转瞬即逝的存在更漫长的时间的意识。到了最后，这样的意识像是要把人在其认识方面和整个实在联系起来的。康德在他谈到先验演绎的时候，尤其是在他讲到统觉的先验统一性这个学说的时候，是设法不亏欠我们意识的这个普遍或者说绝对论的方面，不亏欠它的超越那具体的分别的自我方面，他是把那统觉看作是客观性的意识所决定而又是它的相对物的。它包含着一单个宇宙时间和一单个宇宙空间的意识，而一切事件都是在这单一的宇宙时间和宇宙空间里面，而且在它里面形成一个以因果互相依存的许许多多存在之总体。那就是他为什么称它为统觉的客观统一性的理由。这就是自我和一个更辽阔的实在有其互相关系的方面，而通过这一方面，它是基本上和那仅仅是它的动物存在的主观状态相对立，和它的动物存在之个体的条件相对立的。先验自我远不是同一于经验的自我，而像是与之在性质上正相反的。一个像是指向超过表现的境界，而其他一个，以其存在而言，只是属于自然界的，它们两者不可分解地相互联结在一起而共同使经验有其可能，这一事实只叫我们有不得不认识到它们在性格上不同之必要，即使能证明它们是感性经验的不可分开的两方面，而没有形而上学上的含义，那并不免除我们清楚地把它们分辨开来之必要。不管我们关于它的思辩或其他的意义是采取什么解释，它们之间的区别是依然存在的。

很明显，在处理形而上学整个范围中最繁难而艰巨的问题这种基本的研究上，不能以任何简短而又扼要的答复来涵盖一切各种各样与问题有关而具有决定性的考虑的。演绎的问题既然是这样，关于它的一节难免是整部《批判》的最困难部分。它所得出的结论所根据的，不但是它所含有的论证，而且是多多少少独立地在其他各节所得到的结果。经验的对象作为表现这一种学说，发展起来，需要包含在感性论里面的各种不同的讨论，还需要包含在内部感官和观念论的反驳那几节，和现象与本体一章与二律背反一章里面的各种不同的讨论。康德关于统觉的先验统一性的学说之种种形而上学的后果与含义，是第一次在误谬推理一章中显露出来的。关于生产的想象的见解是在图型一节扩大的。总而言之，在这简短的一章里，《批判》一书的整个作为前提的学说集中起来了，而批判学说的整个作为结果的发展也预先见到了。

但是论证的困难与其含糊当然还有其他的原因。其中之一已是指出过了，即《批判》一书不是一气呵成的一部著作，从事先想好的一种观点发展出来的，而大半是一些不同时期的初稿，加上一些联系的连结，不自然地缀合成功的，这在概念分析一卷里是尤其明显的。不认识这一点的话，任何企图想要以种种无关个人的方式来解释正文，都注定要失败的。因此，在我们讨论之先，就叙述花亨格尔的分析。凡是接受了这分析的人，都不会再有低估康德的演绎的含糊之这个特殊原因的危险的。

但其主要理由，我前此只顺便提到，而现在得要给它以其重要性所应得的注意的，那就是康德自己的最后解决，不过是暂时的和试验的性格的。演绎的种种论证，只有把它们看作康德的思想一直受其影响的相互冲突之倾向的一种表达，才能理解的。他总是企图给他所分析的经验之各个不同方面以其应得的重视，而这样一来，就好像他是同时沿着几条平行的路线进行，而这些路线就是可能为解释问题的可以选择的各种方法。而一直到最后，这些相反的倾向都继续平列着，使得想要找出一单个统一的学说的读者们深感窘惑。可是对于期望于康德的不是清晰的或者定论的解答，而只是有帮助的分析，和构成这些令人为难的问题的复杂争点之部分解决那些读者们，则这情况反为大有启发。

在康德心中冲突着的两种主要倾向可以分别称为主观论和现象论。这种冲突，可以借句话来说，是地下的，处处影响着论证，但很少时候是成为直接讨论的题目的。我们将要看到，这就使得康德对于内部感官、对于因果性、对于知识的对象和对于统觉的统一性都发展了两种见解。在《批判》一书中很少几节中之一节,其中这冲突像是濒于清楚地出现于意识的,就是第二版所增加的关于观念论的反驳那一节。但是这节是产生于争论的种种原因的。它代表一种是分析论比较更成熟部分所特有的立场。《批判》一书的其余部分并未改写来与之相一致,也没有发展一直坚持这立场所必然导致的种种后果。

我是在其广义上[939]用主观论这名词(和它的同义词主观观念论),因在这广义上它就适用于笛卡儿和洛克的学说、莱布尼茨和沃尔夫的学说,不亚于适用于贝克莱和休谟的学说。这一切哲学流派之一个共同因素,就是相信主观的或者说心理的状态,洛克所说的“观念”,是意识的对象,而且是意识所能有任何直接觉知之唯一可能的对象。知识是被看作一种完全在个人心灵之内的过程,它之能使我们再往前去,是由于某种另外增加的过程,如推理过程、猜测过程,或本能过程。这种主观论也倾向于和把意识作为只是一个个体存在之最后自己显示自己的属性这种见解结合在一起[940]。对于笛卡儿来说,意识是心灵的本质而又是自我的本质。其实它是被说成穷尽两者的性质的。虽然自我是被描述为具有意志的机能,而同时又是具有思维的能力的,然而它的一切活动都是理解为通过它的基本属性的显示能力向着心灵揭示出来的。可见个别的心是理解为一种存在,在它里面一切都是在一个渗透一切的意识之敞开的亮光之下发生的。不错,莱布尼茨曾说过下意识的知觉之存在,而就这来讲,好像是先于康德而认识到非意识的种种过程;但据莱布尼茨所形成的方式,那种学说有一个缺点,常常是使它现代的下意识成为无效的,那就是因为它把那下意识的描写为在性质上类似意识的,只在其浓度与清晰性那些偶性的特征上,或由于一时失去再生的联想机构之控制而与意识的有所不同,这样描写的下意识，只扩大个人心灵的内容；它并不在那一方面超越它。

关于经验产生条件的真正批判的见解，极不同于莱布尼茨小知觉的学说。其实它是和莱布尼茨想到先验概念的发生之方式相联系的。但是，即使那学说都是用这样一种方式来重述，结果是使其脱离种种的主观论含义的。莱布尼茨的争点是说心灵意识到它的基本活动，而且认为它是用反思这些活动的方法来获得一切最后的先验概念的。这争点由于有了客观演绎所成立的种种结论，再不能维持了。心理的过程，在其是经验所由之而产生的限度内来说，必须是在意识范围之外的，而作为力学上所理解的创造性，它们不能是属于观念或心理内容的性质的。它们不是下意识的观念而是非意识的过程；它们不是经验内容之淹没部分，而是决定经验的根据。它们最有意义的特征还有待于提出来。它们必不能再以主观论的话语来解释，把它们作为发生于某一个别自我之单独存在。在决定经验时，它们产生的自我只是经验所能保证的，因之在不能得到充分而又独立的证明之情况下，必不能把这自我想象为个别限定的。知识的问题，适当地来想它，再不是意识，在个别决定的那种情况下，如何能引导我们超出其界限，而是使知识有其可能的意识，同时是对象的意识而又是自我的意识是什么的一种意识。所以康德所获得的，几乎是一定伴随着的科学的进展和哲学的进展，就是所要解决的问题之更正确而更科学地成为一种公式化。旧的公式形成，是假定主观论观点的真实性的；批判的问题，这样陈述出来之后，至少是免除了那特别的一种成见。从前无意识地坚持的一些假定，否则虽然加以反思而认为是公理性的或自明的一些假定，现在都纳入研究的范围中来了。因之康德是成功了真正的一个革命；而和这紧密地结合在一起，有批判学说的许多影响最远的后果。

这个新观点，和主观观念论对比，可称为批判的观念论，或者用康德自己用于他的先验演绎和统觉的统一性的名词，称为客观观念论。可是，因为表现与实在之间的区别同样是批判态度的基本东西，我们如果选择使用现象论这名词，可能不那么容易为人所误解，也不致像是把康德的观点和与之很不相同的黑格尔学说同一起来。

正如上面所指出，康德在先验演绎中设法不亏欠我们意识的普遍或者说绝对论的方面，不亏欠意识之超越于具体的分别的自我。统觉的统一性称为客观的，因为它是被看作一单个宇宙时间和一单个宇宙空间的相对物，而一切事件都是在这时间与空间之内的。它的对象并不是它所特有的心理形态，甚至于也不是一些观念的内容，在数字上不同在其他心灵中的内容的。它展望的是一个真正独立存在的共同境界。发展这主张时，康德不得不修正他从前关于综合过程的性质的见解，而通过这些过程是经验所从而构成的，也不得不修正他从前关于所与的杂多的性质之见解，而杂多是这些过程所影响的，并且还要彻底地重建这些见解。从主观论的观点看，综合的活动是个别的心的各种认识过程，而所与的杂多是物体作用于特别感官所激起的感觉。从客观的或者说现象论的观点看，综合的过程是属于本体的性格的，而所与的杂多也与之类似，被看作是由于本体的动因作用于不是感官，因感官之作为表现也是由本体决定的，而是作用于可称为“外感官”的东西。这些区别是要首先弄清楚的。

康德主张感觉有两重的根源：本体的根源和机械的根源。首先，它是由于物自身作用于自我的本体的状态，而第二则又由于物体作用于感官与大脑。现在先谈后者。光从物体反射，而作用于视网膜就产生色的感觉。康德说，对于这样的因果相互关系，其经验上的证据是和物体的因果相互作用同一个样的[941]。我们感觉的经验之为真实地在时间中的事件，正如机械的事件在空间一样。但是像这个样子，我们只能说明我们感觉之存在与其在意识中或者说对于意识出现的次序，而不能说明我们对于它们的觉知。姑以例证来说出这点。一个弹子,撞另一个弹子,就以因果来说明第二个弹子显出运动的事实。但是没有人会梦想到,以其本身这就说明我们关于第二种运动的意识。我们可能坚持说,一个物体作用于大脑就可恰恰在同类的方式上,在同一的限度内,不多些又不少些,只说明视的感觉作为一个事件发生于经验上时间的顺序里。一种感觉之不能带有它自己的意识,正如一个运动一样的。认为那是可能的,其实说到最后就是赋予时间中的事件以了解空间对象的能力。在处理空间与时间中的因果联系时,我们无须讨论知识问题本身,即具有或取得知识是如何有其可能的,不管是关于空间中运动的知识,或者是关于时间中感觉的知识,都是如此。当我们提出另一个问题时,我们就得要采取很不同的一种观点,并且考虑到更加复杂的情况。

康德把这观点应用于情感、情绪和欲望是像他应用于特种感官的感觉一样严格的。他的学说认为这一切都是在性格上"属于动物的"[942]。它们毫无例外地是为动物机体的特殊机构所决定,而且只能用这机构的名词才能说明的。它们毫无例外都是属于表现的境界的[943]。

然而"感觉"这名词也可能用来指知识的质料,那是说在它为本体所决定的范围内。从这看法来讲,感觉就不是由于物理的刺激作用于身体的器官,而是由于物自身对于自我的本体情况中与"感受性"相适应的那些因素的影响。康德是很不应该那样不小心,以致没有把"所与的杂多"这短语的那两个很不相同的意义分辨开来。他所用的语言是含糊透顶的。正如他常常说的好像综合的种种过程是自我运用的有意识的活动那样,他也常常使用一种语言,其含义是这些过程所作用于它的杂多是和特别感官的感觉同一的。但是身体上的感官之感觉,即使能归结为这杂多,至少也不过是其一部分。综合的过程,按照一定形式的空间、时间与范畴，对于杂多加以解释，就产生出空间的世界，而在这世界中，种种对象被理解为在因果关系上相互作用，而通过它们对于感觉器官的作用，就产生各种的特别感觉，作为时间中的一些事件。可见，以其是机械地发生而论，感觉是和其他表现在同一水平上的。它们像产生它们的种种运动一样，依靠同一的生产条件的，它们是在一个更广泛的总体里面的较小的细节，不可能代表其整体从而构成的质料。把现象的世界解释为从特别感官的感觉所构成，事实上就是把它和它的一小部分组成部分等同起来。所宣称的这样一种解释还犯了另一种荒谬，企图用现象世界所提供的条件然而从而能够有事件来说明这现象世界的根源。特种感官的杂多和那原始的杂多是根本上不相同的。前者是由于物体作用于物质的感觉器官。后者是本体动因作用于“外部感官”，即作用于构成我们的“感受性”的自我的本体情况的成果。这是比前者大大地更为广泛，它必定包含着一切客观存在的方式之质料，包括许多通常是被看作纯粹心理的存在方式的[944]。

现在回头来看看经验的其他方面。决定它的形式的是一些什么因素？我们必须先行假定什么，以便说明意识的存在，而且说明它能出现的唯一单个的形式？康德的答复又是含糊的。他没有足够地坚持一切区别，而这些区别对于真正理解他渐渐摸索到那些新的且是革命性的主张，是不可缺少的。在主观演绎和在客观演绎中都证明为决定一切经验的种种综合的过程，可能解释为有意识的活动，也可能解释为非意识的活动，而且可以以之归于个别自我的动因，也可以以之归于在可能定义的范围以外的本体情况。然而康德自己的阐明虽然仍是含糊透顶，而批判研究的种种结果好像——至少在我们坚持着质料与形式的基本区别的时候，在我们没有忘记经验的时间上先后的方面的时候——是在每一情况下决定于有利于后者的选择的。种种综合的过程之发生与完成必须在意识能发生之前。而它们既是意识的先决条件，它们就不能本身作为属于意识而被知道的;而既不是作为属于意识而被知道,就不能确定说它们可以合法地被描述为心理的了。我们固然要把它们想象为类似于我们的心理过程的,但那可能只是因为我们的知识是局限于经验的材料的。再则我们无权来把它们想象为本体自我的活动。我们只知道自我是有意识的,而那些综合的过程既然是意识的产生条件,也就是我们经验所能保证的唯一自我之产生条件。康德是把人类经验的时间方面看成是基本的,就好像有正当的理由来称这些过程为“综合的”。因为按意识的性质,它像是包含有把其内容从一个时间带到其他时间去的可能,而且能以这样结合起来的因素,构成一个包容更广的总意识。康德在这里是以最简单而又最基本的形式分析意识的那一方面,是詹姆斯在其《心理学原理》一书曾经描述过[945]的,而我们可以名之为早的心理状态依次叠连起来成为包括它们的相继的经验。它们依次叠连的方式是在一个因果系列中的相继事件所永远不能有的,也是不能以物理范围中取来的关系图式来说明的。

康德所作的,明明就是把从有意识的经验以类推而获得一种区别——即我们心理的过程和它们所处理的感性质料之间的区别——应用到本体情况的解释上面。这样的一种区别的应用,可能是在任何解释人类的经验之企图所不可避免的;但是,除非小心地加以防备,这是很容易成为严重的误解之根源的。杂多之不能和身体上的感官的感觉同一起来,正像是产生意识的综合过程不能被认识为自己是有意识的一样。身体上的感觉是时间中的一些事件,而且是机械的原因之结果,而不是本体的原因之结果。

康德的一些结果,当其始终一致按着批判的路线发展出来的时候,因之就是按照现象论发展出来的时候,是有两方面的:积极方面,大意是说,意识虽然我们或者能够证明其反面,可能只是一种合成的东西,从许多复杂的条件而派生而且是依赖那些条件的;消极方面,大意是说,虽然这些条件可以用类推来描述它们作为是综合的过程对于某种一定的质料起作用，但是以其实在的性质而论，是我们所不可知道的。即使它们是可能的这一点，我们也不能自认为能理解的。我们假定它们，只是因为面前的经验是已经证明为不能自己说明自己，而像是要我们注意到这种先行的产生根据以求其解释的。

如我们已经强调过，康德常常谈到统觉的先验统一性为我们经验的无上条件，那就把他的主张弄糊涂了。有时他甚至把它说成像是综合过程的根源，然而不能认它为他的真正学说。自然意识（和统觉的统一性，在其通过自我意识而得到表达的范围内）是和外部的经验一样以同样的复杂条件为其基础的，所以可能只是一种产物或合成的东西。正如他在误谬推理中所坚持的那样，它是我们一切概念中最空洞的，不能提供充分根据来肯定自我是一个常住的人格。我们不能以经常的事实作理论的分析，或按自我意识的性质，来证明什么关于自我的终究性质。

现在康德在这里是做出主观的和客观的两者之间的区别之一种新的而很是革命性的解释。对于笛卡儿派来说，客观的乃是独立实在的[946]；主观的是在称为意识范围里有其完全不同的一类存在的。康德与这不同，他从他的现象论观点看，如果存在是为纯粹物理的种种原因所决定，则它是客观的，但是如果存在还要依靠生理学上的和心理学上的条件，则它便是主观的了。按后一种见解来说，这两者之间之差别再不是类的差别；它变为只是程度上的差别而已。客观的种种存在，由于它们的条件具有简单而且是重复发生的特点，所以是统一的。主观的种种存在所以为基础的情况太过复杂，因之不能时常再发生，所以和客观的对比起来是极其多种多样的。但是，以其是意识的对象，而且是意识的直接对象而言，两种存在都是客观的。主观的形态不是和自然界的存在客观系统平行的，也不是附加于其上的。因为主观的种种形态并不构成我们对于自然的意识；它们本是意识所显示出来的自然体系之一部分。康德在其含意上,好像是说,主观形态之和物理的种种存在相对比,是在于它们是非延扩的,而且不能在空间上定其位置的,但是他对笛卡儿从这特殊的差别而推论它们在其整个性质上的完全不同的权利提出了挑战。种种感觉、情感、情绪和欲望,以它们为我们所经验而言,是构成经验的自我,而经验的自我是一种客观的存在,与其物质环境完全相联系着,而且只有用那物质环境的话语才能被人理解的。换言之,主观的和客观的之区别现在成了自然律体系范围里的东西。在其性质上,主观的不能和客观的相对立,而是它里面的一个亚种。

笛卡儿派的种种区别,其确定的方式这样修正之革命性格或者可以这样说来表达它……康德所作的,其实是以表现与实在的区别来代替笛卡儿派的心理的和物质的这种二元论。心理的是所知的某一类存在,即表现的名称;它们和物理的一起形成一单个系统。但是在这整个系统的基础上,决定着物理的现象而又决定着心理的现象的,乃是本体存在的领域;当知识的可能性这问题,即这样的一个包罗万象的自然系统之被经验到与否这问题提出时,所指的就是这个本体的领域。凡经验到的东西,甚至感觉或欲望,都是一种事件;但是关于它的经验乃是觉知的一种动作,其所需要的解释是完全另外一类。

这样,康德就完全重申了知识的这个问题。这问题不是从主观出发而问到个人如何能够认识到独立实在;而是问,如果只有一个共同的世界是直接被理解的,那么有自我意识的存在之内部私有的生命是如何可能的,而且这样的内部经验应如何来加以解释?虽然感觉、感情等是事件,像空间的运动一样机械地被决定,而和后者一起构成一个符合于自然律的单一系统,然而它们又不同于一切其他各类的自然事件,因为它们只能为一单个意识所经验这是如何发生的。康德是按照他的表现与实在的基本区别来答复这问题的。虽然我们意识到的东西都可以合法地按照它们所属的自然系统来研究,但是意识本身则不能这样来看。在设法下它的定义时,我们就超出现象的范围而来到本体的条件那里了。换言之,这就构成一个问题,它的全部材料不是我们所控制的。光是这一点就足够说明何以我们不能解释每一个经验的自我的情状绝不能为其他意识而只为一单个意识所了解。另一提法就是,何以论到感觉与情感,每一个意识是完全局限于和某一动物机体有关而发生的那些感觉与情感。这至少叫我们不能独断地说,这是由于它们是主观的,即二元论的和笛卡儿派之所谓主观的,意思是说,构成认识的自我的,或者说属于认识的自我之情状的。

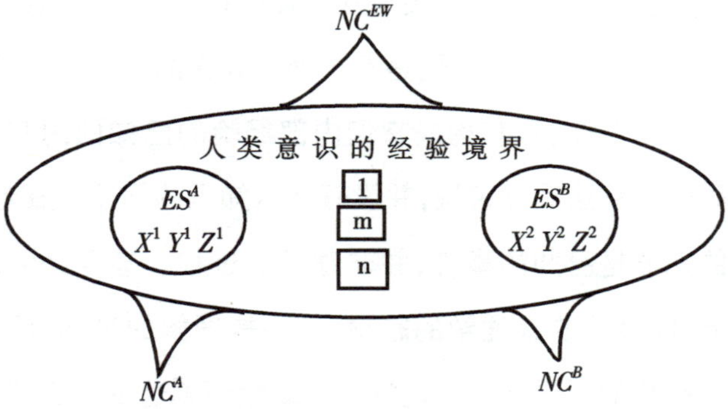

ES^A=有意识的存在 A 的经验的自我。

ES^B=有意识的存在 B 的经验的自我。

NC^A=有意识的存在 A 的本体情况。

NC^B=有意识的存在 B 的本体情况。

l,m,n=空间的对象。

X^1,Y^1,Z^1=对象 l,m,n 作用于经验的自我 A 的感官所引起的感觉。

X^2,Y^2,Z^2=对象 l,m,n 作用于经验的自我 B 的感官所引起的感觉。

NC^{EW}=经验境界的本体的条件。

这个经验的境界中每一个东西对于A和B的意识都是同一程度公开的，只有为生理的和心理的因素所决定的某些心理的事件是例外。X^1，Y^1，Z^1 只能为A所了解；X^2，Y^2，Z^2 只能为B所了解。除此之外，A和B所经验的是同一个境界；A之能知觉到B的身体正如他知觉到他自己的身体一样。关于一切其他的物质存在更加是如此，而且这些物质存在之被知道是和主观形态之被知道是同样直接的。至于 NC^A，NC^B 和 NC^{EW} 的相互关系，我们不能肯定什么，只是如上所指出[947]，从发生于我们人类经验中的种种区别以类推通过论证而带有可疑性做出的那些猜测的说法是可以的[948]。

所以康德的现象论是含有关于个别自我和它们的相互关系的客观论见解的。个别自我和它们的相互关系都是发生在单一个空间的共同境界里的。在这个现象境界里面，它们是互相处于外在的机械的关系上面的。它们是了理为具有身体、具有构成它们内部经验的已知的内容，如感觉、情感和欲望等的。从这观点来说，并没有什么知识的问题。在这平面上，我们所处理的无非是已知的事件，并非理解的过程。甚至经验的自我的种种组成部分，即经验的心理学的题材，都不是理解的过程，而是所理解的存在。只有在我们后退到超出现象之为现象而到达使现象成为可能的条件，知识的问题才发生。跟着这后退，我们就碰到整个问题的关键——这现象论和我们自我意识的种种条件之调和。因为这样一来，我们就不得不考虑到这基本事实，即每一个自我不只是在现象界中的一个动物的存在，而且在其了理的力能上是和它同等的。被知的自我是在被知的对象之外；知道的自我，意识到自己在其意识范围内，把握住无限空间中的更广阔的宇宙。

这样的种种考虑，初看起来，像是迫使我们在主观论方向来修饰我们的现象论观点。因为我们能以什么方式希望来统一自我的两个方面，即它的有限存在的已知情况和通过它来与整个宇宙相互发生关系的意识？

在其一方面，它是表现的一部分；而在另一方面，它是和那使表现有其可能的东西相联系的。

有许多时候，康德采取的像是主观论的解答，所知的种种对象“无非是表象”，是“同一个自我的情状”。凡在个人的心之外的东西都是实在的；表现在其发生上讲，是纯粹个人的，可是这样一个立场是和康德的批判学说的种种深入些的含义不能一致的，而且会完全不理会许多的意见，都是指向着一个基本上不同而更充分的观点的。个人本身只是作为表现而被知道的，因之就不能是通过它而且在它里面表现才有其存在的媒介。虽然表现是在意识里而且通过意识才存在，但是表现不是由于任何可以合法地描述为个人的那种原因。按这观点，康德像是把现象存在的根据和条件从个人意识的决定原因分别开来。先验的条件产生关于在空间与时间中的相对稳定和客观的世界的意识；经验的条件在这个空间与时间之中决定一些感性的方式，通过它们这个无限的而一律的世界之特别部分，对于不同的心，就表现为不同的了。

然而这只是提出的一个观点，而且正如我们已经看到的[949]，用来概述它的形式是引起许多反对的意见和困难的。关于空间与时间中的客观世界的意识，不是完整地存在着，而有一部分是按照现实的感性知觉更详细地确定着的。毋宁说，在空间与时间的单一世界之意识是逐渐地，通过它的限定的各部分之感性经验，而且以这些经验为材料发展出来的。我们还得要考虑康德在其里面进一步发展这观点的原理的分析之各节（特别是第二版增加的论观念论的反驳那一节）和辩证论的各节。但是甚至在那之后，我们将要被迫去承认，康德没有讨论到他的现象论易于受到的许多最明显的反对意见。一直到最后，他没有用任何真正充分的方式来说出他从现象论的观点，认为科学用机械的话语所描述的世界是如何和平常感性经验的世界发生关系[950]，又没有说出，不同的个别意识是如何相互关系的。但是这些旧问题在这里出现的新形式,乃是康德的批判研究的革命性格之能有的最好证明。因为这些问题再不是以统治康德前辈们,甚至休谟的思想那些个人论的假定之话语,来形成其方式的。所隐藏的种种假定,现在要加以质问而成为公开讨论的题目。但是进一步的评论还须留待下文[951]。

第二版中的范畴之先验演绎

第二版的先验演绎之论证可以归结为下面的八点:

(1)[952]它一开始就是叙说一条基本的假定,康德并不梦想到对它有什么疑问,也不在什么地方试图替它提出证明。结合的表象是永远不能通过感官而给与的一种表象。甚至在外部和内部感官所产生的空间和时间的纯粹形式上,它都不能像这样被给与[953]。它是由于自发性的动作而来,而这种动作必须是悟性所作的,既然无论哪种的结合它都是同一个样子,它可以称为综合这个总名称。既然一切结合都是毫无例外地由于这个根源,则结合的分解,就是说,分析,那像是它的反面,总是先行假定它的。

(2)[954]除了杂多和它的综合之外,在结合的概念中包含着另一因素,就是杂多的统一性之表象。知识所必需而又构成知识的结合,就是杂多的综合的统一性之表象。这是在综合之上和在综合了的杂多之上附加的一个因素,因为这样的表象不能从任何先行的综合之意识那里发生的。与此相反,只有通过附加在单一的综合之上,结合的概念才有其可能的。换言之,统一性的表象决定综合的意识,所以不能是意识的结果或产物。这个是在第一版中只谈到认识的经验过程时所发展的一种主张的应用,或者应该说是它的概括。认识以意识为其先决条件,所以不能是后于意识的。

(3)[955]然而这样描写的统一性,并不是通过单一性这范畴所表达的东西。包含在综合的概念之统一性的意识,乃是统觉的意识或者说先验的自我意识。这是统一性的最高而最普遍的形式,因为它是在判断的各种形式中一切可能的概念,不管是分析的或综合的概念之统一性的一种预先假定。

(4)[956]一种杂多虽是给与了,但不能因之就是表现的。它还得要有"我思维"可与之伴随着如我的一切表象一样:

"……因为不然的话,就会在我里面有某东西是完全不能思维的;而那就等于说表象是不可能的,或者至少对我来说是没有意思的。"[957]

但是把一种杂多作为我的一些表象归之于同一的自我,就是在一个统觉里把握住它们作为综合地联系在一起的[958]。只有能够在一个意识中结合的,才能对于"我思维"发生关系。自我意识的分析的统一性,是以杂多的综合的统一性为其先决条件的。

(5)[959]统觉的统一性是分析的或者说自我同一的。它是通过我是我这命题来表达自己的。但是因为它只是这样的一个纯粹的同一而没有自己的内容的,它光靠自己是不能意识到自己的。只有通过和它的特别的种种经验之多样性与能变性对比起来,它的统一性与不变性才有意义;但是同时,这样的杂多性可能消灭统一性的一切可能性,除非和它能调和起来,这也是真实的。多样性之能有助于统觉的决定,只有在它能够结合为一单个意识的限度之内。通过杂多的综合统一,自我就意识到自己和杂多。

(6)[960]统觉的先验的原始的统一性是一种客观的,不只是一种主观的统一性。它的条件也就是我们在它们里面而通过它们以获得关于对象的意识之条件。一个对象无非是在其概念中所与的种种直觉的杂多结合起来的东西。(这个论点虽然是论证的中心,却在第一版比在第二版更充分地发展。)这样的结合需要意识的统一性。可见决定统觉的统一性也就决定表象对于对象的关系。所以纯粹统觉的统一性可以描述为一种客观的统一性，其理由有二：第一，因为只有通过在所与中发现统一性，它才能了解自己的分析的统一性，而第二，因为这样的杂多之综合的统一，也就是种种表象借以获得其涉及对象的过程。

(7)[961]康德分析判断的动作来加强这个结论，并且显示其更进一步的意义。判断在逻辑上的定义，说它是两个概念之间的关系之表示，是有许多缺点的。然而这些缺点都可追踪到它开始不能说明，甚或不能认识，判断之为判断所要做出的断言之性质。判断所断言的种种关系是与一切其他关系不同的，完全不同于通过联想而联系起来的观念之间的那些关系。例如，如果我们在看见一个物体时，由于企图把它提起而发生的重的种种感觉是联想所致的，那无非是主观的后果；但是如果我们做出这物体是重的这判断，这两个表象就在那对象中联系起来了。这原是系词"是"的意思。它是一个关系的名词，用以把所与的两个表象之客观的统一性从主观的统一性分别开来。它指出这些表象在统觉的纯粹统一性影响之下有其客观的关系，而不仅仅是由于个人心中联想的作用而有其主观的关系的，"判断无非是把所认识的带到统觉的客观统一性来之方式"，那就是说，赋予它们以一种有效性，独立于用以了解它的那些主观的过程的。当然不是一切客观的关系都是必然的或普遍的；所以，一个判断所断言的关系可能是经验的而且偶然的。可是它和任何只是联想的关系，其间的基本区别依然是继续存在的。经验的关系仍然存在于说是客观的那个判断里面。在判断所指的特殊的一种或多种的情况下，是断言主体与其陈述在对象中联系着而不但是在说话的人的心中联系着。用另一方式来说，虽然没有声明判断的主体与其陈述是必然地和普遍地相互有关系，然而它们的偶然关系须看作是客观地，因而是必然地有其根据的，凡判断总是以必然的关系之存在为其先决条件，纵然不是一定要把这种关系说出来。判断是客观知识的工具，所以如果不是直接的话，还是间接地和作为知识的唯一标准的普遍性与必然性结合在一起的。表达偶性的判断依然是判断，所以并不比科学类型的全称判断之条件的必然性少些，也不比它之有效性的客观性少些，用康德的术语来说，判断通过其取得统觉的必然统一性就获得客观的有效性。这样一来，它就变为体现着一切表象的客观确定之那些原理，而只有通过表象，认识才有其可能的。

(8)[962]判断既然只是把所认识的带到统觉的客观统一性来之方式，从而得出的结论就是，在形而上学的演绎中曾经证明在判断过程中为其可能的功用之范畴，乃是在其里面而且通过它们这样的纯粹统觉才成为可能的一些条件。统觉决定经验，而两者都为其成为可能而要求的统一性乃是范畴的统一性。

在进而谈到演绎的其余各节之先[963]，我可以就上述各点加以评论，因为其余各节是补充的性质，而不一定是主要的。只有第7和第8两点需要特别考虑。这两点代表论证的一种形式，在第一版中没有什么是与之相符合的。如上所指出[964]，第一版的论证之缺点是在于它不能证明范畴构成知识所必需的统一性。在第二版增加了判断的这个分析，而且指出纯粹统觉，客观的意识和判断的不可分开的联系，这缺点在某种程度上是消除了。既然诸范畴相当于判断的可能功用，它们的客观有效性因之就成立了，而且用这个方法，按康德的见解存在于形而上学的演绎和先验的演绎之间的联系第一次得到所应得的承认。在前一演绎中通过判断的形式之逻辑的分析所发现而系统化的诸范畴，在后一演绎中通过判断的功用之先验的分析证明正是知识之成为可能所必需的关系之那些形式。但是必须指出，先验的论证之得到完成只是通过假定形而上学的演绎是足够的。并没有试图来证明在形而上学的演绎中所获得的那些范畴恰恰就是所需要的，而并无其他，并且十二个范畴是缺一不可的。

第7点是第一次出现于《导论》一书的一种证论。可是在那里的说法是极其混乱的,因为极为不幸地,康德采用了[965]经验的判断和知觉的判断的区别。那种区别是完全没有价值而只会使读者陷入迷途的。它是打击康德的批判学说的根基的。康德认为知觉的判断不包含什么悟性的范畴,而只有他爱称为“思维的主体中知觉的逻辑联系”这种东西。那是什么,他并未解释,只有补充地说[966]在它里面把知觉“在我的状态之意识里(康德也说这是‘经验的意识’)作比较和结合”,而不是“在一般的意识里”这样做。

“我们的一切判断,开始都只是知觉的判断;它们只对我们(即对个别的主体)有效,而须等到后来才给它们一个新的关系,即对于对象的关系……试举一个例证来说明:房间是暖的,糖是甜的,茵陈是苦的——这些只是主观上有效的判断。我并不要求我自己或其他每一个人在任何时候都发现事实是和我现在所断言的那样;这些判断只表达两个感觉对于同一个主体、对于我自己的一种关系,而且只就我现在知觉的状态而言的。所以它们并没有作为对于对象有效的。这样的一些判断我称为知觉的判断。经验的判断是属于完全不同的性质的。经验所告诉我的在某些情况之下是怎样,永远都是怎样,怎样告诉我也怎样告诉任何人,而且它的有效性不限于这个主体,也不限于这主体在一定的时候的状态。”[967]

这个区别的不适当性与其极端地使人误解的性格是尽可不必指出的,康德在这里明显地把偶然性的肯定和肯定的偶然性混淆起来了[968]。偶然性的判断,如果要有效,本身必须是必然性的。就是自我的瞬息间的状态,在判断中能关系到一个对象,只有那对象是在因果上有关于判断的产生,因之是必然地有关于判断的产生的[969]。

在引用书的第22节这区别又一次重复如下:

“思维乃是一些表象在一个意识中的结合,这结合可能只相对于这主体而为偶然的和主观的,也可能是绝对的而为必然的或者说客观的。一些表象在一个意识中的结合就是判断。所以思维和判断是同样的东西,或者说思维是把表象一般地和判断发生关系。所以判断要就是主观的，要就是客观的。当表象是和意识只在一个主体里有关系，而只在这主体里结合时，判断就是主观的。当表象在一般的意识中，那就是，必然地联合时，判断就是客观的。”[970]

同意于这个区别就是使整个论证陷入混乱之中，康德像是自己曾在《导论》和《批判》第二版之间那段时间认识到这点。因为在我们面前这节里面找不着它的痕迹。再不是主观的判断和客观的判断之对立，而只是观念的联想和判断的对立，而判断本身总是客观的，其实在《导论》中所划分的区别，不过是贯穿着《批判》第一版未确定的意识对象和确定的意识对象之间的区别以更明确的方式来形成而已。然而这区别的以更明确的方式来形成像是有过这可喜的结果，使康德体会到任何这种区别是不合理的。

现在我们可以进而考虑剩下来的几节了[971]。在第 21 节里[972]，康德做出一个很叫人惊奇的叙述。他声明他以一句话概述的上述论证，提供了“悟性的纯粹概念的演绎之起头”。很难理解这是代表康德对于上面的论证之意义的实在估计，而好像是由于暂时他的思想为作为图型说中心的一些问题所占住。康德加上解释的话说，至此为止还没有考虑到经验的直觉之杂多是以什么特殊的方式向我们提供出来的[973]。在第 26 节所作的必要补充是图型说的一个很简短的概述[974]。这概述之不同于专论图型的特别一章里面的学说，是在于它把空间和时间同等地强调。纯粹先验杂多的学说是顺便地说及[975]。第 26 节以考虑表现何以必须符合于先验的范畴这问题为其结束。康德认为这并不比表现要和直觉的先验诸形式相符合更为稀奇。范畴和直觉的形式都是有关于表现有关的主体；而表现之“作为只是表象而论，是不从属于什么联系的规律，其所从属的只有结合的机能所规定的规律”。

第 27 节所作的演绎概述，讨论关于纯粹概念起源三种可能的理论，即自然发生说(generatio aequivoca)、新生说(epigenesis)和预定生成说(preformation),其第一种已为演绎所驳斥,第二种是演绎所持的学说而满足证明的一切要求的。证明范畴既独立于经验而同时又对于一切经验都是普遍有效的,乃是最有力的一种证明,即范畴是使经验有其可能的。第三种理论是说,范畴都是主观的,而且是自我发现的,其起源是在造物主栽植于我们里面的种种机能之中,而这些机能之形成是能生出与自然律和谐的一些概念的。这第三种理论是受到两种主要的反对意见的。首先,这是一种假说可以用来同样地说明任何一种先验的东西的;判断的先定能力是可以无限度地增加的。但是第二种的反对意见是有决定性的,那就是,据这样的理论来说,则范畴缺少了所需要的特殊一种的必然性。范畴只表示我们心灵的构造所强加在我们思维之上的种种必然的东西而不能证明关于对象中所说的必然联系之为正确的。康德还可以增加这样的说法[976],如这假说是形而上学的,所以在说明先验概念的经验的有效性时,它提出的理论是以概念之无条件使用为基础而又包含着概念之无条件使用的。那是辩证论的学说所强加的一种批评。

现在回到故意省略了的第22至第25节来。第22节对于第一版的论证并没有新鲜的贡献。它关于纯粹直觉和数学的知识之学说已经评论过了。在第23节里,康德讨论演绎的论证的一个有兴趣的后果。范畴的范围是宽于感官的纯粹形式的。既然演绎的论证已经说明判断是杂多之归结为统觉的统一性和使表象对于对象有其关系的不可缺少的工具,所以不过是判断中统一性的可能为其功用之范畴,是对于任何感性决定,而且它的知识因之就是通过所与的杂多之综合而获得的意识都是有效的。虽然这种意识或者不能按空间与时间而直觉,但是仍然能按范畴来了解对象的。这样,范畴就扩充到一般的感性直觉的对象。然而它们对于对象本身,即物自身,不是有效的。作为空洞的理性形成,它们只涉及某一种质料才有其意义的；而作为把多样性归结为统觉的统一性之工具，它们的有效性是已证明只是为有意识的和感性的经验的。纵使承认可能有一种非感性的直觉的悟性能够了解物自身，我们还是没有充足理由来说这种悟性所用的形式必须和范畴完全一样的[977]。这些论点将来和康德关于现象与本体的区别那一章里更详细的论证结合在一起来讨论[978]。

第 24 节的标题肯定是叫人模糊的。其"一般的感官的对象"这短语可能是和前一节的"一般的直觉的对象"同一意义的。然而以这节的内容来解释它，它是指"我们的各感官的对象"。所以这节应该是成为第 26 节的一部分，而第 26 节开头的几句话可以作为它很好的导言。(可以指出，第 24 节开头的几句话是第 23 节的不必要之重复。这就像表示它不是直接跟着第 23 节写成的。)第 24 节头三段所阐述的学说是和第 26 节里所概述的图型说一样的，只是所提到的唯有时间。第 24 节其余各段，处理与之联系的内部感官学说。第 25 节处理从内部感官学说得出的某些后果[979]。

内部感官的学说

我们还得要考虑康德的思想中极其重要的一种学说，即内部感官说。这学说的意义几乎是和阐述与发挥它的几段之简略与模糊成反比例的。现在流行的康德哲学解释之不明确和易生错觉之处，许多可追踪到注释家之不能感觉到这学说在康德的体系中所占的地位。康德的好几种结果是作为从它演绎出来的，而它本身又大都是为找着这些主张能作为其基础的东西这种需要所引起的。因之这学说对于它的后果的关系是双重的。康德确定这学说之方式，是为着保证或者说说明某些结论的理由；然而这些结论本身之得出，部分是由于他已立定主意要承认这一种学说，而且是由于几乎就是他从本能上感觉到它和批判学说的类似性质(虽然他只能以很粗糙的形式来确定这种类似的性质)。大概它乃是康德在他的教授就职的《论文》出版后跟着的几年中许多新主张之一种最早采取的,但是在《批判》一书第二版中才第一次得到充分的叙述的。康德利用第二版的机会来答复他的时间见解所引起的某些批评,而在这样做的时候,就不得不以更正确的而明白的方式来形成内部感官的学说。他前此一向是已假定它的真实性的,但好像还没有足够地反思到他因而就须承认的各种与之相联系的结论。有许多实例说明康德思想中最基本的东西常常是他自己最不明确地觉知到的,而这就是其中之一。像其他思想家一样,他最易于讨论的,乃是他自己倾向于提出问题而觉得有疑惑的东西。他的悟力的种种根源与其失败的种种原因,每每是在他明白发挥出来的主张所及之外;只有在批评的刺激之下,他才不得不、而且能够把这些根源和原因带到经过推理而得到的坚信之范围中来。我们敢大胆地提出这个预言,如果康德能更有几年致力于他在那许多困难面前已经发展到那种程度的问题,而使之成熟的话,内部感官的学说,或者应该说内部感官说所表示的那些学说,会站在他的学说之前列,而它们在根据和后果两个方面和他的一切主要主张之系统的相互联系,会一一弄个清楚而得到稳固的建立的。

然而这就牵连到两种很重要的改变。首先,康德就得要承认所认为内部和外部感官的类似是不能令人满意的。正如上面已经说过[980],除洛克外,没有大思想家曾经企图过从感官的类推来解释内部意识的;所以康德的论证种种模糊之处,不能以“一个主体如何能有自己的内部直觉这困难是一切理论所共同的”这理由而得到开脱。其次,康德必须明确他的学说这一部分他看来是和他的意识理论有什么关系。但是可能有了这两种改变而毋须放弃对他的内部感官说主要负责的那些学说,那就是,不能有觉知的觉知,而只能有客观的存在的觉知,因而不能有构成在其主观方面的意识的种种生产的综合的过程[981]之意识。大半由于这些结论,康德的现象论才不同于他的前辈的主观观念论的。如果我们无视它们或者摈弃它们，只是因为康德在形成其方式时只是用那明显地不令人满意之方式，我们就会使我们自己不能理解为批判学说最有特色的许多部分之意义和意图了。

内部感官的学说，像洛克所阐述的，为歧义所害，而这歧义又似乎不能与之分开的，就是说，一方面内部感官是一个感官，其性质在某程度上是类似可以称为外部感官的东西；而另一方面，它是自我意识的反思，这两者混淆起来了。这样的混淆在整部《批判》中都可找着它的踪迹，而像我们将要发现那样，大部分可以用来说明何以康德没有外来的批评，就不能认识到这种学说所需要在他的体系中所不能不起的中心作用。

康德关于这学说的叙述如下。正如外部感官受本体的种种动因所影响，就按照它所特有的形式，即空间的安排产生一种杂多，同样地，内部感官是为心灵自己和它的内部状态所影响的[982]。由这而引起的杂多是按照内部感官特有的形式安排好的，即按照时间安排的。这样安排的内部可分为两个主要部分：一方面有情感、欲望、意志，即严格上讲的心灵状态，是主观的，不属空间的存在；另一方面有感觉、知觉、影像、概念，总之可能有的各种表象（德文 Vorstelluugen）。后者这一切都涉及空间的外部世界，然而按康德之从知识的批判有限的观点来说，是形成内部感官本来的内容的。“……外部感官的一些表象构成我们用来占住我们心灵的现实材料”[983]，“甚至我们内部感官的知识的全部材料”[984]。（可以指出，这些说法是在第二版第一次出现的。）据康德在 B67～68 上面那样说明他自己，他的意思像是说：心灵在把外部感官的一些表象“安置”在空间的过程中影响着自己，因之就不得不把所有的表象也安排在时间之中。外部感官的内容之外并无新的内容因之而产生出来，但是从前只存在于空间作为外部感官的对象的东西现在也服从时间的各种条件了。外部感官的种种表象按其性质来讲，也是内部感官的对象。所有表象从外部感官而得到它们的内容和它们的空间形式；从内部感官它们只得到所增加的时间形式；在它们被第二种感官接收过去的过程中，内容没有受到改变。这就可以解释康德在 A33 上面所说“时间绝不能为外部诸表现的一种规定”。他的意思可理解为时间绝不能为外部感官本身的一种规定，但是它的内容总是同时受着内部感官的形式之限制，所以它的内容是为时间所规定的[985]。

这就是康德从极端主观论观点确定其主张的方式之方法，故意漏掉划分表象与其对象、自我的内部状态与空间的表现之区别。他说[986]，一切表现毫无例外都是内部感官的状态，都是心的改变。有些只存在于时间，有些存在于空间与时间；但一切都同样地是同一自我的样式，只是表象(德文 blosse Vorstelluugen)而已。虽然表现可互相外在而存在于空间，而空间却只作为表象而存在，只“在我们里面”而存在。

我们并非想要否认这是《批判》一书不但在第一版中而且也在第二版中的一种见解[987]，并且甚至在某些明显是很迟才写成的段落中，康德所说的还是符合于这种见解的。然而我们依然一样地坚决主张，当康德逐渐掌握住构成他的新批判学说之互相冲突的各种倾向时，另一种见解也就随之而日益走上上风。从最初时起，他所用的言语之含义，都是要在表象和所表现的对象之间，在严格意义上的主观认识状态和空间的存在之间，划分出某种的区别。

“时间不能为外的现象[兹译‘表现’]之规定；盖与形体、位置等无关，而唯与吾人内的状态中所有表象间之息息相关。”[988]

和这相仿，在他说一切表现不过是表象的那些句子里，仍然是含有一种区别的意思的。

“时间乃是所有一般的表现的形式上之先验条件。空间是一切外部直觉的纯粹形式，作为先验条件来讲，是完全限于外界的种种表现的。另一方面，既然一切表象，无论它们是否有外界的东西作为它们的对象，在其自身而言，依然是作为心之规定属于内部的状态，而这内部的状态是服从内部直觉的形式条件的，即服从时间的形式条件的，所以时间是一切表现的一种先验条件。其实它是（我们心灵的）内部表现之直接条件，因而也就是外界表现的间接条件。”[989]

正如在引文中加有重点的一些字所指出，康德甚至于在他说表象是内部状态的那一句话里，仍然一样地承认空间的表现之为表象不是和主观状态之为表象同一意思的。空间表现是表象的对象，不是表象自身。后者才可正确地说是心的状态。前者可能为表象所决定，因之可以说为表现，但不能以此之故而和表象等同起来。但是在这区别的根据和性质能按照适当的批判学说以正确的方式表达之先，我们须考虑康德是为一些什么缘故认定了这个模糊而困难的内部感官学说的。我们将要说明，这学说并不仅是他的体系多余的东西；与此相反，它是不可分离地和他的一切主要主张结合在一起的。

使康德不得不发挥这学说的主要力量之一，就是对于他的立场那么重要的结论，说知识除先验的形式与概念外必须总有一个直觉的杂多。既然如此，他就不得不否认心有任何只靠反思而获得知识的能力。如果我们的心理活动和状态都敞开来让我们来直接检查的话，我们会要承认在心里有一种非感性的直觉能力。通过自我意识或反思，我们应该可以不依靠感官而获得知识。这种理解虽然限于心自己的动作与状态，但也还是知识，然而并不遵照先验演绎所证明一切知识所包含的那些条件。依康德的看法，认为我们具有这种的自我意识，具有这样想法的反思能力，完全是虚幻的信念。如果假定任何这样的能力，就等于认为心有超自然的或神秘的能力，那就叫我们倒退到莱布尼茨的理性论去，而把我们关于范畴的意识追踪到这样的反思，而且把形而上学的全部体系建立在这基础之上了[990]。

先验演绎的补足的消极结论，以其作为基本的力量迫使康德去发挥内部感官的学说而论,是不弱于其积极的结论的。如果凡知识都是表现的知识,或者如他在《原理批判》[991]中所持论点,如果知识只能达到感官的经验和从这种经验推论出来的东西之范围,那么要就是我们关于内部状态的知识,必须像我们关于外界对象的知识一样,以感觉为其中介,要就是我们关于内部状态不能有任何知识。根据前后一致应用的批判原理,除承认关于心的间接的经验知识和它之不可知性的说法之外,没有第三种可能。心理活动大概也可按照悟性的纯粹形式来构想,但这样一来,对于它们的构想就一直是像物自身的构想那样纯粹是盖然性的,而且是不确定的。康德不能承认有心的实在活动和状态的直接意识,而同时又否认我们能有关于物自身的知识。感性论在证明一切在空间与时间的东西都是表现时,就默认了不能有直接的自我意识到的反思;而且先验演绎在说明一切知识都包含有感官和思想这两种互相关联的因素的时候,就已加强了这结论,而关连到经验更内部的方面时,就要求更明白地承认这一点。

如我们所已指出[992],康德的内部感官说大概是在70年代的早期采用的,虽然在第一版中尚未明确地以正确方式形成,然而从它所得的主要结论是清楚地被承认的。例如康德在感性论中得出的结论是说,时间既是内部感官的形式,所以凡在时间上理解的东西,因而一切内部活动和状态,只能作为表现而被认识。心(指意识的最后有决定性的种种根据而言)是像本体的存在任何其他方式一样是间接地被知道的。在分析论里,无论什么时候,他有需要来关于这点和其他同类的点表示自己的意见,他继续保持这立场;而在误谬推理这一节里,承认这立场从而所得的种种主要后果都是以最明显而毫不含糊的方式推论出来的。所论证的是,内部的境界,我们所意识到的情感、意志和表象,既然是从内部感官所产生的所与的杂多构成的境界,所以只作为一种更深沉的实在之表现而被知道的,在其确定性与直接性方面并不优越于空间对象的境界。关于两者我们都同样有直接的意识,但是在这两种情况下,这直接的意识都是以先验综合过程为其基础,而这些过程是决定和产生这样的意识的。先验的活动都是在经验的意识范围之外而因之是在知识的范围之外的。

因此,康德似乎是主张,主观观念论者所犯的根本错误,以及他们的说教与之不可分割地连在一起的一切主要缺点,就是他们把一种直接自我意识到的反思力量归之于心,这样一来,就把决定意识的一些先验活动和这个意识所显示出来的内部状态与过程混淆起来了。这就致使他们把优越性和独立性归之于我们内部状态,而把外界对象看为只从这些内部状态推论出来而知道的。批判学说坚持表现与实在的区别,把这区别应用到内部生活,而这样就恢复我们关于外界的意识的确定性与直接性,这是主观观念论想要剥夺去的。这就是康德在其各种"观念论的反驳"中所得出的重要结论;详细地考虑这些反驳之后,再来完成康德内部感官学说之叙述,是适当的。

康德对观念论的反驳

康德在许多不同的段里,曾企图下他的批判观点的定义,以区别于笛卡儿和贝克莱的立场。考虑这些段可以使我们看到康德如何逐渐地认识到由于他把内部感官来代替直接自我意识到的直觉或者说反思,而必须承认的许多后果,或者说他如何逐渐地认识到这种做法所给予他的权利来一致地保护而维持的各种各样同性质的主张。在康德的著述中,我们发现不下七处不同的叙述,是关于他对观念论的反驳的:(Ⅰ)在《批判》一书第一版第四节误谬推理里面;(Ⅱ)在《导论》一书的第 13 节里(注 2 和注 3);(Ⅲ)在《导论》一书的第 49 节里;(Ⅳ)在《导论》一书附录二里;(Ⅴ)第二版感性论结论所增加的几节里(B69 起);(Ⅵ)在公准一节之末的补充一节里(B291～294),关于驳斥观念论(B274～278)里面,又在新序文的注里(Bxxxix—xl);(Ⅶ)在康德和Kiesewetter谈话中产生的"七篇短文"中所载的对有问题的观念论之反驳里。按照上面的顺序来考虑这几段,将要显示出康德如何逐渐而有点摇摆地认识到唯一能真正和批判原理调和的那新的革命性的立场。但是首先我们必须简略地考虑一下康德在不同的时期给予观念论这名词的各种意义。甚至在《批判》一书里这名词各处的使用都有大大不同的各种涵义的。

在批判前的著述中[993],"观念论"这名词,通常是用在通行接受的意义上,即指任何否认与我们主观表象相应的独立世界之存在的哲学。但是甚至这样使用的这个名词还是含糊的[994]。它可能是指否认独立于我们表象的物质世界,也可能是指否认"适应于"所表现的物质世界的非物质世界,即否认物自身。因为在莱布尼茨的著述中,能追踪到关于物质世界的实在性两种很不同的见解。有时,单子被看作纯粹理智的实体,没有任何类型的物质性。延扩的东西之王国是安放在有表现活动的主体里面的;只有非延扩的纯粹精神的单子的非物质世界才是屹然独立的实在。有时,单子虽然本身是非物质的,但是被看作通过其并存,是构成一个独立的物质世界和一个物质占住的空间的。每一个单子有其活动的空间范围。物质世界是由于单子与单子之间的外在种种关系而有的一种客观存在,不是每一个单子内在的只是主观的存在。有了这两种任凭选择的观点,莱布尼茨的继承人们就可以否认他们是观念论者;而因为莱布尼茨学说的比较大胆些纯理论些的方面在其通俗化的过程中被忽略过去了,其第二种较为不十分一致的见解就占了上风。沃尔夫,尤其是在其晚出的著述中,是摈斥观念论的;而在流行的手册中,驳斥观念论的几节已成为公认的哲学教义之一部分。然而观念论依然继续在其模糊不清的意义上被使用,所指的各有不同,或者是否认物体,或者是否认物自身。这就是这个名词出现于康德批判前的著作中所含的双重意义。在他的《形而上学认识的第一原理新释》(1755 年)一书中[995],他驳斥观念论所用的原理是说,一种实体除非它是独立于其他实体的,是不能有变动的。明显的,这论证至多能证明一个独立世界的存在而不能证明它是空间性的或物质的。而且像花亨格尔所增加的说法,这甚至并不排斥变动的根源是在于神里面的这种可能性。在《空想者的梦幻》中(1766 年)[996],Swedenborg 这人是描写为一个观念论者,但没有更详细说明这名词使用的意义恰恰是什么。在就职《论文》(1770 年)[997]中,观念论又一次被摈斥,其理由是感官的被影响是指向着一个可理解的对象或本体之存在。

在康德的形而上学讲义中[998],至少部分是在 1770 年与 1781 年之间的,观念论这名词是使用在很不同的一种意义上,提早了它在《导论》一书的附录中的用法[999]。《论文》的物自身可知的这种说法,现在是说成为独断的、柏拉图的、神秘的(德文 schwärmerischer,意即幻想的)观念论的了。他仍然摈斥贝克莱的观念论,仍然只称它为观念论而没有加上什么限定或描述的谓词。但是现在他却用"盖然性的观念论"这短语来描述他自己的新立场。这当然是反乎他在别处经常的用法,但是有兴趣的,因为这就说明大约在这个时候他对于"观念论"这个名词的厌恶开始减弱,而愿意承认批判学说对于观念论的关系不是简单的对立关系了。他现在开始把观念论看作他自己的哲学之一个因素,纵然是经过根本改造过的因素。

《批判》一书的研究是加强这结论的。在感性论里,康德是讲空间与时间的"先验观念性"的;而在辩证论里(第四误谬推理),他描述他的主张为观念论,虽然他是用了先验的这形容的谓语[1000]。但是这是包含着"观念论"这名词从前涵义的一种扩充,所以尽可能增加原有的混乱,然而它的结果是幸运的,因它使康德不得不认识到,而且要分辨开来这名词可以使用的各种不同的意思。这是有点笨拙才做到的办法,好像是事后才想起来似的，在第四误谬推理的开始的三段论式里，谈到笛卡儿和他自己的立场只作为观念论和二元论讲的。见于《批判》一书两版和《导论》一书里的观念论之可能有的各种亚种，可列表如下：

- 观念论
  - 有关内容的
    - 怀疑的
      - 盖然性的(笛卡儿的立场)
      - 较严格而更通常的意义(休谟的立场)
    - 独断的(贝克莱的立场)
  - 有关形式的或称批判的或先验的(康德自己的立场)

康德并未划清盖然性的观念论和更严格地怀疑的类型的观念论两者之间的区别[1001]。很奇怪的，康德谈到这点时从未提及休谟；在 Bxxxix 注中所说的大概不是休谟而是雅可比。先验观念论是理解为包含着一种经验的实在论和二元论，而是与说成是包含着经验的观念论的先验的实在论相对立的。在 Bxxxix 注中，康德谈到“心理学的观念论”，所指的好像是内容上的或非批判的观念论。

在《导论》一书附录二里，康德做出另一种区别，是和上述在他的形而上学讲义中所讲的一致的。用表列出如下：

- 观念论
  - 神秘的，意思是指相信而且依赖一种认为是理智直觉的人力，这是被说为严格(德文 eigentlich)意义上的观念论——爱利亚派、柏拉图和贝克莱的立场
  - 有关形式的或称批判的——康德自己的立场

这种分类只能引起混乱。从康德自己的批判观点必须对它提出的各种反对意见见下文[1002]。

我们现在按其提出的顺序考虑康德在其批判的著述中所作对于观念论的各种反驳。

Ⅰ.**载在《批判》一书第一版的对观念论的反驳**(A366～380)。——这反驳主要是指向笛卡儿而言的。在 A367 里是提出笛卡儿的名字的。如花亨格尔所提出，康德很可能是在起草关于**误谬推理**这一节之先重读笛卡儿的过程中，想起把笛卡儿的立场认为是观念论的一种的。如上所

提出，这就包含着要把这个名词使用在比康德的时代通常给予这名词广泛得多的意义上。在发挥其论证时，康德摇摆于这观念论两种很不同的定义之间，作为否认直接的确定性而言和作为否认一切确定性而言[1003]。第二种解释就会使它适用于休谟多于适用于笛卡儿，而这就在他的读者心中为另一种区别所加强[1004]，这区别是把独断的观念论和怀疑的观念论分开而把所考虑的观念论和后者同一起来。康德在第二版里，用在笛卡儿的立场上去的盖然性的这名称[1005]犯了这同样含糊的毛病。其实，康德的反驳同样地适用于两种立场。贝克莱的学说和康德这里所下定义的独断观念论是完全相同的，因为贝氏所说是这样的主张，说物质的概念原本是矛盾的，而康德并未谈到，在附带说要反驳它的诺言又没有履行。

笛卡儿的立场是像下面那样叙述的：我们所直接了解的只是我们自己的存在与内部种种状态；一切知觉都是内部感官的改变；而外界对象的存在就只能以推论从内部知觉作为其结果而肯定。康德在批评时指出，一种结果既然可能从不止一种原因而来，这种推论到某一很难确定的原因，即对象作为空间的物体，其合法性是有问题的。我们内部，状态的原因可能是在我们里面而不是在外面，而即使是在外面，也不一定是在空间的对象。再则，姑且不谈除假定独立物质的物体之外是否能有其他的可能这问题，肯定这样的对象之存在，按笛卡儿的见解，也不过是猜测的。它绝不能在任何程度上有等于内部感官的种种经验所具有的那种确定性。

“故观念论者之名词，并不适用于否定感官所有外部的对象存在之人，仅适用于不承认外部的对象之存在由直接知觉知之，因而断言吾人之对于外部的对象之实在性绝不能由任何可能的经验完全确定之云云之人。”[1006]

“观念论者”这名词才这样清楚地下了定义之后，康德又马上和这整节的混乱性格一致，进而肯定说，(a)有另外一种类型的观念论者，即先验的观念论者[1007]，而且(b)非先验的观念论者有时也采取一种独断的立场，不只怀疑我们关于物质的知识的直接性而兼之断言它是原本有矛盾的。这一切都表示这一节内容的来源是混合的。

先验的观念论是和经验的观念论相对立的。它主张现象只是表象，而不是物自身。空间与时间是我们直觉的感性形式。经验的观念论则与此不同，它完全同意于先验的实在论。它主张空间与时间是所与的，本身是实在的，独立于我们的感性的(这里的先验的，像在“先验的观念性”这短语里的所谓先验[1008]，是和“超越”同义的)。可是这样一种主张是和经验的观念论之其他主要主张不一致的。因为如果我们的内部表象理解为完全不同于它们的对象，它们就甚至不能保证这些对象的存在。先验的观念论者则不遇见这样的困难。他的立场自然地和经验的实在论相结合，经验的实在论也可以称为经验的二元论。空间的物质的物体既然是主观的表象，就是直接被了解的。物质之存在，其成立可“无须我们跳出我们朴质的自我意识之外，或者假定什么超过我们里面的表象的确定性，就是不超过我思故我在”[1009]。虽然这样了理的对象在空间是相互外在的，但空间本身是只存在于我们里面的。

“但外部的对象(物体)仅为现象［兹译‘表现’］，即仅为我之表象之一种，故其对象为仅由此等表象所表现之某某事物。一离此等表象，对象即无。故外物之存在与我自己之存在相同，二者皆依据我之自觉意识之直接证明……”[1010]

唯一的差别就是自我的表象只属于内部感官，而延扩的物体则还要属于外部感官。所以就有了一种二元性，但是这是完全在意识的范围里面，因而是经验的而不是先验的。固然是有一个先验的对象，“在先验意义上是可能在我们之外”[1011]，但它是没有人知道而不是所讨论的。它不应该同我们物质和物体混淆起来。

从这儿起[1012]，论证就脱节了，重复了，有许多地方是支援阿的凯斯的争点，认为本节的其余部分是一些不同的插文所凑成的[1013]。开始时，康德应用经验的思维之公准所成立的结论，就是说，实在只在感觉中显示出来。感觉既然是一切外部知觉中的一个要素，知觉就提供实在存在的直接确定性，其次，康德对于怀疑的观念论作了一番颂扬[1014]，说它是“人类理性的恩人”。它叫我们深切地知道，想要从假定空间对象是物自身而证明物质的存在，是绝对不可能的，因之就使我们不得不要为我们经常所说的找出其正当的理由来，而为自己辩护。康德在这里就认定，要使这种辩护有其可能的话，我们只得承认外界的对象只作为表象，是直接为人所知的。在下一段里有一句话，和上面对于观念论的歌功颂德一起来看，就说明康德在写作这段文章的时候，是离开感觉到需要把他的立场和主观论区分开来多么远了。这句话是这样的：

“我们不能感觉到在我们外面的东西，而只能感觉到在我们里面的东西，所以我们整个自我意识只能产生我们自己的种种规定，而无其他。”

诚然，这句话所出现的一段，可能是属于很早的时期，先于分析论主要部分之发展；因为在同一段里，我们发现这种说法，完全和分析论的学说与第一、第三误谬推理的学说相冲突。它是说，“思维的我”是作为实体而以现象方式被知道的[1015]。我们像是有正当的理由来做出结论说，形成论第四误谬推理一节的各种底稿，是写在批判时期的较早阶段的。

我们顺便可以指出两句话，在这里面，如同在上面所引的那句一样，是在词句上，如果不在事实上，承认表象与其对象之间的区别的。

“故一切外部的知觉，乃空间中实在的某某事物之直接证明，或毋宁谓为即此实在者自身。在此种意义中，经验实在论固不容有疑者，盖有空间中实在的某某事物与吾人之外部的直观相应。"[1016]

再则在 A377 上面有"我们的外部感官,就其是经验所能从而发生的材料来说,是有其与之相应的空间中之现实对象的"这种说法。这些说法,把它们和这节里其他各段结合在一起来看,确实形成足够奇怪的肯定与否定的结合。表象与其对象或者有区别,或者就没有区别;如果有区别,则空间中的对象就不仅是表象;如果没有区别,则所谓"相应"不过是一个东西和它自身之相应[1017]。

这种观念论的反驳本身是经不起批评的。有两种不同的理由,它是完全不能达到它所声明的目的的。首先,它驳斥笛卡儿的立场,实际上是用承认更极端的贝克莱的立场那种方法的。康德论证说,外界的对象直接为人所知道,因为它们只是观念。无须作什么推论,因为不能超越我们内部意识的范围。换一个方式来说,康德之驳斥笛卡儿的盖然的观念论,是用贝克莱的更主观的观念论为其手段的。贝克莱的"独断的"观念论,按康德这里替它所下的定义[1018],乃是在于它说独立的空间的对象这观念原本就是矛盾的,而这种观念论却是康德自己的立场。因此,他不得不违背他说要驳斥这种独断观念论的诺言[1019]。幸运的是,他甚至总没有试图来履行他的诺言。其次,康德忽视这一事实,即他自己对于内部的经验曾经采取了一种"观念论的"见解。对于他来讲,内部的经验不是像对于笛卡儿那样,是真正实在的东西的直接理解。它既然只是表现,我们的经验合并在它里面,远远不是证明外部感官的对象之实在性,而必须恰恰证明其反面。所以实际上成立的不过是笛卡儿所一直认定的,即空间中的物质世界之心理的表象的现实存在。笛卡儿还肯定物自身的境界可以推论出来为物质的在空间的,这当然是康德不肯承认的。关于这后一点,康德主要是和贝克莱一致的。

康德初期的评论家们[1020],由于被《批判》一书比较暧昧而困难的一些部分所为难,所窘惑,就大都根据上述几段来解释康德的一般立场,这完全是不奇怪的;而且把康德在那几段里所提倡的极端主观观念论和变动不居的经验之内部生活本身只是观念的这学说结合起来的时候,便得出结论说,康德的立场乃是贝克莱的立场之延续,也是当然的。皮士多里乌斯(Pistorius)的反对意见乃是,康德在其将外部的种种表现和本身是一种表现的内部意识成为联系着的时候,便是将一切都归结为只是幻象了。哈曼(Hamann)所得的结论与此相仿。他说,虽然康德论证的方法很不相同,但是他是“一个普鲁士的休谟”,实质上是和其苏格兰的前辈意见一致的。

Ⅱ.《导论》,第13节,注一和注二。——在《导论》一书中,康德答复《批判》一书第一版所引起的评论,说他的立场乃是笛卡儿的观念论的延续,而且甚至比贝克莱的观念论更加彻底。他替观念论重新下了定义,而其意义大大比前狭窄,就使这词只适用于贝克莱。

“……[观念论]乃是肯定只有思维者存在,其他种种东西,我们以为在直觉中知觉的,无非是在思维者里面的表象,事实上没有在它们外面什么对象与之相应的。”[1021]

在其答复中,康德肯定他对于物自身的实在性之不动摇的信念。

“……[物自身]虽然我们不知道它们本身是什么,然而由它们对我们的感受性的影响所引起的种种表象我们知道……能够称这为观念论吗?恰恰与此相反。”[1022]

康德并补充说,他的立场是类似洛克的立场,其不同之处只是洛克说第一性的质像第二性的质一样是主观的。

“我愿意知道我说的要怎样才能避免一切观念论。我以为或者我应该说,不但空间的表象完全能与我们的感受性和对象的关系相符合(因那我已说过了),而且它是完全与之相类似的——我在这种说法里找到很少的意义,正如我说红色的感觉是类似于在我里面激起这感觉的银珠的属性一样。”[1023]

康德在这里显然使用“观念论”这名词在其最狭窄的意义上,只代表贝克莱的立场,而排除了笛卡儿和莱布尼茨的立场。名词这样用法是和他自己从前的用法冲突的。虽然观念论在这里相应于 A377 的“独断的观念论”,而现在它是关于肯定或否定物自身的问题,而不是像从前那样,关于物质对象与空间的实在性的问题。康德并不顾到他在《批判》一书中不止一次指出的事实,即他的哲学不能证明,我们的感觉的原因是在我们之外而不是在我们之内的。他把“物体”[1024]用作物自身的名称也是没有充分理由的。这一段主要是为着争论的;它的帮助并不多于它用来答复的批评。

在第 13 节注三里,康德还要应付更极端的批评(皮士多里乌斯的批评),说他的体系把世界一切东西都变为只是幻象(德文 Schein)。他把先验观念论一方面区别于“贝克莱的神秘的空想的观念论”,而另一方面区别于把仅仅是表象变为物自身的笛卡儿派观念论。为着避免“先验”这名词的种种歧义,他宣称他自己的观念论可能更适当地称为批判的。神秘的观念论和批判的观念论的区别,同下面谈到的附录第二部分的内容有联系。

Ⅲ.《导论》一书第 49 节。——这不过是第四误谬推理的论证之重复。所涉及的只是笛卡儿派观念论,现在(像在 B274 上面一样)称为有关内容的观念论。康德说,笛卡儿派观念论只分辨开外界的经验与梦幻。这里又是“相应”这词同样的混淆使用。

“在我们外面有某一现实的东西不但和我们外界的知觉相应而且必然与之相应也能够证明的……”[1025]

Ⅳ.《导论》一书附录的第二部分。——这里康德回到第 13 节注三里面所做出的区别,即他现在称为“原来”(德文 eigeutlicher)的观念论[1026],就是空想的或神秘的观念论,与他自己的观念论的区别。

“从爱利亚派到贝克莱主教为止,一切真正观念论者的立场都包括在这公式里面:‘凡通过五官和经验的认识无非只是幻象,而只在纯粹悟性和理性的观念中才有真理。'控制着我的全部观念论的基本原理与之相反是这个:'只从纯粹悟性或纯粹理性而来的一切事物的认识无非只是幻象,而只在经验中才有真理。'"[1027]

在这点上,这样来下观念论的定义只有引起混乱的。这定义对于贝克莱之不适用像是证明康德关于贝克莱的著作并没有直接得来的知识[1028]。按康德《导论》附录的注所表示,他还指着柏拉图说的[1029]。但是替他自己的观念论之"基本原理"所下的定义几乎是同样地误解的。它漏掉了最重要的一个论点,即依康德来说,经验只有符合先验的概念时才产生真理的。但事实上,他却进而批评贝克莱,因为他没有提供出来真理与虚伪的区别之足够的标准。他坚持这样的标准必须是先验的。批判观念论之不同于贝克莱的观念论是在于前者主张虽然空间与时间是感性的,但它们原是先验的,而且和悟性的纯粹概念结合在一起,它们"……在经验之先就替一切可能的经验规定了它的规律;这规律同时就产生用以在经验中辨别真理与虚伪的可靠标准。我之所谓观念论——严格说来它是批判观念论——所以是很特别的。它推翻通常的观念论,然而通过它一切先验的认识,甚至几何学的认识,也就获得客观的实在性。这是在我证明空间与时间的观念性之前,甚至最热心的实在论者所不能肯定说的"[1030]。

V.第二版在感性论之末所增加的几节(B69起)。——康德在这里再次答复皮士多里乌斯的批评,说一切经验都降低到幻象(德文 Schein)的水平上去了。他的辩护是双重的:首先,称对象为表现时,他是要指出它们是独立地有其根据的,或者像他所说,它们是"现实上所与的某东西"。如果我们误解它们,结果固然是幻觉,但错失是在我们自己,而不是在所呈现出来的表现。其次,他论证说,空间与时间的观念性这学说是防御怀疑论的唯一可靠的保障。因为不然的话,把空间与时间作为是独立实在的,其产生的矛盾重重将会对于空间与时间的内容发生同样的结果,而一切连我们自己的存在包括在内,都成为虚幻的了。"好心好意的贝克莱[看到这些矛盾],诚然不能因把物体归结为只是幻象而任其咎。”这最后一句话或者可以拿来支持这看法,说虽然贝克莱在德国日益享有名望而这几年中并出现了新的译本,康德的兴趣却不够大,终究没有去获得关于贝克莱的著作直接得来的知识[1031]。他对于贝克莱所用的形容词是象征着康德一直在谈到贝克莱时所采取的相当侮蔑的态度。

Ⅵ.《批判》一书第二版所载的“对观念论的反驳”(B274~279,和Bxxxix的注之补充)。——驳斥一开始是把观念论和有关内容的观念论等同起来(有关内容的观念论之得名是和他自己的“有关形式的观念论或说得更恰当一点,他自己的批判的学说”对比来说的)。在有关内容的观念论范围内,康德又区分开笛卡儿的盖然性观念论和贝克莱的独断观念论。他说,后者已在感性论中被推翻了。这驳斥只处理前者。这是在《批判》一书第一次出现“盖然性的观念论”这词,在第一版中[1032]没有用过的。盖然性的观念论是说我们除我们自己的存在外不能有任何存在的经验;只有我们内部状态是直接理解的;所有其他的存在都是从他们推论出来而确定的。这反驳是在于证明我们对于外界对象能有经验而不只是想象。证明这个的方法,是说明笛卡儿所认为不成问题的内部经验,其成为可能只靠假定有外界的经验,而后者是和前者一样直接而无所假借的。

论题。——关于我自己的存在,在经验上确定的意识,证明对象在我之外的空间而存在[1033]。

证明。——我意识到我自己的存在是在时间中确定的。时间的确定是假定先有某一永恒东西之被知觉。但是在经验的自我中,没有什么永恒的东西是可直觉到的。在认识方面(即略去和这点无关的情感等等),它只是表象;而表象必须有永恒的,不同于我们自己的东西,由于和这东西的关系,表象的变动,因此我自己在表象变动的时间中的存在,就可以确定下来[1034]。可见这永恒东西的被知觉,其可能只是通过一个外界的东西，而不是通过只是一个外界的东西的表象。关于我在时间中的存在之确定，也是如此，因为这也是依靠永恒东西之被领悟的。那就是说，我的存在的意识，同时也就是其他在我之外的东西之存在的一种直接的觉知。

在第二版[1035]的序文的注中有下面强调的叙述。

“存在中所有持久的某某事物之表象与持久的表象非同一之物。盖持久的某某事物之表象虽与吾人所有之一切表象相同，常为变易的交代的(物质之表象亦复如是)，但仍与持久的某某事物相关。故此持久的某某事物必为外的事物，与吾人之一切表象不同，且其存在亦必包括在自我存在之规定中，二者合成一单一之经验，此种经验若不同时为外的(部分的)则亦不能在内部发生者也。至此事如何可能，吾人之不能更有能说明，正与吾人不能说明吾人何以能思维时间中之常住者相同，常住者与变易者之同时存在，即产生变化之概念。”[1036]

这个注文的论证不同于B274起上面的论证，只是在于它使用一个意义含糊的词句，可以作为是提及物自身，而又不像是有那个意思的。“我恰恰一样确实地意识到有在我外面的一些事物是和我的感官有关系的……”

在B277～278上面，康德提到这经验的事实，即时间的确定只能靠对于外界在空间发生的事情，如太阳的运动。这一论点，康德在第二版所增加的另一段里也有发挥。

“……为要按照范畴来理解事物的可能性，因而证明范畴的客观实在性，我们需要的不仅是直觉，而是在一切情况下都是外界的直觉。例如，拿关系的纯粹概念来说，我们首先发现，为要获得在直觉中与实体的概念相应的某一永恒的东西，因而证明这概念的客观实在性，我们需要有空间中的直觉(物质的直觉)。因为只有空间是确定为永恒的，而时间，因之凡在内部感觉中的东西，都是变动不居的。其次，为要显示变动是相应于因果概念的直觉，我们必须以运动，即空间中的变动为例。只有这样我们才能得到变动的直觉，其可能绝不能通过纯粹悟性来把握的。因为变动是在同一事物的存在中一些矛盾对立的确定之结合。至于怎样有其可能，从一事物的某一状态得到一个与之相反的状态，不但没有实例不能以任何理由而设想它，而且对于理性来讲，没有直觉，实际上是不可理解的。所需要的直觉乃是一点在空间中运动的直觉。点之在不同的空间（作为相反的确定的次序）就是对我们首先产生出变动的直觉的东西。因为为要使我们后来能同样的思维内部的变动，我们必须把时间（内部感官的形式）形容为一条线，而通过这线（运动）之划出来形容内部的变动，像这样，用外界直觉来使我们自己在不同状态中相继的存在可以理解。其理由就是，一切变动如果要被知道是变动，首先要假定在直觉中有某一永恒的东西，而在内部感官中是碰不见永恒的直觉的。最后，相互性范畴之可能性不能只通过单独理性来把握。它的客观实在性没有直觉，而且实际上没有空间中外界直觉，是不能理解的。”[1037]

在这段里，康德在两个很重要方面修改了第一版的学说。首先，他现在断言，空间与运动两者的意识都是时间意识所必需的[1038]；其次，他主张范畴只涉及外部的表现才取得其意义。如果康德做出了这些新的立场所包括的必要修正，他就会，如我们所将要发现[1039]的：必须完全改写图型说和悟性的原理这两章。但是康德并不准备作这么广泛的修改，因之这两章实际上就没有改变。这是许多重要点之一，是读者不得不从康德的晚期言论的体会来重新解释其比较早出的各段的。还有另一种困难。康德在主张范畴只有涉及外部的知觉才能取得其意义时，他的意思是不是还要断言范畴以后之使用就限于物质科学的机械的世界呢？这是一点，康德对它没有做出直接的声明的；但间接地，他像是表示那不是他的原意[1040]。他常常说到内部感官的状态是机械地决定了的。他像是肯定,感觉[1041]、情感和欲望[1042]都是现象的存在之单一系统的主要部分。其实这样一种见解是不容易和他把实体的原理与物质不灭的原理等同起来的做法相调和的[1043]。有两个互相冲突的立场在这里,是康德没有使之调和的:笛卡儿物理的传统二元论态度和康德自己批判现象论完全相反的含义。如果坚持前者,康德就须主张心理学永远不能成为一种科学[1044];但是他的批判学说一致地发展下去,多少像是支持这见解,即心理学,纵然有它的题材所特有的许多特别困难,是能在完全类似物质科学所沿的路线上加以发展的。

我们现在可以回到康德的主要论证上来。第二版里面的这个新的对观念论的反驳,不同于见诸第一版第四误谬推理的对观念论的反驳,不但是在于论证的方法,而且是在于它企图要成立的结论之性质。实际上它所证明的是第一版所断言之直接反面。先前的证明是要说明,就其理解的直接性和存在的主观性而言,外界的表现和我们内部的经验是站在同样的水平上的。另一方面,第二版的证明论证说,虽然外界的表现是直接理解的,它们必定是不同于心之从而表现它们的主观状态。这两种论证固然是同样要成立直接性,但是由于认为是直接知道的东西,在一种情况下是一种主观的状态,而在另一种情况下是一种独立存在,在这两种情况下之直接性需要完全不同的证明方法。其第一种方法是把外部经验看作我们内部经验中的一部分。新的方法看它们的关系不是包括与被包括的关系,而是决定与被决定的关系;而现在第一性的地位是归之于外部的经验了。外界的经验是这么远不是只作为内部经验的一部分才有其可能,其结果与之相反,内部经验,内部状态变动不居的意识,只有在那些空间中的独立物体的经验中,而且通过这经验才有其可能的。从每个证明拿一句话出来,就说明它们的结论是如何完全相反的了。

“外界对象(物体)只是表现,所以只是我的表象之一种,其对象只通过这些表象才是某一东西。离开表象,对象便是无意义的了。”[1045]“这永恒的东西之知觉只有通过我外面的一个东西才有可能，而不是通过只是我外面一个东西的表象。”[1046]

上面之一句话断言外界的对象都是表象；而另一句话是论证它们必须是不同于它们的表象的存在。一句话是教导一种极端的主观论；其他一句话的结果乃是实在论，这实在论虽然终究还是现象论，然而在其性格上是真正客观的。这差别是与两种证明所反对而声明要反驳的观念论之性质平行的。第一版的误谬推理的论证本身，是贝克莱的思想，而只驳斥笛卡儿的盖然性的观念论。第二版的论证，虽然形式上只反对笛卡儿，然而同样地构成贝克莱的立场之彻底驳斥。以其实在论而言，它类似阿尔诺德(Arnauld)和理德(Reid)的立场，而在其企图把这实在论和适当地承认休谟的怀疑哲学之力量与有效性结合起来这方面，它已冲破一切前此的分类，以正式的话语形成了代替前此存在的理论的一种完全独创的东西，而展开知识论的一个新时代。

上面已经指出过[1047]，康德重述主观的和客观的之间的区别，其方式是把知识的问题放在完全新的亮光之下。主观的不能看作在性质上是和客观的对立的，而是在客观的里面作为其一种的。主观的东西不是和自然存在的次序平行着进行，而本身是意识所揭示的自然系统之一部分。感觉在其为我们有意识地了解之形式上，不是构成我们自然的意识，而本身就是一些事件，只是在自然界自己提供的条件之下才有其可能的[1048]。笛卡儿的主观的与客观的二元论，这样就从属于表现与实在的批判区别。康德的现象论是贝克莱学说的一种真正不相容的东西，而不是像叔本华和许多其他的人所企图主张的，只是其一种变体。

康德对于观念论不同的反驳之间存在着显著的矛盾，致使有些他认为最有资格的批评家，对于第二版的论证所给的解释，不同于上面的解释。这些批评家把那些从我们主观的表象区别开来的独立永恒的对象，理解为物自身。那就是说,他们解释这反驳是根据康德关于先验对象半批判的学说(在其用来解决二律背反的形式上),这样就和《导论》一书中的反驳一致的[1049]。康德是被理解为摈斥观念论的,因为他对物自身的信念。这是耳尔德曼(Benno Erdmann)[1050]、薛求惠克(Sidgwick)[1051]、巴尔弗尔(Balfour)[1052]所采取的见解。

依花亨格尔[1053]、客尔德[1054]和亚当生[1055]所证明,这样的解释是完全和实在的正文相冲突的。其实按公平的检查,这一点是这么明显,值得讨论的,只是耳尔德曼和附和他的那些人,何以觉得不能不把这样不自然的解释,强加在康德的词句上面。其理由像是在于耳尔德曼深深相信《批判》一书,是阐述一单个前后一致而首尾一律的观点,这是他一切关于康德的著作所明白显出的[1056]。如果这种信念是有其正当理由的话,我们只得照耳尔德曼采取的方式来解释康德对于观念论的反驳。因为按康德许多的学说来说,其主观论既然是毫无问题的,只有牺牲一切和这冲突的,才能得到其前后的一致。这样,而且只有这样,才能维持耳尔德曼对于第二版的反驳之意见;其实在的词句,单独照它原文来看,是不支持这意见的,康德在这里离开了他在《批判》一书的第二版中和在第一版所累次肯定说的话,即外界表现的主观性。可是,如花亨格尔正当地争执,康德最伟大之处是在于他这样违反自己的一致性,他“从没有比在这不一致的地方显出更为一致”。前此在活动着,但一向未明白表示出来的种种倾向,最后得到解放了。如果说十二年批判思想密集的沉思之准备阶段是结束于《批判》一书第一版的写作,那么当时出现的哲学,只在散布于全书从序文到误谬推理各处的《批判》之扩充,体现着物质自然界独立存在这一实在论的学说,才达到其成熟的身量。因为这学说不仅只是一种外在的增加,不仅只是次要主张的取消,而是初期思想的成熟,即在其更胚胎的形式上,早期的批判学说也是从它而得到许多的鼓动的,而当它有意识地被采用而成熟地形成其方式时，它是这样构成学说的深化，就几乎等于一种变革。个人的自我再不被看作是自然的负荷者，而是自然的产物与表示。而且像自然一样，可在其两方面来解释，一方面作为表现看，另一方面作为有其本体的根柢看。表现的负荷者不是个别的主体，而是人与自然同样依赖的那些先验的有创作力的动因。人与自然都超出其被认识的形式；而且在经验中没有什么东西，使我们有充分理由将优越性给予个人的心，像采取主观论的理论所必不得不这样做那样。虽然人是能认识空间与时间，在他的意识范围里把握住它们，虽然在一切经验中包含着种种不由经验中发生，也不是经验所能解释的统一体，但是人仍然是为空间与时间的种种条件所决定，而指向经验之外的综合性的统一体并不导致我们到仅仅一个个别的主体。如果说人不是自然的一部分或其产物，也不能说自然是人的产物。康德的先验论在其最成熟的形式上是真正属于现象论的性格的。这是上文在讨论康德的先验演绎时已经发挥的一种见解。我将竭力把《批判》一书两版关于外界表现的实在性之学说，做出比较来证实这见解。

叔本华是诅咒批判学说这个新的发展的，把它看作是黑格尔异端现其原形的，斥责它为真的批判立场一时的判断错误的歪曲，认为是不能和康德的中心主张相结合，在康德的第一版纯粹而未加曲解的主张中找不着支持的。他认为康德在这里叛变了自己，在争辩的讨论压力之下，一时从他已经胜利地达到的高峰退下来，而在这高峰上他和柏拉图一致而且扩充了贝克莱，稳当地成立了一切真正哲学思想的学说，即世界是表象这学说。

我们可以同意叔本华，把第二版删去的《批判》一书第一版那些节看作是康德思想永远有价值的表示，其中许多是在用来代替这些节的各段里找不着同样充分的表示的；但是也可以对他关于两版的解释提出诘问。如果，像我们所曾经论证，我们必须认为康德的思维大都是暂时的，就是说，跟着他以各种分歧的倾向为试验而向前进展的，我们就可以主张，在他的学说最表示特性的特色中就是他愿意随时按照见解的深入而进行改变,百折不回地努力于达到一个立场:一方面极力避免牺牲或弄模糊任何有帮助的区别,而另一方面尽量承认凡是实在重要的各种各样不同的考虑。承认了这些特色,我们就准备质问叔本华把两版的学说对立起来是否妥当。我们多少要准备发现,两版都是交互更换其说法,取消互相冲突的立场,而后来的一版,和第一版比较起来,无论它在这一方面或那一方面如何有缺陷,总算是表示更成熟的见地,代表从开始就存在的观念之发展中更前进的阶段。可能恰恰为这缘故,在它的学说中更是自相矛盾;它至少产生出早期各种主张的不同后果和互相冲突的含义之更清楚而更充分的公式形成。它的内容更为丰富,更是明知而采取互相矛盾的立场,因而没有一些无意识的假定,而更有条件来为判明其自己的缺点提供所需要的材料。只有那些看不见康德在这里为自己立定的各种任务之巨大困难,而轻信它们,是易于得到最后完成的批评家们才对于结果心怀不满意的。德国、法国和英国极不同派别的哲学思想家,在整个十九世纪中,都从《批判》一书受到许多的鼓舞。康德这样对继起的思想所起的深邃影响,确实要比任何从构成一个前后一致而统一的、人们只得接受或拒绝而别无他途的体系所发生的影响要伟大得多。归根到底,一种哲学的价值,与其说是在于它的形式结构之逻辑上完整,毋宁说是在它的内容之丰富和辩证法之广博。前一种性质,是特别不适合于一种开辟一个新时代,把旧问题用一种完全新的方法以形成其方式的一种哲学。在这种条件下,富于暗示、勇于修改甚至重整已采用的立场,善于接受更圆满的见地,而这种见地原是通过初看起来像是满足了而又结束了问题的解决而获得的,应该作为比消除内部矛盾而达成前后一致更有价值。这就是关于现在在我们面前的问题我将要努力于辩护的一种观点。特别有两点是要决定的:第一,第二版的论证是否,而且如何,在第一版中已经预想到;第二,它是否,而且到什么程度,和两版中最中心而真正是批判的东西相协调的。

首先,我们要指出,第四误谬推理是见于一节中,它带有种种的记号,原是单独写出,而后来才并入主文里的。它一定比代表第一版的演绎之第三和第四层那些节为期更早,而很有可能是写于70年代的中叶的。事实上,除某些单独的段落可能是在把这节适合于主文的过程中才增加的之外,很可能在其观念论反驳那部分还要更早,所以关于第二版的反驳和第一版的学说是否一致的问题,必然主要是关于分析论中和先验演绎的后来的形式,即和先验演绎本身有联系的那些部分,和类推与公准和在其他各节所增加的特殊各段有联系的那些部分。我们已经看到,康德是如何从一开始就使用一些名词,牵连到在表象与其对象之间所划出的一种区别。这区别出现于其中的一些段落从感性论和从分析论中都可找到,而且有两段就出现于第四误谬推理中[1057]。他说,对象与其表象"相应"。在像下面那样的各段里有词句的变动:

"……外界知觉的对象,在现实上也是(德文 auch wirklich sind)在它们在空间中被直觉到的那种形式而存在的……"[1058]

这样的词句是毫无意思的,如果康德甚至在他的思想的初期,没有作为公准而假定对象之存在和它的表象之存在有一种区别的话,他也不会选择这样的词句的,他必须至少把表象和它们的内容分辨开来。然而他尽可做了这个,而不再向前肯定它们的独立存在。也许他并未想清楚,而过分被问题的其他复杂所纠缠,以致不能把他的主张想到一种明确的定见。但是当他试图这样做的时候,如同他在第四误谬推理中那样,他就像是觉得不得不采取极端的主观论立场。有这种意思的词句,的确是比上面所提到的常见得多。这就使叔本华有其理由,的确是很有力的理由,能引用来把主观论看作第一版无可置疑的学说。

然而，当我们也考虑到载在经验的思维之公准这一重要的节里之很不同的学说时，证据的均势就扭转过来了。先验演绎和类推某些互相冲突的因素所提出的相反学说，在这里又得到清楚而详细的表达。这是更有意义的，因为康德是在这节里正式地从事于明确经验的实在性应如何去理解。这就含有可以说是他关于外界表现所具有的存在方式之正式声明。主要有关这点的一段如下：

"若概念依据其经验的联结(类推)之原理，与某某知觉相结合，则吾人亦能先于此事物之知觉，即在比较的所谓先天的方法，认知事物之存在。诚以事物之存在与一可能的经验中吾人所有知觉相结合，吾人自能在可能的知觉之系列中及在类推之指导下，使自吾人现实之知觉转移至所探究之事物。是以自被吸铁粉之知觉，吾人知贯彻一切物体之磁质之存在，此虽吾人所有器官之组织阻止吾人对于此种磁质媒介体之一切直接知识。吾人之感官如更精美，则依据感性之原理及吾人所有知觉之联结，自亦能在经验中到达关于此物质之直接经验的直观。今以吾人所有感官之粗杂，绝无术决定普泛所谓可能的经验之方式。"[1059]

当然不能论证说，上面这一段是完全没有含糊的。如果我们觉得十分逼不得已时，尽可给它一种解释，使之和康德更常见的主观论学说相调协，就是把它的意思说成是，在经验的继续构成时，或者在假定有了更精细的感官之后，经验上是完备时，则种种可能的经验的实在就都使之变为实在的，或假定它们变为实在的，但是在可能的经验是这样在事实上或在观念的假说上实现之先，它们在外面只以它们本体的条件之形式而存在。事实上，这就是康德自己在应用它来解决二律背反的过程中解释这节的学说的方式。

"故若对于自身表现一切时间中一切空间中所有感官之一切现实存在之对象，我并不将此等对象设立在空间时间中——若先于经验而存在者。此种表象仅为吾人就其绝对完全所思维之可能的经验而已。盖以此等对象只不过表象而已，仅在此种可能的经验中始能授予吾人。谓此等对象之存在先于我之一切经验者，其意仅谓若自知觉出发，进展至此等对象所属之经验部分，则必当遇及之耳。至此种进展之经验的条件之原因(即决定吾人所将遇及之项目为何及我追溯至何种程度始能遇及之者)乃先验的，自必为我之所不能知者。但我并非论究此种先验的原因，所论究者仅为对象(盖即谓现象)所由以授与我之经验中之进展规律耳。且我或谓在空间中之经验的进展中，我能见及较现今我所见最远距离之星尚有百倍之远之星，抑或谓此等星座以前虽无人见及之，以后或永远无人见及之，但或能在宇宙中遇及之云云，其结果乃无关重要之事。盖即假定此等星座所授与者为物自身与可能的经验无关，但此等事物之在于我，实等于无，即非对象(除包含于经验的追溯之系列中以外，不能成为我之对象)云云，仍为极真实者也。”[1060]

但是虽然这是公准的学说可能的一种解释，况且这也是康德自己在《批判》一书另一部分中的解释，但是并不因而就决定了，这就是这节本身在现实上所说的。这节的公平的、不为它在别处的用途所牵累的研究，不能在它里面发现它所说的只这样限于肯定未被知觉到的物体之现实上独立存在。我们应该记住，二律背反的学说与其解决是完成在《批判》一书中心部分写出之先的。固然，关于二律背反的解决一节好像有某些部分是后于[1061]二律背反那章的其他主要部分，至少是一定在公准的完成之后才改作的。但是主观论式的解决在叙述上是这样比较简单，其拟定是这样详尽，实际上又这样可以公式来明确地形成它，而且更是这样和误谬推理那前一章所发挥的学说相一致，所以即使把公准一节所阐明的学说看作是真正的现象论思想，而康德还是不情愿修改他原先的比较简单的对二律背反的解决，这一点也不奇怪。无论如何，我们并不是要论证说，康德甚至在明确地使其现象论的见解形成方式之后，是对它毫无摇摆地予以支持的。正如我曾坚持,他的态度一直到最后,都继续地是摇摆于两种相反的观点之间的。

但是还得要来考虑康德处理公准的论证之最有意义的一种特色。在第二版中,康德是紧接着在上面引用的一段[1062]之后摆着他的对观念论的反驳,并强调地说,这是它的“正当位置”(而不是像在第一版中那样和误谬推理相联系的)。他说,它是需要来答复公准学说所必然立刻使人联想到的一种反对意见的。可见第二版的论证在其证明物体的独立实在性和在其反驳主观论,是康德作为第一版的学说之一种必然的延扩和自然的补充的。

所以我们有理由来做出结论说,导致关于康德的对观念论的反驳这样的激烈误解之同样偏见也起着作用,使人错解康德在公准中的论证,那就是一种信念,认为康德的学说是按着前后一致的路线进行的,认为它不顾一切是要自相调协的。注释家们发现主观论是在《批判》一书各主要的节里面,强调地、毫不含糊地进行训诲,而现象论的见解则与之相反,是在很不怎么样明确而多少带有躲躲闪闪的方式叙说到的,于是就删去了许多最微妙而进步的学说,因而把批判学说弄贫乏了。康德的尝试地来发展各种分歧的倾向,一定是比专横的而没有同情心的校订其学说要好些。

内部感官与统觉

我们现在是有条件来完成我们对于内部感官的论述了。当内部世界有其情感、意志和表象放在与空间中对象的外部世界同一的经验水平上时,当两者是互相关连而同时又明晰地区别开时,而且当所主张的是说,空间中的对象独立于它们的表象而存在,而由于它们这样的独立,它们是后者之成为可能所必需的,在这时,批判学说的整个面貌就受到一种爽快而可喜的改变。用来代替可怕的学说,说空间中的世界只是我的表象,是很不同的学说，说只有通过空间中一个独立世界的意识，那内部主观生活的意识才有其可能，而两者既是互相“外在的”，其一个不能归结为其他一个，亦不能为其所吸收。内部表象并不产生空间的对象，甚至不决定其存在，而只是需要来为着个人对于它们的经验的意识。事实上两者之间从前的种种关系现在都颠倒过来了。使主观表象有其可能的是外界的世界。后者是先于前者的；前者的存在是用来显示后者的。空间中的外部世界固然是要看作为它的可能性之本体种种条件所决定，而且是与之相对的；但是根据康德关于内部与外部的学说，这一些都有别于一切被经验的内容，有别于一切被经验的心理过程的。这必是立刻被认识到是对于所与的杂多之本体的种种条件有效的。但是康德主张，这关于我们心理的生活之本体的种种条件，是同样真的。我们关于决定一切意识的先验的综合是毫无直接的知识的，而我们既然完全不知道它们的特别性质，就不应该把它们和任何个别的个人的动因等同起来。经验的自我既然只是作为表现而被知道的，它不能是表现的负荷者。这负荷者的任务属于同样在内部表现和外部表现的基础上的东西，而这个东西在经验范围内取得双重的表达，一方面在物自身的构想内等于 x，而另一方面在先验的主体的构想内也同样地等于 x。

但是一提到先验的主体，我们就碰到在第二版中总是伴随着康德讨论内部感官的一个问题。统觉的“我思”只能在一个经验的判断中找到其表达，然而它远不是内部感官的结果，而是预先决定内部感官的可能性的。那么它对于内部感官的关系是什么呢？承认它是否和康德否认自我意识的反思之可能会发生冲突，和他否认自我之直接地直觉认识自己之可能会发生冲突呢？康德宣称，纯粹统觉，“我思”，是和“我在”这判断等值的，所以是包括着主体的存在之肯定的[1063]。这是否一方面和存在的知识只是在感官的话语上才有可能这批判学说相冲突，而另一方面和范畴之批判地限于表现的领域又是相冲突的呢？这样的说法，如说纯粹统觉的“我思”是提到一种非经验的实在，和说它是陈述它的存在，是如何去和上述的内部感官之学说相协调呢？

如我们上面已指出[1064]，康德早期的先验对象学说是或多或少紧密地和统觉的先验统一性学说平行地发展的。它们是被看作相关的两个反面，为我们只是主观的表象之本体准据的两个中心。第二版的种种修正所体现的康德对于统觉的性质之进一步检查确是，如我们将要发现，为第一版所已经引起的种种批评所激动。但是他的答复不过是他已经在第一版所发展的先验的自我和经验的自我两者之间的区别之更明白的叙述，而那个区别无疑又大半为他自己独立地认识到他早年关于先验对象的见解之不能维持所决定。虽然把经验的自我和先验的自我分辨开来是比把经验的对象和物自身区别开来困难得多的，但是从一种真正的批判观点来看，这两个区别是同等地必须的，而其基础上的考虑在两种情况下大略是相同的。

反对第一版的学说最主要而最有力的批评之一就是说，康德自我存在的先验意识学说，即一个本体存在，“思维的我或他或它（指物言）”之存在[1065]的学说，是和经验的思维之公准的学说不一致的。在那节里，后来还在关于神学的理想那节里，康德极其强调地宣称，存在永远不能在任何只是概念的内容里发现的。它是显示于知觉，而且只能显示于知觉，由于包含于知觉里的感觉因素。

“……要知道事物的现实性需要有知觉，所以就需要有感觉……概念先于知觉，是表示概念仅有的可能性；向概念提供内容（德文 Stoff）的知觉是现实性的唯一标准（德文 Charakter）。”[1066]

然而康德又主张“我思”是和“我在”有同样的意思[1067]，而且在这形式上作为自我存在的一种理智的意识就是先于一切经验的。但是公准的学说就是《批判》一书作为整个看的学说。所以像皮士多里乌斯这样的批评家就像有其理由来主张康德在把内部感官的经验归结为只是表现时，就取消了在任何形式成立实在性之可能。表现要是表现,不但是预先假定有表现的东西之实在性,而且须预先假定有从而认识它的心理过程之实在性。但是如果只在感觉里有实在性,而包含感觉的一切经验却只是表现,没有自我可用来决定表现的;那么剩下来的只是幻象(德文为Schein),而不是表现(德文为Erscheinung)了。

兹引用皮士多里乌斯原来的话:

[如果我们内部的表象不是物自身,而只是表现]就除幻象(Schein)外,却空无一物,因为没有什么剩下来可向它表现的[1068]。

康德显然感觉到这个批评的力量的,因为他在第二版中至少在七个不同的时候是给它以答复的[1069]。在三个这样的段里[1070],是用德文Schein(兹译"幻象")这名词,而在Bxxxix的注里出现德文Erdichtung(兹译"虚构")这句词。这就很断然地说明康德记在心里的就是上述这样的批评。最明显的一段是B428:

"'我思'或'我思维着而存在'这命题是一个经验的命题。但是这样一个命题是经验的直觉所决定的,而所思维的对象所以就作为表现在它的基础上的。因之就好像,按我们的理论来说,甚至在思维中(德文selbst im Denken),灵魂都完全变为表现,而这样一来,我们的意识本身,由于只是幻象(Schein),事实上必然是指没有东西的。"

康德的答复坚决地争持,显然"我思"纵然含有一个经验的判断,而自身是属于智力的。"这表象是思维而不是直觉的动作"[1071],或者如他所加上的说,这"我思"表达我用来确定我的存在的动作。所以其中已经有了存在[1072]。康德还依然主张这样显示出来的自我"不是表现,更不是幻象"。

"我意识到的我……不是我之对我自己表现那样,也不是像我自身那样,而只是我在。"[1073]"我在其中把我自己对我自己表现,既不是像我原来那样,也不是像我呈现于我自己那样。我想我自己,只是像我想任何从它的直觉方式所进行抽象的一般对象那样。"[1074]

康德应付这批评的方法分为两层，而依然固执这些立场。首先是主张虽然"我思"是属于智力的，它只能在经验的判断里表达自己——换言之，光以其自身而言，它只是形式上的东西，而在其使用的时候，必须先有内部感官一种所与的杂多；其次，所谓包含在"我思"的"存在"，不是指存在的范畴。我们按这次序来考虑这两点。

康德答复的第一种方法本身，以两种形式出现：一种有力些，另一种和缓些。比较和缓的说法[1075]，大意是说，虽然"我在"这表象，已经直接包含着主体之存在这思想，但它并不产生关于它的知识。知识包含着直觉，即时间中内部规定的意识，而这直觉本身又假定有了外界对象的意识。只作为属于智力的表象而言，"……这个'我'毫无直觉的属性，在其常住的性格上能够多少像关于物质的经验的直觉里面的不可入性，作为内部感官的时间规定之相对物的"[1076]。

更有力而更明确的说法是说，"我思"乃是一种经验的命题[1077]。虽然它包含有属于智力的表象，"我思"作为一个因素，它仍然是经验的。

"没有某一经验的表象来提供思维的材料，'我思'这动作就不会发生的……"[1078]

经验的东西固然"只是纯粹属于智力的机能之应用或使用的条件"，但是以这来讲，它是不可缺少的。在 B429 上面，这一点是以更清楚的词句重复提出的。

"'我思'这命题，就是等于说'我思维着而存在'而言，不是只逻辑的一种作用而是在存在方面确定了主体(在这里同时是对象)，而且没有内部感官则不能发生的……"

这一点的承认更有意义，因为它是紧接着一段，在那里面康德是在论证说，只就思维本身而言，它不过是一种逻辑的功用。

问题的关键是在于康德把存在这属性用于先验的主体是否合法。它之用于时间中经验的自我乃是第二版中对观念论的反驳之问题的一部分;而在那里的答案是清楚而确定的。关于存在时间中的经验的自我之意识,是包含着空间中外界对象的意识的。但是康德既然承认一个先验的我,不在时间中的,是在一切经验的,自我之意识中所先行假定的,那么存在这属性是否也适用于先验的自我这问题,就不能避免,而事实上在B277上面是提及的。但是对于这后一问题要采取什么态度,那节里没有予以明确。

在第一版里面,康德坚持说,范畴之作为悟性的纯粹形式,和空间与时间孤立起来,只是逻辑的作用,"毫无内容的"。照字面来解释,这就是说,范畴是没有意义的,所以是不能产生任何独立的对象或存在的思想的。作为只是关系的逻辑形式而言,它们是预先假定有一种材料的,而这种材料只能通过外界和内部的感官提供出来。然而这不是康德解释他自己的说法之方式。他把他的说法加以限定,结果是说范畴没有特别的内容,或者说,确定的内容。它们被理解为产生一般对象的概念。我们能够举出第一版中许许多多的段[1079]——都是在第二版所保留的——其中康德所说的是,悟性的纯粹形式,和图型化的范畴不同,是产生物自身的概念的。这种见解,事实上,是他早期先验的对象学说的一种残余[1080]。在第二版所增加的一切段里面,他的论证的种种后果是更严格地被撤销掉,而先验的对象之学说完全除去了。现在是毫不含糊地肯定说,悟性的纯粹形式,思维中自我意识的方式[1081],不是属于智力的对象之概念。它们"并不产生任何对象"。唯一的对象是通过感官给与的。既然按康德自己所说,在思维先验的主体时,我们是思维一个"对象",他就得出结论,这也是明白承认的结论,说包含在"我思"的存在之观念并不是有同一名称的范畴[1082]。实体和因果诸范畴也是如此。

"如果我把我自己描写为思想的主体或思维的原因,这些描写的方式并不是指实体或因果的范畴而言的……"[1083]

自我的观念，像物自身的观念一样，是一种不同于一切范畴的概念[1084]。

这结论是用第一版关于误谬推理一节中所使用的论证来巩固的。统觉是范畴的可能性之根据，而范畴在它们那方面只代表那统觉所要求的综合的统一性。所以自我意识是作为一切统一性之条件的东西之表象，而那东西本身是无条件的。

"……它不是通过范畴而表现自己的，但知道范畴而通过范畴在统觉的绝对统一性中知道一切对象，这样也是通过自己而知道一切对象的。所以实则很明显，我必须要预先假定才知道任何对象的那个东西是我不能作为一个对象而知道的……"[1085]

这个论证重见于B422。

"范畴的主体不能以思维范畴而获得它自己作为范畴的对象之一种概念。因为，要思维它们，必须预先假定有它，即范畴的主体的自己之纯粹自我意识，而这意识就是所须说明的。"

估计这论证的价值和力量是极其困难的[1086]。必须提出了许多反对的意见之后，或者说许多保留之后，才能予以接受或拒绝的。如果只理解为，自我意识的统一性不能通过什么范畴来充分地予以表达，这无疑是正确的。再则，如果范畴和图型同一起来，它们在任何程度上或方式上都是不适用的，这也是真的。图型只适用于在空间与时间中的自然存在。自我意识绝不能归结为那种类型的自然存在。另一方面，如果它不是自我意识之作为自我意识，而是有自我意识的主体，这个主体按康德的见解总是本体的——"这个思维的我或他或它(指物言)"[1087]——如果所说的是这个，而且我们如果把严格称为范畴的，即悟性的纯粹形式和图型分别开来，那么并不明显见得有自我意识的主体不可描述为总是主体而绝不能是属性的一种存在，而作为一种原因或条件和经验有关系的。这些不明确的说法就能有各种不相容的可能。它们甚至不决定自我是"我或是他或是物”[1088]。以它们所超过的只是自我以本体的条件为其基础这种说法而论,它们诚然是不可能有证明的,可是也不能按任何批判原理能说明它们是不适用的。所以,当康德好像是从上述的论证勉强得出更明确的一条结论来[1089],他便超过它所能支持的了。

在这里,康德是受了他在1781年之后那个时期他主要从事的伦理学研究的结果之影响。他相信自己已经证明自我作为一个有自我意识的东西是真正的属于本体的存在。既然如此,他就不得不主张范畴,甚至作为纯粹逻辑的形式而言,是没有资格来表达它实在而确定的性质的。但是他把这主张和下述论断混为一谈,这论断是,范畴本身不但没有足够力量而且并不适用。那是不合法的结论。因为纵使自我不只仅仅是主体或原因,它至少不失为主体或原因,如果不去考虑伦理学的问题,唯一适当的结论乃是,范畴之应用于有自我意识的主体既不能有其证明,亦不能予以否定,而只能说,当表现与实在的区别(我们将要发现,归根到底这是基于理性的理念的)做出之后,范畴可用来明确带有自我意识的经验和它未知的本体条件之间可能有的差异。任何其他的结论都是和误谬推理一节的学说相冲突的。

在我们现在所考虑的几节中[1090],康德极其明白地宣称,自我意识只是“作为一切统一性的条件的东西之表象”——看到这点,是重要的,而却是被客尔德和华特生这样的批评家所忽视的。他主张,这表象,代表“主动确定的自我(思维动作),要和我们努力于确定的自我(即我们思维的主体)区别开来,作为知识之区别于其对象”[1091],又可换句话说,没有特别证明,这是在理论根据上不能得到的,不能把“思想的统一性”理解为和思维的主体同一意义的[1092]。它们可能是不同,像表象之统一性不同于所表现的对象之统一性一样,这是常常如此的。我们绝不可从表象的简单论证到它的对象的简单。

但是回到主题上来,我们可以指出,这些论证,除我们刚才从自我意识的性质来考虑的以外,都导致这结论说,范畴之不能适用于物自身如同不能适用于先验的主体一样。甚至从任何判断的动作之中都必然有而且总是有自我意识这种论证，其本身之有效只是从这观点来看，就是把自我意识按照康德早期半批判的见解那种方式以先验的主体[1093]作为究竟的这个观点。但是，如果像在这论证发生的这节，即关于误谬推理的一节里面所主张的那样，自我意识可能是复杂地被决定，事实上并可能有在性质上和在外界经验基础上的条件相同的条件的，则范畴可能适用或不适用于它的本体的性质，正如适用或不适用于物自身的性质一样。可以注意的是，在第二版中，无疑是由于从事于伦理学问题的影响，康德有些话是露出放宽了他的思维的严格尺度之倾向，而是把他的理论学说和他的伦理学的结果比仅是理论分析本身所能容许的更为紧密地一致。这倾向当然是为先验的主体那种见解的继续不变之影响所加强，而这见解是他在70年代的中叶所主张，而从这见解的束缚他从未完全使他的话语或他的思维得到解放的[1094]。事实上在第二版增加的好几段里[1095]，康德甚至采用一种话语在其字面上的意思好像是说，“我思”乃是心的纯粹属智力的活动之一种直接意识——这是一种见解，如我们已看到[1096]，完全不合于批判的立场的。像他在别处那样有力地论证，这是包含着一种经验，不符合于批判的要求而招致怀疑论者如休谟之抨击的。

在B157～158上面，康德立场的种种困难又一次表明出来了。谈到自我的表象时，他明言“我意识到我自己……不是像我之对我自己表现那样，也不像我自身那样，而只是我在”。这就像包含着可以用存在来叙述先验的自我的意思。他还加上说，虽然我的存在(mein eigenes Dasein)的规定，即经验形式上的说明，只在内部感性直觉中才有可能，但它“不是表现，更不只是幻象”。但是在附注里又力说，我的存在(德文Dasein)作为自动的东西，是在纯粹不确定的方式上表现的。只有是感性的我之存在，因之只是作为表现的,才能被知道的,就是说才能使之确定的。

问题在B422的注里便更直接而更坦白地对付了。那条注饶有兴趣,其理由是很多的,它显明康德正在改造他的立场,正在到处寻找一种公式形成的方式使他能保持自我的存在之先验意识,而同时不违反在公准中所下存在的定义,就是说,同时肯定先验的自我是现实的,而又否定任何范畴是对它适用的。说了"我思"是一个经验的命题,其中直接包含有我的存在之后,他再往下把它描述为表达"一种未确定的经验的直觉,即知觉",而这样就是说明感觉是在它断言存在的基础上的。然而,康德这些字的意思并不是说,所断言的存在只是经验的自我的存在;因为他继续向下说:

"……这里存在不是一个范畴,范畴之为范畴不适用于一个没有确定的所与之对象的。……一个未确定的知觉在这里只是指着所与的实在的某东西。所与其实是对思想一般而言,所以不是表现,也不是物本身(Noumenon),而是现实上(德文 in der That)存在的某东西,而这在'我思'这命题里是作为这样被指定(德文 bezeichnet)的。"

这里所用的短语在各方面都招致批评的。康德断言通过一种"未确定的知觉"就有自我之所与,而"所与是对于一般的思想"作为"实在的某一东西的",他完全离开他常用的术语。所断言的存在不是一个范畴这一争点,也是难于接受的[1097]。读到它的实在性之所与"既不是作为表现,也不是作为物(德文 Sache)本身(Noumenon)",也是同等地令人稀奇的;因为前此并没有承认过实在存在的这样另一种不同的形式。

但是坚持这些批评是因着形式而丢掉精神。康德在这里完全丢掉一切他惯用的表达方式,其很好而充足的理由就是他力求发展一种立场是比他从前采取的任何立场都更宽大,更广泛。他是正在设法以公式形成一种立场,既不在任何方式上为范畴的超经验使用予以辩护或加以鼓励,然而又为思想保留其自己限定的能力,就是说,保留其一种能力来形成一些概念，能显示物自身的存在，因而使心能够领悟物自身和所经验之物两者之间的根本区别。可是他还没有发现，在这样做时，他是认定这论题，即这区别是以理性为其中介而不是以悟性为其中介，以理念为其中介而不是以范畴为其中介的[1098]。如我已经指出，这个倾向为另一个倾向所交叉，而这另一倾向是从他致力于道德问题的研究所得来的，那就是，他想要为自我作为一个思维的东西之本体的存在作辩护，但其方式是他的批判学说所不能认为有正当理由的。

第二卷　原理的分析

康德在这里第一次采用悟性（现在只看作是概念的机能）和判断的机能（德文 Urtheilskraft）之间的区别是矫揉造作、极其武断的[1099]。如我们已经看到[1100]，他自己实在的立场，是完全离开了传统的区别，把想出、判断和推理作为各自分开的过程的。一切思维，毫无例外，都表达为判断。判断乃是悟性的基本活动。它是“一种包含着一切其他的悟性活动的活动”。然而康德又一心要把《批判》一书的内容，勉强适合于他看作是建筑术的传统逻辑所提供的外部轮廓；所以我们只得考虑在他愿意采用的实在形式上所做出的阐述。既然普通逻辑是按着三大部分，即概念的逻辑、判断的逻辑和推理的逻辑发展其学说的，《批判》一书也得要符合这种三分法。因之上一卷是关于概念的，而本卷之为第二卷是有关判断或原理的；而现在既然把悟性和判断的机能看作是独立的，它们就重新下定义来符合这新的安排的要求，于是前者便是“规则的机能”，而后者便是“包摄在规则之下的机能，即辨别某一东西是否属于某规则所规定的范围的一种机能（casus datae legis）”。

读者无须努力来找出这些定义的深刻根据或理由[1101]。建筑术，为《批判》一书许多秘密的那个“开门咒语”，是解除这个谜的万灵符。事实上，康德在这里是利用判断这名词的通俗意义，像我们说一个人的判断力好那种意思；而为着要把判断和悟性区分开来，他就以一种矫揉的限制加在悟性使用时所有的意义之上。

既然形式逻辑是从一切内容抽象出来的，康德主张它不能为“判断”的运用提供规则。先验逻辑则不然。先验逻辑在其感性的纯粹形式上具有一种内容，使它能按先验的方式规定概念必然是适用的那些特别情况。“故原理分析论纯为判断力之法规，乃教导判断力如何应用包有先天的规律之悟性概念于现象者。”[1102]这就包括(1)规定先验(即上句的“先天”——译者)规则(即上句的“规律”——译者)所限定的感性条件——图型说一章的问题；和(2)确定在其感性的，虽然是先验的，具体性上的规则之方式——“纯粹悟性的一切原理之体系”一章的问题。

这就是康德关于这两章的目的之很叫人误解的说法。何以要有这两章是有其他更正当的理由的。如我们所曾经看到[1103]，在概念分析论中，先验演绎只成功地证明统一性的先验形式是经验之为可能所需要的，并未做出什么证明说各种范畴恰恰就是所需要的那些特殊的形式，而且它们一律都是不可缺少的。要弥补这缺乏，只能靠一系列的证明，旨在说明关于每一个别的范畴，在经验中的有效性和它为经验之成为可能之不可或缺的，这些证明是在纯粹悟性的一切原理之体系那章里面的。图型说那一章是作准备的；它叫我们注意到人类经验的时间方面，而且下范畴的定义，是按照范畴在先验直觉这样决定了的经验中出现的形式的。

第一章 悟性的纯粹概念之图型说[1104]

在康德为图型说问题之存在所举出的理由中，又一次出现他的论证之矫揉造作，即是说，纯粹概念和包摄在它们下面的感性直觉，在性质上是对立的。这种解释是不能为人所接受的。因为如果范畴为感性直觉果是异类的，包摄则是不可能的；如果它们不是异类的，则像康德在这里所提到的问题又不存在。康德这里所断言的异类不过是由于它们功用之不同而有性质上的差别。范畴是形式上的而确定结构的；直觉产生内容，而内容是因范畴而得到组织的。因之，康德所假定作为把范畴和直觉集合在一起所需要的“第三者”是不应该称为第三者的，它不过是两者合作而使经验有其可能所需要的一种方式。但是康德叙说图型说的问题之方法是这样的完全使人误解，因之在我们能有利地进行之先，必须把他高度矫揉的论证之各种线索再行加以清理，这是一种吃力不讨好的工作，但它至少有赔偿我们的气力的兴趣，就是它很好地说明，康德的逻辑建筑术，在他的批判原理之叙说上，不断地发生着一种什么影响。

关于这一点，这建筑术有两种很不幸的后果。它致使康德把图型法描写为一种包摄的过程，而且把先验的图型说成是“第三者”。两种说法都是不法的。图型法，正当地来理解它，并不是一种包摄的过程，而是像康德在 A124 上面所已经承认的，是一种综合解释的过程。康德所谓悟性纯粹形式的图型法，归根到底必定是指内容因以在功用的关系之话语上被了解的创造性综合，而不是一些特殊包摄于与其异类的一般。那就是说，范畴不能看作可能是一个判断的述项，陈述一个独立被理解的主体，它的功用乃是把一个作为整体而言的判断明晰地说出来。例如实体与属性这范畴是直言判断的形式,不能和它任何一个单独部分等同起来的。

所以,我们对于康德以公式形成形式逻辑和先验逻辑的区别所做出的种种批评[1105],是同样适用于我们面前的几节的。康德这里所用的术语是从传统逻辑借来,而和他的批判原理不能和谐的。

康德把图型描述为第三者,增加在范畴与直觉之上,而处于两者之间,也是公式形成其问题之使人误解的方式之结果。康德所声明要做的,乃是解释范畴对于直觉材料的关系,是类似一个类概念与能包摄在其下的特殊之间的关系的。这就是他用盘子与圆的例证所含的意思[1106]。可是因为范畴与感官材料的关系乃是形式与质料、结构与内容的关系,这类比就完全使人误解了。既然一切内容,严格地是这样的,都属于直觉材料这方面的,就没有什么内容,即没有什么质或属性,是两者所共同的。而恰恰就是康德千方百计要坚持的类比,其不适合性最后成为他所能提出以支持他之描述图型为"第三者"之唯一根据。

"此必有第三者,一方与范畴同质,一方又与现象(兹译为表现——译者)无殊,使前者能应用于后者明矣(!)。"[1107]

真正的批判学说,与此相反,是说,范畴与直觉,那就是说,形式与内容,是相互决定的,而所谓图型不过是后者以前者的话语而为人所理解而已。

但是还有其他一种复杂。康德,如我们所已经看到[1108],是把判断下定义为"包摄在规则之下的机能,即辨别某一东西是否属于某规则所规定的范畴(casus datae legis)的机能"。

可是,这个判断的见解其实是和三段论式联系,而不是和命题联系的[1109]。如康德在其《逻辑》一书中所说,有"……三种主要的因素在一切推论里面:(1)一条普遍的规则,称为大前提;(2)把一种知道的东西包摄在这普遍的规则之条件之下,称为小前提;(3)结论,即一道命题以规则的宾词来肯定或否定所包摄的已知道的东西"[1110]。

像这样来看包摄，把它作为规则的应用，就是在更宽大的方式上看它，它就成为对于范畴与内容的关系更适当的一种类比。而明显的是康德在这些开场白的几节里，心中想到的主要就是这个比较。因为只有包摄是一个特殊的实例包摄在一条普遍的规则之下，才能有在当中的条件之必要。

那么，这就是康德力图忠诚地坚持其建筑术所遭遇的艰难。他必须把表现在命题和在三段论式中的两种大大不相同的包摄同一起来；而当他这样不严格解释之下的逻辑包摄和综合的解释两者之类比证明是不适用的时候，他就利用类比的失败作为一种论证来证明“第三者”之必要。按照别处所阐明的他自己的批判学说，是不必假定这样的第三者的。甚至他进行为之下定义的各种图型，实际上也不支持关于它们的这种描述的。

但是纵然康德介绍和阐明这章的论证的方法是这样使人误解，内容本身还是有其固有的价值，而其关系可分三层来说：(a)对于生产的想象之关系；(b)对于影像与概念的关系之关系；(c)对于范畴的性质在其区别于悟性的纯粹形式之关系。

(a)康德对于生产的想象两种主要特征是有明确而精密的表达的，这两种特征就是，它是应付纯粹直觉的一种先验杂多的[1111]，而且它是运用一种“潜藏于人心深处之技术”的[1112]。康德把图型描述为“第三者”，同时是智力的而又是感性的，好像大半是由于把已经用在认为是它的来源之机能的述语转到它身上来了。在先验的图型和特殊化的影像之间所做出的区别，又是作为类似于纯粹想象机能和经验的想象机能之间的区别。在 A141～142 即 B180～181 上面，康德说到生产的想象的经验的机能，这样就使他承认先验的图型之同时，并承认有经验的图型，以致发生他阐明中的很大混乱，但他的学说却因之更为丰富，因为他违反他自己实在的立场，而承认像犬和马这一类的经验的对象之图型——这是一种见解，在他以后,为经验的心理学在其图型式的影像学说中所一直采用的。这一段无疑是写于他倾向于认为经验的种种过程是与先验的过程平行的见解那个时候[1113]。康德最后的见解是认为经验的想象总是再生的。但这已到了我们第二个要点了。

(b)康德作了一个叙述,是可以作为他在《批判》一书其他地方的比较不严谨的说法之一种有价值的纠正的[1114]。五个点像这样·····一个跟着一个地摆下来,形成五这个数的影像。但是五这个数的图型在性质上是很不同于这的,而且必不能和任何这种影像同一起来。它"……毋宁说是一种方法的表象,借以按照某一定的概念在一个影像中表现一个多数[这里是五],而不是这影像本身……"[1115]

在一个更大的数,如一千的情况下,这就变为更明显了。这数的思想或者说图型,仍然像在小些的数之情况下一样清楚而明确,但它不能像那样在一个具体的影像中充分地体现出来,而为人所观察到。

"在以心象(又译为影像——译者)提供于概念之想像力之普遍进程之表象,我名之为此概念之图型。"[1116]

但是即使在最简单的情况下,一个影像也绝不能对于概念是完全充分的。例如,一个三角形的影像总是一个特殊的三角形,所以只代表整个涵义的一部分。由于图型是按照一个概念而代表生产的一条普遍的规则,以其能够在一个客观的形式而存在来说,它类似概念。影像只是通过而且按照图型才有其可能的,但本身绝不能与图型同一起来。所以形成数理科学的真正题材的是图型,而不是影像——这就是意思里含着的结论。影像总是特殊的;图型总是普遍的。影像代表存在;图型代表结构的方法。

对于这个立场,有三种批评是要提出来的。首先,选择三角形作为例证,是有使康德的论证之主要论点变为模糊的倾向的。因为有三种很不相同的三角形,三角形这概念之为一个类概念之程度与方式,乃是在例如圆或五位数的概念中找不着的。所以当康德好像主要是坚持影像之不能充分[1117]代表多于相应的概念之涵义的一部分时，他实在的意思是要强调说明，纵然在遍及全部涵义的影像之情况下，亦只有图型才表达出来用以确定影像的真正意义的概念性之规则的。

其次，上面图型的定义为"在以心象提供于概念之中的想象之一般进程的表象"，而这定义显然是和康德把图型作为"第三者"，在概念之外，而介乎概念与影像之间这种见解结合在一起的[1118]。但是正如我们已经有过机会来指出，就是在讨论康德的数学概念[1119]"构成"的学说那个时候，这三种区别是和他的批判原理格格不入的。这是从他保留关于概念的那种传统见解所得的结果，那种见解是把概念在一切情况下都看作只是一个概念，即一个抽象出来的或者说一个类概念。在下图型的定义时，康德是下概念的真正性质之定义，以反对传统的类学说之对于概念的虚伪解释；当他把一个第三种的表象放在概念与影像之间时，他就歪曲了他自己的观点的逻辑。"三角形"这概念，作为一个概念而言(用康德自己的很不令人满意的名词来说)，是构成某类型的对象之方法的表象；而唯一的其他表现这种对象的方法就是影像。固然，像康德自己曾经提出过，可能有一种影像，可以称为图型式的；但是如果那是同一于一种表象的模糊的或不确定的或只是符号性质的形式，那么，除名称之外，它和先验的或概念的图型毫无共同之处。

再次，在这章里讨论"感性的概念"的图型之性质和讨论图型对于感官影像的关系，都是不相干的；而且不管本身有多少价值，总使读者感到窘惑，因他很当然地认为这是与问题有关，而事实上却是与题无涉的。康德所力图替它们的图型下定义的悟性纯粹概念，在其性质上是完全与感性的表象不相同，而绝不能在任何形式或程度上归结为影像的。悟性纯粹概念完全是先验的，表现着通过范畴而按照内部感官的形式统一起来的纯粹综合。但是这就谈到我们最后的一个要点了。

(c)康德使用范畴的名词的方式,是他在使用术语的表现其特性之不小心的一个典型例子。有时候,范畴是指悟性的纯粹形式而言的。但更经常的用法,是它代表他现在第一次称为图型的东西,即通过和时间的关系而改变了的纯粹的概念的形式。拿两个主要的关系范畴为例。第一个关系范畴,看作是纯粹悟性的一种形式,不过总是主体而绝不会是属性的东西之逻辑上的概念。与之相应的图型就是在时间中有持久存在的东西的概念;它不是主体这个逻辑上的观念,而是实体这先验的概念。根据与后果的纯粹逻辑上的概念同样地区别于原因与结果的先验图型。

这对比在批判哲学中是极其重要的,所以应该用名词上的周到的区别标志出来。如果康德把范畴这名词限制于指纯粹形式,而总是用图型这名词来指与之相对更具体的东西,那么许多含糊与混乱之点都可避免了。区别于逻辑形式的表之范畴表,就会称为图型表,而以本章的种种定义附录于它,作为形而上学的演绎之应有补充,而以每一个分别的图型之仔细定义作为它的结束。因为在康德谈到范畴时,他通常是指图型而言的;所以我们面前的一章是载着这些图型的后补定义的[1120]。正如康德不断地坚持,而在本章又一次那样强调教导,悟性的纯粹形式只靠它们自己而离开直觉的形式,是和任何对象没有关系,而只是逻辑的函数,没有内容或者说没有确定的意义的。

从这观点又可看出康德的建筑术之使人误解的影响。它强迫康德在他的论证之前加上一些导言式的话,完全是和他主要要说明和坚持的那一个论点相背而驰的。他的主要论点乃是在一切经验和知识中,概念与直觉是不能分开的。他诚然是叫人注意这事实,即用来实现悟性的纯粹概念的那些条件亦即同时限制那些概念,但是他在这里主要关心的乃是这些概念的经验的使用。

客尔德[1121]阐述康德图型说那种学说的方式,就可作为康德介绍他的论证的矫揉造作的方法之令人误解的影响之一个例子。由于客尔德照表面上的意思接受了康德的开始之说法,这就使他按照这些说法来理解这一整章,而把这章解释为实际上放弃了在问题陈述基础上的种种假定之表示。然而比较真实的见解好像是这样的,其导言是康德的建筑术所迫切要求,因之并不真正说明本章的主要目的或它的现实内容的。哥亨不为不公道地说:“……最近的作家们犯了很奇怪地误解康德的毛病,因为他们以为是和康德对立而主张一种思想是康德的图型说所充分表达的,就是说,直觉和概念并不独立地起作用,而且思想是,并且必然总是直觉的,至于知识则更是如此。”[1122]然而哥亨没有叫人注意到这误解的原因,而关于这点康德的确是负一部分的责任的。理尔[1123]所采取的见解有些和这里的见解相同,而与此同时,则追踪康德叙说问题的叫人误解之方式,到他之关于概念的普遍性持有一种错误的见解。这样对于康德的批评,像客尔德的批评一样,在许多方面是有其正当理由的,可是提出忠告的时机未免像是不适当罢了。

人们可能要问,康德何以在本章那样完全把空间置而不谈呢?实际上是没有什么令人满意的答复的。时间是一切直觉的一个普遍的形式,内部的经验是如此,外界的经验亦复如此,这是真实的。如康德在别处所说明,时间的意识以空间的意识为其自己可能之先行假定,所以在那限度内,可以认为是在它自己里面包含有意识的后一形式,这也是真实的。然而康德集中来谈只是经验的时间方面,这是极其武断的,而生出某些不幸的后果。由于康德看他的问题是那样的方式[1124],事实上他不得不更多注重时间,但那不一定要包含着承认它的范围与功用是这么样排除其他的。康德很自然地让他的思想为他的内部感官与生产的想象的新而革命性的学说所占住而不及其他,可能和这事情有些关系。

虽然各种图型所下的定义,尤其是实在性与存在的定义,引起许多困难,但它们的考虑必须留待下文[1125]。只有和康德以它们为根据的原理联系在一起,才能好好地讨论它们。目前需要提到的只是另有一点。康德不是对每一个范畴都做出一个图型。在开始两组的纯粹概念的形式里,即量与质的纯粹概念的形式里,他只对每组的第三个范畴做出一个图型。数,严格说来,不是量本身的图型,而是总体性的图型。质的图型只是限制性的一个定义[1126]。这样离开严格的建筑术之要求是毫无评语或解释的。康德是乐于坚持以履行建筑术的要求而得到他的学说之确证的;当两者不能相应时,他大都是缄默不言的。这建筑术是他的一种兴趣,其重要性足以让他在对它的阐发中感觉到强烈的愉快,可是对于他的主要目的来说却不是这么样不可缺少,因为在出现缺点时就需作重大的调整。

康德在结束这章时,叫人注意这事实,即用来实现纯粹概念的一些感性的条件同时也限制了它们的意义。然而它们更广泛的意义在其性格上只是逻辑上的[1127]。以其是纯粹的概念而言,它们的功用只是在于成立表象的统一性;因之它们是不足以产生任何对象的知识的。"只从感性才使它们有"客观的应用。在这些叙述中,康德是阐明他的一种基本学说,但所用的方式没有尽量按公道来对待纯粹思想的独立价值的。正如他在别处所教人的[1128],立定悟性的限度的不是感官;思想的纯粹形式才是使心能够感觉到所经验的世界之有限制和只是现象的性格。

第二章　纯粹悟性一切原理的体系

这个重要一章导言的几句话又是为康德的建筑术所指使的,而把全章现实内容放在极其不真实的亮光之下叫人发生误解。康德所说的含义好像是概念分析一章已经确定了构成经验的一切概念的因素，而且曾经证明了这些因素是用来做出可能有的判断之述项的，现在还要在原理分析里说明的乃是什么先验的综合判断，或者换句话说，什么原理在实际上能够以它们为基础。虽然这是关于分析论这两章的关系很令人误解的说法，但它是许多注释家所接受的[1129]。但为着好几个理由是要否认它的。悟性的纯粹形式并不是可能有的判断之述项。这些形式是在整个判断的基础上，表达一种关系，而通过这关系判断的全部内容被组织起来的。例如在"银珠是重的"这命题中，实体与属性这范畴并非在什么意义上是其述项；它把整个判断说出来，用实体与属性的双重关系之话语来解释所经验的内容。判断及其性质与条件乃是名不副实的概念的分析这一章的真正的问题。正如上面已指出[1130]，分析论两主要部分处理的是同一个问题。但在处理问题时，它们在两个方面是不同的。首先，如上文所指出，概念的分析对于特殊的范畴的有效性未提出证明，而只提出很一般性的证明，说明一切判断所含有的统一性之形式是如何为统觉的成为可能所要求的。究竟哪些范畴是不可少的，其证明在原理分析论里才第一次做出。其次，在概念分析论中，经验的时间方面似乎退居幕后，而强调的是原理分析论。

从这两个差别的要点产生第三种的显著特色。当范畴，或者应该说图型，都明白地有了定义，而每一个别图型又有了证明，就发现它们无非是实证科学的可能性所需要的那些原理。从康德的观点看，这不仅仅是偶合的。科学知识，只有经验是根据先验的条件的，才有其可能的；而感官经验的条件也就是它的概念解释的条件。但是概念分析论几乎完全处理寻常的经验，而在原理分析论里，自然科学得到所应得的考虑。

第一和第二节。分析判断和综合判断的最高原理。——这两节并没有什么不是在《批判》一书中早就已经发挥过的。虽然无矛盾原则只是真理的消极标准，但它能在一切是分析所与的概念之判断的情况下作为一种普遍的而又完全充分的标准。另一方面，综合判断的原理是我们因之而能够超过所与的概念而加上一个述项，对它的关系既不是同一又不是矛盾的。这条原理乃是经验可能性的原理。虽然先验综合判断不能在逻辑上证明是从一些更高而更普遍的命题得出的[1131]，但是它们是能有先验的证明，即作为感官经验的条件的。

“是以经验之可能性乃对于吾人所有一切先天的知识授以客观的实在性者。”[1132]“吾人在综合判断中，关于普泛所谓空间及产生想像力在空间中所描画之图形，虽然先天的知之甚多，且实际无须任何经验即能获得此类判断，但若不以空间为构成外的经验质料之现象之条件，则此种知识亦仅以幻想为戏而已。”[1133]

在最后一句话的第一部分里，和在紧接着的前一页里，康德是好像以他的纯粹先验杂多来教人的，但是所说的后一部分，又不为承认空间不是一种独立的直觉而只是外部感官的形式所影响。

第三节。悟性一切综合原理的系统陈述。——康德在这节里并不涉及数理科学的基本命题，因为按他的见解，这些命题是以直觉的证据为基础的。但是他认定它们的客观有效性依靠两条原理，而这两条原理本身，在严格意义上，虽不是数学的，可是从先验的观点看，可以为着方便起见这样来描述它们的——两条原理是“直觉的公理”原理和“经验预测”原理。物理学家认为应用数学的合法性是当然的，就没有机会来以公式形成这些原理。然而他毫无问题地假定自然界符合于纯粹数学的严格要求，这就证明他是一个先行假定了这些原理的。而且这些原理既然包含有纯粹概念，因为一条原理体现着数的图型，而其他一条体现着质的图型，它们是在先验感性论的范围之外，而需要有类似于其他范畴的演绎之一种演绎的。

如已指出，康德的步骤极其武断，这是由于他的建筑术的诱惑的影响。应用数学的有效性之证明已经在第一版的感性论中做出[1134]，——

这是在《导论》一书进一步加以发展的证明[1135]而在第二版加以改写以构成另一"先验的阐明"的[1136]。像康德在这些段里所教人的那样，应用数学的客观有效性是基于这证明，即空间与时间是外部感官和内部感官的先验形式。他现在进行以公式形成的数与质的图型之新演绎是大可不必的，而且在它们证明的方式上又并不是无争论余地的。然而他在经验之类推一节中所做出关于关系的图型化诸范畴的极其有价值的等等证明，就不只补偿了上面的缺点了。经验的思维之公准一节处理形象（又译为模态——译者）的原理也含有实在很重要的问题的。

所以本章所要处理的诸原理可按范畴表的四分法摆列为：(1)直觉的公理；(2)知觉的预期；(3)经验的类推；(4)经验的思维之公准。按照已经在概念分析论中所做出的区别[1137]，康德一方面把公理与预测、在另一方面把类推与公准区分开来。前者确定空间与时间中直觉的条件，所以就可称为数学的和组织的，它们表明在每一直觉本身中必然包含着的是什么。后者是动力的，它们是这样一些原理，我们按照着它们，就必然思维到一个对象的存在，是在其与其他对象的关系而确定的。所以第一系原理可以在直觉上证实，而第二系对于所经验的对象只有一种间接的关系。因果的关系绝不能被直觉到是存在于两个事件之间，而只能思维到是在它们里面，而空间的与时间的关系是心的直接对象。与此相似，实体与属性的关系不能被直觉到；它只能被思维是在所直觉的东西里面。所以数学的原理有其直接（虽然要记得是事实上的）证据；动力的原理的先验确定性，固然是同等完备的，只能通过先验的证明之迂回途径才能确证的。

紧接在原理表之前和在其后的这一区别的重叠说明是这几节的混合构成之显著例证。这两个说明很难确定是直接相互继续着写成的。位置在先的[1138]大概是时期在后的。它好像是根据在《导论》一书中所做出的那样知觉判断与经验判断的非批判的区别[1139]。第二种而简短些的说明,则不会遭到这种反对的意见[1140]。

在A178～180即B220～223上面,康德在数学的原理与动力的原理之间发展另一差异之点,或者应该说,解释他在上面的第一种说明中,太简短地而因之是含糊地提到"存在"(德文Dasein)是指什么而言的。数学的原理是组织性的;动力的原理是限定性的。那就是说,数学的原理规定表现的产生或结构的条件。动力的原理指定规则,叫我们按照着来明确如何联系偶然发现的存在之关系。存在既是绝不能先验构成的,我们是限于确定存在之间的相互关系,而一切存在必须是所与的。例如,因果原理使我们能先验地预测到凡百事件必有某一先行的原因;但只是通过经验上的研求我们才能确定所与的特殊前项中哪一个是可称为其原因的。那就是说,原理明确下来经验所必须遵照的条件,但不能使我们事先构成它。这种区别是数理科学与自然科学的对比所鼓动,而作为明确下来先验动力的原理之在经验上的限定性作用是有价值的;但是当我们记得康德从前在纯粹数理科学的原理和使它们有正当理由来应用于经验的先验原理之间所做出的区别,它的似乎带有勉强的性格[1141]就变得很明显了。在后的那些原理是关于通过图型化的范畴而被了解的存在,因之在其确定性上和证明的方法上是恰恰与动力的原理处在同样的地位的。从他自己的以日光为例证来看,这就是足够明显的[1142]。"构成"日光的强度之可能性的微小,是和先验地确定一个结果的原因一样的。

1. 直觉的公理

一切表现在其直觉中都是延扩的量。在第二版中是说:一切直觉都是延扩的量。

"延扩"在这里是用在很广的意义上,包括空间的量而又包括时间的量。康德是把这条原理奠基于数的图型上的,而且他提出支援它的证明,所以是有意要说明一个知觉的对象,无论是空间的或时间的,其了解只在我们使那图型起其作用的限度内才有可能的。但是虽然这是论证所声明的目的,数本身是绝未提及的;而这省略之理由,无疑是康德已意识到任何这样的立场显然会引起的反对。所以,无疑不是明白地有意,而论证的那方面就留在幕后。可是就是这样,这论证一定使康德感觉到有些不满意的。但为着忠于建筑术的计划,就不能使这种怀疑和不安去寻找进一步的表达。

在其第一版的说法里,这论证的开始是以公式形成空间与时间的一种见解,正面地和感性论的见解[1143]对立的:

"当部分的表象是使整体的表象有其可能,因之必然在它之先的,我称这量为延扩的。我不能对我自己表现出一条线段,不管它是多么短,而不在思维中划它出来,即从一点把它的各部分一个跟着一个地产生出来,而这样第一次记录下来这直觉。"

甚至最短的时间也是照着这样的。而一切表现既然都是在空间或时间中被直觉的,每一个表现,以其被直觉而言,都是一个延扩的量,那就是说,只有通过它的部分之相继产生才能被了解的。一切表象都是"集合体",即先有部分的杂多。

延扩量的这个定义包含有一个假定,是康德在《批判》一书其他地方也用过[1144],但没有在什么地方企图用论证来使之成立的;那个假定就是,除在继续外,不可能了解一个杂多。正如以后实验的研究所证明,这假定当然是完全虚假的(至少在应用于我们经验上的意识是如此)。康德是在其学说的主观论阶段的早期,尚未认识到空间的意识是包含在时间的意识里面之先采用的。但是甚至在此之后,凡遇见考虑到内部感官的学说和生产的想象的学说的时候,这早期的见解仍然倾向于占上风的。因为凡谈到生产的想象之先验活动,这主要是综合的,康德继续把时间作为比空间更为基本。可是,如已经指出[1145],在第二版增加的几段里,所阐明关于空间与时间的相互关系是正面地与此对立的一种见解。

中间的两段和主要的论证在形式上联系着，大概是后来插入进去的[1146]。在这两段的第一段中，康德把包含在“几何形产生”的综合活动归于生产的想象，而主张几何学成为可能是由于这个机能的。在其他一段里，康德处理算术，但并未提及生产的想象。它的论证局限于这争点，表达数的关系之命题，虽是综合的，但不是普遍的。它们不是公理，而是数的公式。这区别对于目前的论证没有很明显的关系，而只用来表示康德承认在几何学与算术之间不能成立严格的平行。好像没有什么算术的公理相应于欧几里得的公理的[1147]。

结束的一段是感性论和《导论》一书第 13 节注一的论证之复述。表现不是物自身。它们是纯粹直觉的形式所决定，所以又是服从纯粹数学的“一切精密度”的。如果我们不得不把五官的对象看作是物自身，则几何的应用科学（又是在康德惯用的方式上理解为典型地代表数学部门的）便是不可能的了。其唯一新的要素在这论证里，就是提到综合乃一切了解中所必须首先假定的。

康德在第二版中用以作为整个论证的结论所加上的证明，无须特别的评语。但是可以指出，虽然在第一版的论证中所明白用以教人的，是在一切了解中必须有综合，而综合这名词除在当中和最后这两段里以外是没有使用到的。在第二版中所做出的证明里，这名词和它所代表的东西，两者都得到应有的显著地位。

2. 知觉的预期

在一切表现中，其感觉和对象中与感觉相应之实在（拉丁文 realitas phaenomenon）有强弱的量，或说强弱的度。第二版是说：在一切表现中，其为感觉对象之实在的有强弱的量或说强弱的度。

我们可以首先把整节加以分析。其第一版[1148]解释预期这名词。

第二与第三段做出这原理的证明。第四至第十段讨论空间、时间与变动的连续，及空洞的空间之不可能，而又给康德以机会来发挥他的物质之动力理论，从而指出先验哲学对于自然科学的原理之充分解释所能做出的贡献。第十一与第十二段，显然是后来插入的，做出原理的第二种证明，在一个重要方面是和第一种证明不相同的。在第二版中，以一个新的第一个段的形式，增加了类似于这第二种证明的一个第三种证明。

康德第二版中改变了原理的公式形成，其理由显然是"感觉与这实在的"[1149]这短语之令人不能满意。适当地来解释，这条原理不是像第一版的标题和第二种证明会叫人指望的那样应用于感觉本身，而是应用于它的对象(realitas phaenomenon)的。以其学说论，它是现象论的。"预期"这强调的名词是康德采用来表示在这条原理中，我们能够在先验的方式上确定某一东西是关于在其本身是纯粹经验的东西的。感觉之为感觉，既是经验的质料，绝不能先验地被知道的。其质，如色或味，是依赖一些因素，对我们来说，由于我们知识的种种限制，总是偶然性的。可是在一个特殊方面，我们能够预先确定一切感觉的对象，因而能够预期经验，甚至在其质料方面。

其第一种证明如下。了解，就它是通过感觉发生而言，只占一顷刻间的；它并不包含任何从部分到整个表象的继续性的综合。所以凡被理解的东西都不能具有延扩的量的。但是，像在图型说一章里所说，实在性是在表现中与感觉相应的东西。它是现象的实在性(拉丁文 realitas phaenomenon)。没有它就是无等于零。但是凡感觉都能减少的；在表现中的实在性与无之间有一连续系列的许多可能的中间感觉，其中任何两者之间的差别总是小于该感觉与零之间的差别的。那就是说，在表现中的实在是有强弱的量或强弱的度的。这论证是从感觉强度之能有改变到其对象或原因之中有度的存在。因为这实在性大半是说为在感觉中所理解的东西,但康德又补充说,如果它是"……被看作感觉或表现中其他实在性的原因,例如变动,则它的实在性的度……就名契机,例如地心吸力的契机"。

原来很简单而直接的论证之含糊好像可以追踪到康德自己心里没有弄清楚实在性所要指的是什么。所包含在感觉与其对象之间区别的意思没有清楚地以公式形成。在图型说一章中固然做出了实在性的种种定义[1150];但是这些定义是极难理解其意义的。康德一直没有改变实在性是"和一般感觉相应的东西"那种说法。但我们的困难是关于附加的限制。他另外又宣称,这实在性乃是"……它的概念自身指向一种在时间中的存在(德文 Sein)"[1151],"在时间中"几个字好像是指出所指着的是在表现中的实在性,是预期的现象之实在性(realitas phaenomenon of the Anticipations)。但紧接在下面我们发现下面的一句话:

"惟以时间仅为直观(又译'直觉')之方式,亦即视为现象(兹译'表现')之一切对象之方式,故在与感觉相应之对象中之事物非视为物自身(事物,实在)之一切对象之先验的质料。"[1152]

第一句话所教人的是现象论的;其他一句是主观论的。

在知觉预期一节中康德思想的现象论的倾向无疑是更显著的。意思所包含的区别有三层:一是感觉作为具有强弱量的主观状态,一是空间的具有强弱量和延扩量的实在性,一是物自身。作为表现看的对象是看作感觉的原因,相互产生变动的。

这一节的现象论性格,其解释是不难找着的。在这节里,康德的主要目的,像我们所将要发现那样,是要发展他很久以来主张的物质动力说。而他深信这种理论,终究是要把几乎一切物理学家当时所坚持的机械见解取而代之的。我们容易理解,在这努力中,他的思维之实在论者之倾向如何立刻就表现到外面来,并且何以他迫不得已要发展一种立场,比他在图型说一章中关于实在性的种种定义所表示的立场与其程度要更为精确而不那样含糊。作了这些初步的解释之后，我们可以进而谈到康德关于他的原理的第二种证明了。

这两种证明的联系连结可发现于康德在其第一种证明中为感觉不能有延扩量这种他的说法所举出的理由之中；这理由是说，感觉的理解是发生于一单个顷刻中，所以就不包含有综合的要素。在第二种证明中，康德修改了这争点，而主张我们能够从表现的延扩量抽象出来，而依然能够认识到它是包含有一种综合的。

“和一般感觉相应的实在，以其与无等于零相对立而言，只表现某一东西，其概念作用本身就含有一种存在（德文 ein Sein），而所指的无非是在一般经验的意识中的综合。”[1153]

康德加上说，在一单个顷刻中，我们能对我们自己表现作为包含在仅仅是感觉里面的“……一种综合是一律地从零到所与的经验的意识之向前进展”。

这些叙述是远远不够清楚的；但又很难说必须详细地来批评它们。康德既然是正在努力于证明一个图型，不管是实在的图型或限制的图型，是包含在感觉的理解之中的，那么为前后一致起见，他就不得不按照他的范畴演绎之学说，主张图型的应用是需要某一种综合的。

第二版所增加的第三种证明[1154]，多少是比较明白些，而代表康德徒劳无功的努力，想把这节中的学说和他的一般原理协调起来的进一步而最后的阶段。在感觉的经验的意识中有“……包含在一个感觉的产生，从它在纯粹直觉等于零的开始，到它特殊需要的量之中的不同的各种量之综合”。或者就是，量的理解是一种理解，“……在其中的经验的意识是能够在某一定时间内从零一直增加到它的目前之限度的”。这里，康德断言说，在我们感觉的觉知中发生的东西又一次需要更多的严格证明的。像第二种证明的论证一样，它是没有独立地成立起来的；它不过是他的范畴的演绎之一般原理的必然结果。

所以康德的论题，说感官的种种质之理解为强弱的量，是预先假定一种按照先验图型的综合的。在其叙述上是含糊不清的，而在其论证上是不能说服人的；而所做出的有些肯定，特别是谈到综合的发生，像是和康德声言在逻辑的“质”之作为肯定或否定，和感性的种种质之动力强度，两者之间所追寻出的联系一样武断的。因为，像已经指出的那样[1155]，逻辑的所谓“质”与强弱的量，除名称外，毫无共同之处。

接着，康德就进而讨论连续的一般问题。其联系是有些勉强的。但是如果我们不去计较论证的矫揉安排而满足于把所现有的作为一种插入的评论，我们就将在这节的当中一段找到他关于连续的性质之见解一个很好的叙述和他关于物质的动力说的很清楚的叙述。

康德发展连续的概念(a)是有关空间与时间，(b)在其应用于感觉和它们的原因之强度。

(a)康德自己的话是用不到评语的：

“空间时间皆为连续的量(quanta continua)，盖因空间时间除其视为包围于限界(点或刹那)内者之外，不能得其部分，因而仅以此种情形得之即所得之部分，其自身仍为一空间一时间。故空间唯由无数空间所成，时间由无数时间所成。点与刹那，仅为限界，即纯为限制空间与时间者之位置而已。但位置常预想有其所限制或其所欲限制之直观；纯由位置观之，为能先于空间时间授与吾人之成分，则绝无空间时间能构成者也。此种量亦可名之为流转的(德文 Fliessend)，盖在量之产生中所包含之产生的想像力之综合，乃时间中之一种进展，而时间之连续性，通常皆以流转(Fliessend)或流逝(Verfliessen)名之也。”[1156]

(b)当康德进行把连续性的原理应用到强弱的量时，他的结论是奠基于多少不同的基础。他论证说，由于它们是在空间与时间中被理解这一事实，表现必须是连续的[1157]。只要它们在空间中是延扩的而在时间中是持久的，那可能是真的；但康德的肯定是有更广的范围的。它的含义乃是感觉和感觉的物理条件，例如红色的感觉或地心吸力的力，是能在零与任何所与的强度之间，在无论哪个可能的等级上存在的。这就把锁匙提供给他以公式形成其第二种和第三种关于知觉的预期的证明，而这又在其他所解释的形式上包含着连续性这另一种含义。这些证明的激发因素是，使理解甚至对简单时间的理解成为一种时间过程的愿望，以及这样的间接方法，即为感性的强度及其客观条件建立一种类似于空间和时间连续性的连续性。但是，如我们曾经看到，这证明是毫无结果的。这里连续性的应用必须看为只是一种假设的性质，而这是超出康德所愿意承认的。论到感觉，它已经为实验心理学的结果所肯定地证明是错的了。

从这认为是一切强弱的量之连续性的证明，康德更得出两种结论：第一，绝不能使经验提供关于空间中或时间中空虚的证明。因为如果一切实在能在无数的等级上存在，如果每一感官又有一确定等级的感受性，则实在性完全不存在，其本身是绝不能被经验到的。推论到这样的不存在又是不可能的，这还有第二种理由，即同一的延扩量可能为无数强度的等级不同，无限量地接近于，却无限量地不同于零的量所完全占住。康德在这里是指着他很久以来就主张[1158]、而且阐明来反对当时流行的机械见解[1159]的物质动力说而言的。他坚持说，那机械的见解的基础是一种假定，纯粹是形而上学的，而因之完全是武断的，它是说在空间中的实在没有内部的种种差异，而像它所存在于其中的空洞的空间那样完全一律的[1160]。按照这一假定，物理学家们就推论说，我们感觉中的一切质的差异必然是由于只是它们物质原因的量的差异，而终究是由于物体的组成部分的数目与分配的差异。假使体积相同的两个物体在重量或惯性上不同，其变量必然是由于物质之多少的差异，换言之，是由于这两个物体中未被占住的空间之差异。康德把他自己的假设和这见解对立起来——因它是在这比较更不夸张的形式上在这些段里面提出的——即物质是以强度而不是以容积占住空间，所以它可能无限量地减少其等级而不因之完全停止其充满同一延扩的地位。这样一种扩大的力如热充满了空间而不剩下丝毫空洞的部分，是可以在强度上无限量减少而可能以较小的强度继续完全占住那空间像以前一样。康德承认，这可能不是物理的差异之真实解释，但至少有这好处，能使理解力脱离种种形而上学的成见，而且能证明在流行的见解之外还有另一种见解之可能。假使物质既有其延扩而又有其强弱，因而能改变其量而又改变其质，或者物理科学能沿着动力的路线有利地发展。

3. 经验的类推

类推的原理是：经验之可能只是通过知觉必然联系的表象[1161]

康德介绍三个类推是用一个在其基础上的原理之叙述，而这条原理是和先验演绎的中心论题相应的。在第二版中，这条一般性的原理重新以公式形成，并且增加了一个新的证明。然而这些改变不像是有任何特别的意义的。两个证明重复着先验演绎的主要论证，但其重点是在经验的时间方面。关系的诸范畴，图型化之后，产生这些类推，而这些类推在其使经验有可能范畴内是获得客观有效性的。第一个证明（见第一版的第二段）主张它们是统觉所不可缺少的，而第二个证明（第二版的）主张它们是对象的知识所不可缺少的。在第二版中所提到时间的各点，除非是从支持三个类推的更明白的论证来看它们，是太过压缩而不易为人所理解的。

第一版的第一段必定是后来插入的，因为它说同时性是时间的一种样式，而这说法是和第一类推的证明相冲突的，但和那必须认为是后来插入而作为那证明的导言的一段是一致的[1162]。这一段在另一方面也是特别的。前此康德一向把这三种类推之存在追踪到关系的三个范畴，其中每一个决定着单独一个图型。可是在这段里，他把它们的三种形式基于时间有持久、先后[1163]和并存三种样式这一事实，因之就有三个问题：第一，包含在持久的意识中的是什么？第二，包含在先后的意识中的是什么？第三，包含在关于并存的意识中的是什么？然而这不是提出问题的满意方式，因为这可能像是意味着时间的三方面可以分开来了解，各自有其独立的条件的。其实康德所证明的乃是，三方面是相互包含的。只和先后对比，我们才意识到持久；只和永恒对比，我们才意识到先后，而两者都包含有并存的意识的。可见三种类推是处理同一问题的三个方面：其第一方面和实体范畴联系，第二方面和因果范畴联系，而第三方面和相互性范畴联系。

还需要评论的唯一之点[1164]是有关康德之采用类推这名词作为“关系”的三条原理之名称。这名词之使用是使之区别于组织性的原理，又称公理；而且康德指出，这名词的使用必须仔细地和其他或数学上的使用区别开来。“在哲学中，类推不是两种量的关系之相似，而是两种质的关系之相似。”在数学类推里，从三个已知项能求得第四个；但在“经验的类推”里，我们掌握的规则只足以确定对于未知项的关系，而绝不能确定关于这项本身的知识。例如假使我们知道 15 比 x 等于 5 比 10，便可确定 x 之值为 30。但是如果所说的是某一事件对于一个先行的事件是结果对于原因的关系，就只能指出两事件之间的关系，而不能指出现实原因本身。可见因果原理只能作为一种限定性的原理，指导我们在事件的先行事件中去寻找其原因。

理尔关于这名词，提出过一种很不同的解释，就是说，这名词的意思乃是关系的诸范畴的用法是按其与之相应的、纯粹逻辑上的形式来类推的。

“在我按其经验上的属性而认识物质是外界经验的实体之范畴内，我对于物质的性质并不得到什么知识，而只对于它对我的思维的关系得到知识。在关于外界事物的判断中，我使用物质为主体。那种知识因之不过是主体对于其属性的概念上之关系的一种类推。物质对于它的属性与结果在表现范围中的关系，是等于一道直言判断的主体对于它的属性的关系。就一个前项之称为一个事件之原因而言，我们无从知道它的性质，所知道的只是原因与结果关系和假言命题中的前项与后项关系两者之类推而已；其变动的联系是类比于根据与后果的概念上的关系的；变动的充足根据就是一种经验的类推。”[1165]

这种解释，初看起来，似乎是为康德在我们前面一节的结束一段里所支持的。

“由此等原理吾人始有正当理由仅依据不过与概念之逻辑的普遍的统一相比附之一种类推以联结表象。”[1166]

然而这断言是附随于康德的解释，说三种类推不是“先验的”(即超越的)应用而只是在经验上应用的——这种解释本身，又是因他想把他目前的论证和图型说一章联系起来才有的。所以类推这名词的这种解释从其性质看，大概是事后才想起来的。根据 A179～180 即 B222 所述的理由，采取了这名词，他就在其中找到一个机会，来加强他从前所说，关于范畴因之而变为图型的时间条件之限制性格那种话。这整段如阿的凯斯所说，大概是后来插入的。可是还有其他种种理由，是我们何以不能承认这一段作为代表类推这名词的实在来源的。它会包含着采取主观论观点，这是理尔，虽然他在其他方面是从实在论观点理解康德，从而解释康德的现象论学说的。因为它所含的意思乃是说，实体的存在与其真正的动力活动只在本体范围中找得，而不是同时也能在现象界中找得的[1167]。它又似乎在意思中说到逻辑种种形式的绝对有效性，而这并不是康德不改变的立场。最后，它会包含着范畴的逻辑使用先于其实在的使用，这是与批判原理相违的，虽然康德有时也犯这毛病，但似乎绝不是在这种夸大的形式上。

甲、第一类推。——一切表现都含有永恒的东西（实体）作为对象本身，而其变动的只是它的规定，就是对象存在的方式。在第二版中是说：在表现的一切变动中，实体是永恒的；其在自然中的量不增加亦不减少。

第二段[1168]是混合性的。其第一部分（前三句话）和其第二部分做出不同的证明，含有互相矛盾的话。一个是肯定变动与同时性为时间的方式；而其他是否定这的。所以它们不是同一时期的。第一个似乎是后来的；它是和前节的第一段联系的。

在第一版中，这原理是明确为表达实体与属性这双重范畴的图型的。在第二版中以公式再次形成，其形式大不如前之令人满意，是作为物质不灭这科学原理的。第二版的公式形成强调第一版论证的较弱方面，而大半是由于康德分辨概念的分析与判断的分析的方法之恶劣影响。它显示出康德逐渐趋向于把分析论两部分对比起来，一部分是有关寻常的经验，而其他一部分是有关它的科学的重新组织的[1169]。

第一版中的第一种证明明白表示出这全节基础上的预先假定，即一切了解必然是继续的，就是说，除在继续中之外不可能有杂多的了解[1170]。从这假定就得出结论说，如果这样的继续不只是要发生，而且要被了解为发生着，又如果我们要能够分辨开我们一切了解的相继次序和并存的独立的存在之次序，必须把永恒的思维到继续中去，就是说，必须把相继的经验按照常住的实体与变动的属性这一范畴来解释为一种客观的次序。在这里和在别处，康德都没有企图来说明这立场如何和他说空间与时间一样是可以直觉到的这学说相协调；而且又有同等的困难，来把它和在第二种证明(在同段的第二部分里)中说到时间本身不变动,而变动的只是时间中的种种表现这一学说相协调。

如上所说明[1171],康德在处理时间之中有两种倾向,其每一种都带来它自己一系列联系着的后果。有一种见解认为整个时间的意识是它的任何部分之意识的必需条件。这就趋向于承认同时性作为时间的一种方式,而又承认同时的是在一单个非相继的了解动作中了解的。另一方面,又有相反的见解,认为时间的意识,只通过它的各部分之相继结合才有可能的。这就导致同时性不是时间的一种方式的说法,而且要说时间本身除作为按照有统一功用的范畴之综合的结果外,是不能了解的。通过范畴而发生客观性的意识,因之第一次有主观的与客观的两者之间的区别之意识,主观的总是而且只是存在于继续之中,而客观的可以作为相继的而存在,又可以作为永恒的而存在,而且在它的存在中,其实两要素是不可分开地包含着的。

现在回到康德关于这原理[1172]的第二种证明[1173],它是如下这样的。我们一切知觉都在时间中,而在时间中它们是表现为并存的或相继的。时间本身不能变动[1174],因变动只能在时间中才能表现。然而时间靠其自身是不能被了解的。作为时间自身而言,它不过是我们知觉的空洞形式。在知觉的对象中必须找到某一常住的基体或实体以代表意识中时间的永恒性,而通过与它的关系可以知觉到事件的并存性和相继性。既然只在与这基体的关系中,时间关系才能被了解,时间就必然是完全不可变动,因之就可称为实体[1175]。时间既是不可变动的,它在量上就不能增多亦不能减少。康德毫不加以论证就马上把这实体和物质同一起来。

这证明是可以用更简短的方式重述的[1176]。时间中的事件之意识包含断定它们的时期。但只在我们有一种时间的表象,在它里面来断定事件的时期这个范围里,断定它们的时期才有可能。但是时间本身既然不是被经验到的，必须为一个常住的基体在意识中所代表，而一切变动都发生在这基体之中，并且作为一切变动的基体，它既然是必定不可变动的，它就可称为实体。

在两种证明中，论证都是不必要地那样抽象。而正如所已经说过[1177]，这抽象的理由乃是康德在这里，像在图型说一章里那样，过分地不管空间，而把他的分析局限于内部感官。他把实体的图型下定义为时间中实在的东西之永恒性，就是说，作为一切都变而它不变的实在的东西之表象。像《批判》一书第二版所说明那样[1178]，康德自己已认识到这定义的不完全，而因之认识到第一类推的证明之不完全。意识是只通过在空间中的对象之表象才有其可能的。只在外部感官中，永恒的东西才被给与，而与之比对，变动才可以被知觉到的，所以这证明是应该在下面的方式上进行的，只作为运动，时间才能被设想到，而运动必须在空间中有其一种永恒的背景才能被知觉到。所以时间的意识是包含着空间中一种永恒的东西的。他很可以加上说，相对的时间之意识包含着变动对于相对永恒的东西的关系之意识，而一切作为发生于一单个绝对时间之中的变动之概念，包含着通过对于某一绝对永恒的东西之关系而做出变动的确定，这最终的标准是在天体中找得的。所谓永恒的，不是指不动的，而只是指其在运动中是一律的而不变的那东西。天体的一律运动构成我们时间的最后标准。天体的一律性之程度是我们接近于一种绝对标准的尺度，在康德自用的一本《批判》里，关于这类推的一个旁注，显示出康德很迟才认识到论证有这样重述之必要。

“这里，这证明必须发展来只应用于作为外部感官的现象的种种实体，所以必须从空间取得的，空间带着它的种种规定是一切时间都存在的。在空间中一切变动都是运动……”[1179]

第二版的新论证仍然按第一版的第二个论证的同一路线进行，其理由，如耳尔德曼所说[1180]，大概是由于康德不愿意在这类推的叙述中而同时又在图型说一章中,做出那需要的广泛的种种修正。

第二种对于康德处理第一类推的严重反对意见是立刻从上述的反对意见得出的。康德把意识中代表时间的永恒东西和物质同一起来,而用这同一方法来证明物质不灭原理[1181]。其实那原理是不能有先验的证明的。它不是一切可能有的经验之必需条件,而只是一种根据于经验的概括。康德在这里,把关于实在如何得到一切可能的经验所必需的永恒性这要素之一条特殊理论和只为先验的种种方法所能成立的更一般性的结论混淆起来。他的论证又和他自己不止一次说,变动这观念,以其不同于空间中的运动或时间的继续性而言,是属于经验的,因而是在先验研究范围之外的这种断言是互相冲突的。所谓物质不灭,我们是说在一切变动中物质的重量是不变的。但是使我们实际上时间的意识有其可能所必需而能够预先假定的唯一永恒的东西,乃是种种空间的对象,足够恒久而可作为一种标准,与之比较就可使种种运动互相对比而得到测量的。而这第一类推,正确地理解起来,既然只关于物体的空间的变动,那么物质不灭原理和它是毫无联系的。

第二,而最后一点,康德认为这第一类推证明实体与属性这范畴在经验中所行使的不可缺少的功能。他论证说,实体和事件在其中发生的时间相应,而种种属性则和变动的事件相应。正如一切事件只能设想为发生在时间之中,同样地,一切变动也只能设想为一个常住的实体之变动。他像是主张,这两者不过是同一断言的两种方式。康德固然可能在其坚持一切变动都是在时间中的变动而不是时间的变动,是正确的。意识的统一性好像要求有一个单一的在其中一切事件发生的时间之意识。但是时间对它的事件的这个关系,并不是以正当理由来对实体做出同一的肯定。实体可能是一般与时间相应的东西,而且在意识中代表它,但我们不能因之就说变动也只是在时间中的变动而不是时间的变动。这样把变动看作实体中原有的属性是和第二类推中所发展的见解直接矛盾的。因为在那里，实体这观念是作为因果原理意思中所包含着的。康德在那里所坚持的是，实体不仅就是静止存在，是变动在其中发生的东西，而是一种动的能，以其本性而言，是在不断的必然的变动中的，变动不是在实体中的变动，而是实体的变动。

甚至在康德把变动中永恒的东西之观念和实体与属性的观念同一起来的一段里，他显出意识到这困难。他说，我们必不能把实体和它的种种偶性分开，把它作为一种单独的存在看待。偶性无非是它的存在的特别形式。他加上说，同时收回他刚才所说的话，但还是一样，把变动的偶性这样从常住的实体分开，"由于我们悟性的逻辑使用之条件，是不可避免的"[1182]。康德在这里是这样迫不及待地要说明实体与属性这范畴之用在经验之中，而且解释它引起的种种矛盾，他唯一的出路就是把所包含在范畴中的种种矛盾归之于我们悟性的构造在其逻辑的使用。然而根据他自己的话，悟性的这样的使用是次要于、而且依靠着它的"实在"使用的，那么实体与属性的范畴很难是这样发生的。

所以我们必须做出结论说，康德没有提出实体与属性范畴的充足演绎或解释，而既然又没有在别处这样做过，我们就不得不得出另一结论说，他无法说明它在经验中之使用，至少是不能在任何充分方式上把它和因果的原理协调起来。

乙、第二类推。——凡发生，即开始的东西必预先假定有某一东西是它按照一条规则而继续的。依第二版的说法是：一切变动都是按照因果联系的规律而发生的。

这节，正如康德很正确地感觉到，是含有全部《批判》中最重要而最基本的论证之一的；康德关于这类推做出那么多的证明，这似乎就是其理由。在这一节的范围内可以找出不下五种不同的证明，而在第二版中还加上另外一种。如阿的凯斯所论证[1183]，康德紧接着一连贯写了五种性质很相类似的证明是极其没有多大可能的事。大概这些证明有其独立的来源而后来才联结起来以构成这一节的；不然的话，我们也可像阿的凯斯那样主张，康德首先编了一种“简短的大纲”，然后把大纲的一种或两种证明和或早些或迟些的其他证明联结起来。第一版的第一至第四段是第一种证明；第五至第七段是第二种证明（是第一种证明的重复，但是间接的重复形式）；第八至第十段是第三种证明（几乎和第一种证明是同一的）；第十一至第十三段是第四种证明（和其他一切证明都不同其性格）；第十四段是第五种证明（大概是最后才写的，预先表示了第二版的论证）。第二版所增加的一段（第二版正文的第二段）提出第六种即最后一种的证明。

我们先叙明其中心论证，而那些附加的论点，则留待康德在其相继的各证明中做出不同的公式形成的，连带来讨论。第二**类推**，虽然其叙述是晦涩的、散漫的，甚至是混乱的，但不失其为全部《批判》中最好的、影响最深远的论证之一。它有它的特别的历史重要性，因为它是康德对于休谟否定因果原理的有效性之答复。休谟主张我们除仅仅只是继续性之外绝不能意识到任何其他东西。康德的答复是要证明，继续性的意识，只有通过决定相继的事件之次序的一种必然性的意识，才有其可能的。

我们必须记住，康德接受了休谟关于因果性范畴所批评的许多意见。康德承认，凡百事件必有其先行的一个原因这一般性的原理，既在直觉上不是确定，也不能从更终极的真理以一般的推理来证明的。它不能用分析的思维来说明，而是像一切先验综合的判断那样，只能联系到现实经验的可能有也可能无的事实才能证明的。其次，康德在这**类推**中和在《批判》一书其他地方，都没有企图来解释因果联系的可能性之性质，就是说，说明一个事件即原因，如何能使另一事件即结果发生。我们绝不能用分析一种结果的方法，来发现何以它必然有一种原因在它之先[1184]。复次，康德演绎所得而说明的，是包含在一切时间意识里面的因果性原理乃是凡百事件必定在紧接着它之先的东西里有某一原因这很一般性的原理。在每一特定的情况下，其原因是什么只能在经验上发现；以任何指定的事件为实际上的原因绝不能是绝对确定的。特殊的因果规律是从经验寻找出来的，而不是用一般性的原理，却只依据它而寻找出来的，所以这些特殊的因果规律既不是纯粹经验的，也不是完全先验的。甚至正如约翰·穆勒的学说那样，每次推论到一种因果规律时，必须假定这一般性的原理，而且除了这样假定其一般性的原理的方法之外，因果联系的推论是不能证明的。但是同时，因果联系的证明既然是以能否满足约翰·穆勒在其归纳方法所公式形成的那些经验上的标准为转移，所以这样的特别因果规律只能从经验才获得的。

康德的分析之出发点是我们关于时间中的一个客观次序的意识，对于康德而言，这是一个正当的出发点，因为他在先验演绎中曾证明过，只有通过客观的意识主观的意识在任何形式上才有可能的。它在这里靠以得到其支持的独立论证，只是那演绎的一般性原理之特殊应用。当我们了解任何一个很大的对象如一座房屋，虽然我们是相继地看房屋的不同部分，但我们绝不会认为这些前后相继的知觉是代表房屋的什么相继的东西的。另一方面，当我们了解时间中的前后相继的事件时，例如顺流下驶的一艘船的相继的位置，我们确是把我们经验的前后相继看作是代表所了解的东西之中的客观相继性。因之康德就觉得有其正当理由来说事实上我们是有能力来分辨开主观的相继性和客观的相继性，即分辨开我们留意的经验之次序所决定的先后和原来就是那样的先后。提供康德以其公式形成第二类推问题的精确方法的，就是这个事实，那问题就是，客观变动的意识分别于主观的相继性是如何有其可能的。

叔本华，由于充足理由原理在他的体系中所占的显著地位，曾详细地评论过这第二类推[1185]；我们就可以在这里利用他的主要批评之一来更明白地明确康德的论证的一般意图。叔本华主张,一座房屋各部分在我们经验中的相继性和一艘船的位置的相继性都是属于真正的客观性格的。在这两个实例中,其变动都是由于两个物体彼此相对的位置的。在第一个例子中,物体之一乃是观察者的身体,或者应该说他的身体器官之一,即眼,而其他一个物体就是房屋。对于这房屋的各部分的关系,眼的位置是前后相继地改变的。在第二个例子中,船对于河流变动其位置。眼从屋顶到地下室的运动是一件事;从地下室到屋顶的运动又是一件事。两者都是和船的行驶同其性质的事件。如果我们有同样的能力来把船逆流拖上,如我们有能力转动眼睛那样与其第一次运动的方向相反,那么船的位置就可以倒转过来,恰恰类于倒转我们房屋的知觉那样。

这个批评是叔本华完全不能掌握康德的批判观念论的中心论题的典型实例[1186]。分析论,就其客观演绎的主要论证而言,是他所不能理解的;而这第二类推既然不过是这演绎的结果之特别应用,他对于它的解释也是同样地感觉为难的。当然对这种理解,康德应负大部分的责任。康德区别开客观的先后和只是主观的先后,像是他的话语所含的意思,而这完全是和批判原理不一致的[1187],而且是和他常用的先验的与只是经验的两者之间的区别,同样完全叫人误解的。然而叔本华把这些区别都看作有效,因之就应用它们来解释康德论证的方法。如果说内部的经验和外部的经验是可作为两类的经验对比起来,那么,正如叔本华所正确坚持,就没有充分理由来把由于眼的运动所生的变动作为主观的,而把由于船的运动所产生的变动作为客观的了。可是,那并不是康德用这些实例时心中的原意。他采用这些实例不过是要弄清楚这相当明显的事实,即在某些情况下我们知觉的次序是主观开始,而在另一情况下,我们了解我们经验的主观次序为相应于事件的客观之先后而只通过这客观之先后才能解释的。主张这种区别时,康德并不是要否认,甚至在主体的意图或一时高兴所决定的次序里,同样也包含有客观的因素的。房屋的根基支持着房顶,因而就决定在我们的眼睛往上瞧时,我们将要了解的是什么,这一事实并不使我们了解的次序减少其主观性。可是康德绝不会说这个次序纯粹是主观的。他的批判原理断然是使他不得不认为即使感觉和欲望都是自然律的单一系统之主要部分。如我们将要发现,康德是主张,像我们上面对比的实例所说明的主观和客观的先后之这种区别,从我们经验的一开始就一定是有的——其实就必然是组成经验本身的东西。从一个纯粹主观的意识绝不能发生客观的这种观念的[1188]。用另一种说话的方式,时间的次序之意识,虽是主观的,归根到底是包含着某一非主观的标准之应用的。

“我不得不……把了解的主观先后从表现的客观先后得出,否则主观先后就是全不确定的,任何一个表现都无从和另一表现区分开来了。”[1189]

我们可以按照客观的一个系统来解释主观的次序,关于后者的意识是一切感知的必要的先决条件。它对于通过旋转的眼睛所了解的东西之解释是和对于移动的船之了解是同样需要的。康德远远不是拒绝承认我们经验的主观次序是客观决定的,而是准备进一步肯定说,只当把它是这样来设想时,它才是可以了解的。

在第三类推中,康德进而谈到与之有联系的问题,即虽然我们知觉房屋的各部分有其先后的关系,但我们何以又能了解这些部分为同时的,我们有什么正当理由把那主观上是先后的经验解释为代表着客观的并存呢?正如康德在这第二类推中并不论证说,不能翻转性本身是因果关系的证明,而只说这样的不能翻转性需要使用因果性的概念;同样地,在第三类推中,他并不企图把并存的意识归结为能翻转性这种意识,而企图证明只有通过相互性概念的应用才能适当地解释能翻转性。在每一种情况下,范畴决定经验的意识,后者只在它预先假定范畴上来说才是确定的次序之了解。虽然康德关于第三类推的论述历史的重要性比诸第二类推的证明较少，而且本身的兴趣又不如那样大，但是关于康德所努力于建立的那种立场，它是更加有其意义，因而我可向读者进一言，他必不辞劳苦来克服困难和论证的有些不可捉摸的地方。它所阐明的一些学说加强第二类推的结果而同时予以扩大，而它所表明的种种困难，本身所不能应付的，是表示分析论的一些问题，须在辩证论所提出的某些更广泛的争点之亮光下来重新考虑的。

我们现在可以回到康德的主要论证了。如我们所曾发现，他的问题乃是，关于客观变动的意识从主观的继续性辨别开来，是怎样成为可能的。康德觉得，问题像这样以特殊的方式公式形成，需要仔细明确“客观的”这词是什么意思，因为许多东西是以它为转移的。应用到上面所用的例证上面，所了解的房屋不是物自身而只是对于心的表现。那么，房屋既不过是一些表象的一种复杂(德文 Inbegriff)，它作为不同于我们关于它的主观表象时，所谓房屋又是什么意思呢?[1190]这问题和康德的解答是以主观论的方式，按照其早年先验对象的学说来叙说的。把一个对象和从而了解它的种种表现对比起来，只有这些表象是遵照使它们的结合必然是在某一特殊方式的一种规则，因而使这种表象的特殊样式区分出来作为不同于其他方式的唯一样式，这对比才有其可能的。所以主观的继续性和同时又是客观的继续性，两者区别的来源是由于在一种情况下，有一种规则，使我们不得不把事件在某种特殊的相继续的次序之下结合起来，而在其他一种情况下就有这样的规则。例如我们对于房屋的了解，是可按任何次序进行的，可以从屋顶而下，又可以翻转过来，次序既然总是可以倒转过来，就对于心没有什么强制，要把它了解的次序看作是代表客观的先后的。但是既然在我们关于时间中一种 B 事件之了解，B 的了解是跟着前一事件 A 的了解的，而我们不能倒转这次序，心就不得不把这相继续的次序看作是按照因果范畴所必然的，因之就是客观的。这次序之为必然的次序，其意思不是 A 总是在 B 之前，A 是 B 的原因，而只是如果我们要正确地了解它，这次序在这种特殊情况下必须认为是必然的。就是说，继续性不一定要设想为是因果性的继续性，但是如果要把它设想为客观的继续性，就必须把它设想为因果性的联结使之成为必然的。

康德在这种一般的方式说明了他从前关于客观经验的分析对于目前的问题的关系之后，就进行从而发展他关于因果性特别原理的证明。因果性的图型是时间中的必然相继性，而康德是通过这，即通过它的时间方面，来看这条原理的。要意识到变动，我们就必须意识到一件事情，就是要意识到在时间某一特殊的顷刻上所发生的某一件事。换言之，变动是需要断定其时期的，而我们既不能意识到一般的时间，变动必须涉及其他事件才能断定它的时间，而在这情况下显然是涉及它和其先行的一些事件的关系，它之被了解为变动是和这些先行的事件对比而言的。但是按照我们对于构成客观经验的分析之种种结果，变动在客观时间中能确定它的位置，只是因为它是设想为按照一种必然的规律对于其先行的事件有关系的；而时间中必然联系的规律就是因果性的规律。可见，要把曾经发生的某一东西了解为是出现的，就是说，是一种客观的变动，就必须把它了解为必然地紧接着时间中在它前面的东西，就是说了解它为因果的必然的。

可见因果性原理决定客观相继性的意识，而休谟在他说我们意识到事件的相继性，也就是承认了要证明这原理所必须要假定的一切。休谟之所以不能认识这点，其理由乃是他无视我们了解的主观次序的意识和事件客观先后的意识这两者之间的区别。然而那就是以他自己的立场为基础的一种区别。因为他所教人的乃是，足够确定为日常生活和自然科学服务的因果规律，其确定是通过一直不变的那些先后次序之观察而获得的。所有经验论者的立场也就是这样的。他们主张因果关系是从所与的先后次序之比较而发现的。康德所争执的乃是,变动之被了解为变动,因之到了最后,甚至武断地确定之主观相继续的次序之了解[1191],是预先假定了因果性的范畴之应用,而且只通过它才有其可能的。悟性的主要功用不是在于弄清楚我们对于一个事件的表象,而是在于使这种表象有其可能[1192]。悟性运用的主要范围不是在反思的比较之领域里面,而是在创造性的综合这更基本的区域里面[1193]。在确定所与的性质时,它就预先确定了关于所与的反思所必须遵照的种种原理。科学的反思的论证性活动是次要于产生寻常意识的经验的先验过程,而且是为这些过程所决定的。只有遵照因果原理的经验,才能作为感官经验的种种经验性的判断之基础,或者作为这些判断的内容不断地转变为那日益增加的科学知识之体系的基础。因果原理适用于一切经验过的东西,其充足理由乃是,经验本身只按照着它才有其可能的。这结论在先验方法论中有其最强调和最充分的陈述。

"……纯粹理性固曾由悟性概念建立巩固原理,但非直接唯由概念建立之,常间接由此等概念与全然偶然的某某事物,即可能的经验之关系而建立之。当此种经验(即为可能的经验对象之某某事物)为前提时,此等原理实为必然的正确;但直接就此等原理之自身而言,则绝不能先天地知之。例如凡发生之一切事像皆有其原因之命题,无一人能仅自其所包含之概念洞察此命题。故此一命题,虽自其他观点,即自其可能的使用之唯一领域(即经验),能以完全必然的正确证明之,但此命题非定说。顾此种命题虽须证明,但应名之为原理,不应名之为定理,盖因其具有此种特殊性格,即此种命题,乃使为其自身所有证明之根据之经验可能,且在经验中必常以之为前提者。"[1194]

在进一步评论康德的中心论证之前,考虑一下他所曾做出的不同的叙述,是有好处的。我们可以按第一版的次序来看他先后提出的证明。

第一种证明[1195]。——这论证是按照康德早年的先验对象的学说发展的。关于那学说在这里所做出的叙述，特别表现它的性格之各点是：(a)强调地断言各表象只能一个一个相继地被经验到而绝不能在并存的关系上的[1196]，(b)几乎完全不理会到先验对象之作为相继的表象按照着来得到组织的规则之根源或根据。(a)这一点是所有三个类推的论证所共同的。在第一和第三类推中，问题是，从只是相继的表象如何能确定永恒与并存。在第二类推中，问题是，从总是相继的表象，如何把我们了解的主观确定的次序和事件的客观先后分辨开来。换言之：在这样的条件下，我们如何能认识一种次序是所与的，从而规定它必须像这样被了解的次序，或者还用另外一种方式来陈述这同一论点：我们如何能把一种武断的或可翻转的次序和自外面加上的或规定的次序分辨开来，从而了解到我们了解的主观次序在某些情况下是事件的客观先后所控制，而且只通过它才可以解释的[1197]。

(b)何以在这段中先验对象作为所与的事件确定而被规定的次序之根源退到幕后去，其理由乃是康德所留意的，只是次序被了解为必然的所依据之一般性原理或范畴。那条原理有一种主观的根源，虽然具体事件的特殊的先后次序，必须借助那概念，被设想为由它们本体的种种条件所严格确定了的[1198]。这条原理说明这次序被理解为客观的，而那就是康德在这里直接留意的唯一之一点。断言这范畴的主观根源和承认所与的自外面加上去的次序是不相一致的，这一层在上面已经指出过了[1199]。在这节里，康德自己那艘船行驶下流的例证，说明他是准备毫无疑问地假定它们是相容的。然而他的论证是含糊的，由于他不能把“规则”这名词使用的两种意义分别开来。这名词所指的，可能是凡事件必须有一个原因这普遍而只形式上的原理，又可能是用来表示具体事件呈现于感官知觉的一定的次序。后者一种次序不一定代表一个系列，其各项是互相因果地联系着，而只是由于因果必然性的一个系列。例如顺流行驶的船，其相继续的位置不是作为原因与结果相互关系着，然而要了解为客观相继续的，就必须设想为因果所决定的。“规则”这名词在这两种情况下有很不同的意义。在第一种意义上，“规则”是有其主观根源的意思。它是形式上的，绝不能是所与的。它是被了解到所与中去的。在第二种意义上，“规则”只是所与的，而由于种种的本体条件，构成各门自然科学的质料，构成某一特殊因果律的经验性内容的。因为康德不能明白地分辨这名词的这两种很不相同的涵义，像下面这样的一句话是含糊的：“含有了解这必需的规则之条件的表现就是对象。”康德的意思可能是说，具体事件的规定次序是由于先验对象的；但那样一来，它就不是作为必然的而为所与的。正如他经常坚持的那样，必然性就是绝非所与的一种东西。这句话因为用了“表现”这名词又是令人误解的。那个名词在先验对象学说所感召的一段里是没有适当的地位的；在主观表象和物自身之间没有其中间一项。正如康德自己所说[1200]，根据那学说所下定义的表现“不过是一些表象的复杂”。

康德关于因果关系的见解，按其是沿着主观论还是沿着现象论的路线进行，是有重要的差别的。从一个观点来说，表现只是表象，因而完全没有因果的功效。它们不是互为因果的。它们没有动力运用所必需的自主性或独自持久性，或者甚至没有接受改变所需要的自主性或独自持久性。既然是“同一自我的状态”，一切因果关系，从动力上设想，只能在它们的本体的条件中。因果性归结为被逼使的(不是逼使的)先后次序的思想。正如康德在 A181 即 B224 上面曾提出过，它不过是一种“类推”，按照它我们把根据与后果的逻辑关系应用于我们主观表象的解释上面去[1201]，而这样把它们看作不是以彼此为根据而完全根据于物自身的。因果性在其严格意义上，即是作为动力上的作用，只能在本体的区域中去寻找。

客尔德采取“类推”这名词的这种解释[1202]，这从他的黑格尔观点看来是自然的事，可是他是极端不确定而含糊的，究竟经验的对象能否作为真正的原因。理尔，尽管他声明从实在论解释康德，但仍然采取上述关于自然的因果的主观论见解。耳尔德曼和保罗生也是如此。保罗生所说是很确定的[1203]。

“依康德看，像依休谟看一样，在现象界中因果性不过是指现象的先后次序的规则性。实在的因果功效当然不能在这里发生，因为现象是观念的成果。作为观念的成果来说，它们像概念一样，不能产生结果。”

在这节或在《批判》一书的其他地方，与此相应的关于因果关系的现象论见解没有得到很明确的公式形成，但可以从康德的现象论学说之一般倾向可以推断出来[1204]。它有点像下面所说那样。“类推”这名词被看为有一种和上面所提出的很不相同的意义。因果关系不只是从根据与后果的逻辑关系的一种类推；它是所了解的对象中真正动力的活动之表象。那些对象不只是自我的状态，不只是主观的表象而已。它们是一个独立体系之一部分，而这体系在其为我们所知的形式上，乃是一个更深沉的真实的东西，一种现象论的抄本。如果说因果关系是什么不同于其自身的东西的类似物，则它就是物自身所运用的动力的类似物，或者说解释[1205]，而不仅是前提与结论的逻辑关系。表象的对象可能运用种种力量，是不能设想为表象之为表象所具有的。在个人的主观状态和物自身之间有自然科学的现象界。它的功用，不管是通过感官知觉直接地被经验到或者是通过科学的假设以概念来重建它，乃是要作为在人类意识中那本体的领域之代表，而归根结蒂一切存在都是生根于那领域的。空间中物体的因果相互作用是构成那些物体所必需，正如它们质的属性一样的。因果关系，甚至在现象的范围里，必不能和仅只与规律一致同一起来。自然科学的真实的和完全的目的,不是在贝克莱的或者怀疑派的简单化理想中去寻找,而是在比较古老些却正确些的因果解释这概念中去寻找。那至少就是凡康德讨论到物理科学的原理时所必定捍卫的一种见解。

第二种证明[1206]。——第一种证明的论证在这里以间接的方式展开。如果没有任何规则规定其必要的次第,则不能有主观与客观相继性。所以这样的规则,其理由不是重复多次经验的归纳,而是经验可能性的需要。它是经验所由以组成的综合统一性之一种表达。

第三种证明[1207]。——这大半只是第一种证明的重述。它不同于第一种证明是在于弄得更明白,在先验对象的观念中所包含谈到客观上的、是使心越过一切表象而达到按照一种规则以确定它们的次序的某一东西之思想。在其他方面,所用的名词之含糊是和第一种证明一样的。但是它的结束一段,是 A192～193 即 B238～239 上面的难懂的论证的一种更为清楚的叙述。

第四种证明[1208]。——这一种证明不同于其他一切的证明,它是从纯粹时间的种种特征论证到时间连续的经验表象所必需的属性。时间靠其本身既不能被经验到,它的一切主要特征必定是能够以表现的话语来表现的。"只有在表现中,我们才能在经验上认识时间与时间联结的连续性。"悟性的主要功用乃是使这样的认识有其可能,而它的做法乃是"把时间的次序转移到表现与其存在"。我们只能从先行的到后起的,这是时间必然的规律。每一顷刻是能有继起的一顷刻之不可或缺的条件。我们只能通过先行的 1914 年以过渡到 1915 年。而既然如刚才所指出,时间自身不能被认识到而只作为我们的知觉的形式被认识到,这条规律必定是适用于我们的知觉的。我们意识到一切的短暂时间只能作为是在一个单一长久时间中前后相继一个决定着一个那样,而那就是说在一个单一的客观的时间里面,如果我们是意识到所有被知觉的现象是按它们时间中的次序一个决定着另一个的。

理解康德如何把这论证公式形成为这个形式，是有点困难的。其理由大概是，他的思想已经为生产的想象之先验活动学说和与之相联系的纯粹先验的一种杂多这学说所占住[1209]。因为这证明似乎是根据一种假定，认为我们是纯粹先验地知道时间的种种特征，因而所知道的是完全确实的，用不到由感官来经验的。在康德之把充足理由原理来替代因果原理之中，又可看见这证明的异乎寻常和有些经院意味的性格。但是虽有其观点的这矫揉的性格，这论证是能把康德的中心论题显著地呈现出来的，那就是，因果原理是一切时间的意识，甚至主观相继续的东西之意识所预先假定的。而且强调时间靠其自身绝不能为“知觉的对象”，而又强调种种表现与“绝对时间”发生关系只能通过在它们互相关系中确定它们，这就提供了材料来改正其自己的出发点。

第五种证明[1210]。——大概这证明是后于上面的几种证明的。虽然它的主要内容和开始的那个证明的内容相同，但是它的公式形成好像是第一次企图来做出第六种证明，即康德在第二版增加的论证的陈述。阿的凯斯认为这证明在时期上早于前四种的证明，但是他的理由是说，康德在这里预先假定一种想象的综合，独立于一切范畴而先于按照范畴的了解之综合，似乎是根据康德叙述的不严谨方式过分按照字面的一种理解。这论证，正如在第六种证明中那样，有点像是说，想象的综合可能是主观的，又可能是客观的；而“了解”这名词好像是用来指出所综合的杂多是通过现实的感官经验给与于想象，而这样被给与时，是有其自己的一种确定的次序的。结束这论证的叙述乃是（比前面各论证所见的都更为明确），因果原理的证明在于它作为一切经验的判断的一种条件之不可缺少性，也就是作为经验本身的一种条件之不可缺少性。作为经验的可能性的一种根据而言，它必然对于经验的一切对象都是有效的。

第六种证明[1211]。——第五种证明的论证在这里就更清楚地说出了。一切综合都是由于“在其时间关系方面确定内部感官的想象机能”的。但是这种综合可能产生主观相继续性的意识，也可能产生“对象中”相继续性的意识。在后一形式上，它预先假定悟性纯粹概念的使用，即原因与结果关系的使用。而所得的结论仍然是，只有这样，经验上的知识才有其可能。这种陈述这论证的方式是远远不能令人满意的。它倾向于弄糊涂了康德的中心论题，那就是，只有通过一种客观的次序之意识，然后主观的先后的意识才有其可能，因而因果原理是一切意识的决定因素。在《导论》一书所做出的知觉判断与经验判断那种令人误解的区别，在康德“仅只知觉”这短语的使用中又露出来了[1212]。

我们再一次回到康德的中心论证来。因为我们还要考虑它像是招致的某些反对意见，而且又要评论康德在这节其余各段中其他的种种解释[1213]。康德对于他的立场的不完善陈述曾经对何季生·斯特尔林等人提出过一个多半是矫揉的问题，那就是，心如何能够认识需要应用因果范畴的适当时机。一方面，先后本身不能作为标准，因为有很多时候先后不是因果性的；而另一方面，先后之不存在也似乎不妨碍它的应用，因为原因与结果好像常常是并存的。这困难是由于不体会康德关于因果原理的证明归根结蒂是以之为基础的那个中心论题因而发生的。康德叙述的散漫和随时变更的方式，可能隐藏了那论题，但绝不和它冲突，因那论题是在于争持因果范畴是在一切意识中的一个必需的而总是不变的因素。除按照它之外，没有什么东西能够被了解的[1214]。它规定了一种解释，是心之所不得不应用于每一事件的意识上，并存的事件如此，先后相继的事件亦复如此。无论两个变动是并存的或者是相继的，每一个都必须设想为有其先行的原因的。唯一的差别就是在先后的事件情况之下，其中之一个(即先行的变动)，经过经验上的研求，可能发现为就是其第二个即后起事件之原因，而对于并存的事件，这是绝不可能的。既然因果原理是说一切事件必有其先行的原因，那么凡是没有先后就没有因果关系可说。但是当康德说先后是因果关系的“经验上唯一的标准”时[1215]，他是没有完全公平对待他所维护的立场的。经验上的标准数目是众多的，正如约翰·穆勒所曾经在他的归纳方法以公式形成过的那样。

叔本华曾经提出过反对的意见说[1216]，康德的论证所证明的超过了所需要的，因为他的证明像要包括一切客观的先后事件，例如日与夜，又如乐谱中的音符，这些都不是因果性的先后。这个批评已为斯达理尔(Stadler)以下面的话语答复了[1217]：

“当叔本华举出音符或昼夜之先后作为无须用因果律而便知道的客观先后次序时，我们只须反问他说，在这些情况下变动的是什么实体呢？只要迫使他把反对的意见放在使之能与知识可能性的问题发生关系所需要的形式上，他的错误就立刻变为明显的了。那么他的实例就要这样来表达：乐器从声音的一种状态过渡到另一种状态；地球从成为白昼的光度到成为黑夜的光度。关于这样的变动，没有人说它们不涉及一种原因的。而关于这点，我们可以引用康德自己适当的说法：‘白天可以说是时间的儿女，因为继起的一天和它所包含的一切都是既往一天的产物。’”

昼与夜，以它们是先后的事件而论，必须按照因果性来设想的，不是说夜使昼发生，而是说它们都是不但分别说明昼与夜而且说明一个继续着其他一个这种先后交替次序的一些原因所确定的，天文学家发现这些原因是在于地球对于太阳的变动着的位置。

叔本华又加上另一个性质更为巧妙的反对意见，而又为斯达理尔很好地述出并予以答复如下：

“叔本华指出，所谓偶然事件不过是没有因果联系的事件的先后次序。‘我从屋子走出来而为屋顶掉下来的瓦片所打击；在这情况下，瓦片的掉落和我从屋子出来，两者之间没有因果的联系，然而这两件事之先后在我对它们的了解中是客观确定的。’我们从先验的观点要如何去批评这情况呢？我们知道先后的种种次序为我们看作是一种原因所确定的实体之变动时，它们就成为必然的，即客观的。但是这里证明有一些先后的次序，其单个各项是不同实体的变动。如果实体S由于原因X，从状态A变为状态B，而实体S′由于原因X′，从状态A′变为状态B′，我们如果称第一个变动为V，第二个变动为V′，问题就是，VV′的先后之客观性是如何有关于因果律的。像VV′这种先后是很常有的，而我们关于其客观性的意识是确实的。我们得到这种意识的规则是否和其他情况下的规则一样的呢？当然是的。其中的区别不是在质上面，而只因为问题中变动的更大复杂性。VV′的先后只有我认为它是一种必然的联系时，才成为客观的。它必定是这样被确定着，使V′在‘一般的意识中’只能在V之后；必定有一个U，它的加入就是V′在V之后的原因。我不必现实地知道U才深信这个。我只知道每一次U都使VV′这个先后次序发生。当然，这是预先假定所考虑的状态A与A′的一切材料都是一直未变更的。但是这些材料是很简单或者是无限复杂的，它们是像经常地或稀少地结合于所说的结果的，对于事件的客观化是没有关系的；使变动成为必然的，因而使它对我们成为客观的，不是U的被知觉到，而是它的被预先假定。”[1218]

现在转过来考虑康德自己在A202～203即B247～248上面所提出的另一种困难，就是原因与结果常常似乎是并存的，而因之“唯一经验上的标准”似乎是不存在的。从这观点看，可以主张说，大多数的原因是和它们的结果同时的，而所发生的时间先后次序只是由于事实上原因不能在一个单一的顷刻中完成其功用。康德处理这个反对意见是没有多大困难的。因果性只是有关于时间的**次序**而不是时间的**经过**；而两事件之间纵然没有间隔，其先后次序依然是一样的。如果一个铅球是在椅垫上，椅垫上就会有一个凹洼。球与凹洼是并存的。然而以其动力的关系看，后者必被看为后于前者的。如果把一个铅球放在一个平滑的椅垫上，立刻就压成一个空洞，但是如果椅垫有一个空洞，一个球不一定出现。换言之，确定特定的因果关系的标准不是先后次序的存在，也不是它之不存在，而是只在特定的研究所能证实的一些经验上之考虑[1219]。观察者需要在一切事件都是由于某一先行的原因这一条很一般性而只是形式上的原理之指导下，来弄清楚目前某些表现的复杂网。他必须尽其力之所及，通过他所获得的洞见来进行，而必要时，利用所需要的实验上条件之变化。

在跟着的两段中(A204～205 即 B249～251)，康德提出一些论点是他后来在《自然科学的形而上学最高原理》一书中[1220]所充分讨论的。由于这论证的充分解释是很冗长的事情，而对于一般批判立场的理解实际上不是很重要的，我们就不去论述它。读者在刚才所引的《自然科学的形而上学最高原理》的几节中可以找到所需要的评论与说明。至于这两段对于康德关于因果关系的性质之见解的关系，已在上文指出过了[1221]。

在知觉的预期一节中，康德曾说过[1222]变动连续原理包含有经验的因素，而因之是在先验哲学范围以外的，可惜康德没有坚持这个更正确的态度。在 A207～211 即 B252～256 上面，他声明要以经验前的先验方式来建立这原理作为时间的性质之必然结果。这个证明其实重复过三次而没有什么重要的变化，因而清楚说明这两段也是有混合的来源的。在所有三种情况下，论证都是从时间的连续性推论出时间中一切变动的连续性。时间的部分既然本身是时间，其中没有是最小的，那么在时间中的一切发生之中，其原因之作用，必定通过量一切的程度从零而到其最后的结果。

“顾一切变化皆有一原因，此原因乃在变化所发生之全部时间中展示其因果作用。故此原因并非突然(立即或在一刹那间)产生变化，乃在一时间中产生者;因之实在(乙—甲)之量,与时间自发端之刹那甲增进至完成之刹那乙相同,经由包含于最初及最后者之间一切更小度量而产生者。"[1223]

这论证是无结果的。关于空间康德自己承认[1224],我们毋须特别证明就可认定,凡对于时间是真的对于时间里面的东西也是真的。如果时间、变动和因果关系三者能等同起来,则对于一个是真的,对于三者都是真的。但是这论证所这样作为基础的假定,其本身是还没有被证实的。

在第三种证明中[1225],论证是以极端主观论的话语叙述的,其中包含有另一假定,即凡对于了解是真的,事实上对于凡了解的东西也是真的。康德声明,建立动力上的连续性规律的可能性根源于它是作为我们主观理解的规律而存在的。

"吾人预测吾人自身所有之感知,其方式的条件,因其先于一切所与之现象[兹译表现]在吾人内部中,故必能先天[兹译先验]地知之。"[1226]

康德对于连续性的物理原理之态度曾经经过相当大的变动。在其《运动与静止的新论》一书中(1758年版)[1227],他主张这是不能证明的,物理学家们尽可不肯承认它甚至作为一种假设。康德是在1763年出版的《负量》一文中[1228],初次采取《批判》一书的态度,而摈弃反对无限小的数学概念之种种"思辩"的意见。在《自然科学的形而上学最高原理》一书中[1229],连续性的原理受到拥护而发展,但只在其应用于物质存在上而不在其关系于因果的过程上。

丙、第三类推。——一切实体,以其是并存而言,都是在彻底的相互性中[1230],就是说,在其相互的交相作用中。依第二版的说法,一切实体,在其能被知觉为在空间中并存中而言,都是在彻底的交相作用中。

这一节含有四种分别的证明。第一版正文中头三段载有第一种证明，第四段提供第二种证明，而第五段提供第三种证明。在第二版中，康德增加了第四种证明(即第二版正文的第一段)。

我们可以先以公式形成(a)这些证明依据来进行的基本假定，和(b)它们声明要成立的论题，从而导致这些证明。(a)论证包含与前面各类推所包含的同样的发端的假定，即种种表象都完全存在于相继续性中，而以现象论的话语来说就是，客观上并存的东西只能在时间中一个跟着一个的表象之中，而且通过它们才被了解的[1231]。第三类推的问题是在这假定上来解释如何从一切都是相继续的表象，我们能够确定客观上并存的。(b)康德在《论文》中[1232]，曾主张虽然种种实体的动力相互性之可能性不一定包含在仅只它们的存在中，但可以假定这样的相互作用，是它们在一位神里面有其共同的来源而且是依赖这位神之后果。在《批判》一书中，这样的形而上学推测就不再是适合的，而康德承认关于物自身是不能决定动力的相互作用是否必然地包含在并存之内的。这第三类推的问题只是关于表现的，而表现本身必须服从单一经验的条件的，而这种条件之一乃是表现须被了解为属于一单个自然的客观体系，因之是在相互作用的交相关系之中的。康德坚持，作为相互确定的实体之被了解是它们甚至作为并存的而被知道的一种不可或缺的条件。这就是康德的论题。其证明首先可以用称为它的典型的或类的形式来说出。康德的相继四种证明便可以把它作为一种共通的标准而与之发生关系。

两个东西，A 和 B，只有在我们经验到它们从 A 到 B 或从 B 到 A 均无不可时，即我们对于它们的知觉之次序是可以颠倒时，才是被了解为并存的。假使它们是在相继续中存在，这是绝对不可能的。一个时序中前项过去了，继起的一项才出现，凡是属于过去的绝不能为知觉的对象的。所以事物被知觉的次序可以颠倒这一事实似乎就证明它们在时间中不是先后相继而存在的[1233]。然而其实并不如此，这种经验本身并不实在足以产生并存的意识。它只能产生一种交错相继的意识[1234]。必须首先还要假定另一因素，就是我们知觉的能颠倒性可以解释为由于它们是处在相互确定的对象所决定的。如果这些对象相互确定为这样，不能说一个是在其他的前或在其后；而由于它们互为准据，每一个都可把其他定为和自己是同时的。换言之，对象并存的知觉包含把它们设想为相互确定的这意念。相互性或交互作用的原理决定并存的经验，因而对于以那种方式被了解的对象是有效的。

康德在其字里行间，虽不完全在其明白地说出里面，是主张 A 和 B 不一定有任何直接的关系的，它们之被了解为并存是包含有一个无所不包的自然体系的概念；它们是在这体系之中，而这体系是确定它们是哪个样子的。假使它们之中有一个，甚至最渺小而最轻微的一个，设想为变易了，则其他一切都必须假定为同时有其相应的改变的。一方面有现象界的统一性，则另一方面必有与之相对的统觉之统一性。经验的统一性包含有在自然界中规定其与之相应的统一性之种种原理。动力的相互性是这个要求的充分而必要的满足。它彻底完成前面实体和因果作用的类推所要求的统一性。康德在 A218 即 B265 的注里就总结了他的立场。

“一切现象应在其中联结之世界全体之统一，其为所默认之同时共在之一切实体所有共同相处关系之原理之结果明甚。盖若实体皆成孤立，则此等实体殆不能成为构成全体之各部分。且实体之联结（杂多之交互作用）若非因其同时并在而已成为所必需者，则吾人决不能自同时共在（此仅为理论的关系）以推论实体之联结（此为实在的关系）。但吾人已在本文说明共同相处关系实为使同时存在之经验的知识所以可能之根据，且纯由此经验的知识以推论为其条件之共同相处之关系。”[1235]

现在回到康德的连续几个证明。其第一种证明[1236]是无须特别评论的，这和上面的证明是完全相同的。其第二种证明[1237]是没有完全说出的一种论证，其与第一种证明不相同之点只是在于它关于主题的更具体的叙述，而且是把论证限于空间中的存在的。动力的相互性是我们对于任何只是空间中的并列性之了解不可缺少的条件。康德现在补充地说，使我们能够了解空间中世界的组成部分之并存的乃是这世界的动力的连续性。这论证的重要关系将和康德在第二版中所增加的证明联系在一起来加以考虑。

第三种证明[1238]可能是最早写成的。它在主观的并存与客观的并存两者之间做出一种令人误解的区别，而像是论证说，只有客观的并存形式才需要预先假定交互作用范畴之使用的。那就直接和其他各种证明认为只在动力关系的话语上并存才能了解这中心论题相冲突。上述的区别是表示写作为期较早，这一点好像是“统觉的相互性”这模糊短语所证实的，而且又有结尾一句，在其中康德用了固有、后果和合成这三个名词，而前一短语是叫人想起康德在其较早的见解中给统觉的显著地位，后三个名词又是表示他的批判研究较早阶段的特征的[1239]。

在第二版的新论证中[1240]，第一版第二种证明所强调的空间因素又成为是显著的，这是有意义的[1241]。事实上，这原理重新以这样的方式加以阐释，有把它限制于空间的存在的意味。“一切实体，就其能被知觉为在空间中并存在空间而言，都处在完全的交互作用之中。”可是康德是否有意要把交互作用这范畴局限于空间的存在，是断然可疑的。正如我们曾经指出[1242]，他好像主张，虽然因果作用范畴只在其应用于空间中的事件才能得到其意义，但在其以后的用法，又可以推广到内部感官的状态上面去。内部感官的状态是在动力方式上引起的结果，而在其原因的条件中就有空间中的机械过程。交互作用范畴推广到包括感觉和欲望，所引起的困难，无疑要比包含在因果原理的普遍应用的困难大得多。另一方面，它之被局限于物体必然要使心理状态和机械过程列在同等地位成为可疑的,而带来了心灵存在的附带现象见解一切的困难,大概原来康德在这问题上没有在什么很明确的方式上思维过他的立场;而一方面由于传统的笛卡儿派物理学二元论学说的影响,而另一方面他又日益体会到空间在悟性各原理的定义和证明中所必须起的作用,他就把交互作用范畴局限于空间的存在,而没有考虑到这种办法有多少可能和他关于经验的自我的决定论见解相协调。他的办法而且又遭到第二种的反对,就是在他这样重新以公式形成其原理时,他没有足够彻底改作其证明。主要重点依然放在时间要素上面;而为着获得能够与给予空间因素的显著地位相和谐的原理之证明,我们只得回到第一版的第二种论证所能抽出来的那种暗示。在那里所说的乃是,"没有动力的相互性,甚至空间的相互作用也绝不能在经验上被知道"[1243]。如果那断言是真的,就可产生交互作用原理的一种证明,类似对于因果作用原理所做出的证明那样;因为它将要说明正如因果作用这概念是包含在时间的觉知之内,而使时间的觉知有其可能,同样地,交互作用的概念是包含在空间的觉知之内,而使之有其可能。

这个证明是这样的:空间的各部分必须设想为在空间中互相有关系的。空间不是许多独立的空间的集合;特殊的空间只能存在于包含它们的空间,而且是通过它们才存在的。换言之,空间的各部分是相互决定的。每一部分只在其直接或间接和其他部分的关系而且通过他们才存在的;他们并存的觉知包含有他们相互确定的觉知。但是空间和时间一样不能靠自己而被知道[1244];而且对于空间是怎样,对于空间的内容因之亦必然是怎样,空间只能按照其内容的相互关系才能被经验到的。那么,空间中实体的相互确定如何能为在一切经验中都服从于时间的种种条件之意识所了解呢? 正如康德在 A211 即 B258[1245]上面所指出,客观的并存区别于客观的先后是由于通过它而被了解的知觉之能颠倒性。如果 A 和 B 是并存的,我们的知觉可从 A 出发而到 B,或从 B 开始而到 A。而且像康德在第二种证明所看到那样，还另外有一种条件，就是在每一种情况下，过渡是通过一连串相续的变动着之知觉的。

“仅有空间一切部分中之连续的影响，始能引吾人之感官自一对象以达其他对象。在吾人之目与天体间照耀之光，产生吾人与天体间之间接的共同相处，因之使吾人知此等天体同时共在。除在空间一切部分中之物质使吾人所有位置之知觉可能以外，吾人决不能经验地变更吾人之位置及知觉此变更。盖仅由此等物质之交相影响，物质之各部分始能证明其为同时存在，因之即最远之对象亦能证明(虽仅仅是间接的)其为同时共在。无此共同相处之关系，则空间中一现象之每个知觉，将与一切其他知觉隔断，而经验的表象之连锁——即经验——每逢新对象，即将完全重新开始，与先前之表象无丝毫联结，且无任何之时间关系矣。”[1246]

可是甚至这样的连续系列的能颠倒性，其本身亦不能成立并存性。因为在想象中[1247]，我们能够描写这样的一些系列而不能因之就取得权利来断定它们不是作为系列而存在，而是作为同时的整体而存在的。而且像康德可能还指出的那样，甚至在感官知觉中，我们能够经验到可颠倒的连续系列，而并不叫我们有正当理由来推论到并存。例如，我们在一种乐器上产生一系列不断变更的声音，然后紧接着又产生次序颠倒过来的同一系列。所以需要另加一个因素，就是我们知觉的能颠倒性解释为建立于一些对象，而这些对象因为在空间上是延扩而相互连续的，就产生连续系列的知觉，而因为有其彻底的交相作用，就使这些系列能颠倒过来。一句话总结这论证：既然客观并存的，如果要被知道的话，只能通过先后的表象而被知道，它的被了解的条件就是有其可能来解释可颠倒的连续系列作为由于空间中有次序的实体之彼此交相作用。

这论证有其双重的关系。它的最明显的后果乃是一切被了解为并存的事物必须设想为处在彼此交相作用的关系之中；但据其包含的意思，这又含有另一后果，就是交互作用这一概念的原理乃是一切空间的了解之一种主要因素。空间在其性格上虽是直觉的，但有一种意义是需要这种概念为其明白说出来的。正如时间上的先后之意识，只按照因果关系，才有其可能；同样地，空间中的并存之意识，只通过交互作用范畴的应用，才有其可能的。而且依康德的见解，空间的觉知既然决定时间的觉知，这些结论就把我们时间意识的批判分析更推进一个阶段。交互作用增加到我们时间意识不可缺少的条件之已经巨大的总和上面去，以便证实客观演绎的更一般性的论证；而关于时间本身，我们已说明，由于它的空间准据，并存可算为它的可能样式之一种。

我曾经提到斯叨特在其《心理学手册》中所采取的种种立场，而在这里可以指出这些立场对于目前这论证的关系。斯叨特举出统一性的四种“范畴”或最后原理，是“属于甚至初步知觉的意识作为它进一步发展的条件的”[1248]，即空间统一性、时间统一性、因果统一性和不同属性属于同一事物之统一性。从类推的观点所要提出对于这些名目之列出的批评[1249]，就是它忽略了交互作用这范畴，即有系统的相互联系，而且它未能认识到各种原理所处的相互的密切关系。其时间统一性必不能从因果统一性孤立起来，这两者任何一个也不能从空间统一性孤立起来，而交互作用这范畴是和空间统一性不可分开地结合在一起的。再则康德主张，需要这些原理，不但是为着知觉的意识的发展，而且为着它存在的本身。

但是康德的论证提出的许多困难是我们还没有考虑的，而我们可以再一次用叔本华的一些批评来明确所包含的种种争点。

“交互作用这概念应该从形而上学排除出去。因为我现在打算很严肃地来证明，在其严格意义上，并没有什么交互作用，而人们那么喜欢使用这个概念，原因就是由于这思想的不明确性，如果更缜密地考虑一下，便见到它是空洞的、虚伪的、无效的。……它的含义是 A 和 B 两种状态都是原因而两者又互为结果；但这实在不过是说，每一个是先些而又后些。可见它是荒谬不经的。”[1250]

这批评的进行是假定交互作用这范畴归结为因果作用范畴的双重应用的。如果真是这样，当然就不会另外有交互作用这一范畴[1251]，而且像叔本华所主张，不可能把A和B看作同时是互为因果的。因果作用确定实体在时间系列中的状态之次序；交互作用，如果是能明确空间中的实体之并存状态的次序，则必须有别于因果作用。因之从因果作用概念的双重应用之演绎对于这另一范畴的可能性问题是没有什么关系的。康德由于第一种证明中有一段使他遭受到这种批评，这就说明他在自己的思想中不十分清楚交互作用是应该如何来设想的。

“故此唯一能规定任何其他事物在时间中之位置者，即为此事物——或其所有种种规定——之原因。故各实体（盖因实体仅就其所有规定而言，始能成为结果）必须在其自身中包含其他实体中所有规定之原因作用，同时又须包含其他实体所有原因作用之结果；即实体之同时共在，若在任何可能的经验中为吾人所知时，则此等实体直接或间接必在力学的共同相处之关系中。”[1252]

应该看到在第二版的新证明中[1253]，康德小心地使用根据和影响这两个名词来代替原因和原因作用这两个名词。

其次，叔本华论证说，如果两种状态必然地彼此相属而存在于同一时间，则它们不是同时的而是构成只有一个状态的[1254]。叔本华又一次不肯承认只有要求有交互作用这一种特别范畴时所有的种种条件。只有有了一种杂多时，我们才能谈到同时性；如果有了一种杂多，则它的作为同时的多数之性质就不能通过一种因果律而被了解，而因果律本身只适用于先后次序的。

最后，叔本华力图以考查认为是交互作用的实例来证实他的主张。

“[在火的不断燃烧中]氧和燃烧体的化合就是热的原因,而热又是化学化合重新发生的原因。但是这不过是一连串的原因与结果,其连接轮流有同一的名称……我们面前看见的只是规定状态的先后次序的单一个而简单的因果律之应用,而绝非什么必须借助于悟性一种新的而特别功用所了解的东西。”[1255]

叔本华又是为他把交互作用和因果作用混淆起来所迷惑。燃烧很明显是先后过程的一种情况。叔本华并不是证明并存不包含交互作用,而只是指出原因与结果,有时像康德自己观察到那样[1256],是似乎同时的[1257]。作用之后有反作用并不等于康德所说的交互确定。叔本华又举出天平为等重使之平衡这一例子。

“这里没有产生什么结果,因为没有变动;它是一种静止状态;地心引力起作用,平分着,像凡支持在其重心的物体那样,但不能以什么结果来显出它的力量。”[1258]

这个例子与康德似乎所持的观点的比较一致,但仍然是按照因果作用的问题而不是按照并存的问题来明确的。康德所研求的并不是并存的物体是否有原因与结果的关系,虽然,如我们所已经看到,在这点上他的话语暴露出相当大的不清楚。他所力图明确的,乃是我们所以能认识到在空间中相互外在而只通过先后的知觉才能了解的物体还是并存的那些条件。而他做出的答案乃是,并存之确定只能以每一个存在从它所处在的系统关系之整体作为准据来谈才可以,而其在空间中的特殊位置不过是决定这个准据的因素之一而已。因果性的解释在这高度含糊的短语最通常的意义上,就是根据与它们的环境分离的先行事件来解释人为孤立起来的事件。这解释固然能部分说明这事件是属于一个类别而不属于另一类别,但不能解释何以它发生在此特殊的时间在此特殊的地方。那就是说,它不能答复我们研求什么事件和它是并存所提出的问题。

可是,使我们这样能应付叔本华的批评的一些考虑,结果就是把我们卷入一些新的而更庞大的困难。事实上它们揭露康德第三类推的证明在性格上的不完备而很不充分。因为空间中的存在,如果它是作为确定交互作用的因素之一,不是一定要独立地被知道的吗? 延扩物体的被了解难道要等待先有了它们所属的自然体系的知识吗?

然而仅仅提出这些问题不足以推翻康德的主张。因为他是准备着——其实那就是何以有《批判》一书写作的理由——来用以前从未用过,或者除了柏拉图和亚里士多德的哲学以外的方式进行答复这些问题。这个答复第一次是出现在其辩证论之中,是在处理更广泛的问题的过程之中,而上述的种种困难不过是其特别的一些实例而已。那更广泛的问题乃是,如果被决定的部分只能按照无条件的整体才能被知道,那么我们如何取得任何知识呢? 但是虽然康德在辩证论中给这基本问题以其应有的显著地位,然而他的建筑术的坚定不移的划分——无疑还有其他难以明确的影响——夹在当中妨碍着他,使之不能认识到这问题的全部种种含义。因为在辩证论里,这问题是被看作包含着一些要考虑的东西,完全不同于在类推中所讨论的,而且是对于类推所处理的事情不适用的。

这样造成的一种局面是很像康德不幸地把感性论中空间与时间问题从分析论中范畴的处理分开所引起的局面那样。在感性论中,空间与时间是被肯定为直觉的性质而不是概念性的;而在分析论里,康德却证明因果作用和交互作用原理是不可或缺地包含在它们的了解之中的。但是叫人更觉迷惑的是把感性论与分析论的问题和辩证论的问题分开。康德主要而占优势的兴趣是在于形而上学而不只是经验的方法论;在辩证论里,在其一切其他主张的基础上而且鼓动着其他主张的形而上学原理才第一次找到充分的陈述,但是第三类推既然下并存的标准之定义时是完全脱离关系到一理性的理念,康德因而甚至不能指出他的主张,如果实在要站得住脚的话,所必不得不以之为基础的真正根据。因为,如他终究要承认的那样,空间的直觉不但包含有交互确定这概念性的范畴,而并为它之成为可能需要一种理性的理念。在空间中，更广大的整体总是在思想中先于构成它的各部分。但是虽然康德说[1259]，空间这个特征足以使它称为理性的一种理念，然而他没有在什么地方注意到这一点对于我们如何来以公式形成并存的标准这一问题的明显而很重要的关系。

时间的一般性格是类似空间的一般性格的，因而因果的先后次序之标准以公式形成是同样地受到影响的。自然的体系不是从单独有其有效性的自然律那里出来的，自然律乃是这体系的规定的东西之表达，它们是这体系明确而体现它固有的种种必然性的方式。

所以这些考虑似乎揭露出来的局面可以陈述如下：如果真理的经验的标准是独立于理性的种种理念的话，分析论还可能足够来讨论它们，但不能有正确理由来肯定有交互作用或系统的联系不同于因果作用的。但是，如果发现这些标准只是在其性格上是形而上学的一些标准的特别应用——而那似乎是康德的最后结论——只有从第一次在辩证论中提出的更广泛的考虑来看，我们才能希望接近于完备性而明确它们的性质与含义。

4. 一般经验的思维之公准

第一条公准。——在直觉中和在概念中，凡与经验形式上的条件相符的都是可能的。

第二条公准。——凡与经验质料上的条件(即感觉)相联系的都是现实的。

第三条公准。——在其与现实的联系之中，凡按照经验的普遍条件而被确定的，都是必然的(即作为必然的而存在的)。

在这一节里，康德主张，接受了批判的观点时，可能性、现实性和必然性只能按照使感官经验有其可能的条件来下其定义。换言之，一切真理，甚至先验原理的真理，只是事实上的这批判的立场包含着这种见解的接受，即现实的归结为被经验的，而且只依据这样给与的现实的可能性和必然性才能下其定义的。认为可能性能独立于现实而下定义，而且先于它的一切知识的这种莱布尼茨的见解，是必须予以摈弃的。

只有在详细考查了康德的一般论证之后，才能有益地进行正文的分析。我们马上就从事于那个工作。这一节又提供例证说明康德的建筑术之颠倒黑白的影响，与其旧的理性论如何继续趁机在其警惕性减弱的时候诱惑其思想。

第一条公准。——在开始的几段中康德(好像无意识似地)使用可能性一名词在其两种很不相同的意义上[1260]。当可能的从现实的与必然的分别开来时，它就取得这第一条公准所下定义的意义；它便是“与经验形式上的条件相符的东西”。但是它也用在狭窄得多的意义上，来指凡能有“客观实在性，即先验的真实性的东西”[1261]。客观上实在的之可能性是以三重条件的履行为其基础的：(1)它符合于经验在形式上的种种条件；(2)它与经验的感性条件之质料有其联系；(3)它按照因果作用的原理必然是跟着某一先行的状态而来的，因而形成自然中一种必然的体系之一部分的。换言之，它必须是因果使之必然，然后才是经验上现实的，而且只有经验上现实的才是真正可能的。在《批判》一书其他各节里通常属于可能的这一名词的意思也是这样的。一个“可能的经验”，就是当特定的条件，其本身又都是可能的，而完全现实了时，便成为现实的那种经验。不能成为现实的经验是没有权利被描述为可能的。作为适用于客观上实在的东西之一个名词，可能的并不广于现实的，而是与之同其延扩的。如康德自己所说，这些名词只谈到在了解的心里面主观态度上的差别。

在“可能性”这名词中的歧义就引起康德使用“现实性”这名词的相应歧义。它致使康德力图在下现实的定义时，不是联系到可能性的条件，而是和这些条件区别开来。既将可能的(在第一条公准下)只在经验的形式因素之话语上下其定义,他就进而用同样片面的方式,完全用所与的感觉之质料要素的话语来形容现实的特征。感觉这要素,在使我们能够决定什么是现实上存在、什么不是的之中无疑必须起显著作用的,但是没有忽略了考虑关系上的因素之定义是能作为批判学说的充分表达的。其实我们只需把"感性所与"字样来代替康德第三条公准(即必然的)之定义中的"现实的"来得着现实存在的真实批判见解的叙述;它是"在其与感性所与的联系中,按照经验的普遍条件而被确定的"。对康德来说,现实的和必然的,在客观上看,是完全相同的。对人们的心来说,必然性永远只是事实上的;凡不是因果确定的都不能是客观上现实的。既然经验上是可能的在其客观的准据上不能广于经验上的必然的,同一个定义就同样地充分地涵盖这三个名词。当然它们之间的区别依然存在,然而这些区别不适用于对象,而只适用于经验的主观条件,由于这些是因个别的而变更的。对于一个人能够是现实的经验,而对于另一个人可能只是可能的;而对于一个观察者只是现实的东西,可能被其他观察者理解为在其使之必然的联系上的。这些名词不是指着实在中的差别而言,而只指着个人的认识态度中的变动而言的。

可见在声明要指出这三条公准为先验的原理时,康德是有些对他自己的学说不够公允的。因为虽然在这里和在本章开始几节里[1262],他是这样谈到它们,即把它们同样作为寻常的经验和科学的经验的条件,而他自己却明明承认过这样的说法是不适当的。

"形象[又译模态]之原理,亦不过可能性、现实性、必然性等等概念在其经验的使用中之说明耳[注意,不是说证明];同时此等原理,又限制一切范畴于其纯然经验的使用,而不容许其先验的使用[这里'先验'是'超越经验'的意思]。"[1263]

那就是说,这些所谓原理其实不是原理,它们不过体现解释性的陈述，旨在使前面的结果更为明确，而特别要预防莱布尼茨派形而上学附加于某些所包含的名词之不合理的意义。

这些考虑就引导我们到了康德颠倒是非的论证方法之根源，即他的建筑术的矫揉造作的（但仍然是迫切的）要求。他是不得不提供一套原理和模态的范畴相应的。因之模态的范畴就要用那不适当的名目来名称它。但事情不止于此。为要满足他的逻辑轮廓的种种需要，康德比他在直觉的公理和知觉的预期那几节中所敢于做出的还进一步。在那里他只提供每一种情况下之一单条原理，而远远是不够的。但是在处理各关系的范畴时，他能够把三种范畴分别下其定义，而从每一范畴得出单独的一条原理。事实上，他的论证中许多缺点是可追踪到这一根源的。如我们已经有机会来指出过，这三条原理的紧密相互关系严重地被弄模糊了。但是大体上，每一条的分别处理仍然是已证明为可实行的。我们相信，康德既因建筑术的需求有了这个成功的满足而得到鼓励，现在就从事于在同样的方式上为每一种模态的范畴发展一条单独的原理。可是为任何这样的计划，其条件是不如在关系诸范畴的情况下那样有利的。因为，如刚才所指出，三条原理之中没有一条按批判的原理说来，是除了在其与其他各条的关系中能有什么真正的意义的。但是我们在把批评的这条路线进行到底之先，还须在康德的论证中指出另外几点。

在 A219 即 B266 上面，又在 A225 即 B272 上面，康德做出这个陈述，说一个概念能完全先于决定它的可能性、现实性或必然性。这种主张能有两种独立的解释，而其中只一种是使这主张站得住脚的，他的意思可能是说，可能的、现实的和必然的之分别是和客观上的实在的无关的，这实在的之本身总是现实的而又是必然的，而所谓可能的、现实的和必然的只是关于个人对于他的思维与经验的对象的主观态度。从批判的观点说来，如我们一直所论证的那样，这样的主张完全是正当的。可是康德在上述的陈述中，好像主要是要主张一种概念可能是完整而确定的，纵然我们仍然是怀疑它所代表的存在是否甚至有其可能的[1264]。这样的一种见解只是他挣扎要从而摆脱的莱布尼茨的理性论之一点残余，一切存在在经验的系统的体系中都有其地位，而对于它们的概念，没有一个不能指定它们所属的因果性前后关系，而是完整或确定的。指定一个概念的细节之过程，乃是我们能从而明确它的可能性、现实性，或必然性的唯一过程[1265]。如果没有确定其模态的性格还能够有其完整的陈述，则其模态的性格绝不能成为一种统一的经验之一部分。康德所引用的“虚构的”概念之例子，或者是这么确定，而可以证明其为与经验不一致，因之就是经验上不可能的，或者是这么不确定而提供不足够的方法，甚至来决定它们的可能性的。

对于第一条公准所下可能性的定义，还有另一反对的意见。明说了可能的是和经验的形式上种种条件相符的东西之后，康德一方面论证说，直觉和悟性的形式，按这标准，可以看作是可能的，而另一方面，又主张没有其他概念能这样看待的[1266]。那就是说，可能的，像这样来解释，并不是经验的种种条件之上所附加而且与之和谐的什么东西，而是完全归结为那些形式而无余剩的。可是康德不是只因这样把可能的之范围缩小了而失于疏忽；他在其第一条公准中是这样片面地处理可能的这范畴，其几乎不可避免的后果就是这种的限制。他声明是按照先验演绎所获得的结果进行，而且是以其使感官经验有其可能的条件之话语来下可能的定义的。但这演绎已经证明过经验只有在其质料的种种因素和形式的因素合作的范围内才有其可能的。承认了这点时，以感觉的话语来下可能的定义——即以能够在感官的知觉之话语来下可能的定义——明显地是同样合理的，而且事实上又是需要来纠正康德自己所下的定义之种种缺陷的。既然在一切可能的经验中，两种因素都是不可缺少的，则在下可能的定义时，必须估计到这两种因素的。

康德在第五段里的论证有点为其前后文弄模糊了。他争持从知觉呈现出来的内容所制成的虚构的(德文 gedichtete)概念是不能确定为可能的。由于它们包含有感性的内容,经验的形式要素就不足以作为它们可能性的证明;而其内容既然又认定为曾经不是按经验所支持的方法重新结合的,经验的标准是同样不适用的。康德明显地,在这里不是依第一条公准的意义使用“可能的”这一词,而是依其比较狭隘的意思,指能有客观实在性的东西的。这样虚构的概念可能完全满足空间、时间和种种范畴所规定的要求,然而,像他这里所坚持的那样,仍然不能有客观的存在。

这论证并且又为康德所举的具体例子之性格所弄模糊。这些例子包含有和人类经验的条件本身相矛盾的动作或直觉的样式,因此,就是经验的可能的东西范畴之外的。然而,这好像不是康德使用这些例子的本意。所假定的预测未来的能力或和其他的心作传心交感的能力,他说就是概念。

“……其可能性全无根据之概念,盖此等概念不能依据经验及经验中所已知之法则;无此种经验之证实,此等概念乃思维之任意联结,虽无矛盾,实不能主张其有客观的实在性之权利,即对于吾人宣称所思维之一类对象并无主张其可能性之权利。”[1267]

康德在 A223 即 B271 上面[1268]所举的数学例子是一样地叫人误解的。所含的意思是说,三角形的概念可按第一条公准确定为可能的,因为它是和经验的形式上条件即空间相和谐的。这是真的,只要承认在空间中的作图是绝对先验的,独立于一切感官经验的。当然这是康德最通常的见解;而在那限度内论证是前后一致的。从这观点来看,经验的形式上之条件构成只是这些条件本身的概念可能性的标准,而不是构成其他概念可能性之标准,这一种一般性的说法唯一可能的例外就是数学的种种概念。康德最后的结论清楚地而又明白地以下面的话语叙述出来:

"凡是其可能性只能从其经验中的实在性得出的东西，我姑置之不论，而在这里只谈到通过先验概念的事物之可能性；而我主张这一论题，就是这样的事物的可能性，绝不能从这样的概念靠其本身而成立，而只是当它们被看作一般经验的形式上，而且又是客观上的条件时，才能成立。"[1269]

我们现在有了条件来体会导致阿的凯斯把这段正文看作是从混合而来的那些理由[1270]。阿的凯斯论证说，康德本意原是要把这三种概念一并处理，说明它们只能用经验的话语来下定义，而且它们的意义因之就局限于表现的境界的。这就是第一、第二、第四(第一句除外)和第五段的内容。没有什么企图来把三条公准分开，而可能性这名词一直是用来完全提到客观的实在性的。(在第三段里它是用在两种意义上的。)其他各段，按阿的凯斯的理论，是康德不幸地决定要更严格地满足其建筑术的要求时，后来才增加的。那就涉及到三条公准的分别以公式形成，而有了那种企图一并带来的许多不良后果。他必定是在那时插入第三段，增加第四段的第一句，加入第六段来纠正其原有各段中太广泛的概括，以第七段来进一步补充第一条公准的阐述，而又增加了现实性和必然性两条公准的单独处理。这可能像是一种很复杂而冒险的假设；但是仔细考查其正文，适当认识到论证原来的混乱性格，不难说服读者承认阿的凯斯是对的。

第二条公准[1271]。——知觉是一切现实性的确定所必需的。现实的要就是本身在知觉中给与，要就是和这样给与的东西联系着，按照类推，而被证明是在客观经验的统一性之内的。只要康德用这些名词来表达自己，他的叙述是完全有效的。凡不能证明是和感官经验的偶性质料结合在一起的东西都不能承认为现实的。但是他又进而做出现实性的一条定义，完全省略掉提及类推而招致与其在第一条公准中描述可能性的特征同样的基本批评。虽然前期的述说给予构成完整经验的质料内容和关系形式以其应有的承认，而康德现在把仅只或赤裸裸的(德文 blosser)概念和所与的知觉以这样一种方式对立起来，就令人想起在《导论》一书所做出而在《批判》一书第二版所重复的知觉判断与经验判断之间不幸的区别[1272]。康德所提到“事物的仅只概念”[1273]是和本节开始一段同其意义的。不管概念是如何完整，它丝毫没有产生什么根据来决定关于其对象存在与否的问题。

康德的思维，像我已经指出过，在这里是为莱布尼茨的理性论不断的影响所诱惑。他忘记了按批判原理，甚至范畴，除非是联系到偶性之所与，却是无意义的。如果对于严格是先验的仍是真的，则对于带有感性内容的经验的概念必然是更加真的。概念的唯一合法的功用，不管是先验或经验的概念，既然是要组织和统一感官的质料，那么就不能有什么仅只或赤裸裸的概念这种东西。一些词这样的结合是没有批判意义的。概念之为概念必须涉及到实在的，而且体现对它的洞见。只有按其不完整的程度，即按其不明确的程度，它才是在统一的经验联系中还没有它的特定和很确定的位置。其实，虽然“仅只概念”这短语有它令人误解的性格和理性论的来源，但保留它可能是方便的。然而它必须用来只标志使它不能充分显示其所指的不明确性、不确定性或不完整性，而那所指是它由于它的内容之性质所必须涉及的。意义与存在、涵义与所指是相互补充的，而且虽然或者不是同其范围(如果那名词在这点上有其自己的意思)，仍然是不可分开地结合在一起的。当康德的话语，像平常时候发生那样，含有与此相反的意思时，就可理解为显示他足够果敢，但不总是足够警惕，要从而摆脱的影响之力量和乘机而发的坚持性。

“仅只概念”的学说有其自然的补充在同等不是批判性的说法即：

“……其提供内容于概念之知觉[显然用在不那么丰富的意义上，作为表示‘有意识伴随着的感觉’]，实为现实性之唯一标识。”[1274]

在其《反思录》(第 2 卷第 1095 条)中，康德以同等的强度表达这同一的立场。

"可能性是被思维着而没有被给与的;现实性是所与而没有被思维的;必然性是通过被思维而被给与的。"

这样的说法是完全和康德的中心学说不相和谐的。在《批判》一书中有不少的段,其所教人的是与此正面相反的。虽然感觉这要素是现实的一切经验所不得不有的条件,然而其形式上的各要素也同样是不可或缺的。没有形式上各要素,仅只所与的就归结比梦幻都不如;因为甚至在梦中,影像是受到解释,而且是以某一联系着的前后关系为其标准的。所与,仅按其本身而言,不能进入意识的范围,因而"对于我们是等于一无所有"。如客尔德所曾指出,在康德那里我们发现"……两种表面上相互矛盾的表达形式——(1)悟性借助于它的种种概念把我们的知觉引向到对象和(2)概念只间接地通过知觉引向到对象。当康德要证明'知觉没有概念是盲目的'时,他就比较喜欢用前一表达的方式;当他要证明'概念没有知觉是空洞的'时,他就比较喜欢用后一表达的方式"[1275]。"只要我们记得知觉与概念在知识的判断中是相互为预先的假定,和康德时而从知觉的观点,时而从概念的观点,试图来解释它的那种方法,我们便能理解康德是可能以这两种相反的方法来看这问题的。其结果无疑是一种形式上的矛盾,是康德自己所绝不能弄清楚,而我们假使要公道地待他就必须竭力来弄清楚的。"[1276]

康德关于现实性所下定义的片面性诚然是由于客尔德所提出的原因而致的,这条定义,纵然有其令人误解的特点,但仍能用来驳斥陈旧的理性论。康德在这一节里几乎就是这一理论。这个定义也是这样一个把批评学说与莱布尼兹的学说区别开来的核心主张,即只有通过以感性所与的偶然性质,存在、可能性或必然性才可以成立。以经验的可能性为标准的证明,建立这样的条件,即时间意识之说明事实上必需的条件。经验的形式上之条件，以其自身而言，既不能确定为现实的，又不能确定为可能的，而以仅只所与的为标准，就成立为现实的，而且这样就是必然的；它们是必然的，只在这仅只相对的基础上，作为自己总是被看作偶性的东西之不可少的。

"是以吾人关于事物存在之知识所及者，仅在知觉及其依据现象之经验的联结之法则进行，则吾人所推度所探究任何事物之存在，仅为浮夸不实之事而已。"[1277]

所以从争论来看，康德第二条公准的公式形成不无其优点，虽然从批判学说的内部观点看，它是完全不充分的。

关于A226即B273的评语和关于这条公准的一般学说在其对于康德的现象论之重要关系，参看上文第318～319页。

B274～279。——观念论的反驳，参看上文第308页起。

第三条公准[1278]。——在开始一句中康德做出"质料的"模态和"形式的"模态两者之间的区别，这是他第一条公准讨论中所缺少的。（但是没有做出第一条公准的"形式的"可能性和逻辑的可能性之间的区别，这是因为没有矛盾的。）我们所要处理的是前者而已。存在既然不能完全先验地确定，必然性绝不能从概念而知道，而只能涉及到现实上所与，按照决定经验的种种普遍性原理，再则，既然这样的经验的必然性并不涉及种种实体的存在，而只涉及看作动力上所引起的实体状态的存在，所以经验的必然性就归结为第二类推，就是说，凡发生的事物都是一种先行的经验的原因所确定。这个标准不超出可能的经验之范围，而且甚至在那范围之内只适用于能被看作结果的那些存在，即在时间中发生的事件，因之其原因是同事件一样属于时间与被决定的性格的。这必然性是一种假设的必然性；有了一个经验的事件，总可以合法地认为它是一种先行经验的原因所使之必然如此的。

康德引用，重新解释，而且在这改变了的形式上声称要证明莱布尼茨的形而上学四条中心的原理。没有一事物是由盲目的偶然性发生（In mundo non datur casus)就表达上述的经验的原理。没有事物是注定的(non datur fatum),可理解为自然的(即经验的)必然性,是被决定的,因而就是可理解的必然性,所以不能正确地描写为盲目的。其他两条原理,即事物没有突然的(non datur saltus)和事物没有间隙的(non datur hiatus),是和**知觉的预期**与第二**类推**中所已成立的相续原理相联系的。

康德往后所说的话,显出一种不愉快的心情,因为忽略了把这些原理归到他的建筑术所备置的分类架里去。他说,读者尽可自己这样去做。不错的,只要读者也能用那种所谓调整的高压手段,像康德在这里那样把没有事物是注定的原理(non datur fatum)和模态的那些原理放在一起[1279]。

在下一段(A230 即 B282)里,康德没有什么预告,也没有什么解释,忽然把一种意义附在可能性这名词上面,完全和以前的意义都不相同的。他现在理解它为等于绝对的或形而上学的可能。把这和康德从前给它的各种意义结合起来,就得下表:

可能性	逻辑的:等于没有矛盾
	经验的:广义,等于和经验的形式上各条件一致;狭义或比较严格些的意义,并加上能呈现于感官的经验
	形而上学的:等于绝对的可能性,不是悟性的而是理性的一种概念

当这最后一种意义给予了这名词时,一连串完全新的问题就起来了,使读者陷入五里雾中,因他很当然地继续在经验的意义上使用可能性的名词,而这就是康德一直坚持是唯一的合法意义的,康德暂时转变过来他一向批评的形而上学见解的观点,因而就在莱布尼茨的意义上使用"可能性"这一个名词。他问,莱布尼茨是否有其正当的理由来主张可能的之范围宽于现实的之领域,而后者又宽于必然之限度呢? 在其答复中,康德承认了给予"可能性"这名词的形而上学意义,但是用批判的方式重述了这问题的,是否一切事物作为表现而言,都属于一单个经验的脉络,或者有其

他类型的经验之可能？除空间与时间外，是否有其他直觉的形式，除通过概念的论证形式外，是否有其他悟性的形式属于可能的广度里呢？这些问题不只是要以经验的为其唯一的职能之悟性，而是要超出表现界的理性来解答的。

康德仔细地说明[1280]，他提出这些问题，不只因为当时人们认为它们是悟性所能够应付的；而他现在第一次指出可能性在这种意义上是指绝对可能性而言，是指独立于一切限制的条件的东西而言，而这种意义是从前对于模态的范畴之处理所排斥的。像一切其他绝对的概念一样，它属于理性，所以要等到在辩证论中来处理。但只是在讨论已经结束之后才有这些承认的。设使康德把构成这离题的话那两节的次序颠倒过来，而且把它们标明是离题的话，他就能大大地帮助了读者来了解他的论证。

康德并加上对于莱布尼茨曾声言要用来证明可能的在先并有其更大的范围之几种只是逻辑上的论证的反驳。莱布尼茨的论证是，从“凡是现实的都是可能的”这命题，用直接推理，就可得出有些可能的东西是现实的。然而，那就似乎含有这意思说，可能的一部分不是现实的，而且必须在可能的之上增加什么东西才能构成现实的。康德答复说，这明显地是一种不能维持的见解。增加在可能的之上的某东西本身既不是可能的，我们就不得不以之看作是不可能的。以我们的悟性而言[1281]，可能的是按照经验的形式上之种种条件和某一种知觉联系的东西。（康德在这里将第一、第二两条公准结合起来，就做出了可能的正确批判的定义。）感官经验的范围之外是否还有其他存在之可能，而且到什么限度，我们是无从决定的。

B288～294——这第二版的一节强调的是这一事实，即可能性不能直觉范畴来确定，只有通过与直觉有其关系进而真的与外部直觉有其关系，才能确定。可能性始终是被理解为涉及到客观实在性的。这一节之重要,主要是和牵及到内部与外部感官关系的问题和牵及到我们对于时间的意识的问题有联系[1282]。

在 B289～291 上面,康德批判那些以思维的必然性和存在的必然性等同起来为基础的理性论的论证。当人们企图只靠概念的分析来证明一切偶性的存在都有其原因时,所能说明的,最多不过是,除非假定一种原因的存在,那偶性的存在是不能为我们所理解的。但是我们不能论证说,可能的理解的条件同样也是可能的存在的条件[1283]。对于思维是或不是可能的,如果没有特别的证明,不能作为在实际上是或不是可能的之充足标准。再则,如果偶性这名词理解为只是某某其他存在的一种后果,那么这一般性的原理就变为只是分析的,那就不得理解为证明了因果作用的综合原理了,后者是要求以偶然经验的可能性为其标准之一种先验的证明的。

第三章　一切对象区分为现象与本体之根据

这一章,如康德自己所说[1284],是不能有新的结果的。其功用不过是把分析论中已证明的那些结果总结起来,说明它们都是毫无例外地,集中在对于理解人类经验的性质与范围极其重要的一种结论——就是,虽然范畴的客观使用只在感官经验的领域内才有其正当的理由,但是范畴还有更广泛的一种意义,从而可以明确表现与物自身之间的区别这一结论。这就是康德现在要从事于更详细地来举出例证和坚持的结论。可以指出,本章的标题只提到区分现象与本体的根据。如我们将要发现,康德绝没认真地想到对于物自身实际上的存在要提出问题的。

在本章一开始,康德就取消了前一论证的一个要点。范畴离开了感性的杂多只是无内容的逻辑函数[1285]。它们虽然是先验的，但需要通过经验的直觉以得到补充的。

“概念一离此种关系，即无客观的效力，就其表象而言，则纯为想像力或悟性之游戏而已。”[1286]

康德现在作为这结论的真实性之证据又增加另一种论证，就是，除非以包含有涉及感性的条件的话语，是不可能下范畴的定义的[1287]。除去这些条件时，范畴便对于任何对象都没有关系，因而便是无意义的。它们再不是可能的经验上使用的概念，而只是“物自身”的概念了。例如，当时间中存在的永恒性除去了，而这乃是实体这概念经验上应用的条件，这概念就只成为总是主体而绝不会是属性的某东西之一种观念而已。

“但不仅我不知此种逻辑上优越一切之事物（按即实体）由之能归属任何事物之任何条件；且我亦不能以此概念有任何用处，更不能自此概念有丝毫推论。盖在此等情形之下，实无对此概念之使用所规定之对象，因而吾人不知此概念是否指示任何事物。”[1288]

从感官所与抽象出来的范畴仍然是概念或思想，在逻辑上有其可能的；但那不得理解为它们还继续具有意义，即涉及一种对象[1289]。而既没有可确定的意义，当然它们就不能明确起来。

在 A244 上面[1290]，康德用有点不同的方式来陈述他的立场。抽象于感性的范畴是有其意义的，但没有确定的意义；这些范畴不对于任何指定的对象有关系，而只对于一般的事物有关系。以一般事物为其准据时，它们就没有客观的有效性，因为没有直觉，就无法决定有无什么实在的存在在现实上和它们相应。

可是不管所采用的是什么陈述的方式，得出的结论是同一的。

“因之，先验的分析论引达以下之重要结论，即悟性之所能先天（先验）的成就者，至多亦仅预知普泛所谓可能的经验之方式。且因非现象之事物不能成为经验之对象，故悟性绝不能超越此等对象唯在其中始能授与吾人之感性限界。悟性之原理,纯为说明现象之规律,其妄以为系统的学说之形式提供普泛所谓事物之先天(先验)的综合知识(例如因果律)之本体论夸耀名称,必须代以纯粹悟性分析论之谦抑名称。"[1291]

A248～249[1292]开始一条论证的新路线,是从感性论所得的结果出发的,空间与时间是主观形式的证明,只建立凡可以在它们之中而通过它们得到了解的一切事物的现象性性格,而且是无意义的,除非假定物自身的存在。康德论证说,这个假定已经包含在"表现"这词之中,而且除非承认这点,则我们的思维就会在不断的循环中打转的[1293]。但是他接着说,这个结论是很容易被人误解的。它可能被理解为是证明本体的客观实在性,而使我们有正当的理由来主张感性世界和理智世界之间的区别,因而就可以说前者是直觉的对象,而后者是悟性在纯粹思维中所了解的,那么我们就会论证说,虽然在经验中事物只是按其所表现的而被知道,但是通过纯粹悟性,有一个比感官的世界更辉煌的世界,"一个在灵性中想到的世界"(德文 eine Weltim Geiste gedacht)就出现在我们眼前了。

但是康德坚持,这样的解释是完全和分析论的学说背道而驰,而且为它所导致的种种结论所不容许的。范畴只产生"阐明表现的规则",而不能超出可能有的经验之范围的。不错,我们一切感官的表象是因悟性而与一个"先验"的对象发生关系,但那对象在其先验方面只表示$=x$的某东西。它不能离开所以为准据的感官所与而被思维,假使我们企图孤立它而把它设想为在其独立的性质上,就没有什么东西可以通过来思维它的了。

"它本身并不是知识的对象而只是按一般对象的概念之表现的表象,通过那些表现的杂多才得到确定下来的。"

康德在这里又一次阐述他早年的先验对象的那样学说[1294]。在写作这一段时,他明显地还没体会到这样的学说是和他的批判原理不和谐的。

如我们上面所曾见到，这是主观论和独断理性论的结合[1295]，然而他在这里主要着重的一点，如果一致地发挥下去，就一定会显示出先验对象学说之不能维持的；而在第二版中，康德改作现象与本体这一章到这个程度，结果是把所有涉及先验对象的各段都取消掉了[1296]。

但是我们要回到康德自己的论证来：心之所以“不满足于感性的基质”[1297]，因而进行使之在现象世界之外又有一个本体的第二个世界，其理由是在于感性所因以受到限制的之特性。感性是受悟性限制的；而悟性高估了它的能力与特权，就进行把等于 x 的先验对象这观念改变为本体的概念，依据其语源学上的意思是作为理性或纯直觉所了解的某东西，即在某种非感性方式上直觉到的东西。因为只有把一种非感性的直觉之可能假定为先决的条件，本体的这样肯定地设想的观念才能免于自相矛盾。否则我们就会肯定独立于表现而了解一个对象，与此同时又否定这种了解之可能必须通过的唯一方法。但是这先决条件的陈述是足以显示其毫无支持的一种性格。我们并没有非感性地、直觉地了解这种能力[1298]；我们也无法证明甚至神有这种能力之可能。所以，虽然本体这一概念不是自相矛盾的，但它所包超过了我们有权肯定的东西，从而把先验对象 $=x$ 这空洞的观念改变为本体这积极的概念之过程是容易理解的[1299]，但它仍然是不合法的。康德坚持，我们必须紧紧抓住批判学说的中心思想，即范畴只适用于感官的所与。我们依然可以把它们用为纯粹逻辑的函数，产生着一般对象（先验对象 $=x$）的观念。可是这并没扩大**所知的**存在之范围。它只使我们理解到经验的世界的有限的和仅是现象性的之性格。

在这点上[1300]，康德的论证表现一种奇怪而令人误解的转变。一般对象（先验对象 $=x$）的概念是已证明为包含在表现之为表现的了解里面的，而以这资格而言它是一种限定的概念，其功用虽是消极的，但在人类经验的构成中是不可缺少的。然而现在康德又把这功用归之于本体的概念。他重复地说，那概念是纯粹盖然性的。甚至它的对象的仅有可能性，假定有一种悟性之可能，像它所假定那样，是能通过非感性的直觉来了解它的，我们还是没有权利来肯定，最多我们只能说，这概念不是自相矛盾的。然而康德这里把这不可或缺的限定功用归之于这个概念。

“是以本体概念纯为一限界概念(Grenzbegriff)，其作用在抑止感性之僭妄；故仅有消极的使用。同时，此本体概念并非任意空想之所产；虽在感性领域以外不能积极地有所肯定，但与感性之限界，实固结而不可分离者也。”[1301]

把本体的概念和一般对象比较没有那么明确的概念混淆在一起，大概是由于不同时期的手稿之结合，在第二版中康德引用一种新的区别，明显地是为了纠正这种混乱的。在那里他说[1302]，本体这名词可作积极用，亦可作消极用。作积极了解时，它指“一种非感性直觉的一个对象”；作为消极看，它的意思只是“一个东西在其不是我们感性直觉之对象而言”。他说，只在其消极的使用上，它才是需要来作一种限定的概念；而在那个时候，像康德所认识到的，它就不能和未知的物自身之观念分辨开来。

但是尽管表达方式有这种变更，康德大体上是始终坚持他的基本学说的。

“……悟性不为感性所制限，且适得其反，由其应用本体之名称于物自身(不视为现象之事物)，悟性反制限感性。但在悟性制限感性时，同时亦制限其自身，认为悟性由任何范畴亦不能认知此等本体，故必须仅在不可知者之名称下思维之也。”[1303]

康德又在本章结束的一句话这样说：

“……此等留有余地之想，与虚空的空间相同，仅用为经验的原理之限界，其自身并不含有或启示经验的原理范围以外之任何其他知识对象。"[1304]

在 A258 即 B314 上面有一句话值得特别注意：

"……乃至此种先验或异常的知识，是否在任何条件下可能，亦绝不能为吾人所知——至少此种知识与属于吾人所有通常范畴之知识，是否同为一类，非吾人所能知。"[1305]

这句话清楚地说明康德愿意承认范畴之可能不适用，不但由于缺乏对于它们详细规定的材料，而且又是因为它们固有的性格。它们可能是不适用，因为它们只表达着我们自我意识的模态，它们可能只是我们人类思维的工具，而不是知识本身的形式。

歧义一节中有关的各段

在进而考虑第二版在本章中所作的广泛修改之先，审查一下第一版中歧义一节谈到本问题的两段是有好处的。这两段就是 A277～280 即 B333～336和 A285～289 即 B342～346，这两段中的第一段在其他方面也是饶有兴趣的[1306]。谈到本问题，它的主要意义是在它的结束一段。在那里康德声言一个"作为一般事物"的对象之表象，在其缺乏特定的材料下，不但不足以确定一个对象，而且是自相矛盾的。因为我们必须或者完全脱离和对象的关系而只剩下一个逻辑的表象；或者在假定一个对象之下，认定我们不具有的一种直觉的特定形式作为先决条件，因而这种直觉的特定形式是我们在形成我们关于这对象的概念时所不能使用的。这里康德又是把本体的概念来偷换了那比较不这么明确的物自身的概念。在第二段中，这做得还更明显。在那里康德声言，纯粹范畴不能产生一个对象的概念。离开感官的材料，纯粹范畴和任何对象都没有关系。作为纯然逻辑的函数而言，纯粹范畴是完全缺乏内容与意义的，所以，所谓作为物自身的对象，必定是指非感性的直觉之对象而言的[1307]。康德其实仍然继续主张范畴对于它们是不适用的，所以我们关于它们没有任何知识，不管是直觉的或概念的知识。

“纵然我们假定一种直觉非感性的形式，关于它，我们思维的函数还是没有意义的。”[1308]

但是康德现在坚持本体这观念，从上述的方式来看，是不同于“一般对象”的观念的，不同于先验$=x$，因为它是一种合法的非矛盾的设想；而且他还坚持它虽然是在内容上更为肯定，而因之就不是那样易于为人误解。它的功用不是扩张我们的知识，而是只限制它。

“吾人所有之直观并不推及于一切事物，而仅限于吾人所有感官之对象，故其客观的效力有所限制，而留有其他种类直观之余地，即留有为此种直观之对象之事物之余地。”[1309]

康德进一步说，这样用来指定一种非感性的直觉的对象的本体概念，只是盖然性的。我们既然没有直觉，也(可能)没有范畴适合于它的了解，它所代表的东西，其可能性或不可能性都是我们很不能够决定的。

“……作为对于一种和我们很不相同的直觉和很不相同的悟性之一个对象的问题上之概念而言，它本身便是一个问题。”

所以我们不能肯定本体的存在，可是我们仍然要为自己对本体形成其概念。这概念是不可或缺地包含在我们经验的知识的结构之中，而且又是为它的正当解释所需要的，只是把它看作一种绝对存在的自足之表象时，它才成为独断的，而因之就是不合法的。在其批判的方面，它代表一个问题，是人类理性为其本性所驱使不能不提出的。

“故本体之概念，非对象之概念，而为与吾人感性之限界所不可避免必然联结之问题——此即能否有完全在吾人直观以外之对象之问题。此为仅能以不定态度答复之问题，即谓因感性直观不能无差别推及于一切事物，故留有其他不同种类之对象之余地；因之此种对象自不能绝对的否定，但因吾人并无关于此等对象之确定的概念(盖因无范畴能作此种目的之作),亦不能主张其为吾人所有悟性之对象"[1310]。

在康德的思想中,这些基本概念尚未得到十分明确而精密的阅释,从紧接着下面一段中就很清楚地可以看出。因为在那里他又采用先验对象这概念,而附加地说,如果"我们因为它的表象不是感性的而愿意称它为本体,我们是可以随便的"[1311]。在这段里,先验对象特征的描述是值得特别注意的,因为在那里,康德表达其立场之怀疑方式,虽然是有所改变,但比任何其他各段都更进了一步。

"[悟性在限定感性时]固思维及为其自身所有之对象自身,但仅视之为先验的对象,此种对象乃现象之原因,因而其自身非现象,且不能思维之为量、为实在、为实体,等等者……至此种对象是否在吾人内部中见之,抑在吾人以外见之,是否在无感性时,亦立即消灭,抑或在无感性时,尚能留存;凡此种种,皆完全非吾人所知者也。"[1312]

这句话显示出康德毫无问题地坚持物自身之存在,而同时又主张不能把它们用范畴的话语,甚至用实在与存在范畴的话语来设想。

第二版中的修改

在第二版中,现象与本体一章某些段是删去了而插入一些新的段来代替它们,虽然这些修改还不能充分表达最成熟的批判学说,然而有三个重要方面是表示离开了第一版中的学说的。

第一,有先验对象学说表现的那些段都完全删去了,而且"先验对象"这短语再不使用了。这就如我们所已指出,是和第二版中的先验演绎与谬误推理里面所同样做出的更改相和谐的[1313]。

第二,康德比甚至第一版还更加强调说除涉及感官直觉外必不可使用范畴,在第一版中,他还承认范畴之应用于物自身是逻辑上可能的,虽然没有客观的有效性。第二版就更进一步。在其经验上的使用之外,范畴是"毫无意义的"[1314]。

"[没有感性]范畴的整个使用,其实它们的全部意义都消逝了;因为那时我们无法来确定和范畴相和合的事物是否甚至有其可能……"[1315]

第三,康德,像上面已经指出,分辨开本体这名词消极的和积极的意义。本体的消极意义是下定义为只是那不是感性直觉对象的东西。另一方面,在其积极意义上,本体是指非感性的直觉之对象而言。康德现在认定包含在"感性学说"里,作为限定概念的,只是本体概念在其消极意义上,所以是作为不过等于物自身而已。不能用范畴来确定它的;那就需要一种非感性的直觉的机能,而这是我们所不具有,而那也就等于本体在其积极意义上这种不合法的肯定。因之,人类经验中不得不以为先决条件的限定概念乃是仅只物自身这观念。而这样一来,为要修正第一版所得出的结论,说"对象划分为现象与本体……是无论如何不可承认的"[1316],康德就在本体这名词之上增加了"在其积极意义上"这修饰短语。这样一来,物自身现实上存在这个假定就变为很明显,纵然康德更大力地坚持在物自身之上,应用任何范畴是不可能的。

但是除了把这两种相反的说法,一方面说我们不得把范畴理解为不同于只是主观的思想函数,而另一方面说一种限定的概念是不可或缺的,更显著地对比起来之外,康德在这些新的各段里,并未企图来应付所包含的种种困难。他把范畴本身,因而含着实在与存在的范畴在其意思之内,不适用于物自身这种说法[1317]和物自身仍然必须预先假定为现实上存在的这种主张,两相结合起来,而似乎并没意识到什么冲突。

本章的学说必须认为只是半批判的,它是按照先验对象学说来加以阐述的,这一事实本身便足以确定其写成的时期是比较早的;而康德在第二版中所能做出的更改必然是属于次要的性格的。更广泛的修正就会牵及这全章的完全改写,其实就会预期到辩证论的中心学说。

康德由于赋予这一章以不幸的地位因而也受到了某些妨碍。在其论证发展中这一点上，即在分析论的限度之内，康德其实只能概述从先验演绎的学说所得出的消极后果。因为虽然这些后果可能使他有正当的理由来肯定悟性限制着感性，但他尚没有条件来解释悟性这名词在这样使用上有其很广泛的意义。而在这种机能之内，他准备分辨出来，悟性在其严格意义上是范畴的根源，而又为一种更高的能力，他称之为理性，而他认为理性是产生一种独特的概念，产生无条件的那个概念的。然而只有这些区别和这些区别所从而做出的种种考虑都适当地估计到了，我们面前的问题才能在其充分的意义上加以讨论的。

把这章放在分析论里面，因而先于辩证论第一次提出的种种讨论，其实是有不良的后果的，无论是从读者的观点还是从康德本人的观点看，这样做掩盖了这样的终极的根据，从真正的批判的观点看，这些根据是现象与本体的区别的必然基础。因为不只在这章里，就是在《批判》一书任何其他各段里，康德都没有以任何很明白的方式企图指出在辩证论中得出的种种重要结论可能对于这章的关系。像许多他的最重要而最有效果的主张那样，这些后果都只是见诸字里行间的；也可以说，是要留与读者，靠其自己独立努力，按其自力钻研进去康德在其他联系上自己所坚持的一些区别，才能发现的。这一些后果从来没单独在现实上得到公式形成的。

因之在企图决定表现与实在的区别，应该看作是以什么作为其基础时，我们是设法来确定，如果这章是摆在辩证论之末，其论证是会如何进行的？这工作并不容易，但其困难也绝非像陡看起来那么可怕。其论证的一般的轮廓已为康德关于同类问题之处理所相当明确地规定下来，而大概可以有合理的准确性，根据下面的种种考虑，假设地把它构成。

正如康德所从而出发的自然的假定，乃是种种表象之涉及到对象必然就是涉及到物自身那样，这里他是同样地采取当时流行的笛卡儿见解，认为我们从表象到它的外界根据，乃是一种推理的方式，按照因果作用的范畴而进行的。他逐渐地在自己批判学说发展过程中，尤其是在其空间中经验的世界的现象论见解的发展过程中，他才体会到他不得不承认的很不相同的一种立场[1318]。当先验对象的学说已从他的学说排除出去，范畴，包括因果作用范畴在内，已为经验的对象所预先占据，而那经验的对象又认为是直接被了解的，则现象的自然界涉及到一种本体的基础之中介作用就归到理性的理念去了。因为再不是表象与其本体的原因之间的区别，而是空间与时间中整个世界的有限的相对的性格和理性为其自己的满足所要求的无条件的实在性这两者之间的区别了。把空间中的世界看作只是现象的，因为它不能满足我们真正实在性的标准，乃是采取一种完全不同于在笛卡儿与洛克中所能找得到的态度。这问题可以用下面的方式预期着和辩证论的种种问题联系着更充分的叙述来做出其概述。

理性用以限定感性的概念严格上不能描述为物自身的概念；它是那无条件的东西的独特概念。我们对于被决定的作为被决定的之觉知，在种种范畴之上，还要预先假定有那理想的[1319]种种标准的觉知；我们关于真理与实在性的一切标准，归根到底，都是由于那后面更基本的意识形式而来的。我们从而在经验上分辨感官表现和感官幻象的标准，严格地应用时，就使我们能察觉到经验的东西本身之种种缺陷。那么我们只得按照理性的理想来想象绝对的实在性，而经验上的标准不过是其特定的形式而已。

可见在康德的更成熟的学说中有两种不同然而互相依存的要素即现象论，和可以称为理性的功用之观念论的或绝对论的解释。两者是相互需要来建立其自己的。必须有一个真正客观的世界，而我们是从反思这真正客观的世界，才能意识到在我们对它做出判断时所包含着的标准；

而我们又必须具有一种机能，通过它才能说明我们关于这些标准的意识。判断的标准不能利用尚没有假定这些标准的判断来获得，它们从而来到清楚的意识里的一些过程，不能是它们在其中发生的过程。它们必定是经验的先验条件之一部分而和空间、时间与范畴结合起来，才使我们具有的那种经验——超自我而限定自我的经验——在现实上有其可能。

从这观点来看，表现与实在之间的区别不是经验与非经验到的东西之间的对立，而是把一切经验所必需的因素分别开来，而通过这两种因果我们才意识到，在鼓舞我们去取得经验的理想和我们能得到经验所必须服从的限定条件之间有着一种不能解决的冲突。在理性的高级范围中，像在悟性的低级范围中一样，不是通过所与，乃是通过一种理想性质的决定形式所解释的所与，一种有意义的实在性才向心灵暴露其自己。经验的最后意义，是在于它经过其自己的可能性所包含有的标准之考验之后，所具有的含义。那意义在其本质上是形而上学的；在经验中所含蕴的，是多于被经验的东西自身所能揭露的[1320]。

分析论的学说加以辩证论的学说之补充时，批判哲学的中心论题就是如上所述。虽然《批判》一书事实上是记载着康德如何以许多方式离开了这立场，而不是这立场种种含义和种种后果的系统阐述，然而上述的论题是代表他各种思想路线所倾向于集合的鹄的的。这是他在辩证论三个主要部分中迂回而复杂的论证之主导动机。他的阐述之详情不能用任何其他解释而得到圆满的说明的。

康德不能在任何很明白的方式得出上述的结论，其主要的理由有二。其中之一种理由已经足够地强调过，就是，我刚才订出的论题是以自然界现象论的见解为其基础，而辩证论是为更早的先验对象的主观论学说所鼓动的。至于其他一种主要理由，我将时常有机会来强调它。像我们所将要发现,康德是不能对于理性的理想之性质得到很明确的决定的。他摇摆于这些理想的根源与功用的怀疑见解与绝对见解之间,而企图要找到对于对立的论证中一切有效的成分,都以公允的对待之一种无所不包容的中间立场时,他就把他的种种结论对于表现与实在的区别这问题之关系推到幕后去了。可是这里我们是预先提到一些问题,其讨论还须暂时搁置。

附录　反思概念的歧义[1321]

在这附录里,康德作了对于莱布尼茨的理性论的批评——批评是在公准一节中已经部分提出过的——而他作这批评的方式,很清楚地显出那理性论继续还对他自己的思维之影响,例如他谈到"仅只概念"[1322],这明显地意味着,那"仅只概念"是有其自身的权利而存在,其性质是完全由严格的先验的原有的因素所确定,断然独立于感官经验的特定质料的。他诚然否定这种概念的客观有效性,而主张在其使用于经验上时,它们由于新因素之加入是完全改变了的。可是他仍然让这些概念有其一种固有的性质,而且实际上主张说从纯粹概念的观点看,因而从根据这纯粹概念的逻辑之观点看,莱布尼茨的理性论是形而上学的唯一真实的体系。以纯粹思想来说,莱布尼茨的体系是终极的而且是唯一可能的哲学;如果思想是能确定物自身的性质的话,我们就不得不采取它作为形而上学上有效的,这是在康德辩证论中许多论证的基础上之观点。它导致康德去主张自我由于一种不可避免的先验幻想,就必然地相信它自己有一种独立的实体的实在性,而且主张心灵不得不把实在性设想为一种无条件的统一体,而又主张神、自由和灵魂不灭等观念,是必然包含在人类思想的构造本身中之一些理想。

但是我们一定不能把康德的纯粹概念学说看作是一种旧观点的残余,而那旧观点是批判学说所注定要顶换而替代的。因为康德并不是由于前后不能一致，或者由于他的批判原理发展之缺乏彻底性，就保留着这个理性论的学说。为要理解康德立论的真正有效力之根据，因而适当地看清楚这一节的内容，我们就必须回忆到在我的导言中所详述[1323]康德认为是休谟与莱布尼茨的哲学所代表的两种不相容的立场之间的基本对立。如我们所已经看到，康德是深深相信莱布尼茨立场在本质上的真实性的，他坚持莱布尼茨关于理性的见解。休谟的理性在本质上是形而上学的；它的最主要功用乃是把我们从动物存在的限定条件解放出来；它在无条件的存在那些理念中显示出它的性质，而关于这无条件的存在之讨论，康德则留待辩证论才进行。

康德在这节里展开对于莱布尼茨的批评，其主要缺点在于：那些决定他和莱布尼茨一致程度的深层问题并未提及，甚至未有表示。结果就是，他提到纯粹思想的种种地方和他肯定说[1324]从纯粹思想的观点说来，莱布尼茨在其学说中是完全有其正当的理由这种话，都是使读者窘惑的，因为读者是已被引导来采取了批判的观点，因而就相信思维，只和感官经验的材料联系在一起，才能起作用的。其实康德似乎已陷入《论文》的独断观点，感性世界和理性世界分别开来，而主张纯粹思想是能确定理性世界的性质的。他这里的学说和在《论文》中的学说，两者唯一的差别，就是承认了一切知识都局限于感官经验，因而我们无法确定，我们必须要思维，而且要恰恰按莱布尼茨规定的方式来思维的这个理性世界是否存在。

事实上，这一节像现象与本体一章那样是摆错了地方的。像它那样摆出来的是康德对莱布尼茨的批评，而讨论的是形而上学的问题；因而它就应该放在辩证论里，自然地和理性的心理学、宇宙论和神学那些形而上学部门相应的考查联系在一起。建筑术，那个康德许多古怪表现永远存在的根源，又一次插入它的专横的命令。三段论式既然只有三种形式，那么在辩证论中也只能承认有三个主要部分；因而对于本体论的批评必须摆在分析论结束的一节，而那并不是它所应该放置的地方，结果是大大不利的[1325]。

可是我们必须顺着康德在这里做出的论证，莱布尼茨把思维看作能在一切经验之先规定实在所必须遵照的基本条件。可能的是先于而且独立于现实的；而且能被纯粹思想以其固有的资力充分地确定的。康德在这里并不质问纯粹思想的独立性和占先性那种肯定。他满足于主张，对于思想有效的东西，不一定对于只是人类知识可能作为对象的那些表现也是有效，因为在感官经验中，纯粹思想所未预见而部分是限制、部分是扩大其概念的条件插进来改变了从其原来观点看是逻辑上有效的一些结论。由于不能体会到思维与感性的双重性格，莱布尼茨就没有看到这最重要的事实；而在肯定凡对于纯粹思想有效的对于感性的实在亦有效的时候，就犯了康德称为先验歧义的谬误。

康德对于这谬误最清楚的叙述是在 A280 即 B336 上面。以形式论，它就是否定前项的谬误。依据遍有遍无的公理(dictum deomni et nullo)，我们可以有效地断言，凡属于一个普遍的概念或与之相矛盾的东西，也属于那概念所包括的特殊东西或与之相矛盾。莱布尼茨是在其消极和无效果的形式上使用这原理的。他论证说，凡不是包含在一个普遍概念里的东西也不包含在这概念所适用的特殊里面。“莱布尼茨的整个理智论体系是建筑在这后一条原理之上的。”而像康德所指出，何以这么敏锐而强有力的一位思想家失足于这个明显的谬误，其理由乃是他把感官看作只是模糊的思想[1326]；用另一方法来陈述同一论点，就是说其理由是在于他把表现解释为物自身的模糊表象[1327]。依这种见解，表现与实在的一切差别都只是由于我们对于所与的了解之不够清楚。完全变清楚时，感官就毫无余剩地归结为纯粹思想；而知识和实在的存在的全部内容就同样地都在思想从其自身里面发展出来的概念里面。由于关于实在的性质的一种形而上学说法，这本身又是由于纯粹思想的性质与功用的一种错误解释，而归根到底是追踪到其思想过分被严格的数学类型的知识所占据[1328]，莱布尼茨不能对于我们人类经验的基本特征，尤其是对于空间、时间和动力的因果作用现实上所与的性质公允地加以处理。他的理性论形而上学之根源是笛卡儿的哲学[1329]，而据康德的见解，是哲学思维在独断的，即非批判的路线上所发展出来的圆满成果。它是经验派或者说怀疑派哲学的相反的相对物，而经验派或者说怀疑派哲学在现代中有洛克为其第一个伟大的支持者，而照康德所主张，是在休谟的哲学里获得其完善的表达的。一方面，笛卡儿与莱布尼茨把表现理智化；而另一方面，洛克与休谟则把悟性的先验概念看作只是论证反思的经验的产物。两者犯了同样基本的错误，不能认识到悟性与感性是表象的两种不相同的根源[1330]。其结果就是两者都以同等片面的方式努力于把经验的复杂性化为只是它的组成要素之一个。《批判》一书这一节，本应发展其批判学说和这两种不同的态度对立的；康德武断地把它局限于对于莱布尼茨理性论的批评。

康德介绍和布置其批评的方法是矫揉的，而只需要提到一下。他说，对于我们知识来源的批判反思，康德称这为先验的反思以别于寻常类型的反思，乃是凡要对实在做出先验的判断的人们之必须担负的责任。它将要把所使用的种种概念追踪到其相应的机能，理智的和感性的机能，将要显示出感性与悟性的独立性和不一致性，从而在实际上防止先验歧义所由来的把概念错误地安排在其地位。他还进一步论证说，这样的反思乃是表象和表象所自来的机能相比较，而像寻常的比较一样，将要确定(1)同一与差异、(2)一致与相反、(3)内部与外部、(4)被确定的与确定的(质料与形式)的种种关系。康德以这种武断的但巧妙的方式，努力于得到他对于莱布尼茨本体论的批评所需要的四个主要项目。

(1)在第一个项目下,他讨论难以分辨的东西之同一性这原理。康德主张这是先验歧义谬误的典型例子。莱布尼茨论证说,如果在事物的概念中不能发现什么差异,在事物本身亦不能有差异;在概念上同一的事物必然在一切方面都是同一的。康德答复说,但是这只是概念从存在的感性条件抽象出来才是真的。例如没有两个立方尺的空间是一样的。它们由其空间中的位置就可彼此分别开来;而那是关于直觉条件的一种差异,不能在纯粹概念中来发现[1331]。各个空间对于感官像对于思维一样是可以分别开来的。以康德另一例证来说:两滴水,如果在其质与量的内部属性一切方面都是不可分辨的,在概念上是同一的。由于空间中位置之差别,这是对于它们的概念无涉的,可是可以直觉为数目上不同。不可辨别的东西之原理不是自然的一条规律,而只是事物通过仅只概念而互相比较之一种分析的规则[1332]。

(2)莱布尼茨的形而上学第二条原理是说,各种实在绝不能彼此冲突,这是作为从纯粹思想中唯一的对立形式是逻辑的否定这一事实得出的结论。各种实在既然是纯粹肯定,必然就是相互和谐的。这条原理忽视了感官存在完全不同的条件。空间、时间和动力的因果作用所产生的可能性就提供实在对立的种种条件。两个存在,虽然同等地实在与积极,是可能互相取消的。两种作用于一个物体的力可能相互取消。莱布尼茨的继起者[1333]声言从上述的逻辑原理得出影响远大的形而上学结论说,一切实在都相互一致,恶只是消极的,完全是存在的限定,上帝可以为一切可能的实在所构成而无妨于其存在之统一性。

(3)莱布尼茨把决定外部关系的空间与时间看作只是了解的模糊形式,便得出另一结论说,实体的实在是纯然内部的。排除了一切包含有外部关系的位置、形状、接触和运动之后,他就觉得有正当理由,来把所知的存在之剩下来唯一的形式即意识赋予单子。单子不能有外部关系这肯定又导致了另一结论，即它们不能相互作用，而单独由于一种前定的和谐，永远处在相互的系统的关系之中。

(4)从纯粹思想的观点看，质料必须在形式之先。普遍的必在特殊的之先，因特殊的是普遍的之说明[1334]。无限实在是被作为一切可能性的质料，而其限定或形式是由否定而来的。各种实体必须先行存在，然后外部关系才有其自己根据的东西。空间与时间必须解释为纯然理智的秩序之模糊了解，空间是代表着各实体相互(前定)的适应之一种秩序，而时间是它们状态的动力上的先后次序。另一方面，从感官与其直觉的形式来看，则与此相反。表现的世界是为空间与时间之形式所决定；客观上的可能的是完全和现实的相同的；而现象的实体(substantia phaenomenon)没有独立的存在，无余剩地归结为外部种种关系。以纯粹思想而言，所与的表现这个世界是极端似非而是的存在形式，它是真正实在所应该的每一东西之正面相反。在这种奇怪的结论里，辩证论的种种问题在其一种最有启发性的形式上，马上就出现在我们面前了。如上所述，这整个讨论是预期着一些问题，其讨论是不能在分析论范围里充分地进行的。

这节的正文是高度混合的。附录的全部内容在跟着的附注中两次作了介绍而详尽地重述。同一论证这些相继的阐述无疑是单独分别写成而后来才以这种外在的方式凑合在一起的。A277～278即B333～334，论现象的实体之性质，从它提到先验对象来看，似乎是属于早期的[1335]。我们已评论过这点了[1336]。另一方面，补充现象与本体一章的A285～289即B342～346[1337]似乎是属于晚期的。阿的凯斯[1338]是这样推定其时期的，由于在其开始一句中提及图型。

A289～291即B346～349无之概念的划分表。——“无”这名词各种意义的这种奇特而巧妙的分类，其主要兴趣是由于它的第一类：“无对象的空虚概念，ens rationis。”理性的事物(ens rationis)最好以它和第四类的区别来明确它:“无概念的空虚对象 nihil negativum。”前者是思维之物(德文 Gedankending);而后者是无物(或虚幻)(德文 Unding)。其实前者虽不自相矛盾,而只是虚构的(德文 bloss Erdichtung),因之不得认为是在可能的东西范围之内的。后者是自己毁灭的一种概念,因而是和可能的正面冲突的。康德明白地说[1339],理性的事物包含本体的概念,“不能把这算在可能的之列,虽然不能因此就声言它是不可能的”。在这里康德必是在其积极意义上理解本体[1340]。康德想为范畴的四个种类得到其平行的企图照例又失败了。所谓缺乏的无和想象的实在严格上不属于“无”这名词的涵义范围的。在康德所举的各例中这是很明显的。冷是和它对立的反面一样实在的,而纯粹空间与纯粹时间甚至在惯常的意义上也不是消极的。

第二编　先验辩证论

关于辩证论的混合来源与其互相冲突的倾向之初步评论

我们曾有过多种机会来看到分析论的混合来源与其互相冲突的倾向。就其特点而言，辩证论同样是混合的，而且就其基本学说来说，它确实不那么统一。

本论的正文之混合性质，虽然对于朴素的读者是窘惑的，然而又不无它的种种好处。正文以其现状而言，是记载着它开始时所起主要作用的许多影响和康德走到他后来的结论所经过的迂回道路。这样它就能使我们以相当的准确性来确定，它在停息在其现有的形式之前，在过程中所经由前后各个阶段。像我们将要发现那样，关于二律背反的各节是含有原来的论证的，经过各种补充和修改的不同过程才从这原来的论证发生其他各部分。

学说上的冲突也有其反面的优点。各问题都是不偏不倚地从相对立的观点进行讨论的；相竞赛的各种可能之解决，其各自特有的种种困难是坦白地承认，其实是坚持的；而康德自己个人的思维内部辩证则获得生动的表达。像这样，我们就能够更好地体会到康德是如何以其直率的顽强性，从事于公平对待他的多方面种种问题之每一个有意义的方面，因而我们就没有那么大的危险来用任何武断的方式简化他的论证，或者忽视了他所得出的解答之暂时性格。

我首先要把冲突的各种线索明确起来，然后试图把这些种种冲突追踪到其从而发生的种种考虑。辩证论的消极倾向和其积极倾向，代表着贯彻全论的两条主要思想路线。从一个观点看，理性只是悟性在其自我限制、自我制约的使用上，而辩证论的主要意图是防止种种虚构原理的欺骗力量。从另一观点看，理性是不同于悟性的一种机能，而其种种问题是和分析论的各问题平行的，形成哲学反思同样重要的一个题目，而作为积极的学说之一种来源也是同样有其效果的。论证的一条路线是和康德更加怀疑的一些倾向相联系的，而另一条路线是和他对于纯粹思想的绝对要求之最后有效性的根深蒂固的信念相联系的。

当我们从分析论的观点看辩证论时，其消极方面就自然是最突出的。在分析论里，康德曾证明一切知识都局限于感官经验，而实在性的形而上学解释是完全不可能的。但是人类心灵既然好像为一种天生要做出形而上学的构造的需要所纠缠着，上面所得出的结论，在那形而上学的倾向已经被发觉而揭露出来之先，是不能得到其应有的影响的。辩证论必须产生一种形而上学的心理学，正如产生一种幻象的逻辑一样。

但是，另一方面，当辩证论的各问题和分析论的各问题分别开来看时，而且它们的独立性得到承认了，它们就出现于一种远景之中，使它们的看法又很不同了。理性是和悟性平列的一种机能，产生功用不同正如其性质不同的一些先验概念，区别于范畴的功用与性质的。为要表示这种区别，康德称理性的概念为理念。这些理念要求有其形而上学的演绎和先验的演绎。满足这些要求的是它们如何从三段论式的三种形式派生出来，并且证明它们起着一种不可或缺的作用，限制着悟性而同时又指导着悟性的。以限制的概念而言，它们决定那些理想的标准之意识，通过这些标准人的心灵才能对表现和物自身做出区分。以制约的概念而言，它们规定悟性在其寻求知识中所需要解决的种种问题。

这两种倾向，一种是怀疑的，一种是建设性的，其实绝不是完全对立的。两者所共同而使形而上学的冲动有心理解释之可能，这甚至是那消极的观点也需要的，就是理想的原理之制约功用学说。这学说，早在1770年已出现于《论文》中，后来就发展为先验幻象这批判理论；而借助于这理论，康德便能把两种观点很实在而生动地相互联系在一起。初看起来，似乎是得到了它们的完全调协，说明它们的区别而又使它们互相补充；而康德的学说也是可能这样来重述以证明那种印象是对的。可是，康德从未完全达到这和谐。在这里，和在分析论里一样，总是有一直对立的两种倾向之均势。

我们可以先叙明康德关于先验幻象这一调和的学说。它是以表现与幻象的区别为其基础的。表现(德文 Erscheinung)是某一独立实在性以现象的话语来转述的；而关于这种表现，我们从人类的观点说，是可以获得真正的知识的。另一方面，一切自以为是对于超经验或非经验的性质之洞见都只是幻象(德文 Schein)，而纯然是主观的。幻象有三种：逻辑的、经验的和先验的。逻辑的幻象与别的不同。它只是由于不注意或无知而来的；一经注意到后，它立刻便消逝的。另一方面，经验的和先验的幻象在两点上是相同的：第一，它们都是不可避免的；第二，它们是产生于我们实践上的需要的。我们可能知道月亮初升时不比它在中天时更大，海洋远处不比岸边更高；而这对于它们呈现于知觉上，并无丝毫关系。人们很少观察到这些幻象是适应我们实践的需要，因而是有益的。对象离我们越远，其颜色、形状和大小都在改变着，街道平行的两边看来似乎是渐次聚合的，这些都会使我们成功认识在别的方面不可能的东西。借助于这些，我们就能把辽阔的风景压缩在一单个视野里面来，就能确定远近，等等。它们在实践上的用处，几乎恰恰和它们有其自由从独立实在的标准离开成比例的。康德论证说，在这些方面，先验的幻象是类似经验的幻象的。正如我们知觉的虚幻特征只能从它们实践的功用来理解，同样地，纯粹理性的种种理念总是有其实践的关系，要以它们所满足的需要才能解释和说明其理由。作为理论的探求者而言，我们接受凡能指示方向来获得知识的东西；作为道德的行动者而言，我们就认定对道德命令实行所需要的种种条件为公准。而自然科学的理想发现为在一般形式上是和道德意识的理想相类似的（这是康德的争点），这些理想就这样在心理的生活里获得双重的立脚点，完全独立于理论上的证明而保持它们的地位。纵然是虚幻的，它们却是不可避免的；纵然在理论上是虚假的[1341]，从实践观点来看，它们是合法的而又不可缺少的。

在发展这论题时，康德尽可能有利地指出感官经验和先验信念两者之间有其相类似的另一方面。感官经验的种种幻象在寻常各种过程中为心灵察觉是幻象。从局外的观察者之理论观点来看，这观察者把一个知觉者的处境和另一个知觉者的处境相比较，从而就能把各种处境所带来的差异取消掉，寻常经验的有用幻象就降低到不过是表现的水平上来了。在相互矛盾中，它们就显示其主观的性格，而同时又提供材料来确定它们主观上必然存在之在因果上从而发生的客观条件。在与此相类似的方式上，种种先验幻象结果为矛盾，这就使心灵不得不承认它在其实践需要上所认定的理想不过是一种主观性格的东西，绝不可能合法地解释为代表独立实在的真正性质的。

主要的先验幻象，探本穷源亦即一切其他种种幻象的原因，是在于相信满足理性的解释之种种理想，大致说来，必须代表最后实在性的性质的。凡一个人想要发现的，他自然而然就相信在发现之先已存在。我们作为实践的人而言，是把感官经验的对象认为是绝对实在的东西——这些是实际生活的实在的东西，而我们说是理论的毋宁说是实践的——而现存的种种经验的科学，设想为在理想上已经是完整的了，因之就被看作是产生着最后实在的一种充分的表象。可是这种信念是使我们卷入种种矛盾中去的。空间与时间中的现象世界是极其相对的。它不能有外面的限界，不能有最初的开端，又不能有最小的部分；而在一系列的因果性之前项中，没有一项不是结果而同时又是原因。

理性的理念，作为代表着一种预先存在的鹄的，是本来就是相对而只是相对的东西的想象中之完成，而这些理念在其观念上就是自相矛盾的。凡内容上是明确的都和其绝对性相冲突；然而好像只在它们联系到经验上才能希望有其客观的证实。

辩证论的一切问题，在其能根据两种对立的观点中共同的东西来阐述的限度内，就是前面所述的样子。这些问题更深刻的意义和康德时而这样处理它们，时而又那样处理它们的种种理由，只当他提出进一步的问题时才出现。而这些问题就是，理性规定的解释的理想实在是什么，如果这些理想和经验的内容相冲突，又如何有其被设想之可能，对于这些问题，康德提出怀疑论与观念论两种的答复。在其简单的梗概上，前者可如下面所述的。所谓理念是根据经验而且是从经验得来的。悟性把它的纯粹概念在感官经验上所受的限制一概除去，进而将它们应用于尽可能广泛的范围之中，即把它们应用于一般事物之上。这样来使用，它们是没有实在的意义的，而且实际上是自相矛盾的。为要形成无条件的理念，我们就得除去只有通过它们才能了解任何东西，才有任何东西之可能的一切那些条件。为要构成绝对的或者说无条件的必然性之概念，我们就得同样地把经验所揭示必然性在一切情况下所依赖的种种条件放置在一边；在排除条件时，我们就把必然性在其为我们能想象到它之唯一形式上排除掉了。其实这种理念不过是图型的形式，我们用来把极点这概念，以多多少少形而上学的话语，对我们自己体现出来。它们是悟性在现实的经验中已经发现的统一性与系统性在理想的形式上用想象来加以扩大，而且是悟性在这种理想的鼓动下，寻求在不断增高的程度上去实现的。如果悟性在这样坚持要得到其理想的满足上称为理性的话，则理念必须理解为表达着一种主观的兴趣、在制约悟性上穷尽其合法的用途。它们先验的演绎将是证明它们对于悟性为要完成其经验之所必需的。它们并不为我们提供正当的理由，企图在现实上经验之先，来决定横蛮的经验之偶性的汇合和种种无穷尽的复杂，在什么程度上能真正归结为一种完全统一的系统；但是它们很正当地要求我们，不管一切的挫折，一直坚持努力，要达到它们的实现而后已。总之，它们实在性的程度必须在经验上来决定。我们判断事物是凭它们存在所依的标准，而不是反过来的。既然理念的唯一正当的功用乃是鼓动悟性在其经验上的使用，它们就绝不可解释为有什么形而上学的意义的。既然理念是单只为经验而存在，则两者在实际上如果有其分歧，错处应该归于理念。我们绝不会说“一个人对他的大衣是太长了”，而是说“大衣对这个人是太短了”[1342]。形成真理与实在性的标准的，是经验而不是理念。

康德在观念论路线上的学说是在性格上与之很不相同的。理性不同于悟性，然而同样是不可或缺地包含在决定经验之中的。一切意识都是先于其部分并且决定其部分的整体之意识。我们不能假定，先是意识到被条件决定的东西，然后通过它的限制的消除，进而利用包含在这先行意识里的更积极的因素，来为我们自己形成一个无条件的整体的理念，像这样来说明上述的意识。无条件的这理念在性质上是有别于一切其他概念，而不能从这些概念而获得的，它必须是那可以称为理性机能的纯粹先验产物。使它看来好像是无意义的东西，乃是它的独特性。因为它是包含在一切意识之中，所以它就决定一切其他的概念；因而就不能用这些概念的话语来下它的定义的。除了在那理想之外，不能在别处来寻找它的意义，而没有什么经验，并且除它自身之外没有什么概念，对于那理想是恰如其分的。我们能够辨别表现与实在，就证明在这理想的形式上它是有其一种很实在而真正的意义的。因为分析到最后，上述的区别是以它为其基础的。限制的意识是预先假定有了在限度以外的东西之意识的；无条件的东西之意识是先于偶然所与的意识而且是使之有其可能的。因之无条件的东西之理念必须算为，像范畴一样，虽然方式有点不同，经验之成为可能之一种条件。我们真理与实在性的标准，是和它不可解开地结合在一起的[1343]。它以之详细说明自己的一些理念，远远不是依靠经验的证实，而是一种标准，我们依据来察觉感性世界的非实在性，而且在心中预示着更真实的一种实在，是对于纯粹理性的理想要求恰如其分的。

这两个观点在其后果上是极不相同的。每一个观点导致一种对于理念的内容很不相同的解释，导致它们在经验中的功用和它们客观有效性很不相同的解释。依一个观点，理念内容只是经验的，而感官经验是我们关于真理和实在性的唯一标准；依另一观点，理念必须承认为包含着一种纯粹先验的概念，其本身就是甚至经验的真实性所能唯一靠着来得到确定的标准。在一种情况下，它们是经验所投射出来作为它自己在经验上的指导之理想；它们是建筑在偶性的经验之上，而依靠经验才有其成为可想象的内容，同样地依靠经验才有其有效性。在另一种情况下，它们是经验所预先假定，既决定其可能性而又揭示其只是现象的性格。按照怀疑的见解，理性只涉及其自身与其自己主观上的要求；按照观念论的见解，理性是一种形而上学的机能，做出一切可能性的轮廓，可能是实践理性所能建立的。

大致说来，这就是辩证论的中心学说。这些学说构成一种非常有鼓动性和有启发性的批判学说的体系。康德的思维之力量和创见在《批判》一书中，没有其他地方能像这样得到其丰富的、强有力的、而又能说明问题的表达。前几节里经过煞费苦心地分析的积聚成果形成一种坚强而充沛的意义，使之对于甚至和康德最后的意图不表同情的人，都感觉到论证之极其令人感动。这继续发生的影响，在怀疑的路线上和在观念论的路线上一样，每每是通过很迂回的途径的，常常甚至在如斯宾塞尔这一类的思想家里，都可以发现的，而这些思想家会激昂地否认他们是从这样一种来源曾获得过什么帮助的。

康德关于辩证论诸问题的各种见解之历史与发展[1344]

我们现在进行考虑支持辩证论的中心部分——关于二律背反各节——来源较早的证据。耳尔德曼[1345]曾决定地证明,专心致志于二律背反的问题,乃是康德的见解在1769年发生的变革的原因,而在1770年的《论文》里得到其表达的。使康德认识到空间与时间的主观性的,乃是二律背反的存在。那就是说,这就使他发展重新出现在感性论结束的几节里和在分析论重写而发展的先验观念论的学说。在《论文》里,它就已经提供解决关于无限那个问题的线索。在那里主张的是,完结空间、时间和因果系列之不可能,因而不可能满足心之要求整体性、简单性和无条件性,并不使理性失去信用,而只有利于证明无限性这要素在一切情况下所从而发生的那些感性形式之主观性。

当康德体会到,思想的形而上学有效性或无效性必须决定,然后才能企图找到像二律背反所提出的那种问题的正面解答的那个时候,他的思维自然就转向到完全新的一个途径里去了(像他1772年2月21日给郝尔兹一信[1346]所证明的那样),而又因为在给郝尔兹那封信之后某一时期,休谟的影响重新起着作用,这一新的问题却被认为是先验综合的问题,于是一切关于绝对实在的性质的问题都变为次要的,就把优先权让给逻辑理论的那些问题去了。当二律背反诸问题再出现时,它们的讨论就采取批判的形式了。

在三个基本方面,康德在《论文》中处理二律背反是不同于《批判》一书之处理的。首先,对于整体性或绝对性之要求在《论文》中不是归于另外一种机能的。其实康德的话语好像表示有时他倾向于把它归于无限度的想象[1347]。其次,当各种二律背反追踪到完全由于空间与时间对于纯粹思想的影响,它们就放在一起来处理,而再不做出任何的分类。最后,虽然康德的话语是有些含糊[1348],而二律背反的蒙混性格大体上是被看为多多少少属于逻辑的性质的。那就是说,它是被看为完全可以避免而采取了一种真正的哲学观点时,就会“烟消云散的”[1349]。

《反思录》一书的许多内容透露了康德的各种尝试性的计划,通过对它们的试用,他想找到真正批判地解决无限性问题的办法。其理智的因素得着更充分的承认,因而就有了一种明确的分类。在找到范畴表之前一个时期,康德采用一种三分法,他称之为最初原理或先行假定——实体与偶性原理、根据与后果原理和整体与部分原理。《反思录》第二卷第578条是典型的。

“三条原理:(1)在现实的范围中,有实体与偶性的关系(拉丁文inhaerentia——具有关系);(2)根据与后果的关系(拉丁文dependentia——依存关系);(3)部分与合成的关系(拉丁文compositio——合成关系)。有三种先行假定:主体的先行假定,根据的先行假定和部分的先行假定;分开(康德自造的名词insition)的先行假定,从属的先行假定和合成的先行假定。因之又有三条最初原理:(1)主体,永远不是属性的;(2)根据,永远不是后果的;(3)统一性,本身不是合成的。”

同一意思的还有许多其他各条在《反思录》里面[1350]。得出的概念,下定义为限度[1351],又为绝对整体,而在《反思录》第二卷第1252条里则列举如下:

“第一主体;第一根据;第一部分。包含一切在其内的主体;以一切为其从属的根据;涵盖一切的整体,实在性,系列和平列的绝对整体。”

康德采用“绝对”和“整体”这两个名词表示他又已认识到有一个独特的观念(等于《批判》一书中的“无条件”),在内容上不同于所列举的三条原理,但却是它们所共同的。康德似乎从一开头便使用了理念这一称号。我们可引用《反思录》第二卷第 1243、1244 和 124(原书如此——编者)三条如下:

“理念是单一的、自足的、永恒的。我们灵魂的神性就是它能够形成理念。五官只能做出抄本或者应该说表现。”“理念是整体在其必然先于其部分的确定而言的表象,它绝不能在经验上表现出来,其理由是在经验中我们是从其部分通过相继的综合而到整体的。它是事物的原型(德文 Urbild),因为某些对象只有通过一个理念才有可能的。先验理念是那些理念,在其中绝对整体确定其部分为一集体或为一系列。”“形而上学本身是先验哲学应用于理性所提供的概念,而且是它所必需的,可是在经验中不能举出与之相应的对象的。因之概念必须提及超感性的东西。然而那无非就是那无条件的,因那就是理性的唯一理论的理念。[着重点在原文中没有的。]所以形而上学有关于:(1)只有其整体能表现为绝对无条件的东西;(2)事物之在其本身是感性上无条件的。第一部分是宇宙论,第二部分是灵魂的理性论学说,灵物学与神学。”

所以在这阶段上,康德好像主张严格称为理念的只有一个,而上述的三条原理只是按照实体与偶性、根据与后果、整体与部分这三个概念来详细说明它,这样得到的分类在某些方面比在《批判》一书所采用的分类还更令人满意。它把宇宙论的论证和因果性的范畴放在一起,这样就能使自由或者说自为原因的概念和神的存在之概念在其自然互相联系上来处理。它在整体与部分的范畴里又对于处理无限与有限、可分与不可分、复杂与简单那些二律背反的问题提供一个更适当的题目。然而在其把简单的这问题和实体这问题分开上,这分类仍然是易于遭受《批判》一书的分类同样的批评的[1352]。

这种分类,如我们已经说过,必是早于康德发现其范畴表的时期的。从它忽略了交互作用的范畴和把关系的其他两个范畴与整体和部分这单纯量的范畴结合在一起来看，那就十分清楚了。因为虽然最后一范畴也称为合成与平列，而在这些特殊几条反思中，它是完全按照量来设想的。当康德订出范畴的“形而上学”演绎时，他当然不得不改写这分类，而其改写为唯一的可能方式和他的建筑术一致的，就是以相互作用范畴来代替整体与部分范畴[1353]，而采用从相互作用与无条件的这理念结合起来作为等于神的存在这理念而获得的新题目。但是这样做法必然就把全部计划的次序打乱了。根据与后果这范畴失去其表达在宇宙论的论证之主要应用，而为要使它得到新的内容，康德就不得不把从前列为在被丢掉的整体与部分的范畴之下的种种问题强加在它上面。纵然如此，自为原因的这个问题不能取消，而它部分作为自由的问题、部分作为必然的存在之模态问题而重新出现。

把神学的理念和相互作用的范畴同一起来还有另一个后果。它把神的存在这问题带到无限问题范围之外，而使之有一种处理不同于康德如果把它联系着他自己的批判学说来发展时所自然会得到的处理。他被驱使去按照莱布尼茨与沃尔夫所曾订出的极端理性论的形式做出它的阐述，成为最实在的存在之学说。

在承认相互作用范畴而使之不得不有这种重新布置之先，康德似乎是打算把沃尔夫形而上学的全部体系放在二律背反的一般学说的范围里面。可分与不可分的种种问题、简单与复杂的种种问题，像它们那样引到莱布尼茨单子论基础上的先行假定的讨论，是有关于灵性的实体像关于物质的实体一样的。同样地，神学的主要问题应该是和从宇宙论推论到第一原因联系在一起，而又和空间与时间中第一次的开头之可能性的讨论联系在一起进行处理的[1354]。

在《批判》一书中专门讨论二律背反的各节，在许多方面是显出康德的别出心裁的。在其第三与第四两种二律背反的讨论中，这是特别明显的。自由与必然存在的种种问题并不是只在宇宙论的方式上来处理的，其实康德并不试图来隐蔽这些问题的心理学和神学含义。即使第一和第二种二律背反也有同类性格的显著关系。但是在标题为理性在这自相冲突中的利害关系这一节里[1355]，二律背反的更广泛意义才得到它最充分的表达。在其他两种可能的哲学类型，伊壁鸠鲁的和柏拉图的，那样具有启发性地对比起来，论证就完全超出它的宇宙论场面所替它规定的限界了。当我们看到论证的广博渊深，我们难免感到遗憾，康德未能遵照他原来的计划像这里所展开的[1356]那样，来阐述理性的内部矛盾，以一种概括而公允的方式，叙明使人类的精神平分其意向的两种权威的理由与要求，就是理智的和道德的那两种权威。一方面，科学有其知识的要求；而另一方面，责任感有其同样的命令式的规定。这样一来，唯物的哲学就会表现为理智价值占优势时所必然发生，而当道德的价值被认为是最重要而能够确定思辨的主张时，则观念论哲学是同等有力的。以这样互相冲突的独断论为其背景，批判的观点才更清楚地表示其广大而令人满意的性格；而且它的历史渊源，不但对于观念论，而且对于过去的怀疑派与唯物论者的关系才会以更适当的话语描述出来。然而事实上则反是，误谬推理和纯粹理性的理想两章里，几乎完全没有认识到所处理的种种问题有自然主义解答之可能，而康德便屈服于其当时与当代的陈腐影响——正是批判哲学一致发展起来所最后要摆脱掉的那些影响——以致几乎像英国的有神论者和伏尔泰以及卢梭那样，主张上帝、自由和灵魂不灭为心所必然要形成的概念，而且对于这些概念的有效性自然而然要相信的。其实康德在这里是按照他自己个人的历史来解释所谓“自然理性”的。他童年所受培养的基督教信念与沃尔夫哲学中与之相对的理性论思想，好像成了他的第二天性；而在他个人身上，这些信念和思想对于批判学说的发展所表示的抗拒，他自然地解释为这些都是理性本身的构造所硬加上去的证据。他把沃尔夫式的形而上学各部门变形为人心不可避免的各种幻象[1357]。

首先是把神学的诸问题从二律背反特有的“怀疑的方法”[1358]之范围

抽取出去。这是证据俱在的，例如《反思录》第二卷第 125 条[1359]说，“形而上学本身含有理性的宇宙论（拉丁文 cosmologia rationalis）和自然神学（拉丁文 theologia naturalis）”——理性的心理学像是仍然包括在宇宙论之内[1360]。至于什么考虑致使康德认为理性的心理学应受同样的处理，我们只能猜测。有一段时期，他仍然坚持着那原来的二分法，可是好像又有了另一种改变，把心理学从宇宙论又分开而把心理学和神学列为灵魂的理性科学之两部分。

“[形而上学有两部分：]第一部分是宇宙论，而第二种灵魂的理性学说是灵物学与神学。”[1361]

使康德决定以独断的非怀疑的方法来处理理性的心理学之一种因素，可能是这个方法使他多有机会来把心理学的学说和分析论的学说，特别和他的统觉这中心学说，联系起来。但是无论这决定的原因是什么，其结果通过抽掉了它的自然的内容之更重要的一半，是把第二种二律背反变贫乏了。这第二种二律背反再不能包括单子论的逻辑基础的讨论和它声言要提出关于灵魂的单纯性与不灭性之种种证明的讨论，所剩下来的只是物质单子论（拉丁文 somatologia pura）的讨论而已[1362]。如上文所指出，这种改变还有另一种可惜的结果，就是使康德不能认识到实体这范畴物理学上的应用。他所谓单纯的就是指实体的，然而他又不可以这样说；因为他的建筑术不许可。

我敢大胆地提出，康德用统觉的批判学说话语来解释理性的心理学，为时是早于他的先验幻象学说的。因为误谬推理一章在其初稿中像是没有提到后一种学说的[1363]。其中有几段考虑到它，但都明显是后来插入的。本来误谬推理很容易指出为先验幻象的典型例子，而在误谬推理一章中竟然没有提到这学说，这就更为值得注意了。事实上，二律背反和神学的理想都是不在同样严格的方式上符合其定义的。

先验幻象学说和理念之从三种三段论式演绎出来，其发生早迟这问题,大都是和康德在什么时候最后采用分析论与辩证论为其先验逻辑两大部分的名目这问题结合在一起的。从《反思录》看得很清楚[1364],康德起初很不确定他的体系的主要部分应该是什么。通常他称他整个学说为先验哲学,而在《反思录》第二卷第 123 条,他列举以下各部分:感性论、逻辑、批判和建筑术。这里所谓批判,康德所指的必定是在其他“反思”各条称为锻炼的,而最后他名之为辩证论。这样和锻炼等同起来的辩证论有时就是被看为方法论或工具论的一部分,其他部分则称为法规和建筑术[1365]。这早期的计划可表示如下:

- 先验哲学
  - 原理论
    - 感性论
    - 逻辑
  - 方法论
    - 批判,即锻炼[适应于《批判》一书的辩证论]
    - 法规
    - 建筑术

分析论和辩证论两名词不见诸这些反思各条里,所以可推论说,它们之被采用是和康德后来决定把形而上学各部门的处理列在他的逻辑同一个时候的;而那种决定大概是他在那中间的时期曾发展出来一种先验幻象的学说之直接结果。所以新的计划在其最后的形式上有如下表:

- 先验哲学 或称 纯粹理性的批判
  - 原理论
    - 感性论
    - 逻辑
      - 分析论
        - 概念的分析论
        - 判断的分析论
      - 辩证论——理性的辩证论
  - 方法论
    - 锻炼(保留下来但有一种新的而更一般性的内容)
    - 法规
    - 建筑术
    - 历史

这样把辩证论从方法论移到原理论中来,康德就必须要认定它包含有性格上类似分析论的学说之一种积极的学说的见解,而现在辩证论就和分析论平列了。如我们所已经指出,贯彻整个辩证论的基本对立是由于两种关于理性的见解之冲突,其一种见解是认为理性不过是悟性之在其先验的使用上这旧的见解,后来一种见解则把理性作为另外一种不同的机能,产生着有其积极而不可缺少的功用的一些概念,这种功用是不同于然而又类似于悟性的范畴所发挥的功用的。

阿的凯斯以大的说服力证明康德的逻辑建筑术经常影响着批判学说的内容,研究康德的学人,是受赐多多的,但在这点上似乎太过分依靠这种解释的方法。他坚持康德从三段论式的三种类型演绎出理性的各种理念是完全起源于这个出处而没有什么真正哲学意义之可言的。大致说来,这也许是如此,可是我们也不必因之而不体会到康德借口于这个逻辑机器而试图阐明的各种学理之重要性。我们已经看到,在发现这种演绎之前,康德已认识到无条件的这概念和它所通过而得到表达的三个理念这两者之间的联系。因为三段论式的形式是按照关系的三个范畴而区分的,这演绎就不妨碍康德之保留理念这种分类;而在把理性作为一种机能和推理作为一种逻辑过程联系起来的时候,那就找到一个极好的机会,来说明无条件性,即解释的完整性的要求之种种根据与意义。这种要求,正如他也及时认识到,是有问题的,因而就需要有其更精确的定义的。

形而上学的演绎性格上的矫揉造作,与其说是在于它从三段论式的直言、假言、选言三种形式得出无条件的三个理念——无条件的实体、无条件的因果作用、无条件的体系——毋宁说是在于它进而把这三个理念和自我、世界与上帝等同起来。无条件的实体这个理念除在理性的心理学中予以运用之外,还有许多可能的用途。无条件的因果作用这一个理念固可以宇宙论的话语来设想,然亦可以心理学或神学的话语来设想。事实上,康德自己常常是把它和自由这概念同一起来,例如在第三和第四种二律背反里面,又如当他列举理念作为上帝、自由和灵魂不灭的理念的时候[1366]。同样地,体系这一理念是唯物论的有鼓动性的原理,而且在斯宾诺莎那一类哲学里比在沃尔夫派的最实在的存在(Ens realissimum)的这观念里找得其更充分的表达。但在这阶段上,进一步来评论实际上是无好处的。这些都是最好在论证过程中当它们出现时才加以讨论的一些问题[1367]。

康德并把他的逻辑建筑术推进一步。他不满足于把理性的三个理念和在三种三段论式基础上的诸范畴联系起来,他还企图把每一个理念的各种不同的特殊应用按照范畴表的四部分的话语来进行组织。他老是运用那一套横蛮的方法,他在心理学和宇宙论的理念之情况下是成功了。有四种误谬推理,四种二律背反。可是当这种企图在神学的理念上失败时,他聪明地避免道歉或解释。从《反思录》第二卷第 1573 条可以看出,这失败并不是由于愿望的缺乏或努力的不够坚持,因为这条反思是好像记载着要得到神学的理想满意的接合之无补于事实的企图。如果他足够地下定决心,无疑是可能做出某一种的四分法之划分的;可是康德之醉心于建筑术的计划也有其限度的。很难看到如何能贯彻这种安排而不严重地打乱其论证。

阿的凯斯曾提出过这种意见[1368],认为悟性的机能和判断的机能区分开来是在康德成功地找到理性这另一种机能为理念的起源之后,而且这区别是其所暗示的。为要有先验逻辑与形式逻辑的完全平行,这样的一种区别是需要的。阿的凯斯这种猜测可能是正确的。原理的分析论的内部证据看来是支持这种猜测的。正如我们曾有过机会来指出[1369],按照其话语来订出悟性与判断的区别的图型学说,就其出现而言,是较晚的[1370]。这个区别在性格上是和悟性与理性的区别一样矫揉的;虽然像后一种区别一样,它提供康德以一种方便的轮廓来安排真正的批判材料,它也倾向于掩盖住其真正关联的更朴素和更内在的结合。

导 言

甲 先验的幻象

辩证论是幻象的逻辑[1371]——我们已曾考虑过康德给予辩证论这名词的意义。上文从他的《逻辑》一书所引用的一段[1372]指出他认为历史上这名词具有的意义，即是争辩的一种诡辩技术，在真理的伪装下，利用一种似乎满足了严格的逻辑证明之要求那种形式，把虚假的原理提出来，这种历史出处的不正确用不着来指出了。康德声言[1373]是按照他同时代的人这样使用这名词作为一种名目来处理虚假的理论的。但是甚至这说法都必须加以诘问。阿的凯斯考查过许许多多的十八世纪教本之后报告说[1374]，他发现这名词所出现的六段文字里，没有这样用法的。在梅耶尔的著作里，它是用为可能性的推理的理论一种名称[1375]，而在鲍姆嘉尔顿的著作里，它只在形容词形式上出现为等于诡辩之意思，这最后的用法是最接近于康德的定义的。所以一切历史上的考虑都可置之不理。我们只须考虑康德认为是应给与这名词的特定意义。他是以最自由的方式把它适应于他的体系的需要的。在 A61 即 B85 上面，像在他的《逻辑》一书里一样，他只在消极方式上下它的定义的。他现在小心地说明它所处理的种种问题的更积极的各方面。虽然定义是幻象的逻辑，与它关联的一些蒙骗性的推论在其性格上是十分独特而极其有意思的。像上文所指出[1376]的那样，必须把它们从逻辑的幻象和经验上的幻象区分开来。它们在人心的基本需要中有其根柢，而认识到它们虚幻的性格并不至于不需要来正面解释它们的发生和对于它们作为制约性的理想的实践上作用做出批判的评价。

A293即B349——关于幻象与错误的联系,参看B69和上文第148～153页。

A295即B352——逻辑的、经验的和先验的幻象。参看上文第13,427～429,又437页。

A296即B252——康德在这里以一种很非常的方式下先验的和超越的两词的定义。他说这两词不是同义的。纯粹悟性的种种原理只是在经验上有效,因之在经验限度之外不得有其先验的使用。一条原理当它不只除去这些限度,而且规定要越过它们时,就是超越的。

乙　纯粹理性是先验幻象之所在处[1377]

(a)一般的理性

理性,像悟性一样,有二种用法:形式上的或称逻辑的用法和实在的用法。理性逻辑的用法是在于间接推理,其实在用法是在于概念与原理的产生。可见理性是一种逻辑的机能而又是一种先验的机能,因之它的逻辑种种功用可作为先验的那些功用的线索是当然的。接着下面的论证是极其模糊的。正如康德自己指出,这是一种区别在逻辑名词上的预示,而在现阶段上不能作充分的陈述的。这个区别可加以扩充而概述如下。理性以其一般作为包括两种的活动而言,是原理的机能有别于悟性,而悟性乃是规则的机能[1378]。原理,严格地说,是绝对先验的。因之含有直觉成分的普遍性不得与严格意义上的原理同列。称它们为规则更为适当。一条真正的原理,是关于包括在它下面的一切特殊,能提供知识的,而且能从它自己内部的蕴藏提供这种知识,那就是说,通过纯粹的概念能这样做。换言之,它产生先验综合的知识,然而这样做时,它是不依靠任何所与的经验的。可是,如分析论所曾证明,通过悟性所获得的知识,无论是在数学里或者在物理的科学里，绝不是这种性格的。这种知识的各种原理，纵然是起源于纯粹直觉或起源于纯粹悟性，只作为可能的经验之条件而有效，而且只适用于一种感官知觉前后关系中发生的那种对象。那就是说，悟性绝不能通过纯粹概念而获得综合的知识。例如，虽然它规定凡发生的东西必有其原因这条原理，而那条原理不以它所包含的概念来建立自己，而只是感官经验之可能性所必需的一种先行假定。可见，严格意义上的原理，如果现实上存在，则必然是由于不同于悟性的一种机能而来，而且需要一种演绎，其性格是不同于范畴的演绎的。

在本节最后一段的上一段里，康德指出他所预示的学说。悟性的种种规则应用于表现，规定凡一切经验必需的统一性所能被获得的种种条件。理性的各种原理则不同。它们不是直接应用于表现，而只应用于悟性，规定悟性的活动必须遵照的标准，如果想要得到完全统一起来的经验。悟性的规则是空间与时间中客观存在的条件，而严格意义上的原理是使理性和其自身协调的绝对性与整体性能获得的标准。理性为从它自己固有的性质出来的原理所确定，就规定现实的东西应该是什么；悟性按照表达可能的经验之种种条件的规则而进行，只能产生关于在感官经验过程中发现是存在的东西之知识。理性的统一性是理想的；悟性的统一性是经验的。原理是由理性的自我确定而来；悟性的规则表达感官的不得不如此的确定。前者要求有比后者所能获得的更完善更完整的统一性。从《活叶集》引用两段将能帮助我们明确这区别。

“有原型的综合而又有模仿的综合。原型的综合是……原本的、先天的名词(拉丁文 simpliciter, a termino a priori)……模仿的综合是第二性的、后天的名词(secundum quid, a termino a posteriori)……理性从普遍到特殊，悟性从特殊到普遍。……其第一个是绝对的而属于理性自由的或形而上学的用途,而又属于道德的用途。”[1379]“纯粹理性的综合的种种原理都是形而上学的……[它们]是通过理性的知识的主观统一性之原理,即理性和自己相一致的原理。”[1380]

这节主要的兴趣是它清楚地表明康德这样订出规则与原理之间的区别时,自己认定的双重观点,后一观点的不可缺少性是康德准备坚持的,而指向着它们的根据与有效性的观念论解释;另一方面,它们只从概念得出而不涉及经验或以经验为基础,从分析论的学说看来,是使康德认定从怀疑论来看待它们的客观有效性的。在上面的说明中,观念论观点的意味不是绝对没有;但是,整个说来,是怀疑的观点占优势的。理性的各理念,只能作为经验的圆满所需要而有其正当的理由可说,而不是作为经验本身的条件。它们表示对于达到统一性的主观兴趣,而不是客观存在的可能性的条件。

“[民法]不过是加在我们自由上面的限制,以使自由得完全与自身协调的;其在这里所指向的,乃是完全我们自己所为,而通过这些概念,我们自己就能做它的原因。但是说对象自身,事物的本性,须服从原理,而且须依据单只概念而确定,乃是一种要求,如果不是不可能,至少亦与常识大相径庭的(德文 widersinnisches)。”[1381]

(b)理性的逻辑的用法[1382]

在这条款里,康德采用了悟性与判断的分别,这是他在 A130 起即 B169 起所想要说明其理由的,指出推理确定其大前提(由悟性而来的)和小前提所明确的条件(由判断的机能而来的)两者的关系,他便声言得到正当的理由来把推理之可能各种形式按照关系的三种范畴来分类,再加上这一般的意见说,理性在其逻辑的用途作为推理而言,其意图乃是通过一切杂多统摄于尽可能少数的普遍之下,达到尽可能高度的统一性。

(c)理性的纯粹用法[1383]

康德在这里说出辩证论所要决定的两者必取其一的选择。理性只是形式的，把所与的材料按照统一性的既定形式来安排，抑或是种种原理的出处，规定比任何现实经验所揭示的更高的统一性呢？康德断言，进一步考查其形式的和逻辑的进程就使我们不得不采取后一种立场；而同时又指出那些原理是必须如何解释的，即作为主观的规律，它们不适用于对象而只适用于悟性的种种活动。

首先，三段论式不是直接和直觉有关，而是只和概念与判断有关的。这可以理解为指出纯粹理性和对象的关系只是间接通过悟性与其判断的。其追求的统一性是高于任何可能的经验之统一性的，它是一种必须有待于构造的统一性，而不能是所与的统一性[1384]。

其次，理性在其逻辑的使用上追求其判断的普遍条件；当这种条件不发现于大前提时，就进行通过一系列的后退式先行三段论式来发现它。在这样做时，它明显地为一种原理所确定。这原理是表达理性在其逻辑的用法时所有的一种特别功用，就是，为着有条件的悟性的知识之缘故，那种知识在其中可以找着其满足的无条件之统一性必须被找寻出来。这样的原理是综合的，因为从有条件的东西的概念之分析，可以发现它对于条件的关系，但绝不能发现它对于那无条件之关系。那是一种观念，完全在悟性范围之外，因而需要有另一种研究。上述的先验综合的原理既不能在悟性中找出其出处，那么如何说明它呢？它是有客观的有效性呢，还是只有主观的有效性？

最后，有什么其他综合的原理可以以它为基础呢？这些就是批判的辩证论所要提出答复的问题。这辩证论将为两大部分所组成，“纯粹理性的先验概念”之学说和“理性的各种超越的和辩证的推理”之学说。

第一卷 纯粹理性的概念[1385]

这里对从反思所得的种种概念和从推论所获得的种种概念两者所作的区别，是一种表述下述事实的有点容易引起误解的方式，悟性的诸范畴是决定经验，因而是使一切反思所必需的意识之统一性有其可能的条件，换言之，是对于推论所提供的材料的条件的，而理性的诸概念是一些理想上的构造，虽然在某种意义上是以经验为其基础，然而仍然是超出经验之外的。理念的功用是要组织以整体而言的经验；范畴的功用是要使组成其内容的感官知觉有其可能。前者以无条件的为其准据，虽然凡一切被经验的东西都必隶属于这一概念之下，可是它所代表的是一种类型的知识，没有现实上的经验能在任何时候满足其条件的。

推论所得的概念(拉丁文 conceptus ratiocinati)——用以推论的概念(conceptus ratiocinantes)。当先验概念具有“客观的有效性”，它们就是正确推论出来的，而且可称为推论所得的概念。另一方面，如果它们只是由于诡辩的[1386]推理而来，它们就纯然是虚构的，是用以推论的概念。这种区别引起许多困难。康德的本意不是要否认推论所得的概念是“单只理念”(entia rationis)[1387]——因为这是他所承认而不变的争点——或者得出它们的推论是辩证的而以先验幻象为其基础的。有两种可能来说明他的本意。他可能是说，只有这样的推论的结果是批判地重新加以解释，且理念的功用被认为只是制约性的那个时候，这些先验概念才是有效的；否则他的本意可能是要把严格称为理念，原是理性的不可避免而有益的产物，从思辩思维的许多无根据而多余的虚构分辨开来，康德结束的话，说争论的问题只能在后一阶段才有适当的讨论，可理解为一种道歉，因为这些尝试的说法不够严谨，同时又作为向读者的预告，请不必太过坚持这些说法。原文 ratiocinati（推理所得）和 ratiocinantes（用以推论）这两个分词[1388]的拉丁语法是有问题的。这里硬加在它们上面的意义的区别是在任何其他作家所未见而大概是康德自己所杜撰的[1389]。

第一节　一般的理念[1390]

康德把他理念这名词的用法和柏拉图使用它的意义联系起来。他劝告哲学的一切真正爱好者们，务须认识到把哲学各部门最为其存在本身有关而不可或缺的一种区别，从滥用中拯救出来这种刻不容缓的需要。

“在柏拉图，理念乃事物本身之原型，非以范畴之型态仅为可能的经验之枢纽者。以柏拉图之见解言之，理念乃自最高理性发生，自此源流成为人类理性所分有……柏拉图极知吾人之知识能力，在仅依据综合的统一以缀合现象[表现*]，俾吾人能领悟此等现象[表现]为经验以外，尚感有遥为深远之需要。彼知吾人之理性自然崇高其自身以形成远超经验领域，即并无一所与之经验对象能与之相应，但仍须认为具有其自身之实在性，而绝非空想之知识。”[1391]

柏拉图主要是，虽不单独是在实践范围中，发现这些理念，当道德标准成为问题时，经验是幻象之母。

“世实无较之庸俗陈诉于所谓与理想相反之经验云云，于哲学家更为有害更为无价值者。盖若此等制度在适当时期已依据理念建立，且若此等理念不由消除一切善意之粗朴概念（正因其自经验引来）所更替，则此种与理想相反之经验绝不存在。”[1392]

甚至在自然的领域中，其本身永远不是充分体现在现实的那些理念亦必须认为当然而假定才能说明现实。存在的某些形式“只依据理念才可能的”。

---

*　德文 Vorstellung 旧译为“现象”，本书译为“表现”。——译者

“一植物、一动物以及宇宙的有序排列——乃至整个自然界——皆明显展示彼等唯依据理念而可能者，且虽无一生物在其个体存在之情形中与此一种类中之最完全之理念相合，正如任何人不能与其心中所有视为其行动模范之人性理念相合，但此等理念仍完全在最高悟性中规定每一理念为一个体，为一不变之事物，以及为种种事物之根本原因。仅有事物之总体——在其构成宇宙之交相联结中——完全适合于理念。”[1393]

虽然康德声明其本意是自由地把理念这名词适用于他的更批判的观点之种种需要，而这一切考虑是使他使用这名词之意义更为丰富、更为多样性的。

我们可引用几条反思和《形而上学讲义》中几段，来证明康德早期使用这名词是完全按照柏拉图的意思的，并且说明它如何逐渐适应于批判的要求。

“理念是知识的统一，通过这知识的杂多或对象的杂多才有其可能的。在前者之中，知识的整体在其部分之先，普遍在特殊之先；在后者之中，对象的知识在其可能性之先，例如在‘具有’秩序与完善性的‘对象’。”[1394]“说一个对象只通过一种知识的形式才有可能，是令人惊讶的说法；但是一切目的性的关系都只通过一种知识的形式（即概念）才有其可能的。”[1395]“理念是单一的（拉丁文 individunm）、自足的、永恒的。我们灵魂的神性是它能够形成理念。感官只能提出摹本，或者应该说形象（拉丁文 apparentia）。”[1396]“上帝的悟性既然是一切可能性的根据、原型、理念，都是在上帝里面……神的直觉之中有我们自己依据之而成为可能的诸理念；神的认识是原型的认识（cognitio divina est cognitio archetypa），而神的理念是事物的原型。人类悟性所具有与之相应的知识之形式亦可称的原型或理念（在一种比较的意义上）。它们是对于事物做出判断时有用的悟性之那些表象。”[1397]“以其是必然在确定其部分之先而言，理念是整体的表象。它不能表现于经验，因为在经验中，我们从各部分通过相继的综合而到整体。它是事物的原型，因为某些对象只通过理念才有其可能的。先验理念是那些理念，在其里面绝对整体确定其各部分为一集体或为一系列。”[1398]“理性的纯粹概念没有什么模范（拉丁文 exemplaria），它们本身就是原型。但是我们的纯粹理性的概念有这理性本身为其原型，因而是主观的，不是客观的。”[1399]“先验理念用来限制经验的各原理，禁止它们扩充到物自身，表明绝不可能成为经验对象的东西不因之而是不存在的（德文 Unding），而且经验以其自身或理性而言是不足够的，而总是要使我们涉及到在它以外的东西的。”[1400]“悟性的概念之用途是在经验之内，而理念作为对象的概念是超经验的。可是作为人们知识的完成与其限制的制约原理而言，它们从批判上看又是在经验之中的。”[1401]“形而上学的种种困难都发生于要把经验的原理和理念协调起来。后者的可能性是不能否认的，但又不能使之在经验上可以理解。理念绝非一个所与的概念（拉丁文 conceptus dabilis）；它不是在经验上可能构想的。”[1402]

康德附录[1403]以下各种各样的表象之名称的一种梯式的分类。表象（德文 Vorstellung）是一个名词用来替代笛卡儿和洛克的理念这一名词

表象（德文 Vorstellung，拉丁文 Represesentatio）不管有无意识的

- 知觉＝有意识的表象
  - 客观的＝知识（德文 Erkenntniss）
    - 概念（德文 Begriff）
      - 纯粹的
        - 理念（德文 Idee）又称理性的概念［康德在这里说，是从观念形成的，但超出经验的可能范围的］
        - 观念（拉丁文 notio）［＝悟性的范畴］
      - 经验的
    - 直觉（德文 Anschanung）
  - 主观的＝感觉（德文 Empfindung）

的使用,而理念则保留到现在用于其真正的柏拉图的意义上。以康德的见解而言,称红颜色这类表象为理念是不可容忍而野蛮的办法;那种表象甚至不是悟性的一种概念。

第二节　先验理念[1404]

这一节结束理念的形而上学的演绎。在上几节里,谈到理性的逻辑用途和纯粹用途,康德曾指出理性是按照这一条原理进行的,就是为着悟性的有条件的知识,必须找到完成它的无条件的东西。这条原理是综合的,包括有超出悟性之外的一个概念;而理性在其逻辑用法上既然只是形式的,那个概念在其创造性的或者说先验的活动上必须是由理性而来的。在我们面前的这一节里,康德从三种三段论式演绎出这样一个理性的理念能出现的三种可能的形式。如已指出,这演绎是完全矫揉造作的,而掩盖了康德实际上获得理念的方法,那就是通过无条件的那独特的概念和关系的三种范畴结合起来。这演绎是基于一种极其巧妙的方法把理性在其演绎推理的逻辑功用类比于它在规定无条件的整体的理想之先验程度。在三段论式中,是说明结论的宾词,如何按照在小前提所说出一种在其普遍性上的条件和结论的主词联系起来的。例如,如果结论是:卡乌斯必有死,而在构成需要来建立这一结论的三段论式时,我们寻找一个包含有能得出这宾词的条件——这里就是“人”这概念——而把那条件在其普遍性上陈述出来:凡人皆有死。然后卡乌斯便统摄在这大前提之下,卡乌斯是所处理的对象,因此结论是:卡乌斯是一个人。这样间接地,由于谈到其普遍的条件,我们得到卡乌斯有死这知识,预先陈述的普遍性在结论中限定于一个指定的对象。可是在直觉的综合中,相应于一条逻辑的前提之普遍性(universalitas)的就是条件的全体性(universitas)或总体性。因之以逻辑的程序作为其关键的理性之先验概念不过就是任何所与有条件的东西之各条件的总体，而条件的总体既然等于无条件的，后者必须理解为理性的基本概念：我们把无条件的设想为凡是有条件的的东西之综合的根据。但是关系有三种，因而理性的概念想要实现求得无条件的要求就有三种的形式：(1)通过主体中直言的综合，(2)通过一个系列的各项之假言的综合，(3)通过一个体系的各部分之选言的综合。与此三者相应的有三种三段论式，即直言三段论式、假言三段论式和选言三段论式，在其每一种中，思维都是通过后退的一系列的先行三段论式而追溯到一个无条件的东西：其第一种是到达一个概念，总是代表一个主体而绝不是宾体的；第二种是到达一个先行假定，其本身并无进一步的先行假定；而第三种则到达这样一个集体是划分的各项之集体完成其划分的。可以看到，在这个证明里，其无条件的这概念之三种逐个说明，实际上乃是直接得之于关系的诸范畴，至少是得之于关系的诸判断，而不是得之于与之相应的三种三段论式的。

总体性和无条件性，理解为等值时，就变为和绝对是同义词了[1405]。可是这最后一个名词，尤其是理解为立下可能性与必然性的定义时，是含糊的。绝对可能的其所指可能是在其本身，即以其内部的内容而言，是可能的；又可能是在一切方面和一切关系上都是可能的。这两种意思变成联系在一起，多半是由于内部不可能的是在各方面都不可能的这一事实。然而，在其他方面，这两种意思是大相径庭的。绝对的必然性和内部的必然性性格上是很不相同的。例如，我们不得论证说，绝对必然的之反面就必是内部不可能的，因之又不能说，绝对必然的终究归结为一种内部必然的。考查就证明在某类型的情况下，不能以丝毫意思加于“内部必然性”这短语的。我们既然有了内部和逻辑的这两词来表示必然性的第一种形式，那就毫无理由把绝对这词用在除广义以外的意思上。康德坚持那是它的原来和正当的意义。理性的概念所指的绝对总体性是在各方面都是无条件的那种完整性的形式。

在 A326 即 B383 上面，康德陈述的方式是强调理念和关系的诸范畴之联系的。他认为理性“是要设法把范畴中思维到的综合统一性扩充到绝对无条件的那里去”。各理念所能具有的积极内容是在于它们表明要统一的经验；只要它们超出经验的范围而指向着经验上不能达到的一种理想上的完整，它们就是指悟性不能有什么概念的东西。然而它们在这种绝对而超越的形式上出现是必需的，因为不然的话，悟性就会没有什么刺激，没有什么指导。虽然只是理念，但它们却不是任意的，也不是多余的。它们制约着悟性在其为自己的满足而在经验上追求它所需要的那系统的统一性。

在 A327～328 即 B383～384 上面，以同一的理由来称理念是先验的又称为超验的，就是说，它们既然超过了经验，就没有通过五官能得到的对象是和它们相应的。但是在这两个名词涵义所包含的意思里面像是仍然有一种差别的。由于为理性的性质本身所规定，它们是先验的；以其逾越经验的限界而言，它们是超验的。康德在本段里使用主体与对象这两个名词也是有点令人不得其解的。“对象”在其形而上学的意义上使用只从批判前的“论文”之观点来看才是恰当的，意思是通过纯思维所了解的存在。“主体”这名词也得着与之相应的批判前的涵义的。“理性只是思辩的用途”这另一短语是有点令人误解的，即使我们认识到在康德那里，思辩的和理论的是同义词，也是如此；我们指望他说的是“在其正当的或批判的或指导性的功用上的理性”。然而康德原意所指的是够清楚的。当我们说一个理性的理念只是一个理念时，我们所想的是它能在经验上证实的程度。我们肯定说，它规定经验所能接近而永远不能达到的理想。它明确了“没有解答的一个问题”。可是另一方面，在道德的实践领域中，理性的理想则绝不能因之这样来描述。纵然只能部分实现，而它是真正现实的。即使不完全体现它的那些行动仍然先行把它作为不可或缺的条件而假定的。所以,如康德所指出,理性的先验概念只是理想这说法需要加以限制的。第一,它们并非“多余的,空洞的”。它们为悟性有效的使用提供一种法规。其次,它们可能被发现为使那从自然的概念过渡到道德的概念有其可能,因而把实践理性的理念和思辨思维的种种原理联系起来。读者可能又一次看到康德使用理念这词的真正柏拉图思想的性格。

在 A330～331 即 B386～387 上面,康德回到形而上学演绎的问题上来,而分析三段论式推理的性质。这分析不同于 A321 起即 C377 起上面的分析,只在于它强调说,当结论在现实上有效时,需要来成立它的各前提之总和可以假定为也是在现实上有效的,而且当那些前提完全在意思中包含着的先行三段论式里说出时,它们形成一个后退的系列。像这样,康德力求把逻辑的过程和先验的原理紧密地联系起来,这先验的原理他现在明确地订出如下:当有条件的是所与的,一直到无条件的一系列的条件也同样是所与的。先行各条件的系列可能有一首先的项,亦可能没有这样的一项。无论如何,它可看作是无条件的,在一种情况下,由于它的无条件的开端,在其他一种情况下,在于它的性格是无穷的而因之是无限的系列。在这种或那种形式上,理性要求无条件的要被承认是在一切有条件的基础上,而且决定它们的[1406]。

第三节　先验的理念之体系[1407]

理性的三种理念,按其从三种三段论式而得出,现在就使之和表象所有的三种可能的关系联系起来:第一,对于思维的主体之关系;第二,对于作为表现看的对象之关系;第三,对于思维的一般对象之关系。康德论证说,理性力求达到的完整的总体也是同样地有三种。理性追求:(1)关于其构成内部经验所知道的主体方面,一个自我或灵魂的表象,是能使凡内部生活所特有的东西成为完全可理解的;(2)关于所知的对象方面,一个现象世界完整的总体之概念,即宇宙;(3)关于所知的主体和所知的对象最终综合方面，一个这样一切存在事物的概念，能使心与外物在一个经验里的合作是可以理解的。像这样，康德声言获得其先验的正当理由来把形而上学知识三分为理性的心理学、理性的宇宙论和理性的神学。思维的主体之绝对统一性为心理学所处理，一切表现的总体为宇宙论所处理，包含着一切能被思维的事物之可能性的条件之存在为神学所处理。

按这样来进行，康德是假定无条件的实体和无条件的必然性这两个概念只能以心灵论的和神学的话语才能解释的[1408]。这假定是正面和哲学史所记载的相冲突的。绝对常常是以唯物论来下其定义的，而且如康德自己所承认的，我们不能证明思维的主体不可为自然所决定。建筑术又一次起着其有害的作用。其实这论证之缺乏说服力是这么明显，康德也注意到这缺点[1409]，而且许诺在下面要加以纠正的。这诺言他不能履行。他所能提出的其他种种理由都属于同样的表面上性格的[1410]。

“关于这些先验的理念，严格地说来，不能像我们能给与诸范畴那样，有什么客观的演绎之可能。”[1411]正如康德以“严格地说来”这短语所表示，这说法是有其修改的必要的。他自己订出了理念的一种先验的演绎，作为制约经验的一些原理[1412]。康德这里称为主观的，从三段论式三种形式的演绎，正当地应该名为“形而上学的”[1413]。

第二卷　纯粹理性之辩证的推理[1414]

第一章　纯粹理性之误谬推理[1415]

理性的心理学既不能把表现和物自身分辨开来，就只能把统觉和内部感官同一起来；自我在经验到它的内部状态之相继中，便认为获得了关于它自己本质的知识。“我之作为思维而言是内部感官的一个对象，而称为灵魂”，和外部感官对象的身体对立起来。经验的心理学所处理的是内部经验的具体详情；理性的心理学则从一切这种的特别经验抽象出来，其实从一切经验的东西抽象出来，声言以其学说建立在单一个判断、“我思”之上。那判断我们结合在经验范围里面的综合先验判断之可能性问题已经研究过。我们现在要把它作为关于自我是一个思维之物（德文 ein denkend Wesen）或灵魂（德文 Seele）的知识之可能根据来考虑。

康德跟着范畴表的指导线索，但在这关系上把种种范畴按他认为是最方便的次序进行安排，就得到理性的心理学的一切学说可能有的规程之“梗概”或者说类别：（1）灵魂是实体；（2）灵魂是单纯的；（3）灵魂是数目上同一的；（4）灵魂是和空间中可能的各对象有其关系的。康德主张，这四种学说都是不能有其证明的。理性的心理学所提出的证明都是逻辑上不完善的，犯了逻辑的谬误，在术语上名为误谬推理[1416]。然而这谬误在其性格上不只是逻辑的而已。如果是的话，它绝不会像那样流行。一定没有深沉的思想家广泛接受的形而上学的科学会变为以它为基础。误谬的推理性格上是先验的，以先验的根据为基础。它所代表的一种幻象是从任何非批判的观点看来完全不可避免的。它的辩证术是一种自然的辩证术，为经院所曲解，但不是经院任意杜撰的。先验演绎的结果才第一次提供正当处理它的锁匙。我们现在就得要应用这些结果来说明种种误谬推理之发生和判定它们的虚伪要求。在这章中很少真是新的东西；但许多为分析论所建立的结果得到饶有兴趣的例证，因而使人看得更为清楚。

在理性的心理学里面，“我思”是在其普遍形态上，用康德的多少令人误解的名词来说，在其可能的形态上来理解的，那就是说，它不是表示自我自身的存在之一种判断，而是“只在其可能性上”来说的[1417]，代表着一切可能的思维者之自我意识的。我们既不能通过外部经验而得到思维者的一种表象，就不得不以我们自己的自我意识之话语来思维它。这样一来，“我思”是作为一个全称判断来理解，作为表达属于一般思维者的概念的东西的。理性的心理学解释这判断的方式是“要看看什么适用于其主体的述项(不管那主体在现实上是否存在)能从这么单纯的判断中流露出来”。

在总结先验演绎的论证中凡是直接有关的东西的时候，康德强调说，这我之作为表象，是完全没有内容的[1418]。

“我们甚至不能说它是一种概念，而只能说它是伴随一切概念的光只意识。通过这个思维的我或他或它(事物)，所表现的不过思想的先验主体=x……”

它只能在其对于是它的述项的思想之关系上才被了解；离开这些思想，我们不能关于它形成任何概念，而只能在一种无穷的循环里打转，因为任何对于它的判断都已经利用了它的表象[1419]。

《批判》一书的杂凑性格，其各部分相互联系的矫揉性质，没有别处是比误谬推理这一节里更为明显的。按照所已做出的先验幻象的定义，我们自然是指望康德的论证会指出误谬推理是基于其不能把表现和实在分辨开来。事实上，这些推理谬误的原因，在头三种误谬推理中，只能追溯到它的不能分辨范畴的逻辑用途和实在用途。其实这论证可以予以重述而使之和辩证论的导言几节相一致的。但是康德阐述误谬推理的方式，表示这一章原来写作时，是没有什么意图来发展像《批判》一书最后所安排的这几节所要导致的那种学说的[1420]。

第一误谬推理：关于实体性[1421]。——除“主体自身”这短语外，康德关于这误谬推理的评语中，并没有一字谈到分辨表现与实在之必要，而只坚持“我思”关于思维的自我并不产生任何知识。自我的意识和它基础上的实体之知识并非同一的。自我以其进入意识而言，只是一个逻辑的主体;其基础上的实质是这自我意识与其他一切思想所自来的。康德是从这种区别看,来讨论主体的实体性的。实体与属性这范畴,以其表达“我思”而言,只是用来明确意识对于其思想的关系,它只表达主体对它的述项的关系。它关于“我”的性质并不告诉我们什么,只表示它是一切思想准据的不变中心。如要知道这自我是实体,能在一切变化中而乃至死后永恒存在的,我们就得要有关于它的一种直觉,而在“我思”中毫无这种直觉的痕迹。它“只在理念中,而不是在实在中,意味着一个实体”[1422]。正如康德在后面所加上说[1423]自我表象的永恒性和自同一性并不是正当理由来论证说,其基础上的各条件也是永恒而自同一的。从表象的性质推论到所表现的对象之性质,是完全非法的。这第一误谬推理的伪推理之谬误是在于把两者等同起来,而不是像辩证论的导言所叫我们指望那样,在于未能把表现从实在分别开来。

第二误谬推理:关于单纯性[1424]。——我们可以依照阿的凯斯关于A351～352的分析[1425]。(a)和第一误谬推理的批评平行的原有批评,似乎是在第五至第九段里。(b)开始的几段和(c)结束的几段似乎是独立的,后来所附加的,其理由见下文。

(a)当中几段的论证几乎恰恰是和第一误谬推理的批评平行的,在反证灵魂单纯性的冒充论证时,是用同一的思维路线的。顺便可以指出,康德在这里离开了他的范畴表。在那里没有单纯性这种概念的。他想要建立单纯性的概念和质的范畴之间的联系是牵强的,它和统一性的范畴联系较为自然;但统一性的范畴是第三误谬推理所需要的。关于他如何把单纯性的概念和实在性的范畴等同起来的说明,康德满足于叫读者参看第二种二律背反一节,在那节里是有同样的同一关系的[1426]。其实这里讨论的单纯性似乎很难区别于实体性,因而康德对于第二误谬推理的批评实际上是和第一误谬推理的批评一样是不足为奇的[1427]。“我”作为思维的逻辑主体，既然只是指一般的某东西，而并不体现关于这某东西结构的洞见，因之它是完全没有内容，所以就是单纯的。“主体的表象之单纯性不因之就是关于主体本身的单纯性之知识……”依康德的见解，第二误谬推理是这样虚伪地从主体在表象上的单只逻辑统一性，论证到主体本身在现实上的单纯性。

(b)把头四段作为一种后来附加的来看，其一种理由就是它们开始便提到辩证论的头几节，而本章在别处很少或完全没有考虑到这几节。康德声言这误谬推理乃是“灵魂的纯粹学说中一切辩证的推理之阿溪里斯(Achilles)”，意思是说，它好像是牢不可破的一种论证[1428]。

“它不仅仅就是教条主义者创制的一种诡辩的把戏为着给予他的种种说法以一种表面上的似真性(德文 Schein)，而是一种推理，看来是能经得起甚至最尖锐的审查和最谨严的精密研究的。”

第二段是这第二误谬推理的一种主要支持的论证之直截了当的复述，这论证很配得康德以之介绍它的颂赞。它是像下面这样的。意识的统一性不能解释为自一些独立的实体之合作而来的。像物体中运动的结果那种只是外来的结果可能是其各部分的结合运动之合成结果。但是思想则不然。因为如果思维者看作是合成的，而其不同的表象，例如一句诗的单字，设想为分布在好几个部分里，其结果会是许多各别的意识，而使其单一复杂的意识、整句的意识，变为不可能的。所以论证所说的是，意识是不能依存于合成的东西的。灵魂必须是一种单纯的实体[1429]。

既然在这论证中没有提到“我思”，这批评不能是指第一误谬推理而言，也不能是指这第二误谬推理的中间几段而言。康德的答复——像在第三种第四段所做出的那样——实际上是叫读者看分析论的种种结果，而是照《批判》一书的导言的方式正式拟定的。表象之杂多，先就假定有思维主体的绝对统一性这条原理，既不能只从概念以分析的方法而证明，亦不能从经验而获得。既是一道综合先验的判断,它只能由先验演绎来建立。但是在那形式上,它只明确意识的可能性所需要的一种条件;关于思维者之本体的性质,它不能告诉我们什么。而且,像康德在第三误谬推理所论证[1430]的,在思维与运动之间可能有一种类比,虽然不同于上面所提出的那样。

这几段的论证和紧接着后面几段的论证,两者之间毫无联系,至少足以说明这第二误谬推理不是整个连续着写成的;加之这里的问题是按照《批判》一书的导言的话语而正式拟定的这事实,就好像证明这节这一部分是比较晚出的。

(c)结束的几段,有其固有的兴趣,也反映一条独立的批评路线。如"上述命题"这短语[1431]似可表示出,这几段原来不是在其现在的联系上写出的。它们表达康德和理性论者们所遵循的论证路线部分相一致,可是虽然有其部分的有效性,这论证是对于我们经验的知识扩充到形而上学范围去没有什么帮助的。在 A358 上面,可能是提到辩证论开头几节的论证。所批评的论证被颂扬为"自然的而又通俗的","甚至最天真的悟性也会想到的",而是使它把灵魂看为一种存在完全不同于身体的。其论证如下。没有什么物质存在特有的质,如不可入性与运动,是发现于我们内部经验里的。感情、愿望、思想等也不能在外面直觉到的。由于这些差别,我们似乎有正当理由来肯定灵魂不能是空间中的一种表现,因而不能是有形的。康德的答复是叫人注意到表现和物自身之间的基本批判的区别[1432]。如果所认识到的物体果然是物自身的话,这论证则会有正当的理由叫我们拒绝把灵魂与其状态看作是同其性质的。但是既然像感性论所证明的那样,所知的物体只是外部感官的表现,争辩的问题就不是灵魂与空间中物体之间的区别,而是灵魂与决定一切外界表现的那某一东西之间的区别了。

"……在外的现象[表现]之根底中,激动吾人感官,使之获有空间、物质、形象等等表象之某某事物，当其被视为本体时（视为先验的对象更佳），同时亦能为吾人所有思维之主体……”[1433]

这样一来，所批评的论证，其功用只有巩固内部表现与外界表现之间的很真正的区别；它并不使人有正当理由来肯定地或否定地说到灵魂的性质或它对于身体在其本体方面的关系。物质存在的单子论或心灵论依然是未决定的可能性，虽然作为一种假说，它是不能有其证明、亦不能推翻的。我们不能通过从我们统觉的意识之性格而推论到使我们思辩的见地有什么真正的增加。

第三误谬推理：关于人格性[1434]。——康德的批评又是和前面的两种误谬推理的批评平行的。所包含的谬误是追踪到表象中自我的数目上之同一和主体自身数目上之同一混淆起来。像先验演绎所曾证明那样，知识的逻辑上之主体必然认为它自己在它的一切经验里自始至终是自相同一的。其实这就是“我思”这判断所表达的，而无其他。它不过是同一“我就是我”而已。但是从表象的同一，我们不得论证到在其基础上的自我之同一。只以自我意识的统一性而言，没有什么东西防止自我的种种本体的条件遭受到完全的一种改变而致失掉其同一性，然而还可以支持一个同一自我的表象。

“世界中之一切事物皆在流转中绝无永恒及常住者云云，某某古代学派之命题，虽不能与容认实体之说调和，但由自我意识之统一而言，则并不否定此命题。盖吾人不能自吾人自身所有之意识以断定吾人——就心灵而论——是否永存。盖因吾人所视为属于吾人之同一自我者，仅为吾人所意识之自我，故吾人自必判断为在吾人所意识之全部时间内，吾人为同一之自我。但吾人不能谓以外部观察者之立场而言，此判断亦当有效。诚以吾人在心中所见及之唯一永恒的现象，乃伴随一切表象及联结此等表象之‘我’之表象，故吾人不能证明此我（即纯然一思维）能不与——由我使之互相联结之——其他思维相同，而不在同一之流转状态中也。”[1435]

康德附加的一个有趣的例证[1436]

“一弹性之球体在一直线上与别一类似之球体相冲击，则以其全部运动即其全部状态(盖若吾人仅注意其空间中之位置)传之后一球体。如以此种物体类比，吾人假设实体之情形如是，即一实体传达其表象及此等表象之意识于其他实体，故吾人能思维第一实体传达其状态及状态之意识于第二实体，第二实体则以其自身所有状态并前一实体之状态传达第三实体，第三实体则又以一切以前实体之状态与其自身所有状态以及此等状态之意识传达于其他实体云云之全部实体系列。是以最后之实体自能意识以前种种转变之实体之一切状态为其自身所有状态，盖因此等状态已与其意识，转移于此最后之实体矣。但此最后实体并非在一切此等状态中曾为其同一之人格。”[1437]

客尔德和华特生解释《批判》一书的方式是不正当地从黑格尔的哲学观点进行的，尤其在其处理误谬推理之中看得清楚。他们并不提到康德的学说这一部分。

康德所用另一种论证，像是说明当这几段写作时，他的思想之一般倾向主要是属于主观论的性格的。他的意思含有，有多少自我，就有多少不同的时间[1438]。其论证如下。既然“我思”等于“我就是我”，我们就可说，或者我所意识到的时间都在我之内，或者我意识到我自己在时间的每一个部分里都是数目上同一的。所以在我个人的意识里面，我这个人的同一性确实是存在的。但是一个观察者，从外面来看我，是把我在他自己的意识之那个时间里表现着我的[1439]；可是他这样安置我在里面的时间既然不是我自己思维的时间，我的意识的自相同一，纵然他承认它的存在，也不能成为正当的理由，叫他推论到我的自我之客观永恒性。

结束的两段似乎是独立写成的[1440]。这两段没有什么重要的贡献。

第四误谬推理:关于观念性[1441]。——这误谬推理的主要论证,包含有第一版的观念论之反驳,已在上文考虑过了[1442]。因之我们只需把它和其他的误谬推理联系着来处理,而指出还须考虑的几个次要的论点。其论证之不同于其他误谬推理的论证乃是所含的谬误按照辩证论开始几节的要求,是追踪到不能把表现和物自身分辨开来的。它和范畴表的联系是极端矫揉的。在 A344 即 B402 上面所用的范畴是可能性范畴,而在 A404 和 A344 注上面所用的是存在范畴[1443]。康德想把这里所处理的问题和其他误谬推理的问题结合起来,这种企图的原因只能说是由于他的建筑术的种种要求[1444]。这误谬推理原与灵魂的性质风马牛不相及,它完全是谈到所要归于客观表现的存在之样式。然而康德尽力把它纳入理性的心理学的范围,其方式如下。他论证说[1445],理性的心理学家毫无例外都是皈依经验的观念论的,他们把空间中的表现和物自身混为一谈,因而肯定说我们关于表现的存在之知识是从推理得来而所以是不确定的。所以经验的观念论的错误是和理性论的立场之独断的种种假定结合在一起的。这都可追踪到不能把表现和物自身分别开来。这样的独断论之形式可能是唯物论,可能是本体论的二元论,也可能是心灵论[1446]。这三者声言具有关于物自身的知识都是违反批判的原理的。如果理性的心理学的主要功用是在于获得灵魂的概念以防止唯物论的袭击[1447],那么更有效的方法是通过先验的观念论。

"盖由此种教义,吾人能脱然无虑,不再有物质消失,一切思维乃至思维的存在者之存在,皆将因而毁灭之恐惧,且适与之相反,其所明显说明者,则为我若除去思维的主体,则全体物质界将因而消灭耳,盖物质不过吾人主观所有感性中之现象及主观所有表象之形象而已。"[1448]

我们固然没有成功地证明思维的自我在其存在上是独立于外部表现

的"先验的实质"的[1449]。但是既然两者都有其可能，则承认了我们的无知，就可让我们自由地在思辩的根源之外，来寻找自我的独立永恒存在之证据。

关于纯粹心理学之全部的反思[1450]。——这一节使康德有机会来讨论某些问题，是他想要处理，而在他的逻辑建筑术所承认的规条之下不能够提出来的[1451]。康德说，还有其他三种辩证论的问题，为着理性的心理学是必须的，其根据同是先验的幻象（表现和物自身的混淆），而是以同样的方式来解决的：(1)关于灵魂与身体（即灵魂在身体活着时的状态）的相互性之可能性；(2)关于这种联合的开始，即灵魂在身体出世时和出世前；(3)关于这种联合的终止，即灵魂在身体死时和死后。康德是从极端主观论的观点处理这三个问题，把内部与外部感官区别开来，而又联系着，都是按第一版的特别方式的。心身的对立只是内部感官的表现和外部感官的表现两者之间的差异。两者同样只在思维的主体之中而且通过它才存在，而后者"……固有此种惑人的性质，即表现空间中之对象，一若与心相离而浮动于心之外"[1452]。

因之，灵魂与身体联合的问题，从正当理解上说，并非灵魂和与之性质相反而未为人们所知的其他一些实体的相互作用，而只是"……在一个思维的主体中，外界的直觉，即空间中的直觉，与其有形象和运动的充实着，是如何可能的。而这是没有一个人有其可能来解答的一个问题。我们知识中这罅隙……只能通过把外界的表现归于先验的对象来表示出来，那先验的对象就是这一种表象的原因，而关于它，我们毫无所知，并且永远不能获得任何概念的"[1453]。

心身联合这个人所熟悉的问题，可见是由于先验幻象而来。这种幻象使人的心把表象实体化而又把它看为独立存在，作用于五官而产生人们主观的状态。空间中的种种运动，以表现的话语来说，不过是先验对象对于"我们五官"的影响的表达[1454]，这样就错误地被看为我们感觉的原因。其实它们本身也不过是种种表象,而且如康德字里行间所说,因之是不能作为原因而有其作用的。顺便可以指出,在这一节里毫无现象论学说的痕迹。按照现象论学说,空间中的对象是看为作用于身体的感性器官的。康德在这里否认一切心身的相互作用,而只承认它们本体的条件之相互作用。表现本身绝不能有原因的效力的。所代表的立场是纯粹主观论,而很显著地和康德早年的先验的对象学说协调的[1455]。

相互作用论的独断论特点,像康德所进一步指出的,在对于它所做出的种种反对意见之中是看得很清楚的,不管这些反对意见是用前定和谐的理论和用机会原因论的理论来替代它的人们或采取不表示可否的态度的人们所提出的,他们的反对意见都和他们攻击的理论一样是以同样的先行假定为基础的。想要证明相互作用之不可能,他们必须能够说明先验对象不是外界的表现之原因;而由于我们知识的种种限制,那是完全超过我们力之所及的。然而,既不能把表现和物自身分别开来,他们就没有体会到局面的现实性质,因而只把他们的反对意见指向着说明心身理解为独立存在,必不可看为能相互作用的。

批判的观点又为其他两个问题提供了正当的公式形成。——这是一种公式形成,其本身就决定了我们对于这些问题可能有的洞见之程度与方式。认为思维的主体在其与身体联合之前便可能有其思维的这见解应该说是肯定"……在某事物由之而在空间中对我们出现的那种感性开始以前,那些在我们现在的状态中对我们出现为物体的先验对象,可能以完全另一种方式被直觉到"[1456]。

认为灵魂在其与物质世界一切的联合停止之后,依然可继续思维的这种见解,也同样是这种主张。"……如果种种先验对象(在我们现在状态之下完全是不知道的)由之而对我们出现为一个物质世界的那种感性停止了之后,关于它们的一切直觉不会因之而消逝;而依然会有其可能,那些同样的未知对象继续为思维的主体所知道(原文如此),纵然事实上再不是以物体的性质而被知道。"[1457]

康德认定,用思辨的方法丝毫不能发现什么根据来支持这种肯定,甚至不能证明它们单只的可能性。但同样不能成立对它们的任何有效的反对意见,我们既不能自以为知道物自身,只有以最适中的态度来默认经验的种种限制是我们所应分的。

剩下的几段(A396～405)没有什么新的东西。它们只重复已经更充分说过了的各点,谈到统觉的性质与其对于范畴的关系已在上文[1458]考虑过了。自我既然在知道任何事物时必须先行假定关于其自身的思想,因之它不能知道自身为对象,这论证也在上文详论过了[1459]。

规定者之自我(英文 the thinking,德文 das Denken)有别于被规定者之自我(英文 the thinking subject),正如知识之有别于其对象,这说法[1460]应从康德在第二和第三误谬推理中的论证来看,那论证是说,一个对象的表象之单纯性与自同一性,不得理解为所表现的对象中单纯性与数目上同一的知识。

在 A402～403 上面所做出关于包含在这误谬推理中的谬误之分析,正如阿的凯斯所曾指出的[1461],是混乱而使人误解的。这里康德声言,在每一个三段论式中,大前提的肯定只是在其逻辑的意义上,因而只适用于在表象中的主体,但是在其小前提中和在结论中是对于主体之作为意识的负荷者而肯定,即在其自身上肯定的。但是如果是这样,则小前提就会是一个虚伪的肯定,而其虚伪的结论将会不是追溯到逻辑的谬误了。康德在 B410～411 上面[1462]做出他的立场正确的陈述。用来结束本节的这些误谬推理的四分法的辩护之企图,由于康德逻辑建筑术的矫揉造作而受到损失。

误谬推理在第二版中的叙述[1463]

本章除开始几段未修改外，在第二版中完全改写了。四种误谬推理的处理，在第一版中占了三十三页的篇幅，现减缩为五页。心身互相作用的种种问题，其生前的性格，与其死后的永存，等等，在第一版中的讨论需占几乎十页的篇幅，现在在一段里(B426～427)便处理了。这新的一章余剩的二十二页，几乎完全用来对于曾对第一版所提出的种种批评，作或多或少争辩性的讨论。这些批评大半是针对康德统觉和内部感官的学说，因而和理性的心理学种种问题联系着来处理是适当的。如耳尔德曼所提出的[1464]，B409～414 和 B419～421 好像是针对阿尔里克斯(Ulrichs)的[1465]莱布尼茨的立场，尤其是针对他对于统觉的形而上学解释。B428～430 讨论皮士多里乌斯(Pistorius)关于自我的存在所提出的种种困难[1466]。B414～415 同样是争辩性的，可是这一次康德指名提出他的论敌，曼德尔松(Mendelssoln)自始至终，像在现象与本体一章里所作的修改那样，康德比在第一版更大力地坚持自我之不可知性和思想与知识之间的差别。康德现在声言，思想的纯粹形式不是对象的概念，那就是，不是范畴[1467]，而是“不过逻辑的功用”。虽然这并不包含有什么重要的学说之改变，但它表示康德现在从而看他的问题的改变了的观点。它的意义已经讨论过了[1468]。

在订出四种误谬推理的几个论证之中，康德把一种说法发展了而放在显著的地位，这说法在 A352～353，362，366～367，381～382 上面，只顺便地提到的，那就是，在理性的心理学的各种判断中所包含的真理，都是以只是同一(即分析的)命题来表达的。这就使康德能用更简洁而更尖锐的方式来以公式形成其各种的误谬推理与其对于这些误谬推理的批评。如他所指明，在每一种情况下，误谬推理都是以包含有知识的扩大和涉及本体的自我之一种综合先验判断来替代所与的判断，而这判断在其有效的范围内总是不过纯粹形式上的"我思"之分析性复述。而且从一开头，康德便提出他自己批判学说的种种区别，尤其是思维与直觉的区别和规定者之自我与被规定者之自我两者之间的区别。

第一误谬推理。——说那思维的我必然在思想中总是被看作主体而不只是述项。这是一个同一性的命题。它不得理解为是意味着在思维基础上的主体是一个常住的实体。这后一命题是范围更广的，而包含有综合先验判断的成立所需要的(而在这情况下完全缺陷的)那些材料的。

第二误谬推理。——统觉的我，因而一切思想的我是单一的而不能分解为许多的主体，这是包含在思想的概念本身之中的，因而是一个分析命题。它不得解释为有自我是一个单纯的实体之意义的。因为后一肯定又是一个综合命题，而先行假定自我直觉到它自己的本质而后有这命题之可能的。然而我们一切的直觉既然都只是感性的，就不能在"我思"之中去寻找了。

"如果在其他情况下需要那么多劳力来发现——即直觉所呈现的一切，什么是实体，而且这实体是否单纯的(例如物质的各部分)——而在一切表象的最贫乏的之中能这样好像是由启示似地直接给与我们，真真会是令人惊奇的了。"[1469]

我们在这里可以指出，客尔德所采用的办法，把德文 Anschauung 这词译为英文的 perception *使他陷入迷津，而严重地误解了康德的学说。这就使他[1470]认为，康德是在论证我们对自我一无所知，因为我们对它没有感性的知觉。确切地说，康德的论证是，一切人类的"直觉"既然是感性的，我们就与确定我们本体的性质之一切可能性无缘。我们只能退回到纯概念上面，而这纯概念由于只产生分析命题，因此就不能把我们的见识

* 汉译"知觉"。——译者

扩充到感官经验的限度之外。"直觉"这词，其意义大大宽于"知觉"这词，它也能用作等于"直接了解"这短语[1471]。康德认定我们没有自我的直觉或者说直接了解这争点的种种根据，是体现在他的内部感官的学说而且激起这种学说的[1472]。还可以指出，在B412上面，康德谈到直觉对于自我的知识之必要性时，使用"永恒直觉"这不平常的短语——这短语据我所观察，他在别处没有用来处理决定对于物体的感官知觉的直觉[1473]。它在这里的用法可能是由于这一事实，即它的意思包含有的准据，不是一种所与的感性杂多，而是直接了解的某种形式，能够显示本体的自我之永恒性质的。

第三误谬推理。——在我的许多经验之中，自始至终我是和我自己同一的。这也是一种分析命题，只从"我思"的分析得来的。而意识的那种形式既然如上一误谬推理的批评所说，是纯粹概念性的，没有包含直觉的成分，所以没有只根据它的判断，能作为等同于自我之为思维的存在是一个同一性的实体这综合命题。

第四误谬推理。——这误谬推理是有些修改的。如上文所指出[1474]，在第一版所处理的问题是关于外界的，而只很间接地关于自我的性质。在第二版中那论证重述了[1475]，而更适当地放在分析论的范围里。现在替代它的论证是和前三种误谬推理的论证平行的。我把我自己之存在作为一个思维者从其他在我外面的事物，包括我自己的身体，区别开来，这是一个分析命题，因为所谓其他事物，是我思维为不同于我自己的事物的意思。

"但我并不从而就知道，我自己这意识是否完全可能离开了在我外面的事物，而各种表象正是通过这些事物被给与我的；而且我因之是否只能作为思维者(即没有存在于人类形式上)而存在。"

在B417～418上面，康德指出，理性的心理学在其肯定自我能离开一切关于外界事物的意识而意识时是不能不承认盖然性的观念论的。假使关于外界对象的意识不是自我意识所必需的，就不能有什么有效的方法来证明它们的存在。在第一版中的第四误谬推理里面，理性的心理学和经验的观念论的互相依赖也讨论到了，但在那里是追溯到表现之和物自身的混淆[1476]。

B410～411。——在第一版中[1477]没有得到正确陈述的东西[1478]，在这里被给予了正确的阐释。误谬推理是一种三段论式，在逻辑的形式上有错误的（和在内容上，即前提上错误的三段论式对比）。在理性的心理学之种种误谬推理之中，所犯的逻辑谬误乃是中词含糊的谬误，或者依康德所谓语文形式上的诡辩（sophisma figuraedictionis）。在大前提中，中词用来指实在的存在；而在小前提中，它只表达意识的统一性。

对于曼德尔松灵魂永恒性的证明之反驳[1479]。——曼德尔松的论证乃是，灵魂既不是部分所组成[1480]，就不能由分化为其组合成分而逐渐消失。所以，如果它灭亡，它必定是忽然间消灭的；一个刹那它是存在的，再一刹那它便不存在了。但是曼德尔松主张，这是不可能的，联系着有三种理由。首先，在物质世界中绝不会碰见正面对立的状态直接并列在一块的。完全对立的东西，如日与夜、醒与睡，绝不是突然相继而是通过一系列的中间状态的[1481]。其次，物质过程作为其沟通桥梁的对立之中，有与无的对立是绝不会被发现的。只有奇迹才能消灭一种物质的存在[1482]。所以，如果承认经验的证据是有关乎问题的，我们就必不可拿从没有人知道发生于有形世界的物质存在的东西来肯定无形的灵魂。再次——这是康德提到的曼德尔松的论证之唯一部分——灵魂存在的突然消失还会违反时间继续性的规律[1483]。在任何两瞬息之间总是有一个中间的时间，其中一个瞬息不断地过渡到另一瞬息。

康德对于曼德尔松的论证之这个第三部分的答复是，灵魂虽然不能设想为突然消灭，但它可以通过无量数强弱实在性的小量程度而不断地减弱以至达到消逝；而为要支持这个见解，他却主张这很成问题的立场，认为表象的明晦不是所了解的内容的特征，而只是加于内容的意识之强度的特征[1484]。

B417～422。——康德在这里指出，理性的心理学，如上所阐述，是以综合的方式进行的，从肯定灵魂的实体性出发，而进到它的存在独立于外界事物之证明。但它也可能以相反的方式来进行，即分析地阐发据说包含在“我思”里面的各种含义，而“我思”是作为一种存在的判断，就是说，作为“我思维着而存在”的意思。康德以这分析的形式重述其论证，好像是为着得到机会来答复那些对于他在第一版中涉及的统觉和关于自我使用范畴，特别是存在范畴的学说的批评。在这几页上和在B428～430相联结的几段里，凡是新的而又重要的已经在上文讨论过了[1485]。

B419～420。——说了单纯性或统一性是包含在统觉之可能性本身之后，康德进而论证说这绝不能从严格的唯物观点来说明，因为在空间中没有实在的东西是单纯的。点不过是限界，因而本身不是能成为空间一部分的东西。这段整个来看，似乎是针对乌尔里克斯的莱布尼茨学说的[1486]。

B426～427——康德说了一句话，是他的论证中没有什么东西实在予以支持的，那句话说，理性的心理学中的辩证幻象是由于以理性的理念来替代一般的思维者这很不确定的概念。如下文所论证[1487]，他在这里所作的假定，认为自我这个概念是纯粹理性的一个先验的而又是最终的理念，不能看为他的批判学说之一部分的。

B427～428很简短地触及第一版中所更详尽而更充分处理过的种种问题。这里给这些问题的很不够的处理，好像表示，如耳尔德曼所说[1488]，从1748年到1770年为康德所那么留意的心身相互作用问题到那时已对他几乎不发生兴趣了。灵魂不灭的问题依然是中心问题，但现在是从伦理学一方面看的。

在B421和B423～426上面，康德从他对于各种误谬推理的批评得出最后的结论说，关于自我的性质和归宿这些形而上学问题，本质上是实践的问题。从理论的观点来看时，作为以逻辑的辩证术来判定的从好奇心发生的问题，其思辨的证明"……是千钧一发的，因而甚至哲学流派之能使其不致陷落，是由于叫它像陀螺那样不断旋转；即使在它们自己的眼中看来，它也不能提供什么常住的根基来建筑任何东西在它的上面"[1489]。"理性的心理学不是作为学说……而只作为一种锻炼而存在。它在这领域中替思辨的理性否定了不可逾越的限界，而一方面使我们不致投入无灵魂的唯物论之怀抱，或者另一方面不致陷入一种空想的心灵论，那是对于我们在现生命中不能有什么实在的意义的。但是虽然它对我们不提供什么积极的学说，然而它提醒我们，理性对于我们因好奇而刺探到这现生命的限界之外，拒绝给予满意的回答，乃是理性的一种提示，把我们的自我知识从没有实效而是过分的思辨转向其有效的实践用途。"[1490]"证明之凡是对于整个世界有用的都保持其全部价值而不致减少，其实在这些独断的假托放弃之后，反增加了它的明晰性和自然力量。因为那样一来，理性便处在它自己特定的范围里面，即目的的体系之中，这同时又是自然的体系；而既然它本身是一种实践的机能，不为自然的条件所束缚，就有其正当理由来扩大其目的的体系，连同我们自己的存在，超过经验和生命的限界。"[1491]

在这之后，跟着有"伦理学的形而上学"和后来两种"批判"的中心学说之一种简短的提示。通过道德的价值，那是比一切功用和幸福的考虑都更为重要的，我们就开始意识到一种内心的号召，鼓动着崇高的感情，类似于天空星辰的冥想所激起的那些感情；而且在这样揭示的真理之上，我们并可加以较为不那么确实，但仍然一样有价值而为自然的美丽与计划所提供的实证,而这又是自然之符合我们理智之要求所提供的。

"人的自然禀赋——不但他的才能与其运用才能的冲动,而最重要的还有他心内的道德律——远远超过他在现生命中从这些禀赋所能获得的一切功用和好处,使他从而知道珍贵只是一种正义的意志的意识,作为不管一切有利的后果,甚至不管死后的名声那种空洞的酬报,而高过一切其他价值的东西;而这样就感觉到一种适合他自己的内心的召唤,要求他通过在现世界的行为,通过牺牲世界的许多利益让自己成为在理念中所把握得更好的世界的一个公民。这个强有力而不可争辩的证明,从我们日益认识到我们周围一切东西的目的性,从瞥见创造的伟大,因而又从意识到我们知识可能扩充之一种无止境性,与其和这相对称的一种努力向前,就得到了巩固。这一切依然是我们的,虽然我们必须放弃无论什么时候能够从关于我们自己只是理论的知识而理解我们存在的必然继续这种希望。"[1492]

自我的意念是否是理性之一种必要的理念

在我们离开误谬推理这问题之前,有一个极其重要的论点是必须要讨论的。虽然从客观演绎学说得出的种种消极后果在这里是以最明白的方式发展出来,然而康德在两版的这一章的限度内并不一再提到在辩证论的开头几节所阐述的那个学说,即自我作为一个永恒不灭的存在这意念是人类理性之所必需的理念[1493]。读者因之就有着一种印象,以为对于理性的心理学所提出的毁灭性的批评并不影响这学说,而依然保留在批判哲学中作为一种重要的主张。而且当他发现这学说再出现于辩证论附录和方法论时,就认为这种见解有其确证了。在那里,自我的理念是表现为在心理学的经验的部门之发展中起着一种十分不可缺少而有制约性的作用的。可是主张为着统一性,为着体系和无条件性,理性有其理想上的要求,而且肯定由于这些要求,纵然面临着极严重的挫折和表面上的各种矛盾，我们还是要把日常经验中之偶然凑合和令人窘惑的复杂性变为更加接近理性所规定的某种东西，这是一回事。但是当康德认定在任何领域如心理学的领域里，其统一性与无条件性必然是属于一种前定的类型的，那就是另一件事了。那么他就把只有经验的详情才实在能提供出来的特定的指导硬注射进理想里面去了。这里他就违反了他自己的批判经验论，而在批判经验论里，没有把什么作用归于理性而是在任何方式上和什么专门研究的自发性相冲突的；何况他又违反了他的基本原理，说先验的绝不得有别于纯粹形式的。其实当康德有点更详细地揭发所谓自我这理念的制约性作用是什么意思时，他的种种陈述的含糊便显示出他的学说这一部分未曾深入考虑的那种性格。那不过是一种成见的表达，未为他的批判方法检查所发现，大都是因为它有了它很好地适应康德的建筑术所得到的一种保护色。例如，假使我们把辩证论的附录阐述这学说的三段比较一下，我们就发现康德自己摇摆于一种心灵论假说对于心理学的权威规定和最后分析上，把语言的种种含糊加以估计之后，不过是一些复杂现象尽量简化的要求，这两者之间。这三段全文如下：

“依据此等所视为原理之理念，第一，在心理学中，吾人在内的经验指导下，联结吾人所有心之一切现象，一切活动及感受性，一若心乃以人格的同一持久存在(至少在此生中)之一单纯实体，同时此实体所有之状态(肉体之状态仅为外的条件而属于此等状态)，又在连续的变化之中。”[1494]

“……人类心中有感觉、意识、想象、记忆、顿智、辨别力、快乐、欲望等等。顾有一逻辑的准则，要求吾人应尽其所能以此等现象互相比较，且发现其所隐藏之同一性，以减除此种外观上之分歧。吾人应探讨想象与意识相联结是否即与记忆、顿智、辨别力为同一之事物，乃至或即与悟性及理性同一。逻辑虽不能决定根本力是否实际存在，但此种根本力之理念，则为包含于种种分歧繁杂之力之系统的表现中之问题。理性之逻辑的原理,要求吾人尽其所能使此种统一完备;此力与彼力各自所有之现象,愈见其彼此相同,则此等现象之为同一力之不同表现,亦愈见其然,此同一力在其与较为特殊之种种力有关,应名之为根本力。至关于其他种类之力,亦复如是。此等相对的根本力又必互相比较,意在探求其一致点,因而使其更近于唯一的本源力,即绝对的根本力。但此种理性之统一,乃纯然假设的。吾人并未主张必须遇及之此一种力,所主张者乃吾人为理性之实际利益计,即对于经验所能提供吾人之杂多规律,为建立某种原理计,必须探求之力耳。凡在可能之范围内,吾人必须努力以此种方法使系统的统一输入吾人之知识中。”[1495]

在附录的第三段里,这两种见解是混乱地联结起来的。康德是坚持着理念绝不肯定一种实在事物的存在,甚至作为一种假说的。

“[理念]仅为统制的原理之图型,理性由此种图型,在其能力所及之限度内,推广系统的统一于全部经验领域之上,此种理念所有之第一对象,乃所视为思维的自然物或视为‘心’之‘我’自身。我若欲研求思维的存在者自身所赋有之性质,则我必质之经验。盖除范畴之图型在感性直观中授与吾人以外,我即不能以任何范畴适用于此种对象。但我绝不因适用范畴而到达一切内感现象之系统的统一。于是理性采用一切思维之经验的统一之概念以代不能使吾人前进之(心之现实性质之)经验的概念;且由于以此种统一为不受条件制限,及本源的理性乃自此种统一构成一理性概念,即一单纯的实体之概念,此种实体其自身永无变化(人格的同一),而与此实体以外之其他实在的事物相联结。一言以蔽之,乃单纯的独立自存的智性之理念。但即如是,理性之意向所在,除在说明心之现象时所有系统的统一之原理以外,余皆置之不顾者也。理性努力欲表现一切规定存在于单一之主体中,一切能力(在可能之限度内)自单一之根本能力而来，一切变化属于同一之永久的存在者之状态，一切空间中之现象完全与思维活动相异。实体之单纯性及其他种种性质，殆仅为此种统制的原理之图型，而非预行假定其为心所有性质之现实根据。盖此等性质或依据完全不同之根据，此等根据，吾人绝不能知之。心自身不能由此等所设想之宾词知之，即令吾人以此等宾词为绝对适用于心，亦不能由之以知心之自身。盖此等宾词仅构成一不能具体表现之纯然理念。吾人如仅注意以下之点，即不以之为纯然理念以上之事物，而以之为在规定吾人所有心之现象时，仅与理性之体系化的使用有关，始能有效，则自此种心理学的理念所能产生者，自仅属有益之事矣。盖因在说明专属于内感事物之际，自无物体的现象之经验的法则（此为完全不同之法则）杂入其中。关于心之生灭及再生等之虚妄假设，无一可以容许。故关于此种内感对象之考虑，应完全保持其纯洁，不容有异类的性质混入。且理性探讨之趋向，亦在使此一方面之说明根据，尽其所能归纳于单一之原理。凡此等等，由于所视为宛若一实在的存在者之图型而圆满到达之，且除此图型以外，实亦无他途可以到达之。心理学的理念之意义所能指示者，亦不过统制的原理之图型而已。盖若我问及心自身是否为精神的性质，则此问题殆无意义。盖用此种概念（按即心灵）不仅抽去物质的自然，且抽去普泛所谓之自然，易言之，抽去任何可能经验所有一切宾词，因而抽去思维此种概念之对象所必需之一切条件；只有当概念与一对象相关时，才能谓其具有意义者也。”[1496]

这最后一段好像指出康德之坚持一种特别的而是心灵学的理念为制约经验的心理学的，还有另一种只部分明言的理由。他好像论证说，必须把这种心理学的题材的特别性质标志出来，而预告我们不得企图以自然科学的机械方式来解释其现象。但如果康德的本意是这样，则他未能以任何实际上可维持的方法确定其立场。绝不可能像他在这里那样主张“在说明专属于内感事物之际，自无物体的现象之经验的法则杂入其中”[1497]。其实在紧接下面几句话中，他很清楚地指出这样一种立场是如何完全和他自己实在的学说相冲突的。不去想物质的东西是等于不去想一切的经验。经验并不是平分为两个世界的。它是整个地、单一地完全为因果作用的原理普遍地统治着，把感官的内部种种经验、感情、欲望和它们的外界种种条件，有机的、物理的一切联系起来[1498]。这样，康德之保留其自我的理念，其主要兴趣是显示他的心灵论偏向的力量和坚持。从他的成见之对立性格就可判定他的思维之公正与果敢。即令这些成见说明是理论上不可证明的，它们还以尊敬的称号继续着地位上失去的尊严。然而反对意见的权力是被承认的。

“不是先行假定实体的单纯性为灵魂的各种属性的实在根据。因为这些属性可能是基于完全不同的而我们一无所知的各种根据。”

但是那只是康德对于理论证据的不偏不倚的估量；这还不是他自己个人信念的表达。

第二章　纯粹理性的二律背反[1499]

这导言总结了前面的论证，而又把二律背反的新问题从误谬推理的各种问题区别开来。在理性的心理学里，可以说纯粹理性寿终正寝了；而在二律背反中展开一种完全崭新的局面。因为纵然理性的宇宙论，能够用一系列证明了的论题做出其阐述，可是它的学说是和种种表现的现实性质，表达于可用同等说服人的方式来证明的，处在一种不可调和的冲突之中的。

第一节　宇宙论的理念之体系[1500]

本节头八段在正文上是饶有兴趣的。这几节的写成必定是在那个时期，当康德还有意要以二律背反学说的形式来阐明他对于形而上学知识的整个批评的时候。因为它们解释理性的理念时是毫无例外地把它们作为属于宇宙论的[1501]，而在说明这些理念的本源上，则大大不同于前几章所阐述的。所以本节这一部分，显然必定是在康德从三种的三段论式订出其形而上学的演绎之前写成的。这种见解是有事实为证的，因为论证重新开始，正像问题从来未经讨论过似的；而且对于理性的性质之一种新见解是提了出来，然而毫未提到它所替代的更是观念论的那种见解。康德这里所教人的，乃是理性不是和悟性分开的一种机能，因而并不产生自己特有的什么概念。理性无非是一个名目，用来称谓悟性，在其独立于感性而起作用，而且利用它的种种纯粹的形式，脱离一切经验的限制，来抓住那无条件的东西的那个范围内。“先验的理念实际上无非是范畴扩充到那无条件的东西。”如康德后来所指出，悟性这样设想的能理解的东西表达为一系列的论题；而感性的东西则以一系列的反论题表达其相反而与之相冲突的性格。

可是，不是所有范畴都产生关于那无条件的东西之概念。其可能只限于那些范畴，是有关于一系列的决定性与被决定性的各项，因而预先认定一个无条件的东西像是对于它们是合理的，即：(1)空间与时间中无条件的量；(2)空间中的实在(物质)无条件的质(不可分性与单纯性)；(3)一切表现无条件的因果作用；(4)一切表现无条件的必然性。由于这种安排是康德的建筑术之需要所确定的，这里就无需详细加以评论了。至于其种种后果，后面我们有充分的机会来考虑。如上文已经指出，康德在A414即B441上面说到“实体与偶性这一范畴不适宜于先验理念”，这就十分清楚地说明当他写作这一段的时候，他还未想到要把另一独立的理念放在理性的心理学的基础上面。但是康德在这里既然力求按照范畴的四分法，这几段的内容要就是后来曾改作过，要就是写成于他发现范畴的形而上学演绎与订出从三段论式三种形式而得到与此相应的理念演绎之两个时期的中间。还可以看到,宇宙论的理念之从假言三段论式得出,而假言三段论式只体现因果作用这一范畴,是和上面用范畴整个四种规定的话语来证明它的方法相冲突的。

本节其余的几段(第九至第十三段)必定是后来写的,因为它们是想到了有神学的理念之单独处理才发展的[1502]。(阿的凯斯把第九和第十段放在与前面几段而不是与结束的几段同一时期,像是看漏了这个事实似的。)为要把第一原因与无条件的必然性这两种理念作为宇宙论的理念来处理,说成有其正当的理由,康德于是就肯定二律背反只是与表现有关的——"我们[宇宙论的]诸理念只针对表现中凡是无条件的而言的"[1503],而不是针对本体而言的[1504]。他原来把先验幻象的性质,特别是二律背反的性质,说是由于不能分辨表现与物自身而来这种解释,这样就无情地为着考虑到建筑术而牺牲掉了。康德当然是不能一致地坚持这里所采取的立场的;但这立场使他常常,尤其是在处理第三和第四种二律背反时,做出一些叙述,不但严重地使论证变为模糊,而且叫小心的读者感到窘惑。

关于条件总体这概念和无条件的这概念,两者互相的关系,康德是远未弄清楚的[1505]。在 A322 即 B379 上面,它们像是理解为恰恰等值的概念。而在 A416~417 即 B443~445 上面,它们表面上是被看为不相同的,前者只渐渐引到后者的。可是这重要论点的讨论须留待下文[1506]。

第二节　纯粹理性之背反[1507]

"背反乃指两种外观上独断的知识之理论冲突,其中并无一种主张能证明其胜于另一主张者,即正面主张与反面主张。""先验背反乃探讨纯粹理论之二律背反及其原因与结果之一种研究。"

这种二律背反的存在,其本身就先行假定二种条件:第一,它所指的并非人类理性一种无必要的问题,而是人类理性不可避免的问题,“在其自然进程中必然要碰见的问题”;而第二,其论题与反论题在一起就产生一种“自然而不可避免的幻象”,乃至其欺骗力已经清楚地被揭露之后仍继续下去的。这种冲突是由于理性寻求超出悟性的范围然而又是依照悟性之各种条件的一种统一性所致的。假使这统一性能满足理性的要求,它又对于悟性是太大的;假使它和悟性相称,则对于理性又是太小的[1508]。论题是表达理性作为鹄的的更高统一性;其反论题是悟性与理性两者都声明要处理的表现之性质逼使悟性做出的判断。如果我们依照理性,则我们肯定的是和表现相矛盾的;如果我们依靠悟性,则理性又责难我们的结论。

这种冲突只限于上面所列举的几个问题,在这些问题之中我们是需要完结某一定的系列的[1509]。既然总体,无论是在其一个系列的第一个起头的形式或者作为整个系列现实上的无穷来看,都是绝不能本身被经验到的,那么这些都是问题,经验对我们是没有什么帮助的。经验既不能证实任何特殊的解答,也不能反驳它。在对立的主张之间做出判断的唯一可能的方法就是留心观察冲突乃至刺激其冲突,希望最后能够侦察出什么误解,从而解决冲突而使得两者都获得满意。这就是康德的描述,他所称为他的“怀疑的方法”[1510]。

这里并不企图尽量讨论这题目,然而一开头指出康德的阐述所严重地弄模糊的是什么,即指出论题和反论题各以其为基础的论据之实在性格,是有好处的。反论题并未正确地说出为超出经验的范围,因而不是经验所能证实的。康德替这些反论题所提出的各种证明固然是属于非经验的先验性格的。这些反论题的订出是按照莱布尼茨立场的独断理性论的话语,不断诉之于抽象原理的。可是,事实上,它们可以更充分地建立起来——在其能建立起来的限度内——而是通过物质存在的空间与时间的种种条件之分析的。空间与时间既然是延续的同类的，关于无论怎么小的一个空间或时间的任何肯定，对于无论怎么大的一个空间或时间也同样是真的。任何空间都是由许多空间所组成，而其本身又必须看作是一个更大的整体之一部分[1511]。任何时间是一些部分所组成，这些部分本身又是时间，而任何时间又只能了解为跟着前面的时间的。是由这种的考虑才使我们把物质世界看作是无限的、分割不尽的，而又无最初起始的状态的。

康德证明其论题的方法——证明世界是有限的，无穷可分，而又有一个最初的状态的——是同样地令人误解的。在这里又一次他的理性论的种种论证掩蔽了各种论题实际上以为基础的根据。它们真正决定性的根据，乃是理性要求某种比在现实上的无穷所发现的更能令人满意的无条件性之形式。就是这个要求使哲学家们到处寻找支持这些论题的证明，并且苦心做出康德在这里重述的那些理性论的论证。可见反论题的根据是完全不同于论题的根据的；而在两种情况下，都未为康德所用的一些论证适当地表现出来[1512]。

康德何以在其详述各种二律背反时疏忽了，或者说至少看为次要的，上述各种考虑，其理由是复杂而且多种多样的。首先，二律背反这学说，在其主要的几种特征上，是在他发展批判哲学之先已经订好了的。它成为他 1770 年《论文》的一部分；而那时康德大都还基本上同情于莱布尼茨的本体论。其次，康德在这里是声明要批评理性的宇宙论这门科学，因而不得不多多少少用当时流行的形式来阐述它。再次，他用以教人的乃是，二律背反之为二律背反，只是当它们是从独断的理性论之错误观点看的。如果他消除了那些理性论的证明之后，二律背反的冲突，在其严格逻辑的形式而言，作为正面矛盾的冲突看，会立刻消逝了的。辩证论这大部分的一般轮廓要求其论题与反论题都从理性论来处理，而康德相信，只要寻常的意识和莱布尼茨本体论的独断观点还保留着，他所提出来支持它们的理性论的种种证明是无从辩驳的。但是，纵然保持着那种重要的条件，康德仍不能说明冲突的解释之正当理由，因而我们必须准备发现他的种种证明，无论是对于论题或对于反论题，在一切情况下都是无结果的。我将要在他的各种论证的逐条之后附加一些理由，说明我们不得不摈弃它们作为无效的。这样我们才有条件来在其更广泛的各方面，而且在其与辩证论其他主要部分的学说联系上，考虑他的二律背反整个学说。

第一种二律背反

论题。——(a)世界在时间上有其起头，而(b)就空间来说，也是有限的。

论题 a。证明。——假使我们假定其反面，即认为世界在时间上没有起点，而又假使我们下无穷的定义为永远不能以相继的综合来完结的，我们就必须得出结论说，世界系列本身是永远不能完结的。可是过去事件的整个系列是过去了的，即每一瞬息间都完结了其本身。所以它不能是无穷的。

批评。——这论证是似是而非的，其原因在于把“过去了”这词用为与“完结了其本身”同义的。如果把无穷下定义为永远不能完结的实际上是正确的，要得出的结论就是，时间的系列现实上总是无穷的，而且在它里面的任何一点或任何一事从它的起点或终点看都不是近些，也不是远些[1513]。我们可在这系列中任择一点作为我们认为开始后退到系列中前面各项之起点，但是如果这系列在现实上是无穷的，后退是没有可能完结的，因而是消除了一切正当理由来肯定在所选择的一点上，系列是完结了其自身的。它在过去每一瞬息所做的，在现在每一瞬息依然是在做着，就是说，从无穷尽的过去出来而进入同样无穷尽的将来中去。时间以其所与的性质而言，过去与将来一样，只能解释为在现实上是无穷的。它之不能完结正如它之不能有其开始一样，两者同是违反其本性的。现在，在其本身是独特的，却只能作为一种过渡而存在，但性质上是类似无量数其他构成过去时间的一切时间的。它是从无穷，通过无穷，而过渡到无穷。我们之不能理解如何从没有起点的一种无穷而达到现在，这并不是充分的理由来否认按时间的性质本身我们不得不承认为所分析的局面之一种正确的描述。时间现实上的性质是这样，是取消了康德在这里声明其能够成立的可能性中之那种论题的；时间，按其现实上那样，是不能有其起点的。

凡对于时间是真的，对于时间中的事件也同样是真的，如果时间现实上是无穷的，不能从而得到证明来支持世界在时间中曾有过一个起点这一假定。

“以相继的综合”这一短语给了康德的证明方法一种不必要的主观论之色彩。这二律背反声明是从实在论的观点来叙说的，因而不应该为任何这样的牵涉而弄成复杂的。这个反对的意见，如我们将要发现，对于康德这论题第二部分的证明还更有力。后一证明是依靠这主观论的关系；而当前的证明则不是的。

康德把他的问题局限于时间过去的无穷性。其理由当然是因为事实上他所关心的是创造的问题。然而这一种限制是易滋生误会的。

论题b。——就空间来说，世界是有限的。

证明。——假定其反面，即世界是一种无穷，本来就是一切并存的部分之整体。一个不是一种直觉确定的限界之内所与的量，只能通过它的一些部分之综合而思维到，而其总体是通过它的各部分之完结了的综合的。所以为要我们能够把充塞一切空间的世界作为一单个整体来思维，一个无穷世界一切部分的相继综合必须看作是完结了的，就是说，一个无穷必须看为在一切并存的事物之列举中就已经过去了的。然而这是不可能的。因之现实种种事物的一种无穷的集合不能看作是一个所与的整体，也不能看作是作为并存而所与的。结果就是一切空间中的存在在这世界必须看作是有限的。

批评。——由于不能以一部分继续增加到另一部分而在思想上通过无穷的空间，康德就从而在这里论证说，“现实种种事物的一种无穷集合不能看作是一个所与的整体”，结果就是世界不能在空间中无穷地扩张的。那就是，他从了解的主观不可能性推论到一种存在的客观不可能性。但是康德自己是曾下无穷的定义为包含有这个主观的不可能性的；因为在论题 a 的证明里他曾说过一个系列的无穷性是在于这一事实，即它永远不能通过相继的综合来完结的。所以康德正提出按无穷的定义构成其无穷性的特征来反对无穷的存在。其含义像是说无穷的这概念乃是按其定义不能存在的东西之概念，而且因之在现实上的无穷这一观念的本身中就有了一种矛盾。

暂且不去讨论这种程序所招致的其他反对的意见，而指出康德在其从主观的不可能性论证到客观的不可能性是犯了遁辞的谬误的。因为一经客观存在的各条件被承认为不同于心理了解的各条件，想象到的矛盾便消失了，而这论证就再没有什么说服力了。所用的“所与”和“整体”等字样是令人易生误解的。如果空间是无穷的，它便没有限界了，因而不能作为整体而存在，无论“整体”这词是用在什么通常的意义上。因同样的理由，它也不能作为整体而为所与的。它的无穷性是一种先行假定，是其现实上所与的各部分之分析逼使我们作为先决条件而要求的，而且是要以论题 a 所用的定义之话语来想象它的。所与的总是要被想象为包含有其本身不是所与的东西，包含有甚至不能有完全构成的东西。从这个先行假定来说，一个现实的无穷，既非所与而又不能构成的，是能被表现出来而完全说得通的。

但是我们要回到康德的证明似乎以之为基础的主要假定来：康德在《批判》一书或在其他著作中，都未说过现实的无穷这概念本来便是自相矛盾的;看到这点是非常重要的,这是一件事情,关于它许多康德的评论家是歪曲了他的学说的。康德的论证可能像我们刚才所主张的那样,在审查后是发现包含有上述的肯定的;可是如果这点是明白地成立了,它远不会使康德赞成这论证,而会叫他摈弃这论证作为无效的。在1770年的《论文》一书中[1514],包含有他关于这个论点最确定的说法之一段,是代表着一种他后来绝不离开的见解。兹引用其全文如下。

"否认现实的数学无穷的那些人,是很随便地这样否认的。因为他们制定其定义是这样,就能够从而抽出一种矛盾。他们描述无穷为一个量没有比它有更大之可能的,而描述数学的无穷为一个指定单位的多数,没有其他比它更大的多数的。他们既然以最大(maximum)来替代无穷(infinitum),而一个最大的多数是不可能的,他们就容易得出反对这无穷的结论,而这无穷原是他们自己所杜撰的。或者,可能,他们称一个无穷的多数为无穷数,而指出这样一个短语是无意义的,其实这也是极其明显的。可是他们又一次只和他们自己心里的一种虚构打仗而打倒了它。然而设使把数学的无穷设想为一个量,对于作为它的单位的尺度而言,是大于一切数的一个多数;并且再设使他们曾看到,可测量性在这里只表示人类智力的[无穷]对于种种标准的关系,而人类智力不得达到多数的一种明确的概念,除非是用一个单位继续增加到另一个单位上面去的方法,也不能达到总和(称为数),除非以在一个有限时间内完结这进展的方法;设使这样,他们就会清楚地看见,不符合于某主体的既成立的规律之东西,不一定因之就超乎一切理解的。可能有一种智力,纵然事实上不是人类的智力,能够以一次直觉(uno obtutu)而毋须尺度的继续应用,便明晰地看见一个多数。"

《论文》这段的结束的几句话可以作为康德关于我们面前的问题更好而持久的判断。我们必不可从心理上不能通过无穷而论证到其存在之不可能。其实上引一段的各要点已复述在这论题的“注释”中[1515]。可见现实的无穷不但作为一个概念是完全自相一致的，而且由于时间与空间的性质，是我们不得不承认作为现实的所与之一种正确表象的一个概念。这第一种二律背反的论题是和承认的种种事实相径庭的。康德在这里所论证的是关于世界，而不只关于空间与时间，这并不能改变其情况。因为如果空间与时间必须看为无穷的，就没有什么先验的证明——至少没有这里所企图得到的证明——说世界系列不可能同样是如此的。

反论题。——(a)世界在时间上没有起点；(b)在空间上亦没有限界。就这二者来说，世界都是无穷的。

在这些反论题中，康德都假定空间与时间现实上是无穷的，而从这假定进而证明世界在其空间与时间的方面也是如此的。这本身应该就是充分的证据，说明康德并不把现实的无穷看作是一种本来不可能的概念。所有二律背反既然都是根据日常意识的实在论的独断论观点明确地加以阐述的，因此康德便能假定，如果世界有其开始，则必有一种先行的原因决定它要在那瞬息而不在别的瞬息存在。

反论题 a。证明。——让我们假定其反面，即世界有其起点。它之先必有一个空洞的时间是它还没有的时候。但在空洞的时间中不能有什么东西变成的，因为在这样一个时间里，没有什么部分比另一部分更为具有决定有存在而不是有非存在的那种条件。所以就过去的时间而论，世界必须是无穷的。

批评。——在这论证里，一切以“世界”这名词是什么意思为转移。如果康德所谓世界不过是指物质世界而言，它之不存在这假定不止于只剩下空洞的时间与空间。还可能有别种的存在，而在这些存在中，世界起点的一种充足的原因可能被发现的。创造的功能之性质将仍是奇妙莫测的，但那不是充足理由来否定它之不可能。如果，另一方面，康德所谓世界是指“一切所有”，它的不存在的假定同样是一切它的可能之原因的不存在之假定。但是那对于寻常的意识是一种很不可能的假定,因为它是和认为是普遍有效的因果性原理相冲突的。从这观点看,这论证是先作了一个不可能的假定,然后指出其必然得出的不可能之后果。用这样论证的方式是不能达到什么结论的。康德应该要这样决定,时间既然是现实上无穷的,世界可能也是如此,但是虽然实在在某一种形式上必须是永远存在着的,然而却不能用任何这里所做出的那种先验的方法来证明物质世界是这样的。

反论题 b。证明。——设使假定其反面,说世界是有限的,存在于一个空洞的无限制的空间中。那么就不但有空间中事物的关系,而且又有事物对于空间的关系。但是世界既然是一个总体,其外不能找着任何直觉的对象,那么世界对于空洞的空间的关系乃是对于无对象的关系。这样的关系是空洞的。因之,其反面是真的,世界必然是无穷扩张的。

批评。——康德自己感觉到这个论证从独断的观点来理解是不充分的。这一点表现在他于论证之后附加了一个冗长的注解,而这注解发展了他自己关于空间的批判见解,认为空间不是实在独立的一个对象,而只是外界直觉的形式。从寻常意识的观点看,空间乃是一种自存之物,那就没有不能克服的困难来设想空间与其内容的一种关系。所以,康德既然原来是要从独断的观点阐明各种二律背反,而这观点包含有关于空间这个实在论的见解,他又要说明这些二律背反独立于感性论的各种论证,而提供关于空间那种实在论的信念不能维持的间接证明,于是引用感性论的相反观点就和他的本意直接相背而驰[1516]。应该得出的结论是类似于上文提出关于论题 a 的结论的。空间在现实上既然是无穷的,物质世界可能也是如此,但不能用这里试图的那种先验的论证来成立物质世界现实上确是如此。

第二种二律背反

论题。——世界中凡复合的实体都是由单纯的部分所构成的，而且除单纯的事物或由单纯事物所构成的之外，任何地方都没有事物存在。

证明。——设使假定其反面，说各种实体不是单纯的部分所构成。如果在思想中除去了一切复合形式，那么就剩下来既没有复合的部分，又没有单纯的部分（因为假定没有单纯的部分），于是便一无所有。结果是，没有实体是所与的。所以，要就不可能在思想中除去一切复合形式，要就在除去它之后，必然还剩下某一种没有复合形式而存在，即单纯的事物。在前一种情况下，复合的本身不会是由实体所构成的（因为就实体而言，复合形式只是一种偶尔的关系，而就其为自持久的事物而言，是能不待复合形式而存在的）。而这既然和我们的假定相矛盾，剩下的只有后一种选择，即世界中实体性的混合物是单纯的部分所构成的。

批评。——康德在这里是以名词的定义假定了他声言要以论证来成立的论点。其所指的实体乃是延扩的物质，纵然从未指名提到。康德把它和"复合的实体"同一起来。他还进一步独断地决定，实体之为物，是能独立存在，因而对于它一切复合形式的关系都只是偶然的。如果这些假定都承认了，立刻就得出结论说，复合形式不能是物质的所必须，而在思维中去掉了一切复合的形式时，则其实在性将揭露为不过单纯的部分。然而康德并未企图来证明延扩的物质能以任何这样的话语来下其定义的。从寻常意识的独断观点看，虽然不是从莱布尼茨的诡辩观点看，延扩正是物质的本质。而像康德自己所相信的那样[1517]，延扩的继续就自然会排除复合的之消失的一切可能。因为他主张，无论分割到什么程度，剩下来的部分依然是和后退过程所从出发的整体一样复合的。按任何这样的见解，延扩的和复合的不是同义词。复合的之反面是单纯的；延扩的之反面是非延扩的。康德在这里是把一种莱布尼茨的形而上学偷换了认为是使之不得不有这论证的经验上之实在性。

在这论题的注释里康德表现出意识到他的论证的这个缺点。它不适用于空间、时间或变动。

“空间本不应名之为复合体，而应名之为总体，盖因空间之各部分仅在全体中可能，非全体由各部分而可能者也。”[1518]

像康德还说到的那样，他只谈到莱布尼茨的体系的单纯东西。这论题乃是“单子论的辩证原理”。再则在其反论题的注释里，评论物质的无穷可分性之数学证明时，康德甚至声称论题的论证的基础是以纯粹悟性所设想的物自身不合法地替代了二律背反所唯一有关的表现[1519]。

“……盖欲借纯然论证的概念之肆行伪辩以论破数学之自明的证明真理实为无益之举。”

反论题。——世界中复合的事物并非由单纯的部分构成，而在世界中没有什么地方有任何单纯的事物之存在。

证明。——设使假定其反面，说复合的事物（如实体）是由单纯的部分构成的。一切外在的关系既然只在空间才可能，因而一切实体的复合形式也是这样，即占住空间的复合事物有多少部分，空间亦必由多少部分构成。可是，空间不是由单纯的部分而是由多数空间构成的。单纯的因之必须占住一个空间的。然而凡实在的事物而占住空间的，既然在其本身包含有许多互相外在的成分，因而是复合的，而且实在的复合物既然不是偶然性所组成的（因为没有实体，则偶然性不能互相外在），而是多数的实体所组成的，那么单纯的会是一种实体性的复合物，而这是自相矛盾的。

批评。——莱布尼茨的观点在这里完全被丢掉了。康德不是进而证明论题的直接反面，而是在这论证中去处理经验的直觉之延扩体。所作出的证明,究其终极,变为从空间的延续性质到占住空间的物质之延续性质这样的一种论证。但是既然论题和其反论题是这样指着不同的实在性,前者是指纯粹悟性所设想的物自身,而后者指感性的事物,那么就并未表示出有什么二律背反。二律背反是先行假定两种对立的肯定是有同一的所指的。如已指出,康德在这反论题的注释中论证说,"单子论者们所作的"一切反驳物质无穷可分性之数学证明的企图,都很无益的,由于他们忘记了在这讨论中我们只和表现有关的。

"顾单子论者实极灵敏,求避免此种困难,乃不以空间以外部的直观之对象(物体)所以可能之条件,而以此等对象及实体间之力的关系为空间所以可能之条件。但吾人仅有所视为现象[表现]之物体概念,而此等物体就其本身言,则必然以空间为一切外部的现象[表现]所以可能之条件为其前提者。"[1520]

康德在写了这些话之后,怎能依然不修改他对于论题所做出的证明,可部分地解释如下:这可能是由于他原先的见解继续在起着作用[1521],按照这见解来说,二律背反所表现的,不是寻常意识的世界两种对立的见解之间的冲突,而是纯粹思维的要求和感性存在的形式两者之间的冲突。那二律背反的旧见解,虽然它和辩证论一般的计划不能一致,但是在这里是占上风的。

在康德的程序中还有一点前后不一致的,而大概这可以理解为表示《批判》这书这一部分是早些年写的。他把物质的延续性之数学证明作为无可争辩而提出的。然而在其"自然科学的形而上学最高原理"(1786 年版)中,他极端强调地说"物质的无穷可分性远非通过空间的无穷可分性之证明而得到证明的"[1522]。

罗素[1523]在讨论论题与反论题之得失时,从某种现代数学理论的观点,做出关于康德的程序下面的批评。

"论证在这里又一次是用于空间与时间中的事物,而且用于一切的集体,无论是存在的与否……而有了这扩大[1524]命题的证明我认为是必须予以同意的;只有名词或概念应用来替代实体,而且不用这论证,说实体间的种种关系是偶然的(德文 zufällig),我们应满足于只说种种关系含有名词(或项)而复杂性含有关系。”

罗素还论证说,康德在反论题中假定“空间并非单纯的部分构成的,而是多数空间构成的”,这是不能赞同的。这假定“……包含有有限性公理(axiom of finitude)的隐蔽使用,有限性公理就是说,如果空间是由点所构成,它必是由某一定数目的点所构成的。只要否定了这点,就可以承认无论空间是分了一定的多少次,都不能达到点,然而又主张凡空间都是点所组成的。一个有限的空间是单纯的部分构成的整体,可不是任何有限的数目的单纯部分。1 与 2 之间的扩张恰恰也是如此。可见这二律背反不是特别关于空间的东西,凡是适用于算术的答案也是在这里适用的。这论题原是逻辑的一条本质性的公准,是应该承认的,而其反论题是应予以拒绝的”。

但是,正如上面所看到的[1525],采取这个见解的数学家们,把“点”这名词的意义那样改变了,大概同样可说,按罗素这样解释的论题,是和康德自己相信在其反论题所肯定的完全相同的。

第三种二律背反

论题。——依据自然律之因果作用并非世界表现从之而来之唯一因果作用。为要说明这些表现还须有另一因果作用,即自由的因果作用。

证明。——设使假定其反面。这样一来,凡发生的事物都先行假定有其先行的状态,是其按照一种规则由之而来的。那个先行的状态又以同样的方式而发生,由此类推以至无穷。可是假使一切事物都是这样唯有按照自然律而发生,则绝不能有最初的起点,因而系列在其导出的原因方面就没有完结的了。但是所谓自然律,乃是说没有什么事物发生而无一种先验地足够确定的原因的。所以如果一切因果作用只是按照自然律才有其可能，则这原理在其无限的普遍性上理解时是矛盾的。所以这样的因果作用不能是可能的唯一之因果作用。我们必须承认一种绝对的自发性，根据它，一系列的按照自然律演变的表现是以其自身为起点的。

批评。——这论证的关键是在于这一肯定，即因果作用原理需要每一事件有其一种足够的原因，而在自然的各原因之中又不能找到这种足够性，因自然的原因本身都是派生的或者说有条件的，一个事件先行系列的原因既然永远不能追溯到一个最初的原因，这系列是永远不能完结的，因之永远不足以说明所考虑的事件的。所以，要就是因果作用的原理是自相矛盾，要就必须预先以某种形式的自由的自发生的因果作用为其先决条件。这论证是不能认为有效的。每一种自然的原因是足够来说明其结果的。那就是说，因果关系在每一阶段是足够的。先行原因的系列不能完结，这是由现实的无穷性而来的，并非由于它所体现的因果作用之不足够性[1526]。为要证明其论点，康德得要说明现实无穷性这概念本来是自相矛盾的；而如我们已曾指出，那是他不打算肯定的。他的论证所招致的批评，是和我们已经对于他证明第一种二律背反的论题的论证所做出过的批评一样的。

反论题。——自由是没有的：世界中一切事物都是按照自然律而进行的。

证明。——设使假定其反面。自由的因果作用，即绝对开始的力量，是要先行假定可能有原因之一种状态，是和其先行的状态没有因果的联系而不是从它而来的。但是这是与因果作用的规律相违而会使得经验的统一性不可能。所以自由是一个空洞的思想物（德文 Gedankending），而在经验中不会碰见的。

批评。——我们首先可以看到这论题的证明对于其反论题的证明之奇特的关系。根据前者来说，必须以自由为先决条件，因为否则因果作用的原理就会自相矛盾的。根据后者来说，自由是不可能的，而其理由是和前面一样的。可是，如耳尔哈特曾指出[1527]，一条原理不能通过和它矛盾的一种假定之做出而和其自身取得协调。那只是第二种矛盾的成立，而不是前面冲突的消除。如果论题的证明是正确的，则反论题的证明便是错误的；如果反论题的证明是正确的，则论题的证明便是无效的。因为纵然论题与反论题自身可能互相矛盾，这种冲突必不可存在于它们所赖以成立的根据之间。如果用来支持它们的理由是互相矛盾的，则整个论证便成为完全无效的了。作为支持的各种证明既是互相矛盾的，任何东西都没有得到成立。要把真理从彼此争持的不相容之主张分辨开来这任务依然是一个迫切而不容缓的问题；而在这任务完成之先，论证是无法进展的。自由的假定要就和因果作用的原理相矛盾，要就不与之相矛盾。二律背反不只是说 A 和非 A 都是真的，而是说 A 和非 A 纵然互相矛盾，然而两者能以不发生这种矛盾的论证来得到成立的[1528]。

为论题所做出的证明，如已经指出，似乎是不能维持的。自然因果作用原理不是自相矛盾的。关于其反论题的证明有什么可说的呢？如果自然因果作用原理之以公式形成是肯定凡事件都有决定它存在的先行原因，那么自由的、自发的、自开始的因果作用一定是被排除的。在这里，像在康德的第一种二律背反的反论题之证明里那样，一切都是以所用的名词之定义为转移。必须记住，各种二律背反说是存在，只是在独断水平上的。因之必不可让批判的种种考虑搀杂进来。当知以寻常意识来说，因果作用这概念有着一个很不明确的意义和一种很广泛的用途。因果关系可能是自发的，又可能是机械的，可能是属于物质的，又可能是属于心灵的。一切种种都是可能的，而不能只提到因果性的依存这概念便足以在两可之间做出决定的。自由的因果作用，在这因果公准的独断分析能指出其相反者之范围内，可能是可能，亦可能是不可能的[1529]。康德除暗中引用先行假定其批判的学说之真理的一些结论外，是未能成立这反论题的。这特别表现在对“经验的统一性”的强调之上。另一说法[1530]，即自由意味着无规律，只有把康德的学说加以分割进而归结为只肯定自然科学各种机械论的原理之客观有效性才是真的。康德是一面跟着兔子跑一面帮着猎狗咬，两面来讨好的。

虽然这二律背反主要是关于自由的问题，即在世界范围内自发开始的问题，其论题的证明却只谈到一种最初原因这宇宙论的问题[1531]。这种动摇不定的种种理由，我们在讨论第三种二律背反时将有机会来考虑。世界和自然这两个名词像在第一种二律背反的反论题中一样起着同样的歧义作用；它们却趋向于用在康德自己批判学说的较为狭隘的机械论意义上。

第四种二律背反

这二律背反的论题与反论题既是和第三种二律背反取同一路线的，我就不详细地来叙述它们[1532]。康德又一次从一切变动有其时间上在先的一种条件这事实来做出论证。在证明本身没有什么差别，其差别只在于各种论证所支持的推论之性质。在第三种二律背反中，各种证明是导致自由因果作用的肯定与否定；在第四种二律背反中，它们则导致一个绝对必然存在者之肯定与否定。所肯定的是为着要挽救因果作用原理不致自相矛盾；而否定也是必要的。其理由也是一样，这种程序之不合理上文已经指出了[1533]。假使认定二律背反是表现一种现实上的冲突，虽然其论题与反论题是互相矛盾，但在声明要成立它们的根据上不容许有这样的冲突的。我们必不可作为论证而肯定A与非A两者同时是真的。

在反论题的注释里[1534]，康德自己曾注意到这“奇怪的”局面。

"自同一根据在正面主张[论题]中由之以推论一本源的存在者之存在,而在反面主张[反论题]中则由之以推论其不存在,且以同一之严密性推论之。"

推论到一个必然存在者,因为过去一系列的事件不能包括一个事件的一切条件,除非在其中发现无条件者。否定一个必然存在者之存在,因为一系列只是被决定的事件已包括所有的一切条件。康德为这程序所作的辩护如下:

"但在两方之论证方法皆完全与通常之人间理性相合,盖通常之人间理性因屡以两种不同观点考虑其对象,致陷于自相矛盾者也。梅伦先生(M. de Mairan)[1535]以二著名天文学者间所有之争论(亦由选择立场之困难而起者)为足成一特别论文之极可注意之现象。其一谓月球自转,因月球常向地球之同一方面旋转。其另一人则就此同一理由得反对之结论谓,月球非自转,因月球常向地球之同一方面旋转。就各人观察月球运动时所择之观点而言,则两方之推论皆极正确者也。"[1536]

这个例子实际上是不切合的。纵然康德所肯定的与之不同,其实论题与反论题的观点是无二致的。在两种情况下,绝对必然的存在者是看为感官世界中变动的开始。照这样看法,它是因果作用规律所要求而又不是这规律所要求的,这种主张——是不可能的,乃正如肯定说,在所用的各种名词之同一意义上,月球自转而同时又不自转一样。

第四种二律背反的各种证明和第三种二律背反的各种证明是同一的,其理由是康德在其建筑术的压力下[1537],力求构成四种二律背反,而实际上只能分辨出三种来。第三与第四种二律背反,在其以公式形成有条件的是否包含有无条件的意思而且是否发生于无条件的这问题,是完全相同的。这个无条件的精密确定,是作为自由的因果作用或者作为一个必然的存在者,或者用其他任何方式,乃是另一问题,而不应当列在宇宙论的研讨范围之内，而在《批判》一书这一部分中只有宇宙论的研讨才是适当的。

在讨论自由时，康德从宇宙论的（或者说神学的）无条件者过渡到[1538]心理学的无条件者的方式是有意义的。宇宙论的无条件者是用论题的论证来证明其存在的，而其存在立刻就解释为，至少在这一种情况下，成立了自由的自发的因果作用之现实性。康德说这个“……自由之先验的理念，无论如何不能构成此名词之心理学的概念之全部内容，盖此等内容大部分为经验的。先验的理念仅表显行动之绝对的自发性而已……现象［表现］系列中由自由而来之最初的创始之必然性，吾人仅在使世界起源能为人所考虑所必需之限度内证明之……但因自发的创始时间中一系列之力量由此被证明（虽不能理解之），自亦能容许吾人承认在世界过程内种种不同系列，就其因果作用而言，可视为能自其自身开始者，即以一种自自由而来之活动力量归之于此等系列所有之实体”。

在世界中，每一个这样的相继的系列，只能有一个相对的第一起点，而且必然总是有事物的某其他状态在其前，这并不是对于这种因果作用的充足的反对意见。

“盖吾人此处所言之绝对的最初起始，非时间中之起始，乃因果作用中之起始。例如，我若在此刹那时自椅起立，完全自由，并无自然的原因之影响必然规定其为如是，故一新系列以及其所有无限之自然结果，在此事件中自有其绝对的起始，至就时间而言，此一事件固为一先在系列之继续者也。”

可见康德在第三种二律背反论题中关于自由的证明只是从他一个宇宙论的或者说神学的无条件者的存在之证明所得的必然结果。而且不但如此，这自由不像那宇宙论的无条件者那样，是证明为存在的，而只证明为“可承认为”一种可能性。在反论题中同样地，自由的反证是一般的无条件的因果作用之反证。这二律背反是处理偶然的即可能有的与无条件的两者之间的一般对立与关系。

恰恰就是这对立构成了第四种二律背反的题材。所用的名词不同，但它们的意思是一样的。因为虽然康德以“绝对必然的存在者”替代了“无条件的因果作用”，而前者依然设想为属于感官的世界，作为那世界的变动的无条件开始。而且像康德小心地补充的那样，只有因果的、宇宙论的论证才可用来成立一个绝对必然的存在者之存在，仅从理念不能合理地推论出什么的。因之文字上的改变只是文字上的；第四种二律背反的论证在其结果上正如在其证明的方法上来讲，都是和第三种二律背反的论证完全一样的。以任何更详细的方式来下无条件的定义是不可能的，除非用一种研究，那是完全超出康德在这里所提出的论证之范围以外的。康德的程序还招致另一种反对的意见，就是他在这里并没有预先分析或说明而引用的一个绝对必然的存在者这概念，后来是他[1539]所指出为没有丝毫意义的。他使用这概念，但使自己既不能探求它，又不能从它得到任何有用的结论。这局面是不无含有滑稽的成分的。为要表面上划分第四种和第三种二律背反的区别，康德就勉强地侵入神学的领域；但是由于他明知这种侵犯是在禁止之列，他企图从那侵略空手而归以减轻其罪过。他又一次为其对于建筑术的过分忠诚而陷入这样不愉快的窘境。

第三节　理性在这种自相冲突中的利害关系[1540]

本节虽极其重要，但无须有冗长的评述，它应是明了而直率的。可总结如下：论题与反论题是以不同而冲突的利害关系为其基础的。那些论题，虽然是以干燥无味的公式表达出来，丧失了它们唯一借以能炫耀其真正宏大的经验的特色，然而是表现着独断的理性之骄傲浮夸的。其反论题则表达着纯粹经验论的各原理。前者为一种实践的和通俗的利害关系所支持:道德与宗教是以这些利害关系为其基础的。后者固然和我们灵性的利益相冲突,但是在其理智的优点上则远胜于那些论题的。这就说明:

"……一方之激越的热情,他方之冷静的坚持;且能以之说明世人何以热烈赞同一方而故挟偏见以反对他方之故。"[1541]

如果经验论哲学家在理性炫耀其所谓知识时,在理性把仅根源于信仰的东西当作思辨的见解时,谴责理性轻率与放肆,那么他是不能受到合法的非难的。

"但当经验论自身(此为所屡见及者)对于理念之态度成为独断的,坚决否定在其直观的知识范围以外之一切事物时,则亦显示其同一之缺乏中庸之道;且此点因理性之实践的利益受有莫大之损害,故更宜责难之者也。"[1542]

两方所肯定都过于其所知道的。一方让实践的利益哄骗理性关于它的固有力量;另一方则过于扩大其经验的知识范围以致毁灭了人们道德原理的有效性。康德把这种对立看为在历史上为柏拉图和伊壁鸠鲁两对立系统之代表。我们是自反思者,理应从那些分歧的利害所生的偏见中解放自己,至少暂时是这样,而应用所谓"怀疑的方法",不顾一切后果,深入到这不断生长的冲突的本源。如康德在下一节所说,冲突的性格是真能予以消除的。

这一节的写成,至少其草稿的拟定,是在康德还有意要把他对于形而上学各部门的全部批判纳入二律背反学说的范围以内的时候[1543]。

第四节　纯粹理性的先验问题只就其绝对必须得到解决方面来说[1544]

有些科学部门,其性质本身就要求,凡在其中发生的问题,必须从可以认为是知道的东西,完全予以解答的。伦理学就是这样的。当我问到,道德责任要我采取若何行动时,这问题必然是按照其因之而提出的各种考虑之话语能够予以答复的。因为关于我们毫无所知的东西,不能有任何道德上的责任的。我们必不能以问题无法解决来开脱自己;问题的解答必须找到的。康德进而论证说,先验的哲学亦复如是。

"……先验哲学在思辨知识之全体范围内乃一独特无比之学问,盖因并无关于所授之于纯粹理性之对象之问题,不能为此同一之人类理性所解决,且不能借口于势所责免之不可知或问题之艰深难测,以解除完全彻底解决此问题之责任。使吾人能提呈此问题之概念,亦必使吾人有资格能解答此问题,盖因其对象不应在此概念以外见及之(如在正、谬之事例中)。"[1545]

第三和第四段好像是后来插入的。本节,像第三节一样,必是写于康德还认为二律背反学说涵盖形而上学的全部那个时候。先验哲学是和宇宙论在其为二律背反所处理之范围内同一的。但是在第三段里,前者是理解为更广泛的一个名词。而且在头两段中,纯粹理性的问题认为是可解决的,因为它们的对象不在它们的概念之外会碰见的;而在第三段里,它们被看为可解决的,因为它们的对象是经验中所与的。再则,在第二段里,先验哲学是被看为思辨[即理论]的科学部门中独特无比的;而在第四段里,数学是与之并列的。

本节的审查,整个说来,(紧接着的下面一节亦复如此)是叫我们能得出结论说,在其写作的时候,康德是把理性的理念看为完全而且只有制约的功用,因而在其经验的用途上便已穷尽其原有的意义了。他把这些理念看为完全缺乏形而上学的意义的。理性创制它们是为理性自己得到满足,因而必须在它们内部的内容中提供它们存在的说明,而且又提供凡可追溯到它们的问题之完整而彻底的答案。如我们已曾发现,二律背反的独断的(即本体论的)解决是不可能的;批判的解决是从主观上考虑这问题的，“……就其与问题所依据之知识根据”的[1546]。“盖以吾人之对象仅在吾人脑中，不能在脑以外授与吾人，故吾人仅须注意与吾人自身一致而避免其意义含混，此种意义含混，乃使吾人之理念转为一种经验的授与吾人，因而按经验法则以知之者之对象之推想的表象。”[1547]

康德证明理念这种完全主观性的解释，其论证是在于说明它们不是在任何所与的表现中呈现出来，而且甚至不必要来解决种种表现的。其无条件的，不管是量的无条件的、分割的无条件的，抑或开始的无条件的，都是和任何经验不相涉的，无论经验是现实的或者是可能的。

“例如吾人即假定物体由单纯的部分或由无尽之复合的部分所成，其所说明物体之现象，亦绝不能较善于未假定之时，乃至别有不同之说明；盖既无单纯之现象，亦无无限复合之现象曾能呈显于吾人之前者。现象之要求说明者，仅限于其说明之条件在知觉中授与吾人者。[而无条件的是绝不能有所与的。]”[1548]

这个观点同时是怀疑的而又是经验的，在下节进一步发展。

第五节　从怀疑论表示宇宙论的诸问题[1549]

康德用其“怀疑的方法”[1550]论证说，即使一方通过他方的驳倒而最后成立其自己，也得不到任何好处的。其胜利会是无效果的胜利，而其结果“只是胡说”[1551]。各理念的唯一有效性是在于它们涉及经验；然而，一涉及经验，当从客观上解释时，便是证明为完全无意思的。对于悟性之任何概念而言，宇宙论的理念总是非太大则太小。无论从什么观点看，所能有的对象(即经验所提供的)都与之不相合的。如世界果是没有起点，或是无穷可分的，或是没有最初原因的，其往后追溯便超出一切经验的概念；反之，如世界果有一个起点，是单纯的部分所组成，而有一个最初的原因，则为一切概念又太小，而只有通过这些概念，世界才能被经验的。换言之，从经验的往后追溯，宇宙论的理念总是不是太大就是太小，因而为经验所摈弃，而只有经验才能赋予一个对象以其关系，即赋予概念以其真实性与意义。因为，如康德所明白说出，我们不得把这关系倒转过来而摈弃经验的概念，说它们在一种情况下对于理念是太小，而在另一种情况下又太大。经验，而非理念，才是实在性和真实性的标准。

“故可能之经验的概念，实为吾人所必须由以判断此理念是否仅为理念及思维上之事物，抑能在世界中发见其对象之标准。”[1552]

当两事物进行比较，其一事物是为另一事物而存在，则后者乃是唯一适当的标准。我们并不说“人为其外衣太长，而说外衣为人太短”[1553]。因之我们的见解便得到证实，二律背反的基础是错看了宇宙论的理念之对象能被给予的方式；而且我们就踏上了追踪二律背反所出自的幻象的途径，这将在下一节详加阐述。

理念之变为只是思维上的东西是两种可能而互不相容的见解之一，而如我们已说过的[1554]，这两种见解在全篇辩证论里面始终是互相竞赛的。例如我们可比较一下上面关于理念与经验两者冲突的解释和 A422 即 B450 上面的解释。在后一段中，二律背反都是追溯到理性和悟性之间的冲突。如其统一性果是满足理性的一切要求，则它对于悟性便太大；如它是满足于悟性，则它对于理性又太小。康德在这里并不承认理性的要求由于不能为经验所履行便自然而然地被拒绝。他反而意味着，我们是通过理念才体会到一切经验的事物都只属于现象的性格。

我们在这本《解义》中的任务，只是要分辨出来那两种互相冲突的倾向所出现的各段，而追溯从康德摇摆在它们之间所产生的各种后果。它们意义的讨论，最好留待辩证论结束，当康德谈到理性的制约功用的时候。目前我们只须指出，上几节的主要内容阐述怀疑论的见解，是属于早期，在误谬推理和理想两大段详细拟定以前的。

第六节　先验观念论之为宇宙论的辩证论解决之锁匙[1555]

本节里是主观论占优势。所阐述的那种先验观念论是属于早期未高度发展的形式，和先验对象的学说联系的[1556]。它并不表示康德更成熟的学说。没有做出表象和所表现的对象两者之间的区别。康德以“我们可能有的种种知觉之整个范围与联系”归于先验对象，即一般表现的“纯粹理智的原因”[1557]。表现只能在其在于经验中构成的程度上而存在。它们既然只是表象，就不能存在于心之外。离开了这样的结构，固然可以说它们是在先验对象里面，但是它们，只在我们假定通过我们现实上的知觉之系列的扩张而达到它们，才成为我们的对象的。只在这种形式上，作为在后溯一系列的可能知觉中所设想而不是作为其本身存在着的，那就甚至世界不可记忆的过去过程都可表现为实在的。“因之，在吾人自身存在以前无量时期中之一切事件，实际仅指自现在之知觉还至规定此知觉之种种条件（就时间而言）所有推展经验连锁之可能性而言耳。”[1558]

至于一切肯定从来未在现实上被人经验过的现在的实在性之命题，得要给以同样的解释。

“且我或谓在空间中之经验的进展中，我能见及之较现今我所见最远距离之星尚有百倍之远之星，抑或谓此等星座以前虽无人见及之，以后永无人见及之，但或能在宇宙中遇及之云云，其结果乃无关重要之事。盖即假定此等星座所授与者为物自身与可能的经验无关[1559]，但此等事物之在于我，实等于无，即非对象（除包含于经验的追溯之系列中以外，不能成为我之对象）云云，仍为极真实者也。”[1560]

康德讲到，当我们解释我们经验的概念的意义时，必须记住表现与物自身两者之间的区别；尤其在那些概念和一个无条件的东西之宇宙论的理念联系起来时，这是特别必需的。种种的二律背反是由于不能体会到这个基本的区别，而认识到这区别便是二律背反的解决的锁匙。

“若以久为人所责难之经验的观念论加之吾人，则实厚诬吾人矣，盖经验的观念论虽承认空间之真纯实在性，但否定空间中之延扩的事物之存在……”[1561]

这是和上面所评论过的《论文》之那几节相一致的[1562]。

第七节　理性的宇宙论的自相矛盾之批判的解决[1563]

康德的论证如下。各种二律背反的基础乃是这一条原理，就是说，如果有条件的是所与的，其一切条件的整个系列也是所与的；如果各感官的种种对象是独立实在的，就不能逃避这一假定，而辩证的冲突则因之是无法解决的。如上所说，先验观念论揭示解决这二难推论之途径。一切表现既然只是表象，它们的前项不是作为表现而存在，除非是在它们在心理构成的程度上。虽然表现都是所与的，但是它们经验上的一切条件不是因而也是所与的。我们最多只能说，追溯到其各种条件，即在那方向上一种不断的经验的综合，是必要的或者说是所需求的。这样就可说明宇宙论的论证在逻辑上是有效的。其所包含的三段论式如下：

如果有条件的是所与的，则它一切条件的整个系列也同样是所与的。

各感官的对象都是所与的。

所以它们的一切条件的整个系列也是同样为所与的。

在大前提中，有条件的这概念是用在超经验的（康德说先验的）意义上,而在小前提中是用在经验之意义上的。但是虽然推论这样犯了语言形式诡辩这逻辑的谬误,其发生的根据,与其何以不立刻被发现的理由,乃是在于一种自然的而不可避免的幻象,导致我们把空间中的感官世界承认为独立实在的。只有通过批判的钻研才能克服这种幻象的蒙骗力量。由于它的影响,上述的谬误曾为独断论者和经验论者同样地触犯了。可以指出,在互相反驳时,"……他们实际所争的是无的放矢,而一种先验的幻象使他们以子虚的认为是实在的"[1564]。

康德进一步论证说,二律背反先行假定论题与反论题是矛盾的对立,即没有第三者之可能的。当相反的肯定不是矛盾的而只是对立的,其对立,用康德的名词来说,就不是分析的而是辩证的。两方都可能是假的;因为一方不止于反对其他一方,而另外还自己做出别种的说法。而上述的幻象的审查使我们看出二律背反所涉及的相反两面是属于辩证的性格的,论题与反论题都同样是假的。世界既然不是作为一种物自身而存在,它不是作为一个无穷的整体而存在,又不是作为一个有限的整体而存在,而只在其在一种经验上往后追溯过程中被构成的程度上而存在。我们对于表现不得用"绝对总体这理念,因这理念只作为物自身的一种条件才有效的"[1565]。(我加上重点的字标志着康德对于理性的理念之性质与功用的非怀疑的、非经验的见解之出现。)可见二律背反正确地理解时并不利于怀疑论,所有利的只是"怀疑的方法",而且事实上对于批判学说的正确性提供一种间接的证明。这证明可用一种二难推理的形式提出来。如果世界是一个整体在其自身而存在的,则它要就是有限的,要就是无穷的。但前一可能为反论题的证明所驳倒,而后一可能又为论题的证明所推翻。所以世界不能是一个整体在其自身而存在的。从这就知道表现不是在我们表象之外的什么东西;而这就是在先验观念论的学说中所肯定的。

在 A499 即 B527 上面，康德用的话语是含糊的[1566]，可以解释为是说，在往后追溯之中不能缺乏所与的条件的。这种说法应当先行假定关于未知的先验对象有积极的知识[1567]。其反面，却是更正确的见解，则见于 A514～515 即 B542～543 和 A517 起即 B545 起，虽然后一段是带有回复到上述的立场的[1568]。

康德至此为止，一直所用的早期手稿，大概终止于本节之末，如阿的凯斯所提出[1569]，或在时代尚有问题的第八节之末。第九节确是属于更晚的一个时期；它代表一个更复杂的观点，而从这观点看，理性再不是被看为只具有一种经验上的功用，因而论题与反论题也再不是不分皂白地统称为错误的。在其稍后而更为观念论的成见之影响下，康德修改上述的问题的解决到这程度，甚至肯定说，论到后两种二律背反，论题与反论题，正当地理解时，都是真的。

第八节　纯粹理性关于宇宙论的理念之限制原理[1570]

纯粹理性的原理，正确地规定出来，乃是说，当有条件的东西是所与时，往后追溯到其一切条件的总体乃是作为一个问题提出的。其为原理是有效的，"……固然不是作为一条公理看……而是作为悟性的一个问题看……使悟性进行而且一直继续按照理念之完整性，往后追溯任何所与的有条件的东西之一系列的条件"[1571]。

在往后追溯之先，它并不预料作为对象的现实上是什么，而只在规则的形式上要求悟性应该如何进行。它并不告诉我们无条件的是否存在、怎样存在，只告诉我们经验的往后追溯，在只是一个理念的指导下，是要如何完成的。这样的一条规则只能是制约性的，而它所包含的总体的理念绝不得使其带有客观的实在性的。绝对无条件的，既是绝不能在经验中碰见的，我们事实上在事前就知道了，在往后追溯的过程中，永远不会达到那无条件的。可是通过这样的往后追溯来寻找它的责任，仍然是规定了的。

康德在无穷前进(progressus in infinitum)与不定前进(progressus in indefinitum)之间做出了人所熟悉的区别，而其所说是令人窘惑的，并且又在所与的一个整体分割的系列和这整体的扩张的系列两者之间划分一种很成问题的区别[1572]。人类世系的系列这例证是不适当的；发现它在过去中在某一点上有其起头，并不一定违反理性的要求。不能以这样的系列和空间、时间和因果作用的各系列相比较[1573]。这段离题的话之唯一重要结果，就是得出这结论，无论所要求的是什么，是在无穷前进上的抑或是在不定前进上的，都不能把条件的系列看为在其对象中作为无穷而给与的。

"故此问题已非此种条件系列之自身如何大小，有限或无限之问题，盖此种系列绝无所谓自身；所成为问题者乃吾人如何进行此种经验的追溯，以及吾人继续此种追溯应至如何程度耳。"[1574]

我们已经指出[1575]，康德在A499即B527上面含糊不清地提到，说在经验的追溯过程中不能缺乏所与的条件。这样来解释，这说法是不适当的。他最多只能认定，如果再没有什么感觉，我们还得要设想最后所得的感觉，在其以前是空洞的空间与时间，而就缺乏经验到的原因的。在这种情况下，我们就不会经验到有限性，亦不会经验到无条件性，而所经验的只是不能发现适合于经验的空间与时间的种种条件之无穷尽性格的那种内容，不能经验到一种内容是满足我们对于因果性前项之要求的。在A514～515即B542～543上面，康德表示意识到这个困难，但应付这困难时，却采取一种不彻底的立场，依然是容易引起反对的意见的。他承认，系列既然没有一项是经验所与作为绝对无条件的，则一个更高的项总是有其可能的，而且追求这更高项所以就是规定的；然而他肯定说，关于所与的各种整体，我们有正当的理由来采取一种很不相同的立场，就是说，所与的整体内部条件系列之往后追溯不像上面情况那样以不定前进方式而是以无穷前进方式进行的，就是说，在这种情况下，存在和经验上所与的项比我们以往后追溯所能达到的更多。如是所与的整体，我们就须寻找更多的项；如是系列的扩张，我们只有理由来查考更多的项。这种妥协的立场是一时的权宜，从任何方面看都是不能维持的。空间与时间无穷扩张的证据是和它们无穷可分性的证据一样无争论的余地的。而当我们在这些形式之下考虑感性的存在时，先验对象在某一点之外可能不提供再分割的材料，正如它可能不提供再扩张的材料一样。关于后者，康德肯定再前进必须总是一种可能性而已，因而理性要求总要对于进行查考不存定见，绝不企图预先肯定其可否，唯有这，才是代表真正的批判观点的。然而材料的停止，实际上可能是由于条件作用的过程增加其微妙性而使之不作用于我们的感官[1576]；但是用间接的手段是可以克服这种缺点的。理性在其无条件的概念上所对我们规定的任务，其要求是无穷尽的。我们无权在任何困难的障碍面前放下武器，或者在任何荒凉险峭的裂罅面前而失望。

第九节　就一切宇宙论的理念而言理念之限制原理的经验的使用[1577]

第一与第二种二律背反的解决

申明。——如康德已经说过，理性的限制原理所根据的基本事实乃是，经验到一个绝对的限界是不可能的。总是有其可能还可发现系列的更高一项。既然如此，我们的任务就是去寻找它。但是我们在这里只是应付各种可能性，其追溯乃是不定的，而不是无穷的。

“吾人之所能为者，仅依据规定世界中所有经验的追溯之规律，以探求世界所有量之概念耳。此种规律之所规定者不过谓：不问吾人在经验的条件之系列中能到达如何之远，吾人绝不能假定一绝对的限界，应以所视为受条件限制之一切现象从属于视为其条件之其他现象，且吾人必须向此条件进展。此为不定的追溯，以其并未决定对象中之量，故此种追溯显足与无限的追溯相区别者也。"[1578]

我们知道的只是规则，而不是其整个对象。因之凡我们能做出的肯定必须只为这规则所指示，而且是这规则的一种表达。第一种二律背反的论题与反论题都是无效；还有第三者之存在。感性世界不是有限，也不是无穷；它是可以无穷地扩张，这是按照规则所说的。

可惜康德不满足于让他的结论停留在这形式上。他把他的论证弄成复杂而又使读者感到窘惑，因为他主张这就是事实上承认了，反论题，既然我们消极方面肯定说时间或空间中的绝对限界是经验上之不可能[1579]；而积极方面，说追溯不定地进展，因而是没有绝对的量的。

康德关于所与的各整体又重复了上一节的论证[1580]。当问题是再分的问题时，追溯是从一个所与的整体出发，因而所从出发的整体其条件（部分）是同它一起受给与的。所以这分割是无穷的，而不只是不定的。然而他论证说，这并不意味着所与的整体是无穷的许多部分所构成的。因为虽然各部分都包含在其整体的直觉之中，然而其整个分割只通过产生它的追溯才发生的。它是一种连续量（拉丁文 quantum continuum），而不是一种分离量（拉丁文 quantum discretum）[1581]。这论证的评论已见上文[1582]。康德在这里忽视了这一可能性，即物质的各部分虽是延扩的，而物理上可能是不可分的，或者它们可能是控制一定的空间而并不占住空间的力之一些中心。

关于数学的先验理念与力学的先验理念之区别几种意见[1583]

申明。——康德又一次[1584]引用数学的与力学的两者之间的区别。

数学的理念综合同类的，而力学的理念可能联系不同类的。所以在使用前者时，我们必须停留在现象的范围之内；通过后者我们则可能超过它。这样一来，关于第三与第四种二律背反，就为提出这样的解决办法开辟了道路，它既能使悟性满足其要求，又能使理性满足其要求。第一与第二种二律背反的论题与反论题都得要宣告为假的，而第三与第四种二律背反的论题与反论题则可能同时是真的——其论题适用于理性领域，而其反论题则适用于感官的世界。

评论。——当数学的和力学的两者之间的区别这样从范畴推广到理念时，它的有效性就变成高度可疑的了。空间与时间本身确是各别为同类的，而质与量的各范畴在其用于数学上的限度内大概可同样说为同类的。但是当这名词还进一步推广到涵盖头两种二律背反所处理的两对相互关系的对立面，即有限与无限、单纯的与无穷可分的，康德做出的就似乎是高度矫揉的区别了。第一与第二两种二律背反所处理的不是空间与时间本身，而是在空间与时间中的感性世界；而在这感性世界之内，即使在其量的方面，质的差异是得要考虑的。常识固然倾向于假定无限的和单纯的必须像它们所决定的东西一样都是在空间与时间之中，因而和有条件的一起形成一个同类的系列。但是寻常的意识，关于第一个原因和关于无条件地必然的，也是有一样的趋势要做出这个假定。

康德还企图[1585]用肯定力学的二律背反不谈到其对象的量而只谈到其存在这方法来区别数学的与力学的。然而他承认在所有四种情况之下都有一个系列，对于悟性而言，要就是太大，要就是太小；而既然如此，则在每一种情况之下，都发生了无条件的之存在与否的问题。

当我们认识到康德对于两对的二律背反所做出的相反解决是可以互相交换的时候，他的区别之矫揉造作性就变为清楚的了。感性世界既然是有其理性的根柢，则头两种二律背反的论题与反论题可能同是真的，前者在理性领域里而后者则在感性领域里，与此相仿，第三与第四种二律背反的论题与反论题可能同是假的。在感性世界中，而只关于这世界才能确定什么，力学的各条件之系列既不形成一个有限的系列，又不形成一个无穷的系列。有一个第三者之可能，类似于反论题的系列而在性格上则与之不相同，那就是，这系列是可以无穷地扩张的。康德对于两种二律背反的分别对待是武断的，其理由似乎是因为他曾企图把后来一种解决二律背反的方法硬加在从前所发展的一种之上，而尽可能不加以修改。在较早的见解里，正如我们已有机会看到，理性只有经验上的应用。其理念是作为"只在人脑中"存在的。只有涉及到经验才使它们有充分的证据，或者说在事实上给它们以若何意义。而既然按其本性不能有经验上的体现，则凡包含有它们的一切肯定都必然是假的。稍后，康德便把理性看为有其自己独立的权利的。既为其成功地成立了各范畴的客观有效性，日益深信那证明所巩固的关于表现与物自身两者之间的区别之重要性，而又在思想上为灵性生活各问题所占住，他旧时对于纯粹思想的种种要求之信仰又抬起头来了。通过理性，我们体会到我们和本体实在的性质相似，而通过理性的各种要求，心中就有了无条件的之性质的朕兆了。在全部哲学史中自始至终互相竞争的论题与反论题可能同是真的。它们不断出现的冲突，证明须有更宽大的一种观点，从而控制人类生命，指导人类生命的那种伟大的权力，理智的权力和道德的权力，可以得到协调。任何一种都不能使之对其他一种让步；各在其本范围之内是至高无上的。表现和物自身两者之间的区别，承认这就是充分的认识论的第一步，而没有这，知识生命的性质总是自相矛盾而不可理解的。这区别就提供了这种协调的手段。悟性乃是打开表现世界的唯一锁匙，而道德的命令乃是了解物自身领域的关键。理性与其对于无条件的之要求，是介乎两者之间，而使我们能体会到我们的双重使命。

观点的这种根本上改变，不得不使代表着早期而更怀疑的态度的手稿之使用，显得完全令人不能满意；而只有康德素来不愿意牺牲凡是他所曾写成的东西，才能说明他何以把较早的阐明保存下来。他让他从前对于头两种二律背反的处理停留在其怀疑的形式上，而利用数学的与力学的区别来发展其较新的、更是观念论的见解，完全用于第三与第四种二律背反。关于这一样可用于其他两种二律背反这一层，我们已经看到了。

虽然这里所阐明的观念论见解，对于理性的怀疑见解而言，可以这样描述为稍后的，但不能把这理解为它是代表康德批判学说发展中之最后阶段的。它像是属于分析论中心几节写成的以前那个时期。其证据[1586]主要是它提到表现的性质时是主观论的。它好像和康德的先验对象学说同一时期。

第三种二律背反的解决[1587]

申明。——一切表现既然只是表象，必有一种根柢，其本身不是表现的[1588]；虽然这样一个理智的原因之一切结果出现，并且因而为其他表现所确定，然而其因果作用本身不是受条件决定的。它和它的因果作用都是在经验的系列之外，只有其结果是落在经验的领域之中。而那因果作用，既不从属于时间，就不须有另一原因而为它的结果。康德像这样就从他的先验观念论说明一种动作，可能同时是自由的而又为因果所确定的。他理解这说明是适用于自然现象的整个领域而又适用于作为自由行动者的有限存在者。这个形而上学的自由，或者如康德给它的名称说是“先验的自由”，其可能性的证明便消除了“实践的自由”所总会碰见的实在困难。自由这概念乃是一个先验的理念，是不能从经验中获得而又不是经验所能证实的。它是理性为自己创造的[1589]；而显示出在这第三种二律背反中论题与反论题同时可能是真的这种可能性。“凡结果必须从自然发生"和"凡结果必须从自由发生"这两种选项不是互相排斥的。它们在不同的关系上，对于同一的事件，可能都是真的[1590]。关系到理智的原因，这事件可能是自由的，在空间与时间中作为一种存在，却被确定了的。如果表现是物自身的话，自由和因果作用则必然是冲突的；借助于上述的本体论的区别，尽可肯定自由而不缩小因果原理能有的范围。一切事件，毫无例外，都从属于自然规定的规律；然而一切事件同时也是从一种自由的原因而来的。

通过自由以调和因果作用与自然必然性的普遍规律之可能性[1591]

申明。——上述结论表面上是这么不合理，于是康德以这节和下面一节作为专为它的进一步的阐明。事件怎能同时是自由的而又是被确定的呢？其答案是在于承认一切自然存在的两面性。一方面，它不过是表现；而另一方面，在其基础上有一个先验的对象。它是先验对象的表现，而这先验对象必须估计到，才能完全理解它。而没有什么使我们不能以不是现象的一种因果作用归于先验对象。这样的因果作用可能使表现成为恰恰就是它原来那样的表现。在感官的世界中，每一个充足的原因必须有一种特定的经验的性格，因为只有这样，它才能确定结果是这个而不是那个，按照着表示其性质的普遍而不变的规律。同样地，我们又必须承认先验对象有一种理智的性格，而把作为经验的系列之各项处在相互不断的因果联系中的那些表现，都追溯到它而后已。这个先验对象，由于它的理智的性格，不是在时间之中的。它的作用不生亦不灭，因而不从属于经验的确定之规律。这规律只适用于常时变动的事件，即随着前面的状态而发生的事件。这样超感性的因果作用在经验的各种条件的系列中是没有其地位的。虽然只能用原是它的结果的经验的性格之话语来设想它，而它与自然因果作用的差别，可能是和知识的先验对象与经验对象之间所有之差别一样完全的。以其经验的性格而言，其作用是自然的一部分，而加入一种符合于普遍规律的因果联系之中[1592]。它的一切结果都必然为其前面的自然条件所确定。然而以其理智的性格而言，同一这主动的主体必须看为脱离感性的一切影响，脱离通过自然事件而被确定的限制。以其是一种本体而言，它里面不能有什么变动，因而不能有什么以自然的原因可以说明的东西。甚至它的经验上的结果，亦不能作为时间中的事件而追溯到它。因为作为事件来看，这些结果总是前面经验的原因之后果。唯一是由于本体的因果作用的东西，乃是因为它表现才是如此的那种经验的性格，由于它这些表现才是互相处在一定而必然的因果关系的那种经验的性格。

"……经验的性格乃持久不变者，但其结果则按其所伴随及部分的制限者之条件之变化不居，在种种可变之形式中显现。"[1593]

经验的因果作用本身在其特定性质上是为一种理智的原因所决定的[1594]。

自由与自然必然性的关系之解释[1595]

申明。——没有一个表现是不受自然因果作用规律的限制的。因为果然如此，则它就是在一切可能的经验之外，而对我们来讲，便是人脑的虚构，或者说简直不能设想的了。所以，在自然界中，没有什么东西能自由地或自发地动作的。但是一方面这样承认一切事件毫无例外都是经验所决定，而另一方面，如已指出，我们可以把经验的因果作用本身看为一种非经验的而是理智的力量之结果[1596]。在事件里面可能只有自然，然而自然本身，或者甚至构成自然界的某些存在，可能是以一种本体的秩序的一些力量为其基础的。康德进而指明这样的一种假设不但是可容许的，而且为要了解人类生命在其实践方面的一些显著的特征，是不可或缺的。

人是自然存在,其活动都是从属于经验的规律的。像一切其他自然对象一样,他有其经验的性格,因之在自然系统中有其地位作为其主要的一部分。但是人在一切自然存在中是独特的,因为他不但作为一个感性的存在而知道自己,而且又通过纯粹统觉觉知到自己具有严格上是理智性格的种种机能[1597]。悟性和理性就是这种机能,尤其是理性在其实践的使用上。道德命令的"应该"表达着一种必然性和因果作用的一种形式,是自然界所没有的。悟性能知道的只是自然中现实存在的、曾经存在的、将存在的东西。自然的东西不能是不同于它在其被发现的那些特殊关系中所是的。道德行为超出自然的东西以外,由于它的原因不是在于表现之中,亦不是在于一套的表现之中,而是在于纯粹理性的理想之中。这样的行为固然必须是在自然的条件下为可能的,但是这样的一些条件不决定其正确性,因而不能确定其因果作用。

"理性……在此处并不遵从事物在现象[表现]中所呈现之事物秩序,而以完全自发性自行构成一种其与理念相合之理性自身所有之秩序,使经验的条件适应于此种秩序,且依据此种秩序宣告行动为必然的——即令此等行动从未发生,且或将来亦绝不发生。同时理性又预行假定对于此等行动能具有因果作用,盖不如是则不能自其理念期待有经验的结果矣。"[1598]

如果纯粹理性这样的行为承认为可能的,则虽然它是纯然理智的,得要把它看为也具有一种经验的性格的,即符合于自然的系统的。它的种种经验上的后果将是前面一些表现的结果,而又在经验上以自然的必然性确定一切后来的行动。所以在这种经验的性格里面不能有自由。只要我们对于情况的知识足够广博,一切人类的行为,以其是表现而言,是可以预言而说明是必然的。那么我们怎能说行为是自由的,当从表现的观点看,必须在一切情况下把它们看为不可避免的呢?其解答就是对于更广泛的问题所已做出的解答。整个经验的性格,自然的整个系统,是理智的性格所确定的。而且前者之由后者发生,不是经验上的,因而不是按照什么时间上因果性的规律的。它并不在某时发生或开始,其理智的性格决定经验的系列作为一个系列,而不是好像它是这系列的第一项似的。

"于是吾人所不能在任何经验的系列中发现者,至此乃见其可能,即继续的事件系列之条件,其自身能为经验上不受条件制限者。"[1599]

理智的性格是在表现的系列之外。"理性乃一切自由行为的不变(德文 beharrliche)条件……"[1600]所以不应只把自由想象为只是消极地独立于经验的条件,而应该并且想象为积极地作为开始一系列事件的力量,经验的系列是在时间中的。理性,即它的无条件的条件,不容在其自己之前有什么的,它无先亦无后。系列是一种非时间性的实在之直接结果。

在说明其意思时,不是因而表白证实它的真实性,康德指出,关于一种坏的行为之道德判断,其决定并不因犯事者的遗传,他的环境和过去的生活,而好像在每一行动上他是可以完全由他自己而开始一个新系列的结果似的。依康德的见解,这就表明实践理性作为一个原因看,是完全能够独立于一切经验的条件而决定行动,而且它在一切条件下是存在于人们的一切行动中,总是一样的。何以理智的性格在任何特定的情况下,恰恰产生这特殊的经验的性格,不管是好或是坏的,"……超越吾人所有理性之一切能力,且实超越理性所有一切之推究权利,此正与吾人研讨何以吾人外部的感性直观之先验的对象,仅授与空间中之直观,而非其他形态之直观相同"[1601]。

最后,康德说他的意图并非要成立自由的实在性,甚至不是要证明其可能性。只把自由作为一个先验的理念看待;所成立的唯一论点就是自由可以说是一种可能的可能性,因为它不是经验或者任何可以证明为经验所先行假定的东西所矛盾的。

评论。——充分地评论这一节是困难的,其理由有多种。第一,这节充满着从康德批判学说较早的各阶段而来的古老说法。第二,本节先提出了一个在第二种《批判》才第一次充分地处理的问题。最后,可不是最小的,结合着一种宇宙论的二律背反来讨论自由就使康德对待它正像对待一般的二律背反一样,而这样一来,便忽略了人类自由作为带有其自己特别的种种困难之一种独立问题所招致的主要困难。因为要使因果原理的普遍性和整个自然所须作为基础的先验根柢的无条件性相协调是比较容易。要使特殊的因果系列,或特殊的存在,如人的自由和其中每一部分都为其他每一部分所确定的一种自然系统的单一性与一律性相协调,便是很不相同的一件事情了。自我意识带有它所赋予的构成合理的理想之能力,的确是如康德所正确地坚持那样,创造了一个局面是机械的各种范畴绝不足够来应付的。但是只提到可以设想各种不同的因果系列,每一系列有一个纯粹概念作为其理智的根柢,并不足以,如康德自己所承认,来对付每一个这样各别的系列必须成为自然规律的单一系统之主要部分,这个基本困难,康德只在一段里触到这个困难。谈到[1602]理性创始一系列事件的力量时,他附加说,没有什么东西在理性中开始(因为它不容许什么条件是时间上在它之先的),然而这新系列在自然的世界中仍是有其开始的。但是他立刻便做出的保留,表示他是觉知到这说法是不能维持的。因为他附加这条件说,虽然是系列的开始,但绝非一种绝对第一个起头。换言之,它并不是这名词实在意义上的开始。如他下一段的论证所指出,唯一能在经验的话语上说明任何一个行为的,乃是自然的整个系统,而不是其中的任何一个系列。

康德尽可以论证说,像他已曾作了那样[1603],先验对象不只决定一切表现的总体,还决定每一个别的表现,因而每一个因果系列的特定经验的性格是和整个自然界一样在本体上决定了的。但是这并不足以应付困难——如果一切自然现象构成一单个水泄不通的系统，其中每一个事物都为其他每一事物所确定，怎能有一个道德的行动者自发地活动着而能自由来创起一个真正新的自然事件的系列呢？我们似乎不得不做出结论说，康德未能维持其立场。他订出问题所用的话语便已使其解决成为不可能。如果灵性的和自然的是互相对立如无时间性的和有时间性的一样，如果自然的又看作是一个统一的系统，则个人的道德自由是无法辩护的。只有宇宙论的论证的"先验自由"才能算为一种尚可考虑的可能性。

至于在本节基础上的批判学说的性格，我们只需指出，在A546～547即B574～575上面说到人通过纯粹统觉知道自己为"一个纯然理智的对象"[1604]，这说法并不符合康德最后的定论。通过它的坚定不移地固执先验对象这种主观论的学说，便可决定其时代了[1605]。

第四种二律背反的解决[1606]

申明。——上述的解决是所采取的。论题与反论题同是真的，后者是对于感性世界而言，而前者是对于它的非经验的根柢而言的。一切感性事物都是偶然的，而偶然的系列以其整体来说，却以一个无条件的必然存在者为其基础的。这无条件的，既然是在系列之外，并不要求系列中有什么一环其本身是无条件的。"理性在其经验的使用上按照自己的过程，而在其先验的使用上又按照一种特别的过程。"就是说，理性在处理表现时以因果作用的规律限制自己，免得失掉了经验的条件之线索就陷入无聊而空虚的种种思辩；而另一方面，它又把那规律局限于表现，免得它会错误地断言凡对于表现的解释为无用的，因之本身便是不可能的。这并不证明一个绝对必然的存在者实际上是可能，而只证明不得从一切感性事物的必然为偶然的，而做出结论说，这存在者是不可能的。

评论。——康德把这结论从前一种二律背反的结论区别开来的方法[1607]是矫揉的。"必然的存在者"在概念上不比"无条件的原因"更为超越现实界的。如果康德的这种区别是有效的,则第四种二律背反的论证便再不是宇宙论的,它就会和纯粹理性的理想的问题完全一样的了。

关于纯粹理性的全部二律背反之结束语[1608]

申明。——当我们完全在经验之外寻求无条件的,我们的理念便不是宇宙论的,它们变成超越的了。它们从悟性的一切经验上的用途分开,为自己创造一个对象,其材料并不从经验而来,因之这对象只是心的物(blosses Gedankending)。然而第四种二律背反的宇宙论理念使我们不得不这样做。当一切只是偶然的感性表现,需要我们寻找某一种性质上与之完全不相同的东西时,我们在寻找中唯一可使用的工具就是偶性经验所包含有的一般事物的那些纯粹概念。我们使用这些概念的方式是叫我们以类比的方法形成理智的东西某一种的观念。从感官种种形式抽象出来去理解,它们产生一个绝对必然的存在者那个观念,是等于神学的理想的概念的。

关于康德的二律背反学说之最后评语

我们现在可以简短地总结本章所得的种种结果作为结束。康德肯定在独断水平上有种种二律背反,其矛盾的二方都能有其具有说服力的证明,但他未能对这种说法提出充分的理由。每一实例的证明都是无效的。二律背反的实在性质,如他自己常常所表示的,必须用一种很不相同的方式来下其定义,就是理性的要求统一与系统和感性的东西存在所必有的条件之特定性质,尤其是空间与时间的条件之性质,这两者之间的冲突。在这更广泛的形式上,二律背反便构成一道真正的问题,其解决要求表现与物自身之间做出基本的批判的区别,并要求关于理性的性质与其各理念的功用有比前此所试图的更彻底的讨论。在辩证论剩下的几部分中,康德主要是注意到这些联系着的问题，所以在过渡到纯粹理性的理想时，他并非进而处理一连串的新问题，而是重述并且更充分地来解决悟性与理性之间的基本冲突。

这样一来，以之结束我们关于误谬推理的评论之种种意见又可提出来了。关于二律背反几节的学说，和关于误谬推理几节的学说一样，是不完整的，如果单独来理解它，必然是会错误的。一个无条件的自我和自然的无条件的根柢，其理念到此为止，是理解为至少是概念上可能的，而且是作为意味着大概可能是实在存在的东西。在辩证论其余某些节里面，这些理念的问题是提出来了的。在那里是宣布它们没有原本的意义的。它们是有用的虚构——heuristische Fiktionen——而以其心理学的性质而言，不过是制约原理的图型而已。它们理论上的意义只在于它们制约与限制的功用。甚至在假设上，它们亦不得看为代表实在的存在的。在实践（即伦理）的范围里，它们固然取得了很不同的地位，但《纯粹理性批判》是和这没有直接关系的。所以要预告读者，不可认为关于纯粹理性的理想这一章只表现对于笛卡儿派和目的论之上帝存在的证明之一种批评，而竟把这章省略掉，它是批判学说的一个主要部分而把康德的整个论证进行到其最后的结论的。只有看到这一章揭示的新的而更深刻的种种考虑时，我们才能适当地理解康德对于二律背反的处理。其主要的开始一节（第二节）固然是全部《批判》中最经院式理性论的各节之一；但是在其后面的几节中，它揭示康德的交替观点之比较怀疑态度观点的全部后果，其雄浑与前后一致性是在处理误谬推理与二律背反中所未见的。前此未加分析而认为不成问题而就使用的关于无条件的各概念，它把这些都分解了；在它们从理性的合法工具中排除了出去之后，局面为之完全一变，两个观点便第一次显出它们极端的分歧与冲突。因为康德关于理性与其理念的观念论见解仍然继续有其不时的表白，说明他还未能确定地认定理性功用的这种比较更怀疑的解释;说明他意识到,只有观念论的见解,才能充分表达所必须估计到的某些基本的考虑;而且意识到,除非这两种见解能够在某种方式上互相调和,问题在实际上的明确而令人满意的解决,是还没有达到的。所以当我们谈到康德的最后结论时,我们的意思只是提到两种的倾向,怀疑的和观念论的,它们一直到最后仍不断互相竞争的。康德的论证之更大的力量在纯粹理性的理想一章和在辩证论的附录里,是在于它对于两种态度的有力而详加考虑的阐述。关于二律背反各节的大部分,如我们已看到,必是和《批判》这书的最早部分同时的。因而它们的学说就是不成熟的。关于理想一章和附录则不然,它们是最后才写的。而和分析论的中心部分一起,含有康德的批判原理最可信的阐明。

第三章　纯粹理性的理想

第一节与第二节　先验理想[1609]

本章第一节的种种说法在这阶段上来作评论是无益的;它们不过是一般性的东西[1610]。我立刻转到第二节。第一节,如上所说,是《批判》全书理性论的论证之最古老的一段。它不只在性格上是莱布尼茨派的,而且是沃尔夫派的。以康德来讲,沃尔夫的逻辑有古时的意味,看来熟悉,并不令人讨厌;而在这里康德像是具有点同情地回忆到自己学生时代的功课。这些功课,对比起来,使他能叫他自己批判学说的结果变为明确。

由于康德在这里重述沃尔夫的最实在之存在者(Ens realissimum)的观念,所用的方式是要使它符合于从选言三段论式演绎出神学的理念的过程,所以更正宗的公式形成之初步述说是有助于人们更清楚地看沃尔夫的学说的。这样做时,我将按照鲍姆嘉尔顿的说法,因为康德是用他的

《形而上学》一书作教本的。鲍氏的说法可简短地概述如下[1611]:最完善的存在者(拉丁文 Ens perfectissimum)之为存在者,集其一切能存在于一单个存在者的善点之大成而为其属性,并且在这存在者里面,每一善点都是未曾有的。这个最完善的存在者必然是一个实在的存在者,而其实在性又必然是无以复加的。它就是至多至大的一切实在性所在的存在者。但是一切实在性都是积极的规定,而没有消极的东西是实在性。按这样的说法,一种实在性不能和另一种实在性相矛盾,而一切实在性都能一起存在于同一的存在者之内。最完善的存在者既然具有一切能存在于一起的实在性,因之就必然具有一切实在性而无例外,并且其中每一实在性都是达到极点的。可见,同时既是最完善(拉丁文 perfectissimum)而又最实在(realissimum)的个体存在之观念,它可由纯粹理性根据它的内部资源来决定。它是一切其他存在的根柢与条件;这一切都是由它的纯然积极的性质之限制而产生的。

康德把上述的论证加以改作,来为他从选言三段论式做出他的理想之形而上学演绎进行辩护。其方式如下:既然凡存在的事物都是完全确定的,它就从属于完全确定的原理,而按照这条原理,一切可能设想的每一对互相矛盾的述项,其中之一项必然是适用于这事物的。这事物必须和一切可能的述项之总和相比较才能完全得到确定。虽然这个一切可能述项之总和的观念,是任何概念必须以之为准据才能完全被确定,而其本身则像是未曾确定似的,然而精密审查之后,我们发现它自己先验地个体化了,把自己变为一个个体存在的概念,完全只由理念而确定的,因而可称为纯粹理性的理想。其证明如下:没有人能明确地思维一种消极的东西,除非他以之建立在其反面的积极东西上面。完全瞎眼的人不能做出关于黑暗的最小之一个概念,因为他没有光明的概念。所以一切消极的东西都是派生的,包含着从而任何东西的完全确定成为可能的材料的,就是实在性。一切可能的述项可以从而获得的根源只能是实在性的总和。而实在性的总和(omnitudo realitatis)这个概念乃是单一而个体的一个存在者之理念。既然一切有限的存在者都是从它而获得它们可能性的材料,它们是先行假定它的,因而就不能构成它。它们都是不完善的摹本(ectyka),而它是唯一的理想。理念也是个体的。每一对可能的矛盾述项,其表达实在性的一个是属于它的,它为这些无量数的积极述项所确定为绝对的具体性;而它既然因之而具备一切有实在性的东西,不但是自然中的实在性,而且在人里面的实在的,就必然被想象为一个有人格的而且有理智的最初存在者。这逻辑的理想,这样完全由它自己的概念确定自己,不只作为一个理想的东西出现,而且作为一个实在的东西出现,不只作为逻辑的东西出现,而且作为神圣的东西出现。

康德预先做出了本体论的论证之批评到了这程度,甚至他在这第二节余剩的几段里,便提出这种程序的初步批评。先行假定这理想的意图,即确定一切有限的存在,而因之也就是确定一切有限制的东西的存在,并不需要理性来先行假定与这理想相应的存在,只是它的理想便够了。

"事物所有之一切杂多仅为制限构成事物之共通基体之最高实在性之概念之相应的种种不同形象,正与一切图形仅能为限制无限的空间所有如是多种之不同形象相同。"[1612]

这个关系究竟不是一个实在存在对于其他东西的关系,而是一个理念对于概念的关系。理念只是一种虚构,为理解有限制的东西所需要的,并不是可以肯定,甚至假设上肯定[1613],为和有限制的东西并列着被给与的。然而由于一种自然的先验幻象,心不得不趋向于使它实体化,因而产生理性的神学之对象。

评论。——康德在结束的两段进行做出这个幻象的解释是特别使人模糊的。他论证说,虽然一个包罗万象的实在性这一概念是为着明确感性对象所需要，但是这样一个概念必不可因之而理解为代表一个实在的存在的。关于歧义一节的学说在这里完全被忽视了；而读者为康德好像做出的假定所窘惑，认为某一种类似莱布尼茨的理想的东西是可能的经验之先决条件。

最后这些意见指出这一节的论证所能招致的是什么样的批评。在阐明莱布尼茨的理性的神学的学说时，康德力图把这理想表现为人类理性所不得不有的一个理念；而为着要把这论证成为有点能说服人的。他就不得不把那先行假定的本体论作为有效看，虽然那本体论已经在歧义的讨论中证明是完全站不住脚的[1614]。限制不只是消极的；真正的实在性可能互相否定。虽然感官的各种对象先行假定它们所属的整个系统，然而这个先行假定的形式并不类似于沃尔夫描述为存在于有限存在与最实在的存在者之间的那种形式。康德在分析论中直接驳斥上述学说的那一段[1615]如下：

"实在（视为纯粹的肯定）在逻辑上彼此绝无抵触之原理……就自然或任何物自身而言，则绝无意义者也。……莱布尼茨先生虽未曾以上之命题为新法则，但实用之为新主张，而其后继者则明显采入其莱布尼茨、沃尔夫学说之体系中矣。依据此种原理，一切恶害纯为造物所有制限之结果，即不过否定性而已。盖因与实在抵触者，仅有否定。莱氏学徒又以联结一切实在在一存在体中而不惧其有任何抵触，不仅视为可能，且视为极自然者。盖彼等所唯一承认之抵触，仅为矛盾之抵触，诚以一事物之概念其自身将因此而消灭者也。彼等并不容认有交相侵害之抵触，在此种抵触中，两实在的根据各破坏其他实在的根据所有之效果——此一种抵触，仅在感性中所呈现于吾人之条件范围内，始能表现于吾人者也。"

这样，康德在这里声言为理性的必需理念的理想，在分析论中是斥责为莱布尼茨的哲学所特有而根据于一些错误原理的，而且是"就自然或任何物自身而言,绝无意义者”。分析论的这学说与这个经院派的理性论正如油之与水不能结合的。读者尽可不必企图把康德在这几段中的论证变为一致,那是徒劳无功的。幸而康德在下一节里,便回到适当于他所阐述的学说之观点,而且用非常微妙而很动人的方式把实在上确定这个形而上学的学科的种种结论的隐蔽辩论术揭露出来[1616]。

第三节　思辨的论证以证明最高存在者之存在[1617]

申明。——虽然理想不是武断的,而是每一次企图完全明确一个有限的概念所先行假定的,然而理性也会迟疑地这样把只是一个逻辑的概念变为一个神圣的存在,如果不是因为另一方面强迫它从这种出处来得到实在性。一切在经验中所知道的种种存在都是可有可无的,因而就使我们(由于我们理性的构造)假定一个绝对必然的存在者作为它们的根据与原因。然而当我们审查我们各种各样的概念,来确定那一个涵盖这个必然存在的观念时,我们发现有一个概念是具有突出的条件的,就是那个理念,它含有对于每一个何以都有其所以然之理,毫无缺陷,并且不容许我们预先认定任何条件。只有理想的概念和必然的这概念才表示那无条件的;而它们既是在这个基本方面是一致的,我们因而论证说它们必然是同一的。而我们既然在这样把实在性来思想化时,我们便同时更加能够实现我们的理想,于是我们就更加倾向于接受这个结论。

论证的这条路线是从偶然性的东西出发,其有效性之微小是和直接从理想进行的路线无异的。但是由于这些论证表达着人心固有的某些倾向,它们具有的持久力是经得起任何只是辩论上的反驳的。虽然从它们得出的结论是错的,但这些结论却必然是要得出的。我们承认它们是由于一种先验的幻象,而这幻象本身固可看破,可是像感官经验的种种根深蒂固的幻象一样，它仍然是继续存在的。

第五节开始一段[1618]是上述的分析之自然结束。本体论的论证从最实在的存在者这概念出发是把自然的秩序颠倒过来的。它“不过是烦琐哲学的一种新发明”，如果不是为要找到我们可从偶性的存在上升到的某一必然的存在者这种需要，就绝不会有此尝试的。它主张这必然的存在者必然是无条件而且先验地确实的，于是就寻找一个能够满足这要求的概念。这样的一个概念认为是存在于最实在的存在者这理念之中，因而便利用这理念来取得关于那前此并独立地已被承认的，即必然存在者的、更明确的知识。

“此种理性之自然的进程，隐蔽不为人所见，于是以此种概念为止境者乃反企图以之为发端，因而乃自仅适于补充存在之必然性者演绎存在之必然性矣。于是乃有失败之本体论的证明，此种证明既不能满足自然而健全之悟性，亦不能满足需要严格证明之学术的要求。”[1619]

现在回到第三节来：康德打断了他的论证，而停下来为要指出上述论证中第一步的基础上的假定，认为一个有限制的存在者不能是绝对必然的，这是不合法的，因之就预先讨论到宇宙论的证明。虽然一个有限制的存在者这概念并不包含那无条件的，但那却不证明它的存在是有条件的。即使概念所证明的不是如此，而事实上任何一个有限制的存在者却可能是无条件地必然的[1620]。因之上述论证是无结果，而不能靠它来对我们提供关于一个必然存在者的任何质的概念。但是这不过是一种逻辑上的缺点，而如上已指出，这论证的动人力量实际上并不依靠逻辑的说服力。

最后，康德指出关于上帝的存在，只有三种可能的思辨的，即理论的证明：(1)从经验中显示出来的明确的经验和感官世界的一定的性质；(2)从不定的经验，即从任何存在都是经验上所与的这一事实；(3)从单只概念而得的非经验的先验证明。第一种是物理的神学的，又称目的论的论证，第二种是宇宙论的论证，第三种是本体论的论证。康德以为把论证的秩序颠倒过来是有好处的，而以考虑本体论的论证为开端。这就好像表示他的追溯本体论的证明之所自来的“烦琐哲学的新发明”，其正当理由有过于他在表面上所承认的。

第四节　本体论的证明之不可能[1621]

申明。——一直到此为止，康德都使用一个绝对必然存在者这概念而无疑问的。他现在认识到，我们应该从而出发的问题，不是一个绝对必然存在者的存在是否能够证明，而是这样一个存在者是否甚至可以想象，而且如何去想象它。而在分析时，他发现所假定的一个绝对必然的，即无条件的存在者的观念，是完全缺乏可理解的内容的。因为在除去了一切有决定性的原因时——只有通过这些原因，悟性才能想象存在的必然性——我们也把这个特殊一类的必然性除去了。固然可以给理念以一个语言上的定义，如我们说它表示其不存在是不可能的某一东西。但这并不提供透入使其不存在成为不可想象的种种理由之悟力，然而，如果在这理念中要思维到什么东西，这样的悟力是需要的。

“仅由引入不受条件制限[无条件的]一语，而除去悟性欲以某某事物为必然的时所不可缺之一切条件之策略，实远不足以显示在此不受条件制限之必然者之概念中，是否我仍思维任何事物，抑或全然空虚无物。”[1622]

这概念之站不住脚，多半是由于逻辑的必然性与本体的必然性之混淆，即判断的必然性与存在的必然性之混淆，而受到隐蔽。每一道几何学的命题必须看为绝对必然的这一事实，有人便认为是这样把二者同一起来的正当理由。但是没有看到，逻辑的必然性只涉及判断，而不涉及事物与其种种关系，而且没有看到判断的绝对必然性之有效是根据所涉及的事物之有条件的必然性,是前此已经被承认了的这一假定的。如果实有三角形这样一个东西,说它有三个角是绝对必然真的;但是三角形的存在,甚至一般空间的存在,是偶性的。换言之,所肯定的必然性,只是逻辑联系的一种形式,而不是为人所认为在理性的理念中揭示的存在之无条件的必然性。一切判断,就其涉及存在而言,而不同于只是可能性,都是假设的,而其功用是在于把只作为偶性的所与之实在性明确起来。康德之采用这个立场,是完全和休谟相一致的。事实上的事情之反面,总是可思维的。康德认为,全部哲学史中,没有什么比对于纯然是逻辑性的一种绝对必然性之信念更为幻象的一种丰产来源[1623]。在本体论的论证里,我们看见这样的理性论夸大思维力量的最显著的实例。

评论。——如果关于无条件的必然性这理念的这个批评在康德的论证中更早阶段上引用,则会免掉了许多的混乱。这个批评包含有关于第三和第四种二律背反的批评,和前此对于理性的功用与其形而上学的辩证术的全部说明之批评,作了彻底的修正。有条件的给与之后,则一整连串的条件,上至其无条件的,都一并是给与的这条原理,再不能承认为论证的根据了。事实上,前此用以下理性的定义为无条件的之机能的那些名词本身都成了问题。在那条定义中,无条件的这名词是被默认为等于无条件的必然的,而在除去了必然性这要素之后,它就变为只是总体的概念,而这不过是悟性的一种纯粹形式。体现理性无非是在超经验上使用的悟性这种见解的辩证论那几部分,这样就得到证实;理性作为另外一种机能看的又一见解就得要予以排除。但是这些都是康德自己所要进行提出而讨论的问题[1624]。在这之前,他把上述各种结果用来批评本体论的论证。

申明。——谈到一个同一性的判断,否认其述项而保留其主体,是矛盾的。可是,如果同时否认其主体与述项,就不是矛盾,因这样一来,并无矛盾之可言。假使我们假定有一个三角形,我们就不得不承认它有三个角，可是把三角形和它的三个角一起都否认掉，是没有什么矛盾的。一个绝对必然的存在者亦复如是。“上帝是万能的”是一个同一性的判断，因而也是必然性的判断。可是，如果我们说，“没有上帝”，则万能不存在，其他一切属性亦不存在；所以说上帝不存在是毫无矛盾之可言的。唯一避免这个结论的方法就是论证说，有些主体是不能从存在排除出去的。然而那就是不过另一方法来肯定有绝对必然的主体，而那却就是现在进行考虑的问题，也是本体论的论证所从事于证明的。所不能除掉的唯一标准就是把它除掉所产生的矛盾；而能够举出的唯一有可能的实例就是最实在的存在者这概念。所以剩下来的，就是对于这个指定的情况成立上述的批评。

一开头，康德便指出，即使承认没有内部的矛盾，也只是证明最实在的存在者是逻辑可能的一个概念（有别于“无概念的空虚对象”[1625]）；它不足以成立其概念之对象的可能性。但是为着论证起见，康德让这个开始的假定过去了。所要驳倒的论证乃是认为实在性既然包括存在，存在就包含在最实在的存在这概念之中，因而就不能否认它之存在而不除去它的内部可能性。这个论证的实在基本的假定，就是存在可能是包含在一个可能的存在者的概念之中。如果这样，则其存在的肯定就会是一个分析的命题，而其证明是不能诘难的。（这假定部分为名词所隐蔽，时而用实体性这名词，时而用存在这名词；在它们实际使用上是完全作为同义词的。）上述假定既然是这样决定了整个问题，康德就努力于直接与之相反来成立这论题，主张每一个陈述存在的命题都是综合的，因而它之否定绝不包含有逻辑的矛盾的。存在绝不能成为一个概念内容的一部分，因之不得看为可能作为一个述项的。逻辑上在一个判断中与之相应的是纯粹形式上的一个因素，即系词。“上帝是万能的”这命题含有两个概念，每一个概念有其对象——上帝与万能。“是”这一词并不增加什么新的述项，而只用来断定述项对于主体的关系。与此相仿，当我们拿主体和它的一切述项一起(包括万能那个述项),而说“上帝在”或者说“有一位上帝”,我们并未以什么新的述项加之于上帝这概念,而只断定其主体本身与其一切述项作为一个对象对于我们概念的关系。为要使命题为真,对象的内容与概念的内容必须是完全一样的。如果对象所含有的多于概念,则概念不表达其对象,而命题所肯定的关系便不是正确的。用另一方法来说明同一论点,实在的所含的内容必不得多于可能的。否则它就不是可能的,而是与可能的不相同的某一东西,而就作为存在的。一百个实在的银币所包含的,并不比一百个可能的银币多出一分。虽然我的经济地位受一百个实在的银币的影响不同于受只是思想上一百银币的影响,然而想象中的一百银币并不丝毫因在我概念之外获得存在而有所增加。

康德还用另一形式来提出他的论证。如果我们在一个东西里面思维到一切的各种实在而只一种除外,不能由我说这残缺的东西是存在的而把缺乏的实在性弥补起来。与此相反,它是带着我所思维的同一缺陷而存在的。所以当我思维到一个存在者是最高的实在,毫无缺陷,而问题仍然是它存在与否。因为虽然在我们概念之中,一般说来,一个东西的可能实在的内容上可能是没有什么缺陷的,但是以其对于我的思维之整个状态而言,依然有某一东西是有缺陷的,就是关于它的存在的知识;而这样的知识除了后验的一种方式外是绝不能获得的。这是由于我们感官经验的种种条件所硬加的一些限制。我们绝不把一个感性的对象之存在和只是它的概念混淆起来。概念所代表的是可存在又可不存在的某一东西;要确定存在则必须涉及现实的经验。如康德已曾说过,现实的东西,对我们说,总是可有可无的,因之关于它的肯定是综合的。可能的一个观念和可能的一个东西之观念是很不相同的[1626]。我们知道一个东西是可能的,只是当它出现于某一次具体的经验,或者当它虽然不是在实际上被经验到,而按照经验的各种规律,是曾证明和所与的知觉结合在一起的。所以，如果我们试一试，如在本体论的论证所做的那样，通过纯粹范畴来思维存在，我们不能提出一个标志是能把它从只是逻辑上的可能性区分开来的。一个至高的存在者的概念在许多方面是一个有价值的理念，可是正因为它是纯粹理性的一个理念，即一个只是理念，我们用它来推广我们关于实在存在的知识，正像一个商人想在他的现金账上增加几个零而改善他的地位一样。

这一节和第一版的导言之间有许多的联系点；而由于这些联系点，阿的凯斯提出[1627]这意见说，在审查本体论的论证中发生的种种考虑，可能就是使康德体会到《批判》一书的各种各样问题，都能追溯到先验综合的中心问题去的。

第五节 上帝存在之宇宙论的证明之不可能[1628]

申明。——如已指出，康德把本体论的证明看为"只是烦琐哲学的智慧之新发明"，用一种很不自然的形式重述在宇宙论的证明中更充分表达出来的一条思想路线。所以要发现理性的自然的辩证术，我们必须注意论证的这后一种形式。它是两个不同的阶段组成的。在其第一个阶段上，它并不利用特别的经验：如果任何事物所与是存在的，例如自我，必有一个绝对必然存在者存在着为其原因。然后在第二个阶段上，就论证说，既然这样一个存在者必须完全在经验之外，理性就必须把经验完全放在一边，而在纯粹概念中寻找一个绝对必然存在者所应该具有的属性是什么，就是说，在一切可能的事物中那一样在其自身中含有绝对必然性的条件。理性相信所需要的启发只能从一个最实在的存在者这概念而得出，于是理性便立刻做出结论说，这个概念必定代表这绝对必然存在者。

可是在那最后的结论中，本体论的论证之真实性是假定的，如果最高实在性的存在者之概念是这么完全适合于必然存在的概念，以致两者能够被看作是同一的，则其后者必定是能从前者得出的，而那便是在本体论的证明中一切所主张的。为要把这一点弄得更清楚，康德就把它以烦琐哲学的形式说出来。如果这命题是真的，就是凡绝对必然的存在者同时也是最实在的存在者（而这就是本体论的证明在其又是神学的证明之范围内之关键），那么像一切肯定的命题那样，它必定是可以换位，至少是可以限制换位的。换位后便得出有些最实在的存在者同时也是绝对必然的存在者。然而一个最实在的存在者无异于另一个最实在的存在者，并且凡对于一个是适用的对于一切都适用。所以在这情况下我们必须使用简单换位法，而说凡最实在的存在者都是必然的存在者。可见宇宙论的证明不但是如本体论的证明一样虚妄，而且还没有那么老实。一方面假充引导我们由一条新路到达一个正确的结论，而另一方面绕了一个小圈子之后，把我们引回到旧路上来。如果本体论的论证是正确的，则宇宙论的证明是多余的；如果本体论的证明是错误的，则宇宙论的证明不可能是真的。

但是，宇宙论的证明从而有别于本体论的证明其第一阶段本身是谬误的。在其表面上简单而合法的从偶性的推论到必然的那里面，隐藏着一整套的辩证假定，从偶性的进到必然的，从相对的进到绝对的，从所与的进到超经验的，是正如从理念到存在那相反的过程一样不合法的。在两种情况下都是推论的唯一根据之思维的必然性，审查起来，发现为不过主观的性格的。在这个推论中包含有不下三种错误的假定。首先，凡百事物必有其原因，这条只能在感官世界范围内才能证明是有效的原理，在这里是用于整体的感性世界的；因而是用于其与理性这更高的机能之基本原理完全相同的更广泛形式上的。我们假定，如果有了有条件的，则亦有其种种条件之总和，一直上至那无条件的。我们不能承认这样的一条原理的。它既然是综合的，则只能成立为经验的可能性之一种条件。可是又没有提出这样的证明:这原理是根据一个纯是理智的概念的。第二,推到一个第一原因这推理是以同类的一种假定为其基础的,认为经验的原因之无穷系列是不可能的。那条结论甚至在经验的领域内也绝不能得出的。那么怎能在超过经验之外而依靠它呢? 诚然,没有人能证明经验的系列是无穷的,可是也没有人能成立其反面。在讨论第三和第四种二律背反的过程中,康德曾指出一个第一原因或绝对必然存在者的存在,虽是可能(或者应该说大概可能),然而绝不是可证明的。第三——像在A592～593即B620～621上面所曾指出——在推论到一个无条件的原因时,盲目地假定把一切条件除去不致同时除去必然性这概念本身。我们唯一的必然性观念是从经验得来,因而是依靠论证不给我们的那些有限的种种条件。无条件的必然性这一概念是完全无效的。

康德列举的第四种缺陷涉及宇宙论的论证之第二个阶段,而是已经考虑过的。他应该还提到另一种在其第一阶段的基础上的假定,就是代表一种有限制的存在者的一个概念,例如物质的概念,不能代表必然的存在的。这也是它不能予以辩护的一条假定。在A586即B614和A588即B616上面[1629],康德自己已曾说出这种反对的意见了。

评论。——我们很容易看漏了康德在这一节中所批评的广泛范围,因为他忘记预告读者,他在这里是怀疑他一向曾认为是当然的一条原理,那就是,如果有了有条件的,则亦有其一切条件之总和,一直上至那无条件的这条原理,而这是他在辩证论开头几节中用它的话语来下理性这机能的定义的。他摈弃这条原理的第一步是作为只是在其批评本体论的论证中随便提到的。在那里,所指出的是,无条件地必然这一概念,是没有意义的。而在目前这一节里,他怀疑到这原理的本身。必须予以摈弃,不但如在上述第三种反对意见中所说,因为无条件的这概念不言中含有绝对必然性这因素的意思，因而是没有实在的意义的，而且还因为另外两种理由——即在上述第一和第二种反对意见中所举出的那些理由。一经这条原理和这原理为其实际应用的无条件的这个概念，这样成为问题之后，辩证论的各问题是如何改变了面貌，理性的理念得要如何受到不同的看待，当详见下文。

必然性存在者的存在之全部先验证明中的先验幻象之发现与解释[1630]

申明。——我们只驳倒宇宙论的论证是没有好好地完成批判学说所规定的任务的，我们还必须解释它抓住人心的力量。如果它是像康德所坚持那样对于人心要比本体论的论证更加自然，然而又如我们所曾看到是更加谬误的；如果它不是哲学家们所杜撰，而是自然人的本能的理论，它就必然像一切辩证的幻象一样是基于纯粹理性的合法要求之一种误解。理性要求有那无条件的，然而又不能思维它。

"吾人所必不可缺之一切事物之最后承托者之不受条件制限之必然性，在人类理性实为一不可逾越之真实深渊。……吾人所表现为在一切可能的存在者中最高之存在者，一若其一人独语谓：我自永恒至永恒，在我之外，除由于我之意志使之存在者之外，绝无事物存在，顾我自何而来？此处吾人所有一切之支持点，皆丧失无余；最大完成与最小完成相同，在纯然思辨的理性之前亦空虚无实……"[1631]

我们不得不把某一东西思维为是一切存在所必需，而同时又不能把任何东西本身思维为必然的——上帝如是，任何其他东西亦复如是。

这个稀奇的事实之解释[1632]，必定是从我们的知识限于感官经验而得出的自然结果，就是我们必然性与偶然性这两个概念与物自身无干，而因之不能按照两种可能的选择任择其一而应用在它们上面。每一种选择表达的必是一条理性的主观原理;而两者一起(某一事物是必然存在的;和一切事物都只是偶然的)必定形成互相补充的两条规则为着要指导悟性的。这些规则于是乎就是纯然启发性而制约性的,只关于理性的形式上之关系,而可以并列的。因为一条规则是告诉我们应该从哲学上看事物,认为每一存在的事物都有一个必然的第一个根据,就是说,我们应该总是不满足于相对性与偶然性,总是要寻求那无条件的必然的。其另一条规则则警告我们不得把事物中任何一种规定(例如不可入性或地心吸力)看为绝对必然的,嘱咐我们总要准备有进一步追根之可能。换言之,理性是以两种命令来指导悟性的。悟性必须把现象与其存在从其他现象得出,好像绝无必然的存在似的;而同时又必须总是追求那派生的完结,好像这样一个必然的存在是预先假定了的。由于一种先验的幻象或蒙混,我们就把后一条原理看为组织性的,而因之把它的统一性作为以一个最实在的存在者的形式而具体化。一经我们考虑到无条件的必然性,以其本身而言,是甚至不能设想的,因之它的理念不能归之于理性,除非作为只是一条形式上的原理,在解释所与的经验上作为制约悟性的,于是这偷换的虚伪性便立刻变为明显的了[1633]。

评论。——读者可能看到,当康德正在发展关于理性的理想这种怀疑的见解时,以先验观念论的话语来解释辩证的幻象就退到幕后去了。幻象再不是追溯到表现与物自身两者之混淆,而是追溯到制约性原理之错误地被解释为组织性的原理。在我们所处理的是宇宙论的问题时,这两种幻象固然是完全一样的。如果我们把感官经验的对象看为物自身,我们是当然把自然科学的理想完成看为终究实在性的充分表现。但是在公然指向要把一个存在者从自然分开而决定一切有限的存在的那种理性的神学里,对所做出的结论唯一负责的不是未能把表现和物自身区别开来，而是把只是一种形式上的理想误解为实在性的表现。

在A617～618即B645～646上面，康德所说的是和A586即B614与A588即B616上面的学说相冲突的。在后几段里，他曾论证说，一个有限制的存在者这概念无须特别的证明便可理解为与绝对的必然性相矛盾的。而现在他却断然地声明古代哲学家们把物质看为原始的而又必然的是弄错了。其理由就是，理性的制约性原理不容许我们把延扩性与不可入性，“那两种性质一起是构成物质的概念的”，作为经验的终究原理。可是康德在这里显然是超过了他的制约性原理所容许的。原理所要求的只是我们应该总是追求更高的统一性原理，这样来为可能进一步找到来源开辟道路；它并不使我们能够肯定这样更高的统一性在现实上是将发现为存在着的。纵然制约性的原理有其理想上的要求，物质还可能是原始的、必然的，而且它的延扩性与不可入性这两种性质可能不是从什么更终究的东西出来的。

关于这点，我们可提出那更一般性的问题，知识中理想上对于必然性与统一性的要求能具体地描写到什么程度。康德做出的答复是各种各样的。有时——当他正在强调我们理论的知识限于感官经验的时候——他把神的存在这思辨的理念贬值为一条纯然抽象的为着制约自然科学的准则。当这理想独自占住他的心时，因而注意力从我们的感官知识吸引到别处，这理想就是一种非实在的东西而诱惑悟性的；它生出真正的亮光而在自然科学的范围内只作为一条很一般的准则引导着，从这个观点看，必然的存在者，即使作为一种理想而言，绝不能与一个有人格的上帝同一起来。它只表示空间与时间中无穷多样性的自然现象之尽可能最高的系统与统一，而是可以在极其不同的方式上大致地实现。它的意义完全是宇宙论的。它是实证科学的一种理想，只表示所知的对象的系统的统一。从一个科学的理想变为神学研求的一个主体，它就不得不产生辩证的幻象。还有其他的时候——当他所关心的是要维护神的存在作为至少是有其可能的这一种概念，因而为着把它的假定作为包含有道德律里面的准备道路，或者当他是力求，如同在《判断力批判》一书里那样，使人能够理解现象的自然在其物质方面是完全适应于我们悟性的各种需要的——康德就坚持我们终究是为我们各种机能的性质所驱使，来把理性的这理想想象为一个有人格的上帝，想象为按照种种的意图而工作的一个理智。他主张，只有这样一位有人格的上帝才能真正满足理性的各种要求。

这两种理性的理想之解释是互相冲突的；而在《纯粹理性批判》一书的范围内，曾作过很不充分的企图来辩护这常见的肯定，说上帝这理念是理性的唯一理想，而不只是它的一种可能的而高度盖然性的解释。如果上帝这理念是一个必然的理念，它不能通过任何只是制约性的准则而充分地得到表达的。它所要求的不只是知识中的系统，而且是所知的性质上的完善。它不是仅只一种逻辑的理想，可由任何合理的系统来满足的，而是一个理想，涉及形式而又涉及内容，涉及自然而又涉及人类，涉及我们理智的要求而又涉及我们道德的需要。如果康德是要主张理论的理性之唯一真正的功用是其指导悟性在科学之使用上，他就不能肯定理性的制约性原理之一种具体的解释是不可避免的。而且因为他自己把一切知识限于感官经验，他也不能想要用任何正面的述项来下物自身的超经验的性质之定义的。

康德所提出以支持他的肯定，说上帝这理念，有理智的完善这理念，是人类理性不可少的一种理念的这种辩护，主要是根据自然的意志论方面，而这方面是在物理的神学证明中处理的。机械的科学只包含有宇宙论的理念；意志论的统一性是先行假定神学的理想的。那么，进一步研讨上帝这理念作为一种制约性的原理之必要性与其作为辩论的幻象之来源的各种危险，须在我们已经考查过剩下的那一种论证后才是可能的[1634]。

第六节　物理的神学证明之不可能[1635]

申明。——意志论的证明是从我们关于感性世界的秩序与构造的明确知识出发的。现实世界呈现这样不可测量的秩序，这样的多样性、这样的适宜和这样的美丽，就使我们相信至少在这里有关于上帝存在的充分证明。康德对于这个论证的态度同时是极其批评而又极其同情的。虽然他描述它为最古老、最清楚而又最能说服人的，然而他是准备指出它含有其他两种论证中的每一种谬误，加上一些它特有的错误假定的。它具有压倒一切的动人力量，不是因为什么固有的逻辑上说服人的力量，而是因为它能那么成功地诉之于感情而使理智无话可说。康德明白地说，想要减少其影响，不只是不能得到安慰，而且是毫无效果的。

“由于一睹自然之伟大及宇宙之庄严，立时自一切忧郁的反省之迟疑不决中自拔，一若自梦幻中觉醒者然……”[1636]

可是我们目前只注意它的逻辑力量。我们要决定，它之作为理论上的证明，只靠自己的实力，不求什么偏爱，不需任何方面的帮助，能否要求别人的赞成。根据经验上的事实，这论证做出其肯定如下：(1)世界上到处都有适合于一定目标的明白表示。(2)这种适合既不能是由于盲目的机械规律之作用而来，因而不能解释为出自于物自身，它必定是从外面而来的；所以必定有一个有理智的存在者，离开感性世界而存在着，把世界按照预先形成的观念安排好了的。(3)既然在宇宙各部分作为一单个组织的部分的相互关系中有其统一性，而宇宙又既然是在其限度上是无穷，在其形形色色是数之不尽的，其具有理智的原因必定是单一的、万能的、全智的，必定是上帝。

然而为着论证起见，即使暂且同意这些说法，而它们只能叫我们推论到自然的具有意志的形式之一个有理智的创作者，而不是自然的质料的创造者，只能推论到一个建筑师，很是为其使用的材料之不适宜而遭到挫折，而不是为所欲为的创造主。要证明物质本身的偶然性，我们就得要成立宇宙论的证明之真实性。

但是甚至在证明上帝作为形成的力量而存在所含的各种假定，都并不是无可争辩的。何以不可把自然看为以其盲目动作的种种力量而给予自己以其形式呢？实际上果真能证明自然是一种艺术的作品必定需要有一个设计者，像一座房屋、一艘船或一座钟那样吗？康德在这点上的论证是极其简短的，而我将要离开他这里所给它的叙述以便用他别的著作来补充它。即使所谓僵死的物质也不只是不能自力运动的。靠它固有的重力和化学的引力，它自发地引起各种极其惊人的形式。当克拉克和伏尔泰对牛顿的伟大发明表示其第一次的热情时，说太阳系必然是神所创造，每一颗行星都是上帝亲手放在它的轨道的切线上去的，正如工匠亲手把一个车轮安在它的位置上去一样，他们却低估了盲目无生的自然之组织力量。正如康德在其早年的著作中所论证[1637]，太阳系很能通过盲目动作的规律之作用而发生，而好像现实上的确是那样发生的。机械的原理说明它现在是怎样维持，也就能说明其发生与发展。可是当我们转向到动物界时，意志论的论证之不足，便成为最明显，而动物界却是计划论证所从出的主要来源。如康德在其《判断力批判》一书所指出，有生之区别于无生的种差，不是它是组织的而是它是自行组织的。所以当我们把一种有机体作为艺术之一种类似物来对待时，我们是完全曲解了其本质的[1638]。把它作为是一种外来的作用所凑合时，我们忽视了它的内部自行发展的力量。如休谟前此在其《关于自然宗教的对话》一书里所主张[1639]，有机界的种种事实不但和无机界的事实一致，不支持意志论的证明之论证，而且是直接与之冲突的。

可是我们要回到康德对于这论证的直接陈述。把上述的反对意见放在一边，暂且承认自然可以看作是一个外在工匠的成果，我们亦只能论证到一个足以产生它的原因,即论证到一位非常聪明而有惊人力量的存在者。即使我们不去管自然中邪恶与缺陷的存在,而从大的力量到全能,从大的智慧到全智,这一步是经验上的根据所绝不能提出其正当理由的[1640]。既然理性的各种理念,尤其是理性的完全确定了的个体的理想,是超经验的,那么经验绝无正当理由使我们推论到这些理念的实在性。其实,意志论的论证只能叫我们赞赏世界的创造者的伟大、智慧与能力而已。再前进一步,它便完全抛弃经验,而不是从自然的计划之某些特殊种类和美点进行推论,而是从一切这样的适应之偶然性进行推论到一个必然的存在者之存在,其方式恰恰是宇宙论的论证。而其结束是假定其唯一可能的必然存在者就是理性的理想,这与本体论的证明是一致的。这样一来,意志论的论证自身犯了许多谬误之后,还承认一切包含在那些更先验的证明里的谬误。意志论的论证以宇宙论的论证为基础,而宇宙论的论证又以本体论的论证为基础,所以如果一个完全超经验的命题的证明是有其可能的话,本体论的论证是唯一可能的证明。康德主张,各论证的说服力这样是和其有效性成反比例这稀奇的事实就说明我们得出的结论说这些论证事实上并不依靠它们的逻辑力量,而只以抽象的名词表达人类灵性中根深蒂固的一些信念,这是正确的。

第七节　关于一切根据理性的思辩原理之神学的批判[1641]

A631～633 即 B659～666。——关于“祈神论者”与“有神论者”的区别,参看《大英百科全书》第七卷,第 934 页:

“后来在‘祈神论者’(英文 theist)与‘有神论者’(英文 deist)之间之分别,把‘有神论者’标出作为不信天命与上帝内在于世界的,大概是为一些理性论者在 18 世纪之末所拟定的,因那些理性论者为别人把他们和自然主义者等同起来是觉得大为不满的。”

A633～634 即 B661～663。——康德在这里只指出可以用实践理性来预先认定一位至高的存在者，虽然理论上不能理解他。关于预先认定(公准)与假设的区别，参看 A769 起即 B797 起，又下文，第 543 页起；又参看下文，第 571 页起。

A634 即 B662。——关于相对必然性，参看下文，第 555 页，又 571 页起。

A635～639 即 B663～667 只总结已经处理过的各论点。

A639～642 即 B667～670。——康德在结束时声明理想除了它的制约功用外，还另有两种优先权。第一，它提供一个标准，由这标准任何从其他方面获得关于神的存在的知识都可得到纯洁而变为首尾一致。因为“它是没有瑕疵的一个理想”，全人类知识的顶点和真正的荣冠。

“如果能有一种道德的神学……先验的神学……将证明其自身在规定此种最高存在者之概念及不绝检验其常为感性所欺而屡与其所有理念不能调和之理性，实为不可或缺者也。”[1642]

第二，虽然理想不能在理论上成立起来，而用以支持它的种种论证是足以说明一切无神论的、有神论的和人拟神的种种哲学所依靠的，是很不充分的基础。

评论。——这些作为结束的意见不能承认是代表康德的真正学说的。凭他自己所说，理想并不是毫无瑕疵的。在它包含有无条件的必然性的范围内，它是无意义的；它纯然是逻辑上的，因而没有实在内容的表示的；它所表现的是关于否定之性质的一种错误见解，因而也就是关于实在的东西相互的关系一种错误见解。总而言之，它是依据莱布尼茨的形而上学的错误的、非批判的原理而构成，并且在审查之后发现它甚至作为纯然一个心理的东西都是不存在的。以其恰当的名词来说，它成为只是经验的扩张中制约悟性的一种图型，甚至不提供检查我们关于神的存在的理想一种消极的标准。康德实际上所用的标准不是一个最实在的存在者的标准,而是一种直觉的悟性这概念,而这概念,如他曾在现象与本体一章所指出[1643],是我们关于完成的尽善的最充分的理想。然而这后者本身不是自然的理性自发形成的一个概念,而不提供什么正当理由来肯定关于上帝的理念乃是人心的一种必然的理念。康德在辩护这样一条论题时,是过分受到当时欧洲几乎一致为人承认的有神论的信念影响[1644]。他对于理性的理想和理性的神学之批评是比他愿意承认的更为具有破坏性,而且实际上所承认那种神学的价值,甚至作为自然的辩证,都比较更少[1645]。建筑术不容许分析论的学说之极端激烈的种种后果有机会显出其全部力量。但是康德在其附加于辩证论的详细附录中已大都把这些缺点纠正了。

先验辩证论附录

纯粹理性的各理念之制约性使用[1646]

在我们进行处理这附录之先,考虑方法论中关于纯粹理性锻炼之关于假说这一节是有利的[1647]。那一节为这里讨论的各问题提供一种很有说明性的导论,而且为要理解康德对于形而上学的学问要就提供完全的确的东西,要就什么东西都不能提供出来,所持的见解,是极其重要的。这是一种学说,他时时提出,使得现代读者大为窘惑[1648]。讨论它时,他从这明显的反对意见出发,就是说,虽然通过理性在其纯粹先验的使用上不能知道什么,但是在一种经验的形式上,仍可能有形而上学,而这种形而上学是为一些以猜测的样式来解释经验的事实之假说所构成的。康德的答复方法是把假说为人接受为假说所必须具备的各种条件明确起来。

总是必须有完全确实的某一东西，而不但是虚构的或只是“臆想的”，就是说，总是必须有假说所从而得到决定的那个对象之可能。一经证明那个之后，以经验为其根据，便可以形成关于它的实在性的种种意见。在这之后，而且只有在这之后，这样的意见才得称为假说。否则我们并不是使用悟性来解释什么；我们不过放纵于想象之趋向于幻梦而已。可见纯粹悟性的范畴既不能使我们能够先于经验而想出任何力学的联系的概念，我们便不能借助于这些范畴而想出一个不是经验所与而有一种新质的对象；因而不能以任何这种概念为假说的根据。

“故发明任何新本源的力量，例如无须感官之助，即能直观其对象之悟性；又如无须任何接触既能吸引之力；又如存在空间中而又非不可入者之新种类实体，皆为不可许者；又如设想与经验中所见完全相异之实体间交通方式，以及非空间的之占据，非时间之延续，亦皆为不应有者。总之，吾人之理性仅能以可能的经验之条件用为事物可能性之条件，绝不能进而构成完全脱离此等条件之事物概念。盖此种概念虽非自相矛盾，但亦无对象。”[1649]

然而这并不是说，纯粹理性的概念不能有其有效的用途。它们诚然是理念而已，没有对象在任何经验中与之相应；可是它们不是假说，所提到的是想象中被认为可能是实在的对象，这也是真实的。这些概念纯是盖然性的。它们是启发性的拟制（heuristic tiktionen），其唯一的功用是用为悟性在其有系统的使用上的制约性原理。在任何其他方式上，它们都降为只是心中的物（Gedaukendiuge），即其可能性也不可证明，因而是不得用作假说来解释表现的。所与的表现，只能用已知道对于表现有效的各规律的话语来说明。用一种先验的假说来解释自然现象——假定灵魂作为一种有实体的、单纯的、灵性的存在者来解释种种的心理过程，或假定一位神圣的创造者来解释自然中的秩序与计划——都是绝不容许的。

"……则是以吾人绝不理解之某某事物说明吾人就已知之经验的原理所未充分理解之某某事物矣。"[1650]

而且康德又接着说，最荒唐的假说，只要是物理的都比一种超物理的要可容忍些。物理的假说至少是符合假设的解释之为解释可以为人容许的之条件。"在此领域以外形成意见，则纯以思想为游戏耳……"[1651]

使一个假说能为人接受所需要的另一条件，就是它足以在经验之先确定一切现实上所有的后果，如果为达到那目的必须援引一些补充的假说，则其主要的假定便按比例减弱其力量。例如如果我们能够预先认定一位绝对全善全能的神圣造物主，那么我们就能轻易地解释自然的秩序与计划。但是那条假说随时可遭受自然中的缺陷与邪恶所引起的反对意见之抨击，而只能通过修改其主要假定的新假说以得到维持，与此相仿，人的灵魂作为一个常住而纯是灵性的对立于身体的存在者这种假说，也得要加以修改来应付从成长与衰退等现象所引起的种种困难。但是那时所构成的一些新假说，其所有的权力，都是从它们自己所维护的主要假说而来的。

康德对于形而上学，如果它的学说是根据以假说来解释的经验的事实的，其批评是这样的。谈到超经验的形而上学，依康德的见解来说，只有两种可能，而任择其一[1652]。要么它的命题都必须独立于一切经验而以纯粹先验的方式来成立起来，因而是绝对可靠的；要么必须为以经验为根据的一些假说所组成的。其第一种选择已经在分析论和辩证论中证明是不可能的了；他为着上述各理由又摈弃了第二种选择。

但是这并未结束康德对于形而上学假说的处理。他进而发展一种学说，这种学说从它的大无畏地信任批判学说的真实性上来看，是他恒久相信一种"怀疑方法"的价值所配得的结果[1653]。理性既然在本性上是辩证的，我们最怕的不是外敌。论敌的反对意见，其实是从我们自己里面的一种根源而得来的，而在这些反对意见追溯到其本源而一直向上面予以根除之先，我们是不能指望有持久的和平的。所以我们的职责是鼓励怀疑，等到疑惑繁茂生长的时候，便能叫我们发现它们从而不断得到其活力的隐根。

"外表之平静，纯为虚有其表之平静。深藏人类理性本质中之扰乱根苗必须铲除之。顾除吾人与之以自由，乃至与之以滋养，使其滋长生养，以显现于吾人之前，从而完全摧毁之以外，尚有何术足以铲除之？顾吾人必须自身设想任何论敌所从未思及之反对论，且与论敌以吾人所有之武器而容其处于彼所能渴望之有利地位。在此种种中，吾人绝无所惧，且有大望，即吾人因之能获得以后不再受人攻讦之一种所有是也。"[1654]

在追踪怀疑到其最遥远的界限以根除怀疑这一战役之中，纯粹理性所用的假说，"纵然是铅制的武器，尚没有为什么经验的规律使成为钢铁一般"，却是我们装备的不可或缺的部分。康德所教人的乃是，虽然用来成立形而上学的命题，假说是无用的，但是用来防护它们，假说是美妙而有价值的。那就是说，假说的真正形而上学功用不是在于独断，而是在于争辩。其为战争的武器，是为维持用别的方法已成立的信念，我们才使用它的。例如，如果我们已经到了这种地步，预先假定了灵魂的非物质的自生存的性质，而所遇见的困难，乃是经验好像证明人们的心理力量之长成与衰退，都是由身体所致，那么我们能够削弱这种反对意见的方法，就是订出这个假说，认为身体不是人们思维的原因，而只是思维的一种限制条件，为人们现状态的特有，而且虽然它推进人们感性与肉欲的机能，但也有障碍人们灵性生活的作用。又如要应付反对对于一个有限的存在者永恒存在的信念之许多意见，说什么人的生出常以种种的偶然事件为转移，如食品的供应、政府随时的意念，甚至罪恶，我们就可搬出这样的先验的假说，它认为生命不自出世开始，也不以死亡告终，整个感官世界无非镜花水月，由于我们现在知识情况之所致，有如梦幻，本身并无客观的实在性。其实这种假说甚至不是理性的理念，而只是想出来的概念，用来指出所提出的种种反对意见都是由于一种错误假定，认为一切可能性已经是穷尽无余而只有自然的规律就已足够包括一切可能的存在整个范围。这些假说至少足以显出我们实践信念中抨击对我们的疑惑，在性格上还是不确定的。

"故此等假设仅为个人意见。惟吾人不能不以之为抵御所可发生之疑虑之武器；乃至欲保全吾人内部之安宁，亦必须有此等假设。吾人必须使此等假设保持此种性格谨慎，避免以其为有独立权威或绝对效力之假定，盖不如是，则此等假设将陷理性于空想及幻想中也。"[1655]

我们现在可以回到 A642～668 即 B670～696 上面来。这一节的学说是极端自相矛盾的，摇摆于理性的理念之主观与客观解释之间。其理由可能是康德在这里正在改写旧的材料，而他早期的解决，照旧不动地多于能使之与其最后的结论一致的。我们的讨论最好是从考虑康德在 A645 即 B673 和 A650 起即 B678 起两处所说的着手。这两处所说的，虽然不幸是极其简短，然而是阐明了一个观点，是以后观念论所采取作为其基本的观点的。很奇怪的是，康德自己绝未详细地阐释其各种后果[1656]。理性在履行其唯一真正的任务中所依照的理念，即使悟性所提供的知识成为系统化，就是一种统一性的理念，在这统一性之中整体的思想是先于其各部分的知识，而且包含着一些条件，按照着它们每一部分和它与其他部分的关系都在经验之先确定了的。这个理念在各种各样的形式上使自己特殊化，而在这一切的形式上都把悟性指向到一种知识，不是徒然一堆事物的知识而是真正系统的知识。这样的概念不是从自然取得的；我们按照这些概念来询问自然，只要知识不能包含它们，我们便认为知识是有缺陷的。在 A650 即 B678 上面，康德进一步指出，这个理性的理念，不但指导悟性去追求这样的统一性，而且认定它自身是有客观的实在性的。而他又加上说，“除吾人亦预先假定一先验的原理——此种系统的统一即由此种原理先天的假定为必然的属于对象——以外，欲了解如何能有一理性由之制定规律统一之逻辑的原理，诚属难事”[1657]。

因为如果我们能够自由把那统一性看作是和实在东西的现实性质相违背的，我们如何能够把自然中的分歧作为只是假装的统一性处理呢？

“斯时理性将与其自身所有之职能相背，乃欲以与自然性质完全不相容之理念为其目的矣。”[1658]

我们关于原理的知识也不只是经验的，从我们在偶性的经验中所发现的统一性演绎出来的。与此相反，有一种原来而必然的理性之规律迫使我们，在一切特定的经验之先，去追求这种统一性。

“……无此种统一，则吾人即无理性，无理性则无悟性之一贯运用，缺乏一贯运用则无经验的真理之充足标准。故欲保持一经验的标准，则吾人不得不预行假定自然之系统的统一，乃客观的有效且为必然的。”[1659]“此自可假定为纯然一种经济的规划，理性由之使其自身免于一切可能的劳苦者，即一假设的企图如能成功，则由于其所到达之统一，对于所设想之说明原理自与以概括性之真理。但此种自私的目的，极易与理念相区别。盖依据理念则一切人皆预行假定理性之统一与自然自身一致，且理性——虽不能规定此种统一之限界——在此处则对于自然非乞求而为命令。”[1660]

这最后的一种可能，说理性在这里提出一种暂定的假说，以便用试验来发现它能在经验上证实的程度——这是康德在上一段认为过分主观而摈弃的一种可能，因之认为是不能认识到理性的理念之客观要求和先验的权威的一种可能——然而又是一种见解，是他自己在同这一节中所采用而很详细地发展的。这一点，如已指出，就提供这里提出的材料之混合性格与不同来源的证据。

1770 年的《论文》给一切制约性的原理以其纯是主观论的一种解释，而按这《论文》的批判前观点，把因果作用的原理和物质不灭的原理都列在制约性原理之中。

“[我们所采用的各种原理]哄骗理智使之误解它们为从对象而获得的，其实只是理智的特别性质推荐这些原理给我们，因为它们是方便于理智的自由与广泛使用的。所以它们……是以主观的根据为基础的……就是以理智像是容易与迅速利用其洞察力的那些条件为基础……这些判断的规则，只是因为如果我们离开它们的话，几乎就没有什么关于一个所与的对象的判断是可容许我们的理智去做出的，所以我们便自愿地服从它们而墨守它们作为是公理似的，这些规则我称为方便的原理……[其中之一条]是一般人承认的法规，即在最大的必要以前，不得增多原理的数目(拉丁文 principia non esse multiplicanda praeter summam necessitatem)，我们遵守它，不是因为我们凭理性或凭经验能洞察世界中的因果统一性，而是因为我们由于理智的驱使而追求它，理智自己觉得它在现象的解释，其进展是完全看它能在什么程度上可以从一个单一原理推论到最大数目的后果。”[1661]

质言之，这就是我们发现在 A646～649 即 B674～678 上面所发展的见解。理性是从一般演绎到特殊的机能。当一般是承认为只是盖然性的，只是一个观念，而特殊是确定的，我们确定规则的一般性的方法乃是把规则用之于种种的特殊，然后在证实了其有效性之后，进而对于尚未在现实上是所与的那些情况做出结论。康德称这为理性的假设的用途。理性必不可在组织上使用的。它的功用，只在于可能范围内，把统一性渗入知识的各种特殊里面去。它力求使规则接近于一般性[1662]。它所要求的统一性“仅为所计议之统一，不应视为此统一自身已授与者，仅应视为一所欲解决之问题。此种统一辅助吾人在悟性所有之杂多及特殊之使用形象中，发现悟性所有之原理，以指导悟性注意于尚未发生之事例，因而使之更为条理井然"[1663]。

这统一性只是逻辑的，或者应该说是方法论的[1664]。由于它的方便性，把实在的统一性预先在对象本身中假定，就是把统一性变为理性的一种先验原理，而使"……系统的统一不仅视为方法，成为主观的逻辑的必然，且亦成为客观的必然者矣"[1665]。

上面这几段插入在 A645 即 B673 与 A650～663 即 B678～691 之间，而在这两段中，如我们已经看到，是提出与之直接相反的见解的，即这样的各原理不仅是假设的，也不仅是逻辑上的。在一切情况下，它们是要求承认其实在性，而且是以先验原理为基础的，它们决定经验可能性本身；因而可以肯定为先验地必然而客观上有效的。我们再引用两段如下：

"……吾人仅在以普遍的性质归之于事物，视为其特殊的性质所根据之基础之限度内，始能由普遍以推断特殊。"[1666]"此等法则之形成，并非由于——提出此等法则为一纯然实验的提案所作之——实验之任何秘密计划（参看下文，第 550～551 页）……但此则极显明者，此等法则乃以根本的原因之节约，结果之纷繁，及由此二者而来之自然各部分之互相接近等等，就其自身而言，为与理性及自然二者皆相合者。故此等原理，其自身直接具有令人深信采用之根据，非仅以之为方法上之方便也。"[1667]

可见，直接与前面把理性的功用作为假设的性质看的见解相反，康德现在是准备坚持理性的公准，除了在其能根据于一种先验的原理的限度内，是没有意义而又不适用的[1668]。

让我们顺着康德关于这最后的论题之详细阐明来看看。追求系统的统一性这个逻辑的准则是以一条先验原理为基础，而这条先验原理是说，自然表面上的无穷多样性并不排斥各种的同一性，而各样的种乃是几个类的变形，而这些类又是更高类的变形。这就是烦琐哲学的这条准则：事物非必要时不得增多(entia praeter necessitatem non esse multiplicanda)。基于这条原理就有种种概念之可能，因而有悟性本身之可能。但是这条原理有第二条原理与之对照，其必然性是一样，是特殊化先验规律，就是说，事物中必有其杂多与分歧，凡类必分为不同的种，而分出来的种又再细分。表达为烦琐哲学的形式便为：事物的多样性不得任意减少(entium varietates non temere esse minuendas)。这条原理是同为先验的。它所表达的条件对于悟性的可能性是一样的必要，因而对于经验的可能性也是一样。既然悟性所知道的都是只由概念而知道的，无论类之分为种是到什么限度，它绝不能借助于纯粹直觉而有所知，而总是要靠更低的概念。所以，没有更低的概念，就不能有更高的概念[1669]；个体与类之间存在的间隔，绝不能有什么桥梁的；或者说，这样一来，则个体和一般的东西都不能为人所领悟，对于心来讲，都不存在。既然更高的概念是从更低的概念取得其一切的内容，为着它们自己的存在是先行假定有更低的概念的。

"一切概念皆可视为一点，此点作为观察者之停留场，有其自身所有之视阈……此种视阈必能包有无数之点，每点皆有其自身所有之更狭隘之视阈；易言之，一切种依据特殊化之原理皆包有族，而逻辑的视阈则专由更小之视阈(族)所成，绝非由不具有外延(个体)之点所成者也。"[1670]

把这两条原理，即同质原理与特殊化原理，结合起来，便得连续性这第三条原理。逻辑的形式之间连续性这条逻辑规律(continuum formarum logicarum)是先行假定自然中连续规律(lex continui in natura)这条先验规律的。它规定了从每一种到每其他一种有一连续的过渡。换言之，它要求在任何两种或两族之间，无论其关系如何密切，中间的种总是看作是可能的，就准备好同质性和极其量的分歧性结合。(在 A661 即 B689 之末的那段，附有我们不能有这条规律的什么明确的经验上之用途这一条件，大概是后来才有的;它是和本节结束的几部分联系着的。)这第三条规律不是从自然中先就被发现了系统而后得出,而是它自己使我们的知识有其系统化的性格的,这一事实就说明它也是先于经验的,因而是先验的[1671]。

康德所用来说明这些规律的心理学、化学和天文学的例子无须特别的评论。这一些例子都是取之于当时的科学,而在人们知识进展之后,它们已变为使人混乱比给人帮助更多。在A646即B674上面引用"纯土、纯水、纯空气"的各种概念作为"理性的概念"是特别叫人窘惑的。甚至在康德归之于它们的用途上,它们也不过是经验的假说,纯是为着物理学的解释而拟出来的;它们并不在什么真正意义上是普遍的、制约性的原理。

过渡到A663～668即B691～696时,我们发现康德学说实质的另一种变异。他回到A646～649即B674～677的更怀疑的见解上来,虽然其说法有了更大的成熟,所用的术语大大不同而大大地令人更为满意[1672]。康德继续主张上述各原理的关系是在于它们的先验性。虽然它们只是为着指导悟性的一些理念,而且只能以渐近线式来接近的,但是它们是综合先验判断,而像是有其客观的,虽然是未确定的、有效性的。到此为止,他的各种说法是和前面几段一致的。可是他进而又说,这客观的有效性完全在于它们的启发功用。它们根本不同于悟性的力学的原理,和不同于悟性的数学的原理一样,因为不能以什么感性的图型指定给它们。换言之,它们的对象绝不能在具体上显出来;它是超出一切可能的经验以外的。因此,它们是不能有先验的演绎的[1673]。它们属于经验之可能性不可或缺的必然条件,不是指任何一种经验,而只是指为理性起见而系统化的经验。它们能具有只可称为图型的类似物(analogon)以替代图型,就是说,它们表示一个极点(maximum)的理念,这是悟性为着理性的主观起见——或者以另一方式来表达[1674],为着我们知识某一种可能的完善起见——必须尽其可能来实现的。所以以它们所发生的来源来说，它们是主观的，而谈到它们能达到经验上的体现所必须有的条件和它们能这样体现到什么限度，它们同时又是未确定的。在这种资格上它们是表示一个极点，这一事实并不是什么正当理由来肯定，经验在详细研究上，究竟发现所证实的统一性是到什么程度，或者肯定决定经验的是什么本体的实在。

在 A644～645 即 B672～673 上面，康德用某些光学的类推来例证理念在没有批判学说时不得不产生的幻象。当悟性为一个极点这理念所制约时，而且当它力图把一切经验的线看作是集合在这极点上面而指向它时，虽然这是想象的焦点，它必然把它看为在现实上存在的。如果我们是要能够看见我们背后的东西，用来看见镜面后边的各种对象的幻象是必然需要的，赋予理性的各理念以实在性的先验幻象，也同样地是附随于把经验在其最大可能的扩充上来看这种企图的。

人类理性的自然辩证之最终意图[1675]

以其学说来讲，这一节是始终统一而一致的。其重复的性格无疑是由于康德个人难于毅然决然地接受，或者完全拒绝，理性的功用之建设性的、观念论的解释。他至少能够拟出一种见解，所肯定的虽不过经验的科学上扩张所需要的，然而指出有许多的可能性是这样的经验所不能排斥的。既然理性的种种理念不只是空洞的思想上的存在物(拉丁文的 entia rationis ratiocinantis[1676])，而是有某种客观的有效性的(即拉丁文所谓 entia rationis ratiocinatae[1677])，它们便要求一种先验演绎[1678]。这种演绎是什么？和范畴的先验演绎分别何在？我们现在就必须确定了。康德认定这种演绎的发现便是我们批判工作的顶点与告终了。

康德一开头便把绝对地表现一个对象和在理念上表现一个对象区别开来。

“在前一事例中，吾人之概念乃用以规定对象者；在后一事例中，则实际仅有一图型，对此图型并无对象直接授与，甚至连假设的对象亦无之，且此种图型仅能使吾人以间接方法表现其他对象，即由此等对象与此理念之关系，在其系统的统一中表现之。”[1679]

一个理念只是一个图型(康德用 A655 即 B693 上面的话语应该说一个图型的类似物)，我们用来在思想上表现的，例如在最高理智这概念上，不是一种客观的实在而只是理性的完善，趋向于悟性经验的使用上尽其可能是最大的统一性的。

和这导言一起，康德就引进来他的著名的“恰像”学说。我们必须把世界形形色色看为恰像它们的存在是从一个最高的智慧而来的。这个理念只是启发性的，不是阐述性的。其意图不是叫我们能够理解这样一个存在者，甚或思维它的存在，而只是指示我们应如何努力于确定经验中一切对象的结构与联系。理念并不确定与之相应的对象，而是在预先假定理念中这样一个对象的条件下，引导我们达到经验的知识之系统的统一。当它们是这样严格地解释为只是制约着经验的探讨时，它们就总是保证经验而绝不会与之相违的。因之寻求解释完整的理性必须总是按照它们而活动的。只有那样，经验才能获得其最充分可能的扩张。这就是我们所追求的先验演绎。这先验的演绎成立了理性的理念对于经验的完整之不可或缺性和它们作为制约性原理之合法地位。

我们在这里可以打断康德的阐述，以便指出这论证对于他的立场的全部力量是没有主持公道的。真正批判的论点乃是说，理念和范畴一起包含在经验之中作为意识存在本身的条件，所以是所有一切经验之成为可能所必需的。它们不只是制约性的,而所制约的经验也是它们帮助成为可能的[1680]。它们表示的标准,乃是我们用来宣告凡不合它们的条件之知识为无用的;因而我们只得尽力来符合它们的标准。换言之,它们并不是派生的概念,只是从去掉我们经验的意识所必需的种种限制而得出的,乃是表现必然包含在一切意识里面的一种先行的假定的。这样论证的某一种重述,是康德自己在A645即B673和A650起即B678起所略述的立场所要求的。可惜他不回到这上面来。当时他正在发展着的更怀疑态度的见解还是占上风,演绎就停留在这半批判的形式上。

A672～676即B700～704关于"恰像"的学说作了更充分的叙述。在心理里面,我们必须好像心是一种单纯实体,具有人格的同一性[1681](至少在今生),并不是要从这样设想的灵魂获得心的变动不居各状态之解释,而是按照理念而把一种状态从另一种状态得出来。在宇宙论和神学里(可以看到康德想要分辨这两者是碰见了多大的困难)我们应该把一切现象在其连串中与在其整体中都看为好像它们是由一个最高而完全无待于外的单一根柢而来的。这样做时,我们不是从理念的对象而获得世界中的秩序与系统,而是从理念只抽出一条规则,从而悟性在联系自然的原因与结果的过程中得到可能有的最大满意。

在A676～677即B704～705上面,康德所用的还有另一种区别——相对假定(拉丁文 suppositio relativa)与绝对假定(拉丁文 suppositio absoluta)的区别。这个区别是由只是制约性的原理之半客观性所提出的。虽然我们得要承认它们是必然的,而这样的必然性不是什么正当理由来肯定它们的独立有效性的。当我们承认一个最高的根柢作为原理所要求的秩序和系统的根源,不过是要能以更大的明确性来思维那些原理的普遍性。这样的假定是相对于理性在其经验上使用的种种需要:不是绝对的,指向着这样一个存在物本身的存在的。

“此即说明关于授与感官所视为现实存在之事物何以吾人需要一其自身为必然的原始存在者之理念，且关于此存在者或其绝对的必然性又绝不能构成丝毫概念之所以然也。”[1682]

这最后的说法导致另一问题，是康德在这里给予其最终的解决的，即是如已在辩证论中所曾指出的，如果绝对必然性和无条件性的概念是没有意义的，甚至从心理上来讲，如何能有理性的理念？这些理念的内容是什么而且怎能设想它们？康德的答复是以在本节占优势的半批判的主观论观点之话语来发展的。理念无非观念而已。它们不产生丝毫关于与之相应的任何对象之内部可能性的概念或其必然性的概念。由于一种先验的幻象，它们只是像这样产生。审查起来，我们发现我们用来思维它们作为独立实在的概念都毫无例外是从经验得来的。那就是说，我们以感性世界中的实在性、实体、因果作用和必然性的类比来判断它们[1683]。

“仅应以此等理念视为实在的事物之类似者，不应以其自身为实在的事物。吾人自理念之对象除去其条件，此等条件乃制限吾人悟性所提供之概念，但亦唯此等条件，吾人始能对于任何事物具有确定的概念。于是吾人之所思维者，乃吾人对之绝无概念(就其自身而言)，但仍表现其与现象之总体相关，有类现象间之相互关系之某某事物。”[1684]

它们并不使我们的知识超出可能经验的对象之外，而仅扩张经验的经验上之统一性。它们是制约性原理的图型。理性在它们里面有关的无非是理性自己固有的要求；而它们的统一性既然是要只在经验中寻找的一种系统的统一性[1685]，就很合法地用感性世界得来的种种质来特别地确定它们。它们不是原本辩证的；它们的要求有其合理性是我们有权在理性的理想中所期望的。批判地审查起来，它们并未提出什么问题是理性本身完全没有资格来解决的[1686]。先验幻象是由于它们的错误使用而来的。在它们从我们理性的自然倾向而发生的形式上，它们是好的而且有用的[1687]。

对于什么是表现制约性图型的最适当的形式这问题[1688]，康德的答复说明他远不是看莱布尼茨的最实在的存在者为理性的理想之真正的表现。我们最能达到系统的统一性之最高可能形式，乃是通过意志论的概念之使用。

“此种最高方式的统一，乃事物之有目的的统一，理性之思辨[即理论]的实际利益，使其必然以世界中之一切秩序视为一若以新观点开展于吾人理性之前，即世界事物可以依据目的论之法则而联结之，因而使其能到达其最大系统的统一。故关于所视为宇宙唯一原因(虽仅在理念中)之最高智力之假定，常能有益于理性而绝不能伤害之。”[1689]

因为只要这个假定只用作一种制约性原理，即使错误，在实际上也不能是有危害的。充其量也不过是在我们期望一种目的性的联系时，只碰到一种机械的或物理的联系而已。另一方面，如果我们离开经验的实地而用这假定来解释我们不能以经验来说明的，我们便牺牲一切实在的洞见，而把为着经验的决定方向而以拟人的方式确定下来的一个概念，变成解释秩序作为非自然的而在事物的物质基础上自外面硬加上去的一种手段，就把理性弄混乱了。

这是一个论点，其重要性是足够要有更详细的叙述的。休谟在其《对话》一书中指出，上帝存在的意志论证明之主要缺点，乃是它假定秩序与计划是事物本来的结构以外的东西，其来源必须是非自然的。因之自然科学每一次的进展都削弱这论证。而且它又是和现象背道而驰的，尤其是这论证主要作为基础的动物生活的种种现象，因为有机的和无机的区别，其主要特征就是有机的内部丰富生产与繁殖的各种力量。康德是完全和这些批评同意的。从这些批评，他在我们面前一段里，得着一种论证来支持他的“恰像”学说之一种严格制约性的解释。意志论论证公开的意图，是要从自然证明一个有理智的最高原因之存在。所以如果比它的捍卫者一向表现的还更前后一致坚持其观点，则将要发现它是以制约性原理为其基础的。就是说，我们必须研究自然，恰像一种固有的秩序是它的本性，而这样力求逐渐地、循着经验上发现的这种自然统一性的进展而接近鼓舞我们钻研的那个绝对完善。可是，如果我们把我们的理想变为解释的一种工具，把应该只是我们的目标的作为起点，我们就用这种信念来哄骗自己，认为那只能通过迟缓而暂定的经验上研讨的工作才可以获得的东西，已经在我们的掌握中了。

"但若我开始即以一最高有目的的存在者为一切事物之根据，则实际上自然之统一性必被委弃，将以之为偶然之事，而与事物之性质完全无关，且视为不能自其固有之普遍的法则知之者。于是，发生一最恶之循环论，即吾人正在假定之主要争论之点是也。"[1690]

这样的一种论证的方法是自败立场的，因为如果我们在事物的本性中不发现秩序与完善，而因之在它们的普遍与必然的规律中不能发现这秩序与完善，我们就没有条件来推论这样一个存在者作为一切因果作用的根源。

对于我们可否在经验的钻研已经发现自然的秩序时，把这秩序解释为从神圣的意志而来这个问题，康德的答复是说，这种程序是容许的，其唯一条件乃是，不管我们是说上帝聪明地决定了它，或者说自然聪明地决定了它，对我们来讲是一样的。只有它是理性需要作为在一切自然的钻研之制约性原理的限度内，我们是可以承认一个最高存在者这理念的。"……但若吾人忽视自然之普遍的法则(盖欲发现理念所唯一适用之自然)，而以此种自然之目的性视为起于偶然的超自然的，则不能不陷于自相矛盾。盖吾人实无正当理由假定一在自然以上具有此种性质之存在者，其所以采用此种存在者之理念者，盖欲以现象为依据因果规定之原理，而互相系统的联结故耳。"[1691]是以纯粹理性在最初，其所期许者，似不外扩大知识于一切经验限界以外，若正当理解之，则仅包含统制的原理而已[1692]……

关于辩证论的最后评语

我现在可以这样总结康德对于辩证论三个主要问题的答复:(1)理性的所谓理念是否概念,或者说到什么程度是概念,从一种完全与悟性不同的机能而来,而且它们既是这样发生于纯粹理性,能下定义又达到什么程度;(2)它们能有先验演绎达到什么程度;(3)这种演绎证明它们具有的是什么样的客观有效性。

这些问题都是紧密联系着的,其中任何一个问题的解决是确定了三个问题都有那一种的解决的。如我们已经发现,康德发展其最后的立场是通过一系列很微妙的区别,他是靠这些区别力求为那更粗糙说出来的理念与范畴、理性与悟性之划分来辩护而予以保留,虽然保留的形式是高度修改过的,而这些划分又是辩证论的开始论证所以为基础的。

康德的答复相当于这个结论,说悟性在以种种的理想来指导它自己时所运用的功能,是这么不同于它用来决定具体的特定的经验那种功能,所以它很可以接受另一个名称的;悟性照着它们来构成这些理想的理念虽然是图型性的(就是说,内容上是感性的而又是属于经验的),但是本身不是经验的,而且远不只是悟性的概念的扩张形式,所表达的先验条件是悟性一切用途所以为基础的。

可是,如果要说明这立场的正当理由,康德就应该证明理性的基本理念,即无条件的这个理念,是完全不同于悟性的任何概念,尤其是要证明这理念必须不与总体这范畴同一起来,也必须不被看为只是有条件的存在这个概念,把各种经验上的限制在思想上除去而已。康德并没有以任何前后一致的方式满足了这些要求,是用不着来说的。《批判》一书所包含的材料，可用来做出各种各样不同的解决；而本身没有明确地认定哪一种是对的。

如果 A650 起即 B678 起的论证发展下去的话，我们就会有了可称为观念论的解决。它就会像下面那样进行的。意识本身总是觉知整体，而整体是在其各部分之先并且决定它们的。要说明这样的意识就不能假定，我们先是意识到有条件的，然后进行除去种种的限制而借助于包含在这前面的意识之中的更积极的因素而为我们自己形成包含着所与的那个总体的理念。无条件的这个理念，不同于悟性的一切概念，是可能有的经验之先验条件之一，能够有一种先验的演绎，其有效性是等同于一切范畴的有效性，而其一般的性质是和范畴的一般性质一样的。它是我们偶然所与的经验之可能性中先行假定的。

既然这个理念决定其下级的概念，就不能照这些概念的话语来下理念的定义。然而这并不剥夺它一切的意义，它的意义是一种独特的；它表达于那些理想，就是一方面在经验的构成中指导着心，而另一方面又用为标准从而经验被判定为只是属于现象的理想。

但如我们曾发现，这不是康德详细发展出来的论证路线。指向着这条路线的几段，主要是在辩证论的开始几部分；在后面几节里，它们是简短而不够的。当他像在“纯粹理性的理想”一章与后来的附录里那样，从事于明确他的结论时，他几乎一直沿着的，是大大更为属于经验方面的，而实际上是怀疑态度的一条路线。那时他宣称的，严格上说，是没有什么纯粹的先验的理念。审查起来，认为是无条件性和绝对必然性的理念，都发现为对于人的心毫无意义的。正当地明确起来的理念不过是制约性原理的图型，而它们全部内容则完全归结为总体、实体、因果作用、必然性，这一类的范畴，只是先验应用而已。作为理念而言，它们便毫无实在意义的；但是它们可以用类此的方式来明确一个理想，而理想的功能是在经验的扩张中不可或缺的。从这个观点看，理念的先验演绎是根本不同于范畴的先验演绎的。其证明不是说它们是经验成为可能所必需的，而只是为着经验的完善的，至少为着它的更完全的发展所要求的。而康德既然不能证明这样的完结在实际上是可能的，于是理念的客观有效性就是一个悬案，它们应该只理解为启发性的原理；它们的真实性的程度，甚至在经验的范围里，是不能以先验的方法来确定的，而只有这方法是适合于《纯粹理性批判》的。

上述第一种见解是分析论的基本学说所鼓动的，而又是使康德有正当理由来保留他在表现与物自身之间的区别之唯一见解。在第二种见解中所有积极的成分可以和第一种见解结合的；可是，另一方面，第二种见解的消极含义是和其自己的积极学说相违的。因为如果把理念看为在其发生上和在功用上一样是属于经验的，那么它们全部权威都是从经验得来，就不能在任何意义上认为是先验的了。康德时而采取这一种关于理性的功能之解释，时而又采取另一种，就是摇摆于纯粹思想的范畴与能力之观念论见解与只是怀疑的见解之间。按观念论的见解，理性是一种形而上学的机能，为我们显示经验的现象性格，约略指出像在道德的种种根据上或者可能成立的一些可能性。另一方面，从怀疑的观点看，理性所表达的可能只是在安排经验上我们主观愿意有的统一性与系统。按一种见解来说，真实性与实在性的标准是和理念结合在一起；按其他一种见解来说，感官经验是用为甚至理念的有效性最后受到判定的标准。从康德一直是同情地发展着这样两种相反的观点这一事实来看，我们好像有正当理由做出结论说，他看出，或者说至少要求有它们的学说比他自己一直到那时所能成就的更完美的调和，而且没有以理想对于思维的要求作为次要的，或者忽视经验所给与的，能为他决然地承认作为圆满地对付当前的问题的。他的学说整个说来，是完全无疑指向着观念论的解决的；但是他固然个人深信它究竟是真理，而同时也一样地意识到它在路途上的种种困难，他之继续欣赏怀疑学说的价值，就是默认在其直到那时所能给予的形式上，观念论的学说，在实际上是不足以应付问题的复杂性的。我们并有康德自己后来的著作可以进一步证实他在《纯粹理性批判》一书的结论是试验性质的。在九年后出版的《判断力批判》一书中，其所教人的，是没有那么怀疑而更加具有建设性，虽然仍然在两种竞争的可能性之间巧妙地保持平衡，因而总是把问题最后的决定留给道德的考量，康德才冒险重述了辩证论的各种问题。对于这个重述，上述两种倾向都贡献出有价值的要素。

附录甲[1693] 先验方法论

第一章 纯粹理性之锻炼[1694]

康德既不是一个主知论者,也不是一个反主知论者。理性的正当职责是为一切努力规定其锻炼,而它本身也需要锻炼;当它是用在形而上学的范围时,它独立于经验而所要求的不只个别错误的纠正,而且通过像只有批判哲学才能提供的“一种分开的消极法规”把错误的种种原因根除。在先验原理论中,这要求关于批判系统的质料或者说内容方面已经得到满足,我们现在只有关于它的方法或者说形式上的条件[1695]。

这种区别是高度矫揉的。如已经指出过,它是为康德建筑术的要求所确定的。在《批判》一书前面的几部分已经或多或少穷尽地阐述过方法论的整个学说。

第一节 纯粹理性锻炼之独断的使用

在处理数学的知识与哲学的知识之区别中,康德又回到他的《批判》一书的导言之一种主要论点上去[1696]。然而他关于这论点最详尽的处理,是在他早在1764年所写的一部著作中,即他的《自然神学与道德原理的明晰性之研究》。在本节里,自始至终,那早年著作的学说的继续影响是明显的,而大部分说明它的某些主张提出的那种形式。

“……人们可以同华尔波尔敦主教一样地说,没有什么对于哲学比数学的损害还大,就是说,比在一个不可能应用数学方法的范围里来摹仿数学的方法的损害还大……”[1697]

康德宣称，数学与哲学在一般性质上远不是同一而在一切本质的特征上是根本对立的。因为它们两者之间所要发现本质上的差异，是在于它们的方法，而不只在于它们的题材[1698]。哲学的知识只能通过概念而获得，而数学的知识是通过概念的构造而得到的[1699]。一个只是推论的；其他一个是直觉的。哲学只能在一般中考虑其特殊；数学在特殊中研究其一般[1700]。哲学的概念，例如实体与因果作用的概念，固然能在先验综合中应用，但是在这用途上，这些概念只产生感性的所与之经验上的知识；而从经验的概念，形而上学知识之可能所需要的普遍与必然的判断是绝不能得到的。

数学的精确性依靠定义、公理与证明，这些都是哲学中不可得的。兹按次序来逐一考虑。

甲　定义。——按数学规定的方式来下定义乃是表现事物的整个概念。对于经验的概念，这是绝不可能的。我们知道它们的外延比它们的内涵要确实些；虽然可以解释它们，但不能下它们的定义。既然新的观察增加或减少述项，那么一个经验的概念总是容易有修改的。

“且对于经验的概念，例如水一类之概念，加以定义，果有何种效用？当吾人言及水与其性质时，并不就其语所思维者，即已终止，且进而实验之。名词其具有吾人所加于其上之若干特征者，与其视为事物之概念，毋宁仅视为一种记号[按可译‘称号’]较为适当；其所谓定义，仅规定字义而已。”[1701]

关于先验的形式，例如时间或因果作用，精确的定义同等是不可能的。它们既然不是心所构成而是给与心的，我们对于它们的分析总是不能保证的。虽然知道它们，但是只作为问题而知道的。

“如奥古斯丁曾说过：‘我熟知时间是什么，但是如果有人问我，我不能说出来。’”[1702]

数学的定义造作概念;哲学的定义只解释概念[1703]。所以哲学不得模仿数学以定义为开始。在哲学中,不完整的阐述必须在完整的阐述之先;定义是我们研究的最后结果,而不像在数学里那样是其证明的唯一可能的开端。事实上,可以说数学的概念在其以作图来下定义的过程中就已经给与出来;而既然是这样在定义的过程中发生的,它绝不能是错误的[1704]。哲学则反是,错误的定义丛生,然而也是有用的。

"在数学中定义属于本质事项(ad esse),在哲学中则定义属于更优之本质事项(ad melius esse)。到达一适切之定义,固属可喜,但此事往往极为困难。法学家至今关于其权利概念,尚不能有定义。"[1705]

乙　公理。——作为康德对于几何学的公理之性质的见解叙述来看,这一段是极其令人误解的。在说公理是自明的时候[1706],他事实上并不是有意肯定这短语通常所包含的,即绝对先验的有效性。对于康德来讲,几何学的公理,只是所与的空间直觉某些事实上的属性之描述。这些公理只有对于谈到偶性所与的一切命题的假设的有效性。因为纵然作为一种纯粹的直觉来看,空间是属于只是事实上的那个范围的[1707]。这样把几何学公理的自明性和这样的所谓哲学的真理,例如因果作用原理,对立起来,是非批判的,而是和康德未通过论究而深信空间要成为空间必须是欧几里得式的这信念结合在一起的[1708]。康德在这一段中提到算术的命题,也是同样要受到批评的。因为虽然承认这些命题的综合性格时,他是比较前后一致,然而他所说的依然好像它们是可以描写为自明的,即直接便是确定的。这种前后不一致的原因当然是在于他关于数学科学的直觉论。数学命题都是通过直觉而得来的;而哲学的命题就需要先验演绎的一种精细而困难的过程。当现代数学理论摈弃这种直觉论时,事实上是把康德自己关于范畴的功用之解释扩充到数学的概念上面去。概念控制直觉经验的可能性,而在这控制力中就有了概念的客观有效性的根据[1709]。在这里，和在感性论里一样[1710]，康德未能充分地把纯粹数学与应用数学的问题区别开来。

丙 证明。——康德又一次引用他很不幸的概念构成的学说[1711]；而他甚至到这程度，竟然主张，没有直觉，就不能有证明，这是完全违反他自己的先验演绎学理的。他宣称，断言命题不是独断的，就是数学的；而前者是人心所不能理解的。但是当他才做出这些叙述之后，他马上又接着说，虽然断言的命题不能直接从概念而成立，然而以某一纯然是偶性的东西，即可能的经验，为准据，便能得到间接的证明。这样一来，因果作用原理就可断然地证明为可能的经验之一种条件。它不可称为一种教理(dogma)，但可称为一条原理！在解释这种区别时，康德加上说，因果作用原理，虽是一条原理，本身还得要证明的，而这区别却暴露一种对于理性论的学说之自明准则的留恋。

"……盖因其具此种特殊性格，即此种命题，乃使为其自身所有证明之根据之经验可能……"[1712]

如我们曾指出[1713]，这正是数学公理必须能作的，如果它们是要成立它们的客观有效性的话。

第二节 纯粹理性锻炼之争辩的使用

本节载有关于怀疑论的价值一种美妙的辩护。

"乃至毒物亦有其用途。盖此等毒物乃用以抵消吾人体液内所产生之其他毒物，在一切完备之药局中，为一不可缺之物。对于纯粹思辨的理性之偏信及自负所有之反对意见，乃自理性自身之本质所生，故必有其效用及目的，不当蔑视之。何以神意设置与吾人最高利益有密切关联之许多事物而远非吾人所能到达，仅容吾人以隐约及疑似之态度理会之——在此种情形下吾人之探索目光与其谓为满足，毋宁更受其刺激？关于某种不确定之事欲贸然有大胆辞说，吾人自当疑此种辞说是否有益，甚至疑其是否有害矣。但关于探讨及批判容许理性完全自由，因而不致妨碍理性注意其固有之利益，则常为最善之事，此固不容疑者。此等利益由制限理性之思辨以促进之，其不亚于由扩大思辨以促进之，但当外来影响掺杂其间，使理性逸出其本有之途径，以及由其与理性本有目的不相容之事物拘束理性时，则常受损害矣。”[1714]“无论何时，我闻及才智之上有否定人类意志自由、来生期望及神之存在之证明时，我必热望读其书，盖我期由彼之才能以增进我关于此等事项之识见。”[1715]

第四节[1716]　纯粹理性锻炼之关于其证明[1717]

本节只重述先验证明的一般性质与要求。其阐述远不如在分析论与辩证论中所做出的阐述令人满意。实际上唯一的新因素就是归谬法与直接证明的区别。归谬法可能说服人，但不能使我们掌握所信的真理之根据。而且在数学之外，企图以证明其矛盾是不可能的来成立一个论题是极其危险的[1718]。尤其在我们批判的探求之范围中是如此，因为所要提防的主要危险是把主观的必然和独立的实在混淆起来。在这种钻研的领域中，绝不容许企图用驳倒其反面的方法来为一个综合的命题作辩护。这种表面上的证明是容易得到的，而且一向是独断思想家的惯用武器。

“各人必须以合法之证明(此种证明伴有其所依据根据之先验的演绎)直接防护其所主张。仅在此点实行以后，吾人始能决断其主张所可认为合理者究至何种程度。若其论敌根据主观的根据，则极易驳斥之。唯独论断者则不能沾有此种利益。盖彼自身所有之判断，通常亦皆根据主观的势力；彼同一能为其论敌所窘迫。但若两方皆由直接的方法进行，则或彼等立即发现对于其主张提示根据之困难，乃至不可能，以致除乞求于有时效的权威之某种方式以外，一无所依恃；或吾人之批判极易发现彼等独断的进程所由以发生之幻象，迫使纯粹理性放弃其思辨领域中之夸大的僭越，而退至其所固有领域（实践原理之领域）之限界中。”[1719]

第二章　纯粹理性之法规[1720]

第一节　我们理性的纯粹使用之最终目的[1721]

康德宣称，上帝存在、意志自由和灵魂不灭等问题在理论上的兴趣是不大的。因为，如他已曾论证过，即使我们有其正当理由来预先认定上帝的存在、意志的自由和灵魂的不灭，也不能使我们说明感官经验的种种现象，而这些就是可能有的知识的唯一对象。但是这三个问题也和我们的实践上的种种利害有联系，而谈到那，这些问题构成了形而上学研究的主要题目[1722]。实践的是任何通过自由而为可能的；我们应该作什么这个决定是纯粹理性在其最高用途的最高利益。

“……自然在其为吾人所备之贤明准备中，即在吾人所有理性之本性中，其最后意向，唯在道德的利益。”[1723]

这就是康德在其《道德的形而上学基础》与在其《实践理性批判》两书中力图确立的立场。他在这里所论证的很短的大纲必然是不完全的，结果是有些令人误解的。他首先处理了自由的问题；而其方式说明当本节写作时，他还没有发展他关于道德自由的性质的批判见解。他暂且满足于在先验的自由与实践的自由之间划出一种很不是批判的区别[1724]。后者以其独立于感性的冲动，只为理性所确定而言，是属于意志的。理性规定自由的客观规律，而意志在这些规律的影响之下，克服感官的各种情欲。康德肯定，经验可证明这种实践的自由是一种自然的原因。另一方面，先验的自由[1725]，就是说，在一系列的现象中另行开始的这力量，是绝不能在经验上解决的一个问题。它是一个纯粹思辨的问题，理性在其实践的运用上是与之毫无关系的。因之纯粹理性的法规只处理剩下来的两个问题，即上帝存在与灵魂不灭。关于这些说法的评论，最好是结合下一节的论证来作[1726]。

第二节　至善的理想作为纯粹理性最终目的之决定性根据[1727]

在其思辨的使用上，理性越出经验的范围，但是完全是为着经验起见的。换言之，思辨的理性有一种纯粹是经验上的功用的。（这就说明康德已经自己认定的多少是似非而实是的论点，认为上帝存在与灵魂不灭的问题，在其性格上虽然表面上是思辨的，其实是发生于我们实践的利益的。）但是纯粹理性还有一种实践上的用处；而实是在这后一种的使用上，它第一次揭示其现在的素质与最终的目的之真正形而上学性格，道德意识向我们显示一个绝对价值这理想时，就把打开存在的种种秘密之唯一可使用之锁匙交到我们手中了。既然这个道德意识表现着人生最深刻的实在，它当然是比人类经验中任何其他东西都具有更大的形而上学意义；而且它所显示的各种目的既然又在价值上作为绝对的而出现，事实上又是我们所能设想的唯一绝对的各价值，那么这个结论就好像证实了。

幸福是有自然的价值的。道德，即配得上有幸福，是有绝对价值的。达到前者的手段在以经验为其根据的深入世故或者说实践的规律中，得到其表现。后者的各种条件体现在一种先验性格的无上命令中。前者规劝我们如何最能满足我们追求幸福的自然欲望；后者命令我们如何行动，好让我们配得幸福。

康德进一步的论证太过压缩，不能在实际上弄清楚，如我们充分地讨论它，将会使我们完全超出这本《解义》的适当限度。所以我就限于他的一般立场的一种简短不甚拘束的重述。批判学说可描述为对于哲学作用的新解释[1728]。哲学家的任务，正当地看起来，不是在于思辨问题的解决。这些问题是超出人的能力的。哲学能合理地企图解决的，乃是分析与明确我们由于人类存在的特别条件而发现自己所处的境况，即知识的境况和实践的境况。分析起知识的境况时，康德发现虽然是有一切的可能，但理论的材料是绝不提供正当的理由叫我们做出本体论的种种肯定的[1729]。可是当我们谈到实践的境况时，比较广阔的地平线，具有确定的描写，立刻就呈现出来。道德意识就是整个宇宙和人生的意义的锁匙。它的价值是唯一终究的价值，能够叫我们以道德的话语来解释（纵使我们不能在任何真正理论的方式上来理解）我们生活所顺从的天命之意义。道德意识，像感官经验一样，审查起来，是揭示所先行假定的条件之系统的统一性的。在理论的范围里，所证明的这种统一性不过是经验上的经验所认定的理想；而它是一种理想，即使承认它是有绝对的有效性的，也是太不够明确，不能使我们肯定终究的实在在其性格上是属于灵性的，或者说是按照目的安排好的。实践的经验则不同，从起头，它的基础上的种种条件是有着一种纯然本体的准据的。这些条件没有其他功用，只是以道德意识的话语来明确实在性作整个来看的最后意义。它们认定[1730]一个宇宙，其中属于灵性的经验之价值是得到支持而不致消失的。

但是康德处理这两种境况，知识的境况和实践的境况，其主要不同之处，只在我们认识到证明的先验方法应用在这两种情况下方式之不同，才看得见的。得要按照可能的经验作为其不可或缺的条件，才能证明感性、悟性和理性的种种先验形式。但是在道德的问题上我们必不可诉之于经验。现实的不是理想的标准;"实然的"不是应该的标准。其次,道德的规律,如果是有效的话,必不限于经验的范围内而适用,而一定以其绝对的普遍性适用于一切有理性的存在者的。因之,道德的规律既不能在经验中给与我们,也不能证明它为经验的可能性所必需的条件之一。换言之,道德规律的有效性不能通过经验而成立,亦不能通过理论的推理而成立。

虽然这就是康德自己拟出问题的方法,但这是夸大了他在两部《批判》中所用的程序之差别,而作为他的实在立场之说明是十分令人误解的。在《实践理性批判》一书中,有一段,康德事实上肯定道德的规律无须有什么演绎的[1731]。他认定道德的规律是一种事实,是我们在一切经验之先所意识到的:它本身毋庸去证明,反而使我们能证明自由的实在性。然而恰恰在同一节里,他论证说,自由从道德的规律得出的演绎就是道德的规律的凭据,而且是一切先验的辩护的一种充分的代替。依第一种说法来讲,我们关于道德规律的有效性有一种直接的意识;依第二种说法来讲,道德规律用为一条原理可以演绎出自由来的,它就间接地证明自己了。唯有第二种说法的形式是和《道德的形而上学基础》一书第三节所发展的论证相协调,而更正确地表达康德在其《实践理性批判》一书的中心论证之本意的。因为两部《批判》中先验证明的差别,实际上不是在于方法上有什么分歧,而只在于所从出发的前提性格上的分别。康德在第二部《批判》论证的模糊好像主要是由于他不能清楚地认识到,道德规律虽然是纯粹理性的一种形式,而它在其先验证明过程中所起的作用,是恰恰相应于可能的经验在第一部《批判》中所起的作用的。我们关于道德规律的意识,像感官经验一样,是所与的事实。它是事实上的,不能从比它本身更根本的什么东西演绎出来[1732]。但是按照它为所与的来说,它能使我们推论出它的先验的种种条件。这并不是说,我们直接意识到它为所与的就保证它的有效性。它的有效性的性质,只在从而显示出它的必然的种种含义之过程中成立。通常的意识是假定感官经验的各种对象为绝对实在的;而在成立这种经验的先验条件过程中发现它们只是现象的。悟性的纯粹原理,这样就作为只显示出表现的所与的经验之条件而得到客观有效性。通常的意识同样地从道德规律的绝对有效性这一假定出发,但是在这种情况下,审查起来,就发现关于这规律的意识,其所以然之理,甚至作为一种可能性,只有假定它是由于一个本体的存在者的自主活动而来,才能说明的。它凭它的存在,证明唯有靠它们而说明其所以然之理的那些条件。它的存在本身,便足以证明它的有效性,在比悟性的各原理更为深刻更为真实的意义上,是客观的。自由的意念,因而纯粹理性一切相联系的理念,作为道德意识的条件而获得本体的实在性,而这本体的实在性不能作为虚幻的,甚或作为现象的来解释的。关于道德规律的意识既是这样有其本体上的根据,它具有一种有效性,在现象界中没有什么东西可与之比拟的。它是本体的实在性直接向着人心揭示其自己的唯一形式[1733]。

康德论证的主要关键显然是在于证明道德意识只在这种方式上才能说明,作为一个本体的存在者的自行规定。但是在这里我们不能深入到他的论证的优缺点;我只需叫大家注意到它和上面一节的说法相冲突之处。上节所说乃是,先验的自由之可能性是一个完全思辩的问题,实践理性与之无涉的。自由的实在性作为本体的活动之一种形式来看,是康德的道德形而上学之基本事实。因为我们关于道德规律的意识是自由的被承认为有之理由(ratio cognoscendi),而先验自由却是道德规律的何以有的理由(ratio essendi)[1734]。

"先验自由也是以这个[实践理性的]机能成立的;自由,即在其是思辩理性所要求于它的绝对意义上,在其使用因果作用的概念,为要当它在因果的链条中试图思维那无条件的时候,逃避它不得不陷入的二律背反……自由是思辩理性的一切理念中我们先验地知道其可能性的唯一之理念(然而并不理解它),因为它是我们所知道的道德规律的条件。”[1735]“[自由]是纯粹理性一切理念之中的唯一的理念,其对象是事实上的东西,并且是算在所知道的东西(scibilia)之列的。”[1736]“可见很值得注意的是,上帝存在、意志自由和灵魂不灭,这三个纯粹理性的理念之中,只有自由这理念是超感性的概念,是(借助于在它里面所思维的因果作用)证明它在自然中的客观实在性,而其方法是靠它在自然中所能产生的结果的;而这样就使其他两个理念都能与自然有联系之可能,而且使三个一起彼此间之联系有可能因而形成一种宗教……自由这概念(作为一切无条件的实践规律的基本概念)能把理性扩充到一切自然(理论)的概念所必须不得不为其限制的限界以外。”[1737]

可见对康德来说,自由是一种可证明的事实,而在这方面是不同于上帝存在与灵魂不灭的理念的,因后者不过是盖然性的概念,只能作为《实践的信仰》的条款而预先认定的。

这就提到最后的问题,康德根据什么把有效性归于上帝存在与灵魂不灭这两个理念。康德在其论证中这点上就引用至善(Summum Bonum)这一个概念。理性在规定道德规律时,就规定至善,就是说,与道德所配得的成比例的幸福,作为人们一切行动的最后而完整的鹄的。由于人们的各种机能的种种限制,我们想象这最高目的之完全到达,只能假定有一来生以使完全配得幸福的品质可以达到,而又假定有一万能的神圣存在者来按各人的善恶分配其幸福。

“以自然全体及其与世界中道德之关系,从属彼之意志,故此神必为全能;以彼可知吾人内部最深远之情绪及其道德的价值,故必为全知;以彼可立即满足最高善所要求之一切要求,故必遍在;以此种自然与自由之和谐,永不失错,故必永恒;等等。”[1738]

道德的理想这样就提供一种根据[1739],让我们把宇宙看为按照道德的意图而有系统地安排好的，并且提供一条原理，使我们能够推论到宇宙的最高原因的性质与各种属性。在道德的各种根据上，我们构成一种真正的神学来替代那物理的神学所只能成立的一种魔鬼学。

然而这样得来的各概念都是拟人的。就是只为这个缘故，也不能承认它有什么思辨的价值。关于上帝这个理念，这是尤其明显的。由于我们不能理解道德的功过怎样能决定幸福，我们就想象两者是通过一位最高法官与统治者的干涉而以外力结合起来的，如康德所指出[1740]，我们必不可肯定那是代表现实的情况。他自己像是倾向于一种关于宇宙更神秘的解释，把幸福对于品德的关系想象为根据一种超感性的但是必然的秩序，这种秩序固然可以用有神论的信条不充分的符号予以在心中的描画，但是其真正性质是超出人们悟性各种能力之外的。上帝存在和灵魂不灭这两个理念，以其是为着明确道德的观点所必需，它们对于一切道德的存在者确是有其有效性的；但是如果本身发展为思辨的教义，它们所获得的公式形成之明确性是它们的道德作用所不需要的，而且即使在它们合法的使用上也招致人们的怀疑的。

这些考虑，又指出康德的另一种理由，何以称至善，即上帝存在与灵魂不灭，为信仰的理念。虽然它们可以证明为我们所处的道德境况之预先假定，但是这种证明的本身是以承认道德意识为具有一种超感性的制裁为其基础的；而那又决定于道德境况一些特色，是不能从更高秩序的考虑而演绎出来的。

“在信仰问题上的信念是纯粹实践观点上的信念，即道德信仰上的信念，对于理论的、纯粹的、理性的知识并不证明什么，而所证明的只是为着实践的而指导实践上职责的完成的；它并不扩大思辨……如果一切道德规律的最高原理是一种公准，是则它的最高对象之可能性……是因而和它一起作为公准认定的[1741]。因而吾人在实践的理性具有权利指导吾人之限度内，吾人之视某种行为为义务所在，不可不行，非以其为神之命令之故，乃因吾人对此等行为，内感其为义务，始以之为神之命令耳……故道德的神学，仅有内在的使用。此种神学由其指示吾人如何适应于目的之全部体系，乃规戒吾人力避因欲直接自最高存在者之理念觅取指导，而废弃吾人一生在正当行为中所有道德上立法的理性之指导等等之狂热（且实非虔诚事神之道），使吾人能在现世中尽其责分。盖直接欲自最高存在者之理念觅取指导，乃以道德的神学为超经验的使用；此与纯粹思辨之超经验的使用相同，必使理念之终极目的颠倒错乱而挫折之也。”[1742]

第三节　意见、知识及信仰[1743]

康德首先把确信（Ueberzeugung）和说服（Ueberredung）区别开来。有客观的根据，因而对一切有理性的存在者都是有效的判断，是以确信而肯定的。如果其肯定只是由于主体性格的特殊，其肯定的方式可称为说服，所以说服“只是幻象”[1744]。确信以三种等级而存在，即意见、信念和知识。持有意见时，我们意识到判断的根据是不充足的，并且我们的确信主观上是不完全的。具有信念时，主观的确信是完全、但承认其客观的正当理由还有缺陷的。知识的客观根据与其主观的确信是一样完全的。

康德在指出纯粹理性的判断中不容有意见之后[1745]，便进一步发展实用的或者说教义的信念和道德的信念两者之间的区别。当一种信念是偶性的（就是说，其肯定是带有这种意识，在知识更充分时，它可能成为错误的），然而还是提供一种根据，来使用手段以达到所期望的目的，它就可称为实用的信念。这种信念有等级的不同，而可用担保或宣誓来考验的[1746]。所称为教义的信念，在性格上是与这相类似，而康德在多少是令人误解的方式上，理解它是描述我们接受上帝存在和灵魂不灭这一类教义的方式[1747]。人们采取这些教义，是作为有帮助来达到一种偶性的，却是更重要的目的，就是在自然的系统中发现秩序。关于理念的性质这个说明，是和康德早年把理念看为只是制约性的这种见解是一致的。把这和他屡次使用“道德的情感”(moralische Gesinnungen)这名词联系在一起来看，其倾向是证明本节的写成是属于早期的。

道德的信念之目的，即至善，是绝对必需的，而我们设想它的能达到既然只有一种条件，就是假定上帝的存在和有来生，于是对于上帝和永生的信念就和道德的情感具有同样的确定性。

“有神及另一世界之信仰，与我之道德情绪，叁伍交织，故决无能自我夺去信仰之恐惧，正与我无丝毫理由惧有失去道德情绪相同。”[1748]

如我刚才所提出，这样以道德的信念奠基于主观的情感，而这种情感，像康德前后很不一致地进而提出那样，在某些人之中可能是缺乏的，这就标志着本节是属于早期的。但是在结束本节时，为要答复这种反对的意见，认为这样把信仰的条款追溯到人们在道德中的“自然利害”，哲学是承认它的无能超过通常的悟性的，康德就提出他的一种持久的确信，即在一切人，毫无差别，都是关心的那些事情上，自然在其分配天性的禀赋中，是大公无私的，而关于人性的主要目的上，最高明的哲学也不能超过人类共通的悟性所显示的[1749]。康德一直对于他的父母的追念和对于他们那样自然遵守的宗教所怀抱的尊敬，必然是使他倾向于承认灵性生活的源远流长的。可是康德联系到这点，曾记载着他还要大大归功于卢梭的学说之怀念。

“我的天性是要研究的。对于知识，我感觉一种迫切的渴想，不可遏止地热烈要求不断前进，而以新的发现为愉快。曾经有过一个时候，我相信这就是使人类生命有其真正的尊严，而轻看一无所知的庸夫俗子，卢梭把我纠正过来了。我所想象的优越地位烟消云散了。我学会尊重人，我应该看自己为远不如平凡劳动者那样有用，如果我不能相信我的哲学将会把人类共有的权利归还给一切的人。”[1750]

天上星辰的崇高，道德规律的命令，对于人的生命总是有其长存的影响。这一些都无待于科学与哲学事前的教导而就可理解的。肉眼都能瞻仰天空；凡有血气莫不直接觉知到道德的命令[1751]。这一切都有其普遍的感召力，实是人类生存的本质。哲学可能抵消防止这一切运用其本来影响的障碍；但哲学不能替代唯有这一切才能产生的灵感。

第三章　纯粹理性之建筑术[1752]

阿的凯斯[1753]很正确地说，“这是康德自己心爱的一节，在这节里面不期而遇到的一个机会是他常常在别处得要自造出来以满足其爱好的一种兴趣的”。本节的科学重要性很少，其主要的兴趣是它能使人们更清楚地明了康德的个性。再则，康德在这里所做出的种种区别都不是他独出心裁而是假借于沃尔夫的体系的。

这些区别可表列如下[1754]。

康德又区别开哲学这词的“学究式”的意义和“普遍的”或者说传统的意义[1755]。以前一意义而言，哲学是从它的逻辑完整性这观点来看，而哲学家则是以理性的艺术家身份出现的[1756]。哲学更广与更高的意义乃是“一切知识对于人类理性种种主要目的的关系之科学”[1757]。那时，哲学家就以人类理性的立法者身份出现。人类理性主要目的之中，其最终的目的是人的道德归宿；人类理性其他主要目的都是服从这个目的的手段。因为虽然人类理性的立法既关于自由，却也关于自然，因而既为道德哲学即应该怎样的那种哲学所处理，却也为自然的哲学，即一切实然是怎样的那种哲学所处理，而后者之服从于前者，其程度是有如在人

知 识 表

<table>
<tr><td colspan="2">历史的或经验的(cognitio ex datis)</td><td colspan="8">理 性 的(cognitio ex principüs)</td></tr>
<tr><td rowspan="7">经验的生理学</td><td rowspan="7">经验的人类学</td><td rowspan="7">数学的,以概念的构造为根据的</td><td colspan="7">哲学的[1](以纯粹概念为根据的)——最广义的形而上学</td></tr>
<tr><td rowspan="6">初步批判</td><td colspan="6">纯粹理性的体系,实践的与思辨的:形而上学在其较广的意义上</td></tr>
<tr><td rowspan="5">道德的形而上学,即一切应然的形而上学</td><td colspan="5">关于自然的即关于一切存在的形而上学(在更限制的意义上)[2]</td></tr>
<tr><td rowspan="4">纯粹理性的先验哲学:本体论[3]</td><td colspan="4">纯粹理性的生理学</td></tr>
<tr><td colspan="2">内 在 的</td><td colspan="2">超 越 的</td></tr>
<tr><td rowspan="2">理性的物理学</td><td rowspan="2">理性的心理学</td><td>宇宙论</td><td>神 学</td></tr>
<tr><td colspan="2">形而上学在其最限制的意义上</td></tr>
</table>

①当康德在 A840 即 B868 把哲学理解为包括经验的知识时,他在精神上虽然不是,在表面上是和自己前面的说法相矛盾的。在他所著的《逻辑导论》一书中(Hartenstein,Ⅷ.第 22 页;Abbott 英译本第 12 页),经验的是同一于历史的。

②Fortschritte,Werke(Hartenstein),Ⅷ.第 554 页。

③同上引书,第 520 页。

类生命中知识之服从道德的行动。思辩的形而上学，与其说是扩大知识，毋宁说是防御错误[1758]，而“人类理性的一切文化(Kultur)”[1759]的不可或缺的终极是在于道德的形而上学。

经验的心理学是不属于形而上学的范围的。它是注定要成为人类学，即自然的经验学说的附属品之一部分[1760]。

第四章 纯粹理性之历史[1761]

这个标题，如康德所说，只插进来以标志本章在纯粹理性的完整体系中的地位。康德在这里所企图做出的唯一很草率的大纲不过重复《批判》一书所曾用过的种种主要历史的区别。伊壁鸠鲁的感觉论和柏拉图的理智论之对立已曾在 A465 起即 B493 起上面发展过[1762]。洛克与莱布尼茨的对立是在 A43 起即 B60 起和 A270 起即 B326 起上面讨论的。所谓“纯粹理性的自然主义者”，康德是用来指以卑亚特耶(Beattie)为主要代表的“常识派”而言的[1763]。在其《逻辑》一书中[1764]，康德作了他对于哲学史更详尽的阐述。

附录乙 详述康德与其哲学诸前辈的关系[1765]

在康德之前，哲学的发展曾使两个问题成为特别突出的——感官知觉问题和判断问题。一个问题提出知道的人和所知的对象两者的相互关系；其他一个问题讨论判断各种形式中主体和述项之间的联系。一个问题研究如何可以知道实在；其他一个问题企图确定真理的标准。如康德所发现，这两个问题是彼此不可分开的；而两者中，逻辑的问题是更基本的。其实使康德能够拟出他对于知觉的问题之批判解决乃是休谟对于包含在因果原理之中的判断之分析。我在这附录中，准备按其在笛卡儿与其继承者的各种体系中所出现的程序来考虑这些问题。

伽利略关于运动的性质的革命性的学说，乃是笛卡儿重述知觉问题的直接机缘。伽利略的学说使人们不得不有对于物质的性质一种完全崭新的见解，结果对于身心的相互关系也不得不有完全崭新的见解。人们一向绝不严肃地对待的问题现在都成为迫切的问题了，其解决也得要如所要应付的局面一样地新鲜。

这些新问题是这样发生的。按照中世纪的见解，运动可正当地设想为类似于人的活动的。它的发生，在运用中的消耗，随之而消灭；它的活动是顷刻即逝的。只有运动的“质料的”与“形式的”条件是永存的。依伽利略的学说来讲则不是这样。运动之不同于人的活动，有如物质之不同于心。运动是不生不灭的。我们知道它只是通过它在它所进入的种种物体中，以某种不可思议的方式，所产生的结果，即那些物体从空间一部分到另一部分的移动。这种移动性的运动与产生它的力有同样的名称，无疑在某种程度上,说明我们对于其中之一的理解,就趋向于对于其他的无知完全掩蔽起来这一事实[1766]。然而只要我们一反思便可体会到运动在其固有的力学性质上是完全不可思议的。例如,我们不能认为,甚至在最低的程度上,运动虽然不能离开物质而存在,可是仍然足够独立而使之可以从一个物体过渡到另一物体。

笛卡儿贯彻这新学说的某些主要后果而得出结论说,物质是被动的,不能自力运动的,它和它所充塞的空间,在其积极与消极的属性上,都是无异无别的,并且有生无生的自然之关节相连的一切组织都是由于运动所致的。其实笛卡儿未能体会到运动的力学性格,而不断地把它说成好像都可归结为它所表现的移动式的运动,他就已经把它描写在所知道的一切主要的特征上面了。可是从前归之于物质与运动的任务在笛卡儿的体系实在也完全颠倒过来了。物质从属于运动正如工具之从属于指导和形成它的作用。根据旧的见解,物体由于具有形成与生机的种种力量是有各种的原有能力的。按新的见解,这一些复杂而无法形容的形形色色都可分解为两种要素,其一切属性都可以量来说明的——一是物质,始终如一,性质一律的;一是运动,它唯一的结果就是物体在空间中的移动。物质是被动的不能自力运动的实体,而运动以只是它的机械能力,就可从而产生所有一切的物质形式。

这个在物理观点上的革命性变动包含有哲学种种问题的重述。但所产生的各种困难是极其叫人不易应付的。虽然笛卡儿和他的后辈愿意采取事实所要求的任何无论怎样都说不通的假说,他们的理论,经过修改与重述,还只越来越远地走入一条死胡同。笛卡儿派各种体系的未解决之种种问题就形成康德继承的令人气馁的遗产。如果物质总是纯然物质的,而运动是它的唯一组织能力,那么身与心之间就不能有什么实在的关连。再不能相信在经院哲学中和在一般人的思想中,用以维系物质与心灵之间连续的表现的,那些形成与有生机的力量。唯一剩下来作为两对立物之间的媒介的是运动，而(按笛卡儿的见解)它是纯然机械的，完全缺乏内部隐藏的能力的。动物的身体纯粹是物质的，因而不能有情感或意识，像任何人手所造的机器一样的，身体的五官不是“有感觉的”；大脑是不能思维的。心理的经验当然伴随着大脑运动。但是何以有一种特殊的运动在脑中产生，就这样发生一种感觉，何以一种脑的状态之后能够有一种心中的决定，是不能得到令人满意回答的一些问题。心理的和物质的，精神的和机械的，完全脱节了。

可是，从身心因果相互关系这种不可理解性而发生的种种困难，其本身并不是什么有效的论证足以反对实在的东西之二元论解释的。即使在同类的存在之间的相互作用，要说明其因果关系，种种困难是一样大的。困难是由于因果作用本身的性质，不是由于有因果关系的物体的性格怎样。其实这是笛卡儿明白承认而又是他的第一代继承人所坚持的。运动由碰撞而转移是和灵魂与身体的相互作用同样不可理解的。如果运动只能存在于物质的话，那就无法来想象它如何能从物质的一个分离部分过渡到另一部分。这样因果作用就是没有哲学能妄想来解答的一个问题，而又是任何哲学，无论是一元论的或二元论的，所必须承认为超出我们现有知识的范围以外的。

笛卡儿的二元论第一次显出它的致命缺点，乃是在另一种而更特别的形式上，就是它对于感官知觉问题的关系上。笛卡儿能够解决知识的问题，只是首先就认定了代表性的知觉这学说。那学说是身心二元论使之不得不然的。人们能知道对象只有间接地借助于对象对于感官的作用，并且通过感官对于大脑的作用。所产生的大脑状态本身只是运动的形式。然而这些运动的形式导致感觉在心理范围中的表现，其方式是笛卡儿从未宣布说要解释的[1767]。然后心灵便以这些感觉构成远离对象的心理影像；而所直接了解的就只是这些心理影像而已。物体是看不见、摸不着的，只通过它们心理的复本才可为人知道。可见，按照代表性的知觉这种学说,每一个心都是自成一个孤立的世界的。它朝外瞻望的山水是和它的感情愿望一样是属于心理,一样真实地属于心内的。通过心理对象和实在事物之间的区别,知道的心和所知的对象,表面上最终的关系就变为复杂的盖然性的了。心理的对象无论在什么情况下总是影像而已。它们只有被了解时才有其存在的;在每一个个别的心中,数目上和存在上都是各别不同的。实在事物是不能直接知觉到的;它们是假设上推论出来的。以平凡的意识而言,作用于感官的物体是所知的对象;当反思的意识有了哲学的开导时,就承认直接所知的对象只是一个心理的影像,而外界的对象就贬为一种假定的原因了。

这种学说的似非而实是的性格为伽利略第一性与第二性的质这种区别所加强[1768]。称为光与热的那些物理过程,和通过它们才被知道的种种感觉,毫无相似之处。平凡意识五花八门的世界是一种虚幻的表现,只能在人心中存在的。我们必须把虽然纯是心理的而通过一种不可避免的幻象却表现为在外界是实在的感性世界,从只对于反思的思维才显示其独立性质的很不同的物质与运动的世界区别开来。在后一个世界中,感性表现的丰富多样性是找不到其地位的。剩下来的只是延扩、形状和运动的一些量的、机械的属性;并且就是这一切,也得要按物理科学革命性的方式来加以解释。

然而代表性知觉的学说不能胜利地维护其这样包含着的各种立场,它在不稳定的平衡中摇摆着。它所根据的物理和生理的各种事实是和它产生的结论相冲突的。这已经为近代许多作家所很清楚地证明了[1769]。这冲突在笛卡儿和康德之间一个时期,只通过洛克与贝克莱的不安的询问表现出来。虽然问题是基本的,而几乎完全为斯宾诺莎、莱布尼茨与沃尔夫所忽视。

用现代的话语来说,这学说内在的矛盾性格是在于它不可避免的摇摆,时而是它来源所自的实在论态度,时而又是它产生的观念论结论。这种摇摆是由于这学说看观念对于它所代表的对象同时有两种的关系。感觉的功用是属于认识的;而其根源是机械的。从认识方面说,感觉对于其对象是包含的关系;它们显示对象,在心的面前以影像来重复对象。然而以其根源来讲,它们是结果,机械地为物体对于感官与大脑的作用所产生的。它们既是机械产生的结果,没有什么来保证它们是和它们的原因相似的;并且如果我们可以从机械的因果作用其他种种形式来论证的话,其相似的可能性是微乎其微的。它们对于第一个原因的关系是排斥的关系,因为两者之间有着许多各样的中间过程把它们分开。可见感觉的功用与其根源是有冲突的。人们认为它们是来自外界的对象,因之就使它们有一种代表性的能力;可是这种根源的性质是这样的权利成为无效的。

贝克莱抓住了这学说的主观论后果和它的实在论的根据两者之不调和性。为要除去其矛盾,他就否认这学说从而发展出来的种种事实。就是说,他从结果出发而推翻其前提。从知觉的各种物理和生理的条件来论证,笛卡儿曾得出结论说,人的心只能直接领悟感觉。贝克莱从这个结论出发,事实上采取它作为不可置疑、无须证明的一种假定。他坚持的是,既然我们知道的只是感觉,说感觉来自物质的原因不过是一种假说,而且是可能没有什么有效的根据的一种假说。正如笛卡儿自己曾提出过,要解释有关的种种事实,还可能有第二个方法。可能有一位全能的存在者,时刻在我们心里产生着感觉;假使感觉产生的秩序是和现在一样,整个物质世界可能消灭,而我们毫不觉知曾发生过这么重大的一件事。既然我们能经验到的只是感觉,任何可以说明其发生的程序的假说都是同样正当的。整个问题变成所提出的解释之相对简单性问题。如果其他条件是一样的话,比较简单的分析是占优势的。

贝克莱指出笛卡儿的二元论必然导致的许多麻烦的后果以加强上述的论证。我们事先认定有物体以便说明感觉的根源,然而又不能用物体来说明。二元论的理论所造成的困难比其解决的困难还多，而毫无一点反面的好处，除非——贝克莱这样论证着——要说这理论似乎更好地和哲学意识的传统偏见得到和谐。

如果我们同意贝克莱的前提，他的论证之主要路线是相当有力的，姑无论他自己的正面见解是如何缺乏说服力。但是贝克莱的观念论的关键几乎完全是在于成立其基本的假定，就是认为心灵只能知道观念（即影像）。这假定是贝克莱几乎不加以论证就从他的前辈承受过来的。这假定是当时普遍承认的，因之他相信从这出发来论证是安全的。然而这假定所根据的事实是他自己所怀疑的。拒绝笛卡儿的二元论，就等于抛弃他唯一可用来上升到他的立场的梯子。因为除了用物理和生理的事实之外，就好像别无他法可推翻平凡意识的信念，认为在知觉中我们是了解独立的物体的。而在证明那信念是假的毫无根据之先，贝克莱的观念论是没有支持的。它不能成立它的整个论证赖以进行的基本假定。这样一来，虽然贝克莱具有说服力地证明代表性知觉这学说的内部之不连贯——其结论与其唯一能作为基础的物理和生理事实之不能一致——而他自己却不能解决那学说提出来的所要答复的问题。他的贡献，像许许多多其他革新家的贡献一样，是他自己所未能预见的。他把问题简单化，就是为休谟用更怀疑的态度来处理其种种困难的争端开辟了道路。

在这点上，在休谟的哲学中，知觉的问题就和上面提到的逻辑问题取得了尽其可能的紧密联系。有知的心如何对于所知的对象发生关系这问题，发现是以在某些关键的情况下，一些述项如何可以合法地联系到其主体这问题为转移的。这个逻辑的问题以两种形式而发生，一种较狭的形式，一种较宽的形式。其较狭者只有关于因果作用原理。我们有什么权利来肯定凡事必有其原因呢？使我们有正当理由以一种因果作用的性格来陈述事件的是什么根据？这个逻辑的问题显然是基本的，必须答复后，才有希望解决那更特别的问题，关于我们把感觉解释为物体的结果之权利的。休谟是第一个强调研究的这两条路线之不得不相互联系的人。

上述较宽的问题是产生康德《批判》一书的问题:在一个判断中,如何可以以不是已经包含在主体中的一个述项来肯定这主体?换言之,在这种情况下,使我们有正当理由来把述项和主体联系起来的究竟是什么?虽然在康德前的思想家,甚至休谟,从来没有一人直接提出过这个问题,而这问题对于所有康德前的体系是绝对不可少的。例如笛卡儿的哲学所根据的,是没有明白指出而到处默认的、在死板的观念和丰饶的观念之间的区别。前者恰恰只含有这么多的内容,再多就没有的;这内容可以明白地表露为一连串的判断,但并不因之而增加我们的知识。后者则不同。丰饶的观念具有非常自内生长的能力。它们对于留心的人显露出其潜藏意义不可思议的多样性。据笛卡儿来说,科学方法主要的问题就在于发现这些丰饶的观念,而且在于把它们从妨碍其揭露潜在内容的不相干的伴随物分离开来,一经发现这些观念,则知识的不断前进便可保证的。它们是知识的本源,我们只须从此而顺流到达真理广阔的江河。

笛卡儿声明要举出一切可能的丰饶观念。他认定这些观念是比任何其他概念都更为人所熟悉的。它们是在一切经验的基础上,没有人可能对它们一无所知的;虽然由于它们的简单而又是无所不在,它们的哲学重要性就为人所忽略了。但是当笛卡儿把它们进行分类时,他发现一方面这样的观念如空间、三角形、数、运动,具有无穷尽的内容,在数学的科学中不断地被揭发;而另一方面,我们通过它们来想象心理存在的那些观念,——心、思想、自我等意念——在留心去研究起来,并不证明为丰产的。如马勒伯朗士后来所主张,我们只能用消极的名词来下心的定义;它的整个意义是通过它和空间世界的对立而确定的,而只有空间世界是真正为人所知道的。虽然心之功用是在于知,然而它不能自知。而当我们把实在不是丰饶的观念从全数除去时,余剩下来的只是数学的概念了[1770]。唯有它们才好像具有这种在心的面前无穷地发展的不可思议的属性的。科学知识是限于物质世界的;而甚至在那里,我们数学识见的限制就是我们知识的限制。

关于数学概念所肯定的能力与丰饶性,马勒伯朗士是和笛卡儿一样彻底相信的。在这种信念的影响下,马勒伯朗士,像许多从柏拉图以来的其他思想家一样,关于科学知识发展了一种高度神秘性的理论。它是永恒真理的启示,然而又是靠内心反思才获得,并非由外界的观察辛辛苦苦地树立起来的。它是从搜查内心而来,不是从探索外面的世界而获得的。但是马勒伯朗士像笛卡儿一样,不满足于只承认这一类型的知识。他进而用形而上学的话语来说明它们,他认定数学观念的丰饶性是由于它们共有的延扩性这基本概念。这个观念像它实际上那样,代表一个无穷的存在,是太大了,不能包容在有限的心里面的。通过它,心就扩张到了解它以外的东西;我们是通过意识到它在上帝心里的原型而知道它的。它是意识超出其主观的限制之唯一的一点,它的丰饶性是由于这个神圣的本源而又是这本源的表现。我们何以判定一直不知道量以外的一切,其理由就是只有延扩性是占有这独特地位的。它是心所具有的唯一丰饶的观念,而其他概念,如三角形、圆、数之类,只按其参与在这观念之内的程度而是丰饶的。甚至关于自我的性质,我们也不能获得真正的知识。既然对于心一无所知,我们就不能理解自我,因自我是心的各种样式之一。这是像全无空间的想象而企图理解三角形的性质一样的。假使我们具有心的原型观念,我们就会不但能够从而推论出我们已经经验到的那些各种各样的感情与情绪,和我们错误地归之于外界对象的作用的关于第二性的种种质之感觉,而且还应该能够靠纯粹的沉思,发现完全超出我们现有能力以外的无数其他情绪与质。而且那时,这一切都在其理想的性质上被经验到,而不是像现在那样只通过微弱而混乱的感情。如果数学家们由于潜心于空间种种秘密之不断澄清而毁灭其身体的健康，那么假使心的原型观念向我们启示，又会如何呢？我们能够留心于身体的保存，而身体是怎样不断使我们在关于我们神圣的归宿那些无穷尽而压倒一切的经验，分散其注意力的呢？

这种关于理性的科学的种种可能性之浪漫想象，比任何其他笛卡儿学说都更清楚地显示出在笛卡儿派各体系基础上的理性论成见之实在关系和颠倒黑白的性格。笛卡儿流派的人们，乐于建立理性的科学，它是根据与数学各部门的类比而设想的，与实在的整个王国共外延。这个奇怪的企图，甚至那么谨慎的思想家如洛克，都想象为在抽象上有其可能的。他判定物理的各门科学为逻辑上欠妥善的，其理由就是这些科学不能符合于这个理性论的理想，因之在感觉论者洛克的口中，那些词句听来是多么奇怪。

“惟有关于我们抽象观念的沉思才能提供我们一般性的知识。”[1771]“推进知识的真正方法是靠考虑我们的抽象观念。”[1772]“假使我们知道黄金的实质，则只要知道有黄金的存在，就像知道有三角形存在于任何质料上，即知道其一切属性那样，而无须做黄金的实验来寻找其属性了：我们心中的观念，在黄金所起的作用，就会像在三角形所起的作用一样的。”[1773]“关于物体的知识，我们必须满足于从特殊的实验中拾点落穗，因为我们不能从它们实质的发现而一次抓住整捆的谷物，并且把全个种类一起成捆带束地掌握其性质与属性。”[1774]

这样洛克关于知识的经验学说是以实在的一种理性论为其基础的。他认为以经验的归纳法为自然科学中发明的唯一可行的方式，不是实在的东西之构造，而是事实上我们人类各种机能的种种限制。其实，对于神秘式想象的数学方法，洛克的说法比笛卡儿的说法为更甚。由于不懂数学，而甚至在物理科学各部门中见闻又不太广博，洛克并不因精密地认识到这方法的实在性格与其必然的限度而得到抑制;因之他就以那种无条件的方式来做出种种的论述,难免暴露出作者所阐述的各种见解,是他没有亲自研究过有关的事实而自行发展出来的。

虽然数学知识的独特性格,使所有笛卡儿派思想家不得不加以注意,并且如上所说,使甚至笛卡儿的继承者中最稳健的,也做过离奇怪诞的梦想,然而(除在莱布尼茨为人忽略的著述中之外)没有做过什么真正的尝试,来以冷静的态度审查其可能性的根据与条件。在英国的学派中,洛克对于抽象观念的颂扬,结果只驱使他第一代的继承者到其相反的极端。贝克莱与休谟同样企图,以一种不可能的方式,把绝无疑问使数学的判断根本上从经验的判断分辨开来的那些基本差别,巧辩过去[1775]。所以对于休谟的《人性论》一书没有直接认识的康德,竟然肯定说,如果休谟早已体会到他的主要学说对于数学科学理论的关系,就会很踌躇才做出他怀疑的结论,这并不足为奇的。然而实际并不如此。休谟数学推理的理论无疑是他的哲学最令人不满的一部分。可是他是看到他的中心学说的一般关系。在很高的程度上,是他对于数学各部门的无知使他看不见他的一般立场之完全令人不满,而使他没有把逻辑的问题在其充分发挥上以公式形成起来——就是这个问题,增加我们原有的知识然而又不仅以感觉为基础的判断,如何有其可能的。他只就其在包含有因果作用的概念那些判断中出现而处理它[1776]。但是因果作用的判断的这种分析就使康德从他的独断梦寐中醒悟过来,而终之使他提出那在其最广泛的形式上的逻辑问题:综合先验的判断,不管是数学的、物理学的,或者形而上学的,是如何有其可能的。

休谟讨论因果问题,是在其因果作用一般原理和对于我们关于因果关系的特殊判断的关系这两方面。在这两种讨论所涉及的问题本质上是不同的。第一个问题包含有大大地更广泛的争论,而按当时存在的情况可能判断的来看[1777]，对于康德在其思辨的转折点上起着这么深刻作用的，就是这第一种的讨论，而不是像康德的许多注释家所常常假定的那第二种而比较有限制的问题。谈到这时，最好是拿休谟自己的话来讲。

"首先是关于必须有一种原因这第一个问题：哲学的一般准则就是，凡开始存在的必有其存在的原因。通常这是一切推论中所认为当然，没有什么证明，也不需证明的。人们认为这是以直觉为基础，是要作为准则之一。那些准则可能有人口头上予以否认，然而从心里说，是不可能在实际上加以怀疑的。但是如果我们用上面解释的知识之观念来考查这一条准则，我们在它里面找不出什么直觉的确定性的标志；而与此相反，我们所发现的，是它属于和那种确信很不同类的性质。"[1778]

凡事件必有一种原因这条原理，既不是直觉上确定，也不是证明为确定的。在一件作为发生于时间之内的事情之观念和一种原因的观念之间，远不是存在着一种必然的联系，而反之，我们并找不出任何联系。我们尽可能想象到在这瞬息间一个对象不存在，而在下一瞬息间是存在的，无须把它和一个产生的根源那个完全不相同的观念结合起来。

少数的哲学家曾企图为这原理做出证明的都默认这点的。然而这样做时，他们只加强休谟的主张，认为这条原理不具有什么理性上的根据的。当霍布斯论证说，时间和地点上，一切能认为一个对象开始存在的各点，在其本身都是一样的，所以必须有某种原因来决定一件事情发生于一个瞬息，而不发生于另一瞬息，在这论证中，他是假定了他声明要证明的那条原理的。认定时间与地点是固定而并没有什么原因的，不比认定存在是要为原因所决定的困难些。如果在一种情况下否认一种原因不是直觉上悖理的，不能在其他一种情况下这就是悖理的。如果第一种情况需要证明，那么第二种也同样必须要有证明。洛克与克拉克所提出的论证亦复如是。洛克论证说，如果任何事物没有原因而产生，它便是从无而生的，而那是不可能的。因为无绝不能是一种原因，正如它不能是某一东西，或者等于两直角。克拉克主张，如果有什么是没有原因的东西，它便是自生的，就是说，在它存在之先便已存在的，这种主张也是属于同一性格的。这些论证假定了争辩的唯一论点。

"当我们排除所有原因时，实际上并未排除它们，并且没有认为无是存在的原因，也没有认为对象自身是其存在的原因，因而不能从这些假定之悖理而得到论证说，那种排除是悖理。"[1779]

剩下来的论证说，凡结果必须有一种原因，因为结果的观念本身是含有这个意思的，这是"更为开玩笑的"了。

"凡结果必然先行假定一个原因；结果既是一个相对的名词，而原因是与之相对的。但是这并不证明凡是有的东西必有一个原因在它之先；正如因为凡丈夫必有一个妻子，所以就说凡男人都是结了婚的一样。"[1780]

说因果作用这条原理毫无理性上可能的根据，这个影响大的结论，休谟用他其他的学说来推广并巩固了，那些学说，就是综合的推理[1781]，只是概括的信念，而在一切情况下信念都是来自事实上构成我们人类本性的终极的本能与倾向。在我们经验的基础上的各种综合的原理，在性格而言，都是非理性的。每一条这种原理都是由于一种"盲目而大力的本能"，毋须什么证明，为着实践的方便而不顾理论的前后矛盾，需要信念的。

"自然以一种绝对而不可控制的必然性决定了我们要判断，如同要呼吸与感觉一样。"[1782]"这一切的动作是一种自然的本能，非推理或思维与悟性的过程所能产生或遏止的。"[1783]

理性"无非是我们灵魂中的一种奇妙而不可理解的本能"[1784]。它以实践上的各种用途为自己的辩解，但不能提供什么客观实在性所必须依照的标准。

休谟是从这个观点陈述其对于知觉问题的答案的。我们对于对象的永恒性和同一性,如通过实体与属性这条原理所表达的自然信念,使我们解释感官知觉的对象为独立的实在。我们解释我们主观的感觉为独立实体的质。然而我们对于事件的力学上的相互依赖,如通过因果作用的原理所表达的另一种自然信念,就使我们得出与之相反的结论,认为所知的对象都只是心理的。我们为它所驱使,把感觉解释为不是客观的种种质,而是表达我们心理物理组织的反作用的主观结果。笛卡儿哲学的问题,其根源是由于错误的企图,要以一种理论的方式来调和这两条互相冲突的原理。只要把这两条原理看作是客观上有效的,这冲突是不可避免而其二律背反是不能解决的。其唯一令人满意的解决是能通过承认理性不能说明甚至它自己不可避免的要求,除非以实践的目的为其准据。实体与属性的原理和因果作用的原理合作,使实践生活所要求的感官经验之组织有其可能。但是当我们把这组织带到实践生活本身所要求的限度之外,这两条原理便立刻冲突起来了。

康德对于休谟哲学这建设性的部分是不感兴趣的;而且事实上必定是几乎完全不知道它的,因为它在《人类理性研究》一书中只有很不完善的表达,而在卑亚特耶(Beattie)的《真理的性质》一书中是没提到的。因之,康德不把休谟看为对于知识提出有一种积极的解释,而多少是代表彻底怀疑论的观点的。可是,纵然他曾直接知道休谟的《人性论》,他对于休谟的理性功用之自然主义见解,无疑也会表示不大同情的。他的数学科学的修养会使他能看出休谟对于数学知识处理的不充分,而且他的强大的道德确信会使他反抗在休谟整个立场的基础上的自然主义假定。这样一来,贝克莱与休谟的喜剧就倒换了角色而重演。正如贝克莱的反唯物论哲学主要发生影响作为推向休谟的自然主义之一步,而依然还这样残存在约翰·穆勒、斯宾塞尔、赫胥黎、马赫和卡尔·皮尔逊的哲学之中;同样地,休谟关于知识的反形而上学理论又注定要做德国思辨运动的主要有贡献的来源之一。

我们现在可以转到休谟处理那较狭的问题上来——即为我们特殊的因果判断作辩解的问题。休谟对于这个问题的态度是为上述的更基本的论证所先定的。这论证在《人性论》一书中是在这问题提出之前,但是从《人类悟性研究》一书的与之相应各章完全删去的。因果作用一般性原理既然在其性格上是无理性可言的,那么以之为根据的那些特殊判断也是一样。其实休谟关于这个问题的论证许多只是他的前辈所已曾指出的之一种重述。任何原因与结果之间找不出什么必然的联系。关于大脑的状态和心理的经验之联系,这是尤其明显的。不能做出什么解释,何以大脑中一个运动会产生心中的感觉,何以心里一种决定会产生身体上各种运动。这种联系可在经验上证实,它们不能以理性来理解。求兰克斯(Geulincx)、马勒伯朗士、洛克和贝克莱都曾强调过,关于物体之间的因果相互关系,这是同样如此的,虽然方式上不那么明显。一个弹子以撞击而把运动传递给另一弹子这事实,考察起来,是不比心与身的相互作用更可理解的。休谟在下面一段里,不过用他自己哲学的话语来加强这已被承认的事实。

"我们想象,设使我们忽然被带到这世界上来,我们就会立刻推论到,一个弹子会以撞击而把运动传递给另一个弹子,并且想象我们无须等待事件就能确定地断定它。这是习惯的影响,凡是它最强的地方,它不但掩盖着我们自然上的无知,甚至掩蔽着自己,只是因为它是发现在其最高程度而就像是不发生似的。"[1785]

我们在自我之中,也不意识到任何因果性的能力。当贝克莱认定人心有随意产生影像的机能时,实际上他是以创造性的作用归之于人心的。

而像马勒伯朗士所已曾指出，这样的创造甚至是不可想象的。

“我否认我的意志在我里面产生观念，因为既然我的意志不能没有知识而行动或行使其力量，我的意志预设了我的观念，进而不制造我的观念的，因此我甚至不能设想我的意志如何产生在我里面的观念。”[1786] 休谟问道：“在这里，或者在一种精神的实体里，或者在一种物质的实体里，或者在这两种实体里，不可有某一秘藏的机构或各部分的构造，是结果所依赖，而因为完全不为我们所知，就使意志的能力或能成为同样不为人所知而又不为人所理解吗？”[1787]

但是休谟这样重述他的前辈所已曾强调过的种种结论这事实，并不提供我们以正当理由来争执（如某些哲学史家像是倾向于那样做），说在他处理因果问题上，他未能把机会原因论者的学说大大地推进一步。休谟是第一个看出笛卡儿派理性论者对于因果关系的见解本质上之虚伪的人。根据笛卡儿的说法，结果是从其原因的概念以逻辑的必然性推论出的东西。机会原因论者们类似地论证说，因为自然的事件绝不能从一个推论出另一个来，它们就一定在一切情况下都是由超自然的作因而来的；他们同笛卡儿一样都无例外地不能理解到，既然所谓结果，是指在时间上紧接其原因的东西，因而因果作用原理乃是变动的规律，那么因果作用就不能以逻辑的名词来表达的。休谟是第一个人体会到这个基本事实的意义的，而立刻就出现一连串完全新的问题。如果因果的联系不是像从前思想家们所曾相信的，在其性格上是逻辑的；如果它不是指着所谓结果，在逻辑意义上依赖其原因，那么它的真正的涵义就必须在别处了。而等到把这个追溯到其隐藏的根源之先，任何想要解决形而上学种种问题的企图一定是包含有许多虚伪的假定的。对于因果概念的发生与内容的问题所做出的答案，必然决定我们对于感官经验和纯粹思想的解释。

然而这问题，检查起来，呈现一个极其似非而实是的样子。如休谟曾指出，每一个结果都是和它的原因不相同的事件，并且除仅只先后次序之外，在其间绝找不出任何联系。我们观察到的只是先后次序；我们所肯定的是必然的联系。那么，做出后一肯定时，我们心里想到的是什么？而且所必需的联系既不能得之于外界事件的观察，我们是怎样获得它的呢？休谟又一次提出一种自然主义的解答。因果作用，即时间上所必需的先后次序，不是在任何意义上的一种概念；它不是在事件之间理解到的一种关系，而是在我们心中被误解的感情。我们对于一件事如何能产生另一件事，不能形成任何甚至极其模糊的概念。想象和纯粹思维，不管如何自由地运用，都不能创制任何这样的意念。可是自然以其曾构成我们的心灵的那种方式，哄骗我们去相信我们确是具有这个观念的。事件在固定的次序上重复着其先后程序，就在我们里面产生一种心情，倾向于从一个事件的知觉或观念过渡到另一事件的观念，这种为习惯这样产生的心情，而常常以多少是模糊的方式和身体努力中所经验的“身体出力”的心情结合起来，就把心误会为力量、因果作用、必然联系的一种确定的概念。作为只是心情来讲，它不能提供什么对于事件之间所有关系的悟力，而作为只是主观的来讲，不能叫我们有正当理由关于那种关系进行推论。力量、因果作用、时间上需要的先后次序，作为我们本能的自然的期待，是有一种实践上的价值的；但是一经用为理论上解释经验的工具，它们就引我们进入歧途了。

这是基本论点之一，在它上面休谟所显出的思辩眼识是要比马勒伯朗士、求兰克斯、洛克都要深刻的。这三个人虽然主张我们对于事件之间的关系一无所知，然而仍旧假定因果作用和自然的必然性是我们具有一种很可理解的意义的概念；因而他们就不能做出那压倒一切的结论，说因果作用这条一般性的原理既无直觉上的有效性，又不能证明其是有效的。因那正是休谟对于必需的联系这意念的分析所得的革命性结果。因果作用原理是一个综合判断，其中找不出来主体与述项之间的什么联系。这就是何以它既非自明的又不能以更终究的根据来成立的。

如已曾说过，关于因果作用原理更广泛的问题只在《人性论》中才发展的，关于因果作用的概念，则在《人性论》和《人类悟性研究》两书中都曾讨论过。然而必须有其更广泛的问题之体会，才能正确地来看这第二个问题，因为只通过和这更广泛的问题联系在一起，休谟之把因果作用这概念归结为只是本能的、非理性的期待，才获得其充分的意义的。如康德作为第一个人来体会到那样，于是休谟的分析就成为对于一切建设性的思维之客观有效性的一种攻击。不但理性论，而且甚至或者认定其种种结论都是以经验的指示为其基础的那种形而上学，都因而变为完全不可能的了。这个问题是有决定性的，必须老老实实地对待它，形而上学的结论，无论这些结论一定的性格是怎样的，是先验的或者是经验的，然后才能合法地做出来。假使我们不可肯定说一个事件必须有某一原因，那么甚至去研求原因的权利都必须首先加以辩护。而且这么基本的原理，如因果作用原理，还不是自明的，那么什么原理又能自认为自明的呢？

我们关于休谟的论证的说明，至此只包括其反对理性论的立场那一部分，因而就是这么有力把康德转向其批判思辨路线上去的那一部分。但是休谟是以同样的气力来攻击经验论的观点的；而因为他的学说这一方面，事实上本就构成康德自己的哲学之一主要部分，无疑是曾有助于使康德坚定其早期的理性论信念的，所以我们比较详细地讨论它是有好处的。与经验论者相反，休谟论证说，经验是不能为关于事实问题的任何推论作辩解的。它不能作为一种根据，我们从而能够以归纳的方法，把我们关于事实的知识推广到感官和记忆所显示的范围以外。这样来使用的归纳推理必然包含有窃取论点的谬误的；我们假定了我们声明要证明的论点。

休谟用来成立这个重要的论点之论证如下。所有从经验而做出的归纳推理,都是先行假定对于因果联系的信念是有效的。因为如果我们不知道有原因,我们就没有正当理由来肯定一律性的继续。可是已经证明,我们没有经验到所谓原因与结果之间任何必然的关系。经验所能提供的最多不过重复的先后次序。把先后次序看为因果关系,因而把它看为普遍不变的,我们所肯定的,是经验不给以支持,而对于它,不管在记忆中想起的经验重复多少次,都并不增加丝毫的证据,说是因为在经验重复了许多次之中,其先后次序都是不变的,因而这先后次序大概不会变的。这样来论证就是假定过去的恒性是推论到未来的恒性之一种根据;而那恰恰就是要求证明的论点。在做出这结论时,实际上我们是假定事件之间有了一种必然的联系,即绝对永恒的关系。但是,既然没有一单个因果次序的经验提供根据来推论出这次序将来也得继续,那么记忆中无论能想起经验重复多少次,对于加强这推论也不能有什么贡献。甚至谈什么盖然性的可能都是无意义的。太阳过去毫无例外,每天上升,这事实并不构成太阳明天将要上升的证明(如果我们接受驳斥一切关于必然联系的知识之证明的话)。

“只有一个傻瓜或者疯子才在其希望或自然的信念中不为这种永恒性所影响,但是把这作为证据的性质而承认的人就不是哲学家。”[1788]

既然物体可能与此相反,随时可以改变其性质和动作的方式,那么妄想以为我们因为过去而就在科学上保证了未来,便是枉然的。

“你说,我的实践驳斥我的怀疑[1789]。但是你误会了我的问题的意思,以一个行动者而论,我是很满意这点的;但是以一个哲学而言,有着应分的好奇心,我还不说什么怀疑主义,我要求知道这种推论的根据。无论读什么书,做什么研究,都还没有在这么重要一件事情上除掉我的困难或者使我得到满意,我把困难向大众提出来,虽然我可能没有很大希望能得到解答,然而还有更好的方法吗?纵使我们不能增加我们的知识,我们至少用这方法能感觉到我们的愚昧。"[1790]

三十年后，康德是出来应战的第一个人。在因果的公准独立地被证明之先，经验并不是证据的来源。只有因果作用原理能在一切特定的经验之先成立起来，只有我们能够预先确定经验必须遵照它的，种种经验的论证才是有效的。这样休谟的研讨就直接导致康德划时代的问题之后一种形式，正如其导致它前一种形式一样[1791]。在其前期所拟定的形式上，它只谈到先验的判断；在其更广的应用上，它竟然以同等的力量和经验的判断联系着发生的。而这样被推广之后，它产生这问题：作为知识的一种形式来说，感官经验如何是可能的呢?[1792]证明了因果作用原理既无直觉的有效性，又不能证明它是有效的，休谟就把理性论者的基础挖掉了；通过说明感官经验本身不能产生客观有效的结论，他同时又摧破了经验论者的立场。在这后一主张上，康德是完全和休谟一致的。感性所与不能作为甚至盖然性推理的根据是批判哲学的一种基本的先行假定(从来没讨论过，但一直是公开假定的)。在诘难休谟论证的另一条路线的不足，即反对理性论者的路线之不足，康德就发现逃避怀疑的二难推理之道路。经验的各种条件可以一种先验的方法来证明，这方法虽在性格上是先验的，可是不会遭受休谟怀疑态度的反对的。每一个经验都包含有理性的种种原理，因而甚至一次的经验上观察，便足以提供归纳推理的正当理由。经验遵照纯粹先验思想的一切要求，按照这些要求便能合法地解释经验。

我们现在可以进一步来谈谈康德所受熏陶的哲学。这些哲学给他的思维以那种理性论的倾向，以后纵然有一切与之相反的影响，然而他从未违背过它的[1793]。它又对于他的哲学贡献了几条建设性的原理。须要考虑的只有两种理性论的体系，莱布尼茨的和沃尔夫的。康德自己承认[1794]，在其各次企图来掌握斯宾诺莎的哲学时，他是觉得为难的(大概不很坚持)。他最熟悉的是沃尔夫的体系;可是直接地和间接地,在其早年和在18世纪的70年代,莱布尼茨不可比拟的更深刻的学说,一定曾对他发生过根本上形成的影响。在明确休谟与莱布尼茨的同异点时[1795],我们曾概述过莱布尼茨关于纯粹思想的性质与能力的一般见解,因而可以立刻来谈他主要主张的细目。

在两个基本论点上,莱布尼茨是和斯宾诺莎对立的。莱布尼茨力求主张偶性的或者说可有可无的东西之实在性。像他那样想象,这些名词实际上是和现实的这词同一意义的。必然性只在可能的东西之范围内统治,可有可无性,或者说自由,是实在东西的与众不同的特征。这个观点是和他的第二种主张,即实在的是种种目的的王国,结合在一起的。现实的现在秩序之发生,是通过神在一切可能的世界中选择出最好的一个的。可见决定实在的有两条原理:一是矛盾原理,以绝对普遍性而规定一切的;一是最善的原理,以另一种方式拟定,可以说充足理由的原理,把实在性从真实性划分开来,限制着思维,以便在不违反逻辑的原则上,它可以自由地满足道德的种种需要。莱布尼茨是这样和斯宾诺莎相反而辩明自由的实在性和种种目的的存在。

虽然莱布尼茨同意于斯宾诺莎说,哲学上完善的方法是要从关于神圣存在者的一个充分的概念出发,而后从他的种种属性推论出有限实在的整个性质,但是莱布尼茨认为我们对于上帝的概念太不完备,因之不能按这种进程。我们就不得不依靠经验,而用分析方法来找出经验所包含着的各种概念。用关于这些概念与其相互关系的研究,我们遵照矛盾律就确定可能的东西之性质。但是实在的与可能的不相同,它是包含有目的这意念的。这些目的的存在绝不能靠逻辑的考虑而确定,而是只能靠道德的考虑来确定的。所以哲学方法的主要问题是要发现逻辑的与目的的、必然的与偶然的相互之间的正确关系。

没有矛盾在其本身便是可能性的充分保证，就是说，甚至是实在存在的可能性的充分保证。莱布尼茨接受本体论的论证就说明他愿意在这条路线上走到极远。事实上，他的体系完全是以这个证明为其基础的。他主张，上帝这个意念是唯一的概念，在一种纯然逻辑的方式上确定自己不只是可能的而且又是实在的。如果要避免违反矛盾的原理，最完善的存在者(Ens perfectissimum)必须看为具有实在存在的完整性的。而上帝既然是完善的，在道德的属性上如在一切其他属性上一样，他的所作所为必定是和道德的要求符合的。所以在创造自然的秩序时，上帝必然是选择了构成一切可能的世界之最好的一个世界的各种可能性之结合。利用这种概念性的桥梁，我们就有可能靠纯然先验的思维，从逻辑上的可能过渡到事实上的实在。

可见纯粹逻辑的思维是一种工具，用来能够在一种有效的方式上明确终极的实在性的。纯粹思想在其本质上是思辨的和形而上学的。它向我们揭示经验所不能显示的，永远存在于上帝心中的更广阔的宇宙。每一个概念(无论是数学的、力学的或道德的)，只要它不是自相矛盾的，都是一个长存的本质，甚至上帝在创造万物时也得要估计到其原有的性质的。因之在我们正在确定那永恒地可能的东西时，并不必要涉及神的存在的。纯然逻辑的标准便足为真理的一种标准。凡关于这样的概念所做出的判断必须只表达其内容所包含的。所有这样的判断必须是分析的才能是真的。

然而当我们从可能的进到实在的时候，就是说，从必然的进到偶然的时候，逻辑的标准就不是足够的了；只有诉之于第二条原理，即充足理由的原理，关于实在性的判断才能在逻辑上有其正当理由的。充足理由原理是否如沃尔夫竭力主张的，能从矛盾原理推论出来，乃是很次要的一点。那是不值得人们所曾那样强调的一个问题。最重要的就是依莱布尼茨的看法，如依沃尔夫的看法一样，两条原理都是分析的原理。充足理由原理不是一种用来确定独立的实体之间的必然关系的工具。一个有效的述项之充足根据，在一切情况下，必须在它所谈到的主体的概念里找出来。这两条原理的差异是在别的地方，即在主体与述项之间所成立的联系之性格中。在一种情况下，否定其命题是直接包含着自相矛盾的。在其他一种情况下，判断的反面是完全可想象的；我们肯定它的理由是一种道德上的(这词用在18世纪的意义上)而不是一种逻辑上的根据。其主体的组成既是这样，在追求至善过程中择定其目的时，依其本性，它必须这样行动的。在我们有限的知识中代表最好的那条神圣原理之充足理由原理，迫使我们承认述项是包含在主项之内的——所谓包含是通过一种有倾向性但没有强迫的根据而完成的。常常分析不够彻底而使我们能够这样把经验给与的一个判断变成一个有充分根据的判断。可是在承认它是真时，我们仍然认定述项是这样和其主体有关系的。依莱布尼茨的看法，成立真理不是有两种方法，感官知觉以显示偶性的事实，和一般性的推理以成立必然的真理。只有我们通过没有矛盾，通过充足理由，能够至少认定其分析的性格这限度之内，一个命题才能被承认的，它必须表达某种形式上的同一性。“凯撒渡过了路比甘河”这命题是作为历史事实给与我们的。我们关于凯撒与其时代的知识愈完全，我们的分析则愈彻底；而那分析如果完全做到，就会以洞见形而上学真理的眼识来替代判断的仅只事实上的有效性。这样一来，经验有着关于无穷具体的特殊肯定其当地与当时，便向理性的科学提出一个无穷尽的任务。我们的分析可以无穷尽地进行，把思维的前线日益向经验的领域里面推进去。只有神的心才能完成这任务，而看到一切事物都是遵循着思维的两条原理而安排定的。

莱布尼茨在提出这个见解时，发展着关于表现与实在之间所有的关系之一种真正独出心裁的概念。只有单子，即精神的存在物，才是存在的。脱离单子代表性的活动，即无空间亦无时间，无物质亦无运动这一类的存在。所以数学和物理学各部门的科学，在其现在的形式上，是不能解释为揭示绝对的存在的。但是，如果按理想发展下去，它们将会从机械的与感性的种种意念得到解放，并且成为真理的体系，这样达到完善之后，就发现为构成思维的本质。纯粹思维，或者说理性，就是这种真理的领悟。要发现这些真理，证明这些真理，思维无须求之于外。它在领悟这个概念的世界这一个活动中便已创造了这个世界，而这个真理的领域既是这样表达着一切思维的必然性格，无论是神的或人的思维，所以它是普遍的而不变的。每一个心所领悟的同是这个永恒的真理；但是由于不完善所致，每一个有限的存在者领悟它时，是带有某种程度的模糊性与混乱性，是片片断断的、在感官的话语上的，因而就成为幻象的俘虏，认为自我对于物质与运动的空间与时间世界的关系是机械的。

莱布尼茨以其感官经验是自发地从个别的心里面发生的这种理论来支持这个学说。他只是以这种理论来重复地说，纯粹思维是从自身里面产生其全部内容的。感官经验在其原来的性质上，不过是纯粹思维。这种思维，由于它的概念上的意义是这么无穷的丰富，就使产生它的心变为模糊，因而只有靠长期的分析，它的日益增长的部分才能解释为一直原是构成其唯一内容的那些概念性的判断。而在这个过程中，空间、时间和运动就失去一切感性的性格，而在其真正的性质出现为关系的种种秩序，这些秩序只在概念的话语上才能充分地被领悟的。作为思维的对象论，它们仍然是绝对实在的，虽然作为感性的存在，就贬到只是表现的水平上去了。这就是在莱布尼茨的著述中所揭露的思维的见解，和他苏格兰的论敌之自然主义学说作惊人的对立的。

如已经指出，康德关于莱布尼茨的学说所具有的知识是很有限的。他主要是通过沃尔夫对于这学说种种原理多少可说是平凡的阐述这种不充分的途径，才知道它的。但是甚至从这种来源，他所得到的只是最重要的，即莱布尼茨以思维在其能力上是绝对的而在其要求上是无限制的这种见解。沃尔夫是怎样紧紧地抓住莱布尼茨体系的主要主张，从他的哲学定义，把哲学看作是“可能的事物在其是可能的限度内的科学”就可看出了。他是这样保持着莱布尼茨的见解，认为思维在实在之先而替实在立法的，虽然他没有莱布尼茨思辩的眼识那更深刻的暗示力。所谓可能的，不是说存在上或心理上的可能的，而是概念上的必然的，在一切存在之先有其客观的有效性，分有思维本身的普遍而必然的性格的。

如理尔(Riehl)所曾很正确地指出[1796]，沃尔夫的哲学，甚至在康德最早的著述那个时代之先，已为经验的、心理学的研究和折衷的通俗哲学所替代。由于哲学思维中一般缺乏彻底性，“问题可解决性”(Problemlosigkeit)表示着整个时代的特色。关于思维的功用的两种互不相容的见解，在竞赛的体系中平列着，极不调和而在其相互冲突中，对于思维的实在一致性和彻底性是绝对有害的。康德才把理性论恢复到其当然的地位。他在其前后的著作中采取理性的科学严格的方法，坚持要大胆应付实际上有决定性的种种问题，就使当时软弱的风气振作起来了。本质上，康德赞成沃尔夫之把哲学下定义为“可能的事物在其是可能的限度内的科学”。如我刚才曾说过，可能的是理解为客观意义上的，因而这定义所表达的关于哲学的见解，是康德屡次坚持，认为哲学是完全在纯粹先验思维的范围之内的。它的功用乃是在特有的经验之先确定经验必须是什么；而那显然只用一种先验的、纯粹概念性的方法才有其可能的。他的《批判》一书，正如它的标题所指出，乃是用纯粹理性来批评纯粹理性的。凡在可以用纯粹先验思维下定义之外的都不在其范围之内。“经验的可能性”问题就是找出必然地确定经验要成为经验的是什么条件之问题。当然，当康德在其明确所研究的题材时，把经验来替代了绝对存在的东西，他就根本上把整个问题变形了。这个修改主要是由于休谟的影响。

可是在康德的哲学中不断出现“可能性”这名词标志着他继续相信观念论的思维见解。虽然纯粹思想本身绝不成为知识——在这里康德便离开极端理性论的立场——然而只有通过它，任何知识，无论是经验的或先验的，才有其可能的。如果哲学要存在的话，它必须是先验理性的原理的一种体系。凡经验的或假设的东西在它里面是没有地位的[1797]。然而同时，它只是经验的而不是终究实在的先验条件之体系。这就是康德对于他的理性论前辈同与异的双重关系。

注　释

[1]W. x 第 323 页。

[2]W. x 第 316 页。

[3]参看 1770 年 9 月 2 日康德致兰柏尔特(Lambert)一信;又 W. x 第 93 页。

[4]见其《纯粹理性批判》1889 年版。

[5]摘录自 1777 年 6 月 7 日致 Marcus Herz 的信;参看 W. x 第 116～117 页。

[6]摘录自 1772 年 2 月 21 日致 Marcus Herz 的信;参看 W. x 第 127 页。

[7]《反思录》Ⅱ. 5。

[8]这几段的意思也不免有其歧义,将于下文评论之。

[9]请读者参考见于 Mind 杂志,第 14 卷,新编第 149～173,335～347 页,我的题为"休谟的自然主义"的两篇论文,作为我这样解释休谟的申辩。

[10]康德自己也曾叫人注意这件事,他写道:"但是形而上学永存的厄运是不容许休谟为人所理解的。我们想到他的论敌如理德,阿斯华尔德,卑亚特耶,甚至比里斯特莱,都完全错过了问题的所指,这是叫人不无伤感的。他们一直把休谟所怀疑的作为是他所已经同意的,一直诚恳地而且常常是傲慢地在证明着休谟从来未想到要争辩的,而无视他对于事情更美好的情景之倾心,于是一切都率从其旧,毫不变更。"(见《未来形而上学导言》,原版第 6 页;Mahaffy and Bernard 英译本第 5 页。)

[11]查 Sulzer 翻译休谟的论文集(Essays)——包括《人类理智研究》是在 1754—1756 年出版的。

[12]康德所用的德文名词是 Erinnerung(参看下面注 17),有两种主要的理由叫我们相信康德自己并未读过休谟的《人性论》。第一,他的英语知识是极其不高明的,而当时又未有《人性论》的德文译本。(Jakob 的英译本迟至 1790—1791 年才出版。关于康德的英语知识,参考 Erdmann: Archiv für Geschichte der philosophie, Bd. i. (1888) pp. 62ff, 216ff; and K. Groos: Kant—Studien, Bd. v. (1900) p. 117ff;又参看本书下文。)第二,康德的叙述表明他完全不认识休谟在《人性论》中所提出的数学科学见解。

[13]参考花亨格尔的《注释》第 1 卷,自第 344 页起。卑亚特耶固然提到休谟在《人性论》中所提出的数学科学见解,但他的提及是这样间接而又顺便的一种方式,不会使康德得到休谟所处理的是什么问题,参看卑亚特耶著: Essay on the Nature and

Immutability of Truth(sixth edition),pp. 138,142,269。

[14]这些后果休谟自己在他的《人性论》里和在他的《研究》一书里都曾指出过的;因为这些后果的缘故,他才把怀疑论作为一种人生哲学来否认掉。上面(注 10 所引用康德的话,说休谟的批评者(卑亚特耶指名是在其内的)“一直把休谟所怀疑的作为是他所已经同意的,一直诚恳地而且常常是傲慢地在证明着休谟从来未想到要争辩的”,无疑在很特殊的程度上是指卑亚特耶而言的。

[15]见《全集》x 第 123 页起。写这信的日子是 1772 年 2 月 21 日。参看本书第 251 页。

[16]在《未来形而上学导言》第 6 页(上注 10 所引)和第 8 页(英译本第 6 页)有云:“我认为休谟的思想健康当不亚于卑亚特耶,而且又能批判地理解事物(这是卑氏所不能的)。”

[17]参看《未来形而上学导言》第 8 页:“我忠实地承认,多年前[康德是写于 1783 年] 我对于休谟理论的回忆(原德文是 die Erinnerung des David Hume)这一回事是第一次打断我的教条主义熟睡的,而且给与我在思辩哲学范围中的钻研以一个很崭新的方向。”康德之用 Erinnerung 这词可能解释为是因为他所认识休谟的主要立场乃是由于间接的来源的。他在阅读卑亚特耶的引文时,是回忆到休谟在其《人类理智研究》一书中所阐述的其他怀疑论的学说。

[18]应该注意,康德是把哲学分为独断的(等于理性论的)和怀疑的两种。他把经验论作为怀疑主义的一种形式。

[19]是卑亚特耶所引用(卑氏上引著作第六版,第 295 页),不管卑氏怎样不能体会休谟的论证的力量,他至少是感觉到这些论证最终所要产生的某些后果。

[20]论到康德对于他哲学前辈的关系,详见本解义附录乙。

[21]康德是在其极广泛的意义上使用 recognition(认识)这名词的,例如它包括认识过去之为过去,一个对象之为某一种的对象。

[22]时间意识,空间对象意识,自我意识,是康德想要加以分析的三种方式的经验。它们被发现为互不可分开的,而在其结合上构成一种意识的经验形式等于一个判断的行为——即含有关系范畴和普遍概念的觉知形式。

[23]如上指出(上文第 26～27 页),休谟之极力主张因果公理是综合性而非自明的,就把康德从其教条主义的梦寐中唤醒过来,参看下文《批判》的导言与本解义附录乙。

[24]参看本书第 37 页起,587 页。

[25]参看本书第 78～79 页。

[26]参看本书第 560 页起。

[27]参看本书第 35～36 页。

[28]参看本书第 86 页;又第 269～274 页。

[29]参看本书第 75～78,209,216～219 页。

[30]参看本书第 75～84,416～418,421 页。

[31]马勒伯朗士是其唯一的例外,他在这点上是先得康德之心的。

[32]这就是康德在他很不令人满意的形式上的“内感官学说”所想要阐明的立场。参看本书第 32～34,321 页起。

[33]这是康德在第二版删去所称为“范畴主观演绎”一段的主要理由。可是主观演绎的教义在《纯粹理性批判》全书里,在整的说来,是几乎以毫不改变的形式保存下来的,而它的“先验心理学”,正如我将要说明,乃是康德中心学说的最重要部分。在这事情上我觉得我和花亨格尔同意而完全和理尔(Riehl)与大多数的新康德派者不同意。新康德派企图离开一切的心理学的考虑而处理认识论是一定要得到和康德所得的结论大大不同的结论的。参看本书第 268 页起;又第 293～300 页。

[34]这种主观论表达在康德的“先验对象”的学说中,而正如我将要证明,这学说是属于早期的,且只是半批判的。这学说在“二律背反”一段是格外突出。参看本书第 236 页起。

[35]参看下文同上章,“现象论与主观论的区别”一段,“康德对观念论的反驳”一段,“内感官与统觉”一段结尾部分,同上编第 2 卷第 2 章分之乙下“康德关于因果关系的主观论的和现象论的见解”,又同卷第 3 章“评康德的论证”一段。

[36]康德在其《实践理性批判》一书中强调这说法对于情绪与欲望,因而对于所有情感,以及一切我们的感官内容,都是真的。参看下文第二部分,第 1 编第 1 卷第 2 章,“现象论与主观论的区别”一段的中叶,“康德对观念论的反驳”,又同编第 2 卷第 2 章丙。

[37]这种教义和康德的意识论之联系是可注意的。如果意识在其一切形式中,不管如何原始的,都已经是意义的觉知,它之唯一可能的任务乃是替这样的意义下定义,修改它,改造它,发展它,绝非为赤裸裸的内容或存在获得其客观的或其他的意义。参看本书第 23～24,27 页。

[38]见“关于人类学的反思”,第 207 条。

[39]见其致 Fürst von Beloselsky 的一封信的草稿(W. xi 第 331 页)。

[40]1789 年 5 月 26 日(W. xi 第 52 页)。

[41]这引文中我删去的插句,说明康德并未发展一种术语是真能足够表达其意思的。

[42]这个对康德的解释以很粗糙的形式出现于詹姆斯在其《心理学原理》一书中

提到康德的各处。在陆宰和格连尼(Green)那里则以比较微妙的形式出现。客尔德(Caird)和华特生(Watson)是小心地防卫他们自己以避免对于康德的学说这一种见解,然而如我上面所主张,他们所受批评的是在于他们每每无视康德的学说中凡是不能以逻辑的含义那种话语来说出的各方面。

[43]可能有人提出反对的意见说,其实这就是康德在其假定综合的活动作为范畴的本源时所作的。康德可能会答复说,他并没有企图来确定这些活动,不过只说到它们的结果的已知性格是绝对要求那样的,而他是愿意承认它们的性质是可能有许多种不同的解释的。它们可能是由于某种的有人格的或属于灵性的动因,但又可能不是的。关于康德的一般进行方法之正当与否这整个问题,参看下文第二部分,第1编第1卷第2章“主观演绎和客观演绎的区别”,“主观演绎的稍后阶段”,“现象论与主观论的区别”,又同部分,第2编第2卷第1章“第三种误谬推理”和“自我的意念是否理性的理念之一种必要的?”

[44]参看《关于莱布尼茨与沃尔夫以来形而上学的进步》[全集(Hartenstein版),viii,第530～531页]:“我关于我自己而对我自己是认识到的——这一思想含有双重性的我,我之作为主体和我之作为对象。我,思维的我,如何对于我自己能作为一个对象,从而能够把我自己从我自己分辨开来,是完全超过我说明的能力。然而这又是不可置疑的事实……而其后果就是把我们完全分辨于整个动物界,因为我们毫无根据来把对它们自己说到我的能力归之于动物。”

[45]参看上文“先验的性质”前几段,下文“第一版中所见的客观演绎”后段,“第二版中所见的范畴之先验演绎”前段。

[46]参考A 651即B 679:“盖要求吾人探求此种统一之理性法则,乃一必然的法则,诚以无此种统一,则吾人即无理性,无理性则无悟性之一贯运用,缺乏一贯运用则无经验的真理之充足标准。”(蓝译第462页)又参看下文第二部分,第1编第2卷第2章,“一般经验思维之公准”,同卷第3章“评康德的论证”,又第2编,“关于辩证论的混合来源与其互相冲突的倾向之初步评证”,同编第2卷第2章第九节下“关于纯粹理性的全部二律背反之结束语”与“关于康德的二律背反学说之最后详语”,又同卷第三章后附录下“关于辩论证的最后评语”。

[47]关于另一种复杂性是由于辩证论是写在分析论学说正当地成熟之前这一点,参看上文“关于正文问题”最后几段。

[48]参看下文第二部分,第1编第1卷末“内感官与统觉”,同编第2卷第2章丙下“叔本华对康德的论证之批评”,第3章下“评康德的论证”。

[49]参看下文,第二版序文下“哥白尼的假说”,导言下“关于康德导言中论证的评语”,“本批判的目的与范围”,“康德与休谟的关系”。

[50]见《反思录》(B. Erdmann 版)Ⅱ,第 204 条。

[51]要看另一种或者可能是更足以描述康德一般立场的方法;可参看下文,附录甲,第 2 章第 2 节。

[52]参看本书第 19～27 页。

[53]参看下文,附录甲,第 2 章第 3 节。

[54]见《实践理性批判》,W. v 第 32 页;Abbott 英译本第 120～121 页。

[55]见上引书第 86 页;Abbott 英译本第 180 页。

[56]见《遗著碎简》[全集(Hartenstein 版),viii,第 624 页],参看下文,附录甲,第二章第三节。康德为所有人要求平等的政治权利,而且在其《永久和平》一书中认为全世界一律采用共和政体之先,大概战争不会停止的。但是他认为共和政体和民主政体是有区别的。前者是指一种真正的代表制;后者他解释为大多数(原则上)无限制的专政。所以康德坚持说,行政机构越小,少数的代表越有力量,则越接近于理想的政体。换言之,政府的措施越少越妙。

[57]参看《论人性的根本罪恶》,W. vi 第 20 页;Abbott 英译本第 326 页。"这意见(说世界不断从比较坏的向前进步到比较好的)当然不是根据经验而来的,如果所指的是道德的好与坏(不是指文明),因为全部历史对于它的反证太有力了。大概这不过是一种善意的假说……企图鼓励我们百折不挠地培养可能存在于我们里边的善种……"

[58]见《道德形而上学的基础》,W. iv 第 407 页;Abbott 英译本第 24 页。

[59]见《实践理性批判》,W. v 第 84～85 页;Abbott 英译本第 178～179 页。

[60]参看《道德形而上学的基础》,W. iv 第 463 页;Abbott 英译本第 84 页:"纵然我们不理解道德命令的实践无条件的必然性,我们却理解它的不可解释性,而对于力图把其原理追溯到人类理性之尽头的一种哲学,我们可以公道的要求也无过于此。"

[61]见《论人性的根本罪恶》,W. vi 第 49～50 页;Abbott 英译本第 357～358 页。

[62]参看 Pringle-Pattison 著《近代哲学中的上帝观》(The Idea of God in the Light of Recent Philosophy)第 25 页起。

[63]见康德著《逻辑》一书,导论,Ⅰ。

[64]所指的是英人 Henry Home, Losd Kames,他刊出其 Elements of Creticism 是在 1762 年。

[65]见《全集》W. ii 第 311 页。提到他的逻辑课程时,康德说,他要考虑平常生活中健全判断力的训练,而接着便说,"在《纯粹理性批判》一书中,由于题材的密切相近,就有机会来看看《赏美力的批判》(Kritik des Geschmacks),即美学"。这段文字可用来证实我们的猜测,说批判(Kritik)这名词是从荷姆的书之标题借来的。

[66]关于康德纯粹这词的其他用法，可参考本书第 96 页。

[67]见花氏的《康德纯粹理性批判一书的注释》(Commentar zu Kants Kritik der reinen Vernunft)，第 1 卷，第 117～120 页。

[68]关于定义，不限于标题的，而更足以说明这本批判的实在范围的，可参看本书第 97 页。我在后面，凡遇有分别于悟性(understanding)的理性(reason)的地方都一律用英文大写体表出之以示其特别意义的用法。

[69]见《弗兰西斯・培根哲学著述》(Philosophical Works of Francis Bacon, edited by J. M. Robertson, 1905)，第 247 页。

[70]关于瑞特立芝(1775 年 12 月)对于康尼斯堡大学教学的严厉谴责和他顺便对康德的欣赏，可参看《康德全集》Schubcrt 版，xi 第 59～61 页。

[71]参看 W. x 第 207 页。

[72]见上引书第 212～213 页。

[73]同上，第 208～209 页。

[74]同上，第 219 页。

[75]A v～vi 页。

[76]A v 页注。

[77]参看本书第 45～46 页。

[78]参看本书第 560，592～594 页。

[79]A vii～viii 页。

[80]A xiv 页。

[81]参看本书第 560 页起。

[82]参看 A 86 即 B 118～119。

[83]参看 Morgenstunden：Gesammelte Schriften, 1863 edition, ii. pp. 246，288；又参看本书第 193～194 页。

[84]转引用 R. A. Sigsbee 所引，见其 Philosophisches System Joseph Priestleys (1912)，p. 33。

[85]A v 页注。

[86]A viii 页。

[87]《未来形而上学导言》(Prolegomena)的附录，Mahaffy and Bernard 英译本第 147 页。

[88]A i。

[89]B 21 页，参看上引《导言》，第 60 节起；又本书第 447～450 页，又 570 页起。

[90]A 297～298 即 B 353～355。所录中译文见蓝译第 244～245 页。

[91]A iii。

[92]花氏上引书第 1 卷第 50 页。

[93]见本书第 50～51 页。

[94]这种陈述,如我们将要发现,是需要加以修饰的。康德的批判立场应更正确地描述为现象论,而不是主观论。参看本书第 28～32 页;又第 300 页起。

[95]A 769 即 B 797(蓝中译本,第 529～530 页)。

[96]A 761 即 B 789～790(蓝中译本,第 525 页)。

[97]A iii。

[98]A v 注(蓝中译本,第 3 页注①)。

[99]A v 注同上。

[100]参见康德著《什么是启蒙运动这问题的答复》(Beantwortung der Frage: Was heist Aufklärung?),1784 年出版。

[101]A v。

[102]参看本书第 45～46 页。

[103]参看本书第 27～28 页;又第 61,75,96,107 后等页。

[104]A ix。

[105]A x～xi。

[106]A xii～xiii。

[107]A xv。

[108]A xv,参看本书第 107～108 页。

[109]B xiv。

[110]B ix。

[111]B xi。

[112]参看本书第 64～67 页。

[113]参看本书第 38 页及第 587 页起。

[114]康德的《讲座就职论文》(Dissertation)第 7 节。

[115]所有这一切说法都需要后来的修饰与重说的。

[116]B xxx。

[117]B xxxii。

[118]B xxxvii。

[119]B xxxviii。

[120]B xii。

[121]B xiii。

[122]B xvi。

[123]参看本书第 8～10 页;又第 608～609 页。

[124]参看《马勒伯朗士的距离和大小的知觉之理论》一文,见 British Journal of Psychology(1905),i. pp. 191～204。

[125]参看本书第 177 页起;又第 618 页。

[126]B xviii～xix 页。

[127]参看本书第 75,96,107 等页起。

[128]B xx。

[129]B xxii。

[130]B xvi, B xxii 注。

[131]华特生(Watson)的《释康德哲学》(The Philosophy of Kant Explained, p. 37)是唯一的著述,我在其中找到康德的类比真正解释的正确而毫无含糊的简述。

[132]见格连尼著《伦理学导论》第 1 卷第 1 章第 11 节。

[133]见斯特尔林著《康德哲学教本》(1881 年版),第 29 页。

[134]见兰格著《唯物论史》英译本,第 2 卷,第 156,158,237 等页。

[135]见郝夫丁著《新哲学史》(Goschichte der neueren Philosophie, 1896, ii. p. 64)。

[136]引自 Hibbert Journal, October, 1910, p. 49。

[137]引自《天体运行论》, I. v。

[138]同上, I. x。

[139]B xxii 注。

[140]参看本书第 560 页起。

[141]B xxvi,参看本书第 37～38 页,又 62 页;又第 319～321,358,368,426 起等页。

[142]这重述一直要到第 75 页为止。在第 75～84 页上,我将对于整个导言作一般性的评论。从第 84 页起,我增加关于特别论点的必要之详细讨论。

[143]参看本书第 251 页起。

[144]参看本书第 7 页起;又第 102 页起,606 页起。

[145]这说法第一次见于第二版的“导言”。其实它是和第一、第二版的导言的论证都不相属的。参看本书第 81～82,97～98,125,200,254,274 起等页(特别是第 308,317～318 页)。

[146]这是第二版导言的论证。在第一版里,康德毫无问题地假定先验的存在。他只研究它超过可能的经验领域以外,在其形而上学的使用时,是否仍有效。

[147]第一版的论证,虽简短些,其实质是一样的。

[148]下文第 251～252 页引用。

[149]参看本书第 151,319,604 页。

[150]A6 即 B10。这里我依第二版的措词。

[151]康德对于先验的见解在两方面和莱布尼茨的见解不同。对于康德来讲,先验概念只是逻辑函数,即无内容的;其次,它们总是综合的。参看本书第 15～19 页;又第 219,228～229,287～289,319～321,426 起等页。

[152]参看本书第 7～10 页;下文第 102 页起,又 606 页起。

[153]B24。

[154]参看本书第 27～28 页;又第 64 页,93～94 页,96～97 页;又第 107 页起。

[155]不言而喻,这"亚里士多德的"逻辑,在其是康德所认识的唯一之传统形式上,是和亚里士多德的现实学说大大不同的。

[156]参看本书第 19～21 页;又第 77,214,217～219 等页。

[157]A vii。(引文是译者自译;参看蓝译本,第 3 页。)

[158]B xxiii～xxiv 页。(引文是译者自译;参看蓝译本,第 17 页。)

[159]见本书第 7～10 页;又第 68 等页;又第 606 页起。

[160]参看本书第 19 页起。

[161]参看本书第 19～21 页;又第 269～273 页。

[162]参看本书第 209 页起;又第 214,224,287 等页。

[163]A 6 即 B 10。

[164]莱布尼茨判断的解释像是结果为他的形而上学单子论的概念上之相对物,即一种原子说(参看 Adamson:Development of Modern Philosophy,i. p. 77ff;和我的 Studios in the Cartesian Philosophy,p. 160ff;又下文第 603 页)。每一个概念都看为有其绝对的领域,控制着完全是内部的内容。各概念像是主权的国家,没有联系的法庭能有权来替它们规定其相互对待的。参看本书第 416～423,438 页起。

[165]A 9 即 B 13。

[166]Erste Betrachtung, § § 2,3;dritte Betrachtung, § 1。

[167]参看本书第 195～196 页。

[168]见 § 12,15C。

[169]参看 B 15～16。

[170]参看本书第 164 页起,关于康德对算术科学的见解。

[171]关于康德与现代几何,参看本书第 154 页起;又关于康德对算术科学的见解,参看本书第 164 页起。

[172]参看本书第166～169,364～366,438页起。

[173]导言某些部分是在不同时候写成这一点,详见本书第112～113页。其他部分也是同样地有其混合的来源总是有可能的。可是没有充分证据来证明这结论。阿的凯斯(Adickes)企图证明这点是不能说服人的。(见K第35～37页注。)

[174]参看本书第15页起,44～45页,68页起。

[175]见花氏上引书第1卷第317页和第450页起。

[176]见花氏上引书第1卷第412页起;参看第388页起。

[177]参看本书第251～252页。

[178]参看花氏上引书第1卷第394页;又上文第69页。

[179]参看同上引书同卷第415～417页。

[180]保罗生反对说,如果综合先验判断不必解释而是有效的,那么就毋庸解释。这反对意见不能站住脚,有其两种理由。(a)没有这解释则不能驳斥超越形而上学的借口(参看A 209即B 254～255;A 283即B 285)。(b)这理论的问题之这种解答,如上所述,还有它本身的兴趣与价值。没有这样的解释,这些判断的有效性固然可以承认,但是不能理解的。(参看《导论》第415节和结尾的第12节。又参看花氏上引书同卷,第394页。)

[181]参看花氏上引书第2卷第336页。分析论的论证更加复杂,在下文中考虑之。

[182]参看A 46～49即B 64～66。花亨格尔坚持说,《导论》适应各节是从第一版这一段落发展出来的,而第二版中空间先验的阐述是从《导论》的论证发展出来的。

[183]论证的综合方法,如我们将要看见,在分析论中进一步扩大,由于它结合着平凡经验有效性问题。但是数学科学既然已证明和时间意识一样有同样的条件——不更多,也不减少——这也就使分析方法能有适应的扩大。数学科学可为这些条件所从而得到证明的事实上的前提所代替。

[184]参看本书第84页。

[185]下面的应该同下文第266页起一段一齐来读,在那段里,“主观的”和“客观的”演绎就更详细地讨论而加以分辨。

[186]A x～xi。(译文依蓝译,见蓝中译本第5页。)

[187]这是哥亨(Cohen),客尔德(Caird)和理尔(Riehl)使他们自己要遭到的一种批评。

[188]参看本书第251～252页。

[189]参看本书第90～91页。

[190]参看花氏上引书第1卷第405页。如花氏所说,现有的各门科学可以作为

整体来对待,但新哲学的每条原理必须分别建立。

[191]A 1。

[192]A 1～2。

[193]B 6 即 A 2。

[194]A 2。

[195]参看本书第 17,77 起等页;又第 581～583 页。

[196]A 2。

[197]A 2。

[198]B 1。

[199]参看本书第 96 页。

[200]B 1。

[201]参看本书第 95 页。

[202]B 2～3。

[203]参看本书第 96 页。

[204]B 1。

[205]B 1。

[206]B 1。

[207]参看本书第 128 页起。

[208]参看本书第 268 页起。

[209]B 1。

[210]参看本书第 96～97 页。

[211]B 2。

[212]参看注第 145,146。

[213]B 2。

[214]参看本书第 81 页起,又 93 页;又第 97～98,254 页起,272,316～321 等页。

[215]B 2～3。

[216]参看本书第 93 页。

[217]A 9～10 即 B 13。

[218]参看本书第 81 页起;又第 316～321 页。

[219]第 93 页;参看第 44～45 页。

[220]参看本书第 45～46 页。

[221]B 3。

[222]参看《形而上学最高原理》(Metaphysische Anfangsgründe, Haup tstück ii.

Lehrs. 8. Zus. 2)。在那里弹力和重力是说成为可以先验认识的物质唯一的普遍属性。

[223]B 34。

[224]参看本书第 68 页起。

[225]B 4。

[226]参看本书第 15～16 页,又 68,612 起等页。

[227]参看本书第 17～19 页,又 71 页;又第 218～219 页,287～290 页。

[228]见上引文。

[229]B 5。

[230]参看本书第 12 页;又第 612 页起。

[231]参看本书第 81,94 页。

[232]A 2 即 B 6。

[233]B 7。

[234]参看《判断力批判》,第 91 节,xx. v 第 473 页;又《进步》一书,见《全集》(Hartenstein 版)第 8 卷第 572～573 页。

[235]参看本书第 64,90～91,93 页。

[236]参看《导论》第 40 节;《进步》,第 577～578 页。

[237]见花氏上引书第 1 卷第 238 页。

[238]第 594 页。

[239]A 712 起即 B 740 起;又参看《进步》,第 522 页。

[240]A 4 即 B 8;参看本书第 580 页起。

[241]A 4 即 B 8。

[242]A 5 即 B 9。

[243]参看 B 18。

[244]参看本书第 70 页。

[245]A 6 起即 B 10 起。

[246]见《导论》第 2 节 b,c;英译本第 15,16 页。关于数学推论与矛盾律的联系参看本书第 104～106 页。

[247]见该书第 582 页;参看康德的《逻辑》第 37 节。

[248]见花氏上引书第 2 卷第 257 页。

[249]见《导论》第 4 节。

[250]参看 B 290。

[251]同上。

[252]见《导论》之第 2 节 C。

[253]B 161。

[254]B 218。

[255]A 9 即 B 13。

[256]参看本书第 7 页起,67 页;又第 606 页起;又参看花亨格尔上引书第 1 卷第 340 页起。

[257]A 9 即 B 13,B 11,B 19。

[258]见 A 9 即 B 13,B 11,B 19。

[259]参看 Borowski 的 Darstellung des Lebens nnd Charakters, Jm. Kants (Hoffmann's edition, 1902),p. 252。休谟的《人类理性研究》德译本刊出于 1755 年,大概康德第一次认识休谟是通过它的。参看本书第 10 页;又第 189 页。

[260]参看本书第 606 页起。

[261]A 9 即 B 13。

[262]A 733 即 B 761。

[263]A 737 即 B 764。

[264]见花氏上引书第 1 卷第 291 页。

[265]B 14。

[266]B 14。参看本书第 99～100 页。

[267]见花氏上引书第 1 卷第 294 页。

[268]B 15。

[269]B 15。参看本书第 83 页。

[270]参看花氏上引书第 1 卷第 296 页。

[271]A 164。

[272]A 164。

[273]见《导论》第一版,又见第二版。

[274]B 15。

[275]见《导论》的第 2 节 C。

[276]参看本书第 164 页起。

[277]参看 A 713 即 B 741。

[278]A 140 即 B 179。参看本书第 363 页起。

[279]B 15。

[280]B 17。

[281]见《导论》第 1 卷第 804 页起。

[282]见第 15 节。

[283]康德把后者发展于其《形而上学最高原理》(1786 年版)。

[284]参看 A 840 即 B 869。“自然”在康德术语中是“所有一切”的意思。

[285]参看本书第 27～28 页;又第 61,64,75,93～94,96～97 页。

[286]见第 4 节。

[287]纯粹自然科学的命题并未在《导论》第 4 节中分别处理,虽然后面的论证含有这意思。花亨格尔推论说(见花氏上引书第 1 卷第 310 页),康德的手稿中一段,在印第 4 节(即含有这段而从第 2 节末转移过来的那一节)过程中被遗漏掉,这像是不可避免的推论。所遗漏的一段很可能就是现在在 B 17 的这段。

[288]B 18。

[289]在第 4 节里(在第 2 节转移过来那几段之末)。

[290]B 19。

[291]B 19。

[292]B 20。

[293]B 20。

[294]B 17。

[295]B 20。

[296]B 21。

[297]B 22。

[298]花亨格尔的分析(见花氏书第 1 卷第 371 页起)是极具有价值的。

[299]如上面所修改了之后,第 92～93,107～108 页。

[300]参看本书第 80 页起。

[301]指 J. Erdmann 所提议(花亨格尔在其书第 1 卷第 371 页所引用)。

[302]指 B. Erdmann 所主张,见他的 Kriticismus 第 183 页。

[303]如上文所指出,第 107～108 页。

[304]上文,第 107 页。

[305]A 11。

[306]A 11 即 B 24。

[307]参看《论文》(Dissertation),第 23 节:逻辑用途(usus logicus)——实际用途(usus realis)。

[308]参看本书第 45 页。

[309]A 11 即 B 24。(蓝译本第 41 页,译 Organon 为“机官”,今译“工具”似较妥。)

[310]见花氏上引书第 1 卷第 459 页起。

[311]见保罗生著《康德知识论的发展史》(Entwiekelungsgeschichte der Kantischen Erkenntnistheorie),第 113 页。

[312]参看 A 795 即 B 823。参看本书第 203,208 页。

[313]参看 A 796 即 B 824。

[314]参看花亨格尔上引书第 1 卷第 461～462 页,关于康德"任性地"使用工具、法规、教义和锻炼这些名词的种种不同的意义。

[315]A 11 即 B 25。(蓝译 Propaedeutie 为"预备学问",今译为"前论"。)

[316]引自康德著《有关费希特的科学的说明》(Erklärung in Peziehung auf Fichte's Wissenschaftslehre),1799 年版,《全集》(Hartenstein 版)第 8 卷第 600 页。

[317]B 25。

[318]参看 A xv。

[319]参看 B xxiv。

[320]A 11 即 B 25。

[321]见《论真宗教》(De vera religione),72;《论神国》(De civitate Dei),viii. 6。在 Eisler 的字典引用于第 1521 页。

[322]参看普兰特尔著《西方逻辑史》(Geschichte der Logik im abendlande),第 3 卷第 114,244～245 页。

[323]见斯宾诺莎著《伦理学》(Ethica-Vloten and Land 版,ii. prop. xl. rehol. I)。

[324]见贝克莱著《人类知识原理》,cxviii。上引文是从 Eisler 的字典第 1524～1525 页引用的,我自己也曾在 Swift's Gulliver's Travels(Dent,1897,p. 166)里碰见这名词:"至于'理念、实在、抽象和先验(transcendentals)',我绝无法叫他们丝毫得到理解。"

[325]见兰伯尔特的《工具论》第 1 卷第 484 页,为 Eucken 在其《哲学名词史》第 205 页所引用。

[326]A 11 即 B 25;A 56 即 B 80。

[327]花亨格尔上引书第 1 卷第 468 页所引用。

[328]见斯特尔林的《康德哲学教本》(Text-Book to Kant),第 13 页。

[329]参看华特生的 Kant Explained(《解康德》)一书,第 89 页。

[330]参看本书第 269 页。

[331]参看本书第 153～154,331 页。

[332]阿的凯斯在他的《纯粹理性批判》版里任意把 A 297 即 B 354 里面的 transcendent 换为 transcendental。柏林版正确地保持原文。

[333]B 27。

[334]A vi。

[335]A 14～15 即 B 28，参看本书第 586 页注。

[336]这修改不见诸马哈士·缪拉的译本。

[337]参看在第二版 A 21 即 B 35 注之末所有的相应修改。

[338]A 15 即 B 29。

[339]上引文。

[340]上引文，参看 A 855 即 B 863。

[341]参看 A 124 即 B 151～152，又本书第 257，295 页。

[342]参看 A 141 即 B 180～181。参看《判断力批判》第 57 节："这样在这里[在《美感判断批判》里]，正如也在《实践理性批判》里那样，二律背反迫使我们反乎我们的意志，来在感性以外观看，而在超感性那里寻找我们一切先验机能的联合点；因为再剩下来没有别的办法使我们的理性自相协调的。"参看本书第 492 页起，评论 A 649 即 B 677。

[343]A 16 即 B 30。

[344]见该书的导言(W. v 第 16 页)。参看本书第 457～458 页。

[345]又参看本书第 67 页。

[346]参看 A 51 即 B 75。

[347]思想在直觉中找得其唯一可能的内容，当然是初次在分析论证明的结论。康德这里是从他后来所得的结果来下名词的定义的。

[348]A 51 即 B 75。

[349]参看《导论》一书第 12 节，又在起头的注意 2。

[350]参看本书第 128 页起，又 B 146～147。

[351]见《导论》第 8 节(英译本第 33 页)。

[352]花亨格尔上引书在第 2 卷第 4 页所引。

[353]参看康德著《论灵魂的器官》(Ueber das Organ der Seele)，1796 年版；《人类学》(Anthropologie)，第 22 节。

[354]该书第 3 节。

[355]A 27 即 B 43；A 34 即 B 51；A 42 即 B 59；A 51 即 B 75。

[356]参看 B 72。

[357]在第二段，A 20 即 B 34。

[358]见《导论》第 4 节。

[359]A 320 即 B 376。

[360]《论文》第 4 节。

[361]A 50 即 B 74。

[362]这见解我将要竭力说明，只是半批判的，而为康德最后达成的更富有革命性的结论所大大修改。参看本书第 305 页起。

[363]在这点上已有提田斯(Tetens)在其《关于人性的探究》一书言之在先。见提氏该书第 1 卷(1777 年版)《探讨》十之五，参看本书第 324 页。

[364]引自《判断力批判》第 3 节(英译本第 49 页)。康德是采用心理能力的三分法的第一个人——“知识机能、苦乐心情和欲望机能”。这三分法第一次见诸他的《哲学概论》(Ueber Philosophio überhaupt Hartenstoin, vi. p. 379)，而这书是写于 1780 年与 1790 年之间，原是作为《判断力批判》的导言的。

[365]A 248(见第二版删去的一长节中)。(参看蓝公武中译本，第 221 页。蓝译英文 appearance 为“事象”，今译“表现”。)

[366]直觉与表现的这种区别，实际上是和上面所指出的直觉与其对象之区别重合的。

[367]关于这些名词在这里使用的简洁意义的说明，可参看本书第 28～30 页；又第 300 页起，第 341 页起。

[368]这就和 A 166 上面所发展的见解相协调(在其预测原理之公式形成上)，A 374 页起即 B 274 页起；A 723 即 B 751。

[369]参看 A 50 即 B 74:“我们可称感觉为感性知识的质料。”同样在 A 42 即 B 59；《导论》第 11 节；《进步》(Hartenstein)，viii. p. 527。

[370]参看本书第 305 页起。

[371]参看本书第 390～391，394～396，400 等页。

[372]花氏上引书第 2 卷第 59 页。

[373]A 42 即 B 60。

[374]参看《反思录》(Reflexionen)第 2 卷第 469 页注；又第 357 页注。

[375]参看本书第 15 页起。

[376]A 266 即 B 322。(引文依蓝译，见该译本第 227 页。蓝译英文 reflection 为“反省”，今译“反思”，译 form 为“方式”，今译“形式”。)

[377]讨论 a 与 b 时，我们在现在可把形式等同于空间。论到时间，问题有其特别的种种复杂性。

[378]参看 B 207。

[379]海尔白特(Herbart)的空间说，陆宰(Lotze)的位置标志说，还有穆勒和拜因(Bain)的经验论的理论都是基于同样的假定的。詹姆斯是对这有效地提出质问的第

一个人。参看柏格森的《直接所与》(Les Données Immédiates)第 70～71 页。英译本第 92～93 页:“康德做出的解答,像是在他以后没有人严重地争论过:其实,重新接触这问题的人们,无论是天赋论者或经验论者,大多数是被他的解答强加在他们头上而有时是不自知的。心理学家们同意把康德所说的来源归于约翰·缪拉的天赋论解释;但陆宰的位置标志之假说、拜因的理论、温德(Wundt)提出的更广泛的解释,初看时像独立于先验感性论的。这些理论的作者好像把空间性质的问题搁置一边,俾能简单地研讨以什么过程我们的感觉成为位置于空间而可以说是互相并列在一块;但这一个问题就说明这些作者是把感觉看为非延扩性的,而和康德一样,在表象的质料与其形式之间做出一种根本的区别。从陆宰和拜因的理论所能得出的结论,和从温德企图调和它们的尝试所能得出的结论,就是我们借以形成空间理念的感觉本身都是非延扩的而只是有质的;其延扩性认为是从它们的综合而来,像水之从两种汽结合而成似的,所以经验派或产生派的解释,其问题的开始正是康德离开它的那点:康德把空间从其内容分开。经验论者们就问我们:“思想把它们从空间拿出来的内容如何又回到空间去呢?”柏格森接着论证说,化学混合的类、比是不适用的,必须求助于“很像康德称为先验形式那样的独特作用”。当然,柏格森不能同意于康德在这问题上的观点。他只指出这种无延扩性的感觉之作为开始的假定必须有什么后果的。

[380]参看 Von dem ersten Grunde des Unterschiedes der Gegenden im Raume(空间区域区分的第一种根据),由结尾倒数第二段。

[381]参看《论文》第 4 节结尾句,本书第 127 页引用。

[382]A 291 即 B 317;A 429 即 B 457。

[383]《反思录》第 2 卷之 344。

[384]见花氏上引书第 2 卷第 73 页。

[385]参看斯叨特(Stout)《心理学手册》(Manual of Psychology)第三版第 465～466 页:“我们发现并存的秩序的确定认识本身,是惟有和我们称为延扩性的感性经验之特别方面联系起来才发生而发展的,特别是视觉和触觉的延扩性。两种声音或一种声音和一种嗅觉可以作为并存而呈现,意即同时呈现;但离开和触觉与视觉的经验之联系而按其本身,它们不是作为在空间并列或为可见的空间距离所隔开或有可见的空间方向与彼此相对的远近而被认识的。这种关系只能是当外界的对象、被它为我们认识它所通过的那呈现之延扩性、替我们决定为一个延扩的整体时,才可见到或想象到的,除非可能是在很原始的方式上。”

[386]花亨格尔引自詹姆斯的《心理学原理》第 399 节。

[387]见《论文》第 4 节。

[388]sich ordnen 在这里,依平常德文的用法,有被动动词的意义。

[389]引自理尔(Riehl)《批判哲学》(Kriticismus),1876—1879年刊出,第2卷第一部分,第104页。如已指出,关于时间的并存关系和先后关系,康德是默认这点的。但是关于空间关系,他继续否认它。

[390]参看本书第139~140页,又143页。

[391]A 20即B 34。(参看蓝中译本第48页。)

[392]A 20即B 34。

[393]A 42即B 60。参看《论文》第12节:"[空间与时间,即纯粹数学的对象,]不只是一切直觉的形式上原理,而且其本身是原来的直觉。"

[394]A 196即B 241;A 293即B 349。

[395]就是说在它刊出的著述中,它只表达于《反思录》中之一条,且只一条。(第2卷第410条:"空间与时间两者都不过是感性印象的结合。")

[396]第15节末的系论。

[397]参看第12节,见上引文,注393。

[398]参看B 1。

[399]第43节。

[400]康德在那里的学说,乃是空间表象是从经验的带有空间的对象取得的。

[401]见Ueber eine Entdeckung. nach der alle neue Kritik der reinen Kritik durcle eirh ältere entbehrlich gemacht werden soll。

[402]见上引书,W. viii第221~222页。

[403]见上引书,第222页。

[404]尤其是他提出来以支援纯粹数学是直觉的而不只是概念性的这争点的那些论证。

[405]参看本书第321页起,关于康德发展其内感官的学说之理由。

[406]由于没有某一段可以看为很确定地证明康德之相信直觉的纯粹形式,所以要决定这问题,只有结合所有有关的说法而从康德的思维的一般倾向来看。

[407]这至少像是含在他后来的立场的说法里面,它并未明白地被承认。

[408]参看A 76~77即B 102。

[409]参看本书第24,80~84页;又第154~157,164~169页。

[410]最后一句可意译为:"只有用这方式,我才能把直觉以可见的形式弄到我面前。"参看本书第170~171,372~373,384页。(这条引文见蓝中译本第156页。)

[411]B 202~203。

[412]参看《反思录》第2卷第393,409,465,630,649等条。(引文见蓝中译本第337页。)

[413]这也就是康德何以描述空间为理性的一种理念。参看本书第136～137页。

[414]对康德来说,几何是基本的而且主要的数学科学(参看A 39即B 56和《论文》第15节C)。在这方面,他是牛顿的信徒而不是莱布尼茨的跟从者。他之忽略了充分地来考虑算术与代数是由于这理由。正如在他谈到感性的杂多时,他几乎总是看到仅只视觉,同样地在他谈到数学时,他通常是仅只指着几何和与之相类的纯粹力学。

[415]A 76～77即B 102。(引文录自蓝中译本第85页。蓝译a priori为"先天的",今译为"先验的",因"先天"有"天赋"的意思,而康德只是指在经验之先。)

[416]参看本书第129,131页起;又第204,257～261,297～300,363等页。

[417]参看B 160。

[418]引自《形而上学最高原理》,W. iv第559页,参看第481页。

[419]上引书,第560页。

[420]引自《判断力批判》第26,27两节,英译本第115～116,121页。

[421]参看本书第434～437页注;又第198～199,413～414页。

[422]这一节的标题和开头一段所提出的各点,在下面加以评论。参看本书第147,151～152,169页起。这立刻过渡到第一论证。

[423]第二版所增加的。

[424]这论证几乎是《论文》第15节关于空间第一论证逐字的重复。

[425]参看本书第144～145,162,167～168,210～217,364～365等页。

[426]参看本书第78页起;又第211页起。

[427]在导言中康德之公式形成其问题时实际上那就已明显的了。因那是在他区分其分析与综合判断基础上的一条假定。参看本书第78页。

[428]参看本书第4页。

[429]特别参看第217,359～363,439,493,497等页。

[430]我这里是用更现代的名词。康德在其《人类学》一书第14节里,分辨开Organenempfindungen和Vitalempfindungen。

[431]花氏上引书第2卷第165页。

[432]参看本书第125～128页。

[433]参看《论文》第15节D:"空间不是什么客观实在的东西。它既不是实体,又不是偶性,又不是关系,而是主观的、观念的、依它从心灵的性质而来的一定规律进行,可以说是一种图型用来按它规定的方式调整所有一切外界感觉的。"又参看第15节。其节末的系论说:"心灵的作用,按常住的规律调整其感觉。"

[434]特别是由于空间第三与第四两种论证而又由于康德在先验阐明所说的。

[435]例如哥亨(Cohen)、理尔(Riehl)、客尔德(Caird)、华特生(Watson)。

[436]参看华特生著《释康德哲学》一书第83页:"康德所以从空间的逻辑先验性做出结论说它是先验的。"

[437]康德以这为根据就断言空间是理性的一种理念;参看本书第135～137页;又第198～199,413～414页。

[438]这第二论证不在《论文》中。

[439]参看花亨格尔上引书第2卷第196～197页。与此相应的关于时间的论证,在其第二版中的形式上,如我们将要发现,是严重地叫人发生误解的。它曾使海尔白特(Herbart)等人误解这系论与主要论题的联系,海尔白特的解释在下文第160页上加以考虑。

[440]参看花亨格尔上引书第2卷第220页。

[441]引自《反思录》第2卷之403。

[442]"空间之没有多于三次元,两点之间只能有一条直线,平面上从某一点用某一直线可做出一个圆,这些都不能从空间的任何普遍概念推论出来,而只能在空间像在具体中那样认出。"又参看《导论》一书第12节。

[443]第二版中是第三。

[444]关于一种不同的见解,参看花氏上引书第2卷第233页。

[445]参看本书第137～138页;又第162,213～214,217,364～365页。

[446]参看本书第213页。

[447]参看本书第19页;又第208页起,224,228～229,287,319～321,426,434等页。

[448]这句话在括弧里,已在第四(第三)论证中谈过。

[449]这就使康德在A 23即B 38以德文的erötern来代替betrachten。

[450]参看花亨格尔上引书第2卷第151页。

[451]《导论》之第1节(英译本第13页)。参看本书第104页。

[452]无疑这就是一种理由,说明康德何以谈到空间时,用那不幸的而又模糊的概念(德文Begriff)这词来代替了表象(德文Vorstellung)这更广泛的词。参看B 37,本书第104页。

[453]参看A 729即B 757:"我愿意用阐明这词而不用定义这词。因那是更为谨慎的表达。批评家可能把它所宣称的作为在某一定程度上是有效的。纵使他对于其分析的完备性有所怀疑。"参看康德的《逻辑》一书第99节起,又第105节。又参看Untersuchung über die Deutlichkeit der Grundsätze, W. ii. pp. 183～184。(奥古斯丁

曾说过："我深知时间是什么，但如有人问我，我不能说。"）

[454]这短语"概念的构成"的解释，参看本书第 167～168 页。

[455]参看本书第 154 页起。

[456]参看关于空间的第四论证之结论。

[457]先验在这里是使用在其含糊的双重意义上，在其先于经验（作为一种表象）它是先验的，而又作为独立于经验（作为一个命题）它是有效的。参看花亨格尔上引书第二卷，第 268 页。

[458]参看本书第 151 页起。

[459]参看本书第 152～153 页。

[460]参看《活叶集》第 1 卷第 18 页："这是空间是一种主观条件的证明（德文 Beweis），因为它的命题都是综合的，而且通过它们对象就能先验地被知道。如果空间不是这些对象的表象之一种主观条件的话，这就不可能。"参看《反思录》第二卷，第 396 页，在那里这个空间观念性的直接证明有别于假借二律背反的间接证明。

[461]所谓《概念》康德像是指五种论证而言，虽然事实上其他结论和预先假定也估计到，而提出新的论点。

[462]根据花亨格尔（上引书第 2 卷第 287 页），这是物自身（德文 Dinge an sich）这一短语在康德的著述中第一次出现。

[463]参看花亨格尔对这讨论的分析，见上引书第 2 卷第 290～313 页。

[464]上引书第 2 卷第 289～290 页。

[465]参看本书第 435 页起，第 533 页起，第 576 页起。

[466]在 B 166 起里面。

[467]这在 1772 年 2 月 21 日给郝尔兹（Herz）的信中所提到各点也是一样真的。参看本书第 251～252 页。

[468]客氏的《康德的批判哲学》一书第 1 卷第 306～309 页。

[469]参看给郝尔兹的信，见 W. x 第 126 页。康德在这里说，这是关于我们的知识的根源和有效性所能提出的最荒谬的解释，其中含有循环论证，而又为极其无稽的思辨大开门户。参看本书第 69～70 页；又第 167～177，319，604 等页。

[470]参看 B 167～168。

[471]就是指在第一版里的，参看本书第 125 页起；又第 153 页。

[472]参看本书第 148～150 页。

[473]见花氏上引书第 2 卷第 335 页。

[474]《导论》第 6～11 节。

[475]两者等同起来在 A 39 即 B 56 上特别清楚。

[476]A 27 即 B 43。(蓝中译本第 53 页。引文中“主观”今译“主体”,似较妥。)

[477]参看本书第 18 页;又第 154～157,176,218～219,272～273,287,319～320 等页。

[478]A 28 即 B 44。参看 A 35 即 B 52。

[479]参看花亨格尔上引书第 1 卷第 351～354 页;又本书第 117,331 页。参看客尔德著《批判哲学》一书第 1 卷第 298～299 页;又第 301 页;又华特生著《释康德》,第 91 页。

[480]引自 Gedanken von der wahren Schätzung der lebendigen Kräfte(1747)(《关于生活力正确评价的思想》)第 10 节。

[481]我们不能在这点上讨论这重要而影响重大的断言。康德的推理实在是坏意义的一种循环推理。康德很可以合法地从空间的先验性格论证到纯粹数学的必然性的性格;但是当他进而同样地来推论出应用数学的必然性的性格时,他就不得不作进一步的假定说,空间乃人类成员能直觉到对象的唯一之固定了而又绝对一律的方式。这是,如下文(第 120 页)所指出,康德没有真正成功地证明的一种假定。无论如何,严格的综合方法不容许他去论证,如他在《论文》里(第 15 节)和在《批判》一书第一版第三空间论证里那样,说应用数学的先验确定性证明一切空间的必然一律性。

[482]见该书第 15 节 D。

[483]参看本书第 148 页。

[484]参看本书第 81～84 页,132～133 页,166～168 页,364～365 页,又 438 页起。

[485]A 99～100。

[486]A 78 即 B 104。参看 A 159 即 B 198,又 B 147。

[487]见该书第 38 节,英译本第 81 页。

[488]参看本书第 272 页起。

[489]A 28～29。参看 B 1;《导论》一书第 13 节,注意 2,末:“银朱在我里面激起红的感觉”,参看本书第 120～128 页;又第 180 起,305 起等页。

[490]康德在 A 45 起即 B 62 起,继续这一般问题的讨论。

[491]康德自己又一次使用概念这含糊的名词。

[492]引自该书的第 14 节,1。

[493]见海尔白特(Herbart)《全集》第 2 卷第 30 页。为花亨格尔上引书第 3 卷第 198 页所引。

[494]关于时间的第三论证,在后面和先验阐明联系在一起来考虑。

[495]第二版中是第三论证。

[496]正如我们将要看到,其主要省略的成为时间的结尾论证。

[497]第二版的第三论证。

[498]第二版的第四论证。

[499]参看花氏上引书第 2 卷第 380～381 页。

[500]参看空间第四(第三)论证的第二部分。

[501]引自康德的《逻辑》导言第 8 节,英译本第 49 页。

[502]参看本书第 137～138 页。

[503]这些公理是:(1)时间只有一个次元;(2)不同的时间不是同时的而是先后的。在第四论证里,这些公理的综合性格被认为时间的直觉性质之另一证据,这一段实在是先验阐明的一部分。那阐明须说明这些公理的综合性格和它们的必然性的性格;其实从时间发生的先验知识的直觉性格,因而它的综合性格,在先验阐明中之被强调比它的必然性质多得多。

[504]参看《反思录》第 2 卷第 374 页起。

[505]花氏上引书第 2 卷第 387 页。

[506]参看 A 41 即 B 58:"运动结合[空间与时间]是预先假定某一定经验的东西的。"

[507]W. iv 第 471 页。

[508]《哲学概论》(Hartenstein 版)第六卷,第 395 页。

[509]书之第 12 节。

[510]见上引书同一地方。

[511]A 78 即 B 104。(引文用蓝译,见该译本第 86 页。)

[512]A 142～148 即 B 182。(引文用蓝译,见该译本第 145 页。)应该注意康德把图型看为"只存在于思想中的"(A 141 即 B 180)。还要注意到,时间是作为制约着**所有**范畴的图型的。

[513]A 717 起即 B 745 起。

[514]引自《导论》第 10 节。

[515]见叔尔遮《康德教授的纯粹理性批判的解释》(Erläuterungen über des Herrn Professor Kant Critik der reinen Vernunft),孔尼斯堡 1784 年版,第 24 页。约翰·叔尔遮(又名叔尔兹)是孔尼斯堡大学数学教授。他是兼宫廷牧师,常以叔尔遮牧师见称。康德称颂他为(W. x 第 128 页)"我们这里我所认识的为世界最好的哲学头脑"。起草其《解释》一书时,叔尔遮有请教康德关于一切困难的便利。该《解释》乃是《批判》一书的论证之一种简单化的叙述,亦可说是一种意译。康德曾读过这书的手稿,并且提出过几点修正(见上引书第 329,343 页)。

[516]参看花亨格尔上引书第 2 卷第 388～389 页。

[517]引自《叔本华全集》(Frauenstädt 1873 年版)第 1 卷第 133 页。

[518]参看本书第164～165页。

[519]W. x第530页。重点不是康德原有的。

[520]《基本命题明显性的研讨》(Untersuchung über die Deutlichkeit der Grundsätze)第一部分,第2、3节;第三部分,第1节;又《论文》第12节,第15节C。

[521]参看本书第164页。

[522]《论文》第15节C。

[523]参看本书第81～84,155～157页;又第364～365页,

[524]见卡氏著《康德与现代数学》,见《康德研究》,卷十二(1907年),第34页注。

[525]参看A 713起即B 741起;A 4即B 8,B 15～16;A 24,A 47～48即B 64～65。

[526]参看本书第363～364页。

[527]参看本书第461页注。

[528]关于空间第二结论的内容。

[529]这表达问题比康德自己表达的稍为清楚一点。表象这名词是含糊的。在第一段中,它用来涵盖表现与其表象。

[530]参看《论文》第15节系论:"空间正确地有关对象的直觉;时间有关状态,特别是表象的状态。"

[531]参看本书第338页起;又第372～373,384页。

[532]参看《反思录》第2卷第365页起。

[533]第14,第5和5页的注。

[534]但其反面是在B 67所说的。

[535]参看A 427～428注即B 456注。

[536]A 99。参看A 162即B 203:"我不能向自己表现一条无论如何短的线而不在思想中把它画出来,即从一点上把它所有部分一个一个地产生出来。"参看本书第133,372～373等页。

[537]参看《活叶集》第1卷之54:"没有空间,则时间自己不能表现为量(德文Grösse),而一般说来,这概念会没有对象。"参看《论文》第15节5。

[538]参看本书第389页起。

[539]在《论文》中,时间是在空间之前处理的。

[540]参看本书第16,157页;又第272～273,389,391～394,413～414等页。

[541]参看《论文》第15节C。

[542]参看本书第302页起,324～325,337起,389起等页。

[543]A 23即B 37。

[544]这适应于关于空间的第三段。参看本书第153页。

[545]参看本书第153～154页。

[546]参看W. x第102页。曼德尔松也曾抗议过；参看曼氏上引书第10卷第110页。

[547]引自《全集》第10卷第128～129页。重点不是康德的。康德是完全有其理由来抗议那种见解说他否认物自身之在时间里就是说它们永远是一样不变的。叫一个跳舞的人保持同一的姿态不是把他从时间拿出来，而是叫他在极不愉快的方式上感觉到时间的实在性。持久性是时间的样式之一。

[548]这是康德对曼德尔松的反对意见之答复（时在1770年12月，见W. x第110页）："继续性至少是有限灵体的表象的一种必要的条件。而且有限的灵体不只是表象的主体而且又是对象，对上帝是这样，对我们同类的人也是这样。所以继续性必须看作是客观的东西。"

[549]参看A 277即B 333："我们是不能用什么直觉，而是用我们的内部感官，来观察甚至我们自己的心的。"

[550]为花亨格尔上引书第2卷第406页所引用。

[551]在第四误谬推理里面，见A 366，又在观念论的驳斥，B 274。

[552]参看A 42即B 59。

[553]参看本书第150～151页。

[554]参看花氏上引书第2卷第114页。

[555]这是康德的 Von dem ersten Grunde des Unterschiedes der Gegenden im Raume 一书出版的日期。

[556]参看本书第195页起。

[557]参看《论文》第15节D："为空间的实在性辩护的那些人，把空间或者设想为可能有的东西之一种绝对的而宽大无边的容器——这是不只对英国的[思想家们]而且对大多数的几何学家都是有吸引力的——不然的话，就坚持它不过是存在的东西之间的一种关系，当这些东西消逝了，这种关系也必然消逝，而且这关系只能在现实的东西之中才可以思维的。后者是莱布尼茨和我们德国大多数人的说法。"尽不必指出，在所考虑的几段中，关于莱布尼茨的学说之说法，并不是正确的。康德照着他惯用的讨论对立各体系的方法，是说到他认为是莱布尼茨某些主张的逻辑后果，而不是他所明言的立场。

[558]参看A 275～276即B 331～332："莱布尼茨设想空间为诸实体共通的某一种秩序，而时间为它们的状态动力上的次第。但是两者像是作为自己原有的东西，独立于物的，他就以之归于它们的概念的模糊性格，说这模糊情态就是何以只力学上的关系被认为是一种特别直觉，自存而先于物自身的之理由。这样，[依莱布尼茨来

说，]空间与时间是物(实体与其状态)自身的联系之可理解的形式。”又参看《导论》第13节，要点1。

[559]康德曾说这两种见解都和“经验的原理”冲突。但是他的批评不完全是按这路线的。所说的，严格上只适用于他对莱布尼茨的见解的批评。参看《论文》第15节D:“理性那第一个疯狂的发明，像它那样认为没有任何相互关系的东西而竟然有真正的无数关系，这是属于无稽之谈的。可是采取其他一种见解的人，则陷入更坏的错误里。因为前者只阻挠着某些理性概念，即关于本体的概念的道路。这些概念本身却又是对于灵性界、上帝无所不在等问题的关系极其模糊的、而后者是直接反对现象本身并且反对一切现象最忠实的解释者。几何，因为——不去谈他们对空间下定义时所必然陷入的明显循环谬误——他们把几何从它确定性最高点的地位拉下来，而把它退归只有经验性原理的那类科学。因为如果空间的变化都只来自外界关系的经验，则几何的公理只能有比较上的普遍性，像从归纳所得的那样，换言之，只能扩充到观察的范围。这些公理就不能有其自认为有的必然性，除非是和确定的自然律相符合的那种必然性，也不能有准确性，除非是根据假定的那种人为的准确性。而且正如在经验的事情中所发生的那样，依然有可能发现空间具有别的原来之变化，而甚至可以有两直线包住一几何形的事情。”参看本书第151页；又第319～320页。

[560]在B 155注里，康德分辨开空间之中物体的运动和运动之作为一个几何形之产生。只有前者是包含着经验的；后者是生产想象的一种纯粹动作，不只属于几何而且属于先验哲学。正如耳尔德曼(Erdmann)曾指出(见《批判哲学》第115，168页)康德在第二版加入这注是答复叔尔兹的批评的。这样做出的区别之能维持，只是由于假定了纯粹杂多是不同于感性的杂多的。

[561]A 230即B 283。参看本书第97～98，155页；又第218～219，287页。

[562]A 41即B 58。

[563]参看本书第384～385页。

[564]见Les Données Immédiates(直接所与)，第75页。

[565]见花氏上引书第2卷第446页。

[566]指《论文》第4与27两节。

[567]参看Ueber eine Entdeckang, etc，见《全集》第8卷第220页。

[568]A 44即B 61。

[569]A 277即B 334。参看A 278～279即B 335～336。

[570]当康德说区别不是逻辑性的(指相对的明确性与模糊性的区别)而是先验时，后一词的意思，实际上是等于认识论的意思。它不是说“关于先验的”，而是说关于先验哲学的，正如逻辑的在这里是关于逻辑的意思。参看花氏上引书第2卷第

452页。

[571]参看A 270起即B 326起。

[572]引自《论文》第7节(我把autor作autem读)。参看本书第220页。

[573]参看《导论》第13节,注意2。

[574]参看本书第157～158页。

[575]参看A 257即B 313。

[576]A 46即B 63。这是先验对象这短语在《批判》一书中第一次出现。先验用作等于超越。参看本书第234页起。

[577]参看本书第157～159页。

[578]A 271即B 327。(引文依蓝译,见译本第229页。)

[579]A 46～49即B 63～66。

[580]A 48即B 65～66。花氏(第2卷第470～472页)给了像是充足的说明:康德使用这时,心里所想的是什么。

[581]A 46即B 64。(引文依蓝译,见译本第65页。)参看《论文》第15节C。在第一版的感性论里,康德第一次用德文"物自身"的单数来代替更常用的这词之多数,而且是用盖然性的名词提到它,作为可能在表现的基础上的东西。

[582]B 66～73。

[583]a并不包含第一版中别处找不到的东西。它是A 265起即B 321起;A 274即B 330;A 277起即B 333起;A 283～285即B 339～341的重述。

[584]一种和康德把它作为纯粹杂多的见解相冲突的说法,是应注意的。

[585]康德大概为Tetens所影响,参看本书第324页。

[586]参看本书第321页起,b和B 152～158一起比康德在第一版所给内感官学说的叙述还要明显些。

[587]花亨格尔(上引书第2卷第486页起)比任何其他注释家所作的更多来弄清楚这段的含糊的地方,而只分辨出两种见解。

[588]A 38即B 55。(引文依蓝译,见该译本第60页。)

[589]参看《导论》(《全集》第4卷第376页注;英译本第149页):"书评家常常只和自己的影子打架。当我把经验的真实性和梦对立时,他总不有点觉得我只谈到沃尔夫哲学的客观存在的梦,那只是形式上的,而与梦和醒的区别无涉,这区别在任何先验哲学中固然是没有地位的。"

[590]参看本书第300页起。

[591]B 69。关于所提到的时间与自我意识的解释,参看本书第337,351页。

[592]幻觉的这种见解也出现于A 293即B 349;A 377～378,A 396和《导论》第

13 节,Ⅲ,在开始的地方。

[593]《导论》,上引文中。

[594]参看 1863 年版,第 2 卷第 267 页起。曼德尔松所用的例子是镜中的影和虹。

[595]W. x 第 405 页。

[596]康德 1770 年给兰柏尔特的一封信中也用 Schein 这词(见 W. x 第 105 页)。

[597]A 38。

[598]参看上文,A 39 即 B 57。但是这只是在含义中说的,并无证明。如已指出,康德没有实在说明空间与时间作为绝对实在性看是"和经验的原理"不一致的。康德在这里也未提出充分的根据来把空间与时间描写为虚无物。必须看到,康德并不看现实无限的概念是本身自相矛盾的。参看本书第 503 页。

[599]B 275。

[600]参看本书第 327 页起,关于康德对于观念论的反驳。这也是康德在其批判前的著作中使用这名词的意义。参看 Dilucidatio(1755),prop, xii, usus; Träume eines Geistersehers(1766),ii. 2. W. ii. p. 364。这些引文是 Janitsch 的(见 Kant's urthoile übcr Berkeley,1879,p. 20),它又指出:这词早在 1725 年就已为 Bülffinger 用在这意思上,见 Dilucidationes philos。这也是这词用在 B. xxxiv 上的意思。参看 A 28 即 B 44。

[601]《导论》附录,W. iv 第 374～375 页。

[602]在他的《短论》(Kleine Aufsätze)第三,盖然性观念论的反驳(Refutation of Problematic Idealism, Hartenstein, v. p. 502),康德很像是前后不一致地责难贝克莱主张一种唯我论的立场。"贝克莱否认一切的存在,只除了说这话的人",大概这不过是只有思维的存在者才存在的说法一种不小心的公式形成。参看《导论》第 13 节。

[603]见《导论》,W. iv 第 375 页;英译本第 148 页。

[604]波鲁斯基(Borowski)在其《康德的生平与性格》(Darstellung des Lebens und Charakters Immanuel Kant),1902 年 Hoffman's 版,第 248 页起列出康德所曾知道的英国作家。据 Janitsch(见上引书第 35 页),这些作家都有译本可读。参看第 12 注,第 259 注。

[605]参看 W. i 第 318,322 页。当康德在其《导论》一书(导言部分)引用休谟的论断时,引文都是从德译本来的。

[606]这是贝克莱的第一部著做出现于德文的。译本于 1781 年在赖普色出版。

[607]参看本书第 336～337 页。但是花亨格尔(《哲学月刊》,1883 年,第 501 页

起)为其反面的见解辩护。

[608]见《人类理性研究》第12节,第2部分末。

[609]见该书第六版,第132,214,243等页。

[610]A 38。

[611]A 377。

[612]A 377～378。(引文依蓝译,见该译本第303页。)虽然康德在这里把知觉和它们的"外部对象"分辨开来,但后者仍然是和心理的表象同一的。

[613]参看本书第334页起。

[614]见《导论》第13节注3;又该书附录(W. iv第374页)。

[615]康德描述贝克莱的观念论为空想的而又神秘的,无疑部分是由于在康德心中有观念论和斯惠敦堡(Swedenborg)的精神学说陈旧的联系(W. ii第372页)。由于他把贝克莱和柏拉图列为同类的,思想的这种联系就越发加强了。

[616]见《导论》附录,W. iv第374页;英译本第147页。

[617]参看本书第175～176页。

[618]《论文》第27节。翻译康德的比较困难的拉丁文时,我发现W. J. 埃可夫(Eckoff)的英文译本有帮助(纽约1894年版)。

[619]除我们面前这一段的内证外,我们还有康德自己在他《批判》一书第一版自用本上附注(A 43和A 66上面的)与这联系提到曼德尔松的地方。参看耳尔德曼的《康德的批判附言》二十与三十二;参看本书第52～53页。

[620]参看《早晨》杂志第2卷,《书信集》(1863年),第246,288页。

[621]参看本书第153页。

[622]B 72。

[623]关于这问题,参看花亨格尔在其上引书第2卷第518页起详尽的讨论。

[624]《关于生命力的正确估价之思想》(1747年)。

[625]见上引书第10节。参看本书第154页起。

[626]小册子指 Von dem ersten Grunde des Unterschiedes der Gegenden im Raume。

[627]欧拉《关于空间与时空的反思》(1748年版)。花亨格尔(上引书第2卷第530页)指出,康德可能在这里又为莱布尼茨和克拉克的争论中某些段落所影响。

[628]上引《论文》一书之末。

[629]见 Dorpater 手稿,为耳尔德曼引用于其《论文》版,第xevii页注。

[630]见该书第15节C。

[631]也在《自然科学的形而上学最高原理》(1786年版)第一章说明二注三。

[632]参看本书第 143 页。

[633]A 289 即 B 345。(引文依蓝译,见该译本第 239～240 页。)

[634]更准确的是在《形而上学的最高原理》一书的写作时间(在该书中,如上所指出,《导论》的论证是得到承认的)与 1787 年之间。

[635]参看 A 260 起即 B 316 起,关于反思的概念的歧义。

[636]《论文》引用这论证只是为这意图。然而只从《论文》的观点,《导论》的更广泛的论证才能合理地提出。

[637]参看本书第 135～137 页,第 437 注;又第 413～414 页。

[638]B 73。

[639]A 50 即 B 74。

[640]参看第 670 注。

[641]K 第 99 页注。

[642]A 64 即 B 89。

[643]在 A 19 即 B 33 上面的直觉的定义也只适用于经验的直觉。

[644]关于康德对于感觉作为感性直觉的质料之见解的讨论,参看本书第 120 页起。

[645]第 2 段,A 51 即 B 75。

[646]对象(德文 Gegenstand)这里是在其严格意义上使用,而再不是只和内容(德文 Inhalt)同其意义的。

[647]参看本书第 120 页起。

[648]参看本书第 125 页。

[649]A 52 即 B 77,第 3 段。

[650]K 第 100 页。

[651]见康德著《逻辑》导言,i(Abbott's 英译本第 4 页)。

[652]参看 A 796 即 B 824;A 130 即 B 169;参看本书第 112～113 页。

[653]A 709 即 B 737。

[654]康德著《逻辑》导言,i(Abbott's 英译本第 3 页)。

[655]参看本书第 227 页。

[656]康德著《逻辑》导言,i(Abbott's 英译本第 4 页)。

[657]参看 A 796 即 B 824。

[658]康德著《逻辑》导言,i(Abbott's 英译本第 5 页)。

[659]A 57 即 B 81。

[660]康德著《逻辑》导言,vii(Abbott's 英译本第 40 页起)。

[661]康德尽可能再加上说,先验逻辑还明确其他的条件,即可能有的经验之条件,而其含义就是叫我们以前后一贯为甚至物质真实性的最后考验。

[662]A 60～62 即 B 84～86。

[663]康德著《逻辑》导言,ii(Abbott's 英译本第 6～7 页)。

[664]参看本书第 112～113,203 页;又第 457～458,580 页。

[665]参看本书第 445 页起。

[666]康德在德文上使用 Gegenstand 和 Object 作为同义词。

[667]参看本书第 446 页。

[668]A 64 即 B 89。

[669]A 65 即 B 90。

[670]A 67 即 B 92 开头的叙述所说,一向悟性的定义是消极的,这是不正确的,那像是证明这节是在分析论的导言之先写的。参看本书第 200 页。

[671]参看本书第 203～204 页。

[672]A 79 即 B 105。以 Element(中译"因素")译德文 Inhalt,这是易于产生误解的词。

[673]康德先验逻辑的定义据以区分于普通逻辑是在于它不从先验内容抽象出来,这必不能理解为含有悟性的范畴是内容,虽然性质上是先验的这种意思。正如我们将要发现,虽然那是康德关于感官形式的见解,它丝毫不是他关于范畴的见解。他反复坚持它们只是一些功用,而在意义上是很不确定的,除了感官为它们产生一种内容之外。在 A 76～77 即 B 102 上面,在区分这两种逻辑时,康德小心地弄清楚,先验逻辑的先验内容完全是感官的先验杂多。

[674]本书的第 20 节,英译本第 58 页。

[675]关于这二者作为平列的这见解在《导论》一书(第 20 节)重现于一节,其一般的倾向是正面与任何这种观点对立的。

[676]A 78 即 B 103。(引文依蓝译,见该译本第 85～86 页。)

[677]参看本书第 229,236,257～258 页。

[678]该书导言,viii,英译本第 48 页。

[679]参看本书第 78～80 页。

[680]引自《三段论式四格的错误细致区别》(1762 年版),W. ii 第 47 页;英译本第 79 页。

[681]参看本书第 137～138,144～145 页。

[682]W. ii 第 58～59 页;英译本第 92～93 页。

[683]参看《反思录》第 2 卷第 599 条。

[684]参看本书第 248～249 页。

[685]在客尔德(上引书第 1 卷第 322 页起)和华特生《康德解》一书(第 121～122 页)的讨论中,关于认为所包含的原理,可以看出同样的叙说之不明确性。

[686]参看 A 80 即 B 106。

[687]第 39 节。

[688]参看本书第 209 起。

[689]B 145～146。参看本书第 18～19,27,97,176 等页;又第 287,321 两页。

[690]第 5,6 两节。

[691]第 7,8 两节,参看本书第 178～180 页。

[692]W. x 第 126 页,重点不是康德的。

[693]《反思录》有关各条已为阿的凯斯(《康德的体系》一书第 21 页起)所仔细讨论,在后面我广泛地利用其结果,但并不总是得到很相同的结论。

[694]第 15 节系论。

[695]康德在其后来的著述中承认空间与时间的表象包含有理性的一种理念。参看本书第 135～136,413～414 页。

[696]第 39 节。

[697]见《反思录》第 2 卷第 513 条,参看第 502,525～527 各条。

[698]上引书第 2 卷第 513 条。

[699]参看上引书同卷第 537 条。

[700]参看本书第 129 页起。

[701]只在一段里,Rechtslehre i. Anhang 3,2,阿的凯斯所引用,见该书第 13 页,康德离开他的正宗说法,而谈到一种先验四分法的可能性。但是他认为划分的完整性不能根据经验来保证,这见解是他从未动摇过的。

[702]该书的导言第 4 节注;英译本第 41 页。

[703]《论文》第 4～6,又 9 节。

[704]A 70～76 即 B 95～101。

[705]参看阿的凯斯的《康德的体系》第 36 页起。

[706]参看同上引书第 89 页起。

[707]见兰柏尔特的《工具论》(Organon)第 137 节,为阿的凯斯所引用。

[708]见客尔德上引书第 1 卷第 343 页起。

[709]参看本书第 414 页起。

[710]A 76～79 即 B 102～105。

[711]参看本书第 204 页。

[712]A 55。

[713]又参看 B 160。

[714]康德的《经验说》(Theorie der Erfahrung)第二版第 257 页起。

[715]《康德的批判哲学》第 1 卷第 327 页起。

[716]《哲学的批判论》第二版第 484 页起。

[717]《康德解》第 124 页起。

[718]参看本书第 231 页。

[719]参看本书第 257～258 页。

[720]A 79 即 B 105。

[721]参看本书第 210 页起。

[722]A 79～80。

[723]参看本书第 225 页。

[724]参看 B 111。

[725]参看阿的凯斯的《体系》第 42～43 页。

[726]《康德解》第 128 页。

[727]参看本书第 78 页。

[728]参看《论文》第 16～28 节;又本书第 404 页起。

[729]参看《反思录》第 2 卷第 795 条。

[730]B 111～113。

[731]叔本华著《世界是意志和表象》,全集(Frauenstädt 版)第 2 卷第 544 页,英译本第 2 卷第 61 页。

[732]参看 Stadler Grundsätze der reinen Erkenntnisstheorie(1876)第 122 页;又参看本书第 410～412 页。

[733]参看本书第 414 页起。

[734]参看《导论》第 39 节。

[735]A 81。

[736]参看本书第 219 页起。

[737]《康德解》第 120 页。

[738]A 81。

[739]A 82。(蓝中译本第 88 页。)

[740]A 82。(同上。)

[741]B 110。

[742]B 110～111。

[743]参看本书第 232～233 页。

[744]W. x 第 344～345 页。

[745]参看本书第 405 页起。

[746]参看本书第 453～454,471,498,546,576～577 等页。

[747]B 114。

[748]参看第 904,905 条。

[749]参看 907～910 各条。

[750]参看耳尔德曼的 Mittheilungen in phil, Monatshefte, 1884,第 80 页和阿的凯斯的 Systematik,第 55～59 页。

[751]《反思录》第 2 卷第 252 页注。

[752]见花亨格尔著《Rudolf Haym 纪念论文》中的《范畴的先验演绎》一文,1902 年有单行本。

[753]对于正文的分析或对于康德早年半批判的种种见解不立刻感到有兴趣的读者,可越过第 203～234 页,第 204～219 页是关于康德的先验对象学说的,应该读。

[754]建议读者在一本《批判》上把各段划出。

[755]它在《批判》一书第一次出现是在感性论里,A 46 即 B 63。在那里它是指物自身。

[756]A 104。

[757]A 109。

[758]A 109。

[759]A 104。

[760]参看本书第 70 页;又第 251～252 页。

[761]W. x 第 124～125 页。

[762]参看本书第 241～242 页。

[763]休谟关于自我的见解不发展于其《研究》一书,而卑亚特耶又未提及。

[764]A 107。

[765]参看《反思录》第 2 卷第 952 条(耳尔德曼指出这是属于最早的批判时期):“表现是我们为之影响的表象。我们自由的自活动(Selbsttätigkeit)不包含有影响,因之就不是表现,而是统觉。”参看本书第 325～326 页。

[766]第 8 节。参看本书第 32～34 页;又第 274,290～293,302～303,355～356,492～496,533 等页。

[767]A 107。康德在 A 107 提及统觉时用德文 unwandelbares Bewusstsein 这个很不平常的短语。

[768]A 108。

[769]A 107。

[770]雷克(Reicke)《活叶集》第 19 页。关于这段的关系和时日在下文第 233 页上讨论。

[771]上引书第 20 页。

[772]上引书第 22 页(写在 1775 年 5 月 20 日的一封信上面)。

[773]不能按字面来理解这最后的说法。由于在这节里别处说到先验对象的方式,而且又在辩证论里面那样说,必须认为它是代表一种独立的存在,所以表象对它的关系并不是简单指意识的统一性。

[774]我们可以注意,当康德在上面所引用的 A 107 中提到"先验概念"时,他加上作为解释而且是在括弧里的"空间与时间"等字样。

[775]A 105～106。

[776]康德关于先验对象这观念的根源与组织的学说之真正性质大都为这事实所遮蔽,就是他把它的有效性之证明太过显著地放在前面的地位了。当然,这个证明的一般性质是同于他后来的主张的。

[777]A 109。

[778]正如在《活叶集》那样。参看本书第 264～265 页。

[779]参看本书第 257～258,264～266,298～299 页。

[780]参看本书第 350～356 页;又第 290～293 页。

[781]如上面指出(第 204 页注 756),这也在感性论中(A 46 即 B 63)出现作为指物自身而言的。

[782]A 238 即 B 298。(引文依蓝中译本,见该译本第 210 页。)

[783]参看本书第 269 页。

[784]A 238 起即 B 298 起。

[785]A 250～251。(参看蓝译本第 222 页。)

[786]参看本书第 429 页起。

[787]A 253。(参看蓝译本第 223 页。)

[788]A 191 即 B 236。

[789]A 277～278 即 B 333～334;A 288 即 B 344。

[790]参看 mundus phaenomenon,在 A 272 即 B 328 上。

[791]阿的凯斯由于单独在 A 286 即 B 342 提到图型就这样决定其年代的。(见阿氏的《批判》一书第 272 页注。)

[792]A 358 和 A 361(参看 A 355);A 366;A 372 和 A 379～380;A 390～391,

A 393 和 A 394。

[793]A 366。(引文依蓝译,见该译本第 296 页。)

[794]这里 Transcendental 的意思是 transcendent。参看 A 379。

[795]A 372;在 A 613～614 即 B 641～642 上也是如此(引文依蓝译,见该译本第 300 页。)

[796]A 393 这段见本书第 483 页。

[797]A 494 即 B 522。参看 A 492 即 B 521:"真我(德文 das eigentliche Selbst)之在自身存在,即先验的主体。"

[798]A 495 即 B 523。(引文依蓝译,见该译本第 370 页。)

[799]A 496 即 B 524。(引文依蓝译,见该译本第 371 页。)

[800]同上。(引文依蓝译,见该译本第 371 页。按蓝"为我之所不能知者",应译"为我所不知者"较妥。)

[801]又参看 A 538 即 B 566;A 540 即 B 568;A 557 即 B 585;A 564 即 B 592;A 565～566 即 B 593～594;A 613 即 B 641～642。

[802]参看本书第 238 页。

[803]参看本书第 35～37 页;又第 310,358,399～400,414～415,434～437,449～451,576～579 等页。

[804]即第一版演绎的第一层,关于现象与本体的一章之有关各节(A 250 起)和误谬推理及后面的反思。

[805]即歧义附注,关于二律背反一章和关于理想一章。

[806]第二章的修改止于论误谬推理一章的末了这种说法只有一个例外,即附于 A 491 即B 519的短注。但是这例外是支持我们的一般论题的。其发生是由于争论的,提到先验观念论和主观观念论之间的区别的性质,而且是康德在第二版中附加于公准的新的观念论之反驳所需要的。

[807]这是紧接着本书第 238 页所引用的小段之后的。

[808]全集第 10 卷第 125～126 页。

[809]A 89 即 B 121。(引文依蓝译,见该译本第 95 页。)我采用 B. Erdmann's 的考证把德文 als 读为 auf。

[810]A 88 即 B 120。

[811]A 90。

[812]正如我们已经发现(本书第 145 注),在第一版的导言草拟时,这还没有达到。

[813]A 95～96。

[814]A 97。

[815]A 95;参看 A 96。

[816]A 111。

[817]A 111。

[818]A 112。

[819]A 111。

[820]A 112～114。

[821]A 110～114。

[822]花亨格尔认为是 I。第 14 节 C 的时代是在当中的,但比较上这是不重要的一段,在这里暂可不去理会它。参看本书第 257～258 页。

[823]A 118～119。

[824]A 124。

[825]同上。

[826]A 115。

[827]A 76～79 即 B 102～104,尚未评论。

[828]参看花亨格尔上引书第 63 页。

[829]A 77 即 B 102。参看本书第 135～136 页。

[830]同上。

[831]关于这些名词使用的意义究竟是什么之解释和所包含的复杂问题之讨论,参看本书第 300 页起。

[832]参看 A 118。

[833]A 102。

[834]A 99～100。(引文依蓝译,见该译本第 122 页。)

[835]A 102。(引文依蓝译,见该译本第 123～124 页。)

[836]A 100。

[837]A 101。(引文依蓝译,见该译本第 123 页。)参看本书第 285 页。

[838]参看本书第 269,293 页起。

[839]参看本书第 243 页。

[840]要看花亨格尔自己的叙述,参看上引他的书第 79～98 页。

[841]第 64～65,117,140～145 等条。

[842]第 146 条。

[843]第 41,81 条。

[844]第 104 条。

[845]参看第 964～965 条。

[846]第 947 条。

[847]第 948 条。

[848]第 949 条。

[849]第 952 条。

[850]这是耳尔德曼的解释。花亨格尔以德文的 allgemein 代替 allein,但未说明其理由。

[851]第 935 条。翻译是按字面的,康德在最后一句里从单数改为多数。

[852]第 964 条。

[853]又参看第 957,961 两条。后一条证明康德已经把关系的诸范畴和判断的逻辑功用联系起来。

[854]雷克,第 7,8,10～18 条(第 16～26,29～49 页)。

[855]主要有关各段已在本书第 241 页引用。

[856]该信见 W. x 第 173 页。

[857]雷克,第 113～116 页。

[858]据阿的凯斯说来,《批判》一书是 1780 年上半年"脱稿"的;花亨格尔的意见则不同,他认为康德从 4 月到 9 月从事于这书的写作。参看本书第 2 页。

[859]但是在两方面碎简 B 12 号是预先谈到第四阶段的学说的:(a)提出(在第 114 页)纯粹直觉的纯粹综合之必要性,和(b)把认识的综合和想象的综合等同起来(在第 115 页)。

[860]参看本书第 263～265 页。

[861]参看本书第 298～299 页。

[862]在 B 160 上面康德说理解的综合只是经验的;而在 B 152 又有下面强调的一句话:"由于想象的机能是自发地活动的,有时我也称它[即除给它以先验的和象征的之称号之外]为生产的,因而把它和再生的想象区别开来,再生的想象的综合只服从于经验的规律,即联系的规律,因之它对于先验知识的可能性之解释是没有什么贡献的。所以它是属于心理学而不属于先验哲学的。"参看 A 102 上面与之正面相反的说法:"想象机能的再生综合必须列入心的先验动作之内。"

[863]虽然如我们将要发现,第二版中的演绎在某些方面是更成熟,而在其他方面是不够完整的。

[864]A 314 即 B 370。

[865]A x～xi 页。(引文依蓝译,见该译本第 5 页。)参看本书第 91～92 页。

[866]参看本书第 560 页起;又第 592～593 页。

[867]是否其主要理由,确定是可讨论的。它的关于经验的概念和先验对象的功用之学说的非批判性格和它的三种综合的学说之令人不满意,这两点便足以说明删去的原因。在现象与本体一章再次发展先验对象的学说之一段(A 250 起)在第二版中也是删掉的。

[868]参看本书第 269,293 页起。

[869]参看方法论,本书第 560 页起。

[870]参看本书第 19,20～21,78 页;又第 272～274 页。

[871]参看本书第 560 页起。

[872]A xi。

[873]A 100～101。

[874]康德之失于把两种演绎实在清楚而前后一致地分辨开来或联系起来是一种缺陷,在第二版并未减弱而是加重的。虽然专论主观研究的几节是删掉而客观演绎的论证经过重写以加强其更严格是逻辑的各方面,然而主观演绎的学说依然予以保留而处处影响着其论证。因为新的演绎,不减于第一版中的演绎,一直是基于那开始的假定,认为联系或综合虽然绝不能是所与的,可是它是一切秩序和关系的意识之产生的来源。

[875]康德在第二类推中因果范畴的证明里,这是出现得最清楚的。参看本书第 388 页起。

[876]参看本书第 283～284,289,317,360,368 等页。

[877]参看本书第 240 页起。

[878]参看本书第 32～34,239～244 页;又第 290～293,302～303,355～356,492～496,533 等页。

[879]参看本书第 270 页。

[880]A 99。

[881]A 102。

[882]A 103。

[883]同上。

[884]同上。

[885]A 100～101。

[886]A 106。

[887]A 101。

[888]这样的说法是正面和他在别的段里自己重复的种种断言相冲突的,他在那些地方重复地断言再生和了解永远只是经验的。参看本书第 259～263 页;又第 294,

298～299 页。

[889]B 139～140。

[890]在第一版中，主观演绎和客观演绎是互相逐渐变化的；而这问题是在认识的综合一节(A 104)中提出来的。在这节里，如上所述(第 204 页起)，康德的论证大都是批判前的，其经验的概念所有的功用乃是康德后来归之于范畴的。但是因为我们已经考虑过所产生的先验对象的学说，在其较早的和后来的形式上，我们就可以立刻过渡到其他各节的更成熟的学说。

[891]参看本书第 236 页起。

[892]记忆只是认识在我们经验中出现的一种特殊方式；康德的目的是要说明它不比认识在其他任何表现中更为基本的，也不是更真实地为统觉的组成部分。其实，客观演绎的中心争点，乃是说，自我意识之成为实现是通过对象的意识，即通过客观的种种意义的。只有和一个客观的体系对比，而且通过和它的关系，过去与现在的内部经验的意识，因而自我意识在其偶性的经验种种形式上，才对于心有其可能的。参看本书第 33～34 页；又第 290～293 页。

[893]B 134。

[894]A 116。

[895]参看本书第 273 页；又第 289，359～360 页。

[896]参看 A 111。

[897]A 117 注。(参看蓝译本第 131 页注。)

[898]这先验心理学，联系着主观演绎后面几个阶段，在下文(第 263 页起)加以考虑。参看本书第 269 页。

[899]A 113～114。(引文依蓝译，见该译本第 129 页。)

[900]参看本书第 261 页。

[901]参看 A 100～101。

[902]A 122～123。(引文依蓝译，见该译本第 134 页。)

[903]参看 B 140～143，B 151～152，B 164～165；又本书第 316 页。

[904]这里第二版的正文又一次比第一版的更明白些："我们悟性的这种特质，它能先验地产生统觉的统一性而只借助于范畴，而且只借助于这样的范畴，不多也不少，是不能再加以说明的，正如何以我们只有这些而没有其他的判断功用一样，正如何以空间与时间是我们能有的直觉的唯一形式一样。"——B 145～146。参看本书第 15～19，27，97，176，219 页；又第 321，432 页。

[905]参看本书第 283～284 页。

[906]第二类推所表现的论证是 A 111～112 上面独断地做出的种种断言之成立

所包含的意思而且是这些断言之成立所必需的。

[907]A 119。(引文依蓝译,见该译本第 132 页。)

[908]参看 A 128。(蓝译本第 136 页。)关于这整个问题,参看本书第 273 页;又第 317~318 页。

[909]参看 A 113,125~129。

[910]A 107,111。

[911]第二版(B 132)所给的解释是牵强的而并不显示康德的实在理由。它又是含糊的,因为它用力学名词来表示统觉对于自我意识的关系。

[912]参看本书第 281~284 页。

[913]参看 A 112,113,128。

[914]A 114。

[915]A 94,115,118。又参看 B 134 注末段。

[916]参看本书第 34,239~244,274,355~356,492~496,533 页。

[917]这不只为康德的伦理学著作所证明,而且也证明于他的不这么正式的话语中,特别是在他的"形而上学讲义"和论宗教的话语中及其《反思录》中,又在其《活叶集》中。

[918]参看本书第 307~308 页。

[919]参看本书第 32~34 页;又第 307 页起,480~481,492~496 页。

[920]在 B 162 的注里它们实际上是同一的。

[921]康德的摇摆态度出现于所增加的"关于它的活动我们几乎没有意识到的"这短语里。参看 A 78:它是一种"盲目"力量。

[922]参看本书第 257 页;又第 365 页。

[923]A 138 即 B 177。

[924]A 118。(引文依蓝译,见该译本第 132 页。)

[925]参看本书第 284 页起。

[926]A 123。(引文依蓝译,见该译本第 134 页。)

[927]A 121~123。(引文均依蓝译,见该译本第 133~134 页。)

[928]A 125~126。

[929]参看本书第 115 页起,又 268,283 页。

[930]参看本书第 135~136 页。

[931]参看本书第 391,395~396 页。

[932]参看本书第 243,259,265~266 页。

[933]现在说它是再生的,这是和它从前关于先验想象的见解认为它纯粹是生产

的直接矛盾的。参看 A 102。

[934]参看本书第 257 页起;又第 294 页。

[935]必须记得,这也是为这些段关于先验对象和经验的概念之功用的学说之古老性格所使之不得不像那样的。

[936]参看 B 151～152。然而没有提及客观亲和性。

[937]B 160～161。参看本书第 258～261 页。

[938]在下文我利用一篇文章,题为《知识的问题》,是我投稿于《哲学、心理学与科学方法杂志》(Journal of Philosophy, Psychology, and Scientific Methods)的。见该杂志 1912 年第 9 卷第 113～128 页。

[939]即康德使用"经验的观念论"的同样广义。

[940]参看本书第 26～28,240 页;又第 324～325,327 页起。休谟和斯宾诺莎是仅有的两个康德前的思想家,他们的立场不能以最后的说法严格地来描述,但是甚至他们也不能逃避其牵连的影响。

[941]参看 A 28～29;又《形而上学讲义》(Pölitz's 1821 年版)第 188 页起。在康德死后出版的遗著中,他的《从自然科学的形而上学最高原理过渡到物理学》,至少在二十六个不同的段里面说到感觉是由于"物质的运动力"作用于感觉器官。参看本书第 950 注,在其 Ueber das Organ der Seele(《论灵魂的器官》),1796 年版(Hartenstein 第 6 卷第 457 页起),康德同意 Sömnierring 主张灵魂有其实际的即动力的,虽不是有地位地存在于大脑窝所藏的液体里。

[942]参看《实践理性批判》第 1 卷第 1 章第 3 节。

[943]参看本书第 309 页起,323～326,341 页起,349 页;第 1181 注,407～408,483～484,496 等页。

[944]参看本书第 309～310 页,又 323～324 页,关于内部感官。

[945]见该书第 1 卷第 339 页:"认识的意识之每一鼓动,每一思想,死去了而为另一个所代替……后来的每一思想,知道而且这样就包括着先行的种种思想,它乃是最后的容器——占取了它们,便成为最后的所有者——包藏着而且占有着它们,每一思想产生时是一个所有者,而去死时则为其所有,把它作为自我所获得的传递给它自己后来的所有者,正如康德所说[参看本书第 480～481 页],好像是有弹性的球,如果它们不但有运动而且有运动的知识,而第一个球把它的运动和意识都传给第二个球,这第二个球把这意识接受过来,又传给第三个,一直到最后一个球就保持着所有其他的球所曾保持的而实得它为自己所有。"

[946]我这里在其现代意义上用"客观的"这词,我不管笛卡儿自己给予 objective 和 formaliter 这两词的特别意思。

[947]参看本书第 307～308 页。

[948]关于这整个问题，参看本书第 28 页；又第 341～349 页关于康德的观念论的反驳；第 396～397 页关于第二个类推；第 429 页起，434 页起关于现象与本体；第 480 页起关于误谬推理和 563 页。又参看 A 277～278 即 B 334。

[949]参看本书第 297 页起。

[950]虽然康德死后出版的他之晚年著作，《从自然科学的形而上学最高原理过渡到物理学》这一书，带有能力渐衰的标志，而且太不完全而又含糊以致不能从它的学说得到很确定的结论，然而它是有意义的，因为它多半是从事于明确自然科学的客观世界对于平常意识的感性世界的关系。如上所看到的(第 941 注)，在那里肯定说，至少在 26 个不同的段落里，是说感觉由于"物质的运动力"作用于感官而发生的。而更有意义的是在《旧普鲁士月刊》(1882 年)的第 236，287，289，290，292，294，295～296，300，308，429，436，439 页上面，所采用而常出现的德文短语 Erscheinung von der Erscheinung，康德所谓 Erscheinung vom ersten Range(上引书第 436 页)译为"表现之为现表"，英文 appearance as such 是指自然科学所确定的客观世界；而所谓 Erscheinung vom ersten Range(即英文 appearance of the appearance，表现之表现)是指同样的客观世界而在物体作用于感性器官所产生的感觉之名词上被知道的。康德并补充地说，前者是直接被认识，而后者是间接被认识的——大概的意思是，前者是通过悟性原有的先验形式而被知道，而后者之被知道只是在机械决定的感性所与之话语上的(参看上引书第 286，292 和 444 页注，第 300 页上的后者与前者两词换了位)。

[951]参看本书第 341～349，396～397，434 页起，445 页起，576 页起等。

[952]B 129。

[953]B 161 注。

[954]B 130～131。

[955]B 131。

[956]B 131～134。

[957]B 131。

[958]参看 B 133。

[959]B 135。

[960]B 136～140。

[961]B 140～142。

[962]B 143。

[963]指第 21～27 节。

[964]参看本书第283～284,289,317页。

[965]见《导论》一书第18节。

[966]上引书第20节。

[967]上引书第18～19节;英译本第54～55页。

[968]参看本书第81～82,316～317页。

[969]参看本书第394页。

[970]上引书第22节。参看本书第1040注。

[971]指第21～27节。

[972]B 143。

[973]这在第21节第2段引到另一些叙述,在本书第219,288～289页上已有评论。又参看第23节。

[974]又参看第24节。

[975]参看本书第130页起,204,258～261,297～300等页;又第364页。

[976]参看本书第70,89,151,176～177页。

[977]参看第21节第2段。

[978]参看本书第194,219,288页;又第353～354,358～359,413～414,426页起等页。

[979]参看本书第352,357页。

[980]参看本书第182页。

[981]参看本书第26～28,32～34,269,291～292,293起,303起等页;又第324页起,350起等页。

[982]参看B 67～68;A 33即B 49。

[983]B 67。

[984]B xxxix注。

[985]康德达到内部感官的这个见解,很可能是受Tetens的影响,Tetens在其Philosophische Versuche Über die menschliche Natur und ihre Entwichelung(《关于人性与其发展的哲学研究》)一书中谈到类似的一种学说。参看该书第1卷,研究1之7,8。Totous的书的第1卷出版于1777年(1913年为Kantgesellschaft所重刊),而在《批判》一书最后准备好之前,已为康德仔细读过。参看Erdmann Kriticismus,第51页。

[986]参看A 128～129。

[987]如刚才所指出,关于内部感官的内容上面的见解是在第二版才第一次明确地形成其方式的。

[988]A 33 即 B 49～50。(引文依蓝译,见该译本第 57 页。)

[989]A 34 即 B 50。(引文是本译者的新译。)

[990]参看本书第 240～241,282～283,290～294 页;第 1040 注。可以指出,客尔德(上引书第 1 卷第 625～627 页)把内部感官解释为等于内省。这就是客尔德的黑格尔观点使他曲解甚至康德的最中心学说之种种方面之一。

[991]参看本书第 422～423 页和 A 277～278 即 B 333～334。

[992]参看本书第 322 页。

[993]参看本书第 188 页。

[994]参看花亨格尔 Strassburger Abhandlungen zur Philosophie(1884),第 106 页起。

[995]见该书 Section Ⅲ,Prop. Ⅻ Usus。

[996]见该书 Theil Ⅱ,Hauptstück Ⅱ. W. ii. p. 364。

[997]见该书第 11 节。

[998]见 Pölitz 版(1821 年)第 100～102 页。

[999]《康德全集》第 iv 卷第 373 页起。

[1000]可以指出,在感性论里(A 38 即 B 55),康德使用观念论这名词没有什么描述的性质形容词加上去,是像在他的批判前的著作一样的,作为指一种必须摈斥的立场的。

[1001]参看本书第 330 页起。

[1002]参看本书第 336～337 页。

[1003]参看 A 368～369 和 372。

[1004]A 377。这是带有在后来插入的象征的一段。

[1005]B 274。

[1006]A 368～369。(引文依蓝译,见该译本第 298 页。)

[1007]A 369。

[1008]A 28 即 B 44。参看本书第 117,153～154 页。

[1009]A 370。

[1010]同上。(引文依蓝译,见该译本第 299 页。)

[1011]A 372。

[1012]A 373。

[1013]阿的凯斯看作是后来增加的。以它们的内容来看(参看本书第 236 页起,247～248 页关于康德的先验对象学说),它们更有可能是属于很早的时期的。

[1014]A 377～378。

[1015]阿的凯斯论证说这一段是后于分析论的主要部分的，但这是和他一种的倾向一致的，他的倾向是，凡不能属于他所谓“简短的大纲”的各段，都毋宁作为后些而不作为早些。

[1016]A 375。

[1017]第四误谬推理的其余各段和在 B 274 起，康德 B xxxix 的注和 B 291～293 的与之相应各段，当分别在本书第 337 页起，350 页起，482～483 页予以处理。

[1018]A 377。

[1019]同上。

[1020]例如迦尔惠(Garve)。

[1021]该书的第 13 节。见 W. iv 第 288～289 页；英译本第 42 页。

[1022]同上。

[1023]同上引书第 289～290 页；英译本第 43～44 页。

[1024]见该书注 2。

[1025]该书第 49 节。W. iv 第 336 页；英译本第 99 页。

[1026]见附录，W. iv 第 375 页注。

[1027]W. iv 第 374 页；英译本第 147 页。

[1028]参看本书第 188 页起。

[1029]W. iv 第 375 页。

[1030]W. iv 第 374 页；英译本第 147～148 页。

[1031]参看本书第 189 页。

[1032]如本书第 328 页所指出，康德在他的《形而上学讲义》上曾用过。

[1033]康德的“在我外面的空间中”这一短语按康德的原理是冗长的。参看《导论》第 49 节；英译本第 101 页：“在我外面”这观念只是指在空间中的存在。参看 A 373。

[1034]参看 B xxxviii 注所修改的正文。

[1035]B xxxix。

[1036]引文依蓝译，见该译本第 24 页。——译者

[1037]B 291～292。B 274 起和 B xxxix 注中其余各点当在本书第 350 页起分别处理之。

[1038]第一版里最接近这种学说的是在 A 33 即 B 50 的。参看本书第 170～173 页。

[1039]参看本书第 360，367，384，407～408 等页。

[1040]亚当生(《现代哲学的发展》一书第 1 卷第 241 页)关于什么是康德原意的

学说主持相反的见解,但指出它之和康德自己的基本原理不一致。“其实,康德因为坚持我们对于心理生活的领悟缺乏先验的因素是重大地危害他自己的学说的;因为得出之结论便是,如果严格地理解的话,根据康德,感性与悟性说是两种来源结合着来产生知识,毋宁说分别地是领悟的不同类的来源。如果关于内部感官,只要我承认没有悟性的工作,也有某种的领悟,那么就已承认感官自己是足以提供一种领悟的。”正如本书(第325页)所指出,以同一理论的路线,康德不能把内部意识看作只是反思的。参看第1181注,407～408页。

[1041]参看本书第29,305～312页;又第342～343,407～408页。

[1042]参看本书第306,309～310页;又第341,407～408页。

[1043]参看本书第385页。

[1044]参看《自然科学的形而上学最高原理》(1786年),W. iv第470～471页。但是应该指出:康德在这著作中所指出的种种理由否认心理学能成为不仅仅是一种历史的或叙述的科目,并不是因为内部感官的对象是在机械确定的存在范围之外。康德并未说过什么,甚至很间接地含有任何这样的见解的意思的。他的理由是——(1)既然时间只有一个次元,数理科学的主要部分是不能应用于内部感官的现象与其规律的;(2)这样的现象只能有一种仅是观念的、不是实验的分析;(3)既然内部感官的对象不是互相外在的部分所组成,它们的部分不是实体,所以可想象为在浓度上减弱或消逝而无碍于实体永恒的原理(上引书第542页,引在本书第1180注);(4)内部观察限于个人自己的存在;(5)内省的动作改变了所观察的对象之状态。

[1045]A 370。

[1046]B 275。这两句话是花亨格尔关于这点引用的:Strassburger Abhandlungen zur Philosophie(1884),第131页。

[1047]参看本书第28～30,309页起等。

[1048]又参看本书第305～307页。

[1049]见该书第13节注2。

[1050]见Kriticismus,第197页起。

[1051]见Mind杂志(1879年)第4卷第408页起;又1880年第5卷第111页起。

[1052]见巴尔弗尔的《哲学怀疑的辩护》(A Defence of Philosophic Doubt)1879年版第107页起;又Mind杂志(1878年)第3卷第481页起;第4卷第115页起;第6卷第260页起。

[1053]上引花亨格尔书第128页起。

[1054]见《批判哲学》第1卷第632页起;Mind杂志(1879年)第4卷第112,560～561页;第5卷第115页。

[1055]见《康德哲学》第 249 页起。

[1056]唯一基本问题耳尔德曼承认康德做出了互相冲突的答复的乃是关于范畴能否作先验的使用。一律的学说这一假定尤其在薛求惠克的评语中是明显的;参看 Mind 杂志(1880 年)第 5 卷第 113 页;《康德哲学讲义》(1905 年)第 28 页。

[1057]参看本书第 332～333 页。

[1058]A 491 即 B 520。

[1059]A 225～226 即 B 273。(引文依蓝译,见该译本第 196～197 页。)

[1060]A 495～496 即 B 523～524。(引文依蓝译,见该译本第 370～371 页。)

[1061]参看本书第 524 页。

[1062]见 A 225～226 即 B 273。

[1063]B 277。

[1064]参看本书第 240 页起。

[1065]A 346 即 B 404。

[1066]A 224～225 即 B 272～273。

[1067]参看 B 277。

[1068]耳尔德曼引用,见其 Kriticsmus(《批评》)第 107 页。

[1069]见 B xxxix 注,67～68,70,157～158,有附注,276～278,422 注,427～429。

[1070]B 70,157,428。

[1071]B 157。

[1072]B 157 注。关于在这段里面康德的词句之非批判性格和致使它的种种倾向的非批判性格,参看本书第 357 页。

[1073]B 157。

[1074]B 429。

[1075]参看 B 277～278 和 B 157。

[1076]B 278。

[1077]B 420 和 B 422 注。

[1078]B 422 注。

[1079]参看本书第 236 页起,426 页起。

[1080]参看本书第 236 页起。

[1081]B 406。

[1082]B 422 注。虽然两个概念用同一的名词来表示,它们不可因之而等同起来(这是所含的意思)。

[1083]B 429。然而康德甚至在第二版中也不是前后一致地固执这立场。恰恰在刚才所引的一句之前一句里,他把先验的自我和"一般对象"这观念等同起来。"我把我自己对我自己表现,既不是像我原来那样,也不是像我呈现于我自己那样。我想我自己,只是像我想任何从它的直觉方式、我进行抽象的一般对象那样。"

[1084]可以指出这见解的更广大的关系。如果一致地发展下去,它必然包括这肯定的说法,即本体的实在是按照理性的理念被认识的,因为只有这些理念是心所能自由处置的其他概念。参看本书第 35～37,249～250 页;又第 358,413～414,435～438,446 页起;又第 576～579 页。

[1085]A 402。

[1086]A 401～402 是否代表一种真正的批判立场,是有疑问的。它的好几个短语像是使人想起康德关于统觉的性质那种半批判的见解。尤其把自我意识说是"自身不是有条件的"那种话是如此。

[1087]A 346 即 B 404。参看本书第 475,480～481 页。

[1088]参看 A 345。

[1089]他并不是实在这样做,从上下文看和从他在第二版中(B 421～422)重新述说这论证的方式看,这点是清楚的。

[1090]A 401～402 即 B 421～422;参看本书第 480～482 页。

[1091]A 402;参看 B 407。

[1092]参看 B 421～422。

[1093]参看本书第 32～34,240～241,290～293 页。

[1094]参看上文所引。

[1095]参看 B 157～158 和 157 注,B 278,B 428～429。

[1096]参看本书第 325～326 页,第 1040 注。

[1097]存在的范畴和关系的范畴之间有这差别,即好像不可能分辨它的一种确定的应用和一种不确定的应用。我们或者断言存在,或者不断言存在;没有像在实体或因果的范畴之情况下那样,有第三者之可能。实体的范畴,确定地使用,是指空间与时间中的物质存在;不确定的用法,它是纯粹盖然的而只逻辑上的一个观念,关于某一总是主体而绝不会是属性的东西。因果的确定的范畴是在时间中互相决定的事件之概念;不确定地使用,它只指一种原因或条件的很不明确的观念。而且,康德明显的学说(A 597 起即 B 625 起)是说存在的观念的地位是完全不同于其他属性的。它不是一种属性,为它所作为陈述的主体概念之组成部分的,而不过是肯定那概念作为整个之内容,它也不是一种关系的形式为着使内容更为明白的。这些像是理由,何以在存在的观念之确定使用与不确定使用之间不可能有其区别,而且因之康德何以

在辩护它的可能有两种使用时,很困难一致坚持在公准中所阐述的一些学说。他按他自己明显的学说,绝不得宣称存在的观念是一个范畴而同时又不是一个范畴,换言之,说它按照所谈及的是经验的实在或本体的实在而改变它的意义,而且只在前一种情况下它才是明确而清楚的。然而恐怕这样的一种见解会和起初在辩证论中得到叙述的有些其他思想路线调和得更好些。因为虽然康德阐明他主张存在和内容是分开的而且独立的之种种根据乃是在辩证论中,而他也是在那里第一次开始体会到理性的理念,在划分出表现与实在的区别中,所需要起的作用。

[1098]在 Fortschritte[《全集》(Hartenstein 版)第 8 卷第 548 页起]中是确定采取这最后一步的。参看本书第 413～414,435～438,446 页起,576～579 页。如我们将要发现,我们要除去主观论和现象论之间的冲突外,还承认康德的思想中第二种基本的冲突。他摇摆于关于理性的功能和对于悟性的关系可以称为怀疑的和观念论的两种见解之间,用别的叙述方式来说,摇摆于关于思想的性质的规定见解和绝对论的见解之间。但这冲突是在辩证论中第一次获得明白的表达的。

[1099]关于康德使用"法规"与"辩证论"这两个名词参看本书第 113,118～119,206～207 页和第 445 页起。

[1100]参看本书第 214～215 页。

[1101]正如我们将有机会要看到(见本书第 362 页),当康德下判断的定义为"包摄在规则之下的机能"时,他实在是按照推理的过程的话语下判断的定义的,而这样就违犯了他声明要遵照的原理,即把先验逻辑划分为概念的分析、判断的分析和推理的分析。

[1102]A 132 即 B 171。(引文依蓝译,见该译本第 139～140 页。)

[1103]参看本书第 283～284,289～290,317～318 页。

[1104]构成这章的各段可能是很迟才写成的。其证明好像就是关于生产的想象之见解,而且在《反思录》一书中未提到图型说这一事实。

[1105]参看本书第 209 页起。

[1106]参看 A 137 即 B 176。"一个盘的经验的概念是和一个圆的纯粹几何概念同类的,因为在前者中所思维的圆性是能在后者之中直觉到的。"

[1107]A 138 即 B 177。(引文依蓝译,见该译本第 142 页。)

[1108]参看本书第 361 页。

[1109]参看 E. Curtius 的《纯粹理性批判中的图型说》这一章。(见《康德哲学研究》[Kantstudien]第 19 卷第 348 页起)。

[1110]康德著《逻辑》,第 58 节。

[1111]A 138 即 B 177。参看本书第 135～136 页。

[1112]A 141 即 B 180。

[1113]参看本书第 298～299 页。

[1114]参看本书第 168～169 页。

[1115]A 140 即 B 179。(引文依蓝译,见该译本第 144 页。)

[1116]同上。

[1117]参看 E. Curtius 上引书第 356 页。

[1118]康德的图型另一条定义是"一种规则用来按照某一个普遍的概念以确定我们的直觉的"(A 141 即 B 180),这也是要受到同样的反对的。但是当康德说"图型,不是影像,是在我们的纯粹感性的概念之基础上",他就像是倾向于真的见解,即图型即概念。

[1119]参看本书第 166～168 页。

[1120]参看理尔《批判的哲学》第二版第 1 卷第 488,533 页。参看本书第 228,229,231 页;又第 426～427 页。

[1121]见客尔德的《康德的批判哲学》第 1 卷第 1 编第 5 章,特别是第 437 和 440 页。

[1122]引自哥亨的《经验的理论》第二版,第 384 页。

[1123]见理尔上引书第 532 页。

[1124]参看本书第 271～274 页。

[1125]关于康德认为是量的图型之数的定义之评语和关于这定义可能像是包含着的算术之见解的评语,参看本书第 164 页起。

[1126]参看本书第 225 页。

[1127]参看本书第 365～366 页;又第 382,426 页起。

[1128]参看本书第 62,67,320～321 页;又第 429,433,435～438 页。

[1129]例如理尔的《批判的哲学》第二版第 1 卷第 535～536 页。

[1130]参看本书第 288,359～360 页。

[1131]A 148 即 B 188。

[1132]A 156 即 B 195。(引文依蓝译,见该译本第 152 页。蓝译"先天",兹译"先验",说见前。——译者)

[1133]A 157 即 B 196。(引文依蓝译,见该译本第 152～153 页。)

[1134]A 24。

[1135]见该书第 13 节注 1。

[1136]B 40～41。

[1137]B 110。

[1138]A 160 即 B 199～200。

[1139]参看本书第 318～319 页。

[1140]A 161～162 即 B 201～202。

[1141]参看本书第 527～528 页。

[1142]A 178～179 即 B 221。

[1143]参看本书第 133～134 页。

[1144]参看本书第 383～384,391～392,395～396,404～405 页。

[1145]参看本书第 338 页起。

[1146]参看阿的凯斯,K 第 190 页注。

[1147]参看本书第 163 页起。

[1148]那就是说在第一版里。

[1149]可以指出,这短语之后有一个不规则的动词。

[1150]A 143 即 B 182。

[1151]见上引的地方,在图型说一章里。

[1152]见上引的地方。着重点不是康德原有的。(引文依蓝译,见该译本第 145 页。)

[1153]参看 A 175 即 B 217。又参看本书第 375～376 页。

[1154]B 217～218。

[1155]参看本书第 225,367 页。

[1156]A 169～170 即 B 211～212。关于康德点之作为限界的见解之评论,参看本书第 508 页起。(引文依蓝译,见该译本第 161 页。)

[1157]虽然康德在 A 171 即 B 212～213 上面主张说,由于我们依靠经验的材料和我们对于因果关系的必然无知,我们同样地不能证明变动的连续性原理,而他自己却在很能表示他的特性的前后不一致的方式上,做出了三种这样的证明。参看本书第 403～404 页。

[1158]参看康德著《物理的单子论》(Monadologia Physica)(1756 年版)和《运动与静止新论》(New Doctrine of Motion and Rest)(1758 年版)。康德关于这动力说的最后叙述见他的《自然科学的形而上学最高原理》(1786 年版)。

[1159]在这问题上,康德认为自己是拥护牛顿的有吸引力的万有引力的学说的。机械的见解只承认一种动作的形式,即通过撞击和压力的运动的转移。"从德谟克利特到笛卡儿,实际上一直到今日,解释的机械方法……曾在其原子论或微粒子哲学的名称下维持它的权威而只有稍微的改变;而且曾继续对于自然科学的原理发生其影响。它的主要学说是在于原始物质绝对不可入性的假定,在于物质结构之同类性(形

状的不同是留下唯一的差异)，而且在于物质在其基本的微粒子的绝对不可毁灭的结合性。”(见《自然科学的形而上学最高原理》，W. iv 第 533 页；第 2 卷一般注解 4。)

[1160]这是附加于绝对空虚的其他相对的假定的。“在自然学说中的绝对空虚和绝对充实很像形而上学的宇宙论中的盲目机会和盲目命运，即对于钻研的理性之一种障碍，要就使它的地位为独断的虚构所占据，要就使它休止于含糊不清的种种质之枕头上。”(见《自然科学的形而上学最高原理》，W. iv 第 532 页。我将 herrschende 作 forschende 解。)“只有两种进行方法……机械的方法，通过绝对充实与绝对空虚相结合，再则与之相对立的动力方法，通过抗拒和吸引两种原来力量的结合中之唯一的差异来解释一切物质的差异。”(见上引书。)

[1161]在第一版中，康德以公式形成这条原理，是从他在数学的原理与动力的原理之间所做出的极其令人误解的那种区别来看的(参看本书第 370～372 页)：“一切表现，在其存在方面，都是先验地服从确定它们互相在一个时间中的关系之种种规则的。”

[1162]参看本书第 383 页。

[1163]在 A 182 即 B 225 上面，是用变动(德文 Wechsel)这一语气更强的词。

[1164]A 178～180 即 B 221～223(关于数学的原理和动力的原理的区别)已评论过了，参看本书第 370～372 页。

[1165]引自理尔的《批判的哲学》第二版第 1 卷第 545 页。客尔德采用类似的一种见解，见他的上引书第 1 卷第 540，580 页。

[1166]A 181 即 B 224。(引文依蓝译，见该译本第 168 页。)

[1167]参看本书第 397～398 页。

[1168]那就是说在第一版中的。

[1169]参看本书第 359～360，368～369 页。

[1170]参看本书第 373 页；又第 391～392，395～396，404～405 页。

[1171]参看本书第 133，170～173，338 页起，372～373 页。

[1172]第二版所增加的新证明毋须特别加上评语。在一切主要方面，它是和第一版的第二种证明一致的。它只是由于第二版以公式形成这原理的方式所需要的地方有所不同。

[1173]那就是说在第一版中的。

[1174]如客尔德所曾指出(见他的上引书第 1 卷第 541 页)，这叙述是极其有问题的。“可能有人反对说，‘时间本身不变’乃是像过去了本身不过去那样的说法。至此为止，时间的持久和变的永恒甚至可能只是说，时间的一个一个瞬刻绝不停止地在消失着，而变是绝不停止其变的。所以不断的流转就足够‘代表’时间中一切的永恒。

但是这本身不是对康德的论证的一种重要的反对。因为他在这里所说的是多于他的论证实际上所需要的。事件时期的断定是在一个单一的时间中，而不是在一个变动不居的时间中。康德的说法不能如实表示，像柏格森曾很公允地指出，康德把时间空间化的程度，即与空间类比来解释时间。它是根据一种可测量的时间之混合观念，时间在其同质性上是空间，而在其继续性上是持久；那就是说，归根到底，是同时性中的相继性这矛盾观念。"[引自柏格森的 Les Données immédiates(中译依英译为《时间与自由意志》)，第 173 页，英译本第 228 页。]

[1175]参看 A 184 即 B 227："实体是永恒这命题，是同语反复。"

[1176]参看 A 188 即 B 231。

[1177]参看本书第 367 页。

[1178]参看本书第 338 页起。

[1179]《补遗》(Nachträge)，耳尔德曼版，lxxx 第 32 页。客尔德在他上引书第 1 卷第 541～542 所引用。

[1180]见耳尔德曼上引书第 33～34 页。

[1181]康德并没有意思暗指着实体这范畴不能应用于内部感官的内容，这一点在其《自然科学的形而上学最高原理》中之一奇怪的论证里面就弄清楚了(见该书 1786 年版，W. iv 第 542 页)："实体只在空间中而且在空间的条件下才有其可能的，所以只能是外部感官的对象，而这证明主要是把实体的特征说成是没有实体之发生或消灭，则不能有其量之增减的。因为一个对象的量，如这对象只在空间中才有其可能的话，是由互相外在的各部分所构成，而这些部分因而如果是实在的(可移动之物)，就必然是一些实体。另一方面，被看作内部感官的对象的东西，其作为实体，是能够有不是互相外在的部分所构成之一种量的。其部分所以不是实体，它们的生灭必不能看作是一种实体之被创造或被毁灭。所以它们可能有其增减而无伤于实体永恒之原理的。"(着重点不是在康德的原文中的)又参看《导论》一书第 49 节以及本书第 391 页和第 1214 注。

[1182]A 187 即 B 230。

[1183]见 K 第 211 页注。

[1184]参看 A 205～207 即 B 252。

[1185]见《叔本华全集》(1873 年 Frauenstädt 版)第 1 卷第 85 页起。

[1186]我可以引用叔本华关于 A 371 和 372 的评语作为他不能掌握康德的中心论题的证据："从这些段就可清楚地看出，对康德来说，关于空间中的外界事物之知觉是先于因果律的一切应用的，而且这条规律因之就不成为知觉的要素与条件的：依康德的见解，仅仅感觉便算是知觉了。"(见《叔本华全集》第 1 卷第 81 页。)甚至当康德

发表意见是在他最主观论的情绪时，如在所谈到的那几段里那样，也不给叔本华以其正当理由来这样肯定地说。虽然叔本华诚恳地钦佩康德——因他曾这样说过："在我的体系中最好的是得之于康德的著作，印度的圣典，和柏拉图给我的印象。"（见全集第2卷《世界是我的意志与观念》第493页，英译本第2卷第5页。）——然而他是康德的评论家之中最不可靠的。他的评语是极易令人误解的，其理由是，他只注意从康德得到证实他自己的哲学主张的东西。他的好几种哲学主张一定是直接从《批判》一书得来的；但是他这样把它们放在一种完全不同的场合里，于是它们的主要意义就大大地改变了。我们已在上文（第82页）指出叔本华关于康德的数学直觉说之夸大说法。与此相类似，康德的主观论的阐述也是片面的，而且很易令人误解的。（参看本书第1295注，1296注，1297注。）何季生·斯特尔林在其《康德哲学教本》中对于康德的批评也因类似地不能认识到在有些地方康德承认了"知觉的判断"与"经验的判断"的区别（参看本书第318～319页）是完全非批判性格的，因之变为无效。斯特尔林曾在 Princeton Review（Jan，1879，第178～210页），Fortnightly Review（July，1872）和 Mind（ix，1884，第531页，and x，1885，第45页）中扩大其对康德的批评（参看本书第400页）。

[1187]参看本书第271～273，389页；又第400页。

[1188]参看斯叨特《心理学手册》第三版第444～446页："除非我们从一开始就认定原始人的心对待激起它的兴趣与注意的所见之变动，不是作为孤立而独立存在的东西，而是作为是其他种种变动所决定而又决定其他变动的，似乎就没有希望企图来说明这因果的观点之发生是通过任何知识按照已确定的心理学规律与条件而扩大所致使的……我们有良好的理由来否定、甚至需要习惯上的重复来提供第一个时机或机会使因果关系的了解第一次出现。因为如我们所曾坚持，从经验学习的过程一开始就是经验上的。……只有寻找有规则的东西才发现它们。但因果的统一性之范畴首先是包含在这寻找之中的。"参看本书第395～396页。

[1189]A 193即B 238。（引文是新译，参看蓝译本第176～177页。）

[1190]A 191即B 236。

[1191]所谓"武断"的次序，康德当然不是说没有确定的相继性次序，而只是说为主观决定的注意力的方向所确定的次序。参看本书第400页。

[1192]参看A 199即B 244和本书第168，318～319页；又第400页。

[1193]参看A 195～196即B 240～241；又本书第205，209页起，215～216，293页起，307～308页。

[1194]A 736～737即B 765。末句的着重点不是康德原文中有的。（引文依蓝译，见该译本第511～512页。）

[1195]A 189～194 即 B 234～239;第一版的第 1 至第 4 段。

[1196]参看本书第 373,383 页。

[1197]参看 A 192～193 即 B 238～239。

[1198]参看理尔《哲学的批判》第二版第 1 卷第 551～552 页。理尔承认上述的主要论点,但似乎是肯定经验的先后次序确定因果概念的应用,说诉之于先后次序的不变性能使我们确定任何一事件的先行情况中那个或那些是因果的条件,这似乎更真实些而更符合康德所努力来建立的立场。当后起的经验被了解为后起的事件时,就已经应用了因果性原理。然而这点含糊像是只由于理尔表达的样式。因为,如他自己所说(第 569 页),因果律是经验的根据,所以是不能从经验中获得的。参看本书第 297～298,391 页。

[1199]参看本书第 389～395 页;又第 400 页。

[1200]A 191 即 B 236。参看本书第 248～250 页。

[1201]如上面所指出,这实际上是康德解释类推这名词的一种次要意义;这不是他选择这名词的真正解释。

[1202]见《康德的批判哲学》第 1 卷第 540,580 页。

[1203]《康德》第 198 页;Creighton and Lefevre 英译本第 196 页。

[1204]参看本书第 300 页起,341～349 页。

[1205]康德当然承认我们不能作任何这样的断言的,这样做便会超出批判原理规定的限界。参看本书 405 页。

[1206]A 194～196 即 B 239～241:第一版第 5～7 段。

[1207]A 196～199 即 B 241～244:第一版第 8～10 段。

[1208]A 199～201 即 B 244～246:第一版第 11～13 段。

[1209]参看本书第 255～256 页起,294 页起;又第 400 页。

[1210]A 201～202 即 B 246～247:第一版第 14 段。

[1211]B 233～234:第二版第 2 段。

[1212]B 233～234。

[1213]从 A 202 即 B 247 到尾。

[1214]康德的现象论代替了笛卡儿的主观论(参看本书第 300 页起,340 页起)使他能在一种前后一致而彻底的方式上发展这论题。主观的是在自然律所确定的东西那一大类中为其一小类的;所以因果作用原理适用于主观的变动,正如适用于客观上的先后次序一样那么严格。

[1215]A 204 即 B 249。

[1216]W. i 第 87～92 页。

[1217]见斯达理尔的《纯粹知识论的基本原理》(Grundsätze der reinen Erkenntniss-Theorie)第151页。客尔德所引用并翻译,见客尔德上引书第1卷第572页。客尔德以一句话概括这问题(见第587页):"康德说明的不是客观相继续总是因果的,而是知觉的相继续指着一个对象中的状态之相继续,这确定牵涉到因果作用原理。"

[1218]同上引文。

[1219]我们如何能确定球与椅垫是客观上并存的这与之有联系的问题是第三类推的问题。

[1220]见该书Ⅲ。说明1与2,论题1(特别其附注)。又参看Ⅱ。说明1与5,和一般注最后几页。

[1221]参看本书第376,396～397页;又第346～349页。

[1222]A 170～171即B 212～213;又第1157注。

[1223]A 208即B 253～254。(引文依蓝译,见该译本第185页。)

[1224]《自然科学的形而上学最高原理》,Ⅱ。论题4,注2。

[1225]A 209～210即B 255～256。

[1226]A 210即B 256。(引文依蓝译,见该译本第186页。)

[1227]W. ii第22页。

[1228]W. ii第168页。

[1229]上引文。

[1230]英文中没有更合适的同义词,我就译德文的Gemeinschaft为英文的communion,如康德在A 213即B 260上面所指出,德文这名词本身就是含糊的,指commercium(即动力的相互作用)又指communio。

[1231]参看本书第373,383～384,391～392,395～396页。

[1232]本书第17节起。参看Nachträge zu Kants Kritik, lxxxvi, with B. Erdmann's comment,第35页。

[1233]A 211～212即B 258;参看A 211即B 257。

[1234]A 211即B 257。

[1235]A 218。(引文依蓝译,见该译本第192页。)

[1236]A 211～213即B 258～260:第一版头三段。

[1237]A 213～214即B 260～261:第一版第四段。

[1238]A 214～215即B 261～262:第一版第五段。

[1239]参看本书第222～223,241页起。

[1240]B 257～258:第二版第一段。

[1241]参看 B 291～293,部分在本书第 339～340 页引用过。在《自然科学的形而上学最高原理》一书中(Ⅲ.论题,4),作用与反作用必相等这条原理也同样局限于空间中物体的外部的种种关系,而且康德加上说物体中一切变动都是运动,参看 W. xi 第 234 页;又本书第 181 页。

[1242]参看本书第 339～340 页;又第 492～496 页。

[1243]A 213 即 B 260。

[1244]康德对于时间与空间纯粹杂多的见解之不能和原理的分析的论证相一致非常明显,不必有详细的评语。

[1245]参看 B 257。

[1246]A 213～214 即 B 260～261。(引文依蓝译,见该译本第 189 页。)

[1247]B 257。

[1248]该书第三版第 438 页。

[1249]斯叨特并不以这表为完整的。

[1250]见叔本华的《世界是意志和表象》,全集第 2 卷第 544～545 页;英译本第 2 卷第 61～63 页。

[1251]参看本书第 230 页。

[1252]A 212～213 即 B 259。(引文依蓝译,见该译本第 189 页。)

[1253]B 258。

[1254]见叔本华上引书第 545～546 页;英译本第 63 页。

[1255]上引书第 546～547 页;英译本第 63～65 页。

[1256]参看本书 402 页。

[1257]参看斯达理尔的《基本原理》第 124 页。

[1258]见叔本华上引书第 546 页;英译本第 63 页。

[1259]参看本书第 136～137 页,102 注,198～199 页等;又第 449 页起,467 页起,564 页起等。

[1260]参看阿的凯斯,K 第 233 页注。

[1261]A 222 即 B 269。参看 A 220 即 B 268。

[1262]A 148 起即 B 187 起。

[1263]A 219 即 B 266。(引文依蓝译,见该译本第 193 页。)

[1264]据康德自己所说(A 232～234 即 B 285～287),这就是使他采用"公准"这名称的东西。一条几何学的公准并不在其对象的概念上增加什么东西,而只明确其产生的条件。

[1265]参看本书第 80～81 页;又第 421～422 页,438 页起。

[1266]参看 A 220～223 即 B 267～271。

[1267]A 223 即 B 270。(引文依蓝译,见该译本第 195 页。)

[1268]参看 A 220 即 B 268。

[1269]A 223 即 B 270～271。(引文新译,可参看蓝译,见该译本第 195 页。)

[1270]K 第 223 页注。

[1271]A 224 即 B 272。

[1272]参看本书第 318～319 页。

[1273]见 A 225 即 B 272。参看本书第 417～419 页。

[1274]A 225 即 B 273。着重点不是康德原文的。(引文依蓝译,见该译本第 196 页。)

[1275]引自客尔德的《康德的批判哲学》第 1 卷第 591 页。

[1276]同上引书第 595 页。

[1277]A 226 即 B 273～274。(引文依蓝译,见该译本第 197 页。)

[1278]A 226 起即 B 279 起。

[1279]A 218 即 B 281。

[1280]A 232 即 B 284。

[1281]A 231 即 B 284。

[1282]参看本书第 338 页起。

[1283]康德在 B 290 的注里的论证就是他早年《负量》一文中的论证。参看本书第 545 页起;又第 551,554 页。

[1284]A 236 即 B 295。

[1285]参看本书第 18～19,21,218～219,224,228～229,288～289,320～321,353 页起,366 页。

[1286]康德进而做出的数学例证(A 239 即 B 299)是特别粗糙而在陈述方式上又甚随便的。参看 A 140 即 B 179 作为对比,以见康德关于影像、图型与概念的区别之真正见解。

[1287]参看本书第 228～229,231,366～369 页。(引文依蓝译,见该译本第 211 页。)

[1288]A 243 即 B 301。

[1289]A 242 即 B 302。

[1290]参看 A 248 即 B 305。

[1291]A 246～247 即 B 303～304。(引文依蓝译,见该译本第 213 页。)A 247～248 即B 304～305(从"思想是动作……"起)只是前面的论证之重复,而且大概代表一种后来的插入。

[1292]从“表现在其……”起，是在第二版删掉的。它大概像阿的凯斯所主张的(见 K 第 254 页注)是构成这章的开始。其第二段的“如我们一向所主张”，明显是不适用于按现在安排的在其前面的几页，必定是指分析论的论证而言的。

[1293]A 249～251。

[1294]参看本书第 236 页起。

[1295]大部分它代表叔本华所理解的批判立场，而叔本华从未能获得关于康德更成熟的学说之真正理解的(参看第 1186 注)。叔本华主张说，康德相信物自身的存在的一个主要根据，就是他开始便假定要把物自身首先认定，然后才能说明所与的杂多，这主张是正确的。叔本华也有其正当理由来说，康德虽然是从笛卡儿二元论的观点出发，但把它修正了那么多，于是就得出结论说，这杂多的根源必须是“客观的，因为没有什么根据来把它看作主观的”(见 Parerga und Paralipomena，1851 年版第 74 页起)。但这是很不完整，因而极其令人误解的关于康德最后定论的说法，其理由有二：第一，叔本华未能考虑到康德意思中所含着的特种感官的感觉与外部感官的杂多两者之间的区别。当康德认识到特种感官的感觉是经验上决定的，他为着前后一致起见就不得不把这些感觉和构成一切经验的质料的杂多区分开来。(参看本书第 305 页起。)物自身在说明后者时，也说明前者，但方式是十分间接的。虽然感觉都是经验上决定，但整个自然界是有其本体上的根据的。第二，康德的主观论在其内部或心理方面也经过类似的改变。在演绎和误谬推理中都做出的自我意识的分析足够清楚地表示康德认识到经验的形式是和它的内容一样很少能自己解释的，而由于我们经验的种种局限性，我们既不能做出所需要的证明，就不得认为经验的形式在其性质上是更基本的。构成而决定我们心理过程的实在性之被了解的方式不比物自身被理解的方式更为直接。所以，当叔本华在其《世界是意志与表象》(见全集，Frauenstädt 版第 2 卷第 494 页，英译本第 2 卷第 6 页)中说，康德以证明世界为智力所决定，来证明它只是现象的时候，他强调的是康德学说中最不表示其特征的东西。叔本华偶尔把智力和大脑同一起来——这是在其著作中最接近可以描述为现象论的——这本身便足以说明他如何完全不能狠狠地抓住批判的学说。

[1296]正如我们已见到(本书第 236 页起)，在第二版中改写或大体上更改了的主要各段中，先验对象的学说是完全删去的，所指的各段即先验的演绎一章、现象与本体一章和误谬的推理一章。而在歧义一节里，在第二类推中和在二律背反中，这学说还是保留着，足见康德不愿意做出这样进一步改写所牵及的很广泛的修改。

[1297]A 251。

[1298]甚至如康德在其内部感官的学说中所说，不在统觉的内部世界里。参看本书第 325 页起。

[1299]康德在辩证论中认为这过程也是不可避免的，是构成他所称为“先验的幻觉”的。

[1300]A 254～257 即 B 310～312。

[1301]A 255 即 B 310～311。(引文依蓝译，见该译本第 217 页。)

[1302]参看本书第 433 页起。

[1303]A 256 即 B 312。(引文依蓝译，见该译本第 218 页。)关于 A 257 即 B 312 谈到区分感性与理性的经验方式，参看本书第 177 页起，183 页起。

[1304]引文依蓝译，见该译本第 220 页。

[1305]引文依蓝译，见该译本第 219 页。

[1306]参看本书第 177～178，181，246～247，321 页起。

[1307]康德在这里(A 286 即 B 342)把本体的概念作为非感性直觉的一种对象说成是“仅是消极的”。这是容易使读者混乱的，因为读者通常是在读了第二版中加进现象与本体那章里去的一段之后才看到这点的，而在那段中，正如上面所指出(第 430 页)，康德描述这名词的这个意义是作为积极的，有别于其表示一个事物只作为它不是我们感官直觉的对象那种更消极的意义。参看本书第 434 页。

[1308]康德的意思在这里不大清楚。他的意思可能是，范畴本身不适用于物自身，又可能是因为直觉这种形式是完全和我们的不同，所以不帮助给范畴以其意义。下文似乎是指着前一见解而言。

[1309]A 286 即 B 343。(引文依蓝译，见该译本第 238 页。)

[1310]A 287～288 即 B 344。(引文依蓝译，见该译本第 239 页。)

[1311]A 288 即 B 345。

[1312]A 288 即 B 344。(引文依蓝译，见该译本第 239 页。)康德在第二版中保留这一段出现的那节而毫不加以修改。

[1313]我们不能同意耳尔德曼的解释(见《批判》第 194 页)，说康德删去一切提到先验对象的地方，是因为这些地方可能引起对他的学说一种观念论的错误解释，如已论证到(见上文第 236 页起)，这些地方是代表一种他已经很确定的而且有意识地超过了的见解。

[1314]B 306。参看本书第 320～321 页。

[1315]B 308。可以指出，这是和上文从歧义一节所引用的几段相一致的。

[1316]A 255 即 B 311。

[1317]参看本书第 426 页起，尤其第 430～431 页；又第 358 页。

[1318]如果要充分地对于康德把表现与实在区分开来的理由做出判断，读者必须记住：(1)在先验演绎中所得的种种结果(参看本书第 300 页起)；(2)在误谬推理中

所发展的一些讨论(参看本书第 476 页起);(3)在第三和第四二律背反中本体的因果作用,即自由的处理;(4)在理想中所提出的许多相联系的争点(参看本书第 552～555,558～559 页),和在辩证论的附录中所提出的争点(参看本书第 560 页起)。Dawes Hicks 教授在其《康德的现象与本体概念在其相互关系上》(die Begriffe Phänomenon und Noumenon in ihrem Verhältniss zu einander bei Kant)一书(1897 年 Leipzig 版,第 167 页)——可惜是英国读者看不到的一本著作——中具有正当理由所主张的是,"物自身并不只是康德的体系之一种多余的或附加的东西,而是使他的表现之学说得到完全必要的圆满的。在康德的思想中,到处都是本体的学说,在这种或那种形式上,起着重要的作用"。事实上可以说,要说出康德肯定物自身存在的理由就是阐明他的整个哲学。关于这问题正如关于他的其他主要的主张一样,出现了康德的见解之同样摇摆无常。关于康德所讨论存在范畴之适用于物自身,可参看本书第 350 页起。再则,关于康德把可能性与现实性两概念推广到本体,可参看本书第 414 页起和第 423～425 页。

[1319]英文 Ideal 和 Idealist 两字都以大写开头印出,以标志这两词的使用有很特别的意义。如已指出(参看本书第 46 页),这也同样对于 Reason 这词可以说的。

[1320]参看本书第 23～24,26,35～37,358 页。

[1321]A 260 起即 B 316 起。

[1322]参看本书第 80～81,156,167～169,365～366,417～423 页。

[1323]参看本书第 12 页起;又本书第 615 页起。

[1324]参看 A 267 即 B 323。

[1325]参看阿的凯斯的《系统》第 60,70,72,111～112 页。

[1326]A 270 即 B 326。

[1327]参看 A 264 即 B 319,又 A 266 即 B 322。

[1328]参看本书第 580～582,603 页起;又第 615 页起等。

[1329]我在我所著的《笛卡儿哲学研究》一书中对这言之甚详。

[1330]A 271 即 B 327。

[1331]康德纯粹概念学说的非批评性格已曾指出(参看本书第 438～439 页)。兹不再加讨论。

[1332]A 272 即 B 328。

[1333]A 273 即 B 329。

[1334]这是莱布尼茨叙述思想的绝对论见解之方式(参看本书第 12 页起),而像我们将要发现,康德在辩证论中给以更充分而不可比较地更深刻的公式形成。参看本书第 450,564 页起,576 页起等。

[1335]阿的凯斯(见K第272页注)同意这段在写成初稿的时间可能比其前后各段都要早些。

[1336]参看本书246～247页。

[1337]以现象与本体论,已在本书第431页起评论过。

[1338]见阿的凯斯上引书引文。

[1339]A 290即B 347。

[1340]参看本书第430页起。

[1341]康德的注释家常常把他的学说之这一方面曲解了。参看本书第516,538～539,545～555,558～559,560页起,573,576～579页。

[1342]A 490即B 518。

[1343]参看本书第437～438页。

[1344]读者不是已经很熟悉辩证论的论证的,我们提议马上过渡到第461页去。下面接着的是预先假定已知道了辩证论主要部分的性质和意图的。

[1345]《反思录》第2卷导言。

[1346]W. x第123页起。参看本书第251～252页。

[1347]参看《论文》第27节注。

[1348]见上引文。参看该书第24节和第27节。

[1349]见上引书第27节。

[1350]参看该书第2卷第567,584,585条。

[1351]参看该书第2卷第1251和586条。

[1352]参看本书第477,507页起。

[1353]在《反思录》第2卷第573,576和582三条里,我们发现康德正在这样做,拉丁文Compositio,coordinatio和commercium是作为同义词看。

[1354]自由的问题第一次见于康德的《形而上学讲义》里(见Politz 1821年版,第89,330页),但是在那里不是作为一种二律背反,而是作为在神学范围里处理的。在《反思录》第二卷第585条里,它又按照根据与后果的范畴和神的存在这概念等同起来,作为“绝对或第一偶性(自由)”(拉丁文absolute或primum contingе is (libertas))神学,因而宇宙论的论证,从二律背反范围被排除出去之后,康德就把自由提升到独立问题的地位去。

[1355]A 462即B 490。

[1356]参看本书第516～517,587页起。

[1357]参看本书第474页和该页注1的引文。

[1358]A507即B535。参看本书第500,562～563页。

[1359]参看该书第 2 卷第 93,94,95,1233,1247 各条。

[1360]这是《反思录》第 2 卷第 94,95 两条所表现的见解。

[1361]参看《反思录》第 2 卷第 124 条。

[1362]参看《反思录》第 2 卷第 95 条。

[1363]参看本书第 476 页。

[1364]参看《反思录》第 2 卷第 86 条起。

[1365]参看上引书第 2 卷第 114～115 条。

[1366]B 394 注。灵魂不灭在这里是作为代表灵魂作为无条件的实体这一个理念。

[1367]参看本书第 474 页连带注一的其他引文。

[1367]见阿氏的《系统》第 115～116 页。

[1369]参看本书第 361 页。

[1370]这结论是《反思录》的证据所支持的:它的条文中没有一处提到图型说。

[1371]A 293 即 B 349。

[1372]参看本书第 206～207 页。

[1373]参看 A 61 即 B 85。

[1374]阿的凯斯的《体系》第 77 页起。

[1375]参看康德在 A 293 即 B 349 上面的警告,不得把辩证论和可能性的推论学说同一起来。

[1376]参看本书第 447～448 页。

[1377]A 298 即 B 355。

[1378]参看本书第 359 页。

[1379]引自雷克(Reicke)版第 1 卷第 105 页。

[1380]引自同上书第 1 卷第 109～110 页。

[1381]A 301～302 即 B 358。(引文新译,可参看蓝译本,第 247 页。)

[1382]A 303 即 B 359。

[1383]A 305 即 B 362。

[1384]第三段结束的一句(A 307 即 B 363～364),其措词是压缩到变为使人误解。"它[即因果作用原理]使经验的统一性有其可能,而从理性无须假借什么。后者,如果不是因为这[它的间接]提到[通过悟性的媒介]可能的经验的话,绝不能[靠自己]只从概念,而加上那种的综合统一性。"

[1385]A 310 即 B 366。

[1386]在这里像是把 Schein des Schliessens 用在这意义上。

[1387]参看本书第 445 页。

[1388]又参看 A 669 即 B 697;A 680 即 B 709。

[1389]参看花亨格尔的《康德是一个形而上学家吗?》在 Philosophische Abhandlungon(Sigwart Gedenkschrift)(西格华尔特纪念册哲学论文集)中的第 144 页。

[1390]A 312 即 B 368。

[1391]A 313 即 B 370。(引文依蓝译,见该译本第 253~254 页。)

[1392]A 316~317 即 B 373。这段的前后文是为有人认为柏拉图的理想国不能实现故是空想的,而康德替它作辩护。(引文依蓝译,见该译本第 255 页。)

[1393]A 317~318 即 B 374~375。(引文依蓝译,见该译本第 255~256 页。)

[1394]《反思录》第 2 卷第 1240 条,参看叔本华的《世界是意志和理念》(《全集》第 2 卷第 277 页;英译本第 1 卷第 303 页):"理念是统一性因我们直觉的认识的时间与空间的形式而分为杂多的;与此相反,概念是从杂多以我们理性的抽象力而重新构成的统一性;后者可定义为事后的统一性(拉丁文 unitas post rem),而前者是事前的统一性(拉丁文 unitas ante rem)。"

[1395]《形而上学讲义》(Pölitz,1821 年版)第 79 页。

[1396]《反思录》第 2 卷第 1243 条。

[1397]《形而上学讲义》第 308~309 页。

[1398]《反思录》第 2 卷第 1244 条。

[1399]同上书,第 1254 条。

[1400]同上书,第 1258 条。

[1401]同上书,第 1259 条。

[1402]同上书,第 1260 条。

[1403]A 320 即 B 376~377。

[1404]A 321 即 B 377。

[1405]A 323~324 即 B 380~381。参看本书第 498,547,577~578 页。

[1406]关于从有条件的到其无条件的前进系列,参看 A 336~337 即 B 393~394;A 410~411 即 B 437~438;A 511 即 B 539。

[1407]A 333 即 B 390。

[1408]参看本书第 438,457,460~461 页;又第 492~496,538~539,555,560 页起,591 页。

[1409]参看 A 335。

[1410]参看 A 337~338 即 B 394~396 和 B 394 附注。

[1411]A 336 即 B 393。

[1412]参看 A 671 即 B 699;又本书第 446,450,451 页;又第 570～572,588 页起。

[1413]关于上升和下降的系列之差别,参看 A 331～332 即 B 338 和 A 410～411 即 B 437～438。

[1414]在开头两段中(A 336～340 即 B 396～398)所提出关于理念的内容,它们盖然性的性格和它们作为概念的可能性各问题在后面几章中才第一次充分地讨论。这里采用的三个新名词,误谬推理、二律背反和理想,也最好在它们自己的上下文中才加以评论。

[1415]A 341 即 B 399。

[1416]参看本书第 486,490 页。

[1417]A 347。

[1418]A 345～346 即 B 403～404。

[1419]参看 A 354～355。

[1420]参看本书第 458 页。

[1421]A 348。

[1422]A 351。

[1423]A 363～364。

[1424]A 351。

[1425]K 688 注。

[1426]对于在第三误谬推理中所用而矫强地和量的范畴等同起来的同一的概念,同样的批评也是有效的。

[1427]参看 A 355～356。

[1428]在曼德尔松的《斐多》(Phädon)(1767 年版)(论文集 Gesammelte Schriften,1843 年版,第 2 卷第 151 页起)这是很大力地发展的。这是康德熟悉的一种著作。参看本书第 490 页。

[1429]这是詹姆斯用其特征表现的一种生动的风格所阐述的论证。"拿一句话有十二个字的,再找十二个人,每人告诉一个字。然后让他们站在一排,或挤在一堆,每人尽力一心一意想他的一个字;绝不会有整句话的意识出现。"(见其《心理学原理》第 1 卷第 160 页。)

[1430]A 363 注。参看本书第 480～481 页。

[1431]A 356。参看阿的凯斯,K 第 688 页注。

[1432]这里论证是和康德先验幻象的定义相和谐的。

[1433]A 358。(引文依蓝译,见该译本第 291～292 页。)

[1434]A 361。

[1435]A 364。(引文依蓝译,见该译本第 295 页。)

[1436]詹姆斯关于自我意识的心理学描述只是这例证的一种扩充。参看詹氏《心理学原理》第一卷第 339 页;在本书第 945 页注中曾引用过。

[1437]A 363 注。(引文依蓝译,见该译本第 295～296 页。)

[1438]A 362～363,又 A 364。但是我们也必须记得康德在这一章里,有时是从被批评的立场之观点以对人不对事的方式进行论证的。

[1439]参看 A 353～354。

[1440]参看阿的凯斯,K 第 695 页注。

[1441]A 366。

[1442]参看本书第 330 页起。

[1443]A 344 的注明显是放错了地方的;它必然像阿的凯斯所指出那样属于A 404的。

[1444]参看本书第 348,474 页。

[1445]A 371～372。

[1446]A 380～381。

[1447]参看 A 383。

[1448]A 383。(引文依蓝译,见该译本第 306 页。)

[1449]A 383。

[1450]A 381。

[1451]头四段大概是后来插入的(阿的凯斯,K 第 708 页注),因为这几段和辩证论的开头几节联系又和《批判》一书的导言联系。而且第五段的开头几个字像是叫我们看的不是这节里前面的东西,而是第四误谬推理结束的几段。

[1452]A 385。(引文依蓝译,见该译本第 307 页。)

[1453]A 393。(引文另译;参看蓝译本第 311 页。)

[1454]A 387。

[1455]参看本书第 247～248 页。

[1456]A 393～394。(引文另译;参看蓝译本第 311～312 页。)

[1457]A 394。(引文另译;参见蓝译本第 312 页。)

[1458]参看本书第 354～355 页。

[1459]参看本书第 355～356 页。

[1460]A 402。参看 B 407。

[1461]K 第 717 页注。

[1462]参看本书第490页。

[1463]B 406起。

[1464]见耳氏的 Kriticismus 第227页,参看本书第144页起。

[1465]见阿氏的《逻辑的和形而上学的直觉》(Institutiones logicae et metaphysicae)1785年版。

[1466]见皮氏在 Allgemeine Deutsche Bibliothek 中关于康德的《导论》一书的评论。

[1467]显然,所谓范畴,康德这里实在是指图型而言。参看 A 348。那里康德说"纯粹范畴……本身没有客观的意义……离开直觉,它们只是判断的函数,没有内容的"。

[1468]参看本书第426页起,又434页起。

[1469]B 408。

[1470]见客氏的《批判哲学》第2卷第34页。同样也在华特生的《康德解》第244页。

[1471]客尔德(见客氏上引书第35页)考虑到康德可能性的直觉悟性这概念,但不正当地假定康德所指的必定是一种创造性的悟性。

[1472]参看本书第325页起。

[1473]参看 B 415注。在本书338~339页所引用的 B xxxix 注(在末尾上)中,康德小心地指出,永恒的某东西之表象并不和永恒的表象同为一物。

[1474]参看本书第483页。

[1475]即作为观念论的反驳,B 274起。参看本书第337页起。

[1476]参看本书第476,482~483页。

[1477]A 402。

[1478]参看本书第486页。

[1479]B 413~415。

[1480]Gesammelt Schriften,ii. 第151页起。

[1481]上引书第121页起。

[1482]上引书第128页起,又168页。

[1483]上引书第125页起。

[1484]关于康德在 B 415 的附注中所提出的假说之价值,参看本书第560页起。

[1485]参看本书第349页起。

[1486]参看本书第487页。

[1487]参看本书第492~496页。

[1488]Kriticismus,第226页。

[1489]B 424。

[1490]B 421。

[1491]B 424～425。

[1492]B 425～426。参看本书第 38～43 页;又第 586 页起。

[1493]唯一接近于这样的提及是在 B 426～427,在本书第 491 页已指出过的。

[1494]A 672 即 B 700。(引文依蓝译,见该译本第 474 页。)参看本书第 572 页。

[1495]A 649 即 B 677～678。(引文依蓝译,见该译本第 460～461 页。)Tetens 在其《哲学研究》(Philosophische Versuche)(1777 年版)以一全章来谈这问题。他的 Grundkraft(根本力)这名词是康德在这里用的。参看《哲学研究》第 1 卷,研究第十一“关于人类灵魂的基本力”。Tetens 附带地讨论卢梭的提议说,这基本力是在于人能够臻于至善。参看康德的《形而上学讲义》(Pölitz,1821 年版,第 192 页起)。

[1496]A 682～684 即 B 710～712;A 771～772 即 B 799 在方法论中同样是含糊的,虽然其公式形成是趋于心灵论的方式的。

[1497]参看本书第 305～306 页,309 页起,341 页起,407～408 页,484～485 页。

[1498]参看 B xxxix 注的末尾,引用在本书第 338～339 页。

[1499]A 405 即 B 432。

[1500]A 408 即 B 435。

[1501]参看 A 414 即 B 441,那里是说没有实体性的这先验理念的。

[1502]参看本书第 455 页起。

[1503]A 419 即 B 447。

[1504]A 420 即 B 447。

[1505]康德致叔尔遮(Schulze)的信中(全集,x 第 344～345 页,本书第 232 页所引用)有一句稀奇的话,似乎可追溯到这出处的。

[1506]参看本书第 547,577～578 页;又第 232～233,454～455,471 页。关于 A 410～411 即 B 439～440 论到上升与下降的系列之差别,参看 A 331～332 即 B 387～388 和 A 336～337 即B 393～394。

[1507]A 420 即 B 448。(引文依蓝译,见该译本第 327 页。)

[1508]参看其反面,A 486 即 B 514。

[1509]康德的讨论限于空间、时间与因果作用当然是由于他同意当时流行的见解认为无穷与延续的两概念是从我们空间与时间的直觉而得来的。如我们在讨论他数学推理的直觉理论时所曾指出(见本书第 82～83,154 页起,164 页起),他未能把他自己关于范畴的“先验的”见解即作为决定着直觉的经验之可能性的扩充到数学的概念。在思想的逻辑次序上,次序,多数,整体与部分,继续,无穷,这种概念都是先于时

间与空间的;而要充分地处理它们,须在其最广泛的应用上加以考虑。

[1510]参看 A 507 即 B 535 和本书第 452 页起;又第 519,562～563 页。

[1511]参看康德死后出版的 Transition from the Metaphysical First Principles of Natural Science to Physics(Altpreussische Monatsschrift,1882)(《从自然科学最高原理到物理学的过渡》——见 1882 年旧普鲁士月刊),第 279～280 页:“如果关于空间,我们不拿它的定义而只拿一个先验的命题,如空间是一个整体,必须思维为只是更大的一个整体之一部分,那就显然……它是一个无理的量,固然是可测量的,但和单位比较起来是超过一切数的。”“如果空间是客观上某一存在的东西,它只是作为另某一定的量之一部分而存在的一个量。”

[1512]参看叔本华《世界是意志与表象》[见全集(Frauenstädt 版)第 2 卷第 585～586 页;英译本第 2 卷第 107～108 页]。“我发现而且肯定整个二律背反只是幻象,一种假战争。只有反论题的肯定实际上是基于我们知识的机能的各种形式的,就是说,如果我们客观地表达它,它是基于自然的必然的、先验的确实的、最普遍的诸规律的。所以只有它们的证明是从客观的根据得出的。另一方面,论题的肯定与证明只有一种主观的根据,只依赖推论的个人之弱点;因这个人的想像力因无底止的后退而疲乏,于是,用武断的假定来终止它,而且尽力试图把这些假定粉饰过去。不但如此,他的判断力又在这种情况下为早年印象深固的偏见所麻痹。因此之故,论题的证明在所有四种冲突中自始至终都只是一种诡辩,而反论题的证明,是理性从我们先验所知的作为观念的世界之种种规律而必然地推论出来的。况且康德是竭其全力用尽技巧,才能维系其论题,而使之像是攻击其具有本然力量的对方……我将说明康德引用的种种对于个别论题的证明都是诡辩,而反论题的证明却很公允而正确地从客观的根据得出来的。”

[1513]参看耳尔哈特(F. Erhardt's)的《康德的二律背反说之批评》(Kritik der Kantischen Antinomienlehre),1888 年版,这是对《批判》一书本节的简短而极好的分析。

[1514]见该书第 1 节注。

[1515]参看 A 431～432 即 B 460～461:“……[无穷]的概念不是最大的概念;我们用它来思维的只是它对于任何指定的单位之关系,以这单位而言,它是大于一切数的。”

[1516]参看康德这反论题的注释中所说的,A 431～433 即 B 459～461。

[1517]康德以点作为界限,即作为边界看(《论文》第 14 节之 4;第 15 节之 C“空间中的单纯的东西不是一部分而是一个界限”;A169～170 即 B211);而某些现代数学家以点为一种未曾下定义的要素。当点是以后一种方式来看待时,可能把空间下

定义为一套的点。在反论题的论证和在刚才引用的那段里，康德也假定，以空间而言，类的属性是为其分子的属性所确定的。这成问题的假定是包含在他空间只为多数空间所构成这肯定之中的。

[1518]A 438 即 B 466。(引文依蓝译，见该译本第 337 页。)

[1519]A 439～441 即 B 467～469。

[1520]A 441 即 B 469。(引文依蓝译，见该译本第 338 页。)

[1521]在 1770 年《论文》中发展的。

[1522]见该书第 2 章论题 4 注 1；又参看注 2。

[1523]见罗素《数学原理》(Principles of Mathematics)第 1 卷第 460 页。

[1524]参看本书第 1509 注。

[1525]参看本书第 1517 注。

[1526]参看叔本华《世界是意志与表象》[全集(Frauenstädt 版)第 2 卷第 590 页；英译本第 2 卷第 111～112 页]。“第三条论题的论证是很好的诡辩，其实是康德冒充的纯粹理性的原理本身完全没有搀杂、没有更改过的。它试图来证明一系列原因的有限性，所说的是一个原因如要足够，必须包含其后继的状态。即结果，所从出的各种条件的总和。替代一起出现在作为原因的状态中的确定性之完结性的，是论证所说的那状态本身因而成为现实的各原因的系列之完结性；而因为完结性是先行假定被完成或被围住的那种情况，而这又先行假定有限性，于是论证就从这推论出一个最初的原因，是结束了那系列而又是无条件的，可是玩的戏法是明显的。为要把状态 A 设想为状态 B 的足够原因，我就假定它包含一切必需的确定之总和，从其并存便可一定得到状态 B 的。可是这样一来，我对于它作为足够原因的要求便完全满足了，而与状态 A 本身如何发生这问题，却没有直接的联系；这反而属于完全另外的一种考虑，我再不把所说的状态 A 作为原因看，而是作为结果看。这样一来，必有另一状态与它有关系，正如它与 B 有关系一样。原因和结果系列的有限性的这一假定，从而也是一个最初起点的假定，在此不是作为必要的而出现，正如现瞬息的现在性不要求我们假定时间本身有一起点那样。”

[1527]见耳尔哈特的上引书第 24 页。

[1528]关于康德对其程序之辩护的评论，参看本书第 514 页。

[1529]参看康德的这论题的注释。

[1530]A 451 即 B 479。

[1531]又参看 A 451 即 B 479。

[1532]参看叔本华上引书第 591 页；英译本第 113 页。“第四种冲突……实际上是第三种冲突的重复；而且其论题的证明又是主要和前面一个论题的证明一样的。

康德说凡有条件的都先行假定有其条件的完整系列,因而先行假定一个以无条件者而结束的系列,这个肯定是丐辞,须干脆予以否定的。凡有条件的只先行假定其各条件;说这个又是有其条件的,就提出一种新的考虑,不是直接包括在第一个考虑之中的。”

[1533]参看本书第 512 页。

[1534]A 459 即 B 487。(引文依蓝译,见该译本第 348 页。)

[1535]即 Jean Jacques Dortous de Mairan(生于 1678 年,卒于 1771 年),物理学家与数学家。1740 年继 Fontenelle 为法国科学院的终身秘书。

[1536]引文依蓝译,见该译本第 349 页。

[1537]参看本书第 456 页,第 1532 注。

[1538]A 448～450 即 B 476～478。(引文依蓝译,见该译本第 342～344 页。)

[1539]参看本书第 447 页起;又第 538～539,545～555,558 页起。

[1540]A 462 即 B 490。

[1541]A 465。(引文依蓝译,见该译本第 353 页。)

[1542]A 471。(引文依蓝译,见该译本第 356 页。)

[1543]参看本书第 455 页起;又第 497 页。

[1544]A 476 即 B 504。

[1545]A 477。(引文依蓝译,见该译本第 360 页。)

[1546]A 484 即 B 512。(引文依蓝译,见该译本第 364 页。)

[1547]同上。

[1548]A 483 即 B 511。(引文依蓝译,见该译本第 363～364 页。)

[1549]A 485 即 B 513。

[1550]参看本书 500 页;又第 562～563 页。

[1551]康德在这里是玩弄德文 Sinuleeres 这词的双重意义——“没有意思的”和“胡说”。

[1552]A 489 即 B 517。

[1553]A 490 即 B 518。

[1554]参看本书第 446 页起。

[1555]A 490 即 B 518。

[1556]参看本书第 236 页起。

[1557]A 494 即 B 522～523。

[1558]A 495 即 B 523。(引文依蓝译,见该译本第 370 页。)

[1559]参看 A 494 即 B 522～523:“……吾人能谓此先验的对象先于一切经验而

以自身授与者。"(见蓝译本第 370 页。)

[1560]A 496 即 B 524。(引文依蓝译,见该译本第 371 页。)

[1561]A 491 即 B 519。(引文依蓝译,见该译本第 368 页。)

[1562]参看本书 335～336 页。

[1563]A 497 即 B 525。

[1564]A 501～502 即 B 529～530。

[1565]A 506 即 B 534。

[1566]参看段末:"没有缺乏通过这往后追溯所与的条件的。"

[1567]参看本书第 525～526 页。

[1568]参看本书第 525～527 页。

[1569]K 第 414 页注。第七节最后两段,即改正其论证,先验感性论论证的,大概是后来增加的。

[1570]A 508 即 B 536。

[1571]同上。

[1572]关于上升与下降两种系列的区别,参看本书第 1406 注;又第 502 页。

[1573]参看 A 522 即 B 549～550。

[1574]A 514 即 B 542。(引文依蓝译,见该译本第 381 页。)

[1575]参看本书第 524 页。

[1576]参看 A 522 即 B 550。

[1577]A 515 即 B 543。

[1578]A 519～520 即 B 547～548。(引文依蓝译,见该译本第 384 页。)

[1579]当康德附加说(见 A 521 即 B 549),"因而又绝对地"时,他前后不一致地回到 A 499 即 B 527 所含糊地提出的立场了。参看本书第 524 页。

[1580]A 523～526 即 B 551～554。

[1581]康德在 A 526～527 即 B 554～557 上面说,无穷可分性的肯定不适用于作为组织的物体,而只适用于只是作为占住空间的物体。组织它含有各部分的区别,因而是包含有分离性。组织能在有组织的物体中达到什么程度,只有经验才能告诉我们。

[1582]参看本书第 526 页。

[1583]A 528 即 B 556。

[1584]参看本书第 371～372 页。

[1585]A 535～536 即 B 563～567。

[1586]参看 A 537 即 B 564～565;又 A 546 即 B 574～575,在那上面,康德肯定

人认识其自己不只通过各感官,而且"又通过纯粹统觉,且事实上在行动与内部确定上,这一些都不能算作感官的印象的"。这些说法像是说明,在写作时,康德尚未发展其内部感官的学说。

[1587]A 532 即 B 560。

[1588]A 536～537 即 B 564～565。

[1589]A 533 即 B 561。

[1590]A 536 即 B 564。

[1591]A 538 即 B 566。

[1592]参看康德的《从自然科学的形而上学最高原理过渡到物理学》,第 272～273 页。

[1593]A 549 即 B 577。注意不是康德原有的。(引文依蓝译,见该译本第 401 页。)

[1594]在 A 540 即 B 568 上面表达着一种不同而更不令人满意的见解。

[1595]A 542 即 B 570。

[1596]A 544 即 B 572。

[1597]A 546～547 即 B 574～575。

[1598]A 548 即 B 576。(引文依蓝译,见该译本第 400～401 页。)

[1599]A 552 即 B 580。(引文依蓝译,见该译本第 403 页。)

[1600]A 553 即 B 581。(蓝译英文的 abiding。原德文的 bcharrlich 为"常住",但据德文原意,似应译为"不变"。)

[1601]A 557 即 B 585。(引文依蓝译,见该译本第 405 页。)

[1602]A 553～554 即 B 581～582。

[1603]参看 A 537～541 即 B 565～569 和 A 544 即 B 572。

[1604]参看 A 566 即 B 594。

[1605]参看本书第 236 页起。

[1606]A 559 即 B 587。

[1607]A 561 即 B 589。

[1608]A 565 即 B 593。

[1609]A 567 即 B 593。

[1610]关于康德把他的理念和柏拉图的理念相比较,参看本书第 467～469 页。

[1611]见鲍氏上引书第五版(Halle, 1763 年)第 803 节起。

[1612]A 578 即 B 606。(引文依蓝译,见该译本第 418 页。)

[1613]A 580 即 B 608。

[1614]参看本书第 438 页起。

[1615]A 272～274 即 B 328～330。(引文依蓝译,见该译本第 230～231 页。)

[1616]参看康德在 A 582～583 即 B 610,结合 A 644 即 B 672,所言分别的统一性与集体的统一性之区别。

[1617]A 583 即 B 611。

[1618]A 603 即 B 631。

[1619]A 603～604 即 B 631～632。(引文依蓝译,见该译本第 433 页。)

[1620]参看本书第 551,554 页。

[1621]A 592 即 B 620。

[1622]A 593 即 B 621。(引文依蓝译,见该译本第 427 页。)

[1623]参看 A 4～5 即 B 8～9;A 735～738 即 B 763～766。

[1624]参看本书第 447～448 页和那里的引注。

[1625]参看本书第 445 页。

[1626]参看本书第 415 页起。

[1627]K 第 475 页注。

[1628]A 603 即 B 631。

[1629]参看本书第 545 页。其结束一段 A 613～614 即 B 641～642,最好后来在另一联系上来处理。参看本书第 554 页。

[1630]A 614 即 B 642。

[1631]A 613 即 B 641。(引文依蓝译,见该译本第 439 页。)

[1632]A 616 即 B 644。

[1633]A 619～620 即 B 647～648。

[1634]参看本书第 558～559 页,又 570 页起。

[1635]A 620 即 B 648。

[1636]A 624 即 B 652。(引文依蓝译,见该译本第 445 页。)

[1637]指康德的《诸天的自然通史与理论》(1755 年版)。

[1638]见《判断力批判》第 64,65 两节。

[1639]哈万(Hamann)在 1780 年 8 月 7 日完成休谟《自然宗教的对话》的翻译(参看《哈万全集》第 6 卷,第 154 页起);而康德虽然是忙于完成其《批判》一书,还是读过译稿一遍的。很有可能,这第一次读休谟的《对话》不只证实康德对自然神学的消极态度,而且使他能更清楚地明确,否则不会这样明确他自己的批判原理的一些消极后果。我们已经看到,关于理想一章(参看本书第 455～456,545～547,549 页)大概是《批判》一书最迟取得其最后形式的几个部分之一。然而好像不可能用任何特别

方式来证明休谟的《对话》一书这样就可能对于《批判》一书这一部分的论证所发生的影响恰恰是什么。当 Schreiter 的《对话》译本在 1781 年出现时,哈万愿意逃避像是为这样怀疑态度的一本著作负责的恶名,就收回他自己的译本。

[1640]这是休谟在其《人类悟性研究》一书第十一节中论证的主要论点。

[1641]A 631 即 B 659。

[1642]A 641 即 B 669。(引文依蓝译,见该译本第 456 页。)

[1643]参看本书第 429 页起;又第 570 页起。

[1644]参看本书第 474 页和第 1408 注的其他引证。

[1645]参看本书第 554～555 页。

[1646]A 642 即 B 670。

[1647]A 769～782 即 B 797～810。

[1648]见 A xiv, B xxiii-xxiv 和《反思录》第 2 卷第 1451 条:“在形而上学中无所谓不确定的这种东西。”参看本书第 52,77 页。

[1649]A 770～771 即 B 798～799。(引文依蓝译,见该译本第 530～531 页。)

[1650]A 772 即 B 800。(引文依蓝译,见该译本第 531～532 页。)

[1651]A 775 即 B 803。(引文依蓝译,见该译本第 533 页。)

[1652]参看 A 781～782 即 B 809～810。

[1653]参看本书第 500,519 页。

[1654]A 777～778 即 B 805～806。(引文依蓝译,见该译本第 534～535 页。)

[1655]A 782 即 B 810。(引文依蓝译,见该译本第 537 页。)

[1656]参看本书第 135～136,140,413～414,446 页起,467 页起等。

[1657]A 650。(引文依蓝译,见该译本第 461 页。)

[1658]A 651 即 B 679。(引文依蓝译,见该译本第 462 页。)

[1659]同上。

[1660]A 653 即 B 681。(引文依蓝译,见该译本第 463 页。)

[1661]引自《论文》一书,第 30 节。

[1662]康德这里(A 647 即 B 675)为他不得不负仍然是假设性所举出的极端非批判性的理由乃是“不可能知道一切可能的后果”。由于康德对于理性的假设性使用在 A 769 起即 B 797 起上面所作的批评,假设这词的用法也是产生了混乱的。

[1663]A 647 即 B 675。(引文依蓝译,见该译本第 459～460 页。)

[1664]同上引文并 A 649 即 B 677。

[1665]A 648 即 B 676。(引文依蓝译,见该译本第 460 页。)

[1666]A 652 即 B 680。(引文依蓝译,见该译本第 462 页。)

[1667]A 660～661 即 B 688～689。(引文依蓝译,见该译本第 467～468 页。)

[1668]A 656 即 B 684。

[1669]A 656 即 B 684。

[1670]A 658 即 B 686。(引文依蓝译,见该译本第 466 页。)

[1671]A 660 即 B 688。

[1672]A 642～645 即 B 670～673 这节的开头几段可能是和结束的几段同一时期的。

[1673]与之对照,可参看 A 669～670 即 B 697～698。

[1674]A 666 即 B 694。

[1675]A 669 即 B 697。

[1676]参看本书第 466～467 页。

[1677]参看 A 681 即 B 709。

[1678]参看 A 663～664 即 B 691～692 与此对比。

[1679]A 670 即 B 698。(引文依蓝译,见该译本第 473 页。)

[1680]我在这里可防御误解。虽然理性的理念决定它们所制约的经验,不应理解为取消了康德关于制约的与构成的两者之间的区别。即使在他正在发展其较弱的怀疑见解时,他在形而上学中与在伦理学中一样,采取一种立场根本是和黑格尔的立场不同的。虽然道德的理想代表更高秩序的实在性,它是超出在人类生活中一切实现它自己的可能的。虽然它决定我们一切的道德,但又同时谴责它。自卑这种基督教的品德明确了适合于人类灵魂的唯一态度。恰恰与此相仿,理性的理念得要看作是决定感官经验可能性的这一事实,不一定使我们不能又承认它们同样是使我们意识到它的限制的。

[1681]参看本书第 492～495 页。

[1682]A 679 即 B 707。(引文依蓝译,见该译本第 478 页。)

[1683]A 678 即 B 706。(引文依蓝译,见该译本第 475 页。)

[1684]A 674 即 B 702。参看 A 678～679 即 B 706～707。

[1685]A 680 即 B 708。

[1686]如上指出(第 517 页起),当我们看见康德这样坚持纯粹理性一切问题的完全可解决的这种性格时,其占优势的乃是怀疑的、主观论的倾向。

[1687]A 669 即 B 697。

[1688]参看本书第 554～555,558～559 页。

[1689]A 686～687 即 B 714～715。

[1690]A 693 即 B 721。(引文依蓝译,见该译本第 486 页。)

[1691]A 699～700 即 B 727～728。(引文依蓝译,见该译本第 490 页。)

[1692]A 701 即 B 729。(引文依蓝译,见该译本第 491 页。)

[1693]在方法论中所提出的几乎所有的重要论点和它的几个主要的节,我结合《批判》一书前面的各部分已经评论过了;再者,方法论是极其散漫的。为着这些缘故,我认为用这种形式的一个附录来附加凡是有需要的评语是有好处的。

[1694]关于康德的“锻炼”和“法规”这两个名词之用法,参看本书第 112～113,203,208,458 页。

[1695]参看本书第 459 页。

[1696]A 4～5 即 B 8～9。

[1697]引自 Untersuchung:Zweite Betrachtung(《研究》第 2 题),W 第 2 卷第 283 页。

[1698]康德这里否认《研究》一书的立场,他在那里(第 1 题第 4 节)曾肯定数学是对付量而哲学是对付质的。

[1699]关于这种区别的评论,参看本书第 167～169,365～366 页。

[1700]见《研究》第 1 题第 2 节。

[1701]A 728 即 B 756。(引文依蓝译,见该译本第 507 页。)

[1702]引自《研究》第 2 题,W 第 2 卷第 283 页。

[1703]见《研究》第 1 题第 1 节,W 第 2 卷第 276 页:“数学是以一种综合的程序进行到其一切的定义,而哲学是用分析的程序的。”

[1704]在《研究》一书中康德的说法比较更为谨慎,而又更为充分。参看第 1 题,W 第 2 卷第 279 页:“在数学中只有少数不可分解的概念,而在哲学里则有许多……”

[1705]A 731 注即 B 759 注。

[1706]康德(在 A 732～733 即 B 760～761 上面)所用的短语是:“unmittelbargewiss”,“evident”,“augenscheinlich”(直接知道的,自明的,一见而知的)。参看本书第 18～19,78 页起,93～94 页等。

[1707]参看本书第 155,176,218～219 页。

[1708]参看本书第 154 页起。

[1709]参看本书第 80～84,133～134,155～157,168 页。

[1710]参看本书第 148～149,151～152 页。

[1711]参看本书第 167 页起。

[1712]A 737 即 B 765。(引文依蓝译,见该译本第 512 页。)

[1713]参看本书第 78 页起,154 页起,164 页起,582～583 页。

[1714]A 743～744 即 B 771～772。(引文依蓝译,见该译本第 515～516 页。)

[1715]A 753 即 B 781。(引文依蓝译,见该译本第 520 页。)在 A 745 即 B 773 上面,康德提到休谟大概不是引用休谟的《对话》一书(参看本书第 1639 注。)康德想到的大概是休谟的《研究》一书第十一节。在本书第 102 页起,曾评论过休谟在 A 760 起即 B 788 起的立场之重要讨论,康德大概通过某一种间接的来源认识到比里斯特莱(Priestley)的学说。比氏以德文出现的第一本哲学著作是他的《基督教腐化史》(History of the Corruptions of Christianity)。这书的德译本是 1782 年出版的。在 A 747～748 即 B 775～776 上面,康德想到的很明显是卢梭。

[1716]第三节,即纯粹理性锻炼之关于假说,在本书的第 560～563 页已有评论。

[1717]A 782 即 B 810。

[1718]甚至在数学中,间接方法也不是总能使用的。参看罗素《数学原理》一书第一卷,第 15 页。

[1719]A 794 即 B 822。(引文依蓝译,见该译本第 544 页。)

[1720]参看本书第 1694 注。

[1721]A 797 即 B 825。

[1722]参看《判断力批判》W 第 5 卷第 473 页;Bernard 英译本第 411 页:"上帝存在、意志自由和灵魂不灭是三个问题,其解决是一切形而上学的准备作为它们最终而独特的意图的。"

[1723]A 800～801 即 B 829。(引文依蓝译,见该译本第 547 页。)

[1724]在 A 801 即 B 829 上面所说,道德是先验哲学以外的一种题目,那是和 A 14～15 即B 28上面所说相一致,而和后来在《实践理性批判》一书中所采取的立场相冲突的。参看本书第 118 页。

[1725]A 803 即 B 831～832。

[1726]参看本书第 587～592 页。

[1727]A 804 即 B 832。

[1728]参看本书第 23 页。

[1729]如果内在与超越的形而上学的区别(不是康德所清楚承认,但是实际上却是他的立场所必需的)是要坚持下去的话,这些说法都要修改的,参看本书第 36～37,64,96,107～111 页。

[1730]参看本书第 558 页。

[1731]见 W 第 5 卷第 47～48 页;Abbott 英译本(第三版)第 136 页。

[1732]参看《实践理性批判》W 第 5 卷第 31～37 页;Abbott 英译本第 120 页。

[1733]参看《实践理性批判》W 第 5 卷第 43 页;Abbott 英译本第 132 页:"道德规

律虽然不给我们什么见解，但给我们一个事实，从感性世界的任何所与都不能说明，甚或从我们推理的理论上用途之整个范围都不能说明的一个事实，指向着悟性的纯粹世界，不但如此，甚至积极地明确它，而使我们对于它知道某一东西，即一条规律。"

[1734]参看《实践理性批判》序言的注。

[1735]同上引书序言开始处，Abbott 英译本第 87～88 页。又参看该书卷一的结尾几页，W 第 5 卷第 103～106 页；Abbott 英译本第 197～200 页。

[1736]《判断力批判》W 第 5 卷第 468 页；Bernard 英译本第 406 页。

[1737]同上引书，第 474 页；Bernard 英译本第 413 页。

[1738]A 815 即 B 843。（引文依蓝译，见该译本第 556 页。）

[1739]参看《实践理性批判》W 第 5 卷第 143～144 页注；Abbott 英译本第 242 页："竭我们的全力来实现至善乃是一种责任，所以这必是可能的，因之世上凡有理性的存在者不得不假定凡是它的客观可能性所必需的。这假定是像道德规律一样必需的，而且只和道德规律联系起来才是有效的。"

[1740]参看《实践理性批判》W 第 5 卷第 142 页起；Abbott 英译本第 240 页起。《判断力批判》W 第 5 卷第 469～470 页；Bernard 英译本第 406～408 页。

[1741]《判断力批判》W 第 5 卷第 369～372 页；Bernard 英译本第 407～410 页。参看同节的注："它是对于道德规律的应许的一种信赖；然而不是它所载着的，而是如我所放进去的，并且是道德上有充分根据的。"

[1742]A 819 即 B 847。（引文依蓝译，见该译本第 558 页。）

[1743]A 820 即 B 848。

[1744]在康德《逻辑》一书的导言，ix(Hartenstein)，viii，第 73 页上面，这区别不那么生硬；英译本第 63 页："确信与说服对立。说服所得的同意，其理由是不充分的，我们并不知道这些理由只是主观的抑或同时又是客观的。常常说服是在确信之先。"

[1745]参看本书第 52，560 页。又参看 Fortschritte，全集(Hartenstein 版)第 8 卷第 561 页。

[1746]参看康德著《逻辑》上引文。参看《道德的形而上学基础》W 第 4 卷第 416～417 页；Abbott 英译本第 33～34 页。

[1747]康德在 A 827 即 B 855 上面关于理念与假说的区别，参看本书第 560 页起。又参看《判断力批判》W 第 5 卷第 392 页起，又 461 起；Bernard 英译本第 302 页起，395 页起。

[1748]A 829 即 B 857。（引文依蓝译，见该译本第 564 页。）

[1749]参看康德《实践理性批判》的序言，W 第 5 卷第 8 页注；Abbott 英译本第

93 页注："一个书评家要找这书——指《道德的形而上学基础》——的错处，当他说，在这书里面并没有提出什么新的道德原理，而只提出一种新的公式，他发现的真理，恐怕比他所想的更多。但是谁又会想要提出一切道德的一条新原理，使自己成为它的第一个创始人，好像在他之前世上的人都不知道责任是什么，或者一直是犯错误呢？一个公式如果能精确地说明要解决一个问题就要怎样做，那么凡知道这样的一个公式对于数学家是何等重要的人，不会想一个对一切的一般性的责任做到同样的工作的公式，是无意义而无用处的。"参看 Fortschritte，全集（Hartenstein 版）第 8 卷第 563 页。

[1750]引自 Fragmente aus dem Nachlasse（遗著片段），全集（Hartenstein 版）第 8 卷第 624 页，已在本书第 39 页上引用过。又参看上引书第 630 页。

[1751]参看《实践理性批判》的结论，W 第 5 卷第 161～162 页；Abbott 英译本第 260 页。

[1752]A 832 即 B 860。

[1753]K 第 633 页注，参看本书第 4 页。

[1754]参看阿的凯斯（Adickes），K 第 635 页注和花亨格尔（Vaihinger）的上引书，第 1 卷第 306 页。在这表里《批判》是和纯粹理性的体系（System）区别开来的（参看本书第 112～113 页）。这表中的纯粹理性的先验哲学相应于《批判》一书的分析论，而又相应于《纯粹自然科学》在其绝对的意义上（参看本书第 107～108 页）。这表中的理性的物理学相应于《自然科学的形而上学最高原理》。

[1755]就是哲学的想象为学派的概念（德文 Schulbegriff）和世界的概念（德文 Weltbegriff，即拉丁文的 conceptus cosmicus）两者之间的区别。在 A 839 即 B 868 的注中，康德说明他用这两个名词来指出哲学在其传统或者说人文的意义上是关于"每一人都必然觉得有兴趣的东西"的。我把德文的 Weltbegriff 译为英文的 universal concept（人类全体的概念）。所谓 conceptus cosmicus 康德是指"全世界所共有的概念"，或"全人类的公共概念"。

[1756]参看康德《逻辑》的导言第 3 节；Abbott 英译本第 14～15 页："在这学派的意义上，哲学是以技巧为其目的；谈到全人类所共同的更高概念则不同，它是以实用为目的的。所以在其前一看法，哲学是技巧的学说；在其后一看法，哲学是智慧的学说；它是推理的立法者；而因之哲学家就不是推理术的能手，而是一个立法者。推理术的能手，或者如苏格拉底所称他的 philodoxus，只努力于思辨的知识，而并不问这知识对于人类理性有多少贡献；他为理性的对于一切目的之使用立定规则。实践的哲学家，以学理和榜样传授智慧的教师，乃是真正的哲学家。因为哲学是一种完全智慧的理想，向我们指出一切人类理性的最终目的的。"

[1757]A 839 即 B 867。

[1758]A 851 即 B 879。

[1759]A 850 即 B 878。

[1760]A 848～849 即 B 876～877。参看本书第 268,311 注,第 312 注;第 407～408,492～496,572 页。

[1761]A 852 即 B 880。

[1762]参看 A 313 起即 B 370 起;又本书第 516～517 页。

[1763]参看本书第 10～11 页。

[1764]见《逻辑》的导言,第 4 节;Abbott 英译本第 17～23 页。

[1765]第 xxv-xxxiii 页的补充。自始至终我利用我的 Studies in the Cartesian philosophy(《笛卡儿哲学的研究》),读者请参看该书关于所采用的各种立场的进一步辩护。

[1766]关于这区别的承认,参看斯宾塞尔的《心理学原理》第 1 卷,第三版,第 620～623 页。

[1767]参看《笛卡儿哲学的研究》,第 80～82,106～107 页。

[1768]这区别是由伽利略而来的,虽然“第一性”与“第二性”的字样是洛克第一次使用的。

[1769]我在《阿芬那留斯纯粹经验的哲学》一文中(见 Mind 杂志,新号第 15 卷第 13～31,149～160 页)已经讨论过阿芬那留斯的批评;在《现代哲学中的主观论与实在论》一文中(见 Philosophical Review,第 17 卷第 138～148 页)讨论过柏格森的批评;而在《知识问题》一文中(见 Journal of Philosophy,第 9 卷第 113～128 页)讨论过整个一般的问题。

[1770]关于笛卡儿不能区别开运动的数学看法与力学看法,参看本书第 598 页。

[1771]引自洛克的《人类悟性论》第 4 卷第 6 章第 16 节。

[1772]同上书第 4 卷第 12 章第 7 节。

[1773]同上书第 4 卷第 6 章第 2 节。

[1774]原缺。

[1775]参看本书第 69～70 页。

[1776]虽然休谟也讨论过实体这概念,但他对这概念的处理是很不彻底的。

[1777]参看本书第 7 页起,又 102 页起。

[1778]引自《人性论》(Green and Grose 版)第 1 卷第 380 页。

[1779]同上,第 383 页。

[1780]同上。

[1781]关于《综合的推理》这短语的辩解，我必须请读者参看我在 Mind 杂志的文章，见该刊新号第 14 卷第 149～173，335～347 页论“休谟的自然主义”。

[1782]《人性论》(Green and Grose 版)第 1 卷第 474～475 页。

[1783]《人类悟性研究》(Green and Grose 版)，第 40 页。

[1784]《人性论》(Green and Grose 版)第 1 卷第 471 页。

[1785]《人类悟性研究》(Green and Grose 版)，第 25～26 页。

[1786]Eclaircissement sur chap. iii，pt. ii. liv. vi. de la Recherche；tome. iv. (1712) p. 381.《研究》的所引各节的“解释”。

[1787]《人类悟性研究》(Green and Grose 版)，第 57 页。

[1788]引自《人类悟性研究》(Green and Grose 版)，第 32 页。

[1789]这是卑亚特耶主要坚持的反对意见。

[1790]见上引书，第 33～34 页。

[1791]参看本书第 81 页起；又第 94，254 页起；又第 272，316～319 页。

[1792]像是不可能决定休谟关于经验论的批评，实际上在康德体会这更深刻的问题上，影响过他多少。很有可能，康德在更严格的逻辑问题上受到开始的冲动之后，就靠他自己观点的独立发展而进到这点去。

[1793]Kuno Fischer 和 Paulsen 所肯定在康德的发展中有一个经验的时期，曾为 Adickes，B. Erdmann，Riehl 和 Vaihinger 所诘难的。

[1794]参看 B. Erdmann 的 Kriticismus，第 147 页；又《判断力批判》W 第 5 卷第 391 页(Bernard 英译本第 301 页)。

[1795]参看本书第 12～15 页。

[1796]见雷氏的《哲学批判》(Philosophischer Kriticismus)第 2 版第 209 页。

[1797]参看本书第 37～38，43，560 起等页。

译后记

本译稿是根据诺曼·康蒲·斯密(Norman Kemp Smith)著《康德纯粹理性批判解义》(A Commentary to Kant's Critique of Pure Reason, London,1918)1918年伦敦原英文版译出的。译文力求通顺而不失忠实于原文。其中出自《纯粹理性批判》一书的引文,大都是依三联书店1957年出版的蓝公武中译本,但中间也有本书译者自译的。凡译者自译的都附注蓝译本的页数,以便读者比对。从其他书刊而来的引文都是本书译者自译的。

名词尽量沿用通行旧译,但旧译有与康德所有的原文意义不符的,则另拟新译以表达原意,例如德文 Vorstellung 英文有译为 phenomenon,而中译为"现象"或"表象",皆不甚合康德原意,应依英译 appearance 而译为"表现";又如拉丁文的短语 a priori,旧译为"先天",但按康德用这词的意思,似译"先验"为适当。

本书译者自1958年11月22日开始以部分时间翻译这本书,而脱稿于1959年5月19日。因限于思想、语文与业务水平,缺点与错误在所难免,希读者批评教正。

译者

1959年6月5日于武昌华中师院

出版后记

韦卓民先生(1888—1976),广东珠海人,我国著名的翻译家、哲学家、教育家,曾长期担任华中大学校长(1929—1951年)。韦先生毕业于文华大学,曾留学美国、英国,先后获哈佛大学哲学硕士学位和伦敦大学哲学博士学位,精通英、德、法、俄等多种外语,学贯中西,尤其是在康德哲学、黑格尔哲学、逻辑学、宗教学方面造诣很深。他毕生致力于沟通中西文化,在西学东渐、弘扬中国传统文化方面作出了巨大贡献。整理、出版《韦卓民全集》(11卷)对全面展示、传承韦卓民先生的学术成就,弘扬他的爱国精神和教育思想具有重要的文化价值和现实意义。

华中师范大学有一批富于抢救保护学术珍品责任感的领导和学者,一直在不计得失地付出。如上世纪八九十年代,以章开沅教授为首的校领导组织成立了韦卓民遗著整理小组,与韦先生一同工作过的曹方久(已去世)教授,敬仰韦先生学问与人品的唐有伯、高新民、王宏维等教授,一直在搜集、整理韦先生的遗著。华中师范大学出版社从20世纪90年代起就开始陆续编辑出版韦卓民先生的译著系列及相关研究,出版有“韦译哲学名著研究系列”及关于韦卓民研究的重点图书260多万字,包括《康德哲学讲解》、《康德〈纯粹理性批判〉解义》、《康德哲学原著选读》及《韦卓民学术论著选》等书。其后,由于经费和人手的紧张,仍有约700万字的译稿和文章等未能整理出版。所幸2013年湖北省新闻出版广电局启动了湖北省学术著作出版专项资金资助项目,11卷本的《韦卓民全集》获得资助;一贯重视韦卓民著述出版的珠海市委宣传部对该套书的出版也给予了高度重视和经费上的有力支持;还有马敏、余子侠、高新民、刘家峰等老师也为全集的出版不计名利地做了大量工作。特别要说明的是,韦卓民先生的后人对全集出版给予了无私的帮助,他们承诺放弃稿酬。根据他们的建议,出版社和他们商定全集出版后开付的稿酬,将作为“韦卓民奖励基金”,用于研究韦卓民先生著述的出版及相关的学术活动。在此,对这些一直关心、支持全集出版的所有同仁一并致以诚挚的谢意!

《韦卓民全集》的书稿形式繁多而复杂,除有大量手稿外,还有一些是从图书馆和档案馆拍摄的图片资料;手稿的大部分存放于华中师范大学档案馆,少部分保存在韦先生亲属手中,还有部分资料被收藏在英国和美国的大学图书馆。韦卓民遗著整理小组力求尽量把海内外所藏相关文献搜罗完备,整理出版。此次出版的《韦卓民全集》包括韦卓民生前已公开出版的各类作品和从未刊发的手稿、书信等,总体上分为翻译书稿和研究论著两大类,并按照哲学、逻辑、教育、宗教及文化等板块进行分卷,共11卷。

由于《韦卓民全集》绝大部分为翻译作品,如康德的《纯粹理性批判》、《康德的经验形而上学——〈纯粹理性批判〉上半部分注释》、《判断力批判》及卡斯拉的《康德〈判断力批判〉解义》、《康德哲学原著选读》,斯密的《康德〈纯粹理性批判〉解义》等,都是深奥难懂的哲学著作;加之韦卓民先生生活的年代和当时的行文习惯,书稿中有些说法和表述与现在的语言文字规范及出版规范有较大出入,但又不能按现在的要求径改,只能采取尊重历史、适当变通的原则进行特殊处理,现分述如下:

1. 关于标点符号。书稿中有很多不是分句而使用分号,不必断句而使用逗号,在“与”、“和”等之前使用标点的情况,还有在破折号前使用逗号和句号,以及括号中的内容单独列出并在句末用句号的情形等。这是当时的行文特点及作者的表达习惯,只要不影响对文意的理解,一律保持原貌;但如果导致无法理解,甚至是明显的错误,才按现在的规范予以改正。

2. 对书稿中的有些字词与现在的说法有出入的处理。如把“钥匙”写作“锁钥”、“介绍”写作“绍介”、“终究”写作“终久”等，都一仍其旧；还有一些不符合现在的用词规范的，如“已曾”、“看成是”、“涉及到”等，只要不影响对内容的理解，亦未作改动。

3. 全集的注释很多，且形式繁杂。有大量简写的，如“A713 即 B741”是指康德《纯粹理性批判》两个不同版本的页码；有很多注项不全的，如“见书之第 12 节”；同一文献资料有多种说法的，典型的如华特生的 The Philosophy of Kant Explained 一书，韦先生有时简译为《解康德》，有时译为《释康德》，更多的时候译为《康德解》等等。编审人员不宜按照现有的规范统一，注项不全的也因资料有限而没法补充完整。为了尽可能保持原貌，更为避免造成新的错误，只能大致统一。

4. 正文内容的层次复杂，很多并没按现在通行的层次表达形式。同一层次的内容，有用 A、B、C……表示的，也有用 a、b、c……表示的，还有用(1)、(2)、(3)……表示的等，甚至同一层次的内容，其表现形式也不统一。考虑到没有错误，均未径改。

5. 有些表述虽不合适，但明显属于个人的写作习惯。如书稿中经常用“而”表递进关系，还有很多“是……的”句式，但有的“是……”后面没有“的”字等。虽然改了更符合现在的规范，但文中此类表述甚多，考虑到这种表述不影响读者的理解，亦未擅改。

6. 全集中还有少部分英文内容，原稿中同一个英文单词既有英式拼写，也有美式拼写，专用词的大小写亦不统一，同一地名的写法不尽相同，还有作者在书信后的署名写法不尽一致，为了保持作品原貌，亦未全书统一，仅在同一篇章或同一书信中统一。

韦卓民先生行文的特殊性还有不少，书稿的编校需要特别对待之处也很多，在此不一一赘述。

与大多数 20 世纪上半叶人物文集整理出版的难度大一样，《韦卓民全集》书稿的整理、编审难度远远超乎我们的想象。书稿除了少部分成书外,绝大部分都是图书馆和档案馆存放多年的手稿,编校这类书稿的难度有三:一是书稿中有大量非规范的简化字、繁体字、异体字,并夹杂有德文、英文、法文、拉丁文、希腊文等外文,且字迹难以辨认;二是书稿存放时间太久而导致的字迹脱落或模糊不清;三是由于书稿的专业性太强而难于理解。这不仅给书稿的收集整理增加了难度,对编审和校对人员也是极大的挑战。为了使文集尽量保持韦先生写作的原貌,也为了最大限度减少书稿的差错,编校人员反复查阅原件,并多次到图书馆、档案馆通过复印、拍照等方式获得资料进行核对和辨认。这仅仅有负责、敬业的精神和认真、细致的态度是不够的,编辑同人是怀着对韦先生的景仰之情和对学术的敬畏之心来做这套书的。我们有理由相信,《韦卓民全集》的出版将为学术界提供一个全面研究韦卓民先生的最佳文本,也将为西方哲学、教育学和宗教学等的研究提供重要的学术资源。同时,韦卓民作为研究中西方文化的先贤,其全集的刊行也将进一步推动中西方文化的交流与合作,为我国当下的学术发展与文化建设起到积极作用。

本社

2016年3月10日